梅州足球史话

A FOOTBALLING HISTORY OF MEIZHOU

客名君◎著

梅州市足球协会◎编

新华出版社

图书在版编目（CIP）数据

梅州足球史话 / 客名君著 .
—北京：新华出版社，2022.7
ISBN 978-7-5166-6347-9

Ⅰ．①梅…　Ⅱ．客…　Ⅲ．①足球运动—体育运动史—梅州　Ⅳ．① G843.92

中国版本图书馆 CIP 数据核字（2022）第 127471 号

梅州足球史话

作　　者：客名君

责任编辑：蒋小云　　**封面设计：**中尚图

出版发行：新华出版社
地　　址：北京石景山区京原路 8 号　　**邮　　编：**100040
网　　址：http：//www.xinhuapub.com
经　　销：新华书店
新华出版社天猫旗舰店、京东旗舰店及各大网店
购书热线：010-63077122　　**中国新闻书店购书热线：**010-63072012

照　　排：中尚图
印　　刷：炫彩（天津）印刷有限责任公司

成品尺寸：240mm × 170mm，1/16
印　　张：31.5　　**字　　数：**565 千字
版　　次：2022 年 7 月第一版　　**印　　次：**2022 年 7 月第一次印刷
书　　号：ISBN　978-7-5166-6347-9
定　　价：99. 00 元

序言

足球，是一种发乎人类尊严和快乐的伟大运动，也是世界第一运动。乌拉圭作家爱德华多·加莱亚诺（Eduardo Galeano）在著作《足球往事：那些阳光与阴影下的美丽与忧伤》（Soccer in Sun and Shadow）[1]中写道："这群孩子一直踢着、唱着：我们胜利，我们失败，无论是赢是输，我们都很快活。"这句话描绘了足球运动带给人们的欢乐，也适合用来描绘热爱足球的梅州人。

梅州，古称嘉应州，位于广东省东北部、粤闽赣三省交界处，是广东唯一全域属原中央苏区范围的地级市，也是全球极具代表性的客家人聚居地，被誉为"世界客都"。梅州素有"足球之乡""文化之乡""华侨之乡"等称号。

客家人的祖先来自中原，崇文尚武，根据地方志记载，早在1873年，现代足球就被德国传教士带到梅州五华元坑，使这里成为中国内地现代足球的发源地。晚清至民国早期，足球已经在梅州各县广泛普及。

梅州足球气氛浓郁，人才辈出。近代以来，梅州涌现出亚洲球王李惠堂，以及曾雪麟、杨霏荪、蔡锦标、池明华、王惠良、杨宁、郭亿军、谢育新、黄德保、伍文兵、张小文、饶伟辉、刘彬彬等一批国字号足球人才，为中国足球事业的发

[1] 乌拉圭.爱德华多·加莱亚诺，足球往事：那些阳光与阴影下的美丽和忧伤[M].

展做出了贡献。

2010 年，梅州市委、市政府审时度势、敢为人先，抓住国家发展足球的战略机遇，率先提出振兴“足球之乡”，出台《梅州市振兴足球之乡十年规划》。2013 年，梅州市委、市政府出台《梅州市关于加快发展足球运动的实施意见》，成立振兴足球之乡领导小组，分解十年振兴足球之乡工作任务，并与 42 个成员单位签订责任书，开始有序实施振兴足球之乡工作。2015 年起，先后出台《梅州市足球综合改革方案》《梅州市足球中长期发展规划（2020—2050 年）》《梅州市振兴足球三年行动计划（2017—2019 年）》《梅州足球特区建设规划》等一系列发展足球工作的政策，结合梅州实际规划提出具有梅州球乡足球工作特色的“五抓五实施”举措，从组织机构、人才培训、品牌赛事、场地建设、足球产业等方面真抓实干，并取得了明显成效。梅州足球成功探索了“政府引导、社会参与、企业支持”的山区足球特色发展模式。

经过十余年发展，梅州足球振兴战略实施取得了显著成效，得到了国家相关部委、省委省政府以及社会各界的充分肯定。梅州足球的场地建设、社会足球及青训工作多次在国家及省会议作经验交流。梅州先后获得国家体育总局授予的“中国体育非物质文化遗产保护与推广城市”和“中国足球协会青训中心”，被教育部评为全国青少年校园足球改革试验区，被住建部定为全国 6 个城市社区足球场地设施建设试点城市之一，是广东省足球试点城市。

梅州职业足球、社会足球、青少年足球跻身全省前列。2012 年和 2017 年，梅州获得全省百县（区）足球总决赛冠军。2018 年，梅州青少年女足时隔 20 年再次获得省运会冠军。2021 年，梅州青少年男足和女足获得多个全省足球锦标赛冠军。2021 年 7 月 15 日，中国足协发布《2020 年中国省市足球发展健康指数报告》，发布了 2020 年中国省市足球发展健康指数城市排名，梅州市以 82.8 分排名第一。

梅州从 2012 年开始扶持建立本地的职业足球俱乐部，在梅州各界人士的共同努力下，2018 年，梅州一度拥有“两甲一超”3 家职业足球俱乐部，到 2021 年底，梅州同时拥有男女两支中超职业球队，成为中国首个拥有两支中超球队的地级市。

2020 年，梅州市委、市政府在完成“十年振兴足球之乡”规划的基础上，提出以建设足球特区为抓手，进一步推进梅州足球改革及擦亮球乡品牌工作，先后出台《梅州足球特区建设规划》及其相关配套文件，提出以建设梅州足球特区为龙头，以梅州足球新的十年发展规划（2020—2029）和梅州足球发展重大改革方案为两翼的“一个龙头，两翼齐飞”的发展方针，以建设传承和弘扬中国南派足球技术风格的高地、中国足球发展体制创新的试验田、高水平足球人才输出的丰产田和现代足球产业融合发展的示范田的“一地三田”发展目标，遵循现代足球发展规律，整合城市足球发展资源，转变足球发展方式，加快形成“政府主导、社会参与、市场运作、统筹发展”的城市足球发展新格局。梅州足球特区的实施得到国家和省的充分肯定，国家体育局刊文鼓励，省政府列入体育强省工作。

展望未来，梅州足球特区建设工作立足国家足球改革发展的总体框架，依托梅州厚重的足球历史文化底蕴，浓郁的足球氛围，将梅州打造成中国城市足球创新发展的特色示范区和试点城市，争当中国足球改革开放的排头兵，实现加快发展梅州球乡的足球梦想。

作为一个山区、老区、苏区的地级市，梅州足球历史上星光闪耀，一代又一代杰出的先贤，为实现足球强国之梦奋斗终生。梅州完整见证和参与了中国现代足球发展的历程，是中国唯一因足球而被评为体育非遗的城市。经过十年振兴，梅州足球在新时期积累了良好的产业发展势能，这些是梅州球乡发展的宝贵财富。在梅州构建足球特区的发轫之年，为进一步总结梅州足球发展的历史经验，厘清及传承梅州足球奋进精神，梅州市体育局委托自媒体“全球客家名人堂”的主笔兼总编客名君撰写了这部《梅州足球史话》。

客名君是土生土长的梅州客家人，北京大学经济学硕士，对客家的历史人文有长期深入的研究，对家乡足球有深厚情怀及深切认识。作者站在全国乃至全球的角度，以足球文化和产业的视角，悉心撰写本书。作者参阅了大量历史文献和论文资料，并对相关单位、协会及知名人士做了大量访谈和研究，其中相当一部分文献是在足球领域为首次被系统地引用并编入历史。本书立足翔实史料，比较完整地梳理了梅州足球发展历史。全书图文并茂，内容丰富，客观公正，是一本颇具分量的历史书籍。

作为梅州足球第一本官方正史，以及中国内地第一部城市足球史，本书的出版，是对足球发展历史的系统整理和全面记录，也是对梅州足球先贤最好的纪念和传承。正如书中历史所述，振兴中国足球，是百年来中国人向往并奋斗的梦想。作为一名足球人，与梅州球乡有着深厚渊源，既能感受到球乡人民对足球的挚爱，也能感受到球乡踢球人与唱山歌之人一样多的文化氛围。本人以“序”概要介绍本书的同时，也希望梅州足球工作更上一层楼，在实现自己足球梦的同时，也为国家足球产业发展做出更大贡献，谱写更加美好的篇章。

值得纪念的是，2021 年 12 月 22 日，在本书正式通过嘉应学院足球（产业）学院。专家评审会论证的当天下午，九年磨一剑的梅州客家队以读秒速度在最后一刻冲超成功，为本书所载历史增添了闪亮的一笔，可喜可贺！祝福梅州，祝福球乡！

陈建新

梅州市足球协会主席

2022 年 2 月 22 日

CONTENTS

目录

第一章 发祥（古代—1873年）

梅州，古称嘉应州，历史悠久，人文深厚，是历史上客家人从中原南迁的最后落脚点，也是明、清以来客家人衍播四海的主要出发地，被誉为“世界客都”[1]。梅州从南齐建县以来，先后有过程乡、恭州、敬州、梅州、嘉应州、嘉应府、梅县、梅县市等名称。客家人的祖先是来自古代北方古中原地区的汉族，自秦朝开始，主要在宋元明期间，向南经过迁徙，逐渐形成今天的汉族客家民系。客家文化传承中原汉族崇尚正义、重文尚武的特点，并具有迁徙民系的开放性、包容性和开拓性，这些特质，让梅州跟足球结缘。19世纪，欧洲巴色会传教士将足球带到中国内地，第一站就是梅州。他们发现，嘉应州（梅县）是“学校之城”，好比希腊的雅典，而兴宁则是当时的商业之城，好比希腊的科林斯。[2]

第一节 蹴鞠，客家人的中原记忆

2004年7月15日，在第三届中国国际足球博览会上，时任国际足球联合会（FIFA）主席约瑟夫·布拉特（Joseph S. Blatter，1936— ）向世界宣布“足球起

[1] 方正，曾强，凌峰. 梅州倾力打造“世界客都”[N]. 南方日报，2004-05-17（A05）.

[2] 施拉德（Wilhelm Schlatter）原著，戴智民（Richard Deutsch）、周天和 译，真光照客家 巴色会差会早期来华宣教简史（1839—1915）. 基督教香港崇真会. 2008. 3. p113.

源于中国”[1]，山东省淄博市被确认为世界足球的发源地，古代中国的蹴鞠被确认是世界足球运动的最早雏形。亚洲足球联合会秘书长维拉潘（Peter Velappan）颁发了起源纪念杯和证书。

前国际足联副主席李惠堂（1905—1979）在著作《足球经》中提及，1948年他在英国罗布雷进修国际教练文凭时，其英国讲师曾对学员提及中国古人发明了足球，名叫蹴鞠，并将蹴鞠口诀“身如立笔、手如提物、身用旋安、脚用活立”用英文讲出来，问李惠堂翻译得如何。[2]

李惠堂由此感叹：“可见考古的英国人也承认中国是足球的鼻祖。可惜我们古代的任何艺术，差不多都湮没失传，今日我们的足球技巧反远落人后，言之可叹。”他随后罗列了《鞠城铭》：圆鞠方墙，仿象阴阳；法月衡对，二六相当；建长立平，其例有常；不以亲疏，不有阿私；端心平意，莫怨其非；鞠政犹然，况乎执机。这是东汉李尤写的规定，铭刻在鞠城上，意思是：“圆足球方城墙，仿象阴阳之天圆地方。两边各六个球门，一队十二人上场。比赛时裁判长和副裁判，要坚决执行比赛法章。不怀偏袒私心，不因亲疏异样。公平公正，则无怨言。球赛如此，何况执政。”

蹴鞠，亦称“蹋鞠”，翻译为现代汉语就是“踢球”，其中蹴是“踢”，鞠是“球”。蹴鞠，现代拼音是 cù jū，但如果用中古拟音[3]，就是 chiuk giuk，这是在蹴鞠鼎盛的宋代官话发音，是苏东坡、高俅时代的发音，和今天梅州客家话（ciug giug 或 kiug）的发音几乎一致。

蹴鞠起源于北方中原地区，在战国时期是中国民间流行的娱乐游戏，汉代至三国开始成为家家用来练兵的活动，唐代成为宴乐必玩的娱乐，宋元时期则是宫廷和民间盛行的运动，出现了民间蹴鞠组织与蹴鞠艺人[4]。中国历史上最早的足球为蹴鞠团，有据可查的中国最早的蹴鞠团体杭州齐云社。南宋时期，临安（杭州）成立了“齐云社”，又称“圆社”，专事负责蹴鞠活动的比赛组织和宣传推广。这是中国最早的单项运动协会，类似现今于足球俱乐部，也是世界上最早的足球俱乐部。

明清时期因官方不提倡，蹴鞠走向衰落。因此有着悠久蹴鞠历史的中国，未能将传统足球发展为现代足球。现代足球是舶来品，正如徐珂《清稗类钞》所云：

[1] FIFA-FIFA. com-History of Football-The Origin.

[2] 参见李惠堂1957年著作《足球经》。

[3] 《广韵》屋韵：“鞠，蹋鞠，以革为之，今通谓之球子，（渠竹切，）又菊、麴二音。”

[4] 参见南宋王明清的《挥麈后录》。

"足球，与蹴鞠相类，盖效西法也，宣统时盛行之。其质料为印度橡皮或涂橡皮胶之帆布，鼓气令满，外裹以皮囊，圆径约八九寸。"[1] 清末鸦片战争之后，现代足球被英国海军带到香港租界地区，最早的华人足球俱乐部是成立于 1908 年的香港南华足球队，是李惠堂的母队。

蹴鞠在古代的中原已经打法精妙、组织完善并广泛普及。但文明发达的中原地区历来也是兵家必争之地，在历次改朝换代的兵燹中，大批中原汉人为避祸存族，远徙异域他乡。古代客家先民在秦征岭南融百越、西晋永嘉之乱、东晋五胡乱华、唐末黄巢之乱、宋室南渡等历史时期，从中原大举南迁，陆续迁入南方各省，并以赣、闽、粤交界地带的赣州、汀州、韶关、惠州、梅州、深圳、河源等为基地，外迁到南方各省乃至东南亚及世界各地，成为汉民族中一支遍布全球且人文独特的民系。[2]

梅县地区最早的中原迁客，始于秦朝。《广州人文浅说》一文说"那时秦朝有个将领史禄，屯兵揭阳一带，其部属之一部分留在梅县地区，这就是客家最初的由来。"[3] 晚清学者章太炎说："广东惠、嘉二州东及潮之大埔、丰顺……言语敦古，与土著不相能，广州人谓之客家。"

"梅州"一名则始于南宋开宝四年（公元 971 年），"嘉应州"则从雍正十一年（1733 年）一直沿用至清宣统三年（1911 年）。"嘉应"意思是"祥瑞"，也指在南方保风调雨顺的赤龙神嘉应王。史载梅州曾多次出现祥瑞：《宋史》载，政和六年（1116 年）"梅州枯木生枝"，绍兴十六年（1146 年）"梅州孔子庙生芝"；《雍正朱批谕旨》载，清雍正七年（1729 年）起，粤东连年稻麦丰收，频现嘉禾[4]。雍正看了广东巡抚杨永斌的奏折后龙颜大悦，朱批"休征嘉应"，并在雍正十一年（1733 年）三月十四日，钦定州名"嘉应"，辖程乡、平远、镇平、兴宁、长乐五县，即"嘉应五属"。[5] 清宣统三年（1911 年），嘉应州复名梅州。

梅州（Meizhou，传统外文名为 Meichow/Kaying）地处广东省东北部山区，在粤、闽、赣三省交界处，面积 1.5925 万平方公里。这里是客家先民入粤定居较早的地区。民国在梅县办学并推广足球的著名学者、中山大学教授古直（1885—1959 年，梅县梅南人），曾用"五岭东趋尽揭阳，中有梅花乡，横枝独傲冰雪里，

---

[1] 徐珂.《清稗类钞》[M]. 北京：中华书局，2010.

[2] 客名君. 寻味客家[M]. 九州出版社，2020. 11. 400.

[3] 李松庵. 客家人的几次南迁初探[J]. 岭南文史，1983（01）：95–103.

[4] 《孙氏瑞应图》称："嘉禾，五谷之长，盛德之精也。"《礼斗威仪》曰："其政升平，则嘉谷并生。"

[5] 参见《乾隆嘉应州志》。

畸人节士代相望”的歌词，描绘家乡梅州的山水和人文。梅州籍爱国诗人丘逢甲曾撰联描述家乡山水和家族来源：“地势据赣闽粤之交，山水清雄，环百里自成小聚；族居自宋元明以降，渊源宏远，从廿世再渡初迁。”[1]

由于客家地区山多地少，为了谋生，客家人继而又从梅州播迁到世界各地，因此梅州又被称为“世界客都”。梅州外迁人口最多，广泛分布全国各地，并向海外播迁。遍布全世界的客家华侨，主要来自梅州，所以梅州被称为“华侨之乡”。1989 年世界客属联谊会、1994 年第 12 届世界客属恳亲大会、2009 年首届世界客商大会都在客都召开。

梅州有着悠久的行政历史（详见书末附表），从南齐建县以来，先后有程乡、恭州、敬州、梅州、达鲁花赤（元朝对梅州的命名）、嘉应州、嘉应府、梅县、梅县市等县、州、府、市名称。在秦汉时梅州属岭南王赵佗的南海郡，南齐年间始设程乡县，以纪念从中原南下定居本地的名士程旼（419—518 年）而命名。南汉刘晟乾和三年（中原后晋开运二年，945 年），程乡县境设敬州。北宋开宝四年（971 年），因敬州之名犯宋太祖的祖父赵敬之讳，改敬州为梅州。这是梅州一名使用之始。

何以称梅州？一说来源于匡助汉高祖破秦有功并曾受封于此的梅鋗将军[2]。清雍正十一年（1733 年）三月，程乡县升为直隶嘉应州，钦定州名为嘉应。雍正十年（1732 年），广东总督鄂弥达推出梅州恢复州治方案，雍正皇帝朱批钦定州名为嘉应州。新州成立大典在梅州城外东较场举行，钦差大臣宣读钦定圣旨，粤总督鄂弥达向首任州官王元枢颁发委任状和嘉应州印鉴，并现场检阅新建城防部队的会操表演。东较场鼓乐喧天，人头攒动，全体人员赴社稷坛祭祀社稷之神，祈祷五谷丰登、风调雨顺；到城隍庙祭祀城池之神，祈求地方安宁，商旅无忧；又到孔庙祭孔圣人，祈求人民向化、文教昌盛。东较场后来成为梅州足球文化福地。

此后，嘉应州成为当时全国 420 多个府（直隶州）之一、直接受广东布政司领导的 13 个府（直隶州）之一。程乡、平远、镇平、兴宁、长乐等一州五邑，构成了后人所悉知的“嘉应五属”，标志着当代梅州市行政区域的初步形成。民国元年（1912 年）废除州、府制，嘉应州改称梅县地区，公元 1988 年再次改设梅州市，2013 年 10 月，梅州市梅县撤县设区，设立梅州市梅县区。梅州市辖今梅江区、梅县区、兴宁市、大埔县、丰顺县、五华县、平远县、蕉岭县 2 区 1 市 5 县。

[1] 丘逢甲故居屋内上堂对联。

[2] 参见清《光绪嘉应州志》卷二，明朝翰林院编修、程乡人李士淳论述。

梅州山水清雄，耕地很少，先民自中原迁徙至此，初为不毛之地，且寇乱频繁，谋生不易，因此，客家人为提高生存适应能力，养成了崇文尚武的风气。民国诗人、雕塑家、外交官李金发曾说梅州男人"斯斯文文写得，粗粗鲁鲁打得"。[1]这种文武兼备的气质，在梅州很多足球名宿身上有所体现，李惠堂、曾雪麟、杨霏苏等人，都是绿茵场上可驰骋、拿起笔来可作文的典范。

梅州人自古崇文重教，民间称不识字为"瞎眼"，即使是贫家农妇，也会不辞劳苦积资让孩子读书。据宋代梅州州官王象之《舆地纪胜》载："方渐知梅州，尝谓：梅人无植产，特以为生者，读书一事耳。"《乾隆嘉应州志》亦有记载："士喜读书，多舌耕，虽穷困至老，不肯辍业。"宋明时代，梅州到处书声琅琅，"四斋弦诵之声，不绝里巷"；清朝时，学宫、书院、私塾、社学、义学等各类学校遍及嘉应州的州城和乡村，"十室之邑，必有一校"。

北宋梅州知州滕元发创立州学，后谏官、名臣刘安世（1048—1125年，号元城）谪居梅州，创元城书院教书育人。刘安世是司马光的学生，官至左谏议大夫，以直谏闻名，人称"殿上虎"，后被贬到梅州，因刚正有胆，被文豪苏轼（东坡）赞誉为"铁汉"，其后代宗祠以"铁汉堂"作为堂号。苏轼所誉"铁汉"，就是后来梅州第一支职业足球队梅县铁汉生态队的名称来源，该俱乐部投资人刘水来自梅州蕉岭，以家族祠堂堂号命名公司和球队，口号是"铮铮铁汉、顶天立地"。

明清以降，梅州文教再度发达，并逐渐在闽粤赣地区脱颖而出，成为地区文化中心。清代梅州科举人才喷涌，出现了"五科连解"（广东乡试接连五科头名均为嘉应人）"一科五进士""父子四进士""三代三翰林"等盛况。在清朝300多年间，嘉应州程乡县共考取举人621名、进士89名，数倍于其他各州，"人文为岭南冠"，故有"文化之乡""人文秀区"的美誉。据《光绪嘉应州志》记载，清嘉庆二十年（1815年），嘉应州考秀才者达万人，文举人1490人，文进士221人，翰林33人。梅州崇尚兴教办学，从辛亥革命至2021年，梅州出了358名大学校长（含党委书记）。[2]

梅州自古有崇尚武艺的传统，从衣冠南渡到漂洋过海，客家人必须勇敢尚武，才能抵御外侵，保卫宗族和家园。英国人爱德尔在其著作《客家人种志》和《客家史纲》中评论："客家人乃刚柔相济，也就是既刚毅且仁爱的民系，而有不畏

[1] 李金发. 李金发回忆录. 东方出版中心. 1998.

[2] 参见梅州大学校长馆名单。

强暴的特性。”特别在民族存亡之际，客家人积极投笔从戎，以炎黄族胄，舍生取义赴国难。他们当中，不乏“文能提笔、武能上马”之辈。据《嘉应州志》和《梅县教育志》记载：清代，梅县经乡试考取举人的有621人，内有解元15人，其中文解元10人，武解元5人。在五华、兴宁等地，历史上武举人数量不少。清乾隆二十四年至二十五年，长乐县一下出了三个武举人：锡坑人李南馨、华城人李威光和横陂人魏大斌。这三个地方，也是后来五华出足球人才之地。在殿试中，李威光被乾隆钦点为武状元，后来任闽安水师副将、福建南澳总兵官。

梅州自古以来是军事战略的要地，也是盛产将才的高地。宋末文天祥曾领兵涉足此地，晚清太平天国天王洪秀全和玕王洪仁玕等祖籍嘉应州石坑堡，太平军石达开的部将石镇古、石镇常、康王汪海洋曾转战梅州。作为原中央苏区，周恩来、朱德、叶剑英等无产阶级革命家、政治家、军事家来过梅州开展革命事业。杨雪如、林一青等人在这里的学校任教以掩护地下革命，中央军委原总参谋部代部长朱云卿也是梅县人。

自辛亥革命以来，梅州将星彪炳，除了叶剑英元帅外，还涌现了558名将军，其中上将13人、中将116人、少将429人。[1]广东北伐军总司令姚雨平，粤军第一师师长邓仲元、粤军第二师师长张民达、北伐粤军总司令部少将参谋长兼敌前指挥张文，抗日名将罗卓英、黄琪翔、吴奇伟、范汉杰、钟彬、赵一肩、赵公武、温鸣剑、罗又伦、谢晋元、姚子青、黄梅兴、李友梅、李则芬等；中国人民解放军邓逸凡、萧向荣、曾国华等将军均是梅州籍将军中的优秀代表。他们中有一些小时候在梅州踢过足球，曾经也是在家乡围龙屋附近的土球场上驰骋过的足球少年。

客家民系根在中原，传承了中原文化忠孝节义、胸怀天下的格局，并且“最富爱国保族的思想”。[2]。客家人慎终追远，不论到哪都不忘自己的祖先和郡望，各姓各村都有敬祖穆宗的祠堂。历史上客家先民在异族侵略中，被迫逃离家园、流落他乡，在颠沛流离、险象环生的征程中，客家人深知“皮之不存，毛将安附”与“覆巢之下，安有完卵”的道理，有着浓厚的家国情怀。这种精神在梅州足球历史中，表现为一种团结和拼搏的精神，是球场上体现的民族主义、爱国主义和英雄主义。

客家人有一种“屈强介立”的性格，这种高贵的精神被形容为“硬颈精神”，

---

[1] 据中国客家博物馆将军馆序言。

[2] 罗香林. 客家研究导论[G]//兴宁文史. 梅州：广东省兴宁市政协文史资料研究委员会2003：198.

即自信自立、敢打敢拼、不畏强暴、不易服输的精神。1930年，中山大学古直教授在文章《客家对》中，论及客家人性格："今以播迁之旅，迫处五岭间，犹不屈已从人，维冀式彀似我。屈强介立，自画鸿沟，永永年年，长皆客名。"他认为，客名（客家人的名声）之所以流传千载，是因为客家人有着"屈强介立"的性格。"屈强，谓不柔服也。"（参见颜师古注《汉书·陆贾传》）这种敢打敢拼、坚毅耐苦的精神，也被众多梅州足球人发挥到训练场和足球场上。客家人有崇正兴仁的传统，对足球人而言，这种价值观转化成保障足球场上团队协作的运动智慧，在大环境不佳的情况下，好球品还有安身立命的作用，使球员不致因走偏路而影响体育生命。

明代中叶以来，客家人逐渐从闽粤赣边区向岭南渗透，16世纪中叶从梅州盆地进入东江下游的惠阳、博罗等地。清初开海禁之后，更深入到东江下游增城、东莞、深圳及香港等地。[1] 清仁宗嘉庆二十四年（1819年）舒懋官《新安县志》首度出现了"官富司管属客籍村庄"的记载，列出数以百计的客家村落，显示客家人已在新安（今深圳宝安）站稳脚跟，这些客家人有不少迁自梅州，是深圳的早期开拓者。

晚清咸丰同治年间，广东土客族群间矛盾至深，台山赤溪等原五邑地区发生旷日持久的大规模械斗，死伤百万以上。但因同时代有太平天国起义、第二次鸦片战争、广东洪兵等内外大事件，这场土客械斗渐被淡忘。但这场残酷的大械斗，促使台山有一大批客家人避至香港，或向东南亚、美洲移民。[2] 为了谋生，他们作为"契约华工"（俗称"卖猪仔"）出洋，或受在外华侨所托跟"水客"而出，其中悲苦和艰辛难以尽数。

19世纪40年代，鸦片战争爆发，英国人用坚船利炮轰开了清王朝封闭的国门。1841年英军登陆香港岛，并带来了现代足球。咸丰、同治年间，现代足球随着英国士兵的戏逐而在香港发展。

1851年，祖籍嘉应州石坑堡的广州花都人洪秀全（1814—1864年）、冯云山（约1815—1852年）因不满清廷政治腐败并渴望建立"天下为公"的盛世，在广西金田借"拜上帝教"发动太平天国起义，并在两年内以燎原之势占领南京，之后和清军展开长达14年的酷烈战争。1864年，以客家人为主的太平天国在清

---

[1] Leong, Sow-Theng, 1997, Migration and Ethnicity in Chinese History Hakkas, Pengmin, and Their Neighbors. Stanford: Stanford University Press. p43- 63.

[2] 刘平. 被遗忘的战争：咸丰同治年间广东土客大械斗研究（1854—1867）[M]. 商务印书馆，2003.

廷的绞杀中覆灭，其溃散残部和洪门秘密会党天地会等组织遭到清军围捕。幸存的义军残部，被迫向香港、澳门等沿海一带和海外的东南亚、南美洲等地逃亡，形成客家人又一次大迁徙。

在太平天国陷落的前一年，公元1863年10月26日，来自11个英国伦敦俱乐部和学院的代表们在伦敦皇后大街共济会酒馆召开会议，制定了足球规则并创立足球组织——英格兰足球总会，这一天被历史学家公认为世界现代足球的诞生日。10年后，1873年，欧洲传教士跟随旅居香港的五华籍牧师的脚步，将足球首先带到了嘉应州长乐县的元坑村。

第二节　中国内地现代足球发源于梅州五华元坑

香港位于珠江口东侧，有香港岛、九龙半岛和新界三个区域。南宋时期，香港出现了第一批躲避金、元战祸的移民，其中来自江西者，包括文天祥家族后裔，实为早期的客家人。[1] 清朝对中国大陆沿海居民进行迁界，以隔绝台湾，使香港人口为之一空。清朝平定台湾后，乃广招移民实边，遂有粤东梅州五华等地的客家人入垦香港，并以打石工艺建设早期香港，成为香港原居民的重要组成部分。

清宣宗道光二十二年（1842年）中英鸦片战争后，依《南京条约》割让新安县所属之香港予英国。清文宗咸丰六年至十年（1856至1860年）第二次鸦片战争英法联军入侵，依《北京条约》再割让九龙半岛界限街以南地区。清德宗光绪二十四年（1898年），中英签订《展拓香港界址专条》，中国将新安县深圳河以南地区以99年为期租借与英国，此即香港之新界，香港岛、九龙与新界三区，共同构成香港殖民地。

这一时期部分客家人移入新界地区，主要从事农业，部分则迁入九龙牛池湾、香港岛筲箕湾，主要从事石艺，其中包括来自“工匠之乡”长乐县（五华）的客家人。长乐石艺早在400多年前开始崛起，并在香港发展中大展拳脚。清道光年间，来自五华大坝的邓焦六为谋生只身出走香港打石，五华水寨曾三利兄弟徒步跋涉到香港九龙开设元昌和三利石行，后成巨富。五华李瑞琴、杨发利、李浩如（球王李惠堂的父亲）等一批石工陆续闯荡香港。香港建楼起厦、铺桥筑路、移

[1] 曾建元，消失和重生的香港客家，中华行政学报，第二十期，p7-23，2017/06/01.

山填海、机场隧道等宏大工程，大多出自五华石匠之手。[1]

新界北部和东部的客家人保持了客家聚落，而香港岛和九龙的客家人则在都市化的进程中逐渐融入香港广府人社会。巴色会传教士欧德礼（Ernest John Eitel）后来在一篇文章中提到了当时香港不同族群的差异："从明代开始，两个完全不同的中国人部落（文中指广府人'Puntis'和客家人'Hakkas'）便构成了香港与九龙的本地人口，他们在语言、风俗及举止上存在差异。……客家人（Hakkas）性格温和，刻苦而诚实。"[2]

巴色会（Basel Mission）是基督教新教会，1815 年 9 月 25 日成立于瑞士北部德语区的巴塞尔市，是一个由基督徒教会会众以及位于瑞士和德国南部的教堂所支持的组织。[3]19 世纪下半叶至二十世纪上半叶，巴色会在紧邻香港的粤东南香港、深圳、东莞等地及粤东北梅州、龙川、河源等客家人聚居区传教[4]。

巴色会主要用客家话传教，并且只对客家人传教，所以又被称为"客家教会"，但巴色会并非所有客家地区都去。1898 年英国人调查统计当时新界客家人居住的村庄有 255 个，比讲广东话的本地人村庄多，[5] 但巴色会并未深入这些新界腹地的客家聚落。巴色会也并未涉足历史学家罗香林（1906—1978）提及的赣南、闽西、湖南、四川、台湾等客家地区。[6] 他们在中国建立的传教站主要分布在香港至梅州之间沿途的客家地区，包括新安、东莞、紫金、五华、兴宁、梅县、蕉岭、龙川、河源、惠阳、宝安等客家地区，共建了传教站 13 处，有中国教徒 6197 人。

到 19 世纪末，巴色会共派遣了 52 名传教士来华，是进入中国最早且向中国

[1] 徐承恩，《香港：郁躁的家邦——本土观点的香港源流史》[M]，新北：左岸文化事业有限公司，2017：p29.

[2] Eitel, Ernest John, 1895, Europe in China The History of Hongkong from the Beginning to the Year 1882. London: Luzac. p132.

[3] 陈丽华，香港客家想象机制的建立：1850—1950 年代的香港基督教巴色会。全球客家研究，2014 年11月第3期，p139–162.

[4] Lutz, Jessie Gregory and Lutz, Rolland Ray, 1998, Hakka Chinese Confront Protestant Christianity 1850–1900. Armonk, N. Y. : M. E. Sharpe. p6–11.

[5] 骆克（J. H. Stewart Lockhart），2010[1898]，〈骆克先生香港殖民地展 拓界址报告书〉。页 180–238，收录于刘智鹏编，《展拓界址：英 治新界早期历史探索》。香港：中华书局（香港）有限公司。

[6] 罗香林，1933，《客家研究导论》。广州：兴宁希山书藏。罗香林，1950，《客家源流考》. p1–106，收录于香港崇正总会编，《香港崇正总会三十周年纪念特刊》. 香港：香港崇正总会，p1–106.

给洪仁玕和张复兴施洗的瑞典籍传教士韩山明
（Theodore Hamberg，1819—1854）

德籍传教士黎力基，将自己的53年时光用于在客家地区布道
Rudolf Lechle，1824—1908

派出传教士最多的德国新教传教会[1]。巴色会派到中国的这些传教士，都受过良好教育并且信仰坚定，他们带来了西方先进的教育体系、医疗技术，是当时中西方文化交流的精英。

1844年，德国籍传教士郭士立（Karl Friedrich August Gützlaff，1803—1851年）在香港设立福汉会。郭士立参加过鸦片战争，其早期经历和传教动机存在极大争议，但他是第一个到华南传教的德国人。[2]1846年，应郭士立之请，瑞士巴色会派出韩山明（Theodore Hamberg，中文名又作韩山林、韩山文、咸北，1819—1854年）、黎力基（Rudolph Lechle，1824—1908年），于1847年3月19日抵达香港。[3]

韩山明和黎力基是当时真正有志于到艰苦地方“为上帝传播福音”的卓越传教士。韩山明是瑞典化学家Nils Peter Hamberg的亲弟弟。他有着强大的语言天赋，能用美妙流利的客家话来表达，词汇丰富，让人感觉听他传教和交谈是一件乐事。他编的客语词典，发音地道，词汇丰富。韩、黎二人成了客家传教的先锋，对巴色会定位向客家宣传教而后深耕嘉应州起了奠基作用。根据巴色会规定，在传教过程中，他们不许接受德国等政府机构的资助，也不许通过金钱交易来达到吸收信徒的目的。前期的开拓工作对他们的能力和意志都是一场巨大考验。

当时英国的伦敦会和浸信会已分别渗透了香港的广府人和潮汕人，黎力基、韩山明分别到潮汕、宝安传道。当时清廷明令禁止外国教士进入内地传教，并且严禁华人接待外国教士，否则即遭酷刑惩罚。黎力基乘船到海丰，遭遇了劫匪洗劫和毒打，同行的工人被杀。他返港疗伤，并于翌年再到潮州南澳岛等地布道，

---

[1] 冷剑波. 巴色会与广东客家人下南洋关系考略[J]. 汕头大学学报（人文社会科学版），2014，30（06）：31-34+95.

[2] Lutz, Jessie Gregory, 2008, Opening China: Karl F. A. Gutzlaff and Sino-Western Relations, 1827—1852. Grand Rapids, Mich.: William B. Eerdmans Pub. Co. p 215-332.

[3] 浩然. 黎力基牧师潮州开基祖. 基督教周报第2238期（2007年7月15日）。

均遭白眼，无人租屋收留，整年颠沛流离，屡遭驱逐。

最早接纳他们的是在香港和布吉的客家人。到1851年，他们只召集了一小批客家人听道，他们是一些从嘉应州、东莞等地到香港的移民。[1]在布吉墟最早接纳韩山明并支持巴色会办义学的，是祖籍嘉应州的凌振高一家。

1852年，凌振高（1842—1932）和8岁的儿子凌启莲，由韩山明受洗入教，成为深圳最早一批基督教徒。凌启莲在李朗神学院接受教育，之后在梅州五华的樟村、元坑和新安的李朗等地任教职，献身教会36年。他既牢记祖先的先贤懿训，又笃信基督的救世福音，是当时融汇中西文化的客家典型代表。凌启莲的子孙教育水平很高，涌现多位大学校长、医院院长、大学教授、爱国巨商等，成为近代深圳第一家族。

1850年代，不少与太平军有关联的嘉应州客家人在清廷追杀下由广东逃来香港。同时期广东五邑地区爆发了酷烈的土客战争，一些赤溪的客家人被迫逃到香港。[2]黎力基代向港府请准建屋安置他们，他们感念恩德，前来听道。

1852年，巴色会经济困难，但韩、黎二人坚决反对停止在华传教事业，他们决定集中向客家人传教。[3]太平天国天王洪秀全的族弟、拜上帝会早期创始成员洪仁玕（1822—1864年，广州花县客家人，祖籍嘉应州石坑堡），早年因金田起义躲避清廷追捕，避至东莞牛眠埔的永培书室，得巴色会华人牧师张振鸿收留，并获其子张彩庭从中照应，两人成为莫逆之交。[4]1853年9月20日，洪仁玕、张彩庭在布吉受韩山明施洗入教。

韩山明将洪仁玕口述的历史过程写成《太平天国起义记》，并将稿酬悉数资助洪仁玕等人北上天京。洪仁玕历险赶到上海，因战事正炽，欲到天京而未果，就在伦敦布道会的墨海书馆居留半年，后来返港当牧师八载有余。期间他悉心了解欧美政治、军事、经济、法治、教育等，以资来日赴天京时辅助天王。1858年，洪仁玕再次历险赶赴天京，获天王重用，他受命总理朝政，条陈《资政新篇》，希望通过资政变革，培养"德才兼备、文武双全"的"英杰"，实现"兵强国富、俗厚风淳"的理想。洪仁玕代表了当时渴望通过学习西方改变中国落后面貌的革

---

[1] 陈丽华，香港客家想象机制的建立：1850—1950年代的香港基督教巴色会。全球客家研究，2014年11月第3期，p139-162.

[2] 刘平. 被遗忘的战争：咸丰同治年间广东土客大械斗研究（1854—1867）[M]. 商务印书馆, 2003.

[3] 施拉德（Wilhelm Schlatter）原著，戴智民（Richard Deutsch）、周天和 译，真光照客家 巴色会差会早期来华宣教简史（1839—1915）. 基督教香港崇真会. 2008. 3. p20-42.

[4] 刘中国. 洪仁玕、韩山明与近代中国第一部口述回忆录[J]. 特区实践与理论，2007（04）：77-80.

张复兴，Tsen Fuk-tschin
（顾士曼于1888年绘制）

命先驱，他的思想超前于时代，战争的发展让他的蓝图无从实施。

张彩廷被他邀召入天京，授职户部侍郎。1864年7月，天京陷落，洪仁玕和张彩廷皆被清廷处以极刑。张彩廷之子张声和被带至巴色会牧师处寄居[1]，隐姓埋名得以保全，长大后也入了教，43岁时由巴色会的边得志总牧调到香港，后担任巴色会香港总会首任华人会长[2]。边得志总牧，正是将现代足球从千里迢迢的欧洲带到五华元坑的传教士。

香港开埠后对石料的需求增加，吸引了擅长石业的五华人。[3]1851年，五华人张复兴（原名张亚新，1811年生于广西，受洗后改名张复兴，又叫张兴）在香港接受了巴色会传教士韩山明施洗，之后跟随韩山明在布吉传道。

1854年，黎力基的新婚妻子患痢疾去世，16天后，韩山明也因为心脏病去世。交困之下，黎力基接过韩山明的客语词典编写和在客家地区传教的工作。他的工作卓有成效，1855年在中国传教的21个教会中，巴色会是入教人数最多的，达到205人。[4][5]

黎力基来华时，发现所到之处的女性生存处于悲惨境地，杀女婴现象、童养媳现象非常普遍。在1855年，经黎力基坚决申请，巴色会批准他在李朗开办女校，这是客家地区最早的女校。那些女孩刚来学校时，像动物一样目光呆滞，没有受过教育，进来的时候已经是指定的新娘，家人随时可以把她们叫走。之后巴色会又顺着张复兴开拓的传教路径，先行入驻张复兴的家乡——嘉应州长乐县（即五华）。[6]

五华（Ngfa），北宋熙宁四年（1071年）置县，史称长乐县（Tschonlok）。古长乐县从战国时起是百越地，秦汉三国晋时归属南海郡龙川县地。汉高祖十二年

[1] 香港华人基督教联会. 太平天国有后人做牧师. 基督教周报. 第1835期（1999年10月24日）。

[2] 参见张祝龄《张声和牧师传》。

[3] 陈丽华. 香港客家想象机制的建立：1850—1950年代的香港基督教巴色会. 全球客家研究. 2014. 11. p139-162.

[4] 施拉德（Wilhelm Schlatter）原著，戴智民（Richard Deutsch）、周天和 译，真光照客家 巴色会差会早期来华宣教简史（1839—1915）. 基督教香港崇真会. 2008. 3. p55.

[5] 王元深，1906，《圣道东来考》。香港：出版者不详。

[6] 梁炳华编，2011，《深水埗风物志》，p119. 香港：深水埗区区议会。

（公元前195年）汉使陆贾在五华山下受命封赵佗为南越王。赵佗筑台于五华山下，名为“长乐台”，此地就名为长乐。东晋时长乐为东官郡兴宁县属地，南齐时属齐昌县，梁初废齐昌县，属兴宁县。隋朝时属循州，治归善县（今惠州市东）。清雍正之后长乐隶属于嘉应州。民国三年（1914年）为了与福州长乐县区别，用五华山命名，改为“五华”。

张复兴建的樟村教堂（绘画）
美国南加州大学图书馆国际使命摄影档案馆（IMPA）数字档案

嘉应长乐人自古崇文重教，习武成风，豪侠好义，因僻居山野，多以打石、打铁、撑船等为产业。据《长乐县志》载：邑人多膂力、尚勇，负羽从军者众。自宋熙宁四年（1071年）设置长乐县以来，涌现出了诸多武举人、武进士。清朝长乐出过全国武状元李威光、榜眼曾琼琲、四川提督江童茂、广东提督魏大斌、福建提督李南馨等。客家有句话叫“五华人，硬打硬”，说的就是五华人有一股劲勇忠义之气。这种敢作敢为的气质也体现在张复兴身上。

张复兴所建樟村教堂
（摄于1881—1910），美国南加州大学图书馆国际使命摄影档案馆（IMPA）数字档案

1852年，五华等地闹灾荒，张复兴向巴色会建议拨款回乡救济，之后回到家乡五华樟村布道。[1]翌年他引荐自己的家乡高寨的两位亲戚和来自粘坑的徐亚四伯（受洗后改名徐复光）父子到布吉由韩山明施洗。1855年11月，徐复光来到元坑传教，使元坑、粘坑、猪坑等地成为教区。[2]1858年，张复兴从无到有，筹款在五华樟村建了教堂

五华元坑村的孩子们（约摄于清末民初）
美国南加州大学图书馆国际使命摄影档案馆（IMPA）数字档案

[1] 宋德剑. 冲突与调适：粤东客家基督教信仰的文化人类学研究——以广东梅州五华县大田樟村为例[J]. 文化遗产，2012（03）：110-116.

[2] 古子青. 近代中国足球运动发源地小考[J]. 广东史志. 视窗，2007（2）：71.

边得志（Bender, Heinrich，德国人，1832—1901，摄于 1862 年）
美国南加州大学图书馆国际使命摄影档案馆（IMPA）数字档案

毕安（Piton, Philippe Charles，法国人，1835—1905，摄于 1862 年）
美国南加州大学图书馆国际使命摄影档案馆（IMPA）数字档案

元坑教会的真道堂（绘画）
美国南加州大学图书馆国际使命摄影档案馆（IMPA）数字档案

"德华楼"，为粤东第一间客家教堂。五华由此成为巴色会进入嘉应州的第一站。

1862 年，巴色会的韦永福和巴陵会（Berlin Mission，又叫柏林会、德国信义会，主要针对广府人传教）的韩士伯两位传教士经过十天危险的旅程，于 3 月 19 日来到长乐樟村并为村民施洗，这是外国传教士首次来到长乐。1863 年秋黎力基到了樟村，之后巴色会决定每年派两位传教士长驻长乐。[1]1864—1892 年，边得志、毕安、屈能伸等传教士先后驻任樟村。

1863 年，黎力基到距樟村约 40 里的长布元坑传教。长布镇原名"长蒲"，1949 年易名长布，在五华西北，与河源东源和紫金古竹毗邻。

长布元坑村，当时称元坑里，背依海拔 1318 米的七目嶂，风景优美。这里有着客家风水师形容的"丝线吊金钟""狮子滚绣球""一目五行山""朝向五重案""白马锁水口"等山形地势。当时的元坑偏远而贫困，传教士从香港过来，一路须借助马匹、舟楫、步行，跋山涉水。途中可能遭遇热病、械斗，在元坑和樟村之间的大田还有很多对基督教有敌意的人们，因其教理反对祭祖等习俗。

1862 年，巴色会派遣德国传教士边得志（Bender, Heinrich，德国人，1832—1901 年，又译作边得志、海因里希・本德）来华，并于 1864 年入驻张复兴所建的樟村教

[1] 施拉德（Wilhelm Schlatter）原著，戴智民（Richard Deutsch）、周天和 译，真光照客家 巴色会差会早期来华宣教简史（1839—1915）. 基督教香港崇真会. 2008. 3. p98.

区。边得志在樟村驻堂，同时把离樟村四十公里的元坑作为传教地点。他从住所出发，平均要步行5小时去探访信徒居住的周围十五个村庄，有时也翻山越岭到紫金等地巡回布道，为信徒举行洗礼。

19世纪60年代，在边得志的故乡德国，足球运动已在全国开展，1860年，德国首家俱乐部“慕尼黑1860”成立，随后足球俱乐部在德国如雨后春笋般涌现。[1]“边得志是一个超级足球迷。他在元坑中书馆建了一个足球场，教学生们如何踢足球。于是，足球在五华逐渐流行起来。”[2]若边得志到梅州时就带着足球,那么可以推理，现代足球在1864年就到梅州了，但这部分并未发现史料记载。

1864年，巴色会委派29岁的法国传教士毕安到中国与边得志共同传教。毕安是位杰出的学者，精通客家语言和文化，是最早把现代教育体制引入中国的西方学者之一。这一年，嘉应州正遭受天灾、兵燹，五华琴江和下游梅江洪水泛滥，次年大饥荒，程乡瘟疫流行，太平天国康王汪海洋余部与追击至梅州的清闽浙总督左宗棠部血战于程乡城。[3]毕安来自斯特拉斯堡，因天主教的法国领事拒绝给基督教的传教士发出护照，他直到1865年2月23日才到达五华与边得志会合。他对五华的美丽景色感到兴奋，但很快这两位传教士就遇到骚乱，并且遭受了热病的侵扰。[4]

顾士曼，GussmannvGustav Adolf，德籍传教士，摄于1869年
美国南加州大学图书馆国际使命摄影档案馆（IMPA）数字档案

元坑牧师楼（摄于1881—1910年）
美国南加州大学图书馆国际使命摄影档案馆（IMPA）数字档案

元坑的传教士和学校教师（摄于1913—1914年）

[1] 王金秋，詹幼鹏. 德国足球风云[M]. 百花洲文艺出版社，2000.

[2] 引自瑞士巴色会工作人员Moser Patrick先生给笔者提供的相关德语文章。

[3] 梅州市地方志编纂委员会编. 梅州市志. 广东人民出版社. 1999.

[4] 施拉德（Wilhelm Schlatter）原著，戴智民（Richard Deutsch）、周天和 译，真光照客家 巴色会差会早期来华宣教简史（1839—1915）. 基督教香港崇真会. 2008. 3. p98.

毕安在元坑高处的山边建筑了一座传教用的楼房，为了防止强盗侵扰，务求坚固、安全，窗户加了铁条。1865 年，毕安和边得志在元坑村尽头的半山上建了教堂堂舍（真道堂），并向巴色会申请在当地筹建小学。真道堂建筑面积近 400 平方米，采用砖木结构和俗称“金包银”（墙基用白石灰、沙和碎石夯筑，外用青砖包裹）的建筑工艺，青砖筑墙，拱木门窗，欧式尖顶。地底用三合土夯筑，吊脚设计，离地面 30 厘米高处铺垫木地板，既防潮又庄重。元坑真道堂建成后，1866 年 3 月 15 日，毕安入驻元坑新教堂，同时倡办新学，是为巴色会在东江梅江两江流域开设学校之始。

元坑中书馆全局图

美国南加州大学图书馆国际使命摄影档案馆（IMPA）数字档案

1868 年毕安牵头建成宗源书室，作为初等小学校舍，建成养正书室，作为高等小学校舍。他为这两个书室设置了古文选、四书、算术、珠算、诗歌、书法、体操等课程。1873 年，毕安建成敬业斋，作为中学校舍和养老院。巴色会派善于绘画的传教士顾士曼（Gussmann, Gustav Adolf，德国人）和 8 名深圳李朗神学院学生协助建筑。同时期毕安还在当地组织筹办了女校。[1]

元坑中书馆的校舍和牧师楼，左下方有跑道

元坑牧师楼建于 1868 年，坐北朝南，占地 320 平方米，用三合土夯筑，楼高二层，内置套间，呈欧式风格，为当时边得志、毕安及部分教师的宿舍。牧师楼坐西向东，面朝笔架山，门石采用书卷式构造，取意客家风水学中教书育才的设置。元坑教会的教堂和校舍建立在山上，背靠如同笔架山的七目嶂，此外，还建了开阳亭、八卦井等。从真道堂、中书馆、敬业斋、开阳亭、八卦井等富有中国汉族文化内涵的建筑名称及其选址

元坑中书馆远眺照

[1] 古子青. 近代中国足球运动发源地小考[J]. 广东史志. 视窗, 2007（2）: 71–71.

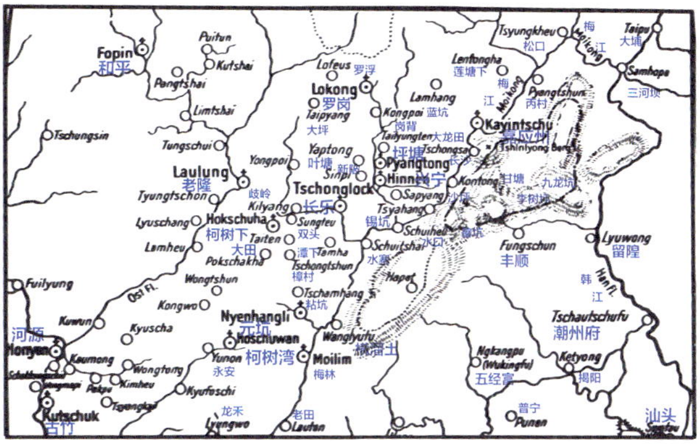

巴色会以元坑（Nyenhangli）为首站向周边地区拓展
根据 1931 年出版的万保全著作《蒙难中国十六月》相关图片整理

来看，毕安和边得志充分参考了当地客家风水文化。黎力基、毕安、边得志等坚持采用中文教学而不是纯罗马字，他们跟总部据理力争。他们重视中国典籍，坚持“将教材的事交给中国人”。他们也曾试图改变客家人祭祀鬼神和祖先的习俗，从而遭遇抵制。

牧师楼右边为宗源书室的洗澡房和厨房。传教士用青砖砌成饮水涧，用灰瓷制成水管，将泉水引至厨房和宿舍。水管部分镶砌于墙上，连接处留有沉沙池，水流自高处流入，经过沉淀后流入学校厨房，形成了既安全又干净的自来水。

元坑中书馆实行班级制，学科方面，人文、自然、体育并举。课程开设了文学（包括德文、经史、八股试帖、诗词）、科学（包括物理、化学、数学、测量、几何、三角）、哲学、神学、体育、音乐等六科。其中体育课注重训练，设有以下项目：器械操，以单杠平行架为主；练兵，注重队列演习，并以木棍作步枪进行军事训练；足球，在大操场两端用木料搭成球门，教学生踢足球。[1] 这是目前中国史志最早的现代足球教学记录，[2] 证实了中国内地现代足球的发源地在五华元坑。[3]

带伙食来元坑中书馆读书的客家子弟
（Krayl, Robert，摄于 1905—1930 年），美国南加州大学图书馆国际使命摄影档案馆（IMPA）数字档案

中书馆学科的设置可谓开风气之先，之后巴色会在嘉应州兴办的学校，包括五华萃文中学、兴宁乐育学校、梅县乐育学校等，也延续了这样的学科模式。

传教士所绘的元坑中书馆图，印证了地方志

[1] 参见张际清修，古竹楼纂，丁思深校点. [民国]五华县志. 1948.
[2] 古子青. 近代中国足球运动发源地小考[J]. 广东史志. 视窗，2007（2）：71–71.
[3] 陈伟胜. 恒之有道：广东足球的史经子集[M]. 暨南大学出版社，2016.

记载的格局：学校依山而建，最上方是真道堂，下方宗源书室、养正书室、牧师堂、敬业斋和养老院错落有致。学校左边山腰一条宽 3 米、长 400 米的环山跑道，在右边山窝处开辟了一个草坪足球场，长 50 米，宽 32 米，两端用木料搭成球门。边得志就在这里教学生踢足球。[1]

1962 年出版的《五华乡土述林》记载了当时元坑中学的上课情况："高小以上各校学生，于课余运动，多成习惯，有时下课，钟声方歇，球场上已腾起一片打球争夺喧闹之声，故足、篮、排球技术水准，一般都造诣甚高，而体格强健，则是普遍现象。"[2] 元坑中书馆将足球运动引入中学课程，契合了客家人的尚武习性和重教传统，更重要的是，让孩子们体会到足球之乐。

积雪的元坑中书馆敬业斋

美国南加州大学图书馆国际使命摄影档案馆（IMPA）数字档案。本图可能摄于 1892 年，根据《梅州纪事》记载，1892 年 11 月，梅州下了百年罕见的大雪，雪厚 3~4 寸

元坑中书馆敬业斋校长室（顾士曼 绘画）

美国南加州大学图书馆国际使命摄影档案馆（IMPA）数字档案

优质免费的办学使中书馆声名鹊起，从琴江、东江、梅江流域的客家子弟纷纷负笈来此求学及受洗。元坑（英文用五华客家话谐音 Nyenhangli 标注）一时成为岭东人文荟萃之地，当时华侨从海外寄信到此，信封上写"中国元坑"，信件就可以送到。

这些带着干粮来元坑中书馆读书的学生，成为中国最早的现代足球运动员，如魏锦新、江爱其、魏灵圣、李伟容、李华瑞、李其美、李兴横、李法春等。他们后来成了足球运动在梅州普及的早期播火者。[3]1876 年，元坑中书馆增设师范班，所培养的老师，毕业后成为巴色会兴办中小学校的师资来源，也成为推动足球在梅州校园普及的早期力量。

1873 年，毕安任存真书院（李朗神学院）院长，这是深圳历史上第一所大学。1883 年，毕安与黎力基用客家话翻译了罗马字新约全书，1884 年完成汉字客语新约圣经，1886 年开始译汉字客语旧约。毕安著有《浙江省和广东省的客家》（*The Hai-Kah in Chekiang*

[1] 王金秋，詹幼鹏. 德国足球风云[M]. 百花洲文艺出版社，2000.

[2] 成都体育学院体育史研究室. 中国近代体育史简编[M]. 北京：人民体育出版社，1981：126.

[3] 张彩珍. 中国足球运动史[M]. 武汉：武汉出版社，1993：17，22，24，45.

Province and the Hakka in Kwanttung Province）和《客家源流与历史》（*On the Origin and History of the Hakkas*）。他根据客家族谱，在书中描绘了客家祖先因唐末黄巢之乱，避乱于福建省宁化县石壁，复而南迁的历史。他深入研究了客家源流，提出客家人“仍然像18个省的任何其他居民一样是汉族的真正子孙”。此论断在当时客家人饱受排挤的年代，比很多中国人的认识还要客观深刻。[1]

元坑中书馆刚迁古竹时的校舍

摄于1907年，美国南加州大学图书馆国际使命摄影档案馆（IMPA）数字档案

在边得志将足球引入元坑的1873年，即日本明治六年，英国军舰副舰长道格拉斯及33名军人在训练之暇以“球戏”娱乐，如此将现代足球传入日本[2]。次年，苏格兰工程师赖莫·琼斯将足球加入日本工部大学校（即今东京大学工学部）的教学课程，当时只是初具足球运动雏形的踢球游戏。

1873年，五华的元坑中书馆已经将足球作为正式体育课程，比日本东京大学引入足球雏形游戏还要早一年。元坑之后，随着清廷传教禁令放开，足球由各地传教士从沿海带到各地。1881年，北洋水师学堂的体育课开始设立足球项目。1895年，圣约翰书院成立了上海第一支足球队，人称“约翰辫子军”，都在元坑中书馆之后。光绪三十三年（1907年），元坑中书馆迁于紫金县古竹，改名乐育中学堂，兼办师范。从后来1936年出版的《梅县教育年鉴》来看，梅县乐育中学的老师中，就有元坑中书馆的毕业生。

元坑中书馆刚迁到古竹时乐育中学堂师生合影

摄于1907年，美国南加州大学图书馆国际使命摄影档案馆（IMPA）数字档案

1914年，一战之后的英德对抗波及香港，港英政府命令驱逐所有在港的德奥国公民，巴色会的德籍传教士被迫到嘉应州兴宁等地教会据点躲

[1] 谭树林，2007，《近代来华基督教传教士与客家源流研究——以欧德礼、毕安、肯比尔为中心》，《学术研究》，2007年第9期，广州：广东省社会科学界联合会。

[2] 符金宇. 日本足球史. 新华出版社. 2018年3月.

避，由此推动更多德籍传教士进入嘉应。[1]

二十世纪初期爆发了基督教本土化运动，1924 年，中国的巴色会由华人独立运营，改名为“中华基督教崇真会”，简称“崇真会”。[2] 同年，元坑中书馆全部由华人自理，改名为元坑自理会；教会复办中学，定名为元坑初级中学，至 1927 年停办，惟元坑小学仍续办，有 6 个年级，学生 100 余人。1933 年，传教士撤出元坑，一位教徒拍了一张照片，照片上堂舍俨然，掩映在浓翠的山色间。

1936 年，长布镇一批仁人志士、绅士、教友在中书馆旧址上创办了萃文中学，取汇聚文化，培育文人之意。

1939 年春，长布镇一批仁人志士、绅士、教友在中书馆旧址开办了萃文中学，取汇聚文化，培育文人之意。新中国成立后，人民政府接管了学校，1950 年改名为长布中学。因校址偏僻，1956 年下学期，五华县委、县政府拨款在长布红旗村黄牛山背建起和平楼、团结楼，师生迁入新校上课。1958 年 9 月，学校增办高中，1960 年高中班分别并入五华中学、安流中学。1996 年，为联络校友，经五华县人民政府批准，恢复校名为萃文中学。[3]

1866 年兴办的元坑初等学校，是东江、梅江流域第一所中学，也是粤东地区足球运动的发源地，萃文中学延续了元坑的文脉。100 多年来，萃文中学英才辈出，成为紫金、五华、龙川、河源等地区文化普及发展的一座摇篮。当时元坑中书馆中西合璧的办学精神和体育精神，在萃文中学的校歌中可见：“巍峨浩荡萃中，庄严璀璨萃中，建立在山半，图式仿欧风，翠挹琴江，秀钟石马，如醒狮猛虎的蹲踞，有俯视一世之雄。这园地真是教育垦区，任何红桃白李都可移来种，不分南北，不分西东，又是崭新学府。三民为其纲，五育为中心，生活趣味浓。看看巍峨浩荡、庄严璀璨、可敬可爱的我们萃中，文明种播四方，校誉垂无穷。”

元坑中书校呈欧洲 19 世纪建筑风格

（摄于 1933 年）

校歌中“翠挹琴江，秀钟石马”的美丽景致，在 150 年后成为五华足球文化公园的名片。

[1] 威一致（Hermann Witschi）、施拉德（Wilhelm Schlatter）、戴智民（Richard Deutsch）、周天和译，2010,《波澜起伏靠主恩：巴色差会来华宣教简史续集》。香港：基督教香港崇真会：p44–45.

[2] 钟清源，1925,《崇真会（旧称巴色会）历史》。《神学志中华基督教 历史特号乙编》11（1）：1–56.

[3] 钟汉璇. 张复兴与长乐巴色会教学办学. 五华文史.第七辑. 1989.7. p111.

第二章

普及（1873—1929 年）

晚清至民国中期，足球随着教会办学的脚步，从五华进一步传播到梅县、兴宁等地。梅县籍海外华侨子弟也将足球带回家乡，带动足球在当地传播。从日本留学归国的谢逸桥、谢良牧、温靖侯等同盟会元勋[1]，为培养革命干部，在梅县创办了松口体育传习所[2]，其课程中包括足球。松口体育会会员在兴办新学、传播革命时，也成为足球运动的推广者。梅州遍布城乡的学校，客观上为足球提供了普及组织。[3] 前瑞士国脚、传教士万保全在任梅县乐育中学校长期间，起草了中国内地最早的现代足球联赛规章。1925 年，周恩来率军东征至梅州，在五华规划了运动场。[4] 这一时期，人们开始意识到体育对“中华崛起”的重要性，不亚于德育和智育。足球被梅县的革命者和教育家当作一项培养人才的体育运动，学生们也喜闻乐见。[5] 公元 1911 年（清宣统三年），嘉应州复名梅州。1912 年（民国元年）废除州府制，梅州改称梅县。

[1] 赖绍祥，房学嘉. 客籍志士与辛亥革命[M]. 广州：广东人民出版社，1992：27-32.

[2] 松口中学校友会. 松口中学建校八十周年纪念专刊[G]. 1986.：p30.

[3] 梅州市地方志编纂委员会编. 梅州市志. 广东人民出版社. 1999.

[4] 梅州市地方志编纂委员会编，《梅州市志1979—2000（下）》[M]，北京：方志出版社，2012年。

[5] 程鹏. 中西文化融合构建地方特色体育文化案例—巴色教会与梅州足球文化科技创新导报，2012（19）. 222-223.

第一节 各类学校成为梅州足球早期普及的组织基础

梅州足球运动的普及，是通过遍布城乡的各类学校。梅州是文化之乡，自古文风鼎盛，清朝状元吴鸿督学广东，称嘉应州“人文为岭南冠”[1]。邑内密集分布的学校成为梅州足球早期普及的基础。

1925 年周恩来东征至梅州，惊奇于梅州人的崇文重教，“即至贫之家，亦令其子弟入学”“宁愿挑担卖柴，做苦力，也要供子女读书”。[2]1889 年始在嘉应和潮汕客家地区传道数十年的法国传教士赖嘉禄（Charles Rey，1866—1943 年），在 1901 年著作《客法词典》[3] 自序中记载了嘉应州的学校情况 [4]：“在嘉应州这个人口不足四十万之地，随处都是学校，一个不到三万人的城中，便有十余间中学和数十间小学，学生的人数几乎超过城内居民的一半。在乡下每个村落，哪怕只有三五百人，至多亦不过三五千人，也有一所以上学校，因客家人每个村落都有祠堂，用以祭祀祖先，而祠堂也就是学校。全境有六七百个村落，也就有六七百个学校，这真是骇人听闻的事实。按照人口比例来说，不但全国没有一个地方可以和嘉应州相比较，就是比起欧美各国也毫不逊色。”

在 1904 年科举废除之前，据不完全记载，嘉应州有书院 24 所，义学 14 所，社学 12 所等，而私塾则遍及城乡，村村都有私塾。[5]

鸦片战争之后，中国面临从未有之大变局，中华民族处于生死存亡之秋。毛泽东在 1917 年写道：“国力苶弱，武风不振，民族之体质，日趋轻细。此甚可忧之现象也。提倡之者，不得其本，久而无效。长是不改，弱且加甚。”[6] 国运多舛，豪杰扬眉出剑，有识之士纷纷兴办学堂或体操学校等学习西方体育，以达强国强

[1] 程毅. 体育教师反思性教学探讨[J]. 体育学刊，2006（03）：84-86.

[2] 张长城. 清末民初梅州足球发展的文化生态学研究[J]. 南京体育学院学报（社会科学版），2015，29（04）：25-31.

[3] Dictionnaire chinois-français: dialectehac-ka; précédé de quelques notions et exercicessur les tons，港台学者也译为《客法大辞典》。

[4] 广东省梅州市华侨历史学会. 梅州市华侨志M. 2001，12：50.

[5] 张长城. 清末民初梅州足球发展的文化生态学研究[J]. 南京体育学院学报（社会科学版），2015，29（04）：25-31. 。

[6] 毛泽东1917年《体育之研究》开篇语。

族之目的。1898 年 6 月 11 日，光绪皇帝颁布《定国是招》，“立大小学堂”，“以期人才辈出，共济时艰”；1904 年清廷实施《奏定学堂章程》，中国近现代学校教育由此正式开端。1898 年，“戊戌政变”后驻日公使、本邑爱国诗人、外交家黄遵宪罢官回到家乡嘉应州，极力提倡新学培养人才，并在居地州城东厢“人境庐”内办学。

务本学堂创办人黄墨村（左）与美国传教士汲平如（右）

在黄遵宪等地方有识之士的推动下，新学在嘉应州如雨后春笋兴办。1905 年、1906 年两年期间，嘉应州办有新式小学 42 所，[1] 到 1911 年，嘉应州各地兴办小学增至 675 所，中学 9 所与女子学校 2 所[2]。到 1925 年，光梅县（原程乡辖区）就有小学 590 多所、中学 15 所[3]。梅县、兴宁、五华、平远等县均有教会创办的学校。

1902 年（光绪二十八年），黄墨村、吴登初等梅县乡绅与巴色会传教士在梅城合办务本中西学堂（梅州中学前身）。1905 年，美国基督教会牧师甘武、汲平如、甘棠荫（甘武之女）创办广益中学，1913 年，甘棠荫与中国华南客属浸会及太原会在东厢堡挖子里创办广益女子小学（后扩大为女子中学并设附小），将在东门外由中美教会合办的广学书室改为广益小学，1915 年后改为广益中学和附设小学部。[4] 汲平如在办学中也十分重视足球，所以广益中学足球队也是 1917 年梅县中学足球联赛的成员。[5]

1924 年，美国教会学校广益中学负责人汲平如、教育家黄墨村与梅县的乡绅、政要、教育界人士卢耕甫、廖道传、刘志陆等人协商，利用广益中学的天字岃用地，创办嘉应大学，成立粤东最早的高等学府，为梅州、赣南、闽西、潮汕等地的学子提供就近接受高等教育的机会。1927 年，嘉应大学因政局动荡停办。[6]

---

[1] 张长城. 清末民初梅州足球发展的文化生态学研究[J]. 南京体育学院学报（社会科学版），2015，29（04）：25-31.

[2] 梅州市教育局教育志编写办公室. 梅州教育志[M]. 1989：4.

[3] 民国梅县教育局编订. 梅县学校年鉴. 上海生美印刷厂. 1936年5月第1版。

[4] 丘祥昌. 梅城辛亥革命后的深刻变化[N]. 梅州日报，2011-12-05（009）. DOI:10. 28578/n. cnki. nmzdb. 2011. 001651.

[5] 杨宏海，温威光. 梅州：球乡筑梦[M]. 广东人民出版社. 2020. 11. p22.

[6] 程鹏. 中西文化融合构建地方特色体育文化案例—巴色教会与梅州足球文化科技创新导报，2012（19）. 222-223.

梅县广益学校，据客名君考证，广益的意思是：广能施教育，益可及婵娟

摄于1905—1930年，美国南加州大学图书馆国际使命摄影档案馆（IMPA）数字档案

梅县南口的梅西小学

（摄于1936年）

20世纪30年代，攀桂坊教育家、黄遵宪的堂弟黄遵庚在天字岃兴办梅州农业职业学校。黄遵庚早年留学日本，学习农学，曾在广州担任教育局局长一职。黄遵庚回到家乡，一心一意兴办教育，并在农校旁创办梅州师范学校，为家乡同时培育大批农业与师范人才。梅州师范学校后来成为嘉应师专的前身。

从鸦片战争至抗日战争前后一百多年间，梅州已形成了大、中、小学的完整教育体系。据1945年统计，梅州全境有中学75所，小学（含私塾）2464所，大学7间。其中包括抗战期间从外地迁来的国立中山大学、私立广州大学、私立岭南大学、省立文理学院、省立勷勤商学院、香港南华学院等6所高校，以及广东省立仲元中学、华南中学、广州私立国光中学3所中学。[1]

在1936年出版的《梅县学校年鉴》序言中，时任县长梁翰昭提及当时梅县学校密集、教育发达的盛景：“梅县以教育发达著于世矣！愚下车以来，尝求其故。盖此土之民，虽生事硗瘠，而狷洁自好，乐意斯文相矜诩，尤本中原旧族之遗，故胜清中叶，一再增广学额，取士者尚以黜落过多少为憾。自改办新学，而此风未替遐陬僻壤，竞以无学校为耻。计有小学590余所，学生50300余人，中等学校15所，学生4100余人，旧有大学1所，以款黜而罢。而旅南洋者麕聚至百数十人，必有学校一所。其至北平沪宁粤垣进学者，人数之多，以县计殆莫与伦比，抑可谓盛矣。虽然，古人

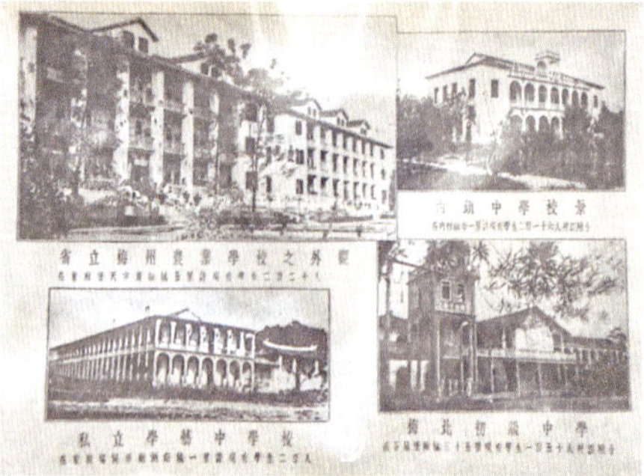

省立梅州农业学校、私立学艺中学、丙镇中学、梅北初级中学

[1] 梅州市地方志编纂委员会编. 梅州市志. 广东人民出版社. 1999.

有言：‘士之自待，与人之所以见待者不同。此不独个人为然也。’今以梅县学校之众，无不识字之人，使他县为之，期以数十年或十驾而莫之及。”[1]

清末至民国，嘉应州形成了官方、民间和教会三方办学的教育繁盛局面。其中民间办学的学校数量最多，经费来源多种多样，除了学生缴纳学费，还包括各种公尝资产所得，以及一些爱国爱乡的宗族、华侨和乡贤捐赠等。教会办学的费用大部分来自传教士所在各国教会捐赠。官办学校数量不多，由政府出钱。

梅北中学校，可见篮球筐

摄于1936年，美国南加州大学图书馆国际使命摄影档案馆（IMPA）数字档案

当时国家贫弱之状，让有识之士心痛，民间社会各界鼎力办学，培养能够实实在在有助于改变国家落后面貌的人才，尤其是体能强健、智勇双全的军事人才。学校多，为吸引生源，对教学质量的竞争也加剧，除了学业，各校还竞相重视体育活动，传教士和华侨教员中，都不乏喜爱并擅长足球的人士。这就为梅州足球的传播和普及提供了客观的组织、场地和师资条件。

华城乐育中学的校舍和操场

摄于1905—1925年，美国南加州大学图书馆国际使命摄影档案馆（IMPA）数字档案

巴色会传教士不仅将足球带到梅州，也在客观上推动了足球的普及。清末民初，巴色会在五华城乡设教堂及传道进展很快，每设一教堂，便在该地兴办学校。在五华，巴色会兴办的学校计初等小学有安流（青公潭）、龙村（老田），大布坪等乐育小学，高小有梅林（桂花塘）、源坑、华城（黄塘岭）、水寨、潭下、双头等乐育小学，此外转水、河口、横陂、里江、棉洋、下拔、大都、双华、华阳（下阳）、冰坎、大田（桐子岸）、长布（栋岭下）、锡坪、粘坑等教堂先后办了小学。

1898年，毕安和边得志在华城黄塘岭创办乐育小学。1906年，五华增建堂舍办学。光绪三十年（1904年），巴色会传教士凌高超在梅县创办乐育中西学堂，1912年改名乐育中学。1924年五华华城私立乐育小学改办为五华私立乐育初级中学。韦克恭牧师（德国人）任校长，学校位于黄塘岭，枕山面河，环境幽美。民国15年（1926）奉省准立案。民国25年（1936）奉准教育部备案，1945年改

[1] 民国梅县教育局编订. 梅县学校年鉴. 上海生美印刷厂. 1936年5月第1版。

名为乐贤中学，次年毕业 611 人，1957 年更名为华西中学。[1]

根据 1948 年的《五华县志》，1901 年，巴色教会在元坑山下开辟了一个大操场，用木材搭成球门，由牧师教学生踢足球。[2] 光绪年间，五华知县王景沂委派元坑中书馆毕业的魏锦新、江爱其、魏灵圣等到日本、上海、广州学习新文化，委任吉逢孙为师范传习所（监督）校长，并开办体育练习班，为五华开展体育活动培训师资。[3]

1906 年，锡坑端本学校（锡坑中学前身）在创办时，开辟了一个大型球场，由元坑中书馆毕业的学生任教师，传授足球技艺，进而带动老楼等学校周边村青少年喜爱足球运动。1913 年，端本学校迁至老楼村学钱塘武馆（六吉书房），李浩如将自己的儿子李惠堂从香港带回锡坑端本学校念书。国民革命军将领李大超、著名抗日英烈李友梅、民国广州市警察局长李国俊等人士的小学也就读于端本学校。[4]

1922 年，由李际明主持，端本学校在三角梨园建校，得到李浩如（李惠堂的父亲）、黄玉桂、李柳湾、李镜波、李耀云等旅港乡贤慷慨捐资。1924 年，端本学校新楼竣工，为回字形两层楼，楼前门联体现当时办学宗旨：把世界文化迎头赶上去，将中华民族从根救起来。[5]1936 年，李大超将军和夫人黄孝英又捐资扩建教室和校舍。1949 年改名为锡坑中学，并一直保持了从元坑中书馆以来的足球传统。[6]

边得志开辟的兴宁罗岗教堂

（万保全 拍摄于 1911 年至 1925 年间）

同时期，五华的华城、锡坑、横破、安流等地也办起了模范、端本、崇文、三江等高级小学，继而开办了五华一中、二中、三中等中学堂，开设体育课，多以足球为体育主要项目。到 20 世纪 30 年代，五华县内各中学均已设有足球场。1947 年，五华县代表队参加第 15 届

[1] 钟汉璇. 张复兴与长乐巴色会教学办学. 五华文史.第七辑. 1989.7. p111.

[2] 五华县地方志编纂委员会编. 五华县志：1979—2000. 方志出版社. 2010.

[3] 张长城. 清末民初梅州足球发展的文化生态学研究[J]. 南京体育学院学报（社会科学版），2015，29（04）：25-31.

[4] 李文中，兴建端本学校・锡坑中学的经过，五华文史，第一期，1985年9月，p23.

[5] 李文中，兴建端本学校・锡坑中学的经过，五华文史，第一期，1985年9月，p24.

[6] 李文中，兴建端本学校・锡坑中学的经过，五华文史，第一期，1985年9月，p24.

广东省运动会，获得冠军。[1]

兴宁古代属龙川县地，东晋置兴宁县，以境内宁江而得名，属惠州府管辖。此后这里商贸发达，逐渐发展成粤、赣、闽交界处地区商贸中心，周边城市消费品都由兴宁供应，晚清时被传教士比作希腊的柯林斯，民国时有"小南京"之称。

1879 年，边得志来到兴宁县，创办了两个巴色会传教大区——坪塘区和萝岗区。坪塘区下辖 11 个传教点，萝岗区下辖 7 个点。其中兴宁（城）、罗岗、沙坪、坪塘以及洋贝（龙川县）5 个传教点都由边得志开创。

光绪八年（1882 年）二月，黎力基与华籍牧师张学兴、罗日寿在兴宁坪塘建立基督教崇真会。[2] 此后黎力基驻坪塘 10 余年。黎力基 1846 年受遣来华，在华传道 53 年，直至 1898 年回德国，主要在客家地区和嘉应州传道和创办义学，是巴色会在华传道的奠基人。

黎力基（白胡子老者）与兴宁乐育学校师生合影

摄于 1896—1905，美国南加州大学图书馆国际使命摄影档案馆（IMPA）数字档案

1885 年，黎力基回国度假，边得志在兴宁坪塘代理巴色会在华总牧会务。虽然没有明确史料记载边得志将足球课带入兴宁。鉴于足球对青少年学生的吸引力，这位热爱足球的德国传教士可能在兴宁的学校也开设了足球等现代体育课程。

兴宁坪塘教会

（绘于 1891 年 11 月 28 日）

兴宁自古有崇文重教传统，在南宋嘉定年间（1208—1224 年）创建学宫，清末废科举后，光绪十一年（1885 年），兴宁督学何子渊创办石马宇南洞小学。民国初期，兴宁村村都办有小学。至 1949 年，兴宁全县有中学 21 所，学生 5329 人；公、私立小学 566 所，学生 54866 人。[3] 新学重视体育，因此推动足球普及。1922 年，兴宁开始有球类比赛。

---

[1] 张长城. 清末民初梅州足球发展的文化生态学研究[J]. 南京体育学院学报（社会科学版），2015，29（04）：25-31.

[2] 兴宁县地方志编修委员会. 兴宁县志. 广东人民出版社. 1992.

[3] 梅州市地方志编纂委员会编. 梅州市志. 广东人民出版社. 1999.

1925年，李朗神学院迁兴宁坪塘，改名为兴宁坪塘神学院，为兴宁历史上第一所大学。该院培养的部分毕业生，成为各地乐育中小学校的教员。

1947年，兴宁坪塘神学院迁至梅县黄塘，称梅县乐育神学院。1951年，神学院停办，结束了在客家地区87年的办学历史。梅县乐育神学院被并入香港西贡崇基神学院，1966年又并入今香港中文大学崇基学院神学院。1929年至1951年间，该院毕业生110名，多为客家人。

1903年，巴色教会在梅县设置教堂，并创办方言学校（后改为乐育方言学校），足球运动也随之传入到梅县县城。[1]1914年，巴色会派瑞士人万保全任乐育方言学校校长。万保全原是瑞士国家足球队队员，喜爱足球，便在校中开辟足球场地，教学生踢足球。梅县城内的东山中学、梅州中学、广益中学等中学，也相继开展了足球运动。

梅县乐育中学校运会，左边地上有只球
万保全 摄于1905—1930年间，美国南加州大学图书馆国际使命摄影档案馆（IMPA）数字档案

当时各中学学校场地有限，梅城东较场称为各校队练球的主要场所，各队集中一处切磋和比赛，促进了足球的普及和提高。[2]1917年，梅县乐育中学校长万保全组织了梅县多所中学的足球联赛。

民国国脚、李惠堂队友、“金枪手”李甯[3]

民国时期梅州中学生毕业后升入全国各大学，在大学被校队吸收为足球队骨干的，为数不少。民国早期上海同济大学的梁腾熹、黄怀益等，毕业于梅县乐育中学。上海复旦大学钟凤秀、上海沪江大学的杨俊、广州中山医学院教授黄干能与老师张资颂，都曾是广益中学校队主力。北京辅仁大学的李一欧、天津北洋大学的杨湾辉曾是梅州中学的校足球队队员。[4]

曾经在20世纪20年代叱咤风云的明星后卫李甯（绰号“金枪手”），小学在梅县松口公学，后来转学到汕头礐石中学，1926年考上上海沪江大学，1934年代表中国

[1] 梅州市地方志编纂委员会编，《梅州市志1979—2000（下）》[M]，北京：方志出版社，2012年。
[2] 梅州市地方志编纂委员会编，《梅州市志1979—2000（下）》[M]，北京：方志出版社，2012年。
[3] 民国上海勤奋书局. 全国足球名将录. p7.
[4] 李次民. 梅县足球史话. 广东文史24辑。

足球队赴菲律宾参加第10届远东运动会，是沪上劲旅乐华队和东华队的元勋。[1]

梅县第五中学毕业的谢晋元团长（1905—1941年）

在足球普及之下，不少梅州籍将军曾经是足球少年。抗战期间曾率“八佰”孤军守卫四行仓库的国民革命军第八十八师524团副团长谢晋元毕业于梅县第五中学（梅州中学前身之一），他在孤军营中组织开展足球运动。在一次演讲中他提到应重视国民体育的缘由：“近世纪来，政治腐败，教育制度不良，国民体格愈趋愈下，人民精神萎靡、畏葸求安，而至道德沦胥，透贻‘东亚病夫’之讥，实堪痛耻……唯是国家的生命，实系于民族，而民族的健全，又赖乎国民体魄的健康、精神的焕发。”[2] 谢晋元求学时受惠于梅州发达的教育体系，他的这番话，体现了当时梅州教育界重视现代体育课程的缘由。

第二节　梅县松口体育传习所将足球列为术科课程

清末民初，足球在梅县和救国强民的时代需求相联系的，被培养军事干部的体育传习所列入体育课程，并随着担任教员的革命志士带到中小学。在1907年梅县创办松口体育会之前，在李鸿章1881年创办的北洋水师学堂，1889年担任会办（相当于副校长）的严复将足球纳入“操法”科，并聘洋人担任足球教官。1895年李鸿章的幕僚盛宣怀在天津创建了北洋大学，这是中国第一所现代大学。

1895年甲午中日战争中国战败，清政府被迫签订了丧权辱国的《马关条约》，割据台湾澎湖列岛及承认划朝鲜为日本控制区，并赔偿2万两白银。1900年，八国联军入侵京津大肆烧杀掠夺，次年清廷被迫签订了《辛丑条约》，赔偿各国军费白银4亿5千万两，本息合计共9亿8千多万两。这些创深痛巨的国耻事件，激发了仁人志士富国强民的爱国热情。

这一时期，不少梅州青年留学日本，希望学习先进的体育组织和教育的经验，探索救国强民之道。1905年8月，孙中山与黄兴等人，以兴中会、华兴会等革命

[1] 程鹏. 中西文化融合构建地方特色体育文化案例—巴色教会与梅州足球文化科技创新导报，2012（19）. 222-223.

[2] 丁一. 谢晋元与“八百壮士”的体育活动[J]. 体育文化导刊，1994（04）：21-24.

团体为基础，在日本东京创建中国同盟会。同盟会成立之初有超过三分之一是嘉应州留学生，而在核心领导成员中客家人占46%，主要来自嘉应州，如谢良牧、何天炯、何天翰担任会计部部长、司法部判事等重要职务。

谢逸桥、谢良牧昆仲是梅县松口铜盘村人，出身于华侨富商家庭，伯父谢梦池，祖父谢益卿均为马来西亚槟城巨富。谢梦池曾任清朝驻马领事。创国人私资创建铁路之先河的潮汕铁路，就是谢益卿、谢梦池父子与爱国侨领张弼士（大埔籍）、张榕轩和张耀轩昆仲（松口籍）等合股兴建，由著名工程师詹天佑设计。谢逸桥、谢良牧昆仲少年时均先后拜儒举人饶芙裳（岭东四泰斗之一）为师。谢逸桥13岁时随祖父到槟城，在洋办学校就读3年，见弱国学生遭白人歧视，华人被“卖猪仔”而备受凌辱，心生振兴中华之志。

谢逸桥、谢良牧昆仲在1900年开始追随孙中山革命，协助重组中国同盟会，并担任主要干部，不遗余力地宣传革命、筹集经费，被称为“革命党与华侨之间的桥梁”，被孙中山赞为“爱国爱家玉树芝兰佳子弟”。1905年8月20日，谢氏昆仲在东京出席中国同盟会正式成立大会。谢良牧被任命为执行部会计长。

谢逸桥、谢良牧兄弟在家乡松口镇合影

1906年除夕，谢逸桥、温靖侯受命回岭东地区宣传革命，谢逸桥为岭东同盟会总监，联络各地会骨干包括：五华的张谷山、李济民，兴宁的萧惠长、张花谷、张则通，平远的林鲁传、姚希尧，蕉岭的丘逢甲及梅县开明人士吴登禄、卢耕甫、江柏坚、谢鲁倩等。同年3月，谢逸桥、饶芙裳、温靖侯等在松口创办了“松口初级师范讲习所”，为新学培养师资，同时宣传革命。他们聘请两年前由松口公费送日本留学师范归来的同盟会员饶一梅、梁少慎及五华张谷山、林菊秋、李肩重为教员。饶芙裳、温靖侯、谢逸桥为学监（校长）。松口示范讲习所学生结业后被派往各县镇办小学当教师，宣传革命思想。12月18日，松口高等学堂成立，后改为松口公学（松口中学前身），由饶一梅任校长。

为松口体育传习所捐赠设备经费的侨领张步青（1885—1963年，字公善）

1907年5月，因缺乏军事指挥，潮州起义及黄花岗起义失败。谢逸桥、谢良牧、温靖侯等岭东同盟会领导总结失败教训，决定以体育之名，创办一所军事学校，以培养岭东地区同盟会员及洪门会党分子的革命意识及军事技术，取名为“松口体育传习所”。

谢、温两家凭借家族声望和实力，开办体育传习所。[1] 温靖侯之父温仲和是清光绪年间翰林院编修，被誉为岭东学界泰斗。温靖候借出其父新建尚未迁入的“悠悠南山之斋”及“温氏精庐”为办学校舍，在屋前加建了遮阳棚作为训练基地。谢逸桥在潮汕铁路公司负责铁路总巡，利用职务之便，商请该铁路公司总经理张公善捐助两千银圆，华侨张榕轩昆仲、谢梦池、伍佐南、梁密庵等富商也有捐赠，用于购置训练器材。[2]

在谢、温筹谋下，松口体育传习所的师资人才济济[3]。日本成城学校毕业的林修明、温奋立担任器械体操教员。广州陆军速成学堂学生姚雨平、张醁村、张则通、张辛田、廖益通、廖挺伦、陈自牧等，他们曾因暗中开展革命活动被学校开除，也被温、谢两人分别函请承任教员。廖介和、周增、温翀远、丘哲、梁受谦、张作新等以学生身份兼顾传习所部分管理工作。梅县当地的武术名师担任武术教员，包括擅长南派少林拳道和枪棍的拳师谢仲文、擅长武式小架太极拳的张玉堂、在松口开武馆的梁六秀、善使一马三枪棍法的梁钦四、擅长凤指的李亚铜、教船工演练拳术的五华林凤山和掌风凌厉的高亚原等[4]。讲习所教员只有伙食及少量零用，没有薪金，凭借一腔立志为救国培养人才的热情投入教学。

温翀远、丘哲、梁鸣九、周增等作为管理职员。据温翀远回忆：“我们几年来的活动奔走，所有费用，都是自掏腰包。当然家庭环境不尽相同，彼此互相挹注，已经视为常事。”

1918 年孙中山到松口爱春楼探望谢逸桥和谢良牧，邹鲁、姚雨平等人陪同

松口体育传习所计划招生 180 人，招生条件为：男性，体健，年龄在 18 至 30 岁之间。招生对象包括同盟会会员、参与过潮州或黄冈起义的革命青年、会党成员

[1] 温翀远（口述），吴吉康（整理），市参事室供稿. 同盟会在潮嘉地区活动的一些回忆. 广州文史资料。

[2] 参见民国《教育志》中关于张步青支持松口体育传习所的记载。

[3] 温翀远（口述），吴吉康（整理），市参事室供稿. 同盟会在潮嘉地区活动的一些回忆. 广州文史资料。

[4] 饶东英，黄杰章. 松口体育会及其对近代梅州体育的影响[J]. 嘉应学院学报，2009，27（06）：109-111.

以及有文字基础、愿意从事体育教育的社会青年。“报名入学者甚众”，“粤之潮、梅，闽之漳、汀一带有志报名青年踊跃，唯恐其后”。体育传习所“不分班别，一律每人收学费八元，膳费自备”。

传习所首期招收了学生 120 人。由于学员们文化、体质和年龄差异化，体育传习所把学员分设成专修、普通和简易三个班：党人及志士入专修班，共 50 人，培养高层次革命干部；文化不高但愿意从事教育者入普通班，共 40 人，培养体育教员；准备参战的洪门会青年及革命者编入简易班，共 30 人，培养前线作战指挥员。后来几乎所有体育传习所学员都成了同盟会员。

1907 年 6 月中旬，松口体育传习所正式开学。全体师生在革命热潮鼓舞下精神振奋，每天四操两讲，在三伏天训练，挥汗如雨，也没有稍存懈怠。[1]

松口体育传习所的课程，择军事学中最主要者并日而进，综合效仿了日本弘文学院（谢逸桥留日就读学校）、日本成城学校（林修明、温奋立留日就读学校）及广东陆军速成学堂（姚雨平等军事课教员就读学校）的课程设置方法，选取各校课程精髓予以施教，重点突出军事学。

温靖侯故居保存的日本吊环

（刘奕宏 摄影）[3]

松口体育会毕业纪念照

课程主要有学科和术科两门。其中学科有战术、测量、简易架桥、行军部署、作战方略、国文、日文、史地、理化、生物等课程。术科有制式教练德式兵操、战斗指挥、武术、足球、筑城、攻城、持枪、射击、田径、天桥、溜木、平台、单双杠、木马、轻器械体操、棒球等。[2]

讲习所课程参考日本学校，足球与武术被列为术科。足球在明治时代传入日本，与传入梅州五华差不多在

[1] 温翀远（口述），吴吉康（整理），市参事室供稿. 同盟会在潮嘉地区活动的一些回忆. 广州文史资料。

[2] 温翀远（口述），吴吉康（整理），市参事室供稿. 同盟会在潮嘉地区活动的一些回忆. 广州文史资料。

[3] 刘奕宏.梅州足球起源或“花开两朵”：五华长布、梅县松口. 谈梅论客. 2020. 10. 20.

同一年。[1] 当时的日本足球并不比梅州人水平高，处于初级水平。在 1913 年到 1934 年的远东运动会中包括李惠堂在内的中国足球队九连冠，连克日本队二十年。当时的日本足球水平乏善可陈，但有一点被谢逸桥和温靖侯等梅州人所借鉴，就是积极向世界足球强国学习，并注重足球教科书的编写和优化。1896 年，东京高师（现筑波大学）体操教师坪井玄道在校成立足球部，在 1903 和 1908 年两次出版足球教科书。1907 年，谢逸桥和温靖侯请了曾经留学日本的教员，并将足球加入术科课程。

松口体育传习所的训练引起了清政府的注意，1908 年初，第一期办学结业后传习所被关闭，改为松口体育会。原传习所的师生们到各地学校任教，使得革命火种遍及岭东各地，力量日益壮大。

松口体育传习所秘密派饶辅廷赴惠州惠阳县，肖惠长赴兴宁、五华、龙川各县，姚雨平赴平远县，林修明赴丙村县和蕉岭县等，兴办学校、设立分会。郭典三、叶菊生、廖叔唐、黄嵩南等教员还被派赴云南，在钦州边境协助训练军民。他们在办学兴教、宣传革命的过程中，客观上使得近代体育和足球运动。

1908 年林修明（1885—1911 年）在丙村三堡学堂及松口中学堂任体育教练，是叶剑英小学时的体育老师。郭公接毕业于日本理化专科学校和体育学校体操科，奉命回国在饶平起义进攻潮州城，事泄后避惠州中学堂担任体育教员。1910 年他受命赴北京营救黄复生和汪精卫，后来又到南洋任啃叻啓发学校校长，1911 年初回国参加广州起义。饶辅廷（1881 年—1911 年）在惠州府中学堂任体育教员，协助郭公接。

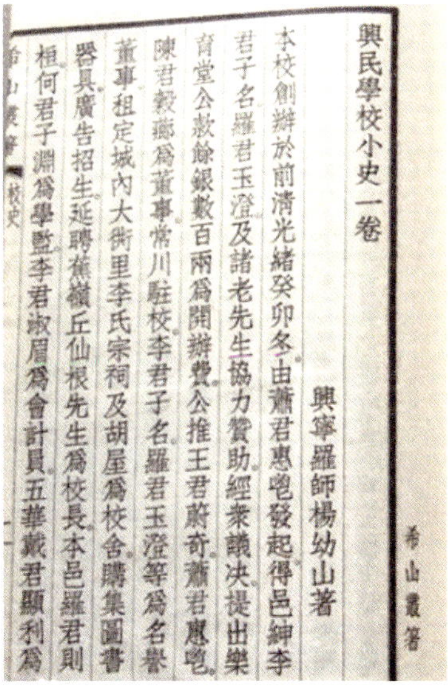
興民學校小史一卷
興寧羅師楊幼山著
本校創辦於前清光緒癸卯冬由蕭君惠長發起得邑紳李
君子名羅君玉澄及諸老先生協力贊助經衆議决提出樂
育堂公款餘銀數百兩爲開辦費公推王君蔚奇蕭君惠長
陳君毅廠爲董事常川駐校李君子名羅君玉澄等爲名譽
董事租定城内大街里李氏宗祠及胡屋爲校舍購集圖書
器具廣告招生延聘蕉嶺丘仙根先生爲校長本邑羅君則
桓何君子淵爲學監李君淑眉爲會計員五華戴君顯利爲

松口体育会会员萧惠长和何子渊创办的兴民中学为之后著名的足球传统学校兴宁一中的前身（1928 年更名）

清末秀才萧惠长在兴宁兴民学堂设立了体操专修科，廖挺伦、廖益通任体育教员协助，吸收和培养新会员，兴民学堂为后来出了多位国脚的兴宁一中前身。兴民学堂是萧惠长和廪生何子渊于 1906 年创办，清末进士抗日护台

[1] 乔媛媛，汤夏，蒋宁，等. 日本足球“明治维新”历程、特征及启示[J]. 广州体育学院学报，2018，v. 38;No. 158（02）：43–47.

古直 20 岁留影[2]

爱国志士丘逢甲为首任校长，何子渊为首任学监。张则通在兴宁永和大成小学任体育教员，后担任汕头八邑政治学校校长。[1]

松口体育会会员以热血和生命为辛亥革命立下了赫赫功勋，河口之役、新军之役、广州之役、武昌起义，都有松口体育会会员参与。1909 年 8 月，梁鸣九与温翀远、廖介和乘轮船奔赴南洋为新军起义筹集军饷，梁鸣九在成功筹款返程遭遇邮轮事故，是首位为辛亥革命牺牲的革命党人。1911 年 3 月 29 日，体育会派 30 名先锋队员奔赴广州黄花岗起义，饶辅廷、周增、林修明牺牲。次年，光复潮州起义者郭典三、李济民为革命献身。武昌起义后韩江支队司令姚雨平、参谋长张醁村，光复梅州的领导人温翀远、廖叔唐、熊越山等，都是梅县松口体育会成员。

1908 年古直与李季子在梅县梅城创办务本学校（梅州中学前身）

著名学者古直（1885—1959 年）是梅县足球的早期推广者。他 1906 年加入同盟会，1907 年从松口体育传习所结业，留松口公学任国文教员，与同盟会员钟动、李季子等组织“冷圃”诗社，后创办了梅州中学、滂溪小学、龙文公学、梅南中学等学校。[3] 他办学倡导文武并进的学风，且十分重视足球。此时，“梅县有组织的足球运动团体很早就已出现，1909 年梅县人古直在梅县南口镇创办过一间体育学校。”[4] 古直在担任教员时，组织学生们在晒谷场或者操场开展足球运动。

松口公学（客名君 翻拍）

松口体育会员筹办的中小学校，还有东山中学、松口公学（今松口中学）、松南中

[1] 李次民. 梅县足球史话. 广东文史24辑。

[2] 古成业. 古直年谱述要[A]. 古小彬，古向明. 国学家古直[C]. 香港新闻出版社，2008. 3.

[3] 古成业. 古直年谱述要[A]. 古小彬，古向明. 国学家古直[C]. 香港新闻出版社，2008. 3.

[4] 李次民. 梅县足球史话. 广东文史24辑。

丙镇公学20周年纪念会足球选手合影
（摄于1924年10月10日）

学、丙村中学、西阳中学、白宫中学、梅东中学、东山中学、兴民中学、兴宁永和大成小学、平远中学、平远铁民小学等。这些学校的足球运动项目开展出色，与体育会办学理念一脉相承。

民国每年秋冬，松口体育会联合松口教育会、松口公学等在松口镇郊鱼子坝运动场举办一年一度的全松运动会，松口各乡学校学生参加，项目包括足球、田径、体操等。足球在松口盛行，后来运动场所从鱼子坝移至走马岗温氏精庐前面的操场。在松口体育会的带动下，足球也在附近的西阳、南口等地盛行。[1]

梅县的校园足球风气还被梅县籍教员带到了潮汕地区。梅县松口籍翰林温仲和（松口体育传习所创始人温靖侯之父）当时为潮州金山中学创始总教习。1922年该校建立了足球场。曾经担任梅州中学校长并聘请华侨担任学校足球教练的黎贯，后来到当时广东省立潮州中学担任校长[2]。

第三节 梅州华侨乡贤助推家乡足球氛围形成

梅州是著名的“三乡”：足球之乡、文化之乡、华侨之乡。梅州人移居海外始自宋末明初，梅州几乎村村都有华侨。梅州足球的发展，从一开始就得益于华侨的大力推动和支持。

明清时期长期海禁，经清朝驻新加坡总领事黄遵宪上书奏请，1893年9月，清廷颁布法令：“除华侨海禁，自今商民在外洋，无论久暂，概许回国治生置业，其经商出洋亦听之。”长达200多年的海禁条例正式废除。1909年，清政府颁《大清国籍条例》，规定“生而父为中国人者，不论是否生于中国地方，均属中国国籍”。温仲和纂《光绪嘉应州志》记载：“自海禁大开，民之趋南洋者如鹜。”

---

[1] 饶东英，黄杰章. 松口体育会及其对近代梅州体育的影响[J]. 嘉应学院学报，2009，27（06）：109-111.

[2] 参考1925年黎贯手书史料。

梅州的侨乡经济因得到大批侨汇和侨资而生机盎然。

近代梅州籍华侨多分布在作为英、法、荷殖民地的东南亚地区。这些地区也较早地出现了近代足球运动。由于梅州教育水平高，华侨子弟往往被送回家乡接受早期教育。梅州各中小学校，都把足球列为体育课程，足球运动在梅州蔚然成风。[1]

足球通过传教士和华侨传入梅州，与客家文化和侨乡文化结合，在发展的早期就表现出旺盛的生命力。归侨杨友森、曾光锡、温集祥等人成为强民足球队发展的重要力量，印尼归侨温集祥更是凭借超强的实力被推选为队长。随着归侨的加入，强民足球队迅速成为梅县足球劲旅。

20 世纪 30 年代梅江桥河滩上踢足球的民众

当时梅县常有华侨通过“水客”带回橡皮球给孩子当礼物。没有皮球的，就用土柚子或棉布球。根据老一辈梅县人回忆[2]，梅州当地产有一种土柚子，形状浑圆，放在土里埋两天，会变得软硬适中，可以当球踢。没有球鞋，就赤着脚踢。没有球场，围龙屋前的晒谷坪、收割过的稻田、梅江河的沙滩、打过鱼的旱塘底等，树两个木框或用两个书包就可以当球门了。据 1979 年 9 月《人民日报》载，解放前梅县全县只有 6 座足球场。

过去梅县秋冬时节池塘放水收鱼“打旱塘”过后，池塘底部的淤泥晒两天会变得像塑胶球场一样平实微弹，被梅县少年当成足球场。香港嘉属商会永远荣誉会长、梅县籍华侨刘锦庆（1926—1999 年）在回忆文章《忆童年》提到了这种踢法，他也是当年的梅县足球少年之一。[3]

基础设施的匮乏从未阻挡梅州少年奔跑蹴球之乐，他们在群山怀抱的乡野间，随时随地享受足球的乐趣。如果说巴西足球是街头巷尾踢，那么当年的梅州足球少年不仅街头巷尾，还包括家头校尾、田头地尾。在梅县，少年如果不会踢足球，会被看不起。[4]

梅州华侨积极兴学助学，为足球普及提供组织基础。当时的华侨将自己在海

[1] 肖仁龙. 华侨华人及港澳同胞对梅州足球发展的贡献[J]. 兰台世界，2012（13）：73-74. DOI:10.16565/j.cnki.1006-7744.2012.13.049.

[2] 刘锦庆. 忆童年. 全球客家名人堂（公众号所发刘畅粦先生供稿文章）. 2021. 1. 5.

[3] 刘锦庆. 忆童年. 全球客家名人堂（公众号所发刘畅粦先生供稿文章）. 2021. 1. 5.

[4] 李超，归群. 败军之将：曾雪麟传[M]. 人民体育出版社，1990. p22.

外辛勤经营所积累的钱，通过水客或侨汇寄回家乡，用来赡家、买田、造屋、修墓、子弟读书。有实力的大华侨积极捐资助学、建教学楼和基础设施。客家人创立的香港崇正总会宗旨为：“联络国内各地，及海外各埠，同系人士，交换知识，振兴工商事业，举办学校，共谋公益，考证源流，互助同仁”，包含办学公益内容。梅州的学校都不同程度地得到华侨资助。1949 年，仅梅县籍华侨捐资本县学校的金额就达数百万元。[1]

梅县星聚学校（摄于 1926 年）

因为华侨积极捐资助学，学校是梅州条件最好的建筑

1905 年，旅印尼华侨丘燮亭捐款 2000 元光洋为丙村三堡学堂购买校址，1907 年又捐款 1.3 万银圆兴建校舍。1913 年 4 月，丘燮亭与旅泰华侨叶子彬、星洲华侨陈镜秋等捐大洋近万元，襄助东山中学兴建校舍。民国初年，海外侨胞萧郁斋、李干庭出面募捐隆文乡启文高等学堂新校舍，林森泉、罗耀南、吴本寿等发动旅泰华侨和邻里乡贤资助程江乡培英学校。

新中国成立前梅县八成以上的中小学由海外侨胞捐资创办。1913 年，平远侨贤姚德胜（1859—1915 年）捐款 10 万元，在大柘建筑平远中学新校舍。大埔张弼士（1841—1916 年）从 1903 年开始响应丘逢甲兴办新学号召，一度赴南洋向华侨宣传新教育，并筹募资金回国办学。1904 年，他回大埔与张俞人、张际云、邹鲁、饶熙等创办大埔第一所新学校——乐群中学（大埔中学前身）。1906 年，大埔华侨陈芸史与本村乡贤陈禹三、陈邵丞等创办了湖寮莒村养正学校。清末民初，华侨戴春荣促族人筹办崇和小学，凡全乡到校就读者，一切学杂费皆免，并高薪聘请良师，所有费用，一力

1933 年制的梅县各乡行政示意图

（客名君 翻拍）

[1] 梅县侨务办公室. 梅县华侨志[M]. 1992.

承担。松口体育会的所有器械费用均由侨领张步青支持。

1911年11月11日嘉应州光复后，于12月16日成立州议会，改嘉应州为梅州，把州属划为梅城及城郊区、长沙、水车、石坑、畲江、扶大、南口、荷泗、瑶上、大坪、石扇、西阳、白宫、丙村、雁洋、城东、松口（松乡、松东、松西、松南）、白渡、隆文、桃尧、松源等36堡，每堡选2名议员参与立法兴革之事，选立县公署。[1]在这些堡中，又可划出若干城乡地区，其中梅城及西阳、南口、雁洋、松口、石扇等乡足球气氛浓郁。

梅县城内公学童子军表演[2]

华侨支持兴建的城内公学洋房校舍（摄于1932年）[3]

1912年1月1日，梅州奉命废州府制，梅州改称梅县，设立县公署。经民主投票，卢耕甫被选为光复后的首任梅州州长，州改为县后，为梅县首任县长。卢耕甫（1870—1943年）是梅县西阳镇白宫太平村人，是一位热心教育的华侨之子。其父卢云山早年远赴印度创业，经营皮革、药材，为当地侨领之一，后回乡广置业产，倡建道路桥梁，兴修水利，筹设备荒义仓等各种福利事业，乡人称"善长仁翁"。卢耕甫热心兴教助学、推行体育，他参与创办西阳公学、白宫公学、梅州东山中学、嘉应大学、南华学院，筹建梅江桥、梅州市梅县区图书馆、民众教育馆、公共体育场等。

城隍庙前杨屋人杨向梓，曾是当时梅州中学校足球队的著名后卫。[4]1927年秋，杨向梓担任城内小学校长。城内

[1] 丘祥昌. 梅城辛亥革命后的深刻变化[N]. 梅州日报，2011-12-05（009）. DOI:10. 28578/n. cnki. nmzdb. 2011. 001651.

[2] 图片来自1931年9月中华书局印行期刊《中华教育界》第十九卷。

[3] 民国梅县教育局编订. 梅县学校年鉴. 上海生美印刷厂. 1936年5月第1版。

[4] 张学基. 梅县强民体育会史略[M]/ / 梅县文史资料第5辑. 1984.

小学建于1905年，校址在井头街口的文章公庙，前身是梅城侯姓的族学，前期桌椅都需由学生自己带。杨向梓担任校长后，亲赴南洋向华侨乡贤募捐办校经费，建起一幢钢筋水泥结构的三层洋房作为校舍。[1] 20世纪30年代初，校舍建好后，杨向梓校长将校名改为“城内公学”，同时将绍德小学和毅新小学合并成城内公学的分教处，合并后师生五百多人。

梅县城内公学学生数量接近六百人
（摄于1936年）

1936年梅县第2届小学运动大会城内公学选手队

杨向梓校长从严治校，从严治教，聘任高水平教师，并要求学生注重修养、认真读书、全面发展。城内公学在他管理之下重视学生德智体全面发展，尤其重视体育，教学成绩出类拔萃，会考成绩为当时梅县学校之冠。因为教学质量高，城内公学盛名鹊起，1937年后，在校学生超过千名，教育成绩为当时梅县各小学之冠。

杨向梓曾是梅州中学足球校队骨干，他对足球不仅专业而且重视。杨校长高度重视体育，因童子军办得出色，还兼任省立五中童子军教练。他创建了岭东足球队，主力球员为梅城热爱踢足球的小学教师[2]，包括以杨展基、张荣昌等骨干。[3]

1939年杨向梓任梅城镇长后，由李荐良任城内公学校长。城内公学保持了高水平的教育，在历史上培养了不少人才，例如北京农垦学院院长钟双华、省足球名将李森海、中国科学院院士员黎尚豪、香港电脑大王张铠卿、澳门实业家张启红、泰国华人作家黎任等。该校曾八次更改校名，1947年叫中正小学，1951年春叫梅县人民小学，1952年校名改为工人子弟学校，1958年把原允群小学合并

[1] 参见2011年出版黄水泉、梁德新编著《老梅城轶事》中文章《八次更变校名的“城内小学”》。该文曾发表在2011年11月4日《梅州电视周报》。

[2] 李丽，夏冬，张长城. 近代梅县民间体育社团发展特点及其启示[J]. 体育文化导刊，2014（09）：180-183.

[3] 张学基. 梅县强民体育会史略[M]//梅县文史资料第5辑. 1984.

杨向梓家足球“五虎将”合影
（第二排从左到右：杨霏荪、杨露荪、杨雰荪、杨雩荪、杨霞荪）

过来，改名为梅城镇人民小学，1959年为纪念城内公学毕业的著名革命烈士杨广存，校名改为“广存小学”，1990年1月，恢复原城内小学校名。[1]

杨向梓祖孙三代是中国足坛罕见的三代“足球世家”。他生了七儿二女，其中老二杨霞荪、老四杨雩荪、老五杨雰荪、老六杨霏荪、老七杨露荪等五子受其熏陶，都酷爱足球，他们或踢有所成，或教有所成，被人们称为“杨家足坛五虎将”。

也有人将杨霞荪、杨霏荪与杨运龚（强民队）、杨友标（西南军区队）、杨和荪（梅县队）三位在20世纪50年代至20世纪60年代叱咤足坛的杨氏名宿并称为梅县足坛杨氏五虎将。杨向梓的孙辈杨朋锋、杨寰锋、杨宇锋、杨卫锋在21世纪中超、中甲等足球职业队中效力，在足球领域事业有成。

第四节　梅州中学、东山中学在创校初期确立足球传统

20世纪10年代至20年代，在爱国爱乡的乡贤、华侨的推动下，梅州有10余所中学、上百所小学开展了足球运动。[2]

1911年辛亥革命成功后，梅县倾力兴办教育，为救国强民培养人才。1912年4月29日，梅县临时县议会决定将原来的官立中学堂、务本中学堂（前身为崇实书院）、梅东中学堂及东山初级师范学堂等校合并为公立梅州中学堂，校长由全县36堡代表选举产生，爱国侨领叶则愚当选首任校长。

卓越的师资是梅州中学当时创造教学辉煌的重要因素，从早期的举人张思敬、贡生王漱薇、秀才黄墨村，到留洋海归黎贯、李时可、温见、黎郁君、熊敬孚，以及大学教授级别的古直、黄海章、孙雄曾、钟皎光等人士担任教习，使梅州中学成为蜚声岭东的最高学府。新校一开学，东江各县、闽赣边区的学生纷纷来

[1]　参见2011年出版黄水泉、梁德新编著《老梅城轶事》中文章《八次更变校名的“城内小学”》。该文曾发表在2011年11月4日《梅州电视周报》。

[2]　肖仁龙. 华侨华人及港澳同胞对梅州足球发展的贡献[J]. 兰台世界，2012（13）：73-74. DOI:10.16565/j. cnki. 1006-7744. 2012. 13. 049.

报考。[1]

梅州中学在1912年之后一个世纪岁月中，涌现了李国豪、黎尚豪、黄本立、吴佑寿、江欢成、张楚汉、陈槃、廖万清等8位院士，谢晋元、黄琪翔、张榛盛、廖万清、陈斐琴等43位将军，林风眠、李金发、黄药眠、潘炯华、侯杰昌等400多位教授级专家学者，杨泰芳、杨资元、张卓元、连贯、古大存等50多位厅级以上干部，以及熊锐、李国玺、杨广存等20多位英烈。他们都是在梅州中学打下扎实的学识和身体基础。

梅州中学校足球队成立于1917年，时任校长黎贯聘请归侨邓少梅、余克辉为体育教员，实力增强，多次战胜梅县各校足球劲旅，并远赴汕头战胜了在当地有足球传统的教会中学队。[2]

北伐名将、抗日元勋黄琪翔1910年毕业于梅中前身之务本中学堂，在20世纪50年代曾担任中国国家体委副主任，梅县足球队上京比赛，黄琪翔曾多次参与接见。同济大学校长、中国双院士、桥梁学家李国豪、全国侨办副主任连贯都毕业于梅中，后来曾分别在梅县强民体育会的分会上海强民之友、北京强民之友担任名誉要职。

梅州中学也是国家足球教练曾雪麟、天津女足教练邓雪昌、河北队教练潘培根等足球名宿的母校。前述岭东足球队创始人杨向梓也毕业于梅州中学，杨家为中国足坛培养了杨向梓、杨霞荪、杨霏荪、杨宇峰、杨朋锋等三代球杰。

广东省立梅州中学

1913年，梅州中学堂奉令改为省立梅州中学，另派校长接替。1921年改为省立第五中学，1949年省立梅州中学、县立一中、私立华光中学、梅州女师合并，改名为广东梅州中学，沿袭至今。从1912年至1966年的半个世纪中，梅州中学一直是广东省立重点中学。当时，广东省共设立了广雅中学、汕头金山中学、梅州中学等15所省立中学。

在梅中收归省立的过程中，革命风云激荡，梅县另一所足球强校东山中学

[1] 彭精一《期颐小集》p33.

[2] 肖仁龙. 华侨华人及港澳同胞对梅州足球发展的贡献[J]. 兰台世界，2012（13）：73-74. DOI:10.16565/j. cnki. 1006-7744. 2012. 13. 049.

叶则愚（东山中学、畲江中学、畲东中学等学校创始人）

冯懋度（任期 1913 年 4 月至 8 月，首任校长）

第二任校长陈春舫（任期 1913.9—1915.8）
来自民国十三年编撰的《梅县东山中学十年概况》

诞生。

1912 年冬，广东省教育司下令将公立梅州中学堂，改为省立梅州中学，收归省办，并将当时维持中学经费的地方税改为省税。以县款办省立，经费自筹，且直派校长，一时全县哗然。新校长上任后改变了学校很多规矩，禁止进步学生活动，排挤贫家子弟，引起了进步师生的不满。[1]在原务本中学就读的叶剑英（原名叶宜伟，1897—1986 年）与几位同学在八角楼议论此事时，体育教员邓少楼（梅县石扇人）也加入讨论，他振臂一呼，举足一蹬，不料八角楼板旋即倒塌，十余人受伤。[2]

1913 年，“部分职员学生，以县款办省立殊为不当，电请当局收回成命，未果，乃于同年四月一日成立私立东山中学。”[3]梅州中学原校长叶则愚，教师叶菊年、邓少楼，学生叶剑英等 100 多人，退出梅州中学，在县长卢耕甫和县属绅耆卢演群、钟道鸣、冯懋度、陈春舫以及丘燮亭、叶子彬、陈镜秋、谢逸桥等 53 位地方贤达和华侨的合力支持下，创办了新学校。新学校初名“梅县私立东山中学校”，并于 1913 年 4 月 1 日正式开学，梅县石扇人冯懋度被公推为第一任校长。

开学之初，东山中学先借树湖坪陈家祠、蔡家祠为教室，后迁至下市叶家祠。建校月余，两度搬迁，学习动荡，后由原东山书院创办人黄遵宪后裔黄季伟与黄兰君建议迁往闲置的东山书院办校。创办人卢演群等函准县议会、梅县教育会，将东山书院拨为校舍，遂于 1913 年暑假迁往状元桥畔的东山书院，学校定名为“私立东山中学”。[4]该校设校董会，主持全校大政，首任由《民报》社长卢演群担任校董会主席，叶则愚等任校董。[5]

[1] 参见《叶剑英年谱（1897—1986）》，广东旅游出版社，李祯荪主编，1999年版第5页。
[2] 梅江报社《客家风采》第二辑，p2.
[3] 参见《彭精一先生纪念集》p144.
[4] 梅江报社《客家风采》第二辑，p2.
[5] 参见吴炳奎《热心桑梓教育的叶则愚》。

东山中学作为私立学校，早期经费来源主要是海内外人士热心捐赠。[1] 当时梅县的各所中学中，梅州中学为省立，梅东中学、梅县女师为县立，由公款拨付；广益中学育中学为外国教会所办；只有东山中学为私立，靠华侨和私人赞助、学生所交学费维持。在各私立学校中，东山中学年度教研经费最高，学费也处于较高水平。[2]

第三任校长叶菊年（任期1915.9—1921.8）

建校初，东中师资有黄遵宪派往日本留学归来的大儒杨徽五，北大毕业并参加过五四运动的丘可贞校长，国文教师有博学的王漱薇、文雅的何伯澄、沉实的萧凤琴、娴熟的卢演群，数学教师有用英文教学的陈英达、邓碧辉和北洋大学毕业的李巨昌等，英文教师有李书诚、温步颐、杨金星、叶杞材等。在东山中学任教的俊彦还有：北洋大学毕业的冯引士，南洋公学毕业的彭精一、梅琦、简应文，中山大学毕业的萧人凤，英国留学海归蔡绮桐化学博士以及叶慎君、邓少楼、李度旷、徐焕贤、李甫成、黄季良、黄仲咏、余锦福、高天若等各科精英。国文教师廖苾光留学日本东京法政大学，曾任广西大学中文系教授，被石扇同乡萧木麟校长委任为东中训育主任，后在华南师范大学任中文系主任。1936年教员列表显示，东中各科教师均为留学海归或京沪穗名校大学毕业生，教务员从黄埔陆军军官学校毕业，校医是同济大学毕业。

东山中学几位校董、校长本身就是知名的足球爱好者，这使得东山中学从创立之初就具备了足球传统。

首届校董卢耕甫、黄任寰来自梅县老牌足球之乡西阳镇，丘燮亭、谢逸桥、卢耕甫都是积极倡导现代体育的松口体育会成员。黄任寰是一位热爱足球的将军，他将足球绘上家族祠堂壁画，派兵士修整了梅城东较场，并在蕉岭组织独一师足球队，出资资助梅县足球队出汕头出省城到香港比赛。

东山中学首任校长冯懋度任期从1913年4月至8月短短几个月，继任者为陈春舫，任期也只有1913年9月至1915年8月两年时间。第三任校长叶菊年任期从1915年9月至1921年8月，时间较长达6年，在东中草创阶段贡献卓著。叶菊年校长还兼任国文教师，文笔非凡，曾作联“萃中西陶冶一炉学子莘莘振作精神造人格，看欧美风云百变神州莽莽转移时局赖英豪”。他重视学生全面发展，

[1] 民国梅县教育局编订. 梅县学校年鉴. 上海生美印刷厂. 1936年5月第1版。

[2] 民国梅县教育局编订. 梅县学校年鉴. 上海生美印刷厂. 1936年5月第1版。

掌校期间以启发式教学为主，学生互相勉励，勤奋学习，蔚然成风。1982年，叶剑英在广州邀请卢伟良、曾宪梓等校友聚会时，指示“要发扬老校长叶菊年老先生等认真办学、严格要求的办学精神，把东中办得更好。”

东山中学的先驱者们面对建校早期的重重困难，制定了“勇俭爱诚”校训。该校训为毕业于北大中文系、1921年回梅接替叶菊年担任东中校长的丘可贞创作。[1]叶菊年为校训写了系词：“四民首士，道远任重，学务时敏，持之以勇；能节恒裕，为奢必滥，物力维艰，守之以俭；物与民胞，夙铭张载，仁为元善，道在博爱；天地无息，博厚高明，人与之参，不外一诚。”卢演群老师解释：“‘勇’是指大无畏精神，包括‘勇心’（即做事的精神）和‘勇气’（即做事的胆量）两个方面；‘俭’是指当用则用，不当用者则不用，严格杜绝奢侈与浪费；‘爱’是指人际之间的互助合作与团结友爱；‘诚’则是指‘内不欺己外不欺人’的精神。”[2]

东山中学把“勇”放在校训之首，强调团结，有别于只注重才学的一般学校，毕竟，胆识和协作精神的缺乏往往导致大业难成。当时广被朔南、概达华夏、不胫而驰的足球，被公认为是磨炼胆识、协作、公平竞争等体育精神的最佳运动。[3]

东山中学秉持修身修学并进的校训，扎实办学，师资从优，学风踏实，很快成为遐迩闻名的岭东学府翘楚。东中使用的代数、几何、三角、外国历史、外国地理，均采用英文原版教材，师生的素质可见一斑。1943年，重庆国民政府派教育部督学来视察后说：“东山中学全国少有，我走了这么多学校，在设备、规模和建筑方面可以和东中媲美的，只有江苏的常州中学和扬州中学两所学校。”[4]1954年冬北京中央教育部召开全国部分省市重点中学校长会议，广东只有东山中学、广雅中学、中山纪念中学三位校长出席，1957年高考录取成绩为全省第一名。

彭精一（任期1923.9—1927.6）

在历任校长中，从东山中学读书毕业出来，再回到母校执掌要津者，感情特别深厚，成绩特别卓著，如彭精一、冯引士、萧木麟、李甦仁、李泉隆、罗传

[1] 参见东中校友丘立才文章“中国名校的文化氤氲”。

[2] 参见卢演群文章《本校校训—勇俭爱诚—演绎》。

[3] 参见1926年叶松贵原著、陆学经绎述的《中国足球书》。

[4] 参见1986年梅江报社《客家风采》第二辑，p3.

厚、杨昭尊等。

彭精一也是一位为东中树立足球传统做出卓越贡献的校长。他和冯引士都来自梅县石扇，1913 年东中成立时，正读初中三年级。当年冬，他和叶则仕到上海继续高中学业，翌年转入南洋公学中学部念高中，1917 年考入南洋公学大学部，并于 1921 年毕业。[1] 他课业优秀，且自幼喜欢军事，因娴熟于兵式操而被任为总务长，并在五四运动期间被选为南洋公学学生会长。根据同学回忆，面貌儒雅的彭精一跟人握手，常常不经意间“取手入握，用力坚持，使人痛极失声”，可见其尚武之习。[2]

彭精一毕业第二年 1922 年交通大学的足球队 [3]

1924 年《梅县东山中学十年概况》中记录的部分校董

彭精一的母校南洋公学是中国最早重视足球的大学，1896 年成立，1921 年改名为上海交通大学。该校“体育一事与中西各课一律并重”，早在 1901 年即组织了校足球队。南洋公学校长唐文治热衷足球，认为足球运动能养成奋发向上的意志和尚武精神。他亲自打造了足球歌，每逢校球队出征，必亲自督战，使学校出现多年的足球热。[3] 南洋公学校足球队在 1914 年—1919 年华东六大学足球联赛六次联赛中四夺锦标，并应邀出征武汉、北京、天津等地，历年外战战绩斐然，名扬全国，是中国近代足

[1] 参见《彭精一先生纪念集》p145.

[2] 根据上海交通大学校史材料。

[3] 誉冠全国的南洋足球. 上海交通大学校史网. 2018年3月20日。

球界一支劲旅。彭精一就在这样的校园足球氛围中完成了他的高中、大学学业。

彭精一于 1923 年至 1927 年担任东中校长，任内将理科改为英文原版课本上课，并租赁学校东侧唐、曾二姓之耕地十五亩为大操场，为东山中学开辟了一片足球基地。[2]1925 年，冯引士、李巨昌从北洋大学毕业后回校服务，东中一时人才济济，学校声誉鹊起。彭精一任内还广购图书之善本，校董黄任寰购买“续藏经”一大部五千卷赠给东山中学，彭精一校长将魁星阁辟为藏经楼，由当时名翰林谢远涵先生题字。

冯引士（1898—1969 年）是东山中学的首任校长冯懋度之子，梅县石扇堡三坑村人，与叶剑英是东中同届同学，1916 年从东中首届高中毕业，考进天津北洋大学，与陈立夫（1900—2001 年，曾任民国教育部部长）、曾养甫（1898—1969，平远人，曾任民国交通部部长）为同学，1923 年大学毕业。

民国早期北洋大学足球队

冯引士就读北洋大学时，天津足球氛围浓厚，实力强大。1917 年 11 月 18 日，北洋大学堂与新学书院、南开学校等七校发起组织了天津首个正式足球组织“天津学校足球会”。20 世纪 30 年代和李惠堂一起参加奥运会的孙思敬就是当时天津著名后卫。1935 年，力倡足球的张伯苓率领南开队与北宁队组成天津中华足球队勇夺“爱罗鼎”杯万国足球大赛冠军，为当时体育界一大事件。

梅县东山中学第 9、11、14 任校长冯引士
（任期 1933.1—1934.8、1943.8—1948.1、1949.12—1953.4）

虽有政要同学，冯引士本人却志于教育，他大学毕业后直接回母校东中服务，并担任过梅县东山中学和石扇梅北中学（当时叫梅县第廿一区区立梅北中学校[3]）的校长。他毕生留在梅县从事教育，以校为家，宵衣旰

[1] 誉冠全国的南洋足球. 上海交通大学校史网. 2018年3月20日。

[2]《彭精一先生纪念集》p145.

[3] 民国梅县教育局编订. 梅县学校年鉴. 上海生美印刷厂. 1936年5月第1版。

食，担任了东山中学第9、11、14任校长，轮流担任东山和梅北的校长达20年，直至“文革”期间去世。[1]受母校东中和北洋大学足球氛围影响，冯校长十分重视在学校开展足球运动。

东山中学从建校以来就十分重视足球，1913年成立时即组成足球队与乐育中学足球队比赛，这支东山中学足球队由南洋归侨该校英文教员卢柏廷训练，从此奠定了东山中学足球队的基础。[2]20世纪20年代，东山中学有个班出了由五位足球好手组成的“五虎大将”，即丘钟秀、吴求胜、李润昌、陈炳荣、丘佐荣。五虎将组成的班队，对抗全校各班，所向无敌。30年代梅县强民足球队不少队员也出自东山中学，包括钟道兴、丘振基等人。

东山中学学子不仅学业优秀，对体育运动也十分热忱，当时的校足球队队员是学校运动员中“第一强悍”的精英。[3]他们在学业之余严格训练，一到体育钟点，就过状元桥跑到东较场踢球。每天下午练到暮色苍茫才回校，几十双球鞋声在离校半里之地就能听见。每当球队归来，同学们常开玩笑说：“牛队归来了！牛队归来了！”校足球队被称为“牛队”，可见当时全校对足球队的推崇。当时周溪河畔的长堤，沿岸竹林荫翳，凉风飒飒，空气清新，行人稀少，是东中学生练习跑步的天然训练场。[4]

叶剑英于1913年春至1915年冬在东中就读，也是学校足球队队员。[5]他博览群书，学业一流，并酷爱体育运动。他经常登上东山岌，跑步到齐州寺、油岩、大东岩等地击剑练武，踢足球，打单杠，举石担，滚火车轮，风雨无间。他特别喜欢操练军事，常带同学步行到十多公里远的南口、西阳或坐船到丙村进行军事演习。[6]

在学校的运动场地方面，在建校之初，离东山书院不远的钟家祠有个小运动场，学生在那里开展排球、钢架、杠杆、天桥等项活动，踢足球则要到东较场，也方便与他校球队交流。1932年，东山中学建校20周年，彭精一校长在梅江河边唐屋门前开出了一个大操场，有足球场和篮球场。这个大操场成为梅县足球的一处绝佳的校园青训基地，东中学生从此有了充足的场地进行训练和比赛。在各

[1] 根据台湾《东山荟萃》相关材料整理。
[2] 李次民. 梅县足球史话. 广东文史24辑。
[3] 参考根据1924年彭精一（1895—1996年）等校友编写的《梅县东山中学十年概况》。
[4] 参考1924年编撰的《梅县东山中学十年概况》。
[5] 参见《叶剑英年谱（1897—1986）》，广东旅游出版社，李祯荪主编，1999年版第4页。
[6] 1986年梅江报社《客家风采》第二辑，p8.

任校长倡导下，足球成为东山中学传统强项，旷阔的球场和技术的实力，使东中成为梅县一处重要青训基地。

20 世纪 50 年代梅县冶炼厂占去了运动场和千佛塔，不久冶炼厂改为钢铁厂，不但占去东中运动场，还污染了校园读书环境。对此，学校先是发动学生在马蹄形中间开出了一个小足球场，60 年代又在东山岌上开出一个中型足球场。进入 21 世纪后，曾宪梓校友捐赠了母校一座足球运动场。

20 世纪 30 年代彭精一校长任内起建的足球场和篮球场
（客名君 翻拍）

20 世纪 30 年代东山中学的足球场，山上的东山亭建于 1932 年
（客名君 翻拍）

1936 年梅县东山中学全体师生合影[1]

1939 年东山校友联队对东山中学校队比赛
（客名君 翻拍）

1919 年，东山中学聘请体育专家高天若执教体育。高天若老师为让更多同学参与体育运动，在山麓祠寄宿舍草坪设置浪桥、平台、天桥、平行棒、高栏及跳高架等各种运动器材，还开辟网球场、排球场各一处。这些措施激发了师生们的运动热情，更多同学参与足球。“每当日落西山的时候，同学到山麓祠运动，拥挤异常。”[2]

东中早期毕业生中，涌现了不少

[1] 民国梅县教育局编订. 梅县学校年鉴. 上海生美印刷厂. 1936年5月第1版。

[2] 来自1924年编撰的《梅县东山中学十年概况》。

为中国革命做出贡献的风云人物，如叶剑英、李世安、萧向荣、赵一肩（第十九路军总部参谋处长）、李扩（亲历淞沪会战的国军第78师少将参谋）、曾举直等。他们持续关注和支持家乡的文教事业，包括足球运动。

东山中学首届毕业生师生合影

三排居中者为叶宜伟［剑英］，一排右四为冯引士，来自1924年编撰的《梅县东山中学十年概况》

1927年5月12日，东山中学和嘉应大学、学艺中学被梅县当局封闭。“清党之际，突被中伤，狂风骤雨，几遭颠覆……独多佳士，赞襄军政大有闻人，而当局诸君，犹黾皇不已。”[1] 正在南洋筹款的彭精一急返广州，找到时任粤军军部参谋长叶剑英，同谒时任广州卫戍司令黄琪翔，由黄琪翔写信函，彭精一持见广东省教育厅长许崇清，由许厅长电令梅县揭封，八个月后东山中学才得以复校。[2]1929年卢辉荪校长出洋募捐，遭奸人诬陷入狱，幸得丘燮亭鼎力营救。

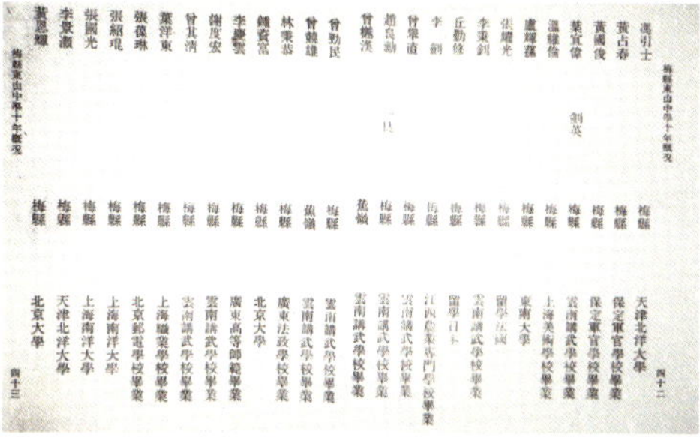

梅縣東山中學十年概況

馮引士	梅縣	天津北洋大學
黃古春	梅縣	保定軍官學校畢業
黃國俊	梅縣	保定軍官學校畢業
葉宜偉　劍英	梅縣	雲南講武學校畢業
溫鐵倫	梅縣	上海美術學校畢業
盧輝霖	梅縣	東南大學
張耀光	梅縣	留學法國
李秉釗	梅縣	雲南講武學校畢業
丘勤修	梅縣	留學日本
李　劍	梅縣	江西農業專門學校畢業
曾舉直	梅縣	雲南講武學校畢業
趙良勳	梅縣	雲南講武學校畢業
曾概濱	蕉嶺	雲南講武學校畢業
曾勤民	梅縣	雲南講武學校畢業
曾競雄	蕉嶺	雲南講武學校畢業
林秉恭	梅縣	廣東法政學校畢業
饒資宮	梅縣	北京大學
李慶雲	梅縣	廣東高等師範畢業
謝度安	梅縣	雲南講武學校畢業
曾其清	梅縣	雲南講武學校畢業
葉洋東	梅縣	上海職業學校畢業
張葆琳	梅縣	北京郵電學校畢業
張紹琨	梅縣	上海南洋大學
張國光	梅縣	上海南洋大學
李景灝	梅縣	天津北洋大學
黃思耀	梅縣	北京大學

四十二　四十三

东山中学早期毕业生名单及籍贯、毕业去处

图片及名单载自1924年编撰的《梅县东山中学十年概况》

1931年10月起，彭精一任梅县县长，任内在东较场建成大型的梅县公共体育场。在1931至1936年的县长生涯中，彭精一为梅县足球运动的普及和发展提供了组织、场地、资金、赛事等各方面的大力支持，并亲自担任领队，率领梅县足球队到省城参赛，极大地鼓舞了当时强民体育会球员，使得梅县足球蝉联两届省运会冠军。

曾举直在云南讲武堂时留影

曾举直（1894—1981年），梅江区城北曾龙岌村人，国民革命军陆军中将，先后毕业于梅县东山中学、云南陆军讲武堂、中央陆军大学。抗战期间，曾举直在长沙，担任“抗日战神”薛岳指挥的第九战区高级参谋、兵站总监，

[1]《彭精一先生纪念集》p132.

[2]《彭精一先生纪念集》p145.

为长沙大捷立下军功。曾举直曾写下“民族诚至上，意志应集中，军民同一德，重振我雄风。东山精神在，健翮将鹏飞，南北虽殊辄，终当奏凯歌”诗句。

曾举直对梅县足球的最大贡献在于负责组织军民将梅县东较场修整为大型公共体育场，使一片瓦砾场变成影响梅县足球数十年的福地。1931 年，曾举直在独一师驻防梅县、蕉岭一带时担任参谋长，受命师长黄任寰，与梅县县长彭精一合作，组织地方人士成立城区市政委员会，派出部队参加拆除旧城、修建梅县体育场。翌年曾举直奉命将全部城墙拆卸，扩筑街道，建筑店宇，并倡建民众教育馆、县立图书馆和平民医院，整葺古塘坪机场，整修蕉（岭）武（平）公路，展伸新（铺）石（扇）公路以接通平远等，使梅县短短几年间一跃成为东南重镇，为抗战时期南北物流畅通发挥重要作用。

国民革命军第 19 路军军长蔡廷锴、（1954 年担任中国国家体委副主任）、参谋长赵一肩（左一）

抗日爱国将领赵一肩（1898—1946 年），原名良勋，梅县西阳莆蔚村人，国民革命军陆军中将。他 1914 年考进私立梅县东山中学，与叶剑英同学，喜读兵书，1917 年以优异成绩毕业。他当时是东山中学足球队队员，曾为梅县中学足球和网球运动蓬勃兴起而尽心悉力，并曾参加乐育中学万保全组织的梅县中学足球联赛。[1] 乐育队由为曾任瑞士国足队员的万保全校长亲自训练和参与，东中足球队与乐育中学足球队初次交战时吃了败仗。之后东中足球队苦练技战术，在第二次比赛时敢打敢拼，小个子队员赵一肩从身材高大的万保全胯下带球穿过，此战东中队胜了乐育队。[2]

赵一肩从东中毕业后考入云南陆军讲武堂，1930 年任第十九路军六十一师参谋处长。十九路军在北伐战争、中原大战和一二八淞沪抗战时期战斗力极为强悍，是中国战斗力最强的军队之一，被誉为“铁军”。1932 年春，他在淞沪抗日大血战中任十九路军参谋处长，偕同总指挥蒋光鼐、蔡廷锴和全体将士激战三十二天，迫得日军三易其帅，击毙日寇一万余人，写下了中国自甲午战争以来抗敌御侮光辉的一页。抗日战争爆发后，他担任第 63 军第 186 师师长，第七战区司令部高参室中将高参，国防部第四厅（后勤）中将厅长等职，屡立战功。

[1] 1986年梅江报社《客家风采》第二辑，p5。

[2] 杨宏海，温威光. 梅州：球乡筑梦[M]. 广东人民出版社. 2020. 11. p22.

萧向荣中将

萧向荣（原名萧木元，1910—1976年），于1925年1月在梅县石扇镇崇德学校高小毕业后，考上了梅县东山中学，1927年任中共梅县部委巡视员，参与过梅城“五一二”武装暴动、兴城九三暴动，并参加了中央苏区第四、五次反“围剿”和红一方面军长征、平型关战役、辽沈战役、平津战役等战役。新中国成立后，他先后担任中央军委办公厅主任、国防部办公厅主任、中央军委副秘书长、国防科委副政委，1955年被授予中将军衔。[1]1956年10月，梅县足球队赴京参加全国八县足球对抗赛，是其中唯一一支黄河以南的参赛队，叶剑英元帅特派时任国防部办公厅主任的萧向荣中将接待梅县队全体人员。

1964年全国少年足球赛决赛东山中学队获得冠军，受到叶剑英元帅接见。1981年赴京参加全国“希望杯”足球赛，获得第三名，受到国家体委、教育部的表扬奖励。1982年获广东省传统项目中学足球比赛冠军，1987年获全国足球“幼苗杯”冠军、全国足球“传统杯”亚军。东中为省一级的足球队输送了近百名的运动员，原广东足球队队长叶细权、广州部队足球队队长钟杰章和叶左权等都是东中学子。1982年广东省体委、教育厅授予“足球传统学校”称号。

东山中学百年来桃李拔萃，足球传统代代传承，涌现了众多极富足球情怀、鼎力支持足球的各界人士。1956届校友曾宪梓先生的足球梦使他鼎力支持奥运、航天和足球，成为“中国足球的贵人”，旅港嘉属商会荣誉会长刘锦庆与二十世纪四十年代侨领刘宜应、丘陶荣、丘佐荣等都大力支持家乡足球发展，1988届刘水、1992届赖国传等校友倾巨资投入足球事业。刘水成立了梅县铁汉生态俱乐部，赖国传则收购了英超足球队西布朗维奇，为梅州足球写下浓墨重彩的职业足球篇章。

---

[1] 萧迎宪、彭宏伟著. 萧向荣传. 中央文献出版社. 2010年8月。

第五节 瑞士冠军国脚、传教士万保全组织梅县中学足球联赛

乐育中学的童子军

万保全 摄于 1914 年，美国南加州大学图书馆国际使命摄影档案馆（IMPA）数字档案

晚清民国时期，教会学校的组织和管理严谨且自成体系，对梅州校园足球普及起了推动作用。在传教士的推动下，梅州足球得到有力传播，开始走向规范化。

1875 年，边得志从樟村跋涉了 20 小时来到嘉应州，对当地那些坚固且好看的围龙屋十分欣赏，并且发现当地人对外国人相对没有那么多成见，决定在此开辟一间教会。直到 1890 年，传教士屈能伸在黄塘建了第一间巴色会的教堂，很快房子被雷劈坏。1894 年巴色会韦嵩山医生（Dr. Witternberg）到了嘉应州，帮助治疗一些眼疾、胃溃疡甚至麻风病患者，嘉应州人对巴色会的印象开始转变。这一年，巴色会在嘉应州开始办学校。[1]

1902 年，邑人黄墨村、吴登初与巴色会传教士马谟鼎（Martin Maier）、凌高超（F. Lindenmeyer）合作，在梅城北门岗文祠创办务本中西学堂。[2] 次年，双方合作终止，黄、吴在梅城北门的崇实书院和文祠旧址，另外开办了务本中学堂（梅州中学前身）。凌高超从务本中西学堂分出大部分学生另办乐育中学西学堂，初借城内凌、杜两家祠堂上课，后因避时疫，迁校于城西黄塘新校，更名为乐育方言学校，旋又改为乐育中学。

为便利学生毕业后升入上海同济大学就读，乐育中学特开设德语课，除国文、历史、地理以汉语讲授外，其他各科均用德语教学，为当时全国用德语教学的四间中学之一。1904 年，校名改为乐育德文学校。1906 年秋，因清政府禁止外国人办学校，学校面临关闭，凌高超经过多方沟通，将校名改为语言学院，并在 1909 年与巴色会的一间初级中学合并成梅县乐育中学。民国时巴色会的学校得到承认，到 1914 年，巴色会在客家地区的在校学生达到 4928 名，其中 4379 名男生，549 名女生。

[1] 施拉德（Wilhelm Schlatter）原著，戴智民（Richard Deutsch），周天和 译，真光照客家 巴色会差会早期来华宣教简史（1839—1915）. 基督教香港崇真会. 2008. 3. p112.

[2] 参见《乐育中学建校八十五周年纪念专刊》。

随着学生不断增多，乐育德文学校校舍迁至梅县城西黄塘新校，又改名为梅县乐育中学。同时巴色会还在五华水寨、兴宁坪塘等地创办了乐育学校。当时的师资在各县乐育学校和其他学校之间常有交流。1936 年任梅县乐育中学教务主任的古敬恩毕业于元坑中学和李朗神学院，毕业后在元坑中学和梅县乐育中学执教 21 年；乐中年级主任兼国文教员何伯澄，也担任过东山中学的教员。[1]

梅县乐育学校采取严格管训，教职员工和学生多数住校，学生风纪颇好。童子军的军事训练由官派三位教官分学科训练及管理。民国时期梅县中学生，校服为齐整的童子军衣帽，佩有多功能小刀、绳索、哨子和军棍。用两根军棍结上绳索，便可做担架抬伤员。童子军常练紧急集合、野营、追踪、侦察等。日间看树木年轮，夜观月亮星座，学会辨别南、北、东、西、时间。校里住宿同学睡的是三级鹿架床，每晨教练要求内务工整，但跳蚤特别多。这种军事化的学习和训练，磨炼了学生的心性和能力。[2] 学生们除了日常课业、军训，还有踢足球、国情演讲、浣洗衣裳、军鼓乐队、运动会等活动。[3]

1911 年，万保全在瑞士沙夫豪森州留影
图片来自美国加州大学图书馆巴色会档案库

1914 年，巴色会派万保全（Walter, Georg Ernst，瑞士人，今又译作沃特·乔治·恩斯特）担任梅县乐育中学校长。他的前任是 1904 年来华的德籍传教士湛明露（Zimmer，Julius）。湛明露分别于 1907—1913 年、1922—1924 年出任梅县乐育中学第四和第六任校长，万保全是中间第五任校长。

万保全是一位传奇的传教士（ein legendärer Missionar），出生在瑞士苏黎世附近。1906 年和 1908 年，他效力于瑞士温特图尔俱乐部（the FC Winterthur）并获得了 1906、1908 两个赛季的瑞士足球超级联赛冠军。[4] 温特图尔为瑞士第六大

传教士到嘉应州城时的铁汉楼（《梅县大观》）

[1] 民国梅县教育局编订. 梅县学校年鉴. 上海生美印刷厂. 1936年5月第1版。

[2] 叶选悦. 我记忆中80年前的梅县. 梅州日报. 2018年。

[3] 民国梅县教育局编订. 梅县学校年鉴. 上海生美印刷厂. 1936年5月第1版。

[4] Switzerland-List of Champions 参见http://www. rsssf. com/tablesz/zwitkist-reg. html#1909.

万保全伏案书写

城市，有着发达的工业和有瑞士最大的技术学校，并被誉为“博物馆之城”。温特图尔足球俱乐部成立于1896年，曾获1906年、1908年、1917年赛季瑞超冠军，而万保全参加了其中两个赛季。1908至1909年，他为瑞士国家足球队效力，担任中锋（Mittelstürmer im Schweizer National Team）。[1]

1908年4月5日，新组建的德国国家队和训练有素的瑞士国家队在巴斯勒进行首次交战，德国队以3比5败于瑞士队。此次败绩让德国人开始重视足球，重视青训，从而造就了“德国战车”的崛起。[2] 在1908年的瑞士国家队中，就有后来到梅州传教的万保全。

万保全到了嘉应州，入乡随俗，头戴平顶瓜皮帽，脚蹬方头寿字鞋，身穿中式长袍马褂，写毛笔字，行客家礼节，用客家话传教。万保全夫人在当地办女校，教习女学生编织工艺。他们的孩子在嘉应州出生，由当地勤劳朴实的客家女子帮忙抚养成长。

1914年乐育中学师生合影（万保全着白衬衣）

1919年乐育中学师生合影（万保全着中式袍）

客家女子照看万保全的孩子

美国南加州大学图书馆国际使命摄影档案馆（IMPA）数字档案

万保全1914—1921年任梅县乐育中学校长，他积极兴建校舍、认真组织教学，学校治学严谨，校风优良，毕业生投考各大学均获录取，声誉日隆。原嘉应五属和闽赣边区各县慕名而来的学生为数不少。1920年至1925年间，校舍逐年扩建，学生人数逐年增加，成为一兼具有相当规模的中学。他在任期间，还开辟体育运动场，在校兴起近代足球运动，开创梅州足球运动之先河。

---

[1] 笔者根据对瑞士巴色会总部工作人员Moser Patrick先生的邮件访谈和瑞士超级联赛历年冠军资料，确认了这部分史实。

[2] 参见该书序言：王金秋，詹幼鹏. 德国足球风云[M]. 百花洲文艺出版社，2000.

随着足球在梅县普及，梅县的学校纷纷成立校足球队。1913年，东山中学成立足球队。1914年，万保全担任梅县乐育中学校长，组建了足球队。1916年，五华元坑中书馆建立了校足球队。[1]1917年，梅州中学成立足球队。[2]

乐育中学的运动场（万保全 摄于民国时期）
美国南加州大学图书馆国际使命摄影档案馆（IMPA）数字档案

1917年，万保全发起了梅县历史上第1届中学足球联合会，由乐育中学、梅州中学、东山中学、广益中学等校足球队参加。之后这几支中学足球队自发组织“梅县中学足球联合会”，约定每年冬季举行足球循环赛，华侨邓少梅、余克辉等人被聘请为“公证”（即裁判员）。此梅县附城中学间的足球友谊比赛，已成为常规项目，足球运动也由梅城的中学发展到各乡镇学校。[3]

梅县乐育中学校舍（万保全 摄于民国时期）
美国南加州大学图书馆国际使命摄影档案馆（IMPA）数字档案

为规范比赛，万保全组织起草制订了《梅县中学足球联合会临时简章》（以下称《简章》），这是中国迄今发现的年代最早的现代足球比赛规则文字记录。

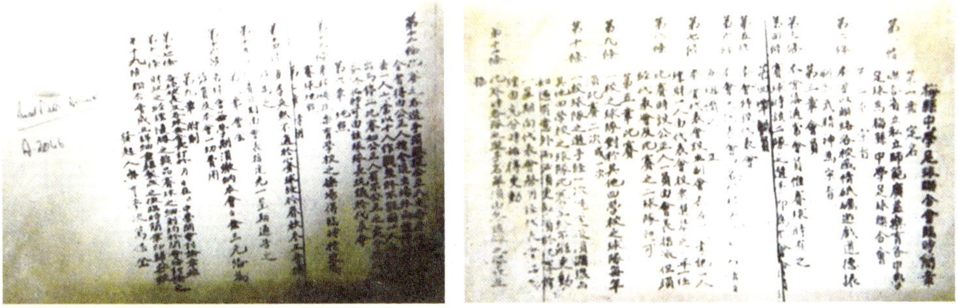

万保全用毛笔起草的梅县中学足球联合会临时简章[4]

[1] 五华县地方志编纂委员会编. 五华县志：1979—2000. 方志出版社. 2010.
[2] 李次民. 梅县足球史话. 广东文史24辑.
[3] 李次民. 梅县足球史话. 广东文史24辑.
[4] 梅州乐育中学校史馆资料室影印件。

《简章》用毛笔书写，字体舒朗，简明扼要。《简章》共九章十八条，明确规定了梅县中学足球联合会的定名、宗旨、会员、管理、比赛时间地点、公正人（裁判员）、赛场规则、运动员权利等。他提出该足联会宗旨为“联络各校感情、砥砺游戏、振刷尚武精神”。根据《简章》，各校队在比赛时设公证人一员，由会长指派但须经代表会及比赛之二球队认可。一校之球队对其他四校之球队每年须比赛两次或一次。一校球队之选手经一次确认后须循环为其他四学校之球队比赛，至终不能更动，如遇有意外而必须更动，须于比赛前一星期向代表会声明，经代表会确定理由充分时始得更动。比赛之各选手须服从公正人之命令，如有抗令者，得由公正人指令退出场外，而该队虽减去一人，亦当以十人作战至终，不能因一人之退出而停止比赛，如公正人有不公正之处分，俟比赛终止时可由该队队长抗议于代表会等。

万保全校长与梅县乐育德文中学足球队合影

美国南加州大学图书馆国际使命摄影档案馆（IMPA）数字档案

现代足球史上第一份真正意义上的足球比赛规则，是1848年剑桥大学印发的“剑桥大学足球规则”。万保全制定的《梅县中学足球联合会临时简章》，虽简单得多，却是中国最早的足球规范化文件，使梅县足球在普及之初，就体现出公平、公正、有序的现代体育精神。

《简章》制定后，梅县中学足球联合会各会员球队之间定期举办校际足球赛，每年冬季举行足球循环赛一次，比赛以得分多寡决定胜负。当时各校队的足球代表，梅州中学队有杨向梓、余炳文、温裕文、蔡法英等；乐育中学队有梁腾熹、黄怀益、陈延盛等；东山中学队有赵一肩、丘钟秀、吴求胜、李润昌、陈炳荣、丘佐荣等；广益中学队有杨俊、谢荣辉、钟凤秀等。[1]

梅县中学足球联合会附设于梅县城镇道前街万三张公祠梅县学生联会内。在足联会的带领下，全县各中小学纷纷成立校园足球队。万保全不仅亲自组织足球训练，还常常率队参加校际足球赛，有力推动了梅县足球的普及。[2]

1921年，湛明露接任乐育中学校长，万保全则到兴宁担任坪塘神学院院长。

[1] 李次民. 梅县足球史话. 广东文史24辑.

[2] 李次民. 梅县足球史话. 广东文史24辑.

兴宁坪塘神学院师生合影
（前排左四为时任院长万保全，摄于1925年）

保全桥[3]

1922年，兴宁出现了正式的足球比赛。

1924年5月6日，梅县教会学校广益中学，爆发“反对读圣经、反对帝国主义奴化教育”的学潮，280多名师生离校，于是年秋另行创办了嘉属学艺中学。这时梅县中学足球联合会只有梅州中学和乐育中学两队，会务停顿。尽管如此，梅县足球运动仍以各中学校队为主体，各自进行训练活动，亦常举行校际互相邀请友谊赛。[1]

1926年秋，梅县乐育中学也发生了收回教育权的学潮。1927年，国外教会放弃梅县乐育中学主权，乐育中学的外籍教师纷纷离任而去，学校面临停办的危局。其时在兴宁坪塘神学院任院长的万保全自告奋勇，每隔一周抽出三天时间，由兴宁步行到梅县乐育中学教授理化课程，往来跋涉二百里，风雨无阻，直至乐育中学聘请了相应的老师为止。[2]

1928年在地方热心人士关怀下，乐中组织校董会，筹措办学经费，进一步完善校舍，扩建运动场，充实图书馆、仪器设备，聘请曾志明博士为校长。自此乐中为华人接办，学校逐年有所发展。巴色会传教士湛明露和万保全倡导的良好学风和体育传统，一直在乐育中学保留着，这里培养了中国现代病理学奠基人梁伯强、“中国数字人之父”钟士镇、上海东方明珠广播电视塔设计者江欢成、东北师范大学首任校长张如心、刘迪华等院士以及原国家邮电部部长杨泰芳、中国交通集团副总裁陈奋建等众多杰出人士。

但在当时复杂动荡的时期各种力量的颉颃中，万保全校长遭遇了牢狱之灾，

---

[1] 李次民. 梅县足球史话. 广东文史24辑.

[2] 张道隆，《九十忆旧》，政协龙川县文史资料研究委员会《龙川文史》专辑总第8辑，1991年内部出版。

[3] 典藏中国：梅州. 足球之乡[M]. 经济管理出版社，2013.

万保全校长与学生周如瑾博士在瑞士合影，时年万校长 80 高龄

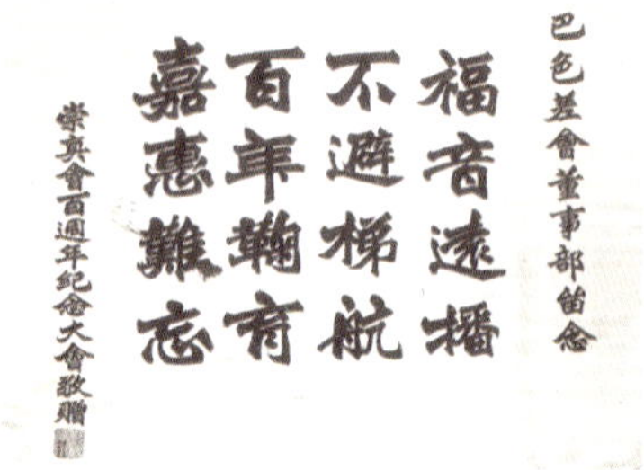

香港崇真会百周年纪念大会给巴色会的赠语
美国南加州大学图书馆档案

蒙难入狱 16 个月，直到 1930 年 12 月 13 日，在时任丰顺县县长何遒英（兴宁）等多人的艰苦斡旋下终获得救，之后取道香港回瑞士。[1]

1936 年，梅州人为了纪念万保全校长对乐育中学的杰出贡献，在梅州市区建了一座“保全桥”，彼时万保全并不在梅州却被修桥纪念，可见梅州人对这位传教士的尊敬和纪念[2]。

黎力基、毕安、边得志、湛明露、万保全等欧洲传教士，在梅州兴学济贫，带来了西式的教育体系，培养高端人才，奉献于当地人的福祉，正如世界名著《简·爱》所描述的传教士所秉持的崇高使命感。他们将足球带入梅州并推动这项运动传播发展。梅州人吸收了传教士带来的现代足球精神，结合客家崇文尚武、正直勤勉的基因，内化至“梅派”足球文化中，使梅州足球有了中西合璧的文化底蕴。

1948 年，以嘉应客家人为主的香港崇真会成立百周年纪念大会上，兴宁籍教徒刘作桢曾作贺联：会设崇真，道源巴色，信守终不渝，应把首功推二牧；堂开纪念，毕集群贤，腾欢怀已往，好将佳话播千秋。组委会赠送给巴色差会十六个大字：福音远播，不避梯航，百年鞠育，嘉惠难忘。其中的“鞠育”本意鞠养抚育，在梅州足球史上则增加了“蹴鞠教育”之含义，为中西方文明交流之创举。

第六节　国民革命军东征时的梅州体育场地

在清末到民国前期，梅州足球在这座小城经历革命战事的情况下发展。在

[1] 参见1931年出版的万保全相关著作《蒙难中国十六月》(Ernst Fischle, 16 Monate In Chinesischer Gefangenschaft).

[2] 梅州乐育中学校庆一百周年纪念专刊[G]. 2006年。

1933 年梅县政府修整梅县东较场之前，在梅州足球普及的早期，各学校的足球场或公共体育场往往是校园附近平整开阔的场地。早期的足球场就是在这样的空地上树立两边木球门。有些梅州少年直接用两个书包当球门就可以开踢。

1925 年，为讨伐军阀陈炯明的势力，国民革命军东征军曾经两度挥师粤东。两次东征，为后来的北伐战争建立了巩固的后方基地，推动了粤东地区革命事业发展。

由于体育场的开阔性，在东征过程中，国民革命军经过梅州，往往在学校的球场或体育场召开集会，宣传革命。因此，东征历史记录中有一些关于梅州足球场地的记载，从中可以管窥当时足球普及情况。

梅县东较场是梅城最早开展公共足球运动的场地，明代程乡县主簿王腾为使当时地方军队有一个较武习骑的场地，于嘉靖七年（1528 年），在县衙东面所修，故名“东较场”。梅县武童生的考试在此进行，雍正年间庆祝梅州升级为嘉应州的庆典也在此进行。

五华早期的足球场馆主要分布在学校。清同治十二年（1873 年），五华长布元坑开辟大操场，1901 年，元坑开辟足球场。光绪三十二年（1906 年），锡坑端本学校开辟大型足球场。1919 年秋，五华县立中学在紫金山下开辟球场。接着，私立崇文中学（现横陂中学）在长冈岭先后开辟了足球场、排球场、篮球场。1936 年秋，若虚中学（现华阳中学）开辟了足球场、排球场各 1 个，篮球场 2 个。其他中学及部分中心小学也陆续开辟运动场地。[1]

1922 年，陈炯明部被许崇智率领的粤军击败后，退守东江，惠、潮所属各县（包括梅县）遂成为战场。5 月，陈炯明进据粤东潮梅一带后，陈部属林虎任东路总指挥，盘踞兴宁。兵燹之下，疫疠又起，民国前十年，鼠疫从沿海传到岭东，各县区时有爆发。

1925 年 2 月 1 日，国民革命军开始第一次东征，讨伐盘踞粤东的陈炯明叛军。第一次东征时兵分三路，以黄埔军校生为主力。其中右路军由周恩来、李芝龙、张民达、叶剑英率领，经惠阳、潮汕北进，先后进占惠潮各县。

1925 年 3 月 17 日，由周恩来率领的东征军进占安流，探悉陈炯明部驻重兵于锡坑（作者注：李惠堂家乡所在地），凭琴江之险，阻止东征军前进，遂绕道周江、锡坪、潭下，日行 120 里，不发一枪，便进占华城，缴获了大批枪弹和辎重。当天下午，东征军本部运回华城，驻城内曾家祠，周恩来下榻五华一中。他

[1] 五华县地方志编纂委员会编. 五华县志. 广东人民出版社. 1991.

在学宫召集五华县党员大会，在会上决定成立五华县党部筹备委员会。[1]

五华县体育场旧照

3 月 18 日，周恩来率东征军教导团攻占五华县城，随即组织军政府，推举温其藩为县长。周恩来还根据师生检举，亲自处理被当地张谷山、陈卓人侵占的运动场地，归还学校使用。[2] 在五华华城期间，周恩来在五华县城中山公园内亲手规划了 1 万多平方米的运动场，[3] 即为五华县体育场，后来此处成为五华足球运动普及的基础场地。

1925 年 3 月 21 日，蒋介石、周恩来率黄埔军校教导队攻克兴宁县城。陈炯明的部下林虎率残部溃退闽、赣边境。24 日，粤军第二师师长张民达与参谋长叶剑英，指挥东征部队攻占梅城，陈炯明余部向江西溃退，张明达率部追击，在平远县大柘镇大败陈军。[4]

1925 年 3 月，东征时周恩来在潮州会馆召集了由卢惊涛、赖颂祺、罗衍芳、曾铎君、赖怀秋等人参加的农民运动骨干座谈会，对兴宁农运工作做了重要指示，有力地促进了兴宁县农民运动的开展。同月，在兴城刁屋坝召开了农民代表大会，成立了兴宁县农民协会。会议选举卢惊涛为县农民协会主席，委员有赖颂祺（兼秘书）、曾汉屏、曾笃民、曾铎君、赖怀秋。[5]

在兴宁的广场上召开追悼孙中山及东征阵亡将士大会

1925 年 3 月 30 日，东征军在兴宁城北门刁屋坝召开追悼孙中山及东征阵亡将士大会，蒋介石读誓词、周恩来读祭文、何应钦唱礼，教导一、二团官兵全部

[1] 刘洛夫，严植之，周恩来在华城，五华文史第一辑，1985年9月。
[2] 五华县地方志编纂委员会编. 五华县志. 广东人民出版社. 1991 .
[3] 梅州市地方志编纂委员会编. 梅州市志1979—2000. 2012年方志出版社. 2012.
[4] 梅州市地方志编纂委员会编. 梅州市志. 广东人民出版社. 1999.
[5] 兴宁县地方志编修委员会. 兴宁县志. 广东人民出版社. 1992.

参加。[1] 在当时的历史照片中 [2]，现场一片缟素，人们表情凝重而悲伤。黄埔军校旧址纪念馆群英馆里有一幅油画，画的就是东征军在兴宁举行孙中山先生追悼会时的情形。

3 月 7 日晚，张民达、叶剑英率粤军第 2 师进驻汕头市区，分兵一部力图袭取梅县，被粤军总司令许崇智颁令粤军第二师师长张民达为梅县绥靖署督办，粤军第二师参谋长叶剑英兼任梅县县长。[3]

1925 年，叶剑英出任梅县县长时留影

1925 年春，叶剑英县长亲自批准征收“猪只捐”拨给学艺中学。1925 年 4 月 12 日，周恩来率政治部人员和学生军进入梅城。4 月 15 日，周恩来和叶剑英安营扎寨之后，即带领工作人员到机关、学校、商会及农谷才能人群集中的场所，发表演讲，宣传革命道理，号召人民与反动军阀作斗争，结束军阀混战的局面。[4]

东征时期周恩来在梅州中学体育场演讲故址

东征军诸将领到梅县东较场、梅州中学、东山中学、学艺中学等校的体育场发表演说，宣传革命思想，播撒革命种子。这些学校的足球场地，就成为当年东征军宣传革命的见证场所。周恩来在梅中演讲时说：“士之读书治学，当图革命之胜利，当求国家之康乐富强。”闻者无不动容。

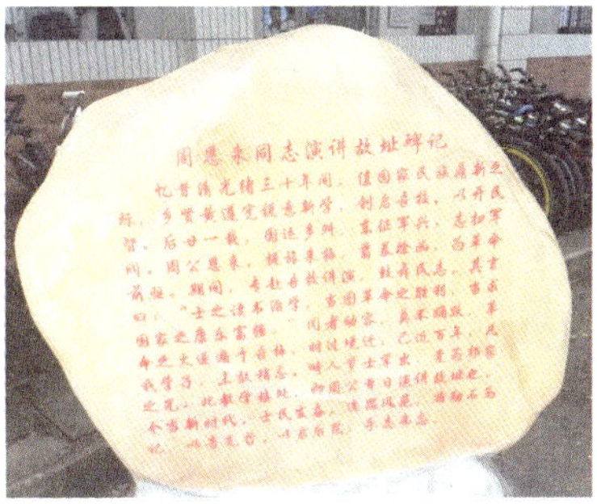

梅州中学关于周恩来当年演讲故址的碑记

梅州中学是中国近代革命烈士、国立中山大学筹建者之一熊锐的母校，熊锐在 1922 年留法期间和周恩来、邓小平一同创立“旅

[1] 梅州市地方志编纂委员会编. 梅州市志. 广东人民出版社. 1999.

[2] 中国国民党陆军军官学校特别区党部赠予孙中山夫人宋庆龄的中国国民党陆军军官学校在兴宁县开追悼孙总理大会照片。

[3] 原载1925年3月31日《申报》报道，现载《当代中国人物传记》丛书编辑委员会《叶剑英传》编写组，当代中国出版社1995年3月《叶剑英传》第62页。

[4] 梅州市地方志编纂委员会编. 梅州市志. 广东人民出版社. 1999.

1925年4月26日梅县商会欢迎大会合影
（前排中间戴领带者为周恩来，他身后左侧深色衣服者为梅县商会廖蔼贞会长，原照片藏于军事博物馆）

欧中国少年共产党”。

1925年4月26日，梅县总商会会长廖蔼贞出面召集梅县商会同仁及驻梅学生军领导到梅县总商会（现中华路老工商联旧址），为东征军召开祝捷大会。[1]在会上，廖蔼贞会长将募捐来的1万元光洋交给周恩来做军饷，表达梅县同仁对东征的支持。周恩来、钱大钧、黄柏远等领导人和梅县商会领导在梅州学宫的白石拱桥前合影留念。[2]

9月间，趁国民革命军由潮梅地区回师广州平定桂、滇军阀刘震寰、杨希闵叛乱之际，陈炯明军余部复据东江地区，并与川军熊克武部和八属联军邓本殷部勾连，意图夺取广州，陈炯明部属林虎卷土重来，占据兴宁。

1925年10月，国民革命军进行第二次东征。27日，东征军第二纵队第三师进抵五华，蒋介石为指挥，在普宁与陈炯明军交战，先败后胜。30日，在农会的配合下，东征军在五华的双华一带击毁陈军万余人，31日，东征军第二次攻克兴宁县城，陈炯明残部溃退闽、粤、赣边境。11月，东征军总政治部主任、东江各属行政委员周恩来，再次任命温其藩为五华县县长。

1925年11月3日，东征军第三纵队由林伯渠、程潜率领抵梅县，进占梅县城，周恩来委任江董琴为梅县代理县长，并委派梅县东山中学教员李世安为教育局局长。梅县东较场再一次见证革命历史。周恩来、叶剑英等人率军驻足梅州，在青年学生中宣传革命。

第二次东征时周恩来委任国民党县党部筹备委员温明卿为梅县县长。11月10日，东征军第三纵队又委任江董琴为梅县县长、韩祝三为平远县县长。东征军第二纵队第三支队由冯轶裴率领进入平远，原驻平远仁居的陈炯明部旅长翁辉腾率部投诚。

根据《梅州市志》记载，1926年，梅州市平远县开始出现足球运动。[3]

[1] 参见廖汉泉《梅县商会与第一次东征军》《两次东征带雨来》。

[2] 参见1980年7月《人民政协报》。

[3] 梅州市地方志编纂委员会编，《梅州市志1979—2000（下）》，2012年方志出版社出版。

东征军在梅县驻防期间，以严明的军容风纪和高昂的革命斗志，给梅县地区的乡亲父老、青年学生留下了深刻印象。1925 年 3 月 27 日兴宁《商报》和《岭东民国日报》[1]记载："初出茅庐的学生军教导团，尤出类拔萃，每战必克，每攻必取，奋不顾身……学生军之受人欢迎，初不在战功卓著，而其纪律，亦有足令人起敬者……行军所至，不扰民间一草一木，老妪妇孺，喜而挤观，鸡犬不惊，商市如堵，入夜无公家空房，则扎营露宿，东江父老，谓民国以来，仅此次所见，乃是真正革命军，真正卫国保民的革命军。"[2]

东征军在梅城南门班公祠办起工人夜校，宣传革命道理，灌输进步思想，吸引了大批青年工人争相进校就读，同时还顺应社会潮流，建立了工人夜校足球队。随着革命的传播，这些夜校足球队又成为当时推动足球在梅县地区普及的播火者。

萧向荣将军曾赋诗描写这两次东征："一枝梅蕊未曾开，两次东征带雨来。此日朝阳春信好，岭南花放满瑶台。"此诗气势磅礴，一出则全城传诵，足见当时东征的影响力。[3]

1925 年，东征军原总政治部主任周恩来时年 27 岁，主政东江，管辖范围包括惠州、汕头、梅州、汕尾、河源、潮州和揭阳等 7 市、25 个县。东征途中他的领导才能、敏捷机智和人格魅力已然昭如日星。

周恩来 1913—1917 年在南开学校就读时，南开的创始校长张伯苓（1876—1951）将体育摆在与智育、德育、群育同等重要地位，在中国最早提出并实践"强国必先强种，强种必先强身""三育齐发，体育为先"等现代体育教育理念，为近代中国体教融合第一人。[4]他在 1907 年最早明确提出中国参加奥运会的主张，并预言："奥运举办之日，就是我中华腾飞之时！"[5]张伯苓最早发起创建中华全国体育协进会，并长期担任领导人。

1912 年，张伯苓与日本、菲律宾的友人共同创办了远东运动会，代表了亚洲竞技体育最高水平，在 1920 年被国际奥委会承认。从 1913 到 1934 年间，远东运动会举办了 10 届，张伯苓曾任第二、三、九届中国代表团领队和第三、五届的总裁判。中国足球代表队在远东运动会上征战 20 年获得九连冠，其中梅州籍

[1] 魏彦才，东征军到了横陂，五华文史第一辑，1985年9月。

[2] 刘加洪，曾宪恒. 东征军在广东梅州地区的胜利及其影响[J]. 传承，2008（14）：8-9.

[3] 萧向荣. 萧向荣诗词集 [M]. 解放军出版社，1995.

[4] 参见李祥2021年4月7日发表在《澎湃》上的文章《纪念张伯苓先生诞辰145周年暨纪念现代奥运会125周年》。

[5] 参见1908年英文版的《Tietsin Young Men》文章《Athlentic Events》。

的足球运动员李惠堂在1923年之后几届担纲了主力，被誉为“远东球王”。

张伯苓经常和南开学生一起踢足球，提倡“强健体魄，振兴中华”

张伯苓在1932年中国参加第10届奥运会总结报告上题词：“智力竞新 强国之鉴”[1]

张伯苓始终坚持一颗教育救国之心，他的体育理念超越了一般体育范畴，“完整的教育，包括体育，包括民族精神，包括国家观念，造就完全的人格。”受益于南开学校浓郁的体育风气，周恩来在校时也是体育健将。在两次东征过程中，周恩来率国民革命军在戎马倥偬之时，十分重视呵护梅县地区的教育，使当地足球运动在动荡时期仍借助校园革命热潮得以传播和普及，并保持了发展的生命力。

[1] 参见李祥2021年4月7日发表在《澎湃》上的文章《 纪念张伯苓先生诞辰145周年暨纪念现代奥运会125周年》。

第三章

蔚起（1929—1979 年）

民国时期，梅县地区的足球从校园走向社团，并在政府支持下快速发展，球风浓郁，人才蔚起。梅县被人们称为“足球之乡”。20 世纪 30 年代，梅县县长彭精一和驻梅粤军独立第一师师长黄任寰，将梅县东较场辟为大型体育运动场，以强民体育会为主的梅县足球队蝉联了两届省运会足球比赛冠军，并在抗战期间夺得省级“汉魂杯”。李惠堂在香港 17 岁出道，1926 年组建乐华队并横扫上海球坛，一改洋球队称霸沪上的局面。他率队远征澳洲、南洋，助力中国足球完成远东运动会九连霸，并折桂默迪卡杯，三度征战奥运会，两度夺得亚运会冠军，打出了中华民族的精气神。抗战时期，李惠堂在后方义赛一百多场筹款赈灾抗日，用足球弘扬民族大义。20 世纪 60 年代李惠堂担任了亚足联秘书长和国际足联副主席。为迄今中国人在世界足坛所任最高职位。新中国成立后，梅县地区作为“足球之乡”，为各省市足球输送了一批批人才。为国争光、民族主义是这一时期梅州人踢足球的主要旋律。

新中国成立后，梅州足球运动又有新的发展和提高，城乡学校、厂矿、企业、机关团体的足球运动十分活跃。1951—1955 年，梅县足球队多次获得广东省足球选拔赛、锦标赛和全国大中城市足球选拔赛的冠军，五华队获两个亚军。1958 年，梅县足球队被国家体委批准为乙级队。梅县、五华、兴宁等县有 21 间中、小学校被广东省体委和教育厅命名为“足球传统项目学校”。

第一节　强民、岭东、宁江等足球社团兴起

1927年，上海“四一二”反革命政变发生，轰轰烈烈的大革命被镇压，梅县教育受波及，东山中学、学艺中学、工人夜校及嘉应大学等学校被强行封闭。曾任东山中学校长、梅县县长的彭精一先生后来撰文《东中二十周年纪念特刊叙》描述当时情景：“清党之际，突被中伤，狂风骤雨，几遭颠覆……如日月之食……如阴霾之凝。”[1]

大批学生失学，被迫提早走向社会。在时局压抑之际，他们中的一些足球爱好者以踢球消愁解闷，早期主要以学校或族姓组队[2]。从1927年冬开始，涌向省立第五中学（梅州中学前身）考棚体育场踢足球的人越来越多，[3]学生、店员、工人、小商贩、归侨青年等经常在此切磋球艺，梅县足球社团开始兴起。

省立五中的考棚场地最初只有一个中型球场大小，却对梅县足球运动的发展起了一定的作用，正如香港的修顿园和大坑村、广州的东较场一样。

梅县石下村金盘张屋的出版家张炜镛，从光绪十六年（1890年）开始，先后在梅县创办了启新书局、新群印刷厂等企业，并逐渐发展为一家在本地颇具盛名的文化出版机构。该出版机构在梅县城南八角亭成立了一个印刷图章工会，张炜镛之孙张卓晋和部分工友及一些社会青少年、归侨、店员等等足球运动爱好者，自发地在业余时间聚集进行训练。

当时踢球的归侨青年队伍的主要组织者为温集祥。他16岁就去印度尼西亚当了三年的打金学徒，19岁回梅县，住在他父亲开的“温清利雕塑神像店”内，店对面就是省立五中的考棚体育场。

原强民体育馆上的会标

因为场地地点适中，交通便利，喜爱踢球的人，容易集中，故许多城镇青少年好踢足球的都经常会聚于此。他们彼此之间便结识了，一些好踢足球者，如张卓晋、温集祥、黄雨柏、蓝淦、杨运彝、温伟祥等一拍即合，

[1]《彭精一先生纪念集》p132.

[2] 参见建国初期梅县地区文教科科长叶家烈所著《梅县足球史话》。

[3] 雨泓. 侨乡梅县巡礼（十二）：城东，周溪雄吟冷圃寒香. 侨乡梅州. 2017. 11.

协商组织成立足球队。

1929 年春，梅县强民足球队在梅城正式成立，张作晋被选为强民队首任队长。当时正值国家内忧外患之际，有不少爱国志士，提出许多不同的救国主张，包括倡议科学救国论、教育救国论、实业救国论等，而强民足球队，则提倡体育救国，其意志在湔雪“东亚病夫”之耻，主张“救国强国”必先“强民”，所以球队被命名为“强民”。[1]

最初主要成员包括张作晋、蓝淦、黄雨柏（黄阿才）、古柏泉、林钦荣、林杰起、古康三、郑希贤、刘环伟、侯景超、杨运犇、林立起、杨友森等。1931 年，从印尼归国的温集祥（1913—2008 年）加入强民足球队，使队伍实力增强，因他足球技术高、组织能力出色，很快被选为队长。

建队之初，强民队队员入会要交队费。五中运动场瓦砾多，足球不到半个月就被踢破。那时一个球要银毫一元六角。队员入队时交的会费用光，经常需要想办法集钱买球，队员黄雨柏甚至将结婚金戒献出充当球队经费。队员练球积极，每天天未亮，哨声一响，球员们便呼应着跑到东较场训练，从不间断。若要准备比赛，强民队员会在早上三四点钟便起来练球，有时练跑步，一气跑上十几里才肯休息。无论天寒地冻，酷热炎暑，只要口哨一吹，队员就可以到齐。高强度的专业训练使强民队很快成为梅县足球劲旅。[2]

1932 年，梅县强民队在当地驻军师长黄任寰的资助下到汕头比赛，与英国驻汕舰队足球队合影

1931 年，全国掀起抗日救亡浪潮，梅县县政府举办“抗日救国鼎”锦标赛。其中足球比赛采取单循环制，地点在省五中运动场，共有 5 支学校足球队、8 支社会球队参加角逐，包括东山、广益、乐育、白土、南侨、岭东、强民、学艺、松光、县中、梅南、炮兵、大化等 13 支足球队。

1932 年汕头足球队与梅县强民足球队合影

[1] 李次民. 梅县足球史话. 广东文史24辑。
[2] 李次民. 梅县足球史话. 广东文史24辑。

强民体育会两位元老温集祥（左）、杨运粦（右）

经过半个月的紧张角逐，强民足球队以 11 胜 1 平夺冠。1932 年，在黄任寰支持下，温集祥率队远征汕头，首场比赛中，强民队不敌以汕体队，次仗为首次对阵外国球队，以 2 比 1 击败了英国舰队足球队。[1]

强民足球队吸收了来自社会各阶层的足球爱好者，1934 年春，会员规模达 60 多人。1934 年 3 月 18 日，梅县强民足球队在梅县县立中学大成殿（今梅江区党校内“孔庙”旧址）召开大会，正式更名为“梅县强民体育会”。会议选举成立第 1 届理事会，温集祥被选为第 1 届强民体育会会长，余勇谋、李玉桂为副会长，理事若干人。[2] 驻防蕉岭县独一师师长黄任寰、梅县县长彭精一发来贺电，并各捐赠 1000 毫银给强民体育会作为成立和开展活动的经费。

此外，梅县还逐渐诞生了岭东、育强、中华、梅风、南侨、南飞、百士、松光等足球队。岭东足球队以梅州中学毕业生为主，育强队以乐育中学毕业生为主。梅风体育会以当时梅县社会青年为主组成，“南侨”“南飞”是以归侨学生和农民组成的足球队。[3] 这些球队经常在东较场切磋球艺。

岭东足球队创始人、梅县城内公学校长杨向梓

梅州中学校足球队后卫杨向梓毕业后，先担任城内公学校长兼省立五中童军教练，1928 年创建了岭东足球队，主力球员为梅城热爱踢足球的小学教师[4]，包括以杨向梓、杨展基、张荣昌、张资颂、陈定荣、魏震民、何曹基、陈耀模等为骨干，实力雄厚。[5] 岭东足球队队员经常在城内五中运动场进行训练，多次与五中、乐友、强民等足球队进行训练比赛。1933 年，岭东足球队由于队员星散而停止活动。[6]

---

[1] 温威光. 足球魂[M]. 广州花城出版社. 2003：116，123，131–142.

[2] 杨宏海，温威光. 梅州：球乡筑梦[M]. 广东人民出版社. 2020. 11. p39.

[3] 杨宏海，温威光. 梅州：球乡筑梦[M]. 广东人民出版社. 2020. 11. p40.

[4] 李丽，夏冬，张长城. 近代梅县民间体育社团发展特点及其启示[J]. 体育文化导刊，2014（09）：180–183.

[5] 张学基. 梅县强民体育会史略[M]/ / 梅县文史资料第5 辑. 1984.

[6] 李丽，夏冬，张长城. 近代梅县民间体育社团发展特点及其启示[J]. 体育文化导刊，2014（09）：180–183.

1930年，兴宁人罗冠群组织了当地第一支社会足球队——宁江足球队，并时常开展比赛。

梅县育强体育会成立于1934年，由附城的养吾学校归侨教师黄爱吾牵头，吸收居住在上市黄塘一带热爱踢足球的学生、市民、商贩参加。会址最初设在禾好塘的一座老屋“翰林院”内，后迁到勤力小学、西门宫建筑工会等地。经费来源主要由会员提供和向商界及华侨募捐。

育强会员人数流动变化较大，最初时有近百人，多数是乐育中学校友，其中较为有名的运动员包括陈延盛、陈珍球等10余人。育强体育会经常与强民体育会进行足球比赛。球队中的陈延盛、丘荣昌、陈尊昌曾代表梅县参加省运动会足球赛。1945年抗战胜利后，育强队因球员分散，停止了活动。[1]

中华体育会成立于1940年，是抗战中期在梅县学界兴起的一个群众体育团体，会员近200人，主要是附城中学的师生，会址设在大康路张贵和鞋店二楼。中华体育会成立后，以足球为主要活动项目，兼搞游泳、篮球等项目。中华体育会曾多次与强民体育会进行足球赛。

1941年，强民体育会与中华体育会共同组成梅县足球队（强民队为主），出征韶关（抗战时广东省临时省会）“汉魂杯”足球赛并获得冠军。1945年抗战胜利后，中华体育会由于人员星散，停止了相关活动。中华体育会有是学界组成的体育社团，但比岭东足球队和育强体育会在活动内容和形式上更加多样。

在抗日战争和解放战争期间，梅县地区的体育社团多次组织各类义演和抗战活动，体现了客家人爱国爱乡的精神。岭东、育强、中华等足球社团的主要成员是学校教师和部分学生，随着教师调离或学生毕业，加上战争等因素，此类社团存续时间较短。其中岭东存在5年，育强11年，中华体育会5年。梅州还有1942年球王李惠堂在家乡五华组织过老柴、锡江、华华、航建等足球队，主要是一些临时表演或义赛的足球队，航建队为抗日义赛130多场。

以社会人士为主的强民体育会表现出强劲的生命力，在之后几十年间积极推进人才培养，活跃草根足球，其会员以骄人的成绩为梅县赢得“足球之乡”荣誉做出了贡献。

强民体育会十分重视及开展梅县周边乡镇的足球运动，先后在松口、丙村建立强民足球队，并且常常到乡镇比赛，推动乡镇基层足球运动的普及开展，梅县足球步入飞跃发展阶段。

[1] 李丽. 梅州足球文化发展研究。

1948 年的强民足球队

后排左起：蓝淦、谢维钢、张英忠（后入选国家二队）、侯梓华（后入选中南红队）、黄勇盛、蔡利生（后入选中南红队）；前排左起温孟光（后入选南海舰队）、科继忠、王海华（后入选中南红队）、杨殿宏、罗波（后入选华东军区队）

新中国成立前夕，梅城地下党联络站温清利家私店和位于梅城东门杜家祠梅县强民体育会会所一同遭到国民党的捣毁和封闭，之后强民体育会会址搬到梅城西门路罗屋。

新中国成立后，强民会足球骨干被政府安排至体育管理和教学岗位。蓝淦（1911—1987 年）被调到文化馆任体育干事，张作晋、杨运彝、陈宜焕、黄勇盛、刘锦泉、罗波、饶秉钦、李俊昭、温铭林、张丁元、杨殿宏、张文济、梁坤芳、李孚能、杨和荪、李璋、古晚芳、张绍亮等，先后被分配到梅县城乡的梅州中学、联合中学、西阳中学、丙村中学、松口中学、高级中学、水白中学等中学担任体育老师。他们以高度的事业心和敬业精神投入执教，将几十年积累的足球技战术悉心传授给青少年，为推动梅县足球运动立下新功。在他们的精心培养下，一批批优秀足球人才从梅州走向全国各地的专业球队。

第二节　梅县强民会创设百磅青训机制

抗战胜利之后，梅县足球运动因基础扎实，氛围重新活跃，足球社团青训机制开始出现。

新中国成立初期，为培养生力军，梅县各体育会纷纷组织业余小型足球队。强民体育会在梅城按街道发动群众，组织业余小型足球队和百磅足球队，“百磅”即参与者为体重不超过 100 磅（90.71 斤）的青少年球员。各街道球队有大康足球队、凌风足球队、中西足球队等。当时比较著名的还有育强、梅风、晨辉等体育会的小型足球队。

这些业余小足球队，相当于梅县早期的青少年训练机制。这种机制机动灵活、群众基础扎实，各队之间经常一起实战，加快提高青少年的竞技水平，有效活跃了梅县的足球社会氛围，为梅县培养足球生力军。

梅州中学体育主任陈宜焕、梅县县立中学体育教员邓镇（中南红队主力门将）、梅州师范体育教员钟惜松、梅州女子师范体育教员古映霞等，都带了不少优秀的足球苗子加入百磅足球队。当时梅县的教育质量高，学子中有不少返乡求学的华侨子弟。

1949 年 11 月 13 日强民体育会“解放杯”颁奖典礼，摄于梅县东较场县山歌剧团前

强民百磅足球队涌现了不少国脚、省脚。新中国成立后，从梅县足球队出去的球员占据了省足球队，曾雪麟、杨霞荪、潘培根、张腾云、杨友标等分别效力八一、西南军区、南京军区、华东军区等省市一级足球队，在国内的比赛中发挥出色。这一批优秀的球员，后来成为中国足球队及各省队地方队的主教练。

1949 年 10 月，梅县举办了“解放杯”足球比赛，赛事在梅县附城各中学足球队之间进行，分住在各街道的强民足球骨干牵头以街道名义组队参战。在比赛中，新人王海华、侯梓华、张英忠、温孟光、柯纪宗、黄秉信、陈运彝等组成的“中西队”（梅城中山路和西门路组成），夺得冠军。中西队不少队员后来成为梅县队、中南红队的主力。

1953 年，梅县成立体育科，1956 年改称为梅县体育运动委员会。梅县体委十分重视足球发展，将多名老强民会会员安排到体委、学校等负责足球相关工作。1958 年，强民体育会会长温集祥被调入广州担任广东青年队教练，原强民体育会的足球活动同步纳入县体委，此后，以强民体育会为名义的业务活动停止了 20 年，一直到 1979 年才重启。

杨霏荪是 1959 年广东队的队长兼主力前锋，曾在当年与世界杯亚军、瑞典劲旅尤哥登队一战中率队逼平对手，撰写过《足球》等著作 [1]，并长期担任电视台足球解说员，为南派足球代表人物之一。他曾回忆自己深受强民体育会影响的成长历程：[2]“新中国成立初期那几年，我几乎天天都和几位好友到西门罗屋的强民体育会去玩，在那里我结识了比我大一些的足球好友，天天下午都结伴到东较场

[1] 杨霏荪. 足球基本训练与实战技术[M]//足球，基本训练与实战技术. 广东人民出版社，1991.

[2] 杨宏海，温威光. 梅州：球乡筑梦[M]. 广东人民出版社. 2020. 11. p70.

1965 年强民元老与梅县足球队队员赛后合影

前排左三张文济，左五王海华，左七张健；中间站立者左起：陈如盛、温绍均、李璋，左五罗波，左八杨霞荪；后排站立者，左一刘锦泉，右一张宏元，右二王海平，右三温铭林；其余为当时梅县足球队队员，前排右三为张吉祥

踢足球，一直到天黑，甚至有时直至各家父母、兄长、叔婆、伯姆跑进球场去拉各自满头大汗的孩子回家吃饭时，比赛才告结束……新中国成立初期，梅县还没有成立像现在条件那么好的业余体校，我就是在强民体育会的培养下，在兄弟会友的帮助和蓝淦伯、杨运彝叔等前辈的辅导下，使足球技术得到迅速的提高。从 16 岁入选梅城镇队开始，我先后进入梅县足球队、广州体院（中南白队）足球队、广东足球队，再调入中国青年队，作为队长和主力队员，转战南北十几载……”

1965 年，梅县强民足球队元老王海华、罗波、杨霞荪、张宏元、张文济、张健、李璋、陈如盛、温铭林和国家荣誉裁判长刘锦泉等，不顾高龄，与梅县足球队同场竞技，言传身教。杨运彝（1914—1992 年）因年纪较大，当时未参加。

这张赛后的合影，囊括了多位梅县足球名宿，十分珍贵。杨霞荪为 20 世纪 50 年代至 20 世纪 60 年代杨氏五虎将之一，在新中国成立初期担任八一队主力左边锋，1954 年入选中国国家男子足球队，后为重庆、新疆、梅县足球队教练。照片中大部分人后来都成为梅县一代优秀足球教练，培养了众多足球人才。

前国足教练曾雪麟、前广州军区部队足球队主教练潘培根、八一队主力左边锋杨霞荪、南京部队足球队主力前锋张崇阶（又名张逸）、华东军区足球队主力前锋罗波、西南军区主力后卫杨友标等这批在新中国成立初期驰骋在中国足坛的骁将，都是早年强民百磅足球队的成员。

第三节　彭精一县长任内改建梅县东较场

1935 年，在彭精一县长任上，在当时驻军蕉岭的国民革命军独立第一师黄任寰师长支持下，梅县东较场被修建成大型体育场。[1] 这是当时足球场地建设方面的奠基式成就。

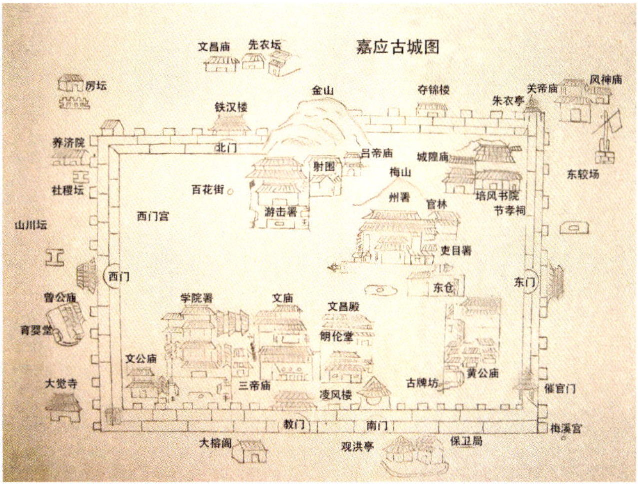

根据《光绪嘉应州志》标识的州城古城图，可见东较场的位置

东较场的历史可以追溯到明朝嘉靖七年（1528 年），当时程乡县主簿王腾为使地方军队有一个较武习骑的场地，在县衙东面修建了东较场，这就是后来梅县人民体育场的滥觞。清朝顺治十年（1653 年），先后由知县葛三阳和王仕云重修。明清两朝，梅县武童生在这里考试。1758 年，知州詹昌捐资倡建普济堂于东较场背，收养贫苦孤儿 50 名，每人每天给口粮钱 8 文。同治三年（1864 年）普济堂被洪水浸塌，十一年知州严家畴倡议捐资修复。[2]

梅县东较场位于梅县老城区东北部，毗邻著名的人文秀区攀桂坊。正北方原有座香火旺盛的关帝庙，后来被毁，只留下旧址附近的一棵大榕树。清末至民国廿年间，此地为处决罪犯的刑场。

清末梅县学者梁伯聪（1871—1945 年）在《梅县风土二百咏》中以诗歌写此地："武庙门前水一方，临刑旧号杀人塘，填沟辟土锄荆棘，化作庄严运动场。"梁伯聪诗注云："东较场，关帝庙门外，有塘一口，曰杀人塘。塘面有照墙二，一新一老，老墙下为刑事重犯大辟之所，因而名其塘，曰杀人塘。科举时代，武试较射，又有跑马沟一条。民国廿四年乙亥，西阳黄任寰军长驻军梅县，督辟运动场，将校场内所有坟墓，墙塘、马沟一概锄平，拓阔范围。周围建筑栏杆，场门牌坊极整齐壮观。"

1922 年，梅县县政府把清代的文考棚（今梅县民主路华侨戏院院址）拨给省立五中（现梅州中学）开辟运动场，场内设有中型的足球场。因运动场地地处市

[1] 梅州文史第38辑. p371.

[2] 参见梅县区地方志办公室编写的《梅县大事记》（古代部分）。

彭精一

区中心，城内的青年学生、店员工人、小商贩等经常聚集在运动场踢足球。[1]

彭精一于1931年10月16日至1935年5月6日任梅县县长，之后调任兴宁县县长。他在梅县任内启动了城区改造建设工程。他发动华侨和国内热心人士捐款建造了梅江桥、程江桥、白渡桥、东山千佛塔、东西区菜市、程江古塘军用机场，与黄任寰共同筹划将东较场开辟为公共体育场，并组织架设嘉应各县长途电话、补刻《光绪嘉应州志》、成立县图书馆、接纳旅泰富商熊幼霖先生捐赠的五千余卷《四库全书》等，推动了当时梅县的经济、文化、教育等发展。

1931年，东较场修建工程项目正式启动，从筹款到建成，得到多位军政乡贤的帮助。彭精一在著作《期颐小集》中记载了这一过程："……上任不久，即偕桂里小学校长黄能立往东较场观察；时张团长简荪，特先慨捐五百元为开办费，且将其二世祖坟率先迁移；黄师长旭南（任寰）、参谋长曾举直指导尤力。后又得长官陈伯南（济棠）慨捐巨款，特筑体育场大门（红门）以为纪念。1933年秋间，公共体育场粗成，特举办运动大会，人山人海，颇为壮观……足球健将温集祥兄，特组强民足球队驰骋其中，从此强民足球队名扬全国，非偶然也……"[2]

梅县公共体育场于1935年完工，整个体育场长250米，宽196米，中间建有一个大型足球场，四周配套五六个小型足球场和几个篮球场、双单杠运动设施，周围建水泥栏杆。这是当时广东省规模最大的体育场之一，也是当时各县最大的体育场，被命名为"梅县公共体育场"。[3]当地民众沿用古习将此地称为"东较场"。

建设中的梅县公共体育场门楼（俗称"红门"）

梅县公共体育场建成后，黄任寰倡捐部分经费，并请他的老部下、当时主政广东的陈济棠（1890—1954

[1] 梅县地方志编纂委员会. 梅县志. 广东人民出版社. 1994-03.
[2]《彭精一先生纪念集》p149.
[3] 梅州文史第38辑. p372.

年）拨助五千大洋，仿照南京体育场大门图案，在体育场南端建了正大门。陈济棠在军校时由梅县籍教官、粤军创始人邓铿介绍加入同盟会，主政广东时在经济、文化和市政建设方面则颇多建设，有“南天王”之称。1984年9月，邓小平在北京接见陈济棠之子陈树柏时说：“令尊治粤八年，确有建树。广东老一辈的人至今还在怀念他。”此次梅县公共体育场大门建设，陈济棠慷慨捐赠巨款支持。[1]

梅县公共体育场门楼“红门”刚落成时

东较场正大门又叫“红门”，因正对球场的看台，被球迷戏称为“司令台”。在东较场南端则建成华表门，与梅江桥遥遥相望。东较场红门成为老梅城足球场的标志性建筑。

1935年，梅县公共体育场建成，附城各中、小学校和社会上的足球队经常在这里练习和比赛，为梅县足球活动的中心场地，以及当地举办大型综合运动会的主要场所。

1935年，西阳黄任寰师长驻军梅县，督辟运动场，将教场内所有坟墓一概锄平、拓阔范围，周围建筑栏杆、场门牌坊，极整齐壮观。[2] 民国之后，这里重新成为民众开展体育运动、进行足球训赛的核心场地。

1936年梁翰昭接任梅县县长后，又在东较场东侧兴建了一座民众教育馆。此后，东较场就成了梅县足球活动的中心场馆，以及当地举办大型综合运动会、群众集会的主要场所，并见证了足球之乡发展的历史进程。

1935年，梅县东较场举办运动会[3]

[1] 何阶平. 摒弃历史虚无主义对党史研究的影响——以中央红军突破四道封锁线的史实为界[J]. 中共桂林市委党校学报，2018，18（04）：70-72+69.

[2] 参见梁伯聪《梅县风土二百咏》。

[3] 民国梅县教育局编订. 梅县学校年鉴. 上海生美印刷厂. 1936年5月第1版。

第四节　足球被绘入梅县将军祖祠壁画

郁卿黄公祠足球少年壁画
（刘奕宏 摄影）

郁卿黄公祠水墨壁画：
望乡少年、西阳风景、足球少年

西阳是梅县的历史名镇、足球重镇。西阳从明代开始文化兴盛，清末，西阳镇在卢耕甫、黎元庄、胡俊卿、黄郁卿等一批有识之士的引领下兴办新学，加上当地海外华侨家庭多，得学习海外风气之先，现代足球运动很早在当地发展。

黄郁卿之子黄任寰（1888—1952年），字旭南，生于足球盛行的梅县西阳镇黄坊村，清末毕业于广东陆军速成学校，1909年加入同盟会，辛亥革命时参加民军起义。1916年，护国战争爆发，桂系入粤，他率部加入护国军第二军，任第二旅第二团团长，陈济棠在其部下任连长。1923年，叶剑英率部在梅县收编粤军黄任寰旅[1]，黄任寰率部入闽，后升任第一师师长。

1924年，黄任寰在家乡西阳建了祠堂，为纪念父亲黄郁卿，取名“郁卿黄公祠”。黄公祠屋旁黄郁卿纪念亭前，竖一块端溪石碑，由国学大师章太炎撰文、钱穆书写，足见其崇文家风。祠内绘有众多精美壁画，其中一幅独具特色，绘着一位手捧足球、面带微笑的少年。席地而坐的少年梳民国发式，穿着合体的球衣，背景是梅县山区常见的茂林修竹。该画与旁边两幅反映西阳风情的望乡少年、家乡风景并列，或许是黄郁卿生活的写照。

黄氏将足球绘入纪念父亲的宗祠壁画，可见足球文化在其家族中的地位和传承，以及当时梅县西阳浓郁的足球氛围。在西阳，村村有球队，人人爱足球。

西阳镇下黄坑村有座客家大屋叫季朋庐（季朋庐三字是书画家刘海粟为屋主题写）。围屋上厅神龛两侧的屏风最上方，有两幅足球题材的粉彩漆画，分别为

[1]　陈予欢. 叶剑英与黄埔军校[J]. 黄埔，2017（04）：44-51.

“足球盘带过人”和“守门员接球之姿势”，创作于1935年。季朋庐的主人丘彝振、丘钦振兄弟，分别为民国时期西阳中学的校董和当地一所小学的体育教师。丘氏当年从梅县下南洋创业，当时已是东南亚富商。客家大屋的厅堂是家族灵魂所聚，丘氏将足球技术作为堂上神龛两侧的绘画题材，可见当时西阳足球运动的风靡和对足球运动精神的崇尚。

季朋庐祖龛的足球画

据季朋庐主人后人讲述，民国时期屋主丘氏之女从广州的美国教会学校毕业后在香港当老师，球王李惠堂之子曾是她的学生。当时李惠堂正活跃于亚洲球坛，球王给家乡梅州带来的足球影响可谓深邃而强劲。

季朋庐祖龛足球技术序列图“足球盘带过人”

季朋庐祖龛足球技术序列图“守门员接球之姿势”

在西阳的历史上，一直有热心推动足球的贤达人士。清末，卢耕甫曾在丙村三堡学堂任教并创办梅东中学，日本体育专业学校毕业归国的林修明、黄任寰的胞兄黄振寰，都是叶剑英在三堡学堂的体育老师。在叶剑英的小学毕业证上，体育教师一栏可看到黄振寰（伟南）的名字。几十年后西阳出了国脚黄德保、入选健力宝留学巴西队伍的陈文奎、原国青队队员钟云越、吴仲良、首届中超冠军深圳健力宝队队员赵朋文等知名足球运动员，以及梅县强民体育会会长赵鹏程等社会足球人士。1913年，东山中学初创时期经费困难，黄任寰给予了支持，成为东中校董之一。[1]

1928年，黄任寰的老部下陈济棠任第4军军长兼西区绥靖委员，黄任寰任西区绥署参谋长，1931年至1936年，国民革命军第一集团军独立第一师黄任寰2个旅6个团共

[1] 根据1924年出版的《梅县东山中学十年概况》档案记载。

1 万多人驻平远、蕉岭、梅县及福建武平。[1] 期间他积极参与地方公路、梅城市政、古塘坪军用机场、学校等多项基础设施和场馆的建设。

黄任寰酷爱足球，并热心推动家乡体育。1925 年，他担任第 2 届全梅小学运动会荣誉会长。1930 年，他在独一师参谋长曾举直的协助下，利用军工、民力进行城市建设和发展交通、文教事业。他派一团士兵开辟了蕉岭县公共体育场，主要供蕉岭县立中学和附城各小学使用。他还组建了独一师足球队，从香港请来陈荣光、彭湘元、欧应金、李省官、宋金和、饶灼基等多名香港甲组好手，加盟独一师足球队。[2]

1931 年，黄遵宪的孙子黄能立向梅县县长彭精一建议在东校场兴建体育场。项目预算耗资大，黄任寰知悉后出手相助，决定由所部士兵以兵工义务修筑，迁移坟地。当时，士兵们在体育场内挖出百具无名枯骨。客家人讲究入土为安，黄任寰命部下将骨移葬城东瓜岭神宫前。之后，黄部平整山坡，开辟出一片南北长 300 米、东西长 200 米的场地，设置了三个标准足球场。

1931 年，梅县政府举办“抗日救国鼎”足球锦标赛，强民队以 11 胜 1 平的战绩夺得冠军。工商各界代表纷纷向强民足球队赠送绣着“尚武精神”“屡战屡捷”等锦旗。赛后，黄任寰师长邀请冠军强民足球队到蕉岭访问，与独一师足球队进行友谊赛。两队首次交锋，实力强劲的独一师队以 4 比 0 战胜梅县强民队。

强民队队长温集祥回忆：“黄任寰师长身体肥胖，浓眉大眼黑胡子，出来厅子里接见，正襟危坐，我们个个感到肃然生畏。”[3] 黄任寰师长见球队过来，面展笑容，温和地说：“我在梅县看过你们比赛。你们的球风好，勇敢顽强，大胆进攻。但在梅县得了冠军，不要骄傲，我这次叫你们来，是要你们见见世面的。”

黄任寰和温集祥谈了些球经后，叫秘书拿出一千毫洋给强民队做远征汕头的旅费，鼓励梅县队走出山门向足球强队学习。之后，黄任寰还时常出资邀请强民队前到蕉岭切磋球技，提高整体水平。梅县强民体育会成立时，黄任寰又捐出一千大洋给予支持。

1933 年，黄任寰部移驻梅县，与梅县县长彭精一合作，组织地方人士成立市政委员会，亲自督促部队，参加拆除旧城墙扩辟街道、填平梅县体育场地面、疏通梅城下水道等各项工程。年初，梅县政府将东较场改名为梅县公共体育场，此系当时梅州各县中最大的体育场。

[1] 梅州市地方志编纂委员会编. 梅州市志. 广东人民出版社. 1999.

[2] 杨宏海，温威光. 梅州：球乡筑梦[M]. 广东人民出版社. 2020. 11. p37.

[3] 温集祥，回忆彭精一与梅县足球，梅县文史资料第25辑。

黄任寰十分关注家乡文化和教育事业。他倡建了梅县的民众教育馆、县立图书馆、平民医院和修建古塘坪机场，并捐资翻印吴兰修《桐花阁词》、宋湘《红杏山房集》《义何文存》《梅水汇灵集》《梅水诗传》等先贤著作，以及倡修《梅县县志》和《西阳乡志》。1934年，他着手修建东山千佛塔，亲自前往东山勘测，塔建成后，亲自作记，刻石立碑，记其始末。

1935年，梅县县长彭精一组织梅县体育代表团参加第13届省运会，梅县队首次参加省运会，代表团下榻在省城广州学宫前独一师的师部。

省运会县联足球赛参加队伍有8支，分两组比赛，最后汕头与梅县争夺冠军。当时汕头队素有“岭东足球盟主”之称，拥有李惠官、李东官、李省官、李远官、李达官等五兄弟骁将。梅县队最后以2比0战胜汕头队，荣获第13届省运会县联赛足球冠军。黄任寰师长和彭精一县长在民众教育馆设宴庆祝。

1934年10月，中央红军长征前夕，朱德代表中央红军复信给陈济棠，对抗日问题提出五点建议，并建议双方互派代表协商。陈济棠派出第一军参谋长杨幼敏和师长黄质文、黄任寰，与中央红军代表何长工、潘汉年在江西寻邬进行秘密谈判。杨幼敏、黄质文、黄任寰出于民族大义，与红军达成了五项协议，从而使得中央红军长征初期，得以脱离蒋介石铁桶一样的包围圈，顺利通过湘粤边境进入西南，开展长征之路。[1]

1936年1月，陈济棠将旗下军队编为五个军，其中黄任寰的独一师扩编为第四军，6月，陈济棠因主张反蒋抗日失败下野，余汉谋主政广东。10月，黄任寰被授陆军中将，任广东省民众抗日自卫团统率委员会副主任兼参谋长、平蕉饶埔四县总指挥，成为镇守当地的抗战军长。

1937年民国第14届省运会足球赛，梅县足球队由强民为主，加上乐育、东中和原独一师个别球员组成。彭精一领队、梁翰昭县长、新晋军长黄任寰一起在现场观赛。决赛由梅县队和宝安队争夺冠军，宝安队中有香港中华会7、8员实力健将，实力公认比梅县队强很多，黄任寰甚至不忍观赛。彭精一和梁翰昭特地为梅县队召开了准备会，鼓舞士气。赛时梅县队配合默契，士气旺盛，一场拉锯般的惊险鏖战之后，最终以5比4战胜宝安队夺冠。黄任寰的老乡、西阳白宫四平村的强民队员、超级球迷朱天赐（1918—1991年），为赶赴这场赛事，靠母亲卖田筹来路费，骑自行车7天出广州看球。朱天赐后来在西阳中学任教，并考取了国家一级裁判证书，指导过黄德保等一批国脚和省脚。

[1] 孟昭庚.“南天王”陈济棠给红军“让路”始末[J].文史春秋，2015（01）：20-26.

1944年，黄任寰任梅蕉平埔警备区司令，1947年当选为国民政府监察院监察委员，1948年移居香港。在他驻守梅县的20世纪30年代，梅州虽然遭受战争威胁，但因有官方支持和民众参与，足球运动得以保持活跃。

第五节　华侨乡贤支持家乡足球，奠定发展基础

旅印尼爱国侨领李恩绅

20世纪30年代生于长于梅州的华侨对足球普遍有着浓厚的感情，他们大力支持家乡足球发展，并把足球之乡的声名远播海外。

在印尼雅加达，夺取首届梅县“抗日救国鼎”大赛冠军的门将曾广锡，曾经力挫宝安队蝉联省运会冠军的主力前锋丘振基、曾官桂等人。印尼还成立了“为桑梓社会福利”和“振兴梅县体育事业”筹募委员会。旅泰梅县华侨林立起曾是强民队创始人之一，在曼谷成立了一支客属足球队。

民国时期梅州足球比赛经费多由华侨资助。1947年梅县到广州参加省运动会，得到海外华侨的资助才成行。华侨还大力支持足球场馆建设。1933年的梅县公共体育场工程得到了众多华侨的慷慨资助。

1945年抗战结束后，梅县的体育设施被严重破坏，开始修复相关场馆、恢复体育会正常活动，基建的资金支持主要来自爱国爱乡的海外华侨。

民国时期，强民体育会会长温集祥于1946年到访东南亚地区，倡议成立基金筹募委员会发展家乡体育事业，侨胞李恩绅、刘宜应、刘家琪、徐育梅、李友三、刘羡华、刘桃元、林琼光、林载诚等慷慨捐款支持强民足球队的发展。[1]

梅县籍旅印尼爱国侨领李恩绅（1896—1955年）带头动员捐款，共募得二千多万元（旧币）汇回梅县。这笔款被用于东较场整修、铺设草地和开地下水道、修建通心栏杆。刘家琪、刘宜应等乡贤筹募港币一万元作为强民体育会基金。[2]

1947年春，强民会长温集祥带着梅县体育馆修建规划再次来到南洋，为家乡募集建馆资金。丘陶荣、丘佐荣兄弟于1948年捐款1万美金修建梅县体育馆。[3]

---

[1] 梅州市华侨志编委会. 梅州市华侨志[M]. 2001.

[2] 李次民. 梅县足球史话. 广东文史24辑。

[3] 李次民. 梅县足球史话. 广东文史24辑。

印尼雅加达华侨富商丘佐荣为梅县西阳人，曾于1945年夏天日本投降前夕率领印尼华侨体育代表团参加全国运动会。其胞弟丘陶荣，乃香港巨商。丘氏昆仲均在旅居地侨领和体育界颇有声望。

新中国成立初期，侨胞徐育梅、林载诚等向梅县足球队捐赠了足球300只、球衣300件、球鞋袜各200双。时任香港嘉属商会会长孙城曾、刘森庆也先后捐赠了学校比赛用的足球100只和大小银杯20余座。[1]

华侨为家乡输送优秀的足球教员和青少年苗子。二十世纪前半叶，华侨不仅出钱办学，还让自家子弟回梅州接受教育，他们中不乏资质卓越、敢闯敢拼的足球青少年。李惠堂、温集祥、曾雪麟等人都是被父母从香港或印尼等地送回老家接受启蒙和小学教育的。

在老一辈东山中学校友的回忆录中，早期踢足球的“牛队”成员多数是华侨子弟。华侨子弟见多识广，对足球等西式运动有浓厚的兴趣。这些华侨子弟构成了梅州足球早期兴起的主力，让足球成为风靡侨乡梅县的第一运动。

华侨足球教员从国外带回先进的思想、国际化的视野，使学生获益匪浅，更能放眼世界，胸怀祖国。松口体育会的老师，是南洋归侨，日本留学生。梅州中学和东山中学最初的校园足球队教练，都是南洋归国华侨。三堡学堂校长谢鲁倩是出生于印度尼西亚的华侨富商之子。林修明、江柏坚、谢鲁倩、李佐夫等，是叶剑英在三堡学堂读书时的老师。

梅州华侨投资家乡，兴办企业，以产养学，带动经济，促进了梅州体育事业的发展。1910年平远籍旅马来西亚华侨姚德胜在家乡创办纺织厂，首开国外梅州人在梅州侨乡投资办企业之先河。从1910年开始至1949年，梅州籍华侨投资家乡办实业历经39年，投资企业共1656家，金额达1418.3万元人民币。[2]但因战争和时局，华侨对国内情况不甚了解，加上中国当时执行的华侨政策摇摆不定，投资的成效不大，投资企业不多。[3]

梅州籍华侨具有爱国爱乡的优良传统，十分关心家乡足球的发展。梅州华侨们为了支持家乡足球，包揽参赛费用，亲自观赛，设奖设宴，促进交流，成为推动地方足球生态发展的重要力量。

---

[1] 李存章.海外赤子与足球之乡梅县[J].体育文史，1989（06）：52-54.

[2] 厦门大学南洋研究所编.近代华侨投资国内企业史资料选辑（广东卷）.[M].1989.p111.

[3] 郑一省，赵利屏.东南亚华侨华人、港澳同胞与侨乡建设——梅州市个案研究[J].华侨华人历史研究，2001（02）：48-57.

第六节　来自梅县和五华的足球队连获民国四届省运冠军

从清光绪三十一年冬（1906年1月）至民国36年（1947年5月），广东省共举办过15届运动会。前几届参赛单位都是广州市内的中小学校，从第8届起，增加了广州市郊县、省内各县、市和香港的学校、社团。第十一届起，每届均设“省运会”和“县联赛”，抗战期间省府迁韶关时还举办过“汉魂杯”（以时任省主席李汉魂名字命名）省级比赛。

来自梅县、五华（当时五华属潮循道）的足球队从1935年开始参赛，之后一举夺得了第13届（1935年）、14届（1937年）、15届（1947年）省运会和汉魂杯（1941年）的冠军。

1935年5月，梅县派出足球代表队首次参加第13届省运会。队员13名：强民体育会的温集祥、张作晋、林立起、曾官桂、杨练华、李玉桂、蓝淦、杨运彝和独一师队的彭湘元、陈清泉、宋金和以及育强体育会的陈延盛、罗文进。

广东省第13届运动会足球比赛参赛8支队伍，分两组先进行单循环赛，小组第一进行决赛争夺冠军，最终梅县队和上届省运会冠军汕头队对决。汕头队是强队，1932年，强民足球队访问汕头时，曾以0比2不敌汕头队。

汕头队核心队员李惠官是马来西亚华侨，早年曾和兄长李启明效力上海三育足球队，加入过香港中华会足球队，后随其父迁居汕头，是汕头队夺取12届省运会冠军的主力之一。在1927年至1930年的香港甲组联赛中，中华会两名前锋黄柏松、李惠官助力中华会成就香港甲组联赛三连冠。李惠官与兄弟李省官、李东官、李远官、李达官，号称李氏兄弟“五虎将”，是当时汕头队的支柱。

首次参加省运会的梅县队上下团结，敢打敢拼，并无惧色。经过90分钟鏖战，以2比0战胜汕头队，获得第13届省运会冠军。次日，中山大学学生会为梅县足球队举行祝贺招待会。其时任旅港嘉应商会会长林翊球和几位乡贤专程从香港前来观战。

林翊球（1896—1984年）生于梅县程江乡长滩村，对体育事业极富热情。1929年他率领香港南华足球队到汕头、广州等地比赛，对发展梅县体育事业鼎力赞助。梅县队获得省运会冠军后，林翊球会长以旅港嘉应商会和本人名义，在广州越秀山山顶酒家为梅县足球队举行庆功大会。

林翊球先生在庆功宴上感言：“梅县足球队能在省运会上夺冠，说明客家人既有踢足球的天赋也有踢足球的土壤。名扬海内外的球王李惠堂，也是来自五华的客家人。梅县队的出色表现，从一个侧面反映和弘扬了客家精神、客家文化。今日梅县足球队扬威省城，实实在在给我们远离家乡的四方游子带来了荣耀，带来了豪情，带来了作为客家人的骄傲。如果下一届省运会梅县队还能打进决赛，我敢断言，在东较场看台上的观众一半以上会是客家人。届时，我们旅港嘉应商会必将倾巢出动，前来观战、助威！”[1] 林翊球一席话引起乡贤共鸣，博得满堂掌声。

林翊球安排同乡裁缝连夜为梅县队球员了一套西服，蓝绒上衣绣有银鼎和13届省运会字样。他带梅县队游玩香江名胜，观看香港甲组足球赛，两天后才启程回梅县。

1935年，首获省运冠军的梅县足球队与香港嘉应商会林翊球会长（前排中穿白衣者）合影
（林翊球左边为梅县队队长温集祥）

梅县县长彭精一和独一师师长黄任寰在东较场旁边民众教育馆（现老汉剧院）筵开20席，为首次夺得省运会冠军的梅县足球队接风并祝贺，党政军要员以及工农商学各界代表200多人参加。彭精一县长和黄任寰师长分别讲话，强调希望以这次夺得省运会冠军为契机，各界更多支持梅县足球运动的普及与提高，让更多的青少年参加足球运动，各体育会、足球队之间多举行比赛，特别是各中小学校要把足球活动列入体育科的重点项目，提高梅县队伍水平，争取在14届省运会上卫冕冠军。

1937年，梅县足球队参加第14届省运会县足球联赛。梅县足球队成员以强民为主，由强民、育强、东中和原独一师的球员组成。8支参赛球队分两组进行。宝安队击败汕头队获A组第一，梅县队战胜南海队获B组第一，由上届冠军梅县队和宝安队进行最后决赛。

宝安队有多名来自香港中华足球会甲组健将，胜券在握，实力更被看好。而上届冠军梅县队则士气旺盛，自认为是“黄沙嶂的老虎”。领队彭精一和县长梁翰昭专门为梅县队开了赛前准备会。彭精一喊出口号：“同心协力，争取胜利，

[1] 杨宏海，温威光. 梅州：球乡筑梦[M]. 广东人民出版社. 2020. 11. p43.

夺得省运冠军的梅县足球队，大金杯所对的为时任队长兼前锋温集祥

为梅县人民争光！”梅县队出战人员包括守门员黄勇胜，中锋温集祥，边锋陈繁盛、陈清全，内锋李强、丘振基，前卫郑英权、曾日文和丘荣昌，后卫何铭标、饶灼基。

上半场宝安队稳扎稳打，梅县队攻势凌厉，双方形成拉锯，未开纪录。下半场易地再战，宝安队抓住梅县队边线进攻特点，强化两翼。梅县队边线受抑，宝安队底线传中，连入两球。梅县队队长温集祥改变策略，将左边锋陈繁盛和左内锋李强位置对调，然后和陈繁盛连续数个“二过一”突破禁区，扳回一球，再和右内锋丘振基快速推进，邱振基入一球，将比分扳平。之后双方将比分追至 3 平，梅县队配合默契，士气旺盛，连续两鹄中的，以 5 比 3 超前。最终梅县队以 5 比 4 险胜宝安队，蝉联了全省运动会县联赛冠军。

前来观战的旅港乡贤纷纷祝贺。香港嘉属商会林翊球会长和旅穗同乡叫了十多辆车，载着梅县运动员环游市区，沿途燃鞭炮祝捷庆功，梅县足球队在省城大出风头。为让球队见世面提高球技，林翊球还邀请球队到香港与李惠堂领衔的南华足球队举行友谊赛。

1937 年，梅县队与香港南华队友谊赛前合影
（后排右三为李惠堂，后排右为二林翊球，前排左五为温集祥）

彭精一曾记录了当时的情景：“1937 年春末，梅县强民体育会足球队，参加全省足球比赛，当事者请余带队迁往，余静极思勤，即应命带队。先到香港请足球王李惠堂先生加以指导。不负所托，竟得全省足球冠军。该队由温集祥先生组织训练，且自任中锋，所向克捷，使梅县成为足球之乡，非偶然也。”[1]

梅县足球队抵达香港后，得到香港嘉属商会和香港南华体育会会长李惠堂

[1] 参见《彭精一先生百龄荣庆汇编》。

的热情招待。梅县队与南华队进行了友谊赛，南华队先在上半场派出乙组队员，被梅县队以2比2逼平，下半场改派甲组队员，以7比2大胜梅县队。随后梅县队与驻港英国海军足球队比赛，以2比1获胜。

香港之行结束后，当梅县足球队返梅，汽车由梅兴路驶入城中，沿途商店鞭炮齐鸣，市民夹道欢迎，县长梁翰昭在民众教育馆为梅县队设宴庆功。

根据《梅州市志》记载：1935年（13届）、1937年（14届）和1941年（汉魂杯），梅县足球队均获得广东省足球比赛冠军，其中1941年为省府迁至韶关后的“汉魂杯”。接着，以梅县足球队为主力，由温集祥担任队长和前锋，代表广东省访问湖南、广西等地，又获全胜。1942年，亚洲球王李惠堂回家乡五华，指导该县足球队，五华足球水平有显著提高。1947年，五华足球队夺得广东省第15届运动会足球赛冠军，梅县队因主力前锋温集祥人在南洋缺席比赛，夺得了季军。

第七节　兴梅地区用足球支援抗战

1937年至1939年，日军飞机多次轰炸梅州，在兴梅地区投弹共650多枚，梅县、兴宁、五华、蕉岭、丰顺等县都有民众伤亡，一些房屋被炸毁。[1]其时正处于第二次国共合作时期，梅县抗日救亡团体纷纷涌现，有梅县学生抗敌同志会（简称学抗会）、梅县青年抗日同志会（简称青抗会）。

强民体育会全体会员参加抗日救亡工作，部分会员还参加了中共地下党领导的青抗会，在梅县各乡镇，如西阳、丙村、松口等地设立分会。

广东省立梅州中学学子在千顷楼梅县东街堡青抗会门前合影

1939年，抗日民族统一战线出现危机，梅县学抗会、青抗会被迫解散。在特殊时期，足球成为社会各界知名人士保持合作关系的纽带。强民体育会吸引了很多梅县籍的社

[1] 曾庆榴，官丽珍. 侵华战争时期日军轰炸广东罪行述略[J]. 抗日战争研究，1998（01）：109-121.

会知名人士作为荣誉会员。这些来自各界的爱国人士积极推动足球运动，还通过各种方式宣传抗日救亡，并出版《燎原文艺》《正义报》等文艺月刊，举办木刻展览，并进行义赛、义演、义卖，将所得收入悉数用来购买棉衣和药品支援前线。

梅县学界名流、中山大学农科院院长黄枯桐是攀桂坊“椿荫堂三俊”之一，当时担任国民政府广东省副议长、广东省府农林处处长等职。黄枯桐同时还担任强民体育会名誉会长，先后在梅城举办“枯桐杯”“国材杯”“建宸杯”等足球赛，主编了在梅县东湖路出版的《抗战周刊》等宣传抗日的报刊。[1] 这些赛事和报刊，让当地各阶层人士加强了交流和联系，同仇敌忾，共同投身抗日救亡运动，充分体现了足球在当地的影响力。抗战期间，强民体育会会员达到数百人。

1941 年，广州沦陷，广东省国民政府由广州迁至曲江，曲江因此成为广东省临时省会。同年秋，当局以时任省府主席李汉魂的名义，在曲江举行了一次全省足球赛，即“汉魂杯”足球锦标赛。当时在曲江的省府军政人士、社会名流中有不少梅县人，如黄枯桐（国民政府广东省副议长）、曾其清（六十五军军部少将参谋长、梅揭普丰师管区少将司令）、孙城曾（广州师范学校教员）等，他们对梅县队的赛况高度关注，在组队时常与球队共同出谋划策。

1941 年，原强民体育会员、第 14 届省运会梅县队主力饶灼基成立了“中华体育会”。在梅县队组队之时，梅揭师管区司令曾其清等人和强民会会长温集祥、中华会会长饶灼基分别谈话，决定由强民体育会派出 5 人，中华体育会派出 2 人，组成梅县队参加“汉魂杯”7 人制足球赛。梅县队在决赛时，再次迎战劲旅宝安队，最终以 4 比 0 取胜，勇夺“汉魂杯”，第三次获得全省足球赛冠军。

之后，广东省政府在广东省体育代表团中组建篮球、排球和足球等队伍到湖南、广西等抗日前线进行慰问。省当局指定足球队以“汉魂杯”冠军梅县队为代表。梅县派出温集祥、张作晋、蓝淦、杨运彝、黄勇盛、李思汉等队员，赶赴曲江，加入省体育代表团。

广东省体育代表团下设篮球（男、女队）、排球（男、女队）、足球三个组共五支队伍。足球队由梁玉堂（1899—1978 年）担任组长。梁玉堂曾参加第 2 至第 7 届远东运动会，被誉为远东第二代球王。队员 15 人，分别来自梅县强民体育会、中山大学、曲江邮电局等。温集祥任广东省体育代表团足球队队长。

慰问赛第一天，广东省体育代表团安排了男篮、女篮和男排三场比赛，不料三战皆北，使足球队压力骤增。按照梁玉堂的部署，广东足球队边中结合、两

[1] 刘奕宏. 72年前的今天，梅城狂欢庆祝抗战胜利. 探梅. 2017. 9. 3.

翼齐飞、下底传中，或中路短传、渗透突破，打得十分流畅。前锋温集祥连中五元，广东队以 8 比 0 的比分大胜桂林冠军队，为省体育代表团挽回了颜面。之后，广东省体育代表团和当地足球队进行了两场比赛，再获全胜，成功完成后方慰问任务。

梅县人用来支援抗战的，除了足球，还有武术。1941 年，梅县国技促进会举行过两次武术（当时称国技）义演会，南北两派武林高手一起义演，门票国收入全部慰劳前线抗日将士。[1] 武林高手为了抗日救国而义演，都拿出了看家本领：郑培谦九节软鞭，王剑锋内外气功，小汽车过身；郭寿荣滚堂单刀水洒过去不沾身；禄飞镖百发百中，王印堂春秋大刀，何泽群鸳鸯双刀；黄玉汀的岳家拳刚柔并济，李葆真舞杀敌大刀，刁海龙的刁教拳以柔克刚，古盛琳和杨柏君的朱家教拳刚劲有力，邢伟南双单头棍，孔妙师黑虎掌。梅州足球在兴起时期与武术相辉映，梅州以两种国艺共同在大后方支援抗战。

1945 年 9 月，为庆祝抗战胜利，梅县政府牵头在东较场梅县公共体育场组织了一次颇具规模的运动会，中山大学农学院院长黄枯桐为荣誉会长。庆祝大会由驻军负责人黄任寰主持，县长温克威以及张宗良、黄枯桐等政要名流出席，还有当时第十四航空队（广义上的飞虎队）的美国盟友参与，张宗良、黄枯桐等即席进行演讲。被战争压抑多时的梅县足球，一时间吸引了本地 30 多间中学足球队和 8 支社会足球队参加。大会分为中学组和公开组比赛。强民、学联、晨健、丙村等社会足球队参加了公开组足球比赛，角逐“银鼎”，最终梅县强民足球队以全胜战绩获得冠军，捧得“银鼎”，学联队为亚军。中学组足球比赛中，学艺中学队获得冠军，乐育中学队获得亚军。[2]

1947 年，广东省第 15 届运动会在时隔 11 年之后重新在广州举办。上一届夺冠主力温集祥此时正在南洋募款而缺席比赛，最终五华县队获得第一[3]，梅县队获得了第三[4]。

[1] 邢力民. 民国时期南北两派武术义演会. 梅县文史. 第8辑. p96.

[2] 邢力民. 抗战胜利后梅县首届运动大会追记. 梅县文史. 第8辑. 1991. 11. 20.

[3] 张长城. 清末民初梅州足球发展的文化生态学研究[J]. 南京体育学院学报（社会科学版），2015，29（04）：25-31.

[4] 李丽，夏冬，张长城. 近代梅县民间体育社团发展特点及其启示[J]. 体育文化导刊，2014（09）：180-183.

第八节　李惠堂 17 岁起叱咤亚洲球坛为中华民族争光

近代足球最早在鸦片战争时期随英国驻军传到香港。1886 年 4 月，旅港英国军人在香港组建了亚洲第一个足球会——香港足球会（Hong Kong Football Club），这是亚洲最早的足球组织。[1] 香港华人最早踢足球，是在 1903 年底 [2] 开始有皇家书馆（皇仁书院）的学生对海军船坞的军人开展的足球友谊赛，比梅州五华（1873 年）元坑中书馆的学生踢球晚了近 30 年。1904 年，唐福祥和莫庆等 46 名学生用零花钱集资购买了足球和球衣，成立了中国历史上第一支现代意义上的华人足球队。[3]

1908 年，拔萃书院、圣提士反书院、育才书社、湾仔书院一批热爱足球的华人学生，组织成立了南华体育会。南华体育会在 1911 年和 1915 年组队代表中国参加了两届远东运动会，分别夺得亚军和冠军；1916 年正式注册并申请加入香港足球总会，并在 1917—1918 年球季赢得乙组联赛冠军，翌年升上甲组联赛，开启了一百多年征战甲组的序幕，直至 2014 年超级联赛举办为止。[4]1920 年，俱乐部改名为南华体育会，是球王李惠堂效力的母队。

李惠堂，字光梁，笔名鲁卫（“老惠”的粤语谐音，英文签名为 Li Waitong），又名万年青，于光绪三十一年九月十八日（1905 年 10 月 16 日）生于香港铜锣湾大坑村。[5]。其父李浩如，为当时香港实力建筑商，曾承接粤汉铁路工程，在粤港商界颇有名望，担任过穗港两地石行的会长、香港五华同乡会会长、嘉应会馆馆长等。1892 年，李浩如在老家建成一座大屋，名曰“联庆楼”。

球王李惠堂故居联庆楼
（朱日晖 摄影）

[1] 黄啬. 球国春秋. 大公书局. 1951. 9. P. 5.

[2] IpKwai-chung, SoccerinChina, P. 9.

[3] 阮蔚村：《远东运动会历史与成绩》，上海：上海勤奋书局，1933年。

[4] 赖文辉. 简明香港足球史. 三联书店（香港）有限公司. 2018. 4. P. 19.

[5] 廖月英. 忆惠堂二三事. 五华文史第九辑“球王李惠堂专辑”。

李惠堂幼时身体羸弱，但抓周时抓了个皮球。李家住所毗邻打马波地海军球场，他经常看英国人比赛。他小学时，他4岁时随母亲回五华，在老家接受私塾教育，之后在锡坑乡老楼村端本学校读小学，始终痴迷足球，朝午练球[1]。

联庆楼门口有两棵柚子树，一棵丰琅柚，一棵蟠龙柚。从香港带回的球打坏了之后，李惠堂摘柚子当球踢。他以门前晒谷禾坪做球场，以狗洞当球门，练习扫射，或到屋外草地上奔踢，用砖石做标记当球门。柚子打光了，他就用布扎个布团当球踢，如此痴练不辍，无人对赛时，就对墙踢，一直练到随来随踢，迎送自如，左右不失。

李惠堂和同村的小伙伴一起赤脚踢球。这批和李惠堂一起赤脚踢球的五华孩子中出了好几位球星，包括后来参加1936年奥运会的李天生（后卫），以及南华体育会甲组并多次参加远东运动会的彭华新、欧杰生[2]。李惠堂从家乡返港后，经常和李天生、叶北华、冯景祥等小球伴，学英军打球，并分成两队比赛。他“常因看球而牺牲晚膳，一有良好球赛，即蹲立场边或高攀树杪，静察各队之战术，球星之动作，从而模仿实习，须知学海无边，时至今日，余常孜孜不倦，常在学习中也”。

6年后，李惠堂随母亲回到香港。1919年，14岁的李惠堂进入香港发展足球运动较早的学校之一皇仁书院就学，开始接受系统的足球训练，1920年拜香港足坛名人李云为师。李惠堂秉持校训“勤有功”，学业优秀、球艺精进。两年后，因其父需要工作助手而辍学。

1925年的李惠堂
（英明 摄于香港）

李浩如对于李惠堂痴迷足球最初持反对态度，但李惠堂对足球的热爱有增无减。1922年，南华体育会主办区际夏令营足球杯赛，李惠堂代表大坑区参赛，司职中锋，帮助大坑区获得冠军。17岁的李惠堂展现了娴熟的球艺，获得了南华会高层郭晏国和莫庆的青睐，成为正式足球运动员，因年龄原因分在乙组。[3]李浩如的态度为之转变，不但成为南华之座上宾，对其每场比赛均不错过，而且鼓励在比赛中胆色尚有欠缺的李惠堂：“球场角逐，不

[1] 李惠堂.离了母胎到现在.良友.第45期。
[2] 《五华文史》第九辑。
[3] 李次民《纵横足坛满征衣》。

远东运动会徽标

可凌弱，不必畏强，你胆小若此，何能有进，非吾种也；应以大无畏的精神出场竞逐，并以正心术，重气节为个人立身之本。”[1] 又说，“如果你要踢足球，你首先必须具有胆色，大胆去踢，否则，你干脆不要踢，专心读书罢了。”[2] 半年之后，李惠堂升入南华甲组，担任右内锋。

1923 年 5 月，李惠堂随中国足球队至日本大阪，出征第 6 届远东运动会，中国足球队以全南华阵容参加。远东运动会，原名为“远东奥林匹克运动会”，是二十世纪初菲律宾、中国、日本发起和参加的地区性国际比赛，最后两届印度、印尼和越南加入，是世界上最早出现的洲际国际竞赛。

从 1913 年到 1934 年的 21 年间，远东运动会共举办过 10 届，除了第 1 次获得亚军，中国后续 9 届豪取冠军，称霸亚洲球坛，为中华民族赢得了荣誉，为中国足球至今仍保持的一项世界纪录。中国队参加远东运动会主要由一代球王唐福祥（二、三、四届队长）、二代球王梁玉堂（四、五、六届队长）、三代球王李惠堂率领（七、九、十届队长）[3]。

1923 年 5 月，在日本大阪，中国队先以 3 比 0 轻取菲律宾，首度为国披甲的李惠堂打进 A 级赛处子球。接着中国队以 5 比 1 大胜日本队，卫冕远东运动会足球冠军。李惠堂创下中国足球参加国际大赛的历史之最 [4]——最年轻的进球球员和最年轻的首秀进球球员，首球年龄：17 岁 219 天。

日本人总结道：“与中国相比，日本不具备控球能力，个人技术的差距使得缺少支配比赛走势的配合，最终导致大比分的失利。”[5] 中国足球从 1913 年至 1923 年十年间在远东运动会连连夺冠，《申报》将日本媒体的标题翻译为“中国足球铁军，堂堂十年连胜”，中国足球队在亚洲体坛内获得了“铁军”称号，唐福祥、梁玉堂、李惠堂前后担任队长兼主力，被誉为远东第一、第二、第三代球王。

---

[1] 李惠堂《足球经》扉页李惠堂回忆父亲教导之语。

[2] 廖淑伦，《享誉国际体坛的球王李惠堂》，原载香港《名流》，1976 年5 月，收入《李惠堂先生纪念集》（香港：五华旅港同乡会，1982），页192。

[3] 上海勤奋书局. 全国足球名将录. p17.

[4] 参见中国足球研究院《国足百年》之《中国男子足球运动员国家队比赛统计》，数据截至2021. 3. 18.

[5] 符金宇. 日本足球史. 新华出版社. 2018年3月。

远东大赛后，李惠堂随南华会远征澳洲，参赛前澳洲人在报纸上画了个鸦片烟鬼挂着辫子向球场走去的孱弱形象，标题是“明天中国足球队登场之前瞻”，大行讥讽。

1923 年 8 月 11 日，在第一场对阵澳大利亚最强地区球队新南威尔士队[1]的比赛中，中国足球队在雪梨首次亮相。香港南华的首发阵容为：守门员刘庆祥；后卫吴锦泉、陈苏；中场梁玉堂、梁棣芳、黄瑞华；前锋彭锦荣、叶九皋、黄柏松、李惠堂、陈光耀[2]。开场 10 分钟，李惠堂连入 2 球。先是叶九皋劲射被扑出，李惠堂补中。再于禁区获间接任意球，李惠堂一拨一射，球穿人墙入网。对方上半场结束前终于由伦纳德（Perce Lennard）扳回一球。下半场，南华防守时梁玉堂和刘庆祥相撞倒地，对方汉科克（F. Hancock）趁机再进一球。接着伦纳德再将比分反超成 3 比 2。比赛最后 20 分钟，李惠堂接应队友传球突入禁区，晃过对方防守，抽射破门。后来旅途劳顿的南华队因体力不支，把比分定格在 3 比 3。

此战让澳洲人对中国队刮目相看，当地舆论改讥讽为钦佩。李惠堂独建三功，获得澳方颁赠的“表演最佳特奖”。[3] 金章上面嵌的中澳国旗，是袁世凯时期的五色旗。此后李惠堂就穿 9 号球衣，9 号成了他踢球生涯中的著名代号。

中澳雪梨首场比赛前之照（右三为李惠堂）

1923 年南华征澳首赛李惠堂获得最佳球员金质奖章[4]

此次国足访问澳洲，航行一个多月，其余三个月内共赛 24 场，每隔三四天赛一场，最终结果 8 胜 7 平 9 负，进球 63 粒，失球 54 粒。18 岁的李惠堂凭一己

[1] 李惠堂在《足球》一书中翻译为：新南修威省联队。

[2] Kangaroos and Dragons-The 1923 Chinese Football Tour of Australia：http://maths-people. anu. edu. au/~nick/masters/ .

[3] 国家体委体育文史工作委员会，中国足球协会. 中国足球运动史[M]. 武汉：武汉出版社，1993：340.

[4] 李惠堂. 球圃菜根集[M]. 前锋体育书报社. 1948年12月. p1.

之力入了31球，获得“善射将军”美誉。[1]香港报纸以头版特大标题称李惠堂为“球王”。随队记者曾靖侯赋诗：“万人声里叫球王，碧眼紫髯也颂扬。还有细腰红粉女，争相罗拜更如狂。”从此，李惠堂有了“球王”美誉。

此次南华队远征澳洲，开中国体育界外出先河，使西方对华人的刻板认识一举打破，为提升中国人体育形象立下战功。李惠堂在1928年编《足球》书中表达了此次远征的意义：“中国‘东方病夫’之征号，锡自外人，良以往者侨胞离国谋生，类多羸弱者流，驼其背，曲其腰，毫无丈夫气。外人之未来华者，遂存中国国民不外如是之心理。病夫之名，有自来也，挽近中国，应最新之潮流，亦起而研究体育，昂长七尺，不让碧眼黄须。虽天赋体质悬殊，然吾人向上图进之心，未尝稍落人后。于是病夫之诮，已渐不上外人唇舌间矣。祛讥雪耻，吾人乃知外征球队职工，尤不可没也。”[2]

南华征澳队员合影（后排右三为李惠堂）[3]

南华队队员在远征中以赛代训，球艺大增，回到香港，一举获得香港足球总会举办的甲组锦标赛资格，并将西人足球队杀得一败涂地，首次夺取了甲组冠军。

1926年李惠堂（前排中）在复旦大学与同事们合影

1925年，李惠堂再度入选出征在马尼拉举行的第7届远东运动会，以5比1胜菲律宾，2比0胜日本，中国队再度蝉联冠军。日本队员神田回忆道：“吾等至大部分败因在于技不如人，此点自不必言。”[4]此次远东运动会两场足球比赛，李惠堂一人独进五球。由于队长黄柏松对日本时受伤，副队长李惠堂升格成为史上最年轻的国家队场上队

[1] http://www.ozfootball.net/ark/Socceroo/1923B.html.

[2] 李惠堂. 足球[M]. 1928. p41.

[3] 李惠堂. 足球[M]. 1928.

[4] 符金宇. 日本足球史. 新华出版社. 2018年3月。

长，19岁218天。[1]

同年，李惠堂携妻廖月英北上上海，被复旦大学聘为校足球队教练，很快又升为体育系主任，时年20岁。当时上海除了大学之间的校际比赛之外，并未有华人球会参加公开联赛。上海外侨从1902年开始举办史考托杯、国际杯、埠际杯等联赛，人称“西联赛”。“西联赛”有43年历史，前20多年因西人排斥，没有华人球队参加，李惠堂的到来改变了这个状况。当时沪上华人劲旅已有乐群、岭南、三育、南洋、暨南、同济、持志等队，但与洋人相比水平普遍不高，上海球迷深感挫败。

李惠堂上海足球名宿哈元贞的介绍加入了乐群足球会，开启了征战沪上球坛的序幕。1925年10月18日，乐群在沪出战高丽队，李惠堂首次披挂上阵，独中三元，乐群队3比0大胜高丽。次日上海《申报》以大标题“香港足球副队长李惠堂加入乐群”撰文，李惠堂一战成名。10月25日，上海足球锦标赛举行，首场乐群对岭南，李惠堂坐镇，以3比1胜岭南，之后连挫三育、南洋、暨南、同济、持志等上海各队夺冠。1924至1926年间，乐群蝉联中华足球联合会甲组联赛冠军。同年，李惠堂代表香港参加上海举行的第6届全国运动会，在香港与广东的决赛中，面对全场超过10万的观众，李惠堂连入三球，率领香港3比1击败广东队。当时《申报》盛赞李惠堂“三箭定天山”。[2]

1926年，中华足球联合会以乐群为主力，组织中华足球队参加上海举行的万国杯足球赛。在比赛中，中华队以3比2击败欧洲劲旅葡萄牙队，在决赛中又与实力强劲的苏格兰队踢成平局。上海三育球会创办人程贻泽提出优渥待遇，邀请李惠堂转会三育，但被球王婉拒。1926年夏秋间，李惠堂网罗了乐群队中的粤籍队员以及广东俱乐部的部分成员，另组乐华队。李

1928年乐华球队合影，前排右三为李惠堂

图画时报，1928年12月5日第518号。自右而左前列：安原牛、陈秉祥、队长李惠堂、李寿华、陈虞添、徐焕明；后列：余衡之（干事）、戴麟经、陈镇和、周贤言、梁官松、陈璞、梁官榴（干事）

[1] 参见中国足球研究院《国足百年》之《中国男子足球运动员国家队比赛统计》，数据截至2021.3.18.

[2] 李惠堂三箭定天山，《申报》，1925年10月20日，第17版。

1928 年上海中西足球联合会冠军乐华队合影[1]
（前排右边坐者为李惠堂）

1928 年李惠堂和所获奖牌、奖杯
图片来源：1928 年《良友》，王开 摄影

惠堂取名乐华，意为“振兴中华，吾侪乐于从命者也”。李惠堂选拔交大、复旦、光华、沪江、持志等各校精英，训练出戴麟经、陈家球、冯运佑、周贤言、陈镇和、陈虞添、李甯、徐竞成、曹秋亭等，将上海足球推至全新发展期。

1926—1927 年的赛季中，李惠堂率乐华队参加了英国人举办的“史高托杯”赛，以 4 比 1 大胜蝉联 9 届杯赛冠军的腊克斯队，创下了华人球队击败西联赛冠军球队的纪录。廖月英回忆他当天拿着湿漉漉的球衣回家述说赛况，“就似一个天真的小孩，那时，我自己也同他一样沉浸在为国家、为民族争光的喜悦之中了”。[2] 乐华从此声名远播，而李惠堂也成为家喻户晓的传奇人物。

1927 年的《北洋画报》
用梅兰芳作为头版人物

1928 年的《北洋画报》
用李惠堂作为头版人物

李惠堂率乐华屡创佳绩，接连夺得西联甲级、首届高级杯、中联杯赛甲级三项冠军，实现当时球坛最高荣誉之大满贯。每次李惠堂参加之比赛，均座无虚席。上海球坛进入朝气蓬勃的新境界。

李惠堂刚到上海时，上海球员喜欢打高球，观众哗然叫好，干扰球员却无益于进球。经过言传身教，他逐渐把这种滥踢高球的风气转变。[3]1928 年，李惠堂编写了《足球》一书，分享国际赛事历程和经验，介绍规范的足球技战术，以期提振国球技艺。这本书在当时十分畅销。

[1] 李惠堂. 足球[M]. 1928.
[2] 廖月英. 忆惠堂二三事. 五华文史. 第九辑（球王李惠堂专辑），p109.
[3] 李惠堂. 离了母胎到现在. 良友. 第45期。

李惠堂的盛名如日中天，成为与京剧名伶梅兰芳齐名的人物，时称“看戏要看梅兰芳，看球要看李惠堂”“一般孩童，竟呼以球大王而不名”。[1]《申报》描绘了他踢球的样子：李惠堂原为香港队队员。来沪后，加入乐群队，现为该队之柱石。最为观众所注意其技术之灵巧，沪上不数觏焉。其取巧之法，不在于随球奔波，而在于任人争夺，彼则坐收其利。迨得球后，盘旋而进，绝尘而奔，至十二码相近处，一蹴必中，守门者莫能之御。惊人之绝技，不胜枚举，诚不愧为远东足球界之明星。[2]

上海电影制片厂将李惠堂赛球场面编入《上海女子》《同学之爱》《2：1》三部电影[3]。体育家周家骐在《上海足球》撰文评论：“他（李惠堂）不但是足球时代的功臣，也是沟通沪港球界的使者……也是上海甚至全国足球史上的唯一伟人。”[4] 梅兰芳之子梅绍武是李惠堂的球迷，在上海念书时，球王每有精彩的球赛，都去观阵。[5]“球王的技术确实不凡，队员也往往在关键时刻把球‘派司’到他脚下，由他使出绝招，斜身卧地劲射，十有九中。”[6] 李惠堂当时在海内的偶像魅力足见一斑。

盛年的球王李惠堂和满载的奖杯（1929年摄影）[7]

1927年底，李惠堂率乐华、南华、中华球员组成三华队出访澳洲，31场胜14场、平3场、负14场。李惠堂共进了30球，戴麟经进了28球。次年，李惠堂率乐华出访菲律宾，4胜1平1负，球队声誉更隆。香港的报纸以特大标题，称李惠堂为“东方亚力詹士”。亚力詹士是李惠堂的心中偶像，即阿莱克斯·詹

---

[1] 海上足球界之人才，《申报》，1926年10月21日，第17版。

[2] 足球之人才佚，《申报》，1926年1月11日，第20版。

[3] 五华县政协文史研究室整理（白眉执笔）. 球王春秋——亚洲球王李惠堂生平纪实. 五华文史第九辑（球王李惠堂专辑）. p20.

[4] 蔡扬武：“看球要看李惠堂”. 韩淑芳主编. 老上海（民国趣读·老城记）. 中国文史出版社. 2017年10月。

[5] 梅绍武. 父亲梅兰芳. 文化艺术出版社. 2015年9月。

[6] 梅绍武. 父亲梅兰芳. 文化艺术出版社. 2015年9月。

[7] 球艺欣赏社编. 球大王. 上海杂志公司. 1935年12月。

1929年11月乐华足球队在南洋留影
（二排左一大树边坐者为李惠堂，图源：良友）

姆斯（Alex James），1929至1937年效力英超阿森纳足球俱乐部（Arsenal Football Club），出战261场，入球27个。[1]詹姆斯助力阿森纳夺得2次足总杯，4届甲级联赛冠军，缔造了一个王朝时代。1927年，詹姆斯已声名鹊起，是当时英国球迷所公认的"球王"，所以媒体以詹姆斯称李惠堂，意即东方球王。

1929年，受客家侨领胡文虎邀请，李惠堂率乐华出访南洋，23场比赛，胜19场，平1场，负3场。1930年，访欧计划搁浅，三华队转征东南亚，共赛23场，胜13场，平4场，负6场。在李惠堂率领下，中国足球队横扫东南亚所取得的巨大胜利，使得海外华侨扬眉吐气。

此赛中9号队长李惠堂独进12球，引发明星效应。当时雅加达的街头巷尾，都在讨论中国队的"9号"。雅加达一家即将倒闭的酿酒公司，推出9号酒，很快扭亏为盈，畅销南洋。[2]上海顺势推出了球王牌香烟，以李惠堂的形象为商标，同样效应明显。

1930年5月4日，第9届远东运动会在日本召开。日本靠短传战术以7比2击败菲律宾。李惠堂脚伤未愈无法参赛，孙锦顺代理场上队长之职。5月26日，中国队以5比0大胜菲律宾。5月29日中日之战，双方3比3平局。按规定应该加时，日本突然拒绝延时赛，宣布中日两队并列冠军。中方抗议未果。日本人最终以公然践踏法规的方式，在东京得了"冠军"。[3]

1930年第9届远东运动会中华足球队合影
（三排右三为李惠堂）

战争阴霾笼罩着这场赛事，1931

[1] 参见阿森纳官网。
[2] 吴汉民. 20世纪上海文史资料文库[M]. 上海：上海书店出版社，1999：254.
[3] 符金宇. 日本足球史. 新华出版社. 2018年3月。

年 9 月 18 日，日本侵略之蹄，践踏到中国东北。

1930 年夏，李惠堂率乐华队再次出访，原定访欧的计划转而二访南洋，进行第四次远征，此行乐华三个月内做了西贡、巴厘、万隆、八打威、三宝垄、泗水、棉兰、新加坡等十个城市，出战 23 场，取得了胜 13、和 4、负 6 的成绩。

乐华鼎盛时期队员合影
（二排右三为李惠堂）

1928 年春，乐华再次夺得西联赛高级杯冠军之后，西联会开始以各种理由排挤乐华。为维护民族尊严，1929 年，乐华愤然退出西联会。1930 年 10 月初，乐华远征南洋奏功归来，上海球敌在媒体诬陷乐华队有职业队之嫌。[1] 李惠堂打算远离这些诬陷是非，于是辞了洋行和复旦职务，在当年 11 月底携妻儿返回香港。之后，乐华队在 1930—1931 年赛季的十支球队中名落倒数第二。[2] 这支由李惠堂一手建立、让国人扬眉吐气的球队，在中国现代足球史上划出一道闪亮光芒后星散。次年秋，盛宣怀第七子盛昇颐牵头延揽乐华名将戴麟经、李甯、贾幼良、孙锦顺、陈家球、张邦伦、梁树棠、徐亨、陈镇和等，组建了东华足球队。担任过乐华左后卫的国脚李甯（1906—？）之后一直在东华踢球至 1947 年退役，他脚法细腻，被球迷誉为“金枪手”。

1930 年冬，李惠堂返港出任南华足球队队长，南华队实力再次强盛。1931 年，应印尼华侨会邀请，南华队先抵达南洋比赛，踢了 24 场球，赢 21 场、和 3 场，延续不败纪录。当年 2 月在越南比赛时，双方球员冲突，越南观众忽然冲进球场。混乱中一名越南观众企图用木屐偷袭李惠堂的后脑，李惠堂下意识转身一脚防卫，不料踢中偷袭者下颚。这名观众留医一个月后最终伤重不治。李惠堂在他的《球经释疑》专栏提及此事，引为一生憾事。[3]

1931 年秋，李惠堂前往印度尼西亚雅加达侨居，担任华安保险印尼分公司经理。印尼当时为荷兰殖民地，足球发展水平不低，但华侨从未获过冠军。李惠堂和原乐华队友戴麟经联手加入印尼华侨足球队群力队，在当年印尼甲组比赛中夺

[1] 参见李惠堂. 足球[M]. 1928.

[2] 丘峰，李亮. 世界球王李惠堂. 文汇出版社. 2020年5月。

[3] 黄健翔. 足球根本不是圆的。北京机械工业出版社. 2014年. p48.

香港南华与沪华联的水战
（右一李惠堂，右二为李甯，坐者为陈镇祥）[1]

冠，使当地华侨扬眉吐气。

1934 年李惠堂辞职从印尼返回香港，继续为南华效力，并代表中国参加在马尼拉举行的第 10 届远东运动会，以图一洗第 9 届被迫与日本队“并列冠军”的耻辱。赛前，中国队队长李惠堂跟队员讲：“今天不是赛球，是大赌博；如果我们输了球，不是输球，而是输去四万万同胞脸上的光彩。”[2] 中国队以 2 比 0 先后击败印尼队和菲律宾队。最后中日决战，在 3 比 3 比分下，中国队于终场前获得点球机会，李惠堂亲自操刀主罚，一蹴而就，令中国第九次蝉联远东运动会冠军，李惠堂获得第三代“远东球王”称号。

之后日本提出修改远东运动会大会章程，试图让“伪满洲国”加入远东运动会，侵略意图昭然若揭。中国代表断然拒绝，以退席表明立场，菲律宾也持异议。1934 年的远东运动会成了最后一届。

15 年后李惠堂在《大公报》撰文忆及此赛，将当时的日本队和后来的韩国队相提并论，认为日韩风格相似，多用短传配合，擅长跑位接应，球员纪律性强，团队合作无间，体力充沛，已经比之前大有进步。之后日本足球的发展证明球王评论切中要害。日本足球在远东运动会上多年一胜难求，为改变败状，日本人蓄意求进，措施包括：成立日本足协、调研欧美足坛、运用外交手段、翻译足球经典、精研技术战术、加大赛制改革、推动足球向全国学校普及等。20 世纪 30 年代，日本足球已在技战术上取得突破。[3]

第 10 届远东运动会足球比赛冠军中国队
（后排左五为队长李惠堂）

[1] 李惠堂. 球圃菜根集[M]. 前锋体育书报社. 1948年12月. p117.
[2] 罗衍平. 昔日“远运会”上的广东骁将[J]. 体育文化导刊，1993（01）：58-58.
[3] 符金宇. 日本足球史. 新华出版社. 2018年3月。

第九节 李惠堂率队征战柏林、伦敦和罗马三届奥运会

1931 年，由张伯苓在 1924 年发起并创办的“中华全国体育协进会”得到了国际奥委会正式承认，中国足球运动员获得了参加 1936 年柏林奥运会的机会——这是中国国足第一次在国际赛场上与欧美国家竞争。已经 31 岁的李惠堂被任命为国足队长。与一些人的亢奋不同，对于奥运会的挑战和意义，国足队长李惠堂有着更为清醒地认知。出征柏林前夕，李惠堂受邀为《世界运动会特刊》撰文，他冷静地写道：“中国的足球，二十多年来的进程中，努力争得远东霸主的称号，可是远东的足球程度还幼稚的多，在远东称足球霸，无异在井底做蛙王。”

球王李惠堂曾经三次带队参加奥运会，第一次作为队长和运动员，第二、三次作为主教练，其参赛历程，为梅州人对丰富中国足球赛史做出的重大贡献。李惠堂足迹遍及亚、澳、欧三大洲，四次参加远东运动会，三次参加奥运会。他善于向当地球队和优秀运动员学习，结交良师益友。他痛恨那个时代“东亚病夫”帽子，努力表现中国足球人的球艺、骨气和风度，树立中华民族良好的国际形象，“待振雄风光国族”。

1936 年李惠堂参加柏林奥运会

1936 年，中国参加柏林举行的第 11 届奥运会，由于经费有限，以李惠堂为队长的中国足球队，5 月从上海出发，转战南洋、印度，比赛募款，筹措经费。在两个月内比赛 27 场，除 4 场平局外，无一败绩。李惠堂踌躇满志，期待能在决赛阶段大显身手，为国增光，赋诗《柏林世运会》：柏林世运今开幕，五环招展人雀跃。男女健儿奋鹰扬，夺得竞标荣祖国。

1936 年中国奥运足球队初选成员在星洲桃李酒家留影

自左至右前排：梁荣照、徐亚辉、包家平、叶北华、贾幼良；中排：冯景祥、陈镇和、谭江柏、颜成坤（教练）、容启兆（领队）、黄家骏（管理）、李惠堂（队长）、孙锦顺、李天生；后排：郑季良、杨水益、李国威、曹桂成、张昱源、黄纪明、黄美顺、蔡文礼、麦绍汉、梁树棠、卓石金

1936 年，勤奋书局编辑出版了《全国足球名将录》一书，其中列举了 130

柏林奥运会开幕式上，李惠堂高举国旗率领中国代表团步入体育场

个知名球员。此次远征奥运的球员为当时经过层层选拔出来的精英。门将有技术出众且可以兼任中锋的包家平，有当时"声誉最盛"的门将周贤言等；后卫有被誉为"铁闸"的李天生，有攻守兼备的谭江柏等；中场有绰号为"坦克车"的黄美顺，有被称为"炸弹"的梁荣照等；前锋有亚洲球王李惠堂，有"铁腿"孙锦顺等。这些出色的球员，代表了当时中国足球队的实力。当时报纸登载国足 22 人名单，并列出每个人的身高，李惠堂身高 5 英尺 11 英寸（180.34cm）。

在奥运比赛抽签中，中国抽中实力强劲的东道主英国队。由于当时奥运不能有职业队员参与，李惠堂了解到英国队有 4 名球员效力苏格兰甲级联赛业余队女王公园（Queen's Park F.C.），另有 9 名来自英格兰著名业余队卡苏尔斯（Casuals F.C.）和科林蒂安（Corinthian F.C.），其他则是北爱尔兰和威尔士的业余好手。英国人技术和体能都在中国队之上。而中国队刚在舟车之上度过一个多月无赛的空窗期。

1936 年 8 月 1 日下午，第 11 届奥运会在柏林奥林匹克体育场开幕。中国代表团入场时全员头戴礼帽系领带，身着蓝绒西装白绒裤，脚踏黑皮鞋。李惠堂扛着国旗在前面，在绕行跑道一周后在体育场中央列队。这场奥运会被德国摄影师莱妮·里芬斯塔尔（Leni Riefenstahl）拍成纪录片《奥林匹亚》，片中有中国足球队的珍贵镜头，年轻的李惠堂和队友们面带微笑，举止雍容。

1936 年 8 月 6 日下午 5 时 20 分，柏林奥运会足球赛第一轮中英大战在柏林蒙森体育场打响。500 多名中国留学生组成啦啦队为中国代表团呐喊助威。

1936 年中英足球赛中国队阵容

1936 年 9 月 1 日《号外画报》。前排左起：曹桂成，冯景祥，李惠堂、孙锦顺、叶北华；中排左起：徐亚辉、黄美顺、陈镇和；后排左起：李天生、包家平，谭江柏

双方均采用五三二阵型。比赛开始，英国队一开球就被叶北华断下，传给李惠堂。两三次传递后，球被英国队 5 号中前卫 Bernard Joy 拦下，立即长传给锋线，谭江柏及时封堵解围。英国队 8 号右内锋 Joseph Kyle 起脚射门，包家平接球后大脚开出，但被 Bernard Joy 截住。徐亚辉救

球将 Joy 放倒，被判任意球。英国队开球直吊禁区，徐亚辉回防到位。英队7号右边锋 James Crawford 再度射球，谭江柏鱼跃头球解围。第6分钟，英队获直接任意球，9号中 John Dodds 射门球飞出界。第12分钟，叶北华左路突破起脚传中，英国队2号右后卫 Guy Holmes 将球挡出底线。叶北华开角球，福尔摩斯头球顶出，徐亚辉外围迎球打射打偏。[1]

1936年中英比赛开始之前，队长李惠堂向裁判介绍队友

（右三为李惠堂）

第15分钟，孙锦顺得曹桂成传中球，离门15码处凌空抽射，擦柱而过。[2] 2分钟后，冯景祥连过两名英国球员传至门前，叶北华接球即射，被门将1号 Haydn Henry Hill 拍出。第20分钟，英国队10号左内锋 Maurice Edelston 举脚射向球门左上角，包家平飞身跃起将球托出横梁。第21分钟，徐亚辉解围时脚部受伤下场治疗，1分钟后重返赛场。第34分钟，叶北华底线传中，冯景祥冲顶未中。第37分钟，黄美顺长传，全场都遭到英国队严密看管的李惠堂正欲接球，Bernard Joy 冲上前来一脚踢出，球正射中李惠堂腹部，疼得李惠堂在地上躺了足足两分钟，经施救后重新投入比赛。[3] 上半场双方你来我往，场面激烈，双方0比0。

中国队南洋比赛时间为70分钟，到柏林后没有安排热身，加上舟车劳顿，体能不足应付90分钟比赛，下半场体力渐渐不支。第49分钟，曹桂成传球给孙锦顺。孙锦顺连过两人再回传曹桂成，但被对方后卫回追将球破坏。体力下降使中国队表现开始走样。李惠堂被冻结，英国队频频进攻。中国队坚守到第55分钟，James Crawford 右路断球反击，多兹接应传中球扫射入网。10分钟后，James Crawford 传中球绕过了中国队后卫，由11号左边锋 Lester Finch 再下一球。之后冯景祥和李惠堂虽取得几次射门机会，但始终无法攻破英国队大门，最终以0比2告负，饮恨出局。[4]

---

[1] 《申报》1936年8月8、15、21、22、24-26日，9月2、11、19日。

[2] 有的文章为了凸显惜败，有一种说法是“孙锦顺进球被主裁判当越位球吹掉”，但当时的报纸和体协官方出版的《出席第十一届世界运动会中华代表团报告》，并无此记录。

[3] 《出席第十一届世界运动会中华代表团报告》，中华全国体育协进会编，中华全国体育协进会1937年出版。

[4] 《申报》1936年8月8、15、21、22、24-26日，9月2、11、19日。

从比赛过程来看，这场比赛中国队虽然输了，却也是中国足球在奥运会正赛中表现出色的一战。[1] 到场观战的欧洲足球专家认为中国队的技术流踢法相当出色，被淘汰有运气成分。英国人在赛后，表示认可中国足球的实力，并邀请中国足球队来英国观摩比赛。当时民国西南政务委员、梅州籍官员邹鲁正在驻德大使馆出差。邹鲁积极支持中国队接受邀请，以期通过赛事交流开拓视野。[2]

李惠堂率队前往英、法等国进行交流切磋。在与英格兰名队阿森纳（Arsonal）的比赛中，2 比 3 不敌对手，以一球憾负。在伦敦市长欢迎宴上，阿森纳领队阿里臣（George Allison）问李惠堂年龄，得知他虚龄 32 后对他说："如果你年轻十岁，我一定不让你回国。"[3] 之后，中国队与法国著名球队红星（AS Saint Ouen Laumone）打成 2 比 2 平局。红星开出"月薪二千五百法郎，签约时一次付给二万五千法郎"的优厚条件邀请李惠堂加盟，李惠堂婉言谢辞。[4]

李惠堂对中国队的战况认识清醒，他在《谈中西足球歧异之点》一文中承认东西方球队的客观差异："他们（指西方球队）的练习是持之以恒，不似东方的队伍多是恶劳好逸、十寒一曝的……如果上半场胜人家的球数不多，则下半时便支持不住。""中国人心理，靡论其为观众，靡论其为运动员，对胜利对虚荣殊有过于重视之嫌，较之于外人之确能胜败如一，其精神相去，殊不可以道里计。"通过这场奥运会，李惠堂加强了对体育救国的思考，有了一种生而有涯，学而无涯的紧迫感。他如饥似渴地抓住机会，向国际先进球队借鉴和学习足球专业智慧，并在著作中加以总结和分享。

此行李惠堂见到阿森纳队的足球骄子"亚力詹士"（Alex James）。[5] 李惠堂回忆："余最感愉快者，即一九三六年道经英京时，能与足球骄子亚力詹士握手畅谈，偿片大愿，盖彼为余十几年来之崇拜偶像，而本港某西报亦尝誉余为'东方亚力詹士'也。""民国廿五年秋季，我参预世运到伦敦的时候，以弟子礼求教于标准球人'亚力士'君，他谦和地说：'球员到了场中先要把双方球人的各个位置，和距离的远近，随时认识清楚，像幅图画般活现着脑海中，才进一步谈到攻守进退和战略。'金石良言，至今犹刻骨铭心，惟恐忘怀。"

李惠堂在 1928 年的《足球》中认为足球已经是中国"国艺"："自从海禁一

[1] 参考网站http://wiki. cfadata. com/ 相关记载。

[2] 德国《Kicker》. 1976年4月5日。

[3] 赖文辉. 香港十大名将. p14-15.

[4] 法职业足球队重金聘李惠堂，《中央日报》，1936 年8 月26 日，第4版。

[5] 参考阿森纳中国官网。

开，沿海各商埠便受着足球的熏染。新式运动输入中国，也要算足球为最先，所以因为足球有产生最早、灌输最久的关系，无怪是中国现在最通行和所最崇拜的运动了，何况足球的比赛不拘时、不择地、不论人数多寡、不管球场大小，都可以举行比赛。足球是中国最出色运动、远东连捷7届、和本年度港沪两华队的冠军头衔便足引证无讹了，我们更进一步而知足球，不特是中国最出色的运动，而且是最通行的运动，那也是万众公认的。所以在足球的名称上头、要冠之以中国'国艺'称号。"

1936年李惠堂和阿森纳队球星 Alex James 合影[1]

1948年李惠堂率队参加伦敦奥运会

1948年8月2—13日，第14届奥运会在伦敦举办，这是二战后的首届奥运会。民国足球选拔委员会据近几年度重大比赛的表现，最终确定正式队员18人，其中11人来自香港。有8位香港队员效力于香港球坛大亨胡好麾下的星岛体育会球队。该队曾获香港甲级联赛四连冠，并于1947年夏天远征英国，为香港首支远征欧洲的华人球队，英媒称之为"东方的兵工厂队"。

此次参赛的中国足球队成员包括：领队容启兆；教练李惠堂；队长冯景祥；队员张邦伦、朱志成、侯榕生、严士鑫、谢锦洪、刘松生、高保正、宋灵圣、邹文治、郭英祺、何应芬、张金海、黎兆荣、谢文良、朱永强、李大辉、叶清荣。[2]队长冯景祥是唯一上场的柏林奥运旧将。经过烈火烹油的抗日战争，中国足球队员在年龄上已经青黄不接。

尽管有星岛支持，此次中国队仍需通过南洋巡回赛，筹措参赛经费。从5月1日到6月20日，李惠堂率中国队先后在菲律宾泰国、新加坡、印度尼西亚、缅甸、印度等国进行了35场比赛，结果25胜、5平、5负。[3]

中国足球队于7月22日飞抵伦敦。李惠堂吸取了上次空窗教训，约请住处相邻的美国队打友谊赛，最终中国队以3比2克美国队。中国队抽到的对手为

[1] 体坛先锋·上海文史资料选辑第六十五辑（体育专辑）[M].上海人民出版社.1990.

[2] 国家体委体育文史工作委员会，中国足球协会.中国足球运动史[M].武汉出版社，1993.p82.

[3] 国家体委体育文史工作委员会，中国足球协会.中国足球运动史[M].武汉出版社，1993.p82.

1948 年第 14 届奥运会中国代表团伦敦合影[1]
（第二排左一为主教练李惠堂）

1948 年参加奥运会的中国足球队
（后排右一为主帅李惠堂）

土耳其队，土耳其为此届奥运夺冠热门，水平高于上届英国队。

8 月 2 日，中国队迎战奥运会首轮对手土耳其队。按照规则，全场 90 分钟比赛，不允许更换球员，因此体力成为出场球员的首要因素。中国队排阵为：守门员张邦纶；后卫侯榕生、严士鑫；中场邹文治、宋灵圣、刘松生；前锋何应芬、张金海、朱永强、谢文龙、李大辉。[2]

下午伦敦大雨，场地多处积水。18 时 30 分，中土雨战拉开帷幕。中国队发动攻势，中路挺进获射门机会，不料打偏。之后何应芬和朱永强互传欲突破队方防线，被阻截。土耳其队猛攻中国队的大门，侯榕生几度门前解围。第 18 分钟，土耳其队右边锋 Fikret Kircan 突破传中，张邦纶单手托出底线。左边锋 Sukru Gulesin 开出角球，中锋 Gunduz Kilic 力压侯榕生和宋灵圣，头球入门首开纪录。中国队屡有反击，但地湿球重之下，邹文治、张金海射门皆打偏，何应芬头球补射，球顶边网，上半场 0 比 1。[3]下半场雨势加大，体力充沛的土耳其队在中国队阵中横冲直撞。中国队疲于招架基本上失去了反击能力。第 61 分钟，Gunduz Kilic 突破防线，劲射球门右下角。张邦纶奋力侧扑，球擦指尖入网，2 比 0。第 70 分钟，朱永强单骑突入时被对方中场球员踢伤膝盖，治疗后行动大受影响，调任左边锋。李大辉移到右翼，何应芬转任中锋，攻击力再下台阶。很快土耳其队的左前卫 Huseyin Saygun 低射疾飞入网。第 87 分钟，左内锋 Kucu kandonyadis Lefter 得 Huseyin Saygun 传送，以同样的方式射入第 4 球。土耳其队最终以 4 球大胜。

赛后，陈立夫、郑天锡、王正廷等要员来到更衣室慰问，对中国队在大雨中坚持拼搏的精神表示嘉许。李惠堂对比赛进行总结，认为土耳其队的脚下功夫与

[1] 裘争平. 1948年伦敦奥运会上的中国足球队[J]. 档案春秋，2006（10）：41–43.
[2] 《华北日报》1948年8月19、20日。
[3] 《大公报》（香港版）1948年8月4、9、10、13、14、18、19、21–23、25、26日。

中国队旗鼓相当，但体格优胜太多。体力与对抗能力的缺陷，是足本场大败主因，也是制约目前中国足球运动发展的关键性因素。

参加 1936 年、1948 年的部分国足成员
（前排右四为李惠堂）[1]

8 月 11 日，国足没有接受丹麦与联邦德国驻英部队邀约的友谊赛，于晚上乘机东归。主教练李惠堂留英参加高级教练研修班及国际裁判考试。他考出了最高分，成为首位获得国际裁判资格的中国人。李惠堂还被大英裁判委员会伦敦分会吸收为会员。[2]

1960 年，李惠堂任主教练率中国台北队进军罗马奥运会

1960 年，李惠堂率领由香港队员为主组成的中国台北队成功出线第 17 届奥运会，挺进罗马。该届奥运会足球赛扩至 16 队，分为四个小组。首轮分组赛中国台北队被编与巴西、意大利、英国三支劲旅同组。

首场比赛，中国台北队以 1 比 4 不敌意大利，莫振华在比赛中攻入一球，此乃中国人在奥运足球赛上的首个入球。第二、三场比赛，中国台北队以 0 比 5、2 比 3 分别负于巴西和英国。南华球员姚卓然在对决英国的比赛中梅开二度，成为首位在奥运足球赛入两球的中国人。

第十节　李惠堂父子在梅州和西南义赛抗日

抗战期间，中国各项体育运动基本停摆，香港足球在沦陷之前仍在开展，义赛支援抗战成为主题。[3]1937 年 6 月 15 日至 9 月 12 日，李惠堂率香港南华队循越南、泰国、新加坡、印尼路线南征，全程 36 战，30 胜、2 负、4 和。

---

[1] 国家体委体育文史工作委员会，中国足球协会. 中国足球运动史[M]. 武汉出版社，1993.

[2] 《大公报》（香港版）1948年8月4、9、10、13、14、18、19、21-23、25、26日。

[3] 石玉川. 民国竞技足球运动兴衰探微[D]. p27.

在印尼与三宝垄队的比赛中，李惠堂被对方球员踢断左腿胫骨，但刑警过问时，球王表示：“球赛中运动剧烈，伤撞在所难免，这回的断骨，我不敢断定对方是有意伤人的，不如宽恕了他吧。”[1]球王以德报怨的宽阔胸襟实践了其对麾下球员的告诫：“以眼还眼，以牙还牙，这原则在球赛中是不该施行的，如果人人存心报复，则星星之火可燎原，冤冤相报何时了？”该球员大受感动，特地到医院向李惠堂赔罪。李惠堂因此重伤休养一年多，直至1938年9月12日，在各界邀请下才重披战袍参加赈济内地灾民义赛。

1941年12月25日，日寇侵占香港，李惠堂由于身兼洋行职务，因此未能及时撤出。香港不少足球人士惨遭杀害，球场被毁占，球坛陷入沉寂。日军首领要李惠堂踢球比赛，李以腿伤复发为由，拒绝参加。“我李惠堂一个堂堂正正的中国人，岂能当亡国奴？要我卖国求荣，做伤天害理的事，更办不到！”[2]

1942年，临近伪满洲国成立10周年，汪伪政权褚民谊、林柏生联名电报李惠堂，要特地派遣专机接其组队北上比赛，已庆祝伪满“国庆”。汪精卫还派特使到李惠堂家中，想“礼聘”他赴南京出任教育次长，李惠堂一律婉拒。被胁迫之下，李惠堂毅然决定放弃在港经营的洋行，返回内地。他借赴澳门比赛之际，乔装为商人偷渡广州湾，在香港《文汇报》董事长梅文鼎的帮助下，通过澳门新豪运输公司的快扒（走私艇），由法租界到国军防区，在船舱中躲避两昼夜后才登陆。当时有谣言称其已投靠汪伪政权，故其脱险后第一件事就是电报重庆辟谣。李惠堂坐船循廉江、桂平、柳州、衡阳、曲江辗转“兜了一个大圈子”，回到家乡五华。[3]路过桂林时他受到李济深的款待，遂以诗感怀：“世乱时虞历万难，今朝脱险向长安。桂林山水迎人笑，我正飘零意未宽。”不久，友人将其夫人廖月英及家小送回。

1942年春节，球王写了副“认认真真抗战，随随便便过年”的对联，贴在五华老家联庆楼的大门上。战时李惠堂担任了粤闽边区司令部参议，兼东江区公路主任。李惠堂应邀到五华县一中、二中、三中等校作报告，师生们欢欣鼓舞。球王的演讲题目是《读书不忘体育，体育不忘读书》。他说：“民国年廿五年，政府遣派选手参加柏林的世界运动大会，就只得着‘体力不如人’五个字的教训，所以，兄弟一位今日国内高唱什么‘节约救国’等种种救国，都不过是治标方法，

[1] 李惠堂. 球圃菜根集[M]. 前锋体育书报社. 1948年12月. p144–145.

[2] 国家体委体育文史工作委员会，中国足球协会. 中国足球运动史[M]. 武汉出版社，1993. p77.

[3] 李惠堂. 球圃菜根集[M]. 前锋体育书报社. 1948年12月. p121.

唯有‘教育救国’‘体育救国’绝是对症发药的根本治疗。”

李惠堂在五华，不仅表演球艺，更为传授球经，带动家乡足球运动。他跟同乡李广铸讲球经：“作为一个前锋，在球场要首先站好自己位置，一般情况下，作为中锋应站到中线与对方禁区之间适当的有利位置来回跑动，采编与迎接传递，迅速把球迫近对方禁区，又不会陷入劳师远征的困境。当球迫近禁区内外时，是临门一脚打破对方大门的绝好时刻，必须积极主动，泼辣拼搏，速即用力劲射或轻快妙射，这样，命中率是很高的。”[1]

李惠堂次子李育德绰号“太子”“拉车佬”，是 20 世纪 50 年代香港首屈一指的中锋，和其他前锋组成的南华锋线，是当时亚洲顶级配置。李惠堂的六子李炳德，则是 20 世纪 60 年代香港知名后卫。

球王在五华组织了由其子李育德、外甥邓志刚和乡邻李石青、李锡伦、李广铸等参加的锡江足球队，到五华横陂、河口、安流、锡坑、华城等各镇与当地师生联队打表演赛，所到之处人潮如涌。

李惠堂在韶关曲江时,时任广东省航空建设协会总干事的叔父李大超（1900—1984 年）提及梅县队勇夺汉魂杯。1942 年 10 月，他临时组织了华华足球队到梅县访问，受到梅县政府和民众的热烈欢迎。[2] 访问赛在梅县东较场举行，整个球场被梅县球迷层层围成铁桶，球王亲自领略了球城梅县浓郁的足球氛围。临时拼凑的华华队虽有球王压阵，最终仍以 1 比 3 负于训练有素的梅县队。当时梅县本地报纸发了一则消息，大字标题为：“五华礼让强民”，付题：“李惠堂球艺高超，温集祥领导有方”作了报导。[3]

1942 年黄河决堤，中原大旱，南京沦陷后，日寇直接对准重庆民众实施大轰炸，天灾兵燹导致饿殍遍野。1942 年秋，李惠堂积极响政府义赛倡议，以省航空协会名义组建航建足球队到各地义赛募款，宣传建设航空抗日，慰问抗日伤病员。航建队

李惠堂带航建队坐飞机到各地义赛[4]

[1] 李广铸. 球王李惠堂在兴梅. 五华文史第九辑（球王李惠堂专辑）. p169.

[2] 梅州市地方志编纂委员会编. 梅州市志. 广东人民出版社. 1999.

[3] 李次民. 梅县足球史话. 广东文史24辑。

[4] 李惠堂. 球圃菜根集[M]. 前锋体育书报社. 1948年12月. p121.

主力有香港名将“穿花蝴蝶”叶北华、“铜头”谭江柏、“铁闸”李天生、“拉车佬”李育德以及邹文治、黄华继、李硕友、谭均干、梁荣照、杨水益、郭美棋等名将。[1]

1942 年岁末，李大超与国民党军驻兴宁的闽粤赣边区司令香翰屏商议，以举办“翰屏杯”抗日义赛名义，组队与梅县强民队作三战二胜的比赛，所得款项全部用于支援抗日前线将士。1943 年元旦前夕，赛事如期举行，首战 7 人制，强民以 1 比 4 失利。次战为 11 人制，上半场强民先失一球，下半场强民扳平比分时，航建队门将谭均干借故与强民进球前锋发生摩擦，观众哗然冲进场内，秩序大乱，宪兵进场介入，比赛中止。事后李惠堂批评谭均干“今番波澜因你而起，误了抗日宣传大事”，并到强民会所在地温清利家私店“负荆请罪”。[2]

梅县籍国家一级足球裁判刘锦泉在 2020 年 95 岁时接受访谈时回忆东较场那次“翰屏杯”抗日义赛，仍印象深刻。他当时 17 岁，在强民队参加了首场 7 人制比赛。[3] 航建队与强民队比赛时，球城梅县万人空巷，很多人爬上栏杆到看台去观赛。当时在梅州中学就读的曾雪麟，也慕名前来观战，但他未能挤进厚厚的观众墙。[4]

李惠堂回忆首次亲临球城梅县时，对梅县足球氛围之浓郁印象深刻：“所经各地有球场的城市都邀我出席义赛，有时踢小球，有的地方踢大球。离老家六十英里的梅县，足球风气相当浓厚，在省运会得过县际赛冠军。我第一次到那边赛球那天，轰动了整个球城，万人空巷，人们挤到那相当宏伟的公共体育场去，把球场重重围住；身材短小的后至者，只好向场内小食摊头把椅子租来，高高地站在肉屏风后面，卖小食的也乐得多赚些意外的铜钿。辛辛苦苦踢完了球，在人丛中，打道归旅社。耳边听到一位鹤发童颜的老叟在批评，他说：‘我以为李某人是三头六臂的，原来同平常人一式一样，球怪究竟从哪里怪得来？’我想这位老

[1] 石玉川. 民国竞技足球运动兴衰探微[D].

[2] 参见《梅州日报》文章：“翰屏杯”为抗日筹款，梅县区宣传网，引用时间：2015年7月21日。作者注：关于这场比赛的比分史料记载不一，《五华文史》中当时前锋李广铸所记：“航建队到了梅城，与梅县队比赛三场，其中两场以9比0、14比0战胜梅县的两队。第三场航建队与强民队对阵，但因事故中止。”但该《五华文史》166页另一篇文章记载为航建队以4比0胜梅县队，两文记载的比分不一致。此处采取《梅州日报》记载。根据《梅州足球口述史》中参加过该次对决中7人制比赛的刘锦泉回忆，当时强民队比分落后于航建队。

[3] 梅州足球口述史，页140，2021年8月。

[4] 李超，归群. 败军之将：曾雪麟传. 人民体育出版社，1990. p9.

伯出了五块大洋，心里头一定有点失望和懊悔吧。”[1] 李惠堂在此并未提及在梅比赛的输赢及比分。因此关于这两次“梅州德比”的比分存在不同记载。但可以确认的是，航建队赢了前期比赛，后比赛因故中止。

抗战时李惠堂率航建队在重庆与英美联军义赛后合影，盟军中国战区参谋长、驻华美军司令魏德迈将军主持开球礼[2]，二排右一为李惠堂

球王的莅临让梅县地区的足球氛围进一步被激发，“梅县校际足球比赛更加活跃起来，梅县强民、中华、学联、商联等足球邀请赛也更加频繁了”。[3]

1943年，兴宁县体育馆（大坝里体育场）落成。李惠堂率航建队伍途经兴宁时，兴（宁）、梅（县）、（五）华三县组织联队到兴宁县体育馆迎战，最终以0比7负于航建队。

抗战期间，李惠堂率航建队辗转广东的韶关、龙川、五华、兴宁、梅县、柳州、桂林、重庆、成都、自贡和昆明等地，举行了139场足球义赛，为抗战和赈灾筹措经费，唤起民众抗日爱国意识。[4] 根据《球圃菜根集》记载，义赛地点离重庆市区较远，球迷们坐滑竿的、骑马的、坐汽车的、走路的，络绎不绝地往球场赶，球迷的爱国热情让球王感动。义赛最高峰一天筹得的粮食、物资足有几军车，银圆多达数千块。李惠堂和航建队将各地义赛募捐得来的钱票购买粮食、棉纱、医疗器械以及武器等物资，源源不断运送到重庆和全国各个战区前线。对此他写下“海角归来奔国难，名成献艺赛频频”的诗句。

1947年李惠堂和次子李育德到昆明义赛赈灾，在机场受到人们献花拥戴

1945年8月13日，日本无条件投降，抗战胜利。李惠堂从重庆回五华，携家小返港，更张门庭，继承父业，担任惠明建筑公司董事长，后又回归一直从事的金融工作，担任成大银行副经理，并继续致力于足球和体

[1] 李惠堂. 球圃菜根集[M]. 前锋体育书报社. 1948年12月. p122

[2] 李惠堂. 球圃菜根集[M]. 前锋体育书报社. 1948年12月. p124.

[3] 李广铸. 球王李惠堂在兴梅. 五华文史第九辑（球王李惠堂专辑）。

[4] 李广铸. 李惠堂与足球之乡[J]. 岭南文史，2004（S1）：62-64.

育工作。

李惠堂不仅是足球球王，还是一位网球冠军。他是香港和上海网球埠际赛的香港队队员，1930 年与江道章获得上海华人双打和上海硬地公开赛双打冠军。[1]他是一位网坛伯乐，发掘了许承基、林宝华等网球名将。足球挂靴之后，他仍然活跃于网坛，在他推动之下，香港网球比赛“尽是华将天下”。[2]

1946 年，宋庆龄女士拟请李惠堂为筹募儿童福利基金举行足球义赛，因遭一些人的阻止而未成行。1947 冬，昆明发生冻灾，根据不完全统计，城墙脚冻毙的尸体，几日陆续发现的达二十余具之多，昆明当局决定发函邀请球王举办赈灾足、网球义赛。在昆好友常函交催下，球王当仁不让[3]，携子李育德赴昆明举行足、网球义赛赈灾，共赛足球 7 场，网球 4 场，冬赈收入达六亿元（旧币）。这一年，球王 42 岁。

第十一节　李惠堂荣膺国际足联副主席

李惠堂和香港南华体育会的理事
何冬青先生供图

抗战胜利后，李惠堂继续效力南华体育会。1947 年秋，李惠堂率南华队到东南亚各国访问，与泰国、新加坡等国球队比赛 10 场，场场告捷。1947 年，在南华出访曼谷期间与上海青白联队的友谊赛中，李惠堂率队以 3 比 2 取胜，赛后宣布挂靴。[4]自 1922 年加入香港南华会到 1947 年挂靴，球王驰骋绿茵 25 年，期间获澳洲最佳球员金质奖章、法国体育部长特别奖章、英女皇加冕奖章等奖章百个，银杯 120 个。

有资料提及李惠堂一生进球 1860 个，但其实球王的实际进球数难以精准统计。正如球王所言：“我本人半生球事，射球记录已多至不可复忆，最多一场射

[1] 蔡扬武. 球王李惠堂. 体坛先锋[M]. 1990：92.

[2] 访归侨. 诉心声——与李惠堂谈全民体育,《大华报》特写，1970 年10 月23 日，收入《李惠堂先生纪念集》，页198-199.

[3] 李惠堂轰动昆明畅谈参加世运足球预选,《申报》，1948 年1 月7 日，第6版。

[4] 严吴，世界球王李惠堂及其足球思想，台湾洄澜春秋第十一期2016 年1月，页107-131.

十六球……连中三元的至少有二三十次。”在其25年的球员生涯中，据他自己估计进球至少过2000，而在17次作为主教练率队参加国际大赛的教练生涯中，获得了14个冠军。[1]1976年4月5日德国一家足球杂志第15期“选出了五位世界最有名气的球王”，李惠堂与巴西的贝利（Pelé，1940—，唯一曾三夺世界杯冠军的球员）、英国的斯坦利·马休斯（Stanley Matthews，1915—2000，英格兰首届足球先生和首届欧洲足球金球奖获得者）、西班牙的斯蒂凡诺（Alfredo Di Stefano，1926—，皇家马德里唯一在五次欧冠决赛中得分的球员）和匈牙利的普斯卡什（Ferenc Puskas，1927—2006，曾代表匈牙利国家队出场85场打进84球，受到世界足球人的推崇）等球星并列。[2]

世界五球王
李惠堂列榜
【台北訊】我國球王李惠堂（見圖）在世界五球王榜上列名。
今年四月五日出版的西德足球雜誌第十五期中，選出了五位全世界最有名氣的球王，即巴西的比利、英國的史丹利馬菲士及我國的李惠堂、西班牙的史帝芬奴、匈牙利的普斯卡斯。
比利是巴西國寶，盛名轟動全世界，是世界首號球王。史帝芬奴原為阿根廷籍，他效力皇馬德里隊，與馬德里隊曾連獲五屆的歐洲杯冠軍，這個紀錄至今仍無球隊能刷新。普斯卡斯有「飛騎少校」之外號，他的左腳叩關有力發千鈞之妙，目前他任教於沙烏地阿拉伯。史丹利馬菲士因在足球有傑出的貢獻，被英國女王封為爵士。李惠堂是我國球王，早年威震東南亞，迄今仍受推崇。

五位全世界“最有名气”的球王，李惠堂列榜[2]

在伦敦奥运会后，李惠堂对中国足球发展进行了反思，提出了聘请西方教练的主张。“中国足球要能达到世界水平，必须提拔后进，并注意体格之根本改进。最好能取法欧洲各国，聘请英国教练回国，训练新人才。”该方案在当时战争环境下无法实现。李惠堂决定留英学习，最终考取英足总教练资格，以弥补这一遗憾。他先后获得国际裁判资格、英足总教练资格，并加入伦敦裁判协会，成为其海外会员，还担当了阿森纳（Arsonal）和切尔西（Chelsea）球会的短期顾问。[4]他所著《足球经》对国际足球发展大势、球星特点了如指掌。

李惠堂率队从亚运会夺冠凯旋

返港后，李惠堂创立华人足球裁判会，着力培养华人专业裁判，当时的球坛因鲜有华人裁判而长期受制于外籍裁判。李惠堂在华人足球裁判会连任了6届主席，继续以热忱推动中华民族足球运动事业的发展。

李惠堂作为主教练，率领由香港队员为主力组建的中国台北队，在1954年、

[1] 世界五球王李惠堂列榜，《联合报》，1976年6月5日，第8版。
[2] 张鲁雅，张纯本，晏学宁. 浅析李惠堂的足球道德观及其实践[J]. 体育文史，1991（02）：5-9+69.
[3] 世界五球王李惠堂列榜，《联合报》，1976年6月5日，第8版。
[4] 严昊，世界球王李惠堂及其足球思想，台湾洄澜春秋第十一期2016年1月，页107-131.

李惠堂和香港足球裁判会成员合影

李惠堂（倒数二排右三）和英国女王（二排左二）在罗马第 17 届奥运观礼台上

1961 年中秋李惠堂（女士左边立者）、何冬青（女士右边立者）访问旅居香港新界的（站立左起）钟季蔚、黄开荣、谢巧文、李思允、谢达夫等乡贤

1958 年的第 2 届、第 3 届亚运会，及 1963 年、1964 年的马来西亚默迪卡杯赛均夺得冠军。1958 年东京亚运会，李惠堂率中国台北队与韩国队打成 2 比 2 平，在加时赛中绝杀韩国卫冕冠军。1960 年，李惠堂率中国台北队成功出线第 17 届奥运会，挺进罗马。至此，球王李惠堂三次参加奥运会，第 11 届（1936 年）任队长，第 14 届（1948 年）、第 17 届（1960 年）任教练。

李惠堂率中国台北队参加了 1956 年和 1960 年两届亚洲杯，第 1 届预选负于韩国，第 2 届在韩国和以色列之后，获得季军。晚年时李惠堂担任了台湾铭传商专（今铭传大学）女子足球队教练，并以铭传球员为主组建了台湾木兰队。木兰队后来连续三届蝉联亚洲杯女子足球赛冠军，在 70–80 年代叱咤亚洲球坛。[1] 台湾还举办过“惠堂杯”少年足球锦标赛。他还为台湾引进了图文并茂的德国青训教材。

挂靴之后，本可悠游世外的球王仍心系中国球坛。1951 年，李惠堂为丽的呼声及美国之音电台担任体育评论员。1954 年亚足联成立，李惠堂被选为首任秘书长、司库。他亲自撰写足球理论书籍，并亲自上阵演示并请人拍摄技术照片用于教学。李惠堂毕生致力于“待振雄风光国族”，努力提升中国人在国际足坛的形象，其“锲而不舍、贯彻始终的爱国家、爱体育精神”被誉为“李惠堂精神”。他所取得的专业成就，为华人足球在国际上赢得了声誉，他本人也受

[1] 赖文辉. 简明香港足球史. p50.

到国际足坛的高度认可。1965 年，李惠堂当选为亚足联副主席，次年荣膺国际足联副主席，成为迄今国际足联职位最高的中国人。[1]

坐落于梅州人民大会堂的八大先贤之一李惠堂像

作为梅州人，李惠堂十分热心团结在港的客属乡贤。20 世纪 70 年代初期李惠堂与旅港乡贤何冬青邀集梅州、河源和惠州各地客属乡贤，商议组织香港客属社团。

皇仁书院（相当于中学）之后，李惠堂从未中断过自己的文化学习，“于古体诗文研习尤多”。他本职工作是金融行业，除了爱好足球和网球，还能讲流利的国语、粤语、英语、上海话、客家话，书法和文笔远超一般球员，“有人说他是香港大学毕业的”。[2] 李惠堂著有《足球读本》《足球登龙术》《球圃菜根集》《杂果盘》《足球规律诠释》等足球书籍，以及《鲁卫吟草》诗集、《离了母胎到现在》《香港足球五十年》《回首二十年》《良母的模范》等文章，丰富了中国近现代足球理论，在海内外有着广泛的影响。

1979 年 7 月 4 日，李惠堂在香港圣德肋撒医院病逝，享年 74 岁。

第十二节　中国足协成立初期前后参与足球事业的梅县人

新中国成立之后，梅州行政区域有过数次变迁。1949 年 10 月设置兴梅专区，1950 年 1 月，兴梅行政督察专员公署，辖梅县、兴宁、大埔、丰顺、五华、平远、蕉岭共 7 县。7 县在 1952 年 12 月改隶粤东行政区，在 1956 年 2 月划入汕头专区，1965 年 7 月，从汕头专区分出设立梅县专区，1983 年改为梅县地区。[3]

1952 年 6 月，毛泽东发表“发展体育运动，增强人民体质”的题词。1952 年 6 月，国际足联致函中华全国足球体育总会，同意接纳中国为国际足联会员国，以取代“中华全国体育协进会”。1952 年 11 月 15 日，中央人民政府体育运动委员会成立，贺龙为主任，蔡廷锴、黄琪翔（梅县水车镇人）为副主任。1954 年 9 月，改称中华人民共和国体育运动委员会，简称国家体委。之后全国县以上的政

[1] 严昊，世界球王李惠堂及其足球思想，台湾洄澜春秋第十一期2016 年1月，页107-131.

[2] 李尔康，我所知道的李惠堂，《传记文学》35：3（1979. 9），页114。

[3] 梅州文史. 第四辑. p19.

府机构相继成立各级体委。梅县地区体育运动委员会成立于1971年9月，内设办公室。1973年2月，梅县地革委下设科教办公室，后改为文教办公室，包括足球在内的体育由文教办公室直接领导。[1]

为适应国际足球活动、推动全国足球运动的发展，国家体委于1955年1月3日成立中国足球协会（Chinese Football Association，缩写CFA，简称中国足协）。中国足协最初由国家体委训练竞赛二司足球处管理。[2]其班子包括首任主席黄中（国家体委副秘书长），副主席张联华（国家体委国际联络司副司长）、侯洛旬（南开大学体育部主任），秘书长于鹏飞（国家体委运动司科长）以及李凤楼、戴麟经等13名委员以及梅县、延边、大连各占一席委员。1956年，国家体委成立了球类司，由副司长李凤楼具体分工负责足球，球类司下又设足球科。

1964年，国家体委在北京召开全国十个开展足球运动重点城市训练工作会议，曾雪麟当选第2届中国足协委员；同年10月，广东省足协成立，梅县张志瑶、王海华当选省足协委员。梅县足球在当时已经名扬全国，有实力也有人才参加国内各类赛事，当时球坛的说法是“北延边，南梅县”。

曾雪麟50多岁时在北京龙潭湖畔训练场示范守门员接角球

新中国成立早期中国足球主要集中在军区足球队，一批梅县足球青少年入选，包括杨霞荪、杨雩荪、杨雳荪、潘培根等入选中国人民解放军八一足球队，曾雪麟、杨友标、冼迪雄、李林被召入西南军区足球队，潘永建加入公安军足球队。[3]在一场重要比赛中，曾雪麟显示出卓越的弹跳力，成功扑救多个险球，贺龙元帅观后印象深刻，给曾雪麟起了个外号叫“弹簧垫”。

当时百废待兴，足球水平也还处于长期缺乏训练的水平。解放军八一队是新中国首支出访的足球队，在1951年10月3日至8日捷克斯洛伐克建军节的国际邀请赛中，以1比9负于保加利亚人民军队，1比17负于捷克人民军队。第二支出访队伍是参加1952年奥运会预选赛的国家队。因国际奥委会一些人的阻挠，中国足球队到达时，足球赛已近尾声，中国队仅赛了两场，分别以0比4负于芬兰队，2比2负于平托尔多市队。之后国足访问了苏联和波兰，5场比赛皆负。

[1] 梅州市体育局网站：https://www. meizhou. gov. cn/zwgk/zfjg/styj/zldt/tyda/content/post_628181. html

[2] 林金玉. 中国足球协会组织结构历史变迁与动因分析[D]. 辽宁：大连理工大学，2017.

[3] 广东足球史. 广东省志–体育志网站。

为推动中国足球运动发展，1952 年 5 月，国家体委成立中央体训班，组建足球运动队进行集训，之后省市代表队相继组建。1953 年起，国家体委在北京、武汉等六地设立了直属体育学院，按区域布点设校培育足球人才。之后先后有 15 所体育学院设置足球课程，武汉、成都和西安等体育学院。体院培养了首批足球专业研究生，成为中国足球学科早期领军人物。[1] 被称为“五华足球教父”的黄榜楼、北京体院运动系主任侯正庆、强民体育会第五任会长张启鼎都是武汉体院早期的毕业生。

国家体委首任主任贺龙元帅亲自写信邀请球王李惠堂担任国家队主教练，但因种种原因，李惠堂未成行。贺龙邀请了谭福祯担任西南军区战斗足球队（当时的国家队）主教练。谭福祯曾担任北宁足球队的中锋，1936 年率队参加天津首届国联赛，击败了英、德、意、白俄等所有当时在天津的外国队伍。

除了“引进来”，国家体委还组织了一支青年队伍“走出去”，并选择当时的欧洲新霸主匈牙利作为留学国家。匈牙利国家队绰号“马扎尔魔术师”，1952 年获第 15 届奥运会冠军，1953 年 11 月在伦敦以 6 比 3 击败英国队，打破英足 90 年本土不败纪录。匈牙利队在 1953 年展示了新型的四前锋阵式和高超的技战术，使传统的 WM 阵式相形见绌。匈牙利在 1950 年到 1956 年之间各项国际比赛获 43 胜 7 平 1 负，只在 1954 年世界杯决赛输给了西德，获得世界杯亚军。此战匈牙利队有巨星普斯卡什（Ferenc Puskas）坐镇，但在第 84 分钟，西德队拉恩（Helmut Rahn，1929— ）劲射破门，以 3 比 2 创造了“伯尼尔奇迹”。

1954 年 2 月 12 日至 3 月 13 日，匈牙利队访华，为新中国成立后首支访华的外国国家队。首场比赛，周恩来、朱德、董必武、邓小平、贺龙、陈毅、彭真、胡耀邦等领导莅临现场观赛。匈牙利队以 2 比 0 战胜中央体训班足球队。之后一个月，匈牙利队在北京市、上海市、武汉市三地与八一队、火车头队等多支球队交锋，录得全胜佳绩。梅县籍球员杨霞荪是当时八一队的前锋，参加了其中三场比赛。

目睹匈牙利足球强势表现的中华全国体育总会，决定选派中央体育学院青年才俊前往匈牙利留学。1954 年 4 月，国家体委派柯轮领队，率 15 名青年足球运动员赴匈牙利学习足球：张俊秀、张宏根、年维泗、陈成达、方纫秋、谢鸿钧、朴万福、王陆、张永浩、王克斌、崔曾石、成文宽、金仁杰、崔豪均、金昌吉。同年 10 月又增派陈家亮、孙宝荣、王金丰、陈山虎、丛者余、孙元云、张京天、

[1] 孙越. 中国体育史学研究进展综述[J]. 天津体育学院学报，2008（1）：15-20.

1954 年赴匈牙利学习的足球运动员
（上排右三为曾雪麟）

朴曾哲、李元魁、曾雪麟等 10 名队员到匈牙利学习。[1] 梅县籍青年军人曾雪麟（1929—2016）因在西南军区足球队比赛守门表现出色，入选第二批留学青年队。

中国青年队在匈牙利训练学习一年半，由匈牙利著名教练员恩拜尔·约瑟夫（Ember József，1904—？）执教。约瑟夫曾是匈牙利国家队队员、主力前锋，退役后曾在费伦茨瓦罗斯队等多家著名俱乐部执教，并率队获得三次联赛冠军、两次杯赛冠军。他教导有方，使中国青年队技战术迅速提升，一跃成为国内强队，与一些国际强队交锋也互有胜负。

青年队经常跟普斯卡什、柯奇士、希代古提、齐博尔这些巨星训练。匈牙利的普斯卡什（Ferenc Puskas）是匈牙利国家队历史最佳射手，在 1976 年和贝利、李惠堂等一起被列为世界最负盛名的五大球王。他在一场教学赛中打了中国青年队 9 比 0。匈牙利齐博尔（Czibor Zoltán）、格罗西奇（Grosics Gyula）等匈牙利国脚名将主动传授经验给中国青年队。格罗西奇是“清道夫门将”开创者，指导张俊秀要学会像跳舞一样去扑救，使之成为中国首位掌握鱼跃扑救技术的门将，一度被誉为“中国长城”。

因主力守门员张俊秀表现稳定，替补守门员曾雪麟上场机会不多。曾雪麟用心观察和思考每场比赛，将各种技战术记录在案。[2] 他曾撰文回忆：“虽然上场时间很少，不过我的训练笔记是全队最多的。从留学匈牙利到后来在国家队比赛，我记了十几本训练笔记，直到 20 世纪 80 年代都还经常翻看这些笔记。”这段留洋经历让曾雪麟在足球理论思维方面加以积累和训练，为其担任教练奠定基础。

匈牙利教练约瑟夫（左一）和中国青年足球队，后排左三为曾雪麟

1955 年中国青年队回国，将匈牙利的四二四阵型和短传渗透的配合战术带回。1955 年中国青年足球队参

[1] 张彩珍. 中国足球运动史[M]. 武汉：武汉出版社，1993：123.

[2] 李超，归群. 败军之将：曾雪麟传. 人民体育出版社，1990：p46.

加世界青年联欢节，首场对东道主波兰，最后波兰队仅以3比2获胜，中国队表现出的拼劲和节奏较三年前已经有了质的改变。当年秋，中国队与苏联的列宁格勒泽尼特队战平。1956年，中国队战胜了东南亚强队印度莫罕巴根队。1958年，八一队战平了奥运会冠军苏联队。1959年，中国队战胜了匈牙利国家二队和瑞典尤哥登足球队，并在“中、苏、匈”三国对抗赛中获得亚军。

1955年，中国足协将中国青年队分为红队（国家一队）和白队（国家二队）。主力队员进红队，以冲击世界杯足球预选赛，教练是约瑟夫。国家体委希望约瑟夫帮助建立健全的足球培养体系。约瑟夫带着专家团来华，先后走访了北京、上海、天津和沈阳，观看了数十场比赛，认真对当时中国足球进行摸底。曾雪麟等替补队员进了白队，教练是苏联专家拉申。红队的匈牙利教练重视技术，为“技术派”；白队的苏联教练强调体能强度，为“力量派”。[1]

1956年底，在国民经济压力之下，为精简机构，国家体委将国足二队（白队）划归天津，曾雪麟、苏永舜、邓雪昌等白队队员分到天津队，并同时承担着为国争光的任务。

20世纪50年代后期五大国门候选人

左起：任文根（天津）、黄肇文（八一）、张俊秀（北京）、徐福生（北京）、曾雪麟（天津）

1957年，在约瑟夫带领中国队冲刺奥运时，因奥组委的原因，国家体委决定抵制1958年的奥运会，约瑟夫因此中止了指导中国队的生涯。他所训练的中国青年队队员，逐渐成长为中国足坛中坚力量，年维泗、陈成达、张宏根、方纫秋、曾雪麟等曾执掌国足帅印。年维泗曾5次出任国足教练并多年担任中国足协主席。陈成达曾任亚足联副主席并获特殊贡献奖。曾雪麟率国足获得1984年亚洲杯亚军。丛者余是中国女足首任教练并率队获1986年亚洲女足锦标赛冠军。陈成达、孙玉荣、年维泗、陈家亮等都曾在中国足协任职。

国家体委采取了若干措施推动新中国足球普及。一是抓赛事体系，六大区、解放军、铁路系统等为参赛而广泛开展群众足球选拔赛。二是成立各地体育协会，全国先后成立20多个行业体协和4万多个基层体协，为群众足球活动提供组织保障。三是加快建设足球场地。1953年至1957年，全国建成体育场馆18191个。

[1] 张彩珍. 中国足球运动史[M]. 武汉：武汉出版社，1993：p119.

四是逐步完善群众体育相关制度，借鉴苏联制定职工足球体育制度、基层体协、产业体育等方面制度，促进足球广泛开展，全国各行业掀起足球运动热潮。[1]

20 世纪 50 年代，国家面临各种严峻挑战，各项资源条件有限，必须集中力量办大事，体育事业集权于国家体委，“举国体制”逐步形成，[2] 目的在于体现国家意志，培养能够为国争光的球队。

国际足联在 1952 年就承认中华全国体育总会接替原中华全国体育协进会的会员资格。但在 1956 年、1958 年举行的国际足联代表大会上，中国代表关于取消台湾会籍的要求遭到反对。中国代表退出会场以示抗议，并于 1958 年宣布退出国际足联。

1958 年，国际足联和印度尼西亚足球总会通告台湾退出第 6 届世界杯赛，中国队才得以参加第 6 届世界杯足球预选赛。主教练约瑟夫因专家签证问题不能参赛，中国队由团长黄中、副团长黄烈、教练员戴麟经带队参加，队员包括张俊秀、方纫秋、年维泗、张宏根等国家红队队员。最终 3 场比赛下来，中国队总数少于印尼队 1 球，痛失第 6 届世界杯出线权，但也丰富了国际竞技经验。[3]

20 世纪 50 年代，足球赛事频繁，但赛制简单多变，赛事不系统。1951 年至 1955 年四年内，先后举办过全国足球比赛、全军足球比赛、全国青年足球比赛、全国工人比赛和全国大、中城市足球分区赛，只有 8 至 11 个队参加。1956 年至 1960 年五年期间，一共举办了 21 次全国性足球赛，包括第 1 届全国运动会、全军运动会、产业体育协会、全国甲乙级联赛、青少年足球联赛和全国足球锦标赛等。1960 年甲乙等级赛开始实施，甲级联赛年年有赛事，乙级联赛则经常中断。1961 年甲级联赛改为单循环制。

梅县地区足球队参加乙级联赛，是全国唯一的县级队，梅县东较场是 1963 年全国乙级联赛的一个赛区。

1959 年第 1 届全国运动会足球比赛，全国甲级联赛暂停，改为以各省区市、解放军等为参赛单位，采用预、决赛两阶段赛制，最后 12 支队伍进入决赛。决赛开幕式上广东队和北京队比赛，毛泽东、刘少奇、周恩来、邓小平等领导人亲临观看。八一队获冠军，河北队、北京队分列二、三名。曾雪麟在河北队司门将，邓雪昌司后卫，苏永舜司中场。广东队由省体委主任秦元邦（1899—1991 年，梅

[1] 郑志林，赵善性. 中国体育史研究八十年[J]. 体育文史，1989（6）：24-30.

[2] 曹祥发，侯磊. 中国足球运动发展演变的社会学分析[M]. 程度：西南交通大学出版社，2010：72.

[3] 张彩珍. 中国足球运动史[M]. 武汉：武汉出版社，1993：p119.

县人）、郑德耀担任主教练，名列第五，邓锡权、张均浪、杨霏荪、梁珊城、陈汉粦、梁辉元、张文禄、温绍均等多名梅县籍球员出战，他们成为南派足球的一代奠基人。

一运会足球决赛期间，中、苏、匈三国足球对抗赛在京举行，中国队以0比1负于苏联队，1比0胜1954年世界杯亚军匈牙利队，名列第二。1959年，中国队以1比0战胜1958年世界杯亚军瑞典尤哥登队，在国际上引起强烈反响。[1]

为了加强青训水平，1956年4月，国家体委出台《青少年业余体育学校章程》，规定青少年体校的任务是利用课余的时间，对有天赋、爱运动的青少年学生进行全面训练，青少年体校由各级体委或各单项体协、产业和企业系统体协举办。[2]各地体校先后开办了足球班，使中小学班、校足球队的训练与少体校足球班的训练建立衔接，如此形成了业余训练与专业训练层层衔接的四级训练体制。各省市逐级选拔组建足球代表队以及四级国家队（即国家少年队、国家青年队、奥林匹克队、国家队）。这种选拔体制让不少梅县足球少年从县城走出，走向更广阔的球场。

五华张均浪（左一）被评为全国十大最佳前锋之一

1956年4月28日，国家体委公布《中华人民共和国运动员等级制度条例》，将运动员分为运动健将、一级运动员、二级运动员、三级运动员、少年级运动员五个技术等级。1958年《北京日报》和北京人民广播电台评出10名优秀足球运动员，梅州五华籍的国足前锋张均浪（1938— ）被列为十名最佳前锋之一。

梅县强民体育会四位足球元老
（左起：蓝淦、张宏元、张丁元、刘锦泉）

1956年4月国家体委颁发《中华人民共和国裁判员等级制度条例》，从1956年到1960年，中国足协共培养了41名国家级足球裁判员，[3]刘锦泉（梅县）是最早的一批，1956年到北京接受裁判培训并获得国家足球

[1] 郑志林，赵善性. 中国体育史研究八十年[J]. 体育文史，1989（6）：24-30.
[2] 张彩珍. 中国足球运动史[M]. 武汉：武汉出版社，1993：p119.
[3] 张彩珍. 中国足球运动史[M]. 武汉：武汉出版社，1993：p122.

裁判资格，该培训班由苏联专家讲授，课上讲授执法规则和方法，学习之余还要组织考察和实习。1956年，他按照国家体委的指示，先后在广州执法全国足球分区赛，在长沙执法全国少年足球比赛，在武汉执法全国青年比赛，一走3个月，并在1958年获得了国家一级裁判资格。[1] 他是新中国成立后梅州地区第一位国家级裁判。

中国从1959年至1961年中国出现了严重自然灾害，经历了三年经济困难时期，[2] 中国队连续几年没有新鲜血液注入，在夺得中朝越蒙四国足球友谊赛冠军后，转入低谷，甚至不敌印尼联赛的弱旅棉兰队。1961年全国粮食短缺，中国足球队的成绩显著下降。

参加1963年首届新兴力量运动会的中国男足

广东籍三名球员成为主力：冼迪雄（前排右二）、梁德成（后排右四）、张均浪（前排左二）

1963年，第1届新兴力量运动会在印尼雅加达开幕，中国足球队由主教练陈成达率领参加。[3] 在新兴力量运动会足球比赛中，中国队前锋张均浪（梅州五华人）、陈家根、李学浚在首场对阵马里的比赛中进球。[4] 比赛期间，国足运动员拼尽全力，但因实力不济，在争夺四强入场券的比赛中，国足以1比2负于乌拉圭队，未能进入半决赛。

1964年，在国家体委指示下，中国足球队掀起“反对骄娇二气”的整风，利用假期到解放军“硬骨头六连”体验生活。国脚们被战士的革命精神所鼓舞，体会到要彻底清除思想上骄娇二气，须在日常训练中培养团结协作、谦虚谨慎和吃苦耐劳的优良品质。

1964年2月27日，全国足球训练工作会议召开，认真总结了新运会失利教训，提出五项措施提高足球水平：广泛开展群众足球运动，加强青训工作，加强专业足球队的思想政治工作，改进足球竞赛制度，加强对足球运动的领导。会议学习了解放军的“郭兴福教学法”，确定了“三从一大”的足球训练原则：从难、从严、从实战出发进行大运动量训练。之后国足平均运动量比1958年的高峰期

[1] 梅州足球口述史，页141，2021年8月。

[2] 参见国家统计局、民政部《1949—1995中国灾情报告》。

[3] 陈立旭. 贺龙的足球情怀[J]. 同舟共进，2017（4）：68–71.

[4] 陈立旭. 贺龙的足球情怀[J]. 同舟共进，2017（4）：68–71.

还高出 20%。张宏根等国脚带伤咬牙坚持高强度训练，希望籍此一扫颓风。

但当时的足球成绩受多方面的因素影响，过高强度的训练，也可能导致运动员伤病增加，加上当时物质匮乏，运动员面有菜色，所以要一改当时的足球颓势困难重重。

1964 年 10 月 3 日，这支国足在北京迎战来访的巴基斯坦国家队，以 0 比 2 落败，主帅方纫秋赛后去职，成为历史上仅有的只指挥一场比赛的国足主教练。[1]1965 年亚洲新兴力量足球赛在朝鲜平壤举行，按国家体委要求，国家队、八一队、河北队等强队进行选拔比赛，曾雪麟率河北队最终胜出，代表中国到朝鲜参赛。[2]

20 世纪 60 年代，解放军八一队、国家青年队、国家红队、白队、河北队（天津队）等先后担纲了应战外国球队或出访比赛、为国争光的重任。当时已经有些梅州人加入了这些国字号球队，如曾雪麟、杨霞荪、张英忠入选国家青年队，潘培根、张逸（又名张崇阶）入选八一队，邓雪昌入选国家白队、谢开朋入选八一军体院，张国辉入选八一青年队，朱森禄入选八一军体院，杨霏荪、邓锡权入选国家青年队，张均浪入选国家队，侯正庆从武汉体院毕业后入选国家足球三队等。

第十三节　从中南白队到早期广东队中的梅县足球人

广东足球在专业发展过程中，先后成立了中南白队（即广州队）、广东队，每一阶段都有梅州足球人参与其中。他们和队友们同心协力，为南派足球的奠基和发展做出了贡献。

1951 年中南区首次足球选拔赛在新建的越秀山体育场举行

1951 年 10 月 20 日至 11 月 2 日，第一次全国足球比赛中南区足球比赛在广州举行。来自广西、湖南、湖北、河南、江西、广东、武汉、广州等六省二市的足球队麇集广州越秀山人民体育

[1] 《中国足球运动史》，中国足球协会编，武汉出版社1993年6月出版。

[2] 《北京晚报》1964年10月4日。

场，进行单循环赛。最终广州队获冠军，以梅县球员为主的广东队获季军。

1953 年，第二次中南区足球比赛大会在武汉举行，以选拔队员组建中南区体育工作大队足球队，最终广东队中梅县籍的王海华、李琨、张宏元、姚家华、饶秉钦，广州队龙仕君、李文俊、李松杰、梁利生、徐增祺和莫七入选。广州青年队的任文根、苏永舜入选中央体训班足球队。[1]

1954 年建队之初的中南白队合影
（左一为主帅骆敌智，后排右五为罗荣满，左二为杨霏荪）

1954 年 6 月，中南体育学院竞技指导科足球队在广州成立，对外称中南白队，实际上是广州队，这是新中国成立后广东省首支专业足球队。同年，广州市足球协会成立。中南白队由广州市体委管辖，平时住在越秀山仲元图书馆（今广州美术馆），日常训练则安排在越秀山体育场。中南白队首任主教练是上海人骆敌智，队员来自香港、广州和梅县。领队黄秉和，最初的球员共计 20 人，分别为曾林、梁树、罗北、罗荣满、吴添来（以上来自香港）、林效才、冼永泉、许志雄、陈坑、陈中民、关辉舫、胡鸿斌、梁辉元、杨霏荪、陈汉彝、杨兴连、梁国伟、张文禄、钟振强、陈颂扬。

1955 年，中南白队以广州队的名义参加全国足球联赛，前 7 名将被列入明年甲级队。结果广州队因为人员体能不佳、配合不够默契仅排第 8。之后广州队奋起直追，邀请第一代上海籍国脚郑德耀（1924— ）担任主教练，香港“金哨子”曾培福和八一队助教陈虞添（广州籍印尼归侨）加盟教练组，来自香港的队长罗荣满（1926—2003）兼任助理教练。他们为广州队提高了技战术能力，并在 1956 年乙级联赛以不败成绩拿了冠军，但这一年国家体委临时决定不设升降级，广州队继续无缘甲级行列。

受取消升级的打击，梁树、陈颂扬、钟振强、吴添来、许志雄、杨兴连等老队员选择离队，广州队在 1957 年的乙级联赛只获得第 5 名。为备战次年的一运会，这支广州队被打散并入广东省足球队，郑德耀和罗荣满继续留在广东队中担任教练。

1956 年 7 月至 9 月，罗荣满、温集祥作为广东省教练员代表赴上海参加首次全国足球教练员训练班。该班由匈牙利专家萨宝·帕尔主讲，学员们系统学习了

[1] 广东足球史. 广东省志-体育志网站（http://cfa002. cfadata. com/china/history_guangdong. html）.

匈牙利的先进足球理论和训练方法。匈牙利足球重视也擅长技战术，罗荣满和温集祥之后带出了许多技战术一流的足球人才，奠定了南派足球的发展基础。

同年，省体委在广州东较场组建广州体校预备班，不久改称广州体院专修班二部，组建了广东青年足球队，这是广东组建的第一支省级专业足球队。广东青年队由温集祥和龚伯强任教。[1]广州市体委还组建了少年足球队，由莫七任教练。该队参加了 1957 年全国十六单位少年足球锦标赛，获第 4 名

1958 年初，广州市体委人事科长常荣出任广州体院竞技指导科足球队（广州队）领队，与郑德耀教练针对队员身体素质差、斗志差、技术动作慢等弱点采取针对性训练。他根据各队员特点采取对策，全队排出四前锋三后卫阵式，练出一套右路短传突破、左路包抄射门的进攻战术。

这种训练方法很快就取得成效。同年 5 月，该队以“广州市足球队”名义参加全国乙级联赛，夺得冠军，成功冲上了甲级联赛，广东足球第一次获得了征战全国甲级联赛的资格，创造了广州足球的第一个兴盛时期。在联赛决赛阶段，广州队还迎战了到广州访问的阿富汗王国教育部混合队（国家队），以 2 比 1 胜。9 月 19 日广州队迎战来访的巴基斯坦国家足球队，以 1 比 1 踢平；10 月 24 日在南宁又以 3 比 0 战胜了来访的越南队。经过努力，广州足球队初步形成了短传渗透和边路进攻的鲜明打法，还吸收了部分青年好手，队伍更富朝气。

1958 年 11 月，为迎接第 1 届全国运动会，广州体院足球队由广东省体委接管。原领队常荣、主教练郑德耀留任，调入原八一队教练陈虞添协助训练，罗荣满任助理教练。1959 年元旦，广东省体委决定将广州队与温集祥执教的广东青年队合并，以广东队的名义参赛。

1959 年第 1 届全运会决赛广东队名单：领队常荣；教练郑德耀；门将邓锡权、雷添祺；后卫冼永泉、梁珊城、林效才、胡鸿斌、梁德成；前卫陈汉彝、熊耀健、梁辉元、陈坑、钟宏湘；前锋程洪森、关辉舫、黄福孝、廖德营、杨霏荪、张文禄、温绍均、林桁、张均浪、杨子璇。

1959 年参加第 1 届全运会的广东足球队

这支全新的广东队在预赛阶段南宁赛区中表现十

[1] “广东绿茵七十秋”：1949—1959：“南派足球”的雏形. 广州日报相关报道。

分神勇，小组赛6战5胜1平，进25球，仅失2球，以小组第一昂首杀进决赛。决赛阶段，广东队胜辽宁、上海，负四川，以2胜1负成绩继续名列该组第一，杀进前六名分组。针对广东队此前亮眼的技战术表现，同组河北、陕西、辽宁、八一、北京等各队都用凶狠的对抗、粗暴的犯规来阻止广东的进攻，广东队极为不适应，主力队员伤情严重。

一运会足球决赛，毛泽东、周恩来、刘少奇、贺龙等领导亲临现场，现场6万观众。因广东队的夺冠呼声最高，所以国家体委将足球比赛安排在开幕式之后，广东队对阵东道主北京队。此前广东已胜了解放军队和陕西队，踢平河北队。到最后一场时广东队队员们因带伤拼命，以1比4不敌北京队。最终广东队5战1胜1平3负，仅列第五，结束了一运会的征程。对于这个结果，当时参赛的广东队梅县籍门将邓锡权在几十年后接受采访，仍深表遗憾。[1]邓锡权在初中时参加一场校际足球赛并客串守门员，在温集祥任广东青年队主教练时入选该队。

杨霏荪（左）和程洪森一左一右的边锋搭档，被视为南派足球的雏形代表

一运会最出彩的球星是来自梅县的杨霏荪，他一人打进7球，荣膺该届全运会最佳射手。赛后他和程洪森一起被选进国家二队。程洪森、杨霏荪、黄福孝、关辉舫和廖德营被球迷合称为“广东足球五虎将”。广东足球因一运会上的精彩表现，被国内主流媒体首次冠以“南派风格”的殊荣。1959年全运会后，广州队解散，并入广东队。

虽然未能杀进前三甲，但是广东队讲究传控、边路犀利的突破、球员控球技术娴熟等特点已经给全国球迷留下了深刻印象。关辉舫和黄福孝的中场组合被球迷称为“关黄”。杨霏荪和程洪森一左一右的边锋搭档，被视为南派足球“两翼齐飞”的雏形代表。

广东队前卫陈汉彝也是梅县人，与杨霏荪同期于1955年入选中南白队。他善于动脑，担任广东队队长。在1959年第1届全运会、1960年全国甲级联赛、1965年第2届全运会，陈汉彝都是广东队主力。

陈汉彝（1935—2019）

1959年参加一运会的广东足球代表队队员中，有半数以上的主力队员是梅县输送的，如张均浪、杨霏荪、

[1] 参见《梅州足球口述史》。

梁辉元、陈汉彛、邓锡权、熊耀建、梁珊城和温绍均等，都是来自梅县，所以有“广东足球半梅县”一说。[1]

一运会广东足球代表队部分队员[1]，
左四为陈汉彛

1959—1961年间，国家重视组织外国球队来华访问比赛，有多支来自苏联、南斯拉夫、瑞典、阿尔及利亚等国的足球队前来中国交流访问。广东队在与这些外国劲旅的友谊赛中的表现相当出色，被誉为“外战内行”。

1959年广东队与阿尔及利亚队合影
（右一为梅县籍门将邓锡权，右二为对方门将、法国职业队员杜杜）

1959年11月5日，广东队迎战拥有众多原法国职业球员的阿尔及利亚国家队，最终双方以3比3战平。广东队门将邓锡权在比赛中上演后仰飞身救球的动作，令对方门将杜杜大为钦佩，赛后两人留有合影。

1959年广东队在与尤哥登队比赛前合影，
二排右三为邓锡权

1959年11月12日，1958年世界杯亚军、瑞典全国冠军、瑞超球队尤高登俱乐部（Djurgardens IF，现译为“尤尔戈登”或“佐加顿斯”，1891年成立）足球队访穗。此次尤哥登队以1958年世界杯亚军的班底出战，被广东队以0比0顽强逼和。梅县籍前锋、队长杨霏荪和门将邓锡权是这场比赛中的耀眼人物。广东队在杨霏荪的率领下发挥了特色，有力牵制了对手，守门员邓锡权连续救出对方3个险球。这场比赛被评为广东足球外战史上的经典之作。

1960年，梅州球员担纲主力的广东队除了在年初对阵苏联全国联赛冠军莫斯

[1] 李次民.梅县足球史话.广东文史24辑。

[2] 左起：张文禄、胡鸿斌、林效才、杨霏荪（梅县）、廖德营、冼永泉、程洪森、陈汉彛（梅县）、关辉舫、黄福孝。

1960 年全锦赛冠军天津队，前排中间为主帅兼门将曾雪麟

科斯巴达克队时以 1 球小负，在对阵其他来自苏联、黎巴嫩、缅甸、波兰、越南等国来访队伍的外战比赛中无一败绩，广东队因此获得了“外战内行”的佳话。

1960 年 3 月，广东足球队首次参加全国甲级联赛。第一阶段获广州赛区第一，决赛排名第五。同年举行的第 1 届全国足球锦标赛以队为参加单位，是新中国实际意义上的首次由下而上，几乎全部采用淘汰制，并由业余和专业选手大面积参与的全国足球锦标赛事。

拥有前锋杨霏荪、张均浪、温绍均、中卫陈汉彝、门将邓锡权等梅州籍干将的广东队最终杀进决赛，但最终以 1 比 2 输给了梅县人曾雪麟担纲教练兼门将的天津队，屈居亚军。同年的全国乙级比赛，广州队和梅县队分别获得第四区第 5 名、第 7 名。

1961 年，广东队、广州前卫队、广东青年队参加全国足球分区赛武汉赛区比赛，分别获得第五、八、九名。但在这一年的全国甲级联赛中，均无缘进入前 10，广东足球出现短暂挫折。同年 11 月，广东建立三线梯队，取名“萌芽足球队”，陈少伟任领队，张文禄（梅县）和龚伯强任教练。

1962 年全国甲级联赛恢复，参赛队伍增至 29 队，广东获第 6 名。10 月，《体育报》评出全国 22 名优秀足球运动员，广东队前卫黄福孝、前锋张均浪（五华）榜上有名。1963 年，国家体委组织全国足球联赛，排第 1 至 23 名的队为甲级队，第 24 名后为乙级队。比赛结果广东队排第 5，广州队排第 20。同年张均浪、梁德成入选国家队，参加第 1 届新兴力量运动会。

1964 年 4 月 14 日，国家体委下达了《关于大力开展足球运动，迅速提高技术水平的决定》，广州和梅县被列为全国十大足球重点城市（地区）。当年夏训，广东足球队针对队员体能问题，贯彻“三从一大”（从难、从严、从实战出发，进行大运动量训练）训练原则，每天训练超过 5 个小时。1964 年 10 月，年度联赛决战阶段，广东队以 6 战 3 胜 3 平战绩排第 10，保住了甲级席位。同月，广东省足球协会成立，曾生任名誉主席，梅县人秦元邦任主席，两位主席均为客家人。[1]

[1] 广东足球史. 广东省志. 体育志网站。

1965年，广东队在全国甲级联赛中排第10名（末位），降为乙级队。广州队也因在乙级联赛中仅获得第6名，未能晋升甲级，广东足球运动落入低谷。为备战二运会，广东队由张日扬任领队，潘培根（梅县）、苏永舜、龚伯强任教练。新组建的广东队于1965年7月参加青岛赛区预赛，击败广西、福建、河北、河南、浙江、宁夏等队，获分区赛第1名，创造了广东足球史上参加全国分区赛无失球、无红黄牌、无伤员的纪录。9月进入全运会决赛阶段，广东队临战将7名主力调去参加全国乙级联赛，最终只获二运会第8名。[1]

1965年底，省体委对广东和广州两支队伍做了调整：广东队仍由苏永舜执教，保留较年轻的16名队员，调进原广州队12名队员。调整后的广州队几乎全是新人，以广工足球队为班底，林效才任教练，胡鸿斌、杨霏荪辅助。

1966年下半年起，在六十年代起起伏伏的广东足球队活动停止，球队被解散。

第十四节　梅县地区被誉为足球之乡

新中国成立后，梅县被列为全省体育运动重点县，梅州足球运动又有新的发展和提高，城乡学校、厂矿、企业、机关团体的足球运动十分活跃。梅县、五华、兴宁等县有21间中、小学校被广东省体委和教育厅命名为“足球传统项目学校”。1964年，国家体委和教育部等联合召开全国足球训练工作会议，确定梅县地区为全国10个足球重点开展市县之一。[2]

城乡中小学、工厂、机关、企事业单位和街道、农村都有足球队的组织。据1955年统计，梅县共组织有344个足球队，其中街道足球队11个，学校、机关、农村足球队101队，青年组足球队59队，少年足球队173队，比赛活动频繁。梅县小学有500间，中学30间，和新中国成立初期广州市中学数量基本相当，每间小学、中学都有足球场和足球队。

由于梅县足球运动开展较好，为省级以上足球队输送了不少运动员，梅县代表广东参加重大足球比赛成绩显著，梅县被誉为“足球之乡”。1956年，周恩来总理在一次对外工作会议上说：“广东有三乡，其中梅县是足球之乡，请外国友人到‘三乡’去参观。”随后《人民日报》（1956、1972、1979）《体育报》（1963）

---

[1] 陈伟胜. 恒之有道：广东足球的史经子集[M]. 暨南大学出版社，2016.

[2] 梅州市地方志编纂委员会编. 梅州市志. 广东人民出版社. 1999.

《文汇报》(1957)等报刊均有专文称梅县为“足球之乡”《羊城晚报》(1984)。1988年梅州市设立之后，足球之乡就指梅州。

20世纪50年代在梅县东较场红门旁边的足球运动员碑像

20世纪50年代，梅县在东较场竖起了一座足球运动员雕像，雕像座碑上刻着毛泽东主席的题词“发展体育运动，增强人民体质”，足球已是当时梅县的第一运动。

1955年，广东省人民委员会拨出专款给梅县，分别在梅城、西村、梅江、西阳、畲江、松口等区镇和学校新建或维修足球场47个。[1] 当时梅城开展足球运动较好的场所在梅县东较场，除了中间有个400米跑道围住的标准大型足球场外，周边还有五、六个7人制足球场。

梅县城北乡村足球赛周围站满了观众

梅州市委、市政府和地方各界贤达都十分重视足球发展，加上修建后的东较场设施便利，众多旗鼓相当且成规模的球队、球迷，使得梅县地区积累了不少热爱足球、技术出色的球员。20世纪50年代至20世纪60年代，梅县地区的代表球员有温铭林、黄秉信、谢维钢、李璋、黄淦祥、杨殿宏、杨和荪、张文济、丘泉坤、罗寿元、李汝章、张绍亮、张梓棠、饶秉钦、张宏元、邓镇、王海华、蔡利生、张英忠、侯梓华、张健、张文运、邓雪昌、梁辉元、陈汉彝、杨霞荪、杨霏荪等。

侯正庆曾入选国家足球三队

这些从梅县走出的球员，在黄金年龄加入了新中国成立初期的中南足球红队(武汉体院队)、中南足球白队(广州体院队)或广东队等，张英忠、邓雪昌后来到了国家二队，杨霏荪到了国家青年队。原梅县籍优秀运动员侯正庆，1950年输送到武汉体院，毕业后入选国家足球三队，20世纪80年代任国家曲棍球领队兼教练，后担任北京体院运动系主任。他们将对足球的热爱、专业的技术以及球乡文化理念带到全国各地。

[1] 广东足球史. 广东省志–体育志网站(http://cfa002. cfadata. com/china/history_guangdong. html).

1951年，广东省第1届足球选拔赛在梅县东较场举行，梅县、兴宁、五华三队参加，梅县队夺冠。梅县足球队代表广东省参加同年10月举行的第1届中南区六省二市足球选拔赛，以组队参加第一次全国足球比赛大会。10月20日至11月2日，中南区足球比赛大会在广州举行，来自广西、湖南、湖北、河南、江西、广东、武汉和广州等六省二市的足球队麇集越秀山，进行单循环赛。以首届全省选拔赛冠军队梅县队为主组成的广东队，最终名列冠军，广州队获亚军，武汉队季军。广东队的邓镇（梅县）、蔡利生（梅县）入选中南区代表队（中南红队）参加12月在天津举行的1951年全国足球比赛大会。[1]

1953年元月，广东省第2届足球选拔赛，包括梅县、兴宁、五华、汕头、蕉岭等队伍在梅县东较场角逐，最终梅县队夺冠。同年2月，为选拔队员组建中南区体育工作大队足球队（专业队），第2届中南区六省二市足球选拔赛在武汉举行。广东队以梅县队为主，最终广东队赢5支省队，输给广州、武汉2支市队，获第3名。广东队中梅县籍球员王海华、李珉、张宏元、姚家骅、饶秉钦入选中南区体育工作大队足球队（专业队）。

从1951年到1954年，梅县足球队都在广东省足球选拔赛中获得冠军（广州队未参与选拔）。鉴于梅县足球队连年比赛成绩突出，1954年国家体委指定梅县单独组队参加中南对抗赛，与省、市一级队伍相抗衡。此时梅县队的张宏元、邓镇、姚家骅、李珉、王海华、饶秉钦、张英忠、候梓华、张健、张文润等主力已入选中南红队或者白队。

1954年春节前夕，梅县队教练蓝淦又火速成军一支队伍参加中南对抗赛，这支队伍包括：杨运犇、王海华、温铭林、黄秉信、谢维钢、李璋、黄淦祥、蔡利生、杨殿宏、杨和荪、张文济、丘泉坤、罗寿元、李汝章等队员。1954年2月，梅县参加在江西南昌举行的中南区大、中城市球类对抗赛，参赛的队伍包括广州市队、武汉市队、江西省队、梅县队，最终梅县队3战3平，获得亚军。是年暑假，梅县队按照广东省体委指示，先后到兴宁、五华、蕉岭、汕头、东莞、宝安等地作巡回示范表演，推动全省基层足球运动开展。

1959年，梅县地区足球协会成立。据1957年12月14日《文汇报》"'足球县'广东梅县"一文报道，当时全梅县共1280支足球队，球员1万多人。当地一年一度的足球季长达半年，近6百队、逾6千人参赛，其中县城11所小学有45队、西阳乡有70多队参赛。

20世纪50年代至20世纪60年代，梅县县委、县政府对足球十分重视，在

---

[1] 广东足球史.广东省志-体育志网站（http://cfa002. cfadata. com/china/history_guangdong. html）.

经济困难时期仍保证业余体校训练正常开展，梅县足球队比赛成绩突出，上送省青年队、省队多人。梅县地区输送各级足球队的包括张英宗、梁辉元、侯梓华、邓雪昌、张文禄、饶桂元、温绍均、熊耀建、梁通发、陈汉彝、曾初云、陈恒彝、古晓芳、杨殿宏、杨千昌、李金昌、蔡利生、王海华、罗波、陈燕章、杨霞荪、杨雳荪、杨雰荪、杨霏荪、杨露荪等，20 世纪 70 年代包括杨伟湘、张雪尔、叶左权、朱尚吉等。

1958 年，梅县体委在松口、溪南、梅东等中学组织女子足球队，开始训练。同年 10 月在松口中学举办区首届“跃进杯”女子足球赛，松口初中队夺冠。[1] 1950 年，梅县出现了五支女子足球队。一年后，因国家体委未提倡，梅县女子足球停止了活动。

1956—1965 年，梅县地区被划入广东省汕头专区，因此，1964 年，梅县足球队还代表汕头专区参加省运会。

据 1958 年 1 月《人民日报》和 1958 年 2 月《梅县建设报》报道，当年梅县足球队被国家体育运动委员会批准为乙级球队。从 1951 年至 1958 年 2 月，梅县足球队和国内各队共赛了 119 场，胜 80 场、和 28 场、负 11 场；共胜球 550 个，失球 159 个。1955 年全国足球分区赛武汉区比赛梅县队荣获冠军。[2]

当时的梅县队攻防都有一套战略战术，队员速度快，冲刺力强，控制球能力佳，善于用长、短传配合作战，传球准确，打门意识较好，脚头亦硬，肯死拼死打，勇敢果断，积极主动。队员盘带球少，出脚干脆，进攻快，多从边线进攻，打四前锋制，善用声东击西，把对方防守引到一边，然后大脚斜线长传，在另一边突击打门，常建奇功。防守上中场多以人盯人，后卫则用区域、斜线和三角阵形，互相补位迅速。但当时的梅县队也存在弱点，如队员战斗意志不稳定，锋线进攻战术缺少变化等。

20 世纪 50 年代，梅县为国家输送了 30 多名优秀足球运动员。当时常代表国家出访比赛的天津队以及国内劲旅八一队、全国公安队等都有主力来自梅县，广东队中梅县人约占半数。当时重庆队、武汉体育院、广州体育院的足球指导也来自梅县。

1964 年，国家体委和教育部等部门，联合召开了全国足球训练工作会议，颁发了《关于大力开展足球运动，迅速提高技术水平的决定》，确定梅县（今梅州市）为全国 10 个足球重点开展市县之一。

1965 年，梅县等七个县从汕头专区分出成立梅县专区（后改为梅县地区）。1966 年停止五年体育运动后，直至 1971 年，梅县承办了广东省青年足球选拔赛，

[1] 梅县地方志编纂委员会. 梅县志. 广东人民出版社. 1994-03.

[2] 参见1958年2月1日《梅县建设报》报道《国家体委批准我县足球队为乙级队》。

选拔运动员组成省青年队参加全国比赛。

1972 年 5 月 14 日《人民日报》刊载了文章《足球之乡——梅县》，报道了当时梅县地区当时的足球运动发展状况。文章指出，广东梅县早在晚清就开始有踢足球的运动，被人们称为“足球之乡”。梅州人足球文化深厚，民众不仅崇尚足球，而且参与度高。

人民日报

发展体育运动 增强人民体质

新苗在茁壮成长

大力开展群众性体育活动

足球之乡——梅县

1972 年人民日报文章《足球之乡—梅县》

1972 年，新华社记者专程到梅州拍摄并宣传梅州足球，梅县金山小学的足球少年林思跃和他的同学们被拍了下来。后来林思跃 30 岁就当上了广东省女足主教练，并执教国家女足二队。

林思跃（右三）与小伙伴们在足球场上

1972 年林思跃（左二）在金山小学学习

“文革”期间狠批“锦标主义”“技术第一”等运动理念，大家为踢足球，是为了增强体质，培养勇敢顽强的战斗作风和团结互助的新风，因此，足球和生产相互促进的公社足球是当时梅县足球的主要形式。梅县丙村、西阳、城镇等公社组织了青年民兵足球队，坚持业余训练，提高球艺水平。梅县丙村公社的人和大队有 1 支 24 人的足球队，大队中的每个生产队还组织了足球队。

丙村镇廖耿光老师一家组成“家庭足球队”
（1976 年陈兴城摄于丙村）

“文革”期间，梅县各生产队的足球队员比赛时是“骁将”，搞生产时是“闯将”。在围河造田、扩大耕地时，公社足球队员们起带头作用，从3里多地外的九峰山，挑土在河边大沙滩上造出290多亩“良田”。当时梅县卷烟厂的职工、35岁的足球队长陈守元，踢球20多年，是能守门、能打中锋的足球好手，工作上既是安全工，也负责研发和技术革新。[1]

第十五节　李凤楼率北京体院队到访梅县东较场

梅县体育馆，馆名由叶剑英元帅所题

新中国成立后，梅县东较场不仅是梅县足球运动的核心场馆，还吸引了一些外地球队。梅县气候宜人，东较场为标准球场，既可训练又可比赛，同时还有一支省、市一级水平的梅县队可随时进行教学或友谊比赛。[2]每年冬季有不少北方省、市一级足球队不远万里到梅县训练，从新中国成立初期到1966年，十多年从未间断。冬训促进了南北足球交流，也让球乡氛围更为浓郁。

1951年、1953年在东较场举办广东省足球选拔赛，梅县队两次获得冠军。1953年、1954年，中南红队两次到梅县访问，该队集中了莫七、顾如辙等名将，后来又从梅县招了张宏元、饶秉钦、邓镇等球员，是一支南派风格的队伍。梅县球迷可以在东较场欣赏中南红队和梅县队训赛情况。

新中国成立前由华侨捐资的梅县体育馆前楼，刚刚建成第一层便停工。1958年，按照广东省政府指示，梅县政府拨款按原设计推进梅县体育馆建筑工作。1962年，梅县体育馆落成，时任广东省体委主任秦元邦请叶剑英元帅为梅县体育馆写馆名，叶帅书写了一式几样供梅县挑选。[3]馆名用镏金大理石刻，镶嵌在体育馆门楼正上方。

1961年，全国足球乙级联赛中南赛区比赛在梅县东较场举行，梅县队和广西

[1]　参见1972年5月14日人民日报文章《足球之乡—梅县》。

[2]　杨宏海，温威光. 梅州：球乡筑梦[M]. 广州：广东人民出版社. 2020. 11.

[3]　李存章. 梅县体育工作者的怀念[N]. 羊城晚报，1986. 10–29.

队进入决赛，最终0比0，梅县因少1个净胜球而居亚军。

1962年元宵节，受广东省体委的邀请，国家体委球类司副司长李凤楼率领北京体院队（当时的国家队）到“足球之乡”梅县访问。北京体院队、河北青年队、广西队、梅县足球队在梅县开展表演比赛，吸引了众多梅县群众观战。

1957年至59年期间以北京体院名义参加比赛的队伍，由北京体育学院正牌的师生组成，有别于之前的国家队，而从1960年至1974年期间，国家集训一队或二队，长期使用北京体院队的名称参加国内外比赛。

此次到梅县的北京体院队由匈牙利留学归国的主力和八一队主力组成，张俊秀、张宏根、方纫秋、史万春、王陆、陈复赉、丛者余、哈增光、高筠时、徐福生、陈家亮、陈克亮、张京天等国脚在梅县亮相，令当地球迷大饱眼福。

1963年北京体院队、河北青年队、广西队、梅县队元宵节在梅县开展表演比赛结束后，国家体委球类司副司长李凤楼及省县政府领导与全体队员合影

第十六节　业余体校成为球乡早期青训摇篮

20世纪50年代至20世纪70年代梅县地区的校园足球和青训，以梅县业余足球学校为主。1972年，梅县业余体校复办，开始借梅县高级中学做临时校址，后来长期驻扎梅县体育馆，一直到东较场改建成足球文化公园。

位于东较场北端的梅县业余体校

20世纪50年代，为培养优秀运动员，提高中国在国际体坛上的竞争力，国家体委借鉴苏联经验，于1956年颁布了《青

年业余体育学校章程》《少年业余体育学校章程》，要求各省市自治区建立青少年业余体校。各地体育部门为提高少年儿童体育运动技战术水平设立各级各类体校，体校成为中国竞技体育后备人才传统培养模式的主阵地。

1955 年，梅县业余体校正式创办。之后梅县地区逐渐形成了以学校、市县业余体校、省体校、各级专业足球队为一体的足球人才发展体系，业余体校在该体系中承上启下。学生在校以学习为主，且学校一般没有专门的足球教师。一些重视足球的学校，聘请足球教练参与学校足球队训练，但毕竟时间有限。业余体校从学校中发现和选拔有发展前途的学生，由专业足球教练员利用课余时间，根据国家训练教材，对这些苗子进行科学训练，经过若干年培养成才。

梅县业余体校首任校长是当时的梅县副县长侯笈。1955 年首期足球班学生有 50 多人，采取集中训练形式，教练多为强民体育会会员，每月补贴 8 元人民币。首批学生中，黄龙光、邓镇昌、叶妙贤、谢佐淦等成为 20 世纪 60 年代梅县足球队主力，温绍均、邓锡权、梁通发、古晓芳、李金昌等入选广东省足球队。

1957 年到 1958 年，梅县各学校挑选了数十名小学四年级学生到业余体校进行“半集中”训练，即每周 3 个下午到东较场由业余体校教练组织训练。20 世纪 60 年代中期的省脚古晚芳、陈恒彝、杨干昌、李金昌等，就在当年的“半集中”训练中受益匪浅。

梅县体育学校儿童班足球队全体队员合影
（中排右四：校长汤木祥；中排左四：教练张绍亮）

1959 年，在业余体校基础上，梅县体育学校正式成立，校址设在东较场北面的老汉剧院，首任校长为汤木祥。梅县体育学校设足球、篮球、田径等项目，学生全部统一食宿，集中开展专业训练。

1961 年梅县体育学校设立少年足球队。梅县体校少年足球队的教练是原梅县足球代表队员张绍亮。这批队员最小的在读小学六年级，包括张吉祥、池昌庆、李森海、叶育进、邓荣基、黄健新（以上 6 人后来进入梅县足球队）、彭煌来、潘群区、谢荣昌、杨剑成、王玉南、丘振欧、古德运等。

1961 年上半年，梅县体育学校解散，梅县体委恢复业余体校，当时体委主任为林金新，业校校长为汤木祥。这批少年儿童队员转入梅县业余体校少年队，教练是原梅县足球队队员陈如盛。他们每年参加全省及梅县、兴宁、五华之间举办的各项比赛。至1966年上半年，梅县业余体校各年龄组队伍，在省队各级别比赛中均与广州队争夺冠军，其他各地区队均不是对手。这批少年队经过5年的业余体校训练，1964年代表梅县少年足球队参加全国20单位少年足球锦标赛获冠军，并上北京进行表演赛，得到贺龙元帅、叶剑英元帅的接见。

这支少年队中李淼海、叶育进、张吉祥、池昌庆、邓荣基、黄建新等6人进入梅县足球专业队，李淼海、叶育进后来被输送到广东队。谢杰华、黄龙光、李元申、张吉祥、梁通发、李淼海、谢翁德、温富胜等体校学生成为20世纪60年代初梅县足球队打上甲级队的主力，其中梁通发、李淼海、叶育进等进入广东省队。

1966年下半年至1970年，全国停办一切体育竞赛。1970年上半年，梅县业余体育学校停办，梅县足球队解散，队员被分配到梅县染织厂、梅县酒厂、梅县钢铁厂等工厂当工人。当年，梅县地区体委组织梅县、兴宁、五华足球调赛，钟杰章、杨伟湘等初露头角，后来入选广州部队队。

1971年上半年，梅县地区队获广东省青年足球选拔赛季军，张吉祥、杨殿松、李伟联抽调至广东省青年足球队，后因全国青年足球赛取消，运动员回各地区。张吉祥于1971年下半年调入梅县地区体委担任足球教练员。

1973年，梅县业余体校恢复，多位原梅县足球队的退役运动员被调回体校任足球教练员，如池昌庆、李元申、陈晋干等。同年，兴宁、五华地区也恢复业余体校。兴宁业余体校教练吴坚，五华业余体校李云祥、李鹏锐都是广东省足球队退役队员。

这些有丰富的训赛经验的教练员，培养了一批国脚和省脚。池明华、王惠良、黄德保、钟杰章、钟小健、钟云越、杨伟湘、叶左权、游小东、廖友华、张峥荣、叶海燕、郭亿军、张小文、谢育新、吴伟英、魏崇金等，均出自业余体校。业余体校培训出来的运动员，除了进各级专业运动队之外，大部分走向社会，成为各地开展足球活动的骨干。

梅县地区各级业余体校除了选拔好教练之外，还通过各种方式提高教练的执教水平。他们是甲乙级专业队的退役队员，实践经验丰富，但踢得好不一定教得好，理论知识还有待不断提升。梅县地区体委很重视提高教练员的专业理论水平和教学业务能力，一是采取请进来走出去的方法，请专家前来讲课，或派教练员参加上级部门举办的教练员学习班。二是加强教练员相互间交流学习。梅县地区体委专门组织梅县、兴宁、五华等地业余体校教练员带队相互进行教学比赛。教练员相互上训练课，课后加以讲评，相互学习，共同提高。

梅县地区新中国成立后的初代足球教练，年轻时是运动健将，成绩辉煌，退役后或因年龄关系转入教练队伍，认真负责具备良好的职业道德，懂得足球运动规律，有比赛和训练的实践经验，熟练掌握足球的各项技能。他们基本功底子厚，战术意识强，比赛经验丰富，教学中不计得失，不拘泥训练条件，用心尽力开展青训。

20世纪50年代至20世纪60年代，梅县地区初代足球教练主要由西南军区、中南红队、广东省足球队的退役队员、强民名宿，包括王海华、罗波、杨友标、陈如盛、李璋、张健、张绍亮等。梅县足球队教练杨霞荪（原八一队主力）、张宏元（中南队主力）、获全国少年20城市冠军的少年队教练王海华和陈如盛以及强民名宿杨友标、杨运彝、李璋、张健、张绍亮等都是其中的佼佼者。他们善于发现运动员的个人禀赋特点并因材施教，因此经他们带训的足球少年进步很快，且都有其个人技术特点，培养出20世纪60年代输送到省队的邓锡权、温绍均、梁通发、古晚芳、叶育进等人。

梅县业余足球学校自1956年开办至1972年，共培训青少年运动员1600多名，为基层培养了足球运动的教练员、裁判员等骨干5000多名，为梅县足球开展起到了组织和推动作用。1972年，梅县业余足球学校开办了6个班，共有青少年学员180人，学员大多是各中、小学的学生。业余体校除了集中训练之外，还采取送技术上门，分片组织训练培训的办法。当时梅县各个足球队的骨干，都出自梅县业余体校。[1]

业余足球学校教练员、原广东足球队队员张健和梅县东风小学体育老师、梅县业余足球学校培训出来的青年教练朱国优，代表了当时梅县青训的水平。他们不仅给青少年传授足球基本技术知识，还精心指导其竞技技术，提高其战斗力。

梅县业余体校20世纪70年代至20世纪80年代的足球教练员是20世纪40年代至20世纪60年代梅县初代教练员的弟子，为新中国成立后梅县的第二代足球教练。他们在初代教练的精心培养下入选省、县专业球队，退役后担任青训教练。他们接过教练的班，以教练为榜样，继续全心培养高水平足球人才。梅县地区第二代足球教练，主要由广东省队退役队员、梅县足球队退役队员担任，包括：梅县青年队教练温绍均（广东

国脚王惠良（后排右五）在梅县业余体校足球队时与教练和同学们合影

[1] 参见1972年5月14日人民日报文章《足球之乡—梅县》。

省队）、李森海（广东省队）、梅县地区队（参加乙级比赛）教练梁通发（广东省队）、张吉祥、李元申、陈晋平、池昌庆、黄龙光、黄健新（均为梅县足球队退役队员）。20 世纪 70 年代 20 世纪 80 年代上送省队、国家队的池明华、王惠良等大批优秀的足球人才，就是在这一阶段涌现的。

1972 年 5 月 14 日《人民日报》发表文章《足球之乡—梅县》，以东风小学王惠良同学（后来成为 80 年代著名国脚）为例子，介绍了当时的梅县足球少年一边坚持学习，一边苦练基本功的情景。[1] 东风小学的足球少年每天清晨跑步，课余苦练基本功，很快掌握了足球技术。这些足球少年不仅身体强壮，学习成绩也很好。

第十七节　梅县足球队夺得全国大中城市分区锦标赛冠军

1955 年 2 月梅县足球队夺得全国大中城市足球锦标赛武汉赛区冠军

新中国成立后，梅州足球运动又有新的发展和提高，城乡学校、厂矿、企业、机关团体的足球运动十分活跃。1951—1955 年，梅县足球队多次获得广东省足球选拔赛、锦标赛和全国大中城市足球选拔赛的冠军，五华队获两个亚军。[2]1951—1962 年间，梅县足球队参加足球比赛 219 次，其中胜 144 次，和 24 次，负 51 次。1954 年中南区大城市足球对抗赛在南昌举行，武汉、广州、江西省队和梅县足球队 4 个单位参加，梅县队获得了亚军。[3]

1955 年 2 月 15 日—3 月 1 日，全国大中城市分区足球锦标赛在上海、天津、武汉、旅大（大连）4 个竞赛区同时举行。国家体委特许梅县地区组队参加比赛。参赛单位包括国内 24 个大、中城市和一个地区（广东梅县）。参加竞赛的各代表队，除广东省梅县地区之外，必须组织以基层或系统为参加单位的全市联赛，选拔出冠军队参赛，参赛运动员须是全国足球联赛以外的足球队员。[4]

[1] 参见 1972年5月14日人民日报文章《足球之乡—梅县》。

[2] 梅州市地方志编纂委员会编. 梅州市志. 广东人民出版社. 1999.

[3] 新华社南昌十九日电，1954年2月。

[4]《国内外足球竞赛资料汇编（1951—1958）》第32~52页；1955年2月~3月新民报晚刊。

此次全锦赛，广东梅县队的参赛成员包括：领队谢湘圣，教练蓝淦，管理张登元，队长兼前锋罗波、队员温铭林、蔡利生、廖信元、陈万轩、杨殿宏、谢维降、罗寿元、王海华、杨和苏、杨霏苏、张文济、李汝章、丘泉坤、黄淦祥、杨运粦、黄秉信、李思建、李璋、侯耿盛、陈如盛、张梓棠等。结果梅县队连续击败武汉、广州、重庆、成都、郑州、长沙6个大中城市队，6战6胜，夺得武汉赛区冠军。

1956年11月，全国八县足球对抗赛在北京先农坛体育场举行。梅县足球队是唯一来自黄河以南的球队。叶剑英元帅特派时任国防部办公厅主任的萧向荣中将，接见了梅县足球队。

1956年梅县队参加全国八县足球赛后在北京中山公园（一）

梅县队成员包括：领队林金新，教练蓝淦和王海华（兼），管理黄勇胜，球员温铭林、黄秉信、李璋、蔡利生、谢维降、杨和苏、张绍亮、丘泉坤、温绍均、罗波、王海华、熊耀健、梁珊城、杨殿宏、陈万轩、梁奇雄、古晚芳、张文济等。[1]

1956年11月1日，梅县队与吉林省和龙县队交手。国家体委主任贺龙元帅、副主任荣高棠和黄琪翔（1898—1970年，梅县水车人，抗战时曾任国军集团军总司令、中国远征军副总司令，新中国成立后任中央政法委员会委员）以及萧向荣中将（梅县石扇人）、中国农工民主党中央委员李伯球（1904—1986年，梅县城东人）都莅临现场观战。[2]

梅县队参加全国八县足球对抗赛后在北京中山公园（二）

梅县队夺得1958年省锦赛冠军奖杯

上半场，和龙队大举进攻，梅县队大门三次失守，以0比3落后。梅县队下半场将阵式略做调整，改由头球好、身材高的中卫王海华担任中锋，强化对北方球队的攻击力。下半场，梅县队

[1] 《国内外足球竞赛资料汇编（1951—1958）》第69~77页。

[2] 杨宏海，温威光. 梅州：球乡筑梦[M]. 广东人民出版社. 2020. 11. p80.

连进和龙队8个球，以8比3逆转赛局。赛后，叶剑英、萧向荣、黄琪翔等领导接见了梅县队全体队员。此次大赛梅县队虽有逆转表现，但在对阵北方球队时体力逊色，最终名列第6。[1]

1958年梅县足球队参加广东省足球锦标赛，以7战7胜的成绩夺冠，共进球38个、失球4个。[2]1959年第2届广东省运动会上，梅县足球队以6胜3和的成绩，获得亚军。

从1956年开始，新中国的体育工作重心转向国内，因此，1959年举办的新中国第1届运动会意义非凡。为备战一运会，1957年广东青年队将梅县地区张均浪、邓锡权、梁珊城等青年球员上调广州，使20世纪50年代末、20世纪60年代初梅县足球队人才一度出现断层。对此，广东省体委主任秦元邦（1899—1991年，梅县城北人）写信给梅县体委，希望梅县采取措施提高足球水平，持续培养足球生力军。

梅县县委、县政府对此高度重视，由主管文教的县委书记张志瑶、副县长陈秉铨和县文教办公室副主任罗文瑾三人组成梅县足球领导小组，代表县委、县政府抓梅县足球。领导小组邀请了时任广东青年队主教练温集祥回梅县指导，并请回武汉中南红队的张宏元、王海华担任教练。温集祥帮助梅县组建足球队，在担任了短时教练后返回广州。

1960年，一支新的梅县足球队成立，球队为省编制，由省拨款。梅县足球领导小组借回广东省队的梁辉元和温绍均、武汉体院的张启鼎，以及梅县体校的梁通发、黄龙光、陈恒彝、李金昌、古晚芳、余柏荣、叶森贤、彭友恩、刘新生、邓镇昌、陈晋干、李元申、张吉祥等年轻球员。1964年，梅县足球队再添干将，曾执教重庆队、新疆队的杨霞荪返乡照顾双亲，在梅县足球队担任主教练、队长。温绍均从广东省队退役，回梅县足球队任助理教练，陈恒彝上调省青年队。

时任梅县地区县委书记、广东省足协委员张志瑶

时任梅县县委书记张志瑶（1925—1999年，原名张志姚，蕉岭徐溪人），分管梅县地区文教工作。1964年当选广东省足协委员。张志瑶重视足球，并擅长文艺，所作山歌剧《挽水西流》曾在东南亚演出并广受好评。他担任了

[1] 参见1956年10月26日~11月9日北京日报，1956年10月16日南方日报，1956年10月26日~11月9日北京日报。

[2] 陈栋康.足球之乡梅县.体育报.1963.12.23.

强民体育会第 6 届会长、广东省民俗学会理事等社会职位，其事迹被收入《中国当代艺术界名人录》。[1]

1960 年前后，国家处于经济困难时期，粮食缺乏。为了足球之乡的荣誉，梅县县委在粮食及肉类等副食品方面保证对梅县足球队的供应，梅县体校和足球队得以正常训练。张志瑶书记主管体育，非常重视足球队的建设，训练比赛和生活。他经常到体委看望运动员，了解队内各种情况，贯彻大运动量训练原则，并积极参与梅县队的赛前准备会、赛后总结会等活动。当时物资紧张，限量配给，他专门指示食品部门给球队额外配给猪脚，加强营养，保证体力。[2]

同时，梅县县委、县政府还积极争取华侨乡贤的力量支持家乡足球。旅印尼乡贤林载诚先生组织印尼华侨朋友捐赠了 300 双足球鞋、300 只足球和 200 套足球服，旅港爱国乡贤捐赠了 100 只足球。[3]

为快速提升球队实力，梅县足球队的教练团队对训练方法进行创新，温集祥指导提出“练就三场球的体力打一场球”的口号，贯彻大打攻势足球的指导思想。梅县足球队每天坚持一万米跑步训练，之后再进行其他训练，如此风雨无阻。

在与县委、县政府的重视下，20 世纪 60 年代梅县足球队参加全国乙级足球联赛取得不俗的成绩，运动技术水平也达到了历史较高层次。

第十八节　梅县足球队作为唯一县级专业队参加全国乙级足球赛

1960 年，梅县足球专业队成立，由广东省拨款并确定人员编制，在成立当年就参加全国乙级足球联赛，是当时参赛的唯一一支县级专业队，也叫梅县足球队。这支梅县足球专业队，有别于 1960 年之前那支曾蝉联省运冠军的梅县足球队，后者是以强民体育会会员为主组建的业余足球队，球员比赛之后回各自单位。

当时全国足球竞赛为甲、乙两级制，甲级队 12 支（后为 16 支），如八一队、辽宁队、广东队等。乙级队主要为省级足球队和大行业足球队，如火车头、前卫队等。

梅县队和广州公安前卫体育协会、广州、湛江等 4 支广东足球队，被分到第 4 区（湖南赛区）。梅县队成员包括：门将胡文良、后卫刘辛生、张绍亮、王海

[1] 《蕉岭县志》（1979—2000）第三十篇人物. 第一章人物传. 第一节1979—2000年去世人物.

[2] 根据梅州市体育学校原副校长张吉祥访谈，当时张吉祥为梅县地区足球队队员。

[3] 杨宏海，温威光. 梅州：球乡筑梦[M]. 广东人民出版社. 2020. 11. p145.

华，中场陈如盛、杨和荪，前锋古晚芳、张健、罗波、张文济、冯永松、彭友恩、陈苑章、杨干昌以及后卫黄龙光等人。经过角逐，梅县队在第 4 区 15 支队伍中获得第 7 名。[1]

1961—1963 年，全国未举办乙级联赛。1964 年举行全国乙级足球联赛，梅县青年队参加了广州赛区比赛，梅县足球队参加了中南赛区比赛，未计分和名次。当时梅县队成员包括：领队温阁庆，教练龚伯强，工作人员张恒、陈土增（医生），门将邓锡权、罗少伟，中场黄龙光、凌志强、黎强华、徐桂江，前锋叶茂贤、彭伯逊、温绍均、李元申、麦应厚、黄立依、钟博宏、古晚芳、陈苑章，后卫刘新生、万玉胜、刘日威、梁辉元、饶桂元等。[2]

1965 年，在赴长沙参加全国乙级足球联赛前，梅县足球队离梅先到广州二沙岛作短暂停留训练，恰逢朝鲜国家足球队也在二沙岛训练。梅县队的领队教练向省体委申请与朝鲜国家队做教学比赛，以抓住宝贵机会向朝鲜国家队学习，提高技战术水平。省体委当即就此事请示国家体委。

经国家体委批准，梅县队在广州二沙岛与曾进入世界杯前八名的朝鲜国家队进行了一场教学赛。朝鲜国家队听体育部门介绍过梅县的足球运动历史，答应与这支来自中国“足球之乡”的队伍比赛。梅县队虽以大比分告负，但场上队员顽强拼搏的精神受到朝鲜国家队的赞扬，特别是梅县队守门员余柏荣，给朝鲜队留下深刻印象。[3]这次破天荒的比赛，是当时足球之乡的光荣。

1966 年 5 月全国乙级足球联赛厦门赛区梅县足球队全体队员[4]

1965 年，全国乙级足球联赛长沙赛区 14 支参赛队，梅县足球队是全国唯一一支县级队伍，成绩排名长沙赛区第 8。[5] 梅县队表现出南派风格，兼具灵巧、快速、多变等战术打法和敢

[1] 《1960年各项球类国际国内竞赛成绩》（中华人民共和国体育运动委员会球类司，1961年6月）第103~121页。

[2] 根据1964年全国足球乙级队联赛中南赛区秩序册（武汉）。

[3] 根据梅州市体校副校长张吉祥提供素材整理。

[4] 梅州市体育学校原副校长张吉祥供稿。前排左起：刘新生、陈燕章、肖启龙（领队）、杨霞荪（教练）、叶森贤、李兴龙；二排左起：彭友恩、陈国康、杨冠桢、黄龙光、温绍均；后排左起：李元申、邓镇昌、谢杰华、吴宏越、张志刚、刘战胜、陈晋干、丘兴锦。

[5] 1965年4月8、29日湖南日报。

打敢拼的精神。

1966年上半年，梅县足球队在参加了在厦门举办的全国足球乙级队联赛分区赛。比赛分2个阶段进行，第一阶段分4个赛区分别进行单循环比赛，各赛区前3名出线，第二阶段则争夺前2名的升级名额。除比赛时间外，其余均按国家体委审订的1965年足球规则执行。梅县足球队获得厦门分区赛第3名，仅次于山东队和广州队。

1966年上半年，梅县足球队到厦门参赛，在该赛区以前2名的成绩出线，原计划下半年参加决赛，此时“文革”爆发，所有比赛取消。到1970年，一省只让保留一支省队，广东省除了省队，包括梅县足球队在内其他足球队全部解散，队伍被分配到工厂上班。

1970年11月，梅县地区足球集训表演赛全体人员在梅县人民体育场（东较场）合影

“文革”期间，尽管梅县足球队被解散，但梅县足球之乡的良好基因和浓厚氛围并未受影响，业余训练从未中断并且发展良好。足球之乡草根足球的技战术水平不容忽视，随时可以组织球队。当时每年均有外队来梅县冬训或访问。如杨霞荪担任主教练的新疆队连续几年来梅县冬训，梅县队与来访外省队比赛，都在东较场。观看比赛的观众，里三层、外三层围住赛场，球迷搬梯子、爬树观看。当时梅县组织一支队伍，可以应付任何一支来梅访问的乙级队或者省级青年队，宁夏、广西、福建、天津青年队等都曾负于梅县当地球队。

1971年，国家开始逐步恢复体育竞赛，梅县足球运动从1972年后开始逐步恢复。梅县体委把梅县足球队退役的队员逐步调回梅县业余体校担任足球教练员。1970年下半年梅县地区体委班子组成，1971年即组织了广东省青年足球选拔赛，在梅县东较场举行。当时梅县体育部门和邮电部门属于军管单位，梅县地区体委由军区派人进驻。

1972年，梅县组队前往广州，想找一支来广东冬训的乙级队比赛。经多方联系，在广的云南省足球队才同意与梅县队作一场教学赛，比赛地点在广州宝岗体育场。比赛结果梅县队以1比0胜对方，云南队赛后大为震惊。无独有偶，在1988年全国足球乙级联赛汉中赛区，梅县足球队又以2比0战胜云南省足球队。梅县队历史上两度战胜云南省队，一时球迷们戏称“梅县队是云南队克星”。

1973年，全国青年足球比赛在各赛区开展，梅县籍刘锦泉是裁判长之一。全国青年足球比赛第一阶段部分比赛在梅县赛区举办。5月5日至24日，广东、河南、湖北、湖南、江西、四川、甘肃、辽宁青年二队等队伍在梅县梅城进行角逐，约三分之一的比赛安排在公社进行。运动员共有220多人，最小年龄是14岁（来自辽宁二队），平均年龄是17岁。广东队与辽宁二队均为胜5平2，分别为冠、亚军。梅县作为赛区主办方组织了球队参赛，不记名次，所参加的比赛为友谊赛，不计积分，几场比赛下来，胜4平1负3。[1]

1974年，中断10年的广东省运动会恢复，第4届省运会举办。省运会开幕式在广州越秀山举行，开幕式后就是梅县队和佛山队的足球比赛，最终梅县以2比0胜佛山，结果广州队全胜夺冠，梅县被湛江逼平一场，屈居亚军。

梅县足球队为梅州培养了大批有丰富实战经验的优秀足球人才。梅县足球队成立前后，梅县有多名优秀运动员上调广东省队，如邓锡权、熊耀建、梁通发、温绍均、古晚芳、李金昌、梁通发、陈恒彛、杨干昌等。不少球员在退役之后，成为梅州培养国脚、省脚的骨干教练，他们以高度的敬业精神投入青训，为梅州在20世纪80年代足球人才井喷奠定了基础。

第十九节　梅县东山中学队在全国少年足球比赛夺冠

20世纪50年代，国家“抓小足球”，全国少年足球比赛是当年的重要举措，从1957年开始举办，1977年停办。据1956年6月《人民日报》载，梅县少年足球从1953年来发展快，1956年全县共有168支少年队。1956年儿童节梅县举办少年足球赛以选拔县代表队，小球员们改变惯用的长传急攻，开始初步运用三角短传战术。

梅县少年足球队从1958年开始参加全国比赛。1958年7月27日至8月5日举行的全球少年足球比赛，武汉赛区参加比赛的有广州、长沙、南昌、梧州、武汉5个城市和梅县地区代表队，梅县少年足球队以3胜1平1负进13球的成绩获得亚军，仅次于广州队。[2]

1963年全国青少年比赛，第一阶段三个赛区的冠军广州一队、兴宁、湛江和不计名次的梅县队，在梅县赛区进行单循环比赛，结果不记名次的梅县队获得三

[1]　1973年5月6、24、27日南方日报。

[2]　参考1958年7月26日~8月6日长江日报。

连胜。[1]

1963年6月，国家体委、团中央、教育部联合颁发《关于在男少年中开展小足球活动的通知》，决定通过开展小足球活动，打好中国足球运动基础。

1964年，国家体委举办了全国二十单位少年足球锦标赛[2]。比赛分两个阶段，第一阶段分5组进行单循环比赛，各组相同名次的球队在第二阶段编入同一组，再进行单循环比赛。本赛事由20个城市分别进行选拔赛，选出冠军队伍参加。代表梅县地区参赛的是梅县东山中学队。[3]

比赛分两个阶段，梅县东山中学第一阶段以2胜1平进球11积5分排小组第一，第二阶段以4胜进球14积8分排名第一获得冠军。8月15日，梅县东山中学足球队在青岛以3比0战胜了夺冠呼声最高的延吉二中队，获国家体委球类司李凤楼司长的高度肯定。他指出梅县队表现出“勇、快、巧、准”的风格，长短结合，勇猛而不粗野，快速而有节奏。[4]

叶剑英元帅与梅县东山中学足球队合影[6]

赛后，国家体委把前4名队伍（北京队获第5名）调进北京进行汇报表演赛，其中冠、亚军表演3场，其余球队表演2场。进京汇报表演的球队包括：冠军梅县东山中学、亚军延边延吉市第二中学、季军天津市第五十四中学、第4名上海市淮海中学、第5名北京市第六十一中学[5]。

在1964年8月23日至1964年8月30日的表演赛中，这5支队伍赛了3轮，梅县东山中学分别以3比1、2比3、3比1的分数对应上海淮海中学、北京六十一中学、延边延吉二中。

1964年8月24日下午，叶剑英元帅在北京军事科学院足球场接见了东山中

[1] 参考1963年8月16、21~23、25~26、28日羊城晚报。

[2] 参考1964年7月7、18、22日，8月3、5、10、17、22~24、27~28、31日，9月4日北京晚报。

[3] 参考1964年8月4、18、22、25日，9月1日中国青年报。

[4] 参考1964年8月16日羊城晚报，梅州张吉祥提供剪报内容。

[5] 参考1964年8月4、18、22、25日，9月1日中国青年报。

[6] 后排站立者左八为叶剑英元帅，左七为梅县体委主任林金新，右六为东山中学党委书记陈宴民；后排左一为球队教练陈如盛，右二为球队教练王海华；一排左起：张继贤、丘禄华、黄建新、王道忠、邓荣基、谢平峰、谢柳园；二排左起：张志刚、李森海、叶育进、刘练红、池昌庆、张恩琦、邹蕴金、侯干新。

学和延吉二中全体队员，并观看了两队精彩的比赛。赛后叶帅宴请了东山中学队全体人员。

贺龙元帅与梅县东山中学队成员握手

1964年8月30日下午，北京工人体育场座无虚席。国家体委主任贺龙元帅、体委副主任荣高棠、中华体育总会会长马约翰等领导人接见参赛队，与队员们握手。[1]

1965年8月，在呼和浩特市举行的全国少年足球对抗赛，广州、延边、上海等14个城市少年队伍角逐。[2]因参赛年龄组出现断层等原因，梅县临时挑了些学生组队参赛，结果成绩排名末位。

1971年，广东省青年足球队选拔赛，梅县地区队获得第3名。1972年，广东省中学生运动会足球赛，梅县地区队获得第2名。1974年，广东省第4届运动会成年足球赛，梅县地区获第2名。1975年，广东省少年足球选拔赛，有11支队伍参加，梅县获得第2名，五华第5名。[3]

1973年9月1日至10日，全国十一单位小足球比赛在吉林省四平地区进行，北京、天津、上海、延边、沈阳、旅大、南京、广州、武汉、梅县、四平等队参赛。此次比赛，是新中国成立以来首次全国性少年儿童小足球比赛。全场共有小运动员226人参赛，最大的13岁，最小的11岁。参赛队须是一所小学的代表队。梅江区人民小学代表梅县参赛，成绩排名第八。[4]

1973年后，全国少年足球赛停办多年，直至1976年重启。1976年5月23日至26日，全国少年足球赛在广州、厦门、长沙、梅县举办，在梅县赛区角逐的球队有广州、长沙、厦门和梅县四队，最终广州获得第一，梅县名列第二，厦门、长沙分列三、四名。[5]

1978年8月15日至29日，全国二十单位小足球比赛在西安举行，梅县队获得第3名。[6]1979年全国二十二单位小足球分区比赛，梅县东区小学队获得厦门赛区第2名。

---

[1] 1964年8月31日《体育报》。

[2] 1965年8月11、23日内蒙古日报汉语版。

[3] 梅州张吉祥提供素材。

[4] 1973年十一单位小足球比赛简报第四、六期。

[5] 1976年5月31日南方日报。

[6] 《1978年全国二十单位小学生足球比赛情况调查》，调研组（都祖德、王济元、张晔、张昌民、石崇义、朱邦喜），体育科技资料，1980年08期，26~42页。

第二十节 梅州足球人才星耀新中国足坛

在梅州足球的兴起时期，足球运动的发展，经受了历史环境动荡的种种考验。两代梅州足球人仍认真投入足球事业，将自己的黄金岁月投入到全国各地的专业足球队，为中国足球的兴起和发展做出了贡献。

在全国各地专业队执教的梅州籍主教练

由于梅县足球长期积累的底蕴和基础，在20世纪50年代至20世纪60年代，除了前述球王李惠堂担任香港南华队教练和台湾男足主教练，在梅县地区之外的全国各地（包括台湾和香港）效力的梅县籍足球专业人士（运动员或主教练）为数不少。他们投身足球、传播足球，并取得卓著成就，堪称“梅派足球”的传播者。这一时期梅县足球人退役后在各地专业队担任教练，以立足实战经验的技战术和高度的责任感，支援了各地足球发展。

张崇阶，又名张逸，新中国成立初期先后担任南京部队足球队主力前锋、主教练，后为南京体育学院体育系教授。杨霞荪从八一队和中央体院队退役后，先后担任重庆、新疆队主教练，1964年返乡担任梅县队教练。邓雪昌先后担任天津女足、河北足球队主教练。李珍祥担任青海省足球主教练。潘培根担任广州部队队教练，杨友标曾任昆明部队队和广东女足教练。侯绍谨担任福建队教练。温集祥、梁通发和熊耀建曾任广东省青年足球队教练。

前国足主帅曾雪麟，祖籍梅县区扶大镇所里村竹园下曾屋，1929年出生于泰国，7岁时回梅县读书。1947年在梅州中学读高中，在体育老师陈宜焕引导下，和印尼归侨潘培根、邓雪昌等一批同学，加入强民百磅足球队。1950年，一批学生兵被编入了二野军政四分校，其中就有后来叱咤中国足坛的曾雪麟、潘培根和冼迪雄。1951年，曾雪麟报考军政大学并参军，入选西南军区足球队司职守门员。

他从20世纪50年代开始担任天津队（河北队）教练，并带队夺得全国甲级联赛和全国锦标赛冠军，代表国家夺得新兴力量运动会亚军，20世纪70年代初担任北京队教练并率队夺得全国甲级联赛冠军，1983年初开始担任中国国家队足球主教练，1984年率国足在尼赫鲁金杯赛战胜世界杯冠军阿根廷，并夺得第8届亚洲杯亚军。

20世纪50年代，罗波担任华东军区足球队主力前锋；潘培根担任八一队主力右边锋，后成为广州部队队主教练；杨友标担任西南军区主力后卫，他的长子杨宣，曾先后在广州部队队和四川队中任门将；次子杨宁，是20世纪80年代广东队的天才门将，也是横跨苏永舜、曾雪麟、高丰文三位主帅时期的国门。

张腾云曾是强民体育会的主力，1948年赴台湾后入选台北队，以脚法细腻、头脑冷静著称。20世纪60年代，他执教台湾木兰女子足球队，并率队三夺亚洲杯足球赛冠军。[1]木兰女子队是在李惠堂执教的铭传商球队队员基础上成立。张腾云从木兰队主教练刘润泽手中接棒之后，将木兰队的技战术提高到全新水平。1980年1月，张腾云率木兰队参加印度加里卡举行的第3届亚洲杯女子足球锦标赛，夺得冠军。

原八一队主力前锋杨霞荪先后执教重庆队、新疆队、梅县队

杨霞荪（1926—2002），梅县人，在杨向梓七个儿子中排老二。新中国成立前曾在上海代表泰康饼干公司打过职业篮球，1950年，杨霞荪从南京中央大学体育系毕业后，由国家分配到空军航校任飞行体育教官，他的学生包括不少后来参加抗美援朝的空军驾驶员。

1952年全军首届体育运动大会足球比赛男足冠军空军队合影（图片最右者为杨霞荪）

1952年全军首届运动会，杨霞荪在空军足球队出战，荣获冠军。因表现出色，杨霞荪入选八一队（相当于当时的国家队），司职左边锋，以跌射著称。1953年，八一队夺得全国足球比赛冠军，教练是李惠堂的前队友戴麟经，杨霞荪是主力前锋。1954年，杨霞荪随八一队访问保加利亚，独进9球。1955年至1956年，杨霞荪入选中央体院队，由足球名宿李凤楼担任主教练。

1955年10月4日，朝鲜青年队访华，与杨霞荪所在的中央体院队比赛，2比2打平。[2]1955年10月18日，缅甸队访华，这是新中国成立后首支访华的资本主义国家足球队。[3]中央体院与第一机械工业联队（简称“央体一机联队”）在北

[1] 张彩珍.中国足球运动史[M].武汉：武汉出版社，1993：p394.

[2] 1955年10月4日北京日报。

[3] 1955年10月15~27日人民日报。

杨霞荪

京迎战。杨霞荪任联队右边锋，他连连带球越过缅甸队防卫线，最终联队以 9 比 1 战胜缅甸队。当时的杂志《新体育》详细记载了此次比赛。[1]1956 年 2 月，奥运会足球亚军南斯拉夫派青年队访华，分别与八一队和央体一机联队进行了两场友谊赛，曾雪麟为八一队守门员，杨霞荪为央体一机联队前锋。[2]

1956 年杨霞荪退役，受当时国家体委主任贺龙元帅点名委派，到重庆市组建专业足球队，担任主教练兼队员。作为前锋，杨霞荪的射门低平有力，并且擅长过人，可于高速运球中突然用脚外侧扣住球，从容摆脱对方防守。遭遇正面防守时，他利用双脚在球上来回晃动，在诱骗对手伸腿封堵的瞬间，将球穿裆而过。凭此绝招，他在比赛中屡屡得手。

重庆足球名宿黄振惇（足球解说员黄健翔的叔公；原重庆足球队总教练[3]）曾撰文回忆在重庆足球队任教的杨霞荪指导[4]，说杨霞荪是一位很有特点的教练，一米七五左右的中等身材，仪表堂堂，身体强壮，在速度、弹跳、灵敏、力量等方面皆表现突出。

在执教重庆队之后，他又被调到新疆、梅县等地执教专业足球队。杨霞荪是新疆队的前锋兼主教练，曾率队家乡球队进行比赛。1962 年 12 月，黑龙江队与新疆队联袂访问梅县冬训，期间与梅县进行双循环对抗赛。[5]1964 年全国足球乙级队联赛中，杨霞荪担任新疆队的前锋并兼教练，夺得联合赛区第 4 名。[6] 同年赛事结束，杨霞荪因要照顾年迈双亲，返乡担任了梅县足球专业队的主教练，为球乡培养后备力量。

20 世纪 60 年代国脚张均浪入评全国十名最佳前锋

1956 年，正在五华读高中的张均浪，被广东省青年足球队总教练温集祥发掘，

[1] 李京. 足球场上盛开友谊的花朵. 新体育. 1955. 11. 6. p6.

[2] 陈复赉，倪国英，王凤珠，等. 南斯拉夫奥林匹克足球队来华比赛情况介绍[J]. 中国体育科技，1975.

[3] 根据黄健翔2011-2-25 19：25微博。

[4] 参见重庆名宿黄振惇博客文章《我的足球人生》。

[5] 参见1963年1月24、26~28日南方日报。

[6] 1964年9月18日，11月25日成都晚报。

成为广东青年足球队的一员。[1]1959 年，张均浪入选广东足球队并作为主力边锋参加了一运会，1961 年久上调国家队出任主力右边锋。1962 年，张均浪被国家体委评为优秀运动员、优秀射手，被《体育报》评为全国十名最佳前锋之一（全国排名第二）。他是 20 世纪 60 年代梅县地区出现的第一位主力国脚。

张均浪

1963 年，张均浪与高丰文、冼迪雄等队友一同参加了首届新兴力量运动会足球比赛，张均浪为当时国足主力右边锋，被评为最佳右边锋。同年，他还被选为广东省人民代表。张均浪退役后，曾于 1972 年任职于广东省体育科研所，1983 年担任广东省女子足球队教练，和另一位梅州籍教练陈汉彝一起培养出首代广东女国脚，1986 年回省体委科研所工作，直至 1998 年退休。

曾雪麟执教天津队和北京队先后问鼎全国冠军

津门足球曾在民国时期叱咤风云，新中国成立后，因抗战而停止的天津足球运动恢复，足球氛围浓郁，并且有外国人当年建立的标准球场（民园体育场），但当时尚缺一支实力雄厚的球队。1955 年，苏联泽尼特队访华，在天津代表中国出赛的却是吉林队，1956 年，李朝贵率天津队参加首届全国足球锦标赛获亚军。

国家白队出访苏联，曾雪麟（右二）任主力门将

1956 年，留洋匈牙利的中国青年足球队员归国后，被分为“国家红队”与“国家白队”。红队位于北京，曾雪麟、李元魁等 14 名留洋青年和苏永舜等体院青年一起组成国家白队，被安置于天津。国家白队的主帅是前北宁队（民国天津足球最强队，曾多次力克日欧球队）主力李凤楼。

1957 年 4 月 2 日，为提高天津足球水平，国家白队按照国家体委要求前往天津落户。曾雪麟于 1957 年 4 月随国家白队来到天津，之后在天津工作 15 年半，天津成了他的第二故乡。

[1] 杨宏海，温威光. 梅州：球乡筑梦[M]. 广东人民出版社. 2020. 11. p149.

1959年一运会足球比赛，天津以白队的曾雪麟、任文根、严德俊、邓雪昌、王金丰、李元魁、苏永舜、崔泰焕、袁道伦、陈山虎10人为班底，增加孙霞丰、李学浚、霍同程、宋恩牧、林贵荣、陈少铭、刘家俊、张尚云、张亚男、穆乃龙10名新秀，代表河北省队（天津当时为省辖市）参加比赛。此战河北队在打平就能夺冠的情况下痛失好局，以0比1负于八一队，屈居亚军。

一运会结束后，邵先凯教练离任，苏永舜则回家乡广东担任教练，曾雪麟接过天津队教鞭。1960年，刚30岁的曾雪麟被委任天津队主教练。

曾雪麟做事很有策略，上任之初他就从前锋、前卫、后卫中各抽调一人成立了教练组，遇到疑难先拿到教练组讨论，再由他进行拍板施行。他有着高度的责任感以及客家人的吃苦耐劳、敢打敢拼精神，以全身心投入津门足球工作，与妻子陈孝章（北京体操队教练）聚少离多。因用心执教，尊重足球规律，因此他执教的成效明显，全队不怕吃苦，团结上进，屡创佳绩。曾雪麟所指导的天津名宿高复祥回忆："我在1963年到1966年作为他的弟子，从曾指导身上学到了很多。第一就是如何做好人，第二才是如何踢好球。"[1] 时任天津市市长、市体委主任李耕涛给予天津足球队提供了大力支持。[2]

1960年，天津队在曾雪麟的带领下获得全国甲级联赛、锦标赛双冠王

（二排左一为主教练兼门将曾雪麟）

1960年，天津队在曾雪麟的带领之下，成功夺得全国足球甲级联赛、全国足球锦标赛双料冠军。这是天津足球在新中国成立后的首次高峰。30来岁执教一年就获得双冠王，并且还是在经济困难时期，这位教练必须具备运筹布阵的格局和认真专注的热情。因物质匮乏，曾雪麟执教天津队参加全国甲级联赛时，给队里定了个规矩，替补队员将肉让给主力队员，以保证队员有足够体力。[3] 甲级联赛半决赛时，天津队队员刘正民与曾指导握手，发现他双手冰凉，指挥席一地烟头，足见当时这位年轻教练员对赛事的专注。[4]

20世纪60年代初期，曾雪麟执掌的天津队多次被国家体委指派迎战外国球

[1] 天津是曾雪麟第二故乡，俱乐部：传承精神完成夙愿，《今晚报》2016年02月19日。

[2] 参见《1957—2007绿茵情缘五十春【纪念国家足球白队莅津五十周年】》曾雪麟发言。

[3] 李超，归群. 败军之将：曾雪麟传. 人民体育出版社，1990：p92.

[4] 参见《津门足坛双百颂》中刘正民的回忆部分。

队和出访比赛，被誉为“内战内行，外战亦内行”。1964 年，曾雪麟率队访问越南，天津队连克 4 支越南劲旅。越方不服，又加赛两场，仍不改败局，最终天津队 6 战 6 捷，入球 22 枚。

天津队出访受到越南主席胡志明的接见
（胡志明后排右边者为主帅曾雪麟）

1965 年 9 月，天津队代表河北省队参加第 2 届全运会足球比赛。在决赛中，河北省队遭遇劲旅上海队，在 2 比 1 落后的情况下，曾雪麟安排边路传中扳平比分，在加时赛中又入 1 球，拿下二运会冠军。这也是天津足球在新中国成立以来，继 1960 年夺取联赛和全锦赛双冠王之后，又一次站在国内足坛巅峰。二运会夺冠，也补偿了曾雪麟在 6 年前一运会在河北队屈居亚军的遗憾。

1965 年二运会足球冠军河北队全体合影

中国足球在 1959 年一度跃升，但在 1960 代初再次进入低谷。1962 年在与弱旅缅甸、巴基斯坦等队交手，中国足球队都败下阵来，在 1963 年第 1 届新兴力量运动会上也未能进入半决赛。因成绩不佳，这支国家队被国家体委解散。这时候曾雪麟率领的天津队开始担纲代表国家队出战的任务。

1965 年，国家体委决定从国家队、北京队、河北队（天津队）、八一队和上海队中选拔一支队伍代表中国参加在朝鲜举行的第 2 届新兴力量运动会的足球比赛。在选拔赛中，曾雪麟率领的河北队表现最佳，代表国家于 8 月赴朝鲜参加新兴力量运动会。[1] 曾雪麟率领的津冀联军（队员来自河北队、天津队）代表中国出战，最终 3 比 0 胜印尼，3 比 1 胜柬埔寨，3 比 3 平越南，2 比 0 胜几内亚，0 比 3 负朝鲜，以 5 战 3 胜 1 平 1 负的成绩获得亚军，更新了人们对 1963 年第 1 届新运会未进四强的伤心记忆，做到了为国争光。

天津队在曾雪麟的带领下，多次与外国球队交手并斩获佳绩，曾以 1 比 1 逼平匈牙利国家二队、2 比 0 胜伊拉克队、5 比 1 击溃阿尔及利亚队等，“津门虎”美誉回归（民国时期天津劲旅北宁足球队曾多次为中华争光）。1966 年，原定 9

[1] 李超，归群. 败军之将：曾雪麟传. 人民体育出版社，1990：p117.

1965 年 8 月曾雪麟率河北队代表国家参加新兴力量运动会足球赛[1]

月份举办的全国足球乙级联赛第二阶段（天津赛区）未能开展。

多年后，曾雪麟在《绿茵情缘五十年》的序言中回忆执掌天津队的历程，他讲自己 30 岁开始执教，因缺乏经验，就按领导提示的“走群众路线”理念。一切工作事务集思广益，民主集中，统一思想，统一行动，充分调动了全队的主动性和积极性。大家团结战斗，一举夺得 1960 年全国甲级联赛和全国锦标赛双料冠军，并于 1965 年代表国家队赴朝鲜参加新兴力量足球比赛取得亚军，回来后代表河北省队获得第 2 届全运会足球赛冠军。[2]

1969 年，“文革”期间，曾雪麟、孙霞丰、李恒益执教，陈少铭领队，组织了一批球员作为新的天津队，训练不辍。1970 年全国 24 城市优秀足球队集训比赛，曾雪麟率这批队员一举夺得全国第 1 名。[3]

1971 年，曾雪麟被调往北京体委工作，原天津市体委与体工队领导在牛棚与他告别。他先被委任北京青年队的教练，很快帮助北京青年队拿到了 1973 年全国青年足球比赛第 3 名，1974 年接任北京一队主教练。[4]

1982 年曾雪麟率北京队夺得全国甲级联赛冠军

曾雪麟 1974 年受命接手执教北京一队。北京队的基础比较薄弱，且发挥不稳定。在 1980 年全国足球甲级联赛中，仅在最后一战中胜了青海队而名列第 9，险些遭到降级的厄运。

当时北京队队员平均身高约 1 米 7，脚下技术出色。曾雪麟根据留洋匈牙利对欧洲各国球队的观察，结合北京队员的情况，综合创造了“小、快、灵”的战

[1] 前排左起：李学浚、张亚男、韩武、孙霞丰、霍同程、崔光礼、李长俭、沈福儒；后排左起：曾雪麟、李抗、韩孝忠、宋恩牧、邓雪昌、魏锦义、杨秉正、李家舫、张业福、王杭勤、陈少铭。

[2] 参见《1957—2007绿茵情缘五十春【纪念国家足球白队莅津五十周年】》曾雪麟发言。

[3] 参见《津门足坛双百颂》中陈少铭的回忆部分。

[4] 晓河. 压不垮的“弹簧垫”曾雪麟[J]. 体育博览，1983（4）.

术打法，“小”是指北京队前锋线个子小，强调一定要打地面，打脚下；“快”是指速度快、反击快、脚下快，强调攻守平衡；“灵”是战术打法灵，个人动作灵。

从1980年联赛后开始，曾雪麟坚持用全攻全守的攻势足球锻炼队伍，在当时的环境下靠攻势足球并形成球队特色并不容易。改革开放后中国足球尚未形成风格，年维泗带队时，主张稳固防守，打反击球；苏永舜时期改打攻击性足球，并将重点放在控制中场。1980年，曾雪麟接受《体育报》采访，说：“不敢革新创造，就会严重影响中国足球水平的提高。”[1]

在曾雪麟的坚持下，随着北京队的攻势足球日趋成熟，在1975年、1979年、1981年，北京队获得全员会的第4名、第2名、第3名，在1981年全国甲级联赛，北京队一举跃居全国第3。到了1982年，曾雪麟的“八年磨一剑”终见成效，北京队开始收获空前的大丰收，不仅夺得了孟加拉国际足球邀请赛和上海“火车头杯”赛的冠军，还在1982年问鼎全国甲级联赛冠军，自此，北京队的“小、快、灵”独特打法蜚声中国足坛。

借助“小、快、灵”打法，曾雪麟培养出刘德利、李惟森、李惟肖、沈祥福、刘利福、李辉等一代京籍名将。后来，曾雪麟指导的张业福、孙霞丰、李学浚、沈祥福、张路等一批队员，先后在国家队挑起了大梁，洪元硕（1948—2015）后来率领北京国安夺得中超冠军。

一运会最佳射手杨霏荪成为南派足球奠基人物之一

杨霏荪（1936—2013）是杨向梓之子、杨霞荪之弟，1955年入选梅县足球队，是当时最年轻的队员。1955年，梅县足球队在全国足球分区锦标赛武汉赛区比赛中六战六胜，夺得冠军，年仅16岁的杨霏荪开始崭露头角。

1954年，广州市组建了第一支专业足球队——中南白队，由穗、港、澳及归国华侨球员组成。1957年3月15日，广州竞技指导科给杨霏荪颁发了队员证，20岁的杨霏荪担任广州队队长兼前锋。在这批球员的努力下，广州足球初步形成了短传渗透、边路进攻的“南派”打法。

1959年，广州队解散，并入广东队参加第1届全运会足球比赛，广东足球第一次被贴上“南派足球”标签。当时杨霏荪是广东队主力，他在左边路，以意识好、速度快著称，并且善于射门得分，在一运会独进7球，荣膺最佳射手。杨霏

[1] 李超，归群. 败军之将：曾雪麟传. 人民体育出版社，1990. p187.

越秀山赛场座无虚席，广东队左边锋杨霏荪单刀突进（图右一）

荪与黄福孝、关辉舫、程洪深、廖德营被球迷敬称为“广东五虎将”。杨霏荪与程洪森在左右两个边路突出发挥，形成南派足球“两翼齐飞”的典型风格，之后两人同时入选国家二队，成为中国足坛一代名将。

20世纪50年代末至20世纪60年代初，广东足球与外国球队作赛保持佳绩，被誉为“外战内行”。杨霏荪是当时广东足球外战中的耀眼人物，其中1959年广东队在越秀山与瑞典劲旅尤哥登队一战最为有名。当时瑞典队刚刚获得世界杯亚军，尤哥登队中有多名国脚。广东队在杨霏荪的率领下打出了特点，最后以0比0逼平对手。此战被评为广东足球外战史上经典之作。1963年杨霏荪荣获全国优秀运动员、“优秀射手”等称号。

1964年，巴西马杜雷拉俱乐部应中国邀请，冒着被巴西足协处罚的风险来华访问，当时巴西足协不允许所属球队访问社会主义国家，所以他们要求不菲的出场费。中国从中央高层、足协以及地方专业足球队都高度重视这支球技出色的俱乐部来访。该队来华后，五战国内球队，无一败绩。而杨霏荪在羊城代表广东队对抗马杜雷拉队时，竟然两次叩开对方大门，成为当年振奋中国足球不多的亮点。

1965年，杨霏荪参加完第2届全运会后正式挂靴。退役后，杨霏荪致力于广州足球后备人才青训工作，他门下挖掘和培养的名将包括容志行、麦超、吴群立、孔国贤、彭伟国等国脚。1966年，杜智仁和容志行入选广州队，林效才、胡鸿斌和杨霏荪担任教练。杨霏荪慧眼发掘了大器晚成的射手吴群立，成为中国足球历史一段佳话。

1985年，杨霏荪获国际足联颁发国际足球高级教练员证书，成为国家一级足球教练员。他执教过广州少年队、广州青年队和广州华南队。

陈汉犇辅佐苏永舜率广东省队夺得全运会冠军

陈汉犇（1935—2019）来自梅县，司职中场，技术扎实，善于动脑。1954年，陈汉犇与杨霏荪同一批入选首支广州专业足球队（中南白队），是广东队参加1959年第1届全运会、获得1960年全国甲级联赛亚军的主力，他还以广东队队长的身份参加了1965年第2届全运会。

退役后，陈汉骉于1969年出任新建的广东足球队教练。1973年，苏永舜被借调回到广州，开始重新执掌广东队，陈汉骉担任助理教练。苏永舜有“儒帅”之称，而心思缜密的陈汉骉认真辅佐，全队训练有方。在他们的用心执教下，广东队一举问鼎1975年第3届全运会冠军及1979年全国甲级联赛冠军。

陈汉骉在二沙头训练英姿

1971年初，亚洲足球劲旅朝鲜国家队在广州二沙头体育训练基地进行了长达一个多月的冬训。当时的广东队主教练陈汉骉从朝鲜队的训练中得到启发，制定了边上套路训练，战术上强调快速、密度和对抗，极大提升了广东队的训练强度和效率。[1]

之后数月，广东队应战古巴国家队，刚入队的容志行一传一射，技惊四座，广东队以2比1力克对手。这支古巴队后来打进了21届奥运会足球赛，并逼平了奥运冠军波兰队。鉴于此，国家体委从20世纪70年代开始安排广东队代表国家出访希腊、也门、喀麦隆、赤道几内亚、巴基斯坦等国。

20世纪70年代中期，陈汉骉（左一）和苏永舜（右一）带领广东队出访

1975年9月三运会，广东队把南派足球的技术发挥得淋漓尽致。容志行、陈熙荣、何佳组成前卫线，欧伟庭、杜智仁两匹快马双翼齐飞，老将梁德成、新秀蔡锦标（兴宁）镇守中路。广东队在决赛以1比1逼平劲敌辽宁队，最终组委会决定广东和辽宁并列第一。这是新中国成立后中国足球运动史上迄今唯一的并列冠军。这也是广东队在新中国成立以来第一次拿到全国足球赛事冠军。上述7名球员在全运会赛后全部上调国家队，足见苏、陈二人打造的广东队阵容之强大。

2016年，陈汉骉（前排左一）出席“中国足球名人论坛”

20世纪80年代，陈汉骉出任广东

[1] 陈伟胜，张喆，李斌. 恒之有道：广东足球的史经子集[M]. 暨南大学出版社，2016.

女子足球队首任主帅，培养出陈霞、吴伟英等一代女足国脚。陈汉彝长期深耕青训，他组建了广东少年足球队，培养出区楚良、谢育新、伍文兵等一批广东国脚及杨朋锋（杨霏苏之侄）等名将，为广东足球立下了功勋。

2009年，陈汉彝入选“广东足球60年60杰”。2017年，陈汉彝获颁广东足球“终身成就奖”。

国足初代盯人后卫蔡锦标用头球助力广东队夺冠

三运会冠军广东足球队合影（后排右五为蔡锦标）

蔡锦标，1954年生于兴宁，是兴宁国脚中最早出道的一位。1963年，蔡锦标加入兴宁县业余体校足球班，1973年入选广东省青年足球队，1974年被苏永舜相中，入选广东省队，次年成为省队后防主力，与老将梁德成一起镇守中路，为广东队夺得1975年三运会冠军、1977年全国足球联赛季军立下汗马功劳。

蔡锦标弹跳力好，善用头球，并常有出色发挥，被球迷称为“钢头”或“铜头”。广东队于1979年夺得全国甲级联赛冠军时，蔡锦标屡次上演助攻头球。最经典的一战是在对山东队（四运会广东负于山东）的复仇战中，蔡锦标连进2个头球。

1976年，蔡锦标被选入国家队，出任“盯人中卫”，他身高1.77米，头脑冷静，判断准确，抢截凶狠，防守稳健，很快成为国家队后防线主力。从1976年到1981年，他都稳坐国家队主力中卫位置。

1976年亚洲杯，广东有6人入选国家队，分别为：何佳（前排右一）、容志行（前排右二）、杜智仁（前排左二）、陈熙荣（前排左一）、关志锐（中排左二）、蔡锦标（后排右四）

1976年，蔡锦标入选国家队集训大名单，着5号球衣，随队前往伊朗德黑兰参加第6届亚洲杯。这是中国足球第1次参加亚洲杯决赛圈的比赛。中国队在三四名争夺战中1比0力克伊拉克队，获得本届亚洲杯季军。

第四章

鼎盛（1979—1994 年）

1979 年 3 月，梅州镇由区级升格为梅州市（县级），归梅县地区管辖。1983 年 6 月，梅州市与梅县合并改为梅县市，梅县地区改辖 6 县 1 市。1988 年 1 月，广东实行市管县制，梅县地区改为梅州市，辖原兴梅 7 县及新划县级区梅江区，共 7 县 1 区。1994 年 6 月，兴宁县撤县设市（县级），梅州市辖梅江、梅县、大埔、丰顺、五华、平远、蕉岭，代管兴宁。改革开放之后，中国足球重新焕发生机。20 世纪 80 年代至 90 年代，梅州足球步入一个鼎盛时期，梅州足球人在各大赛事佳绩连连，并为国家和各省市输送了大批足球人才。这一时期足球的主题是理想主义、爱国主义和拼搏精神，富有攻势的技术和相对流畅的配合，使得国脚们成为英雄般的存在。举国体制下的足球，解决经济保障且成长路径清晰，对当时有天赋的梅州少年而言，是一条很有吸引力的人生出路。

第一节　改革开放前十五年梅州足球发展背景

20 世纪 60 年代至 20 世纪 70 年代，中国足球在国际足球舞台上消失了近 20 年。“文革”结束后中国球坛迅速拨乱反正，重新步入正轨。1971 年，随着中国在联合国安理会的合法席位恢复，中国足球开始重返国际体坛。

经过国际足球联合会执委、香港足球总会会长霍英东（1923—2006 年）和霍震霆父子多年坚持斡旋争取，1974 年、1979 年亚足联、国际奥委会先后恢复中国相应合法席位，1980 年 7 月 7 日国际足联恢复中国足协合法席位。[1]1984 年，中国在改革开放后首次组队参加奥运会。1985 年末，国家体委成立了足球办公室，形成统管全国足球训练、竞赛、外事等为一体的综合体制，并开始向协会制和俱乐部制过渡。[2]

1979 至 1990 年，全国性足球竞赛主要包括全国男子足球甲、乙级队联赛，全国足球锦标赛，全国男、女青年足球联赛，全国女子足球锦标赛，全国足球重点地区男子少年锦标赛（1980 年始按年龄 16 岁、14 岁、12 岁分为希望杯、幼苗杯、萌芽杯），全国业余体校男子少年足球赛和邀请赛等。代表全国男、女足球最高水平的是全国男子足球甲级队联赛和全国女子足球锦标赛。全国足球锦标赛于 1984 年恢复，并改名为足协杯赛。此外还有每 4 年 1 届的全运会足球比赛和各系统足球比赛（工人、农民、军队等）。

20 世纪 80 年代，中国足球队参加了一些重大的国际比赛，并取得了一些可喜的进步。1981—1982 年间，国足在主帅苏永舜带领下，在第 12 届世界杯预赛亚太区决赛中获得第 3 名。1984 年，国足在曾雪麟率领下获得第 8 届亚洲杯足球赛亚军。1987 年，高丰文率国足参加第 24 届奥运会足球预选赛，首次取得了 1988 年汉城奥运会的入门券。这些重大的赛事，都有梅州籍国脚在其中奋力拼搏，为国争光。

这一时期，中国足球虽在全国球迷的热切期盼中努力前行，包括很多梅州国脚在内的中国足球运动员为中国足球冲出亚洲、走向世界而奋力拼搏，但因影响足球发展的因素很多，国足的征程仍然步履维艰。1982 年 1 月 10 日，第 12 届世界杯亚太区预选赛最后附加赛，中国 1 比 2 负于新西兰，以一球之差，痛失参赛西班牙世界杯的资格。1988 年汉城奥运会上，中国代表团总共只获得 5 枚金牌，国足在汉城遭遇的“黑色三分钟”更让球迷扼腕痛惜。在此背景下，国家体委确立了中国体育“小、巧、难、女、少”的奥运争光计划[3]。同时期，国际足球在突飞猛进，日本等多个昔日的足球弱国，认真向足球强国学习，提出系统足球发展战略，抓普及、青训、人才，为其足坛地位不断提升夯实了基础。

1978 年，邓小平提出“足球要从娃娃抓起”，并在 1979 年接见国家体委负责人时指出：“增加‘娃娃’的事，要专门写个报告，足球不从娃娃抓起，是搞不上去的。”1985 年 8 月，观看 U16 世锦赛后邓小平再次指出：“中国足球要搞上

[1] 何振梁. 情系中华体育的霍英东霍震霆父子[J]. 纵横，2000（01）：15-19.

[2] 汪流. 中国体育社团改革与发展研究[D]. 北京：北京体育大学出版社. 2012：77.

[3] 许绍莲. 莫让“三大球”坏了中国体育的汤. 腾讯体育. 2014. 10. 5.

去，要从娃娃、从少年抓起”。不久，中国第一个足球特区在大连挂牌。在他的支持下，1993 年，中国足协先后派中国青年队、“健力宝”少年队赴德国、巴西等足球强国学习先进的足球意识和技战术，推动了中国足球运动的发展。[1] 改革开放后的十年期间，中国非常重视青少年足球发展，举办了幼苗杯、萌芽杯和希望杯等少年足球赛事。作为足球之乡、足球重点发展地区，梅州市在众多华侨乡贤和本土群众球迷的支持下，大力发展足球事业，并步入人才井喷时期。

这一时期，中国足坛多次在体能与技术、进攻与防守间移动政策的砝码。足球政策规定球员必须经过体能测试、头球进球算 2 个等规定，引导球队重视体能和进攻。各级足球队采用计划体制管理，各县、市体校为省队培养后备人才，省队之间进行比赛，国家队从各省队中抽取优秀运动员组成国家队参加国际比赛。专业运动员都有工资，退役后政府根据其贡献、级别等为其安排工作，这也让足球成为当时的梅州少年除了读书之外的另一条好出路，梅州球员几乎占据了广东足球半壁江山。

第二节　梅州入选国家首批 16 个足球重点地区

1979 年，经国务院批准梅州市为全国开展足球运动的 16 个重点地区之一，足球重新焕发生机。作为足球重点地区，梅县地区主要抓以下四个方面工作：

一、加强对足球运动的领导。逐步建立专门的足球领导机构，如足球办公室，或指定专人负责主持足球的日常工作，有条件可试行将足协办成实体机构，从组织、经费上推动本地区的足球运动。[2]

1983 年 9 月，按照国家机构改革的要求，梅州市地区文教办公室撤销，地区体委直接由行政公署领导。同年 12 月，地区编委批准同意撤销体委办公室，改为内设的政秘科、训竞科、群体科等 3 个办事机构。1988 年 1 月，国务院批准梅县地区改设梅州市，梅县地区体委改为梅州市体委，人员编制及内设机构不变。1990 年 6 月，为加强对足球训练竞赛工作的领导，市编委批准同意增设足球办公室内设机构，按照足球重点地区发展要求，从组织、经费上推动本地足球运动。

二、以市为单位建立完整的竞赛制度。持续完善中、小学竞赛制度，发挥基

[1] 李静. 中国当代国家领导人足球观初探[J]. 浙江体育科学，2016，38（01）：13-18.

[2] 张彩珍. 中国足球运动史[M]. 武汉：武汉出版社，1993：217.

层学校广大师生的积极性，坚持就地竞赛，长年以市、区为单位利用周末和节假日进行比赛，将竞赛与训练相结合，不耽误学习的同时，促进青少年足球运动员迅速成长。1980年，梅县地区足球专业队成立，定编26名，归属地区体委直接领导，1988年后归市体委直接领导。1989年，梅州市足球运动学校正式成立并招生，定编30名，首届招生30名，归属市体育局直接领导。1991年，梅州市青少年业余体育学校成立，定编12名，归属市体育局直接领导。

三、重视培训基层教练员和裁判员。市体委定期举办基层教练员和裁判员的培训班和进修班，选派事业心强，又有较高业务素养的足球教练员为主要教员，提前做好各项教学准备工作。

四、加强场地和技术设备建设。为适应国内、国际竞赛的需要，建成或扩建大型体育中心。1986年在梅县、兴宁、五华建成可容纳万人以上的体育场看台。1987年，梅县动工兴建全区体育训练中心，元宵节五华县举行县体育场落成典礼。其他体育场地和设施也有所增加。[1] 重视中、小学足球场地建设，因地制宜开辟各种类型的小型足球场地，为广大中小学生提供训练和竞赛的必要条件。

1984年，梅县全区普及小学教育，实施九年制义务教育，先后恢复、创立师范、农业、卫生、商业、艺术等7间中等专业学校。师资培养方面，1980年，梅县开办教师进修学院；1982年，升办嘉应师范专科学校；1983年，成立广东电视大学梅县地区中心分校；1985年，嘉应大学复办。全区逐步形成基础教育、高等教育和成人教育的教育体系。[2]

1980年，梅县白宫小学的学生们放学后在草坪上踢球
（安哥 摄影）

在政府、教育部门和社会各界的推动下，梅县校园足球蓬勃发展。梅县、兴宁、五华等县级业余体校都在体校辐射地区成立了训练网点，按各年龄段培养对足球感兴趣的学生，进而为业余体校足球班选拔足球苗子进行训练。同时，梅县各乡镇足球热烈发展，群众积极参与足球运动，也为青少年营造了浓厚的踢球氛围，很多梅县少年受父辈影

[1] 梅州市地方志编纂委员会编. 梅州市志. 广东人民出版社. 1999.

[2] 梅州市地方志编纂委员会编. 梅州市志. 广东人民出版社. 1999.

60–80 年代的梅县足球火花

响而喜欢足球。

改革开放之初，梅州体育工作得到全面拨乱反正，在政府大力扶持、华侨倾力支持下，梅州足球高歌猛进，步入辉煌发展期，为国家队、省市队输送了不少足球英才。1987 年，梅县地区被评为“全国体育先进县”，受到国家体委的表彰。

1990 年，梅州全市有符合国家要求的足球场 178 座，男女专业、业余足球队 1230 队，运动员 2.1 万人，经常参加足球运动的有 10 多万人。新中国成立至 1990 年，梅县地区为国家和 13 个省及八一足球队输送男女运动员 123 名。新中国成立后至 1990 年，梅州市各类各级足球队参加省级以上比赛，荣获冠军 41 次，亚军 31 次，第三名 22 次。输送到国家和省级足球队的运动员、教练员 270 多人。[1]

当时梅州的球场已经不能满足本地人训赛的需求，梅州足球少年经常“七八队人马排队等一个足球场，和大自己十岁的成人踢球司空见惯”。[2]

足球之乡梅县地区的熏陶对梅州足球、中国足球的影响，还在于对各界梅州籍名人的影响上。生于梅县、长于梅县，意味着终生对足球的接纳、热爱和深度的理解。20 世纪 90 年代中国媒体界有一些资深人士来自梅州，来自足球之乡的他们理解足球，对足球运动十分重视和支持。

央视台长杨伟光在梅县读高中时留影，胸牌写着“广东梅县高中”

央视前台长杨伟光（1935—2014 年）生于足球重镇梅县雁洋镇的南福乡。他 1985 年始任中央电视台副台长，1991 年至 1999 年任中央电视台台长。他在央视的发展历程中有着举足轻重的地位，任期内提出建成世界大台的目标，组织实施了系列电视改革，有计划推出精品频道、栏目和节目。这位客家人亲自策划《东方时空》《焦点访谈》《新闻调查》《实话实说》等名牌栏目，成功组织奥运会、香港回归等重大活动的电视直播。他让央视在做大做强时，运营资金从主要依靠国家拨款到实现自给有余。

央视记者张斌回忆 1990 年意大利世界杯开幕式走秀差

[1] 梅州市地方志编纂委员会编. 梅州市志. 广东人民出版社. 1999.

[2] 参考网易体育策划的健力宝足球廿年《廿像》对陈文奎的采访。

点不能播，当时还是副台长的杨伟光给予了节目信心和支持，得以展现真实的世界杯。[1] 正是在杨伟光治下，1996 年，热血沸腾的足球爱好者张斌、刘建宏、黄健翔、韩乔生等，做出了 90 年代中国球迷必看的节目《足球之夜》，让全国球迷真正打开足球的国际视野。

第三节　梅县足球赛事强旅云集，百杯齐放

从 1981 年开始，梅州市政府积极发动社会各界力量不断举办各类足球比赛，多元的赛事有力推动了足球运动的发展。改革开放之后，梅州的足球赛事空前繁盛，比赛层次丰富多彩。根据《梅县体育志》记载，1987 年梅县共有各类足球队 1630 支，运动员 2.4 万人，有超过 15 万群众参与足球运动。梅县地区的足球人口占全县总人口的 20%，赛事体系从幼儿园的“宝宝杯”到老年人的“常青杯”全年龄段覆盖，形成“全民足球”的盛况。

足球从 20 世纪 20 年代就是梅州人的节日民俗活动，改革开放之后更是步入了全新发展阶段，社会足球一片繁荣。各村镇和各机关单位自发举办各种传统草根节日赛事，梅州有踢贺岁杯的传统，每逢佳节，相邻村镇之间的民间足球友谊赛，村民无论男女老少，都会在球场围观助威。体育社团特别是强民体育会积极主办社会足球赛事，如“强民杯”“钟声杯”“宝宝杯”等。

众多华侨乡贤热心赞助足球赛事，曾宪梓、刘锦庆、罗焕昌、刘宇新、熊德龙、李贤源等多位爱国爱乡的华侨乡贤为家乡足球发展提供了大力支持，梅州各地举办了“宪梓杯”“焕昌杯”“宇新杯”“尉台杯”等足球比赛。本地企业家乡贤赞助邀请国内劲旅云集梅州，举办“梅视杯”“金利来杯”“维

1986 年时任广东省副省长杨立、王屏山及省体委主任魏振兰与首届宪梓杯足球赛冠亚队运动员合影

[1] 参见中央电视台记者张斌的访谈文章《张斌：足球是一切人类情感的总和》。

奇杯”“卷烟杯”“南方杯”“梅花杯”“芸香杯”“尚记杯”“梅协杯”“国盛杯”等足球比赛。

1986 年梅协杯足球锦标赛在梅县东较场举行

1990 年开始，梅州每年举办“市长杯”足球比赛。首届“市长杯”于 1990 年 8 月在梅县人民体育场举行。参加单位有梅县、兴宁、五华、梅江区、蕉岭、平远、丰顺等县区中小学共 11 个代表队，参赛运动员共有 156 人。首届“市长杯”比赛，初中组梅县丙村中学获第 1 名，五华县横陂中学获第 2 名，梅江区梅州中学获第 3 名；小学甲组梅县丙村小学获第 1 名，五华县横陂东山小学获第 2 名，兴宁县城镇小学获第 3 名；小学乙组蕉岭县创兆小学获第 1 名，平远县杞园小学获第 2 名，丰顺县汤坑镇三小获第 3 名。[1]

20 世纪 80 年代至 90 年代，梅州足球处于鼎盛时期，不少企业家乡贤积极组织国内优秀球队在足球之乡梅州打比赛，常有足球劲旅云集，让球乡人民大饱眼福。1986 年的宪梓杯和金利来杯、1988 年的维奇杯、1985—1991 年连续 7 届的卷烟杯和 1990 年的南方杯，都是当时由企业家赞助邀请外队劲旅来梅表演的著名赛事。

1986 年元月，金利来公司董事长曾宪梓先生独资在广州举办“金利来杯”体育记者足球邀请赛，参赛队有北京、天津、广东等三支记者足球队，为劲旅赴梅县举办宪梓杯足球赛作铺垫。5 支甲级队到梅县参加宪梓杯比赛，即广东万宝队、广州白云队、湖北队、大连队、天津东亚队，加上东道主梅县地区青年队共 6 支球队。裁判长由梅县的国家级荣誉裁判长刘锦泉担任，裁判员由国际级裁判钟博宏领衔，共有国际级、国家级裁判 14 人，其中梅县籍裁判 5 人。

1991 年东较场足球表演赛赛场人山人海

卷烟杯的创始人为一位长期致力推动梅州足球的企业家赵鹏程。他生于梅县

[1] 梅州市地方志编纂委员会编. 梅州市志. 广东人民出版社. 1999.

1991 年 11 月梅州卷烟杯开幕式

梅州卷烟杯创办人赵鹏程（右四）

西阳莆蔚村，和陈守元是 20 世纪 50 年代的足球运动员。他曾任梅州卷烟厂厂长、广东省烟草公司梅州分公司党委书记及经理。他热心支持足球运动，多次帮助解决球队部分参赛经费，资助策划大型足球赛事，为梅州足球事业发展做出了重大贡献。

1985—1991 年，在赵鹏程厂长主导下，梅州市卷烟厂连续赞助 7 届“卷烟杯”足球邀请赛，邀请国内劲旅到梅州献技，[1] 包括 6 届男子足球邀请赛和 1 届女足邀请赛。卷烟杯参赛队来自全国，包括江苏、河南、河北、福建、长春、广西、武汉、天津、陕西、四川、湖南、新疆、厦门、八一、广州、广东、佛山、深圳、澳门等。1991 年 11 月，第 7 届“梅州卷烟杯”全国女子足球决赛（梅县赛区）举行。参赛队是全国女足足球决赛队伍，包括广东荷花队、大连队、长春队、北京顺义县队、上海队、广东半球事业集团公司队等 6 支队伍。

赵鹏程将足球纳入企业文化，在招聘卷烟厂工人时，着重选拔有足球底子的员工，大力提倡足球文化。他将一批退役的省脚、县脚及优秀的年轻足球爱好者安排在烟厂工作，组成梅县卷烟厂足球队。他常亲自披甲上阵，并亲任领队兼教练，赵鹏程厂长曾亲任梅县地区足球队领队，赴大连金县参加全国乙级足球联赛。1999 年 12 月 18 日，刚退休的赵鹏程被选为强民体育会第 8 届理事会会长，之后他担任了 3 届会长。在此期间，他充分利用自身影响力，努力让海内外乡贤了解球乡文化，多年来取得了政府、体育部门、企业和各界人士的支持，将强民体育会各项活动如强民杯、钟声杯、邀请退役国脚与省脚回梅交流等一系列活动搞得有声有色，为球乡足球文化增色不少。

1988 年梅县维奇杯足球赛于 1988 年 11 月 3 日至 5 日在梅县举行。参赛队伍包括：当年新组建的中国青年足球队、甲级第 5 名广东足球队、甲级第 6 名上海

[1] 参见《梅州市志・体育志》第三章“竞技体育”的足球部分。

足球队、甲级第10名大连足球队。最终广东队以2比0胜中国青年队，以1比0胜上海队，捧走冠军杯。决赛中，中国青年队最终依靠点球以6比4胜大连队获得季军。

香港南方公司董事长黄华（发表演讲者）捐资举办“南方杯”足球邀请赛

1990年2月7日至10日，由香港南方公司资助，中国足协和深圳体育管理学院筹委会共同主办的1990年“南方杯”优秀足球队邀请赛，在梅州和广州两市举行。参赛队伍包括高丰文为主教练的国家足球队和多支甲级劲旅。首届南方杯，刘复之、荣高棠、李梦华、曾宪梓、黄华华均发来贺电或题词，为当时国内一流水平的足球赛事。

1990年2月原国家体委主任李梦华（左）来梅州参加南方杯邀请赛

“南方杯”邀请了当时水平国内一流的强队，参赛队有国家一队、八一队、辽宁队、广州白云队。每当这些高水平球队云集东较场。现身梅县东较场的有国家一队教练高丰文、八一队教练李宙哲、辽宁队教练李应发、白云队教练陈亦明，都是当时国内一流的教练。

国家奥委会副主席董念黎（中）在梅州观看南方杯比赛

中国队在参加香港贺岁杯后，一直在广州训练，本届比赛是中国队参加亚运会前国内首场练兵赛事。最终南方杯冠军争夺战在梅县体育场进行，技高一筹的中国足球队以1比0战胜辽宁足球队，捧得冠军杯。

国家足球队主教练高丰文到梅县参加南方杯[1]

1992年2月15日至17日，由梅

[1] 杨宏海，温威光. 梅州：球乡筑梦[M]. 广东人民出版社. 2020. 11. p100.

1992 年 2 月“国盛杯”足球精英邀请赛现场

1996 年梅视杯现场

州体委、梅州足协主办，香港依勤投资有限公司总裁熊国盛赞助的 1992 年首届“国盛杯”足球精英邀请赛，在梅县人民体育场举行。中国青年足球队也在参赛精英队伍中。

首届梅视杯中国足球精英赛于 1996 年 1 月 23 日至 25 日在梅县人民体育场举行。参赛队伍有中国国家队、北京国安足球俱乐部队、广东宏远足球俱乐部队、山东济南泰山足球俱乐部队等 4 个队。国家队获得冠军，北京国安队、济南泰山队、广东宏远队分别获得第二至第四名。首届“梅视杯”足球邀请赛是由中国足球协会、广东省足球协会、梅州电视台联合主办。原中央电视台副台长、总编辑洪民生也在梅视杯现场观赛。

五华县从 1986 年开始，在球王李惠堂家乡五华锡坑每年举办一次球王杯足球比，之后成为球王杯成为五华县的一项经典品牌赛事。

1996 年“梅视杯”中国足球精英赛

时任省体委主任魏振兰为球王杯冠军队颁奖

诸如此类由社会各界赞助的高水平足球杯赛还有很多，让梅县地区的球迷大开眼界，而专业足球人也得以近距离观摩国内足球发展动向。这些强队技术全面、攻守平衡，是梅县足球人学习的榜样。[1]

[1] 根据梅州市体育学校原副校长张吉祥指导提供素材整理。

第四节 叶剑英元帅关心家乡足球

叶剑英（1897—1986）元帅生于广东梅县雁洋堡，青少年时期先后在丙村三堡学堂、梅州中学、梅县东山中学读书。1913年春，叶剑英同志和一批进步师生创立了东山中学。该校从建校之初就成立了校足球队，各年级也都有足球队。

叶剑英于1913年春至1915年冬在东山中学就读，是学校足球队队员。[1]他酷爱运动，坚持体育锻炼，除了踢足球，还坚持登山、击剑，通过练习打单杠，举石担，滚火车轮增强体能。他常带同学步行到十多公里远的南口、西阳或坐船到丙村进行军事操练。[2]

1980年叶帅回到母校三堡学堂（现丙村中学）视察

1917年，叶剑英报考云南讲武学校并被录取，成为该校第十二期炮兵科学生。他在讲武学校除了学好课程，还练就了一手精湛的劈刀技术，并以此打败了日本教官。[3]讲武堂毕业后，他追随孙中山先生，投身于民主革命。他在延安时担任过业余足球队的主力，35岁时担任红军学校校长，他能在单杠上做大回环。叶剑英元帅一生为国操劳、功勋卓著，到年近九旬时仍精神矍铄、身强体健，这有部分得益于他在家乡梅州从小养成的体育锻炼习惯。

叶剑英元帅非常重视体育。1942年9月9日，叶剑英在《新华日报》发表短文《加强体力》，从最本质的角度来盛倡体育："在极端紧张的战斗环境中劳作的人们，其精力和体力的消耗是非常巨大的。这正是人们称为既劳心又劳力，既流汗又流血的工作。行军，警戒，战斗，筑路，破路，架桥，饥饿，劳顿，无眠，风霜，雨雪，疾病，把人们精力消耗了。没有'铁汉'一般的体魄，是受不了战斗的锤炼的，没有'金刚'一般的钢筋铁骨，是杀不胜日本鬼子的。'铁汉''金

[1] 参见《叶剑英年谱（1897—1986）》，广东旅游出版社，李祯荪主编，1999年版第4页。

[2] 1986年梅江报社《客家风采》第二辑，p8.

[3] 参见《叶剑英年谱（1897—1986）》，广东旅游出版社，李祯荪主编，1999年版第10页。

刚’可以从日常教育和战斗实践中锻炼出来。”[1]

革命胜利后，叶剑英十分关心青少年的健康和体育问题。1949 年 4 月 18 日，在中国新民主主义青年团第一次全国代表大会闭幕式上，叶剑英作为北平市军事管制委员会主任兼市长，向与会各界青年发表《关于和平谈判问题》的讲话。在最后结语中特地讲到青年的体育问题：“我们还要好好地讲卫生，讲体育，讲学习。青年要锻炼身体。”[2]

20 世纪 50 年代的广州越秀山体育场

新中国成立初期，叶剑英主政华南，在繁忙的党政军事务之下，依然关心省城广州的体育场馆建设和市民的体育锻炼。1950 年元旦，叶剑英出席广州市政府在观音山运动场举行的体育表演会。叶剑英号召大家积极参加体育活动，锻炼身体，以更强健的体魄和饱满的热情投入到建设新广州的伟大事业中去。他号召全市青年进行义务劳动，用双手建设人民的体育场，以作为广州市举行运动大会和群众集会的场地。

大会之后，广州市政府拨出 2 亿（旧币）经费，并成立了筹建小组组织施工。广大青年热烈响应，每天有上千人分批进场，义务挖泥运土。叶剑英到工地视察，还调来机械筑路队和工兵部队帮助施工。很快，一个能容纳数万人的有 400 米跑道的正规体育场建成，叶剑英将体育馆命名为越秀山体育馆。[3] 该体育馆成为广州市主要运动场之一，亦是众多南派足球名宿施展球艺之地，很多梅州国脚、省脚曾在此比赛。

1953 年 4 月，时任中共华南分局第一书记兼广东省政府主席叶剑英回家乡梅县视察。叶剑英视察了母校东山中学和丙村中学。离开丙中时，他对校长古歆祥说，要下最大的努力，真正培养出对祖国、对社会主义有用的人才。

1961 年 5 月 19 日，叶剑英在海军训练会议上做《军队训练总的要求》的讲话，将毛泽东“德智体全面发展理论”运用到部队训练中，提出了著名的“红专健结合”训练要求。他说：“我们的部队要又红又专又健。红专健就是毛主席指

[1] 王垒、袁小伦. 叶剑英体育思想和体育事略. 广州体育学院学报，2005年3月第25卷第二期。

[2] 叶剑英选集. [M]. 北京：人民出版社1996，149.

[3] 范硕等. 叶剑英传[M]. 北京：当代中国出版社，1995，459-460、11.

示的‘德育、智育、体育’。军队的训练工作必须向着这个目标努力，三者不可缺一。”叶剑英“红专健”的论述不仅为部队训练指明了方向，而且对当时部队专业足球队伍建设发挥了巨大作用。[1]

八一体育工作队在足球等项目曾获过全国运动会冠军，但在面对欧洲强队时就显示了不足，1962 年在天津与东欧一个国家队的比赛中失利。叶剑英亲临现场观战，赛后了解到八一队刚搬到红山口新址，没有室内训练馆，平时训练都在泥地上进行，这次国际比赛在正规体育馆的地板场地上打球，脚下很不习惯，所以未能发挥正常水平。回到北京，叶剑英马上将八一队需建训练馆之事告知总部有关负责人。第二年，宽敞明亮的八一队室内训练馆竣工启用。

“文革”期间，曾提出要抓好“三大球”的贺龙去世，体育工作遭到破坏。叶剑英元帅为全军体育工作的恢复和发展，倾注了大量心血。[2] 他明确指出，“毛主席号召要‘发展体育运动，增强人民体质’，这包括我们人民军队在内。希望大家努力，在今后一两年或两三年内把全军体育活动开展起来。军队体育队伍过去都被砍掉了，现在要恢复。”[3]

1973 年中央军委发出 3 号文件，指出发展部队体育运动，增强官兵体质，对加强我军建设和加强战备，具有重要意义。中断 7 年的全国足球联赛恢复举行。1979 年，被解散的八一队得到重建，解放军体育学院和各军区、军兵种的体育队伍相继恢复。[4]

叶剑英十分关心家乡梅县的足球发展。1956 年 10 月，梅县队赴京参加全国八县足球对抗赛，梅县队是 8 支队伍中唯一一支黄河以南的参赛队。梅县队一行到达北京当晚，叶剑英元帅特派时任国防部办公厅主任萧向荣中将，设宴招待梅县队全体人员。

席间叶剑英跟梅县队球员们说：“担心你们吃不惯北方饭菜，特地做了一顿客家饭菜请大家，我因事不能与乡亲们一道共进晚餐，请原谅。”[5] 当有队员提到不习惯北方打法时，叶剑英鼓励说：“梅县队技术不错，今后你们要多与北方队

---

[1] 周之同，鲁挺. 永远铭记叶帅对我军体育工作者的关怀和教导[A].《萦思录》编辑小组. 萦思录——怀念叶剑英[C]，北京：人民出版社，1987.

[2] 叶剑英体育思想和体育事略，王垒袁小伦，广州体育学院学报，2005年3月第25卷第二期。

[3] 叶剑英体育思想和体育事略，王垒袁小伦，广州体育学院学报，2005年3月第25卷第二期。

[4] 周之同，鲁挺. 永远铭记叶帅对我军体育工作者的关怀和教导[A].《萦思录》编辑小组. 萦思录——怀念叶剑英[C]，北京：人民出版社，1987.

[5] 王垒、袁小伦. 叶剑英体育思想和体育事略. 广州体育学院学报，2005年3月第25卷第二期。

叶剑英元帅所书“梅县体育馆”

比赛，南北交流嘛！”叶帅和大家一直谈到10时左右。队员们告别时，他还送至门口。第二天晚上，叶帅请梅县队观看了苏联大马戏团的表演。在剧场里，梅县队队员还见到了毛主席和其他中央领导人。[1]

1962年，梅县体育馆落成，时任广东省体委主任秦元邦请叶剑英元帅为梅县体育馆写馆名，叶帅书写了一式几样供梅县挑选。[2]

1964年，梅县东山中学少年足球队参加全国少年足球赛并获得冠军，到北京参加表演赛。叶剑英在京接见了东中少年队足球队全体成员并合影留念。叶帅询问了每个队员的名字、家住哪里、父母工作等，并勉励队员要加强身体素质锻炼，要不断进步，为国争光。[3]

叶剑英元帅在北京军事科学院接见梅县东中少年足球队

1979年冬，叶剑英元帅在广州接见旅港嘉属商会会长刘锦庆、副会长曾宪梓。有人提到女足运动正在国外兴起。叶剑英元帅说：“外国有的，我们也要有。”在他的鼓励和关怀下，梅县地区女子足球很快发展。1983年以来，梅县地区为国家队、广东省、广州市、广东省输送了十多名女足新秀。[4]1986年，梅县有50余所中小学相继建立了女子足球队。

1980年5月，叶剑英元帅在梅县东山中学看足球赛

1980年5月13日，叶剑英回到母校东山中学，观看了东山中学女子足球队与丙村中学女子足球队的表演赛。东中校园人山人海，叶帅下车后脱帽挥手向群众致意。赛后叶帅还与运动员合影

[1] 李存章. 梅县体育工作者的怀念[N]. 羊城晚报，198610–29. 根据当时梅县足球代表队员李璋、邱泉昆等回忆。

[2] 李存章. 梅县体育工作者的怀念[N]. 羊城晚报，198610–29.

[3] 王垒、袁小伦. 叶剑英体育思想和体育事略. 广州体育学院学报，2005年3月第25卷第二期。

[4] 李存章. 梅县体育工作者的怀念[N]. 羊城晚报，1986. 10–29.

留念，并勉励她们要苦练，要互相学习，听教练的指导，努力提高技术，争取冲出亚洲。

1983 年，梅县地区幼苗杯、萌芽杯、希望杯“三杯”少年足球队同时获得进京参加决赛的资格。当时叶剑英在外地疗养，专门委托胞弟叶道英代表他向梅县的三支队伍问候和祝贺。1984 年，叶帅在病中，仍记得嘱咐中央新闻单位、广东电视台派人录制梅县足球发展的电视纪录片。[1]

丙村中学旧址（前身为三堡学堂）

第五节　名人荟萃的强民体育会带火梅县足球

20 世纪 80 年代至 90 年代，梅州足球社团非常活跃，其中梅县强民体育会是当时的佼佼者，在温集祥会长的率领下，带动梅县足球进入辉煌时期。

1958 年，原会长温集祥调入广东省体委工作，强民体育会停止活动。[2]1967 年起，温集祥蒙冤入狱 13 年。直至 1979 年，冤案得到平反，温集祥复工复职回到原单位省体委，再次全身心投入足球工作。在梅县县委、县政府、体育部门和旅港嘉应商会、海外华侨乡贤的全力支持下，1979 年岁末，停止活动 21 年的梅县强民体育会重新开展会务，温集祥被推任第 4 届强民体育会理事会会长，梅县体委主任林金新、梅州市体委副主任陈炎烈和强民元老蓝淦当选副会长。

强民 51 周年庆，（左起）李国瑶、曾宪梓、罗焕昌、温集祥客串强民元老队员[3]

[1]　王垒、袁小伦. 叶剑英体育思想和体育事略. 广州体育学院学报，2005年3月第25卷第二期。

[2]　李丽，夏冬，张长城. 近代梅县民间体育社团发展特点及其启示[J]. 体育文化导刊，2014（09）：180–183.

[3]　杨宏海，温威光. 梅州：球乡筑梦[M]. 广东人民出版社. 2020. 11. p39.

1980年元宵节，旅港嘉应商会刘锦庆、曾宪梓、罗焕昌偕旅港嘉应商会代表团、香港愉园足球队访问梅县，庆祝强民体育会成立51周年。

参加此次庆典的嘉宾包括时任广东省副省长杨康华（1915—1991）、时任广东省体委主任陈远高（1938— ）、副主任蔡演雄（1914—2007，与李惠堂一起参加过1936年奥运会的中国篮球明星，梅州丰顺人）、兴梅地区原专员卢伟良、北京足球队主教练曾雪麟、梅县地区行署专员梁集祥、副专员李国瑶，以及从北京、上海、武汉、广州等地返乡的老会员共数百人。

下午，梅县足球队和香港愉园足球队在东较场进行了一场表演赛，池明华、杨宁、王惠良、黄德保、钟小健、林思跃等梅县籍国脚、省脚，代表梅县地区队，梅县队林思跃打入一球，最后结果1比0。[1] 东较场上球星荟萃，挤满看台的球迷们大饱眼福。赛后，愉园队将梅县青年队的张峥嵘招至麾下，张峥嵘也成为新中国成立之后、中国职业联赛开始之前到香港踢球的第一人。

1980年元宵，香港愉园队和梅县强民队在东较场合影

时任广东省副省长杨康华及嘉宾与香港愉园、梅县强民两队运动员握手

随着强民会务重启，星散在各城市的强民会员纷纷组织成立强民会员联谊会，各地名宿星聚，足球热度空前提振。对于来自梅县地区、少年时就爱足球的各界名士，足球是家乡的记忆，也是乡情的纽带。

1980年秋，广州强民之友成立，第1届常务理事会主任潘培根，副主任杨霏苏、邓锡权、张均浪、熊耀建，秘书陈启才、温威光，常务理事包括陈汉彝、叶细权、钟杰章、钟秋、邹秋华、魏法寺、梁辉元、梁珊城等，顾问章信。

1982年12月27日，梅县强民体育会和广州强民之友在广州举办1983年年会。参会者包括广东省副省长王屏山，旅港嘉应商会刘锦庆会长和曾宪梓、罗焕昌副会长，广东省体委主任魏振兰，现役国脚兼省脚容志行、古广明、蔡锦标、

[1] 梅州足球口述史，p152.

上海政协主席李国豪（左二）、上海侨办主任张持平（左一）、强民体育会秘书长温威光（右一）在上海强民之友筹备会上

池明华、杨宁、王惠良、黄德保、陈熙荣、何佳等，广州强民之友潘培根、杨霏荪、邓锡权等全体成员，中国新闻社、体育报、新体育日报、南方日报、羊城晚报、广州日报、足球报、广东电视台、广东人民广播电台等中央、省市新闻媒体等200余人。

1983年，在上海政协主席李国豪（1913—2005，梅城莲塘村人）、上海侨办主任张持平（1911—1994，梅县石扇人）的支持下，旅沪强民会员联谊会、上海强民之友成立，负责人为朱朵能。[1]中国著名桥梁工程与力学专家、中国工程院和科学院两院院士李国豪毕业于梅州中学，曾任同济大学校长，也是梅县强民体育会的名誉会长。

穗、沪之后，武汉强民之友成立。武汉是20世纪50年代中南（红队）足球队所在地。中南红队两次访问梅县，并从梅县甄选了张宏元、饶秉钦、姚家骅、李珉、王海华、侯梓华、张英忠、张健、古振基、张文润等10名球员加盟。退役后，李珉、姚家骅、张英忠、侯梓华、张文润等都留在湖北省或武汉市体委从事足球工作，为中南地区足球的发展做出了贡献。

1983年8月，北京强民之友筹备会在北京饭店召开。时任公安部部长刘复之（1917—2013年，梅江区三角地人）、全国政协常委叶道英（1906—1989年，梅县雁洋人）、全国侨办副主任连贯（1906—1991年，大埔枫朗人）、时任国家足球队主教练曾雪麟以及强民会员古进、杨振伦、曾平、叶诗英等20余人参加了筹备会。

北京强民之友筹委会合影[2]

刘复之（左六）、叶道英（右四）、连贯（右五）、曾雪麟（后排中）等梅州乡贤参会

1983年10月，北京强民之友成立。主任为曾雪麟，副主任为时任中央党校教授叶扬、时任人民画

[1] 杨宏海，温威光. 梅州：球乡筑梦[M]. 广东人民出版社. 2020. 11. p104.

[2] 杨宏海，温威光. 梅州：球乡筑梦[M]. 广东人民出版社. 2020. 11. p104.

报资深记者古进、时任中央人民国际广播电台编辑部副主任曾平，秘书为时任中央人民国际广播电台记者余清华，顾问包括时任人民日报国际部主任廖胡今、时任商务印书馆编辑部副主任李勉。

1983 年 10 月 18 日，庆祝梅县“三杯晋京”决赛暨北京强民之友成立大会在北京召开，现场各界嘉宾云集。应邀出席的嘉宾包括：世界足联执委和亚足联副主席霍英东，旅港嘉应商会领导刘锦庆、曾宪梓、罗焕昌，时任公安部部长刘复之，新华社香港分社副社长李菊生，国家体委副主任徐寅生，全国政协常委叶道英，全国侨办副主任连贯，国家体委球类司司长李风楼，国家体委训练局局长蔚继统，中国足协负责人马克坚、陈家亮、张吉龙、韩重德，国家足球队原领队杨秀武以及足球名宿年维泗、陈成达、史万春、张俊秀、张京天、张宏根等。

时任国家足球队主教练曾雪麟、领队傅明道、教练戚务生和徐根宝、国足全体成员、时任梅县副县长钟锦达、梅县体委主任张启鼎、梅县强民体育会会长温集祥、秘书长温威光以及来京参加希望杯、幼苗杯、萌芽杯的三支梅县少年足球队的教练员陈晋干、杨殿松、池昌庆、黄建兴等和全体运动员参加了活动。[1]

霍英东先生在庆典演讲中说：“我是番禺人，不是‘客家帮’，但我能被聘为梅县强民体育会永远名誉会长，又能够光临今天梅县三杯晋京暨北京强民之友成立大会，感到十分高兴和荣幸……”讲话接近尾声时，霍英东让梅县“三杯晋京”的教练员、运动员们回梅县途经广州时，到白天鹅宾馆吃住两天。

此次庆典，新华社、人民日报、中央电视台、中国新闻社、体育报、新体育日报、北京电视台、北京日报、北京晚报等 20 多家新闻媒体前来采访。各界名流共同庆祝梅县足球盛事，梅县地区作为足球之乡，步入群星闪耀的鼎盛时期。

梅县强民大楼剪彩参观现场

前排左起：时任广东省副省长杨康华、梅县地区专员李国瑶、旅港嘉属商会会长刘锦庆和副会长曾宪梓

1983 年，由霍英东、曾宪梓、刘锦庆、罗焕昌、陈云康、熊德龙、黄雨柏等数十位热心华侨捐资兴建的强民大楼和溜冰场建成，总占地面积 1900 平方米。1983 年 10 月，梅县举行首届“强民杯”足球赛颁奖暨强民体育会会所大楼、溜冰场剪彩仪式。时任广东省副省长杨康华，梅县地区

[1] 杨宏海，温威光. 梅州：球乡筑梦[M]. 广东人民出版社. 2020. 11. p100.

专员梁集祥、副专员李国瑶以及旅港嘉应商会正副会长刘锦庆、曾宪梓、罗焕昌等出席了活动。

第 4 届强民杯幼儿足球比赛颁奖照片[1]

强民体育会张志瑶会长（1989—1993 年在任）在强民杯小学生女子足球赛颁奖仪式上讲话

梅县强民体育会坚持致力于民间足球交流和组织足球赛事，是推动球乡足球发展的重要社团力量。在 1981—2009 年间强民体育会共举办了 29 届强民杯足球赛。1983 年，强民体育会为了进一步推进青少年足球发展，倡议开展“足球年”活动，致力培训少年儿童足球和女子足球。

这一年，温集祥在广州强民之友年会上倡议将 1983 年为“足球之乡”梅县足球年，在全县范围内掀起一个全年的“足球热”。强民体育会在足球年里举办各个级别的“强民杯”足球赛和教练员、裁判员培训班等 8 项活动。

1986 年开始，梅县强民体育会坚持每年在春节、元宵期间举办“强民杯”足球锦标赛。为进一步培育足球幼苗，强民体育会还创办了男、女幼儿足球锦标赛，做到“足球从娃娃抓起”。

强民体育会历任会长、副会长多为从政府、企业或体育界退休的资深人士。他们热爱足球，在当地有一定名望，并善于组织各界乡贤资源，不断夯实足球文化平台，推动校园足球、社会足球、专业足球各层面活动开展。1989 年，强民体育会换届，梅县县委原文教书记张志瑶当选为第 6 届会长，张启鼎、黄秉信、张文济为副会长。1994 年，市委统战部原副部长李明当选第 7 届会长。1999 年，梅州市烟草公司前总经理赵鹏程任第 8 届会长。

强民杯足球赛一次比赛参赛队最多时达 23 队，为当时本地最具影响力的足球赛事。张志瑶会长还努力争取侨领乡贤对家乡足球事业的支持。他组织强民元老队与来访的广东省、兴宁市等地元老足球队进行友谊赛，组织强民常青足球队出访汕头等各地，参加各项邀请赛，加强与外队的访问和交流，延续了老强民队的优良传统。

[1] 杨宏海，温威光. 梅州：球乡筑梦[M]. 广州：广东人民出版社. 2020. 11.

1989年，张志瑶会长组织筹办了首届钟声杯教职工足球赛、中学生女子足球赛、幼儿足球赛，进一步完善了强民体育会足球竞赛活动体系。之后钟声杯赛事一直延续了多届（2010、2011年未举办）。

1991年梅县强民杯幼儿足球赛现场

强民体育会挂钩点小学足球锦标赛合影

梅县强民体育会还在梅城及梅县设立了小学足球挂钩点，每年拨出经费、派出教练给各挂钩点开展足球活动，并举办秋季足球锦标赛。很多梅州足球人的启蒙，都来自当时免费到小学教授足球的强民体育会会员。

第六节　华侨捐建东较场新看台并以梅州国脚命名

东较场国脚看台之“熊德龙台”，为印尼华侨熊德龙先生捐建

东较场国脚看台之“张均浪台”

20世纪80年代初，梅县东较场年久失修，且无看台，热情的球迷只能坐在地上或站着看足球比赛。观众坐在球场边线、端线周围，容易影响比赛，观看人数也有限。

梅县乡贤华侨香港金利来有限公司董事长曾宪梓见此情景，倡议捐建东较场看台。在旅港嘉应商会会长刘锦庆和副会长罗焕昌的支持下，由旅港嘉应商会牵头，发动华侨和港澳同胞认捐。看台分13级、24个单元，每单元预算10万港元，以认捐者命名。

东较场看台的部分单元以入选国家队的梅县球员命名，这些国脚单元的资金，全部由曾宪梓先生出资。于是东较场就有了曾雪麟台、杨霞荪台、张英忠台、邓雪昌台、张均浪台、蔡锦标台、池明华台、杨宁台、王惠良台、黄德保台、郭亿军台、张小文台、伍文兵台、谢育新台、吴伟英台、李小兰台等。

在当地政府的重视和华侨乡贤的支持下，梅县人民体育场在梅县东较场于1984年8月动工，1985年底建成，总投资131万元、占地面积4.9万平方米。场内十三级有1.7万个座位的钢筋混凝土看台，看台下有109个房间。该场馆除用于梅县区业余体校运动员训练外免费对健身市民开放，教练、运动员、球迷各得其乐。

梅县东较场跃然成为当时属于国内高标准的大球场，除了承载足球之乡本地举办强民杯、钟声杯等各大型足球赛，还喜迎来自四方的足球劲旅来这里比赛，体育场曾承办过全运会预选赛、93梅视杯足球邀请赛、中央电视台元宵晚会和梅州市运动会。

这个在1942年曾经两次迎接球王李惠堂、1962年迎接李凤楼所率的北京体院队的足球福地，于1985年元宵迎来曾雪麟所率国足，1990年迎来参加南方杯的高丰文所率国足，1996年迎来参加梅视杯戚务生所率国足。霍英东麾下的愉园队多次在香港嘉属商会的邀请下造访此地，全国各省市多支甲级劲旅曾在此鏖战。

兴宁籍国脚谢育新曾回忆参加梅视杯的情景，“比赛在梅县体育场举行，在国家队参加的三场比赛中，每场都有上万名球迷到赛场观看比赛”。很多球迷找他签名，还有球迷专程跑到国足下榻的酒店——梅州迎宾馆找他签名。此行谢育新结识了许多球迷，有些还成为多年好友，例如后来担任梅州市足协副会长、梅州市东辉足球俱乐部的董事长姚望卿。[1]

1996年1月梅视杯中国足球精英赛现场，数万球迷现场观赛
（丘虎 摄影）

1999年梅县强民会70周年纪念足球比赛现场，看台上座无虚席

[1] 参见梅州日报2018年文章《谢育新：绿茵场上追梦人》。

曾经在20世纪20年代迎接东征革命军的梅县东较场，也是举办庆典之地。梅县的节日庆典，往往以赛球助兴，在东较场赛一场球，就是最佳的视听盛宴。1999年12月18日下午，梅县强民体育会在梅县人民体育场东较场举行成立70周年庆典。北京足协副主席史万春，广东省体委副主任叶细权，广东省足球管理中心主任顾玉熙，广州强民之友主任杨霏荪、邓锡权等专业人士和强民会员、各界群众等一万多人出席了大会。

第七节　梅县地区组建足球专业队和青年足球队

20世纪80年代，国家体委、中国足协多次召开全国足球重点地区工作会议。从1990年开始，中国足协将梅县等重点地区的代表分成7个组，按评比规则相互检查，以推动足球重点地区建设，提升足球的普及率。

普及是足球选拔和提高的基础。世界足球强国的足球普及率一般在1%~2%左右，甚至达到3%~5%。德国每200名受训足球青年就可选出1名职业球员。1989年中国受系统训练的青少年只有3万多人，优秀运动员约有1800名，只能从十六七个人中挑选1名运动员，普及率远低于足球强国。[1]

由于中国足球运动发展不平衡，“足球之乡”梅州是当时中国足球普及程度较高的地区。本地具备实力的专业足球队，有助于推动足球普及。20世纪80年代，梅县地区由梅县青年队和梅县地区队这两支专业足球队，分别参加全国青年足球赛和全国乙级足球比赛。

梅县青年队教练是广东省队退役队员温绍均和李淼海。梅县地区队的教练为广东省队退役队员梁通发、梅县足球队（指1960年成立的梅县足球队，与1980年成立的梅县地区足球队有所区别）退役队员张吉祥。梅县青年足球队和梅县地区足球队的教练员、运动员都是梅县地区本地人。

1980年，梅县地区专业队成立，配备专职教练员3人，运动员20人，领队、医生、炊事员各1人。梅县地区足球队是地方性专业队，经费由本地（市）财政拨款，与20世纪60年代省编制的梅县足球队不同。1980年，全国十六城市青年足球赛，梅县地区队是唯一以地区而不是城市参加的队伍。1988年之后梅县地区足球队改为梅州市足球队。

[1] 张彩珍. 中国足球运动史[M]. 武汉：武汉出版社，1993：216.

1984 年梅县地区专业队在长沙赛区参加全国乙级联赛合影

梅县地区足球专业队建立后，开展系统专业训练，技术水平提高较快，1988 年至 1998 年输送省级足球队运动员共有 15 人。1981 年，广东省少年足球冠军赛，梅县地区队获得第 1 名；1984 年，广东省第 2 届工人运动会足球赛，梅县地区队获得第 3 名；从 1982 年至 1994 年，梅县地区（梅州市）足球队在广东省六运会成年男足比赛中获第 4，七运会获第 3，八运会获第 3，九运会获第 2。[1]

1980 年底，梅县重建青年足球专业队，配备专职教练员 3 人，运动员 20 人，领队、医生、炊事员各 1 人。梅县青年足球队，按省编制，由省拨款。该队在 1980 年至 1982 年连续三年参赛，比赛成绩居中游。1983 年起，由于运动员年龄不适合青年比赛规定，转而连续 8 年参加全国乙级足球联赛。

梅县地区（梅州）的这两支专业足球队，除了为足球之乡征战全国乙级联赛等赛事，其队员退役后成为体校教练或管理人员，实际上为梅州培养了一批有丰富专业实战经验的教练，对梅州足球的青训发展有着重要历史意义。

1990 年，五华全县有业余足球队 828 队，业余体校 1 所，有足球场 106 个。新中国成立后，五华县培养输送各级专业足球队员 46 名，省地业余体校 34 名，体育院校 126 名。蕉岭县有小型足球场 6 个。

第八节　各级业余体校培养“梅派”国脚和省脚

在梅县地区青年队和梅县地区专业队这两支专业足球队的带动下，20 世纪 80 年代梅县地区业余体校的训练体系逐步完善，形成“中小学校——县业余体校——地区业余体校——省业余体校——各专业队”的足球运动员培养体系。

早年的梅县客家少年出人头地的路径，主要有三条：用功读书走出去、艰苦过番闯出去、刻苦练球踢出去。1979 年“文革”结束后，业余体校半读半训，管

[1] 数据来自《梅州市志. 体育志》第三章“竞技体育”部分。

吃管住，这种制度吸引了一批梅州少年选择走足球道路，为20世纪80年代的业余体校提供了生力军。[1]

在国家提出体教融合之前，梅州各县业余体校长期实践“学校挑苗、业校培才、上送省校或梯队”的业余体校模式，既适应了当时体制的要求，不耽误学生文化学习，又弥补了校园体育在体育技能训练方面的不足，并吸纳了一批专业水平高、具有敬业精神的教练，培养了大批足球英才，推动梅州足球步入鼎盛时期。

1979—2000年，梅州全市组建足球班（队）108个，运动员2056人；向国家队输送足球运动员36人，向省级足球队输送运动员69人；参加省级以上足球比赛获冠军41个、亚军33个、季军31个。[2]

1981至1984年，梅县乐育中学、梅州中学、兴宁一中、东山中学、五华水寨中学、梅县丙村小学、五华华城小学、水寨镇中心小学等多间中小学被广东省体委、省教育厅指定为广东省足球传统项目学校。这些学校都设有足球重点班，将有天赋的足球苗子集中训练，足球班和运动员的培训工作则主要集中在各县（市）业余体校。

1981年11月梅县体校足球重点班学员在东山中学球场训练

1981年11月梅县体校足球重点班学员在东山中学球场训练

业余体校在中小学建立足球训练点和足球重点班，教育部门负责文化课，体校负责提供教练员、服装、足球和经费，形成覆盖各学校、各年龄段的训练网。如此延续了梅州一直以来重视足球青训的传统，将足球青训工作融入校园，使足球作为体育运动课程，不仅不影响文化课学习，还能促进学生的身心健康和全面发展。

1982年，梅县成立少年男子足球重点班，每个班配备专职教练员2人，运动员24人。该少年足球队从1982年至2000年，培养输送省级以上运动员共有26人，其中输送国家少年足球集训队有张悦文、李灵均

[1] 《梅州足球口述史》. p296.

[2] 梅州市地方志编纂委员会编. 梅州市志. 广东人民出版社. 1999.

2 人。

根据 2000 年统计，梅县业余体校组建足球班 7 个，其中男足 6 个、女足 1 个，配备专职教练员 7 人，运动员共有 140 人；建立中小学足球训练点 16 个，其中中学 10 间、小学 6 间，设男足 16 个班、女足 10 个班，运动员共有 480 人。[1]1982 年，梅县业余体校足球队被评为全国体育先进单位。

兴宁市业余体校组建足球班 6 个，其中有男足 5 个、女足 1 个，配备专职教练员 8 人，运动员共有 116 人。兴宁市建立了中小学足球训练点 10 个（其中中学 5 间、小学 5 间），设男足 10 个班、女足 8 个班，运动员共有 320 人。

五华县业余体校组建足球班 5 个，其中男足 4 个、女足 1 个，配备专职教练员 5 人，运动员共有 96 人；另外，五华县还建立中小学足球训练点 10 个（其中中学 6 间、小学 4 间），设男足 8 个班、女足 6 个班，运动员共有 256 人。

梅江区业余体校组建足球班 5 个，其中男足 4 个、女足 1 个，配备专职教练员 6 人，运动员共有 120 人。梅江区还建立中小学足球训练点 10 个（其中中学 5 间、小学 5 间），设男足 10 个班、女足 6 个班，运动员共有 320 人。

蕉岭县业余体校组建男子足球班 1 个，配备专职教练员 1 人，运动员 20 人；另外，蕉岭县还建立中小学足球训练点 4 个（其中中学 2 间、小学 2 间），设男足 4 个班，运动员共有 80 人。平远县建立小学足球训练点 2 个，设男足 2 个班，运动员共有 40 人。[2]

丙村是梅县足球普及较早的镇，丙村镇校园足球是当时梅州市校园足球的一个代表。[3]1980 年，丙村公社已建立了幼儿园、小学、中学三支业余足球训练网，全公社 24 所中、小学就有 198 支足球队。1985 年，丙村镇有业余足球队 221 支，运动员 2800 多人；当年进行了 350 多场比赛，其中镇、村组织的比赛有 40 场，中学 120 场，小学 196 场。丙村镇政府对

广东梅县丙村中学足球队在训练
（黄风 摄影）

[1] 参见《梅州市志·体育志》第三章“竞技体育”的足球部分。
[2] 数据来自《梅州市志·体育志》第三章“竞技体育”的足球部分。
[3] 李存章. 叶剑英元帅与梅县足球. 体育博览. [J]. 1988.

丙村五七小学的足球队在练球
（陆运祥 摄影）

这些足球队，定期检查评比，及时表扬和奖励先进集体和个人，同时健全幼儿园、小学、中学、乡、镇 5 级业余足球训练网，培训一批农村体育骨干，并为省、市、县输送了 89 名男、女足球运动员。

梅州市业余体校的教练，大多数分别从西南军区队、中南红队（武汉体院队）、广东省队、梅县队等专业队退役，具备丰富实战经验。梅县业余体校的梁通发、杨友标、张健、李璋、陈如盛、张绍亮、温绍均、陈晋干、李森海、黄龙光、张吉祥、杨伟湘、杨殿松、池昌庆、黄建新、蔡远心、曲国平、曾昭如、蔡升昌、钟海维、李元申等，都曾经效力广东省队、广州部队队或梅县队。兴宁业余体校的吴坚等教练，五华的曾庆枢、李云祥、李鹏锐等教练都从广东省队退役。[1] 也有不少教练是体育专业学成毕业后直接从事足球教育工作，例如梅县体校的彭明标、罗巧军等教练，兴宁体校的萧建林、萧承发、周培光、魏伟等教练，五华体校的吉大昌等教练等。[2]

有的教练放弃了优渥的大学教育工作，返乡执教。黄榜楼（1932—2019）教练在 1960 年从武汉体育学院毕业后在湖南体育学院任教。次年他放弃了大学工作，回水寨中学当体育老师。1963 年他被调到五华县体育局任足球总教练、五华体育学校校长，几十年鞠躬尽瘁。1972 至 1976 年，黄榜楼率领五华县足球队夺得广东省五连冠，并多次带领五华队参赛获得省冠军及全国赛前三名，多次获得优秀教练荣誉。

五华体育局足球总教练黄榜楼被誉为“五华足球教父”

黄榜楼 1966 年受到时任国家体委主任贺龙元帅接见，2002 年受国家体育总局颁发“体育工作贡献奖章”，2005 年获家乡梅州表彰，2017 年荣获国家体育终身成就奖。他不仅足球教育成绩斐然，而且品德高尚，多才多艺，参与主编了新

[1] 杨宏海，温威光. 梅州：球乡筑梦[M]. 广东人民出版社. 2020. 11. p118.

[2] 参考《梅州足球口述史》相关采访。

中国第一部体育志《五华县体育志》。他是五华体育的奠基人之一，被誉为“五华足球教父”。

梅州体校教练，地处世界客都、文化之乡，其教学颇有“梅派”传统：重视结合球员悟性天赋特点因材施教（球性）、重视技战术基本功训练和以赛代训（球艺），重视球员品德修养和团队精神（球德），重视球员吃苦耐劳和强大心理素质（球品），重视强调球外的文化素养和教练等多元思维培养（球功），对应客家传统文化中看重的“智、信、仁、勇、严”。梅州球员往往有技术全面、正直耐苦、情商较高、纪律性强、善于思考、多才多艺等特点，即使在国内足坛重体能而忽球艺的时期也不改这些传统。

作为迁徙民系，客家文化很强调立足高综合素质的强适应能力。传统客家人崇尚正直勤劳、文武兼备，“粗粗鲁鲁打得，斯斯文文写得”。李惠堂重视球艺球德球品并将自己淬炼成一代球王。池明华铭记当年业校教练陈晋干对他在球艺和做人言传身教，在职业生涯中以高情商和高球艺相得，在广东队、国家队都担任队长。好球艺是上升阶梯，但好球德、好球品能够安身立命，使梅州球员得以相对置身足坛黑幕之外，而立足文化之乡的文化功夫和多元能力又让梅州足球人在退役后仍能在教学、文化、媒体、商业等领域发挥更长久的价值。这是梅派足球文化中无形但重要的部分。

梅州各级体校的教练，秉持对球乡的情怀，扎根基层耕耘多年，为国家队、国奥队、省地方队培养了一大批足球人才。从20世纪70年代初开始，梅县业余体校外送了一批批优秀足球运动员，成为名副其实的“国脚、省脚兵工厂”。池明华、杨宁、王惠良、黄德保、钟小健、李健华、李海强等先后被选上省队再到各级国字号球队。刘伟华、叶细权、叶左权、钟杰章、杨伟湘、朱尚吉、张峥嵘、黎海峰、刘嘉鹏、赵鹏文、潘佳、黄龙、胡紫业、李灵君、李广其、曾其祥、侯春元、谢栋、游绍东、廖友华、曾初云等，先后被输送到省队、广州部队队、广东宏远队、广药队、广州日之泉队、深圳平安队、江苏舜天队、国奥队等。

从20世纪70年代开始，梅县业余体校培养并选送到国家队、广东队、八一队和其他省一级球队的女足姑娘，包括李小兰、张小丽、蓝明珠、刘纽琼、廖怀萍、叶志珍、潘丽、张桂莲、张采新、李足玲、叶海燕、池影玲、何娟蓉、张佳丽、万佳如、赵妮菲、曾建生、张雪尔等。

兴宁、五华的业余体校一样成绩卓然。从20世纪70年代开始，兴宁业余体校培养的国脚、省脚有蔡锦标、郭亿军、张小文、谢育新、伍文兵、曹阳、廖子声、周培光、魏伟、吴坚、陈伟浩、肖成发等，梅州女国脚吴伟英也出自兴宁业余体校。从五华业余体校走出去的国脚、省脚有张均浪、张佛添、林绍洪、李云祥、魏法赐、李鹏锐、魏崇金、黄榜楼、曾庆枢、李玉展、钟金玉等。

1986 年，经广东省人民政府批准，梅州市足球运动学校成立，属于中等体育专业学校，旨在培养实用型足球人才。1989 年 10 月该校正式开始招生。这是全国第二间足球运动学校，学制三年，首届新生 30 人。从 1989 年至 2000 年，共培养毕业生 574 人。[1]

1990 年，原梅县足球队主教练张吉祥，在梅州足球队解散后，到梅州市足球运动学校任教。张吉祥教练曾在 20 世纪 80 年代赴京参加国家足球教练员训练班，系统学习足球教学理论和实践。由于当时足球运动学校教材缺乏，他还结合自身实践，为学校编写了中等专业学校足球教学大纲。

蔡远心是张吉祥曾经带过的球员之一，在 1980 年至 1994 年效力于梅州市专业足球队，在全国乙级联赛踢了 8 年。1986 年，在全国乙级联赛的一场比赛中，蔡远心右脚肌肉严重拉伤。退役后，蔡远心到梅州市足球运动学校担任教练，后因青训带队成效突出，被评为梅州市金牌足球教练。1995 年，蔡远心奉命组建梅州市少年男子足球队，备战 1998 年省运会男子足球比赛。

1997 年，梅州市体校蔡远心教练团队率梅州中学队代表中国中学生，到印度参加第 26 届亚洲中学生足球比赛，之后率队经过香港时，得到曾宪梓先生的热情款待。日本、韩国、泰国等各国都派国少队队员参加此次大赛。中国只派了梅州市少年队参加，最终小组三胜两负，得了第 5 名。

1997 年市体校教练率梅州中学足球队到印度参加亚洲中学生足球赛，返港时得到曾宪梓先生款待

2003 年，梅县业余体校和梅州市足球运动学校合并，改名为梅州市体育运动学校。

[1] 参见《梅州市志·体育志》第三章“竞技体育”的足球部分。

第九节　兴宁一中和兴宁体校联合培养多位国脚

兴宁县第一中学老校门

兴宁县第一中学是 1928 年由兴宁县立中学、兴民中学及兴宁高级中学合并而成，是兴宁县唯一的完全中学；1949 年更名为兴宁县第一中学。首任校长为北大毕业生袁荫庭。袁校长在任八年，勤严治校，聘用专才，带来学风丕变，成绩显著。六七十年代兴宁科教文卫军政界知名人士多出自此校。[1]20 世纪 80 年代，兴宁体委获批开设广东省足球重点班，由省里拨经费。教育局提供在兴宁一中的食宿，集中一两个班上文化课，兴宁体委负责派教练、提供训练场地、服装和练习球。

国脚郭亿军在兴宁一中就读时留影

萧建林、吴坚、肖承发、朱培光四名教练负责兴宁业余体校的足球重点班，成了 80 年代多位著名国脚的启蒙教练。这些苗子一二年级在兴宁一中由朱培光教，三年级转入兴宁体校“四集中”班，集中住宿、集中训练、集中上课、集中吃饭。吴坚少年时也是从兴宁体校入选广东省足球队，基本功扎实，实战经验丰富，退役后回到兴宁与萧建林合作了十几年。肖承发是罗庆、张小文的足球启蒙老师。他们率学员在兴宁大坝里体育场训练，围观球迷常常连声叫好。

谢育新在兴宁一中

萧建林代表了当时兴宁体校基层教练的卓越水平。他于 1945 年生于广州，曾在海珠区宝岗体校训练足球，1965 年从广州体育学校毕业后被分配到当时相对偏远的兴宁县体委工作。他在此担任足球教练 20 年。1966 年，萧建林到北京参加了全国业余教练员训练班，学习匈牙利足球新的理念技术、战术和打法。同时参加培训的梅县教练还有邓锡权、黄福孝等。

[1] 罗桂祥.兴宁县第一中学史话摭拾.兴宁文史.第八辑.1987.6.P77

张小文

萧建林的培养目标是一支少年队24个队员中有四分之一进国家队、专业队、职业队，四分之一考上武汉体院、北京体院，其他考上广州体院、嘉应学院。他在兴宁任教20年，教了六批学生，基本实现了这一目标。

他所带的1962—1963年学员星光灿烂，包括曹阳、郭亿军、谢育新、伍文兵、郑良兴、刘飞振、郭会先、罗伟坤、罗远标、李宇飞等。其中曹阳、郑良兴15岁时直接从兴宁基层入选省少年队，代表广东省参加1979年四运会，荣获足球少年组冠军。蔡锦标、郭亿军、谢育新、伍文兵、吴伟英等天赋学员则是从兴宁体校入选二沙头省队训练基地。他们凭借天分和勤奋，很快实现连级跳，五年内从省少年队、省青年队、省专业队、国家青年队到国家队一年进一级。

萧建林教练善于选材，注重指导和鼓励并重，并注重发掘学生的优点，懂得顺应学员天赋，使学员自信而努力，既充分发挥自己的个性，又能苦练基本功。萧建林带学员十分勤奋，被戏称为“三黑干部”：清晨摸黑起来训练、白天皮肤被晒得黝黑、傍晚训练到天黑。受到萧指导言传身教影响，兴宁一中出来的几位国脚都是自发进行超出常人的刻苦。伍文兵和谢育新在体校里训练，早上6点出操，两人竟然一次颠球超过2万多个，每一个脚法可以对着墙练习500次。

1979年萧建林指导（中）和谢育新（左）、伍文兵（右）在兴宁一中

20世纪80年代，梅州兴宁为国家队输送了7名国脚，分别为蔡锦标、郭亿军、张小文、伍文兵、谢育新、入选国青队的门将罗庆以及女国脚吴伟英。

兴宁一县六国脚（从左至右）：张小文、郭亿军、谢育新、罗庆、伍文兵、蔡锦标

蔡锦标是萧建林在兴宁的首位学生，外号“钢头”，头球厉害，弹跳力佳，后来成为中国初代盯人后卫。同批有陈伟浩（广东足球队）、吴绍良和黎佛饶（西藏足球队）等。郭亿军弹跳力非凡，萧建林将他从篮球队招至足球队，后来郭亿军以技术全面而在省队夺冠和国足远征时屡建奇功。吴伟英跑速快，萧建林让她刻意练习射门技巧。1986年吴伟英获得亚洲足球小姐殊荣。谢育新善跑，萧建林让他

打前卫。伍文兵训练刻苦，爆发力强，反应迅速。曹阳是拼命三郎，勇敢且精准，拦截优秀。丘志华是萧建林在兴宁任教的最后一位学生，也曾入选国奥、省队、宏远队。[1]

为国家培育一批足球英才

省体委决定表彰兴宁一中

1986 年 6 月 5 日的南方日报

因兴宁一中足球成绩显著，1986 年的南方日报记载了省体委表彰兴宁一中为国培育足球英才的事迹。兴宁一中克服了训练场地不佳、经费少等困难，连续两年被评为全省群众体育先进集体，为国家、省市一级足球队和各地大专院校、各级业余体校培养和输送了 89 名储备人才，其中为国足、为省队输送的就有 24 名。

1985 年，广东省体工队拟组织一支少儿足球训练班，萧建林被调回广州，任职于广东省体育局（二沙头）运动技术学院，与主教练林思跃（梅县）一起，任教广东省女子足球队，一教 16 年。在梅州积累的经验，助力他们执教广东女足并获得六运会第 3、七运会第 2、八运会第 3。

第十节　梅县地区创办强民中学作为体校文化课补充

20 世纪 80 年代初，梅县地区足球发展势头十足，政府高度重视，当时业余体校也处于学员丰沛的扩张状态。体校以足球项目为重点，业余体校的项目设置增加，从小学到初中有五六个梯次队伍，各运动队设置有男队、女队。

崇文重教是梅县地区的传统，光会踢球没有文化，会被梅县人被鄙视为“四肢发达、头脑简单”。当地家长希望自己的孩子除了足球之外，也能保证足量文化课的学习以提升综合素质。足球教练也深知文化课的学习有助于提升足球青少年的思维、意识和技战术水平。

体校训练艰苦且密集，学员都是中小学生，当时学生上文化课主要通过到附近学校搭读。搭读则难免存在训练时间冲突、课程进度不一等问题。解决体校学员的文化课学习问题，摆上了梅县地区体育部门和教育部门的议事日程。

梅县地区县委、县政府对此高度重视，决定由梅县教育局和梅县体委共同组建强民中学，专门用来解决体校学生的文化课学习问题。由于当时强民体育会在

[1] 参考《梅州足球口述史》中关于萧建林教练的采访。

1984 年梅县少年足球队在梅县体育馆“强民中学”门牌前合影

梅县球坛的知名度和影响力，学校被命名为梅县强民中学。在学校筹备初期，筹委会还向当时在穗工作的强民会温集祥会长征询相关意见。

强民中学在 20 世纪 80 年代初成立，主要针对梅县业余体校的孩子的文化学习，并未向社会公开招生。校领导由梅县地区教育局、体委调派和指定，首任校长为郑富宏，以梅县体育馆为校址，东较场为训练场地。梅县县委、县政府重视强民中学的师资建设，县教育部门先后派出梅南中学校长廖权昌、梅州中学体育组长钟广英、水白中学体育组长张汪兴等到校管理和任教，后又调扶大中学廖宇辉老师到该校任团支部书记兼文化课老师，加强对学生的综合素质和文化教育。强民中学各少年足球队的日常训练由县体委各队教练员负责。

尽管资源有限，梅县地区县委、县政府还是设法解决体校学员的文化学习，推动人才培养的良性循环，确保学生文化素质方面不掉队，充分体现了梅县地区作为文化之乡和足球之乡的特色。

20 世纪 90 年代初期，受足球职业化浪潮等大环境影响，梅县地区业余体校参训人数下降，有些项目取消。1993 年，梅县体委搬到新县城办公，故强民中学在立校十年后被取消，部分文化课教师转至广益中学继续教学。

强民中学虽然只存在了十年时间，是梅县人重视足球人才的文化课学习的体现，也是客家人崇尚文武兼备的传统体现。因此，梅县地区的教练和球员在球风方面有着崇尚技术战术、重视文化素养的特点。文化素养提高了，球员会认真投入比赛，体会公平竞技之乐，而打架斗殴假球等干扰比赛的劣现象就会减少了。

第十一节　梅州少年足球成绩斐然，三杯晋京

20 世纪 80 年代的业余体校继续以梅县地区业余体校学生为主组建的青少年足球队。1980 年，中国少年足球比赛设置了“萌芽杯”“幼苗杯”和“希望杯”，分别对应 U18、U16 和 U14 年龄段。分区赛的冠军队伍取得参加全国决赛资格。梅州少年足球队参加了 1981—1992 年的三杯赛，并在比赛中多次获得骄人成绩，

但在 80 年代后期成绩开始下降，原因可能与地方经济落后、足球人口外流及外地球队实力增强有关。

参赛时间	参赛队	赛事级别	名次
1981	梅县地区	希望杯全国决赛	3
1983	梅县地区	希望杯全国决赛	2
1985	梅县地区	希望杯全国决赛	3
1987	五华水寨中学	希望杯南区赛	2
1988	梅县	希望杯南区赛	1
1989	梅县	希望杯南区赛	1
1991	兴宁市	希望杯南区赛	2
1992	梅县	希望杯南区赛	2

梅州少年足球队代表队参加希望杯的历年成绩[1]

1983 年至 1991 年，梅州少年足球代表队参加了“幼苗杯”比赛。其中 1983 至 1987 年连续 5 年进入全国决赛，并在 1985 年、1987 年获得全国冠军。

参赛时间	参赛队伍	比赛级别	名次
1983	梅县地区	幼苗杯全国决赛	2
1984	梅县地区	幼苗杯全国决赛	2
1985	梅县地区	幼苗杯全国决赛	1
1986	梅县地区	幼苗杯全国决赛	2
1987	梅县东山中学	幼苗杯南区赛	1
1988	梅县华侨中学	幼苗杯南区赛	2
1989	梅县高级中学	幼苗杯南区赛	2
1990	兴宁市	幼苗杯南区赛	2
1991	兴宁市	幼苗杯南区赛	3

梅州市足球代表队参加幼苗杯的历年成绩[2]

梅州少年足球队在 1983 至 1992 年参加萌芽杯比赛，在 1983 至 1986 年连续四年进入全国决赛，并在 1984 年获得全国冠军。1990 年获得分区赛第 1 名，取得全国决赛资格；其他年份，只获得分区赛第 3 名，没有获得全国决赛资格。

1987 年梅县东山中学足球队代表梅县地区到武汉参加幼苗杯足球赛合影

[1] 房作铭. 广东梅州足球发展兴衰原因调查与重振研究[D]. 北京体育大学，2014.

[2] 房作铭. 广东梅州足球发展兴衰原因调查与重振研究[D]. 北京体育大学，2014.

参赛时间	参赛队伍	比赛级别	名次
1983	梅县地区	全国决赛	3
1984	梅县地区	全国决赛	1
1985	梅县地区	全国决赛	2
1986	梅县地区	全国决赛	2
1988	兴宁县镇三小	分区赛	3
1989	五华城镇中学	分区赛	3
1990	梅县	分区赛	1
1991	梅县	分区赛	3
1992	梅县	分区赛	3

梅州少年足球代表队参加萌芽杯的历年成绩[1]

1984 年梅县丙村小学代表梅县获萌芽杯冠军

为切实推动足球发展，1982 年 12 月 27 日，梅县强民体育会在广州召开年会，倡议将 1983 年作为梅县地区的"足球年"，以在球乡掀起全年足球热。该倡议得到了梅县县委县振幅的积极采纳和各界乡贤的支持。开展足球年活动所需的 10 万港元，由旅港嘉应商会负责资助。

1983 年 9 月，梅县改称梅县市。10 月，以梅县少年足球队代表梅县地区参加希望杯（南区）比赛，以梅州中学足球队代表梅县地区参加幼苗杯（南区）比赛，以丙村小学足球队代表梅县地区参加全国萌芽杯（南区）比赛，三支队伍均获出线权晋级到北京参加总决赛，并取得了骄人成绩。[2]

1984 年梅县少年足球代表队获萌芽杯冠军

梅县人称此为"三杯晋京"，为球乡历史书写了光辉一页。当时《人民日报》发表评论《梅县的启示》："一个县有三个少年儿童足球队同时晋京参加决赛，难得可贵，其拼搏精神要加以发扬。"南方日报、羊城晚报等省、市一级传媒也发表了多篇报道。

[1] 房作铭. 广东梅州足球发展兴衰原因调查与重振研究[D]. 北京体育大学，2014.

[2] 杨宏海，温威光. 梅州：球乡筑梦[M]. 广东人民出版社. 2020. 11. p98.

1982 年 8 月，梅县少年足球代表队荣获
第 6 届省运会少年足球赛冠军
（后排右二为教练张吉祥）

1982 年省运会冠军后梅县少年足球队与地区领导合影

每年一届的省足球锦标赛，曾先后三次易名，分别为广东省少年足球锦标赛、广东省足球锦标赛，后来增设一个年龄组分为男子甲组和乙组足球锦标赛。1987年前，梅州足球以“梅县地区”的名义参加比赛，1988 年以后以县为单位参加该项比赛。梅县地区（梅州市）u15 球队参加了多届省少年锦标赛和省运会少年足球赛，并取得了骄人成绩。

参赛时间	参赛队	赛事	名次
1981	梅县地区	省少年锦标赛	1
1982	梅县地区	省六运会少年足球赛	1
1985	梅县地区	省少年锦标赛	2
1986	梅县地区	省七运会少年足球赛	3
1987	梅县地区	省少年锦标赛	2
1988	五华县	省少年锦标赛	1
1989	五华县	省少年锦标赛	1
1990	梅州市	省八运会少年足球赛	3
1991	五华县	省少年锦标赛	1
1992	五华县	省少年锦标赛	1
1993	兴宁县	省少年锦标赛	1
1994	梅州市	省九运会少年足球赛	2
1995	梅江区	省少年锦标赛	2
1996	梅县	省少年锦标赛	2
1997	五华县	省少年锦标赛	1
1998	梅州市	省十运会少年足球赛	1
1999	兴宁县	省少年锦标赛	2

梅州少年（U15）足球代表队在 1981—1999 年间参加省级比赛成绩[1]

[1] 房作铭. 广东梅州足球发展兴衰原因调查与重振研究[D]. 北京体育大学，2014.

1984 年梅县业余体校 74 足球班代表梅县参加贝贝杯少儿足球赛获得亚军[1]
（前排左起：钟森强、谢益波、梁言生、李海发、梁建松；后排左起：张强胜、熊桃贤、饶国军、丘智敏、郭涛、钟志伟、林天军、罗巧军）

1983 年，全国贝贝杯足球比赛开始举办。1984 年 7 月 29 日至 8 月 2 日，梅县业余体校 74 足球班，由罗巧军、李元申两位教练共同带队，参加了在江苏省沙洲县举行的全国第 2 届贝贝杯少儿足球赛。22 个省市代表队参赛，梅县队以 7 战 5 胜 1 平 1 负的成绩夺得亚军。

梅县业余体校 74 足球班组建于 1983 年 7 月，队员来自梅城、松口、丙村、程江等地的小学，由基层小学训练点的教练推荐，以学生身高、速度、灵敏标准选才。队员多数没有技术基础，在梅县县委、县政府府和梅县地区体委的支持下，罗、李两位教练在一年内将他们训练成全国亚军，足见当时业余体校的青训实力。该足球班之后又连获佳绩，1986 年获得萌芽杯亚军，1987 年获幼苗杯冠军及体育道德风尚奖，1987 年获大连北洋杯亚军，1988 年、1989 年均获希望杯南区冠军、决赛第 4。[2]

梅县业余体校 74 班是当时梅县业余体校青训的一个代表，体现了 80 年代足球之乡的青训模式。该班侯春年、黄胜强入选国家少年足球集训队，李海发、钟森强、谢益波、郭涛、李伟等入选广东省青年足球队。

第十二节　广东省体校成为梅州籍国脚和省脚的摇篮

广东省体校，是南派足球时代遴选省脚、国脚的地方，也是当时众多梅州籍球员职业上升的孵化地。20 世纪 80 年代的几位梅州籍国脚，都是靠着超乎寻常的训练和自己的悟性，从省体校脱颖而出入选省青年队的。

1978 年，14 岁的张小文和郭亿军一同到广州参加省里集训，郭亿军被选入省体校，张小文被退回了兴宁县体校。但张小文从未放弃足球训练，他回到兴宁，

[1]　罗巧军. 峥嵘岁月足球情. 2017. 8. 19，p121.

[2]　罗巧军. 峥嵘岁月足球情. 2017. 8. 19，p5.

选择投考广州体育学院并加强训练，别人休息的时候，他坚持训练不休。对足球的热爱和执着，使他再次脱颖而出。1980 年，张小文在梅县少年足球代表队担任中锋，参加广东省中学生足球赛，因表现出色，被广东省体校录取。一年后，张小文入选广东青年队。1983 年，他被借调到正备战五运会的广东省队，并参加了全国甲级联赛。

伍文兵 13 岁的时候，只有 1 米 35，廖友华只有 1 米 29，都因能吃苦、技术好、有悟性而被时任广东队主教练苏永舜相中。当时在广东省体校，足球小学员每天至少练 3 个小时。这些来自梅州的少年球员们勤学苦练，技术突出，将足球作为改变命运、为国家或省队争光的途径。

1987 年 8 月 19 日，以梅县业余体校 74 足球班为基础的梅县队，获得了幼苗杯足球决赛冠军。在决赛中，他们击败了申思所在的上海代表队。74 班的李海发和申思、张恩华常有交手。张恩华踢前锋，后来改踢后卫，李海发开始踢后卫，后来改踢前锋。[1]

在专业体制时代，足球以全运会为目标，完成任务队伍就散了。1987 年全运会结束，接着就是各支队伍大调整。1987 年广东队完成了主场夺冠，调整的幅度很大，杨宁、黄德保、曹阳等梅州籍名将离队。补充进来的 14 名队员中，包括来自梅州的包括谢育新、区楚良、伍文兵和廖友华。1990 年，五华的李玉展和梅县的李海发进入广东青年队。

第十三节 “中国足球的贵人”曾宪梓倾力支持家乡足球

曾宪梓博士被誉为“中国足球的贵人”。[2] 他是一位白手起家的商界奇才，也是满腔热忱的爱国者，他一生为中国的体育和足球事业做出了巨大贡献。

1934 年 2 月 2 日，曾宪梓生于广东梅县扶大区珊全村，和曾雪麟是同宗，按辈分是曾雪麟的侄子。曾雪麟的父亲曾广源 1920 年前往泰国谋生，曾雪麟在泰国出生，7 岁时被送回梅县读书。两人从小都在足球之乡的氛围中长大，都十分热爱足球运动。

曾宪梓少年时一度因家贫辍学，对寒门学子之苦感同身受，这成为他日后倾

[1] 参考白国华2018年专题文章《三十功名尘与土》。

[2] 参见《悼念曾宪梓：为国脚捡球买营养品，他是中国足球贵人》，澎湃新闻。

曾宪梓在东山中学就读时曾任校足球队队长

巨资支持教育的动力。1949 年，一位兴宁籍干部见少年曾宪梓忙完农活不忘坚持看书，就鼓励他继续上学，并帮他申请了助学金。曾宪梓以优异成绩考入东山中学。

在东山中学，曾宪梓不仅学习成绩名列前茅，并且在校足球队踢左边锋，是校队主力、体育健将。他的百米短跑曾获全梅县比赛冠军。[1]1956 年，他高中毕业考入中山大学生物系。1968 年，他在香港开始制作领带创业，从尖沙咀自行推销，艰难起步，并且不断根据市场需求创新产品，以合作共赢的方式推进渠道布局。他以“勤俭诚信”四字作为准则，经艰苦奋斗逐步发家兴业，他所创的品牌“金利来”成为享誉世界的时尚品牌，曾宪梓也获得了“领带大王”的美誉。

事业腾飞之时，曾宪梓开始思量回报祖国和家乡。从 1968 年开始，曾宪梓以科教兴国、产业报国的精神，持续捐助内地及香港文化教育、体育、医疗和社会公益事业。

从 1968 年至 2019 年去世，曾宪梓向内地捐资超过 1400 项次，累计金额超过 12 亿港币，领域涵盖教育、体育、航天等领域，并设有曾宪梓教育基金会、体育基金会和载人航天基金会。深受其惠的家乡人民赞誉他“爱国如家，爱乡如命”，原全国政协副主席钱伟长挥毫写下“梅州曾宪，誉满桑梓”的条幅，表彰他为国家无私无悔的奉献精神。

来自足球之乡的曾宪梓，一直期望中国足球能够发展起来，冲出亚洲，走向世界，这成了他心中的足球梦。他曾感慨地说：“我生于足球之乡，自小喜欢足球，看到有十亿人的祖国的足球运动水平还如此落后，内心难以平静。”[2] 曾雪麟回忆曾宪梓对国足的期盼，说，曾宪梓“每提及中国足球的现状，他心中便是忧郁万分。近年来，他去西德，去欧洲，看到足球影响之大之深，更是日日期待中国足球腾飞之时。”

1977 年，曾宪梓回梅县看到家乡足球在十年浩劫中遭受严重破坏，便主动捐赠 5 万元给梅县体委，作为组织梅县足球队的经费，以振兴家乡的足球事业。梅县强民体育会复会时，他出钱修建办公楼，提供强民杯活动经费，带头捐资扩建

[1] 夏萍. 曾宪梓传[M]. 作家出版社，1996.
[2] 参考《曾宪梓：我的中国心》，CCTV，名人面对面。

东较场看台，承办梅县各级球队的足球赛。

1985年春节，在曾宪梓的资助下，梅县地区专业足球队代表香港嘉属商会赴香港参加香港足球总会举办的“金牛杯”贺岁邀请赛，通过港、梅足球队的相互交流，促进家乡球队技战术的提高。

1985年春节“金牛杯”贺岁邀请赛中曾宪梓会长领军进场，队列中为梅县队教练和队员

曾宪梓先生十分重视足球赛事，赞助了多项足球比赛，包括1986年全国足协杯赛，1986年、1987年全国足球甲级联赛。20世纪80年代开始，凡中国足协主办的全国甲级联赛、足协杯赛、全国女足联赛甚至青少年的“柯达杯”赛等赛事的足球场上，都有“金利来领带，男人的世界”广告。曾宪梓每年捐资5万元给梅州市足球队做经费。

他还出资举行多届宪梓杯足球邀请赛，请高水平的外队来梅表演。他在梅县连续主办了3届宪梓杯足球邀请赛和总决赛，邀请国内省市足球劲旅来梅县参赛。1989年4月10日，曾宪梓在京为1990年亚运会分别捐款100万港元。

1986年，梅县体育场落成剪彩，他出资邀请广州白云队来梅与梅县地区队作表演赛。当时梅城万人空巷，东较场周围十多级看台座无虚席，一票难求，场外还有大批无票无法进场的观众在等待。

1986年2月15日下午，第1届“宪梓杯”足球邀请赛在梅县人民体育场开赛，吸引了全国从中央到地方近30多家媒体100多名记者到现场采访。新建的体育场看台能容纳1.3万名观众，在不设赠票的情况下，场场爆满。1986年，曾宪梓在北京、沈阳、上海、天津分别主办金利来杯大学生足球赛。1987年，四城市冠军队在广州决战金利来杯。他还捐资举办了首届金利来杯小型足球赛，赞助广东省大学生“省长杯”足球赛。[1]

1987年、1988年元宵节分别在兴宁和五华举行的第2届、第3届宪梓杯足球邀请赛，全国转播，营造了浓郁的足球氛围，也吸引了更多青少年和群众关注或参与足球运动。

[1] 李存章. 执著的爱——记爱国华侨曾宪梓先生对祖国体育事业的支持[J]. 体育文史，1990（01）：50–51.

2012 年，国脚名宿们在梅县探望曾宪梓先生

在媒体方面，广东南方日报、羊城晚报、广州日报、足球报，北京的体育报、北京晚报，上海的新民晚报，天津的今晚报，四川的成都晚报陆续都出现了“金利来足球体育新闻”栏目。1986 年世界杯赛，曾宪梓将曾雪麟请到香港，让曾雪麟通过电视看香港直播的世界杯。

在足球场馆方面，曾宪梓、孙城曾、刘锦庆、罗焕昌、刘宇新等几十位华侨、港澳同胞共捐资 430 万港元，兴建了梅县、兴宁县、五华县体育场的足球看台。当时这三座足球场的建筑标准达到了国家乙级水平，很快被作为 1987 年第 6 届全运会足球预赛梅县赛区球场。

曾宪梓与旅港嘉应商会乡贤一道捐港币 17 万元兴建了强民体育会会所大楼和溜冰场。曾宪梓为广州市东较场捐建了全国第一座有五千座位的国际标准的小型足球场看台。2012 年 11 月，曾宪梓捐建的体育场在梅州启用，后来成为广东华南虎足球俱乐部的主场。

在振兴家乡球队方面，曾宪梓不仅大力支持经费，还力促家乡球队加强对外交流。1983 年，梅县三支少年足球代表队同时晋升决赛，被邑人赞为“三杯晋京”。曾宪梓闻此喜讯，又偕霍英东、刘锦庆等赴京观战、助威并以资鼓励。

曾宪梓与旅港嘉应商会乡贤多次促成国家足球队、香港愉园足球队、香港东升足球队来梅州访问比赛，另一方面又赞助梅县青年足球队和梅州市足球队到香港参加足球比赛，推动两地足球文化交流。

1984 年元宵，梅县强民体育会成立 55 周年庆祝大会，曾宪梓、刘锦庆、罗焕昌等旅港嘉应商会乡贤促成香港足总副主席、霍英东之子霍震霆来梅，霍英东亲致贺电。[1]

在足球队伍建设方面，曾宪梓用心支持足球人，是中国足球和家乡足球背后强有力的“贵人”。曾宪梓对历届中国足球队都关怀备至。每逢重大比赛，他便撇开一切事务，随队助威，关心和奖励队员，并提出建设性意见。中国队到中国

[1] 李存章. 执著的爱——记爱国华侨曾宪梓先生对祖国体育事业的支持[J]. 体育文史，1990（01）：50–51.

香港地区比赛时，曾宪梓每场比赛必到，包括训练赛，甚至为国脚捡球。中国队出国打比赛时，他和妻子一道跟随，并为国家队员购买营养品。

1985 年元宵，曾雪麟率国足造访梅县，曾宪梓和曾雪麟在梅县东较场会面

曾宪梓多次促成曾雪麟等国家足球队教练到香港观看国际赛事，助力拓宽国足视野，这在当时须经过国家体委和香港足总同时批准，还需经费，行程难能可贵。1980 年，苏永舜率国足到香港参加世界杯预选赛，在担任香港足总会长的霍英东帮助下，经过曾宪梓的沟通，曾雪麟等三人得以加入中国足协的观察团，现场观摩比赛。[1]

曾宪梓和曾雪麟在东较场主席台上

1982 年，中国队冲击世界杯失利。而这一年曾雪麟执教的北京队夺得甲级联赛冠军，成为国足主帅的呼声很高。曾宪梓得知后鼓励曾雪麟：“一个梅县人能当上国家队主教练，很了不起！”1983 年 4 月，曾雪麟正式被任命为国足主帅。1984 年 1 月，曾雪麟带队在印度以 1 比 0 击败世界杯冠军阿根廷，夺得尼赫鲁金杯。

2012 年，曾雪麟和曾宪梓在曾宪梓梅县家中

1985 年 5 月 19 日，曾雪麟率领的国足在北京 1 比 2 输给中国香港队，无缘墨西哥世界杯，赛后爆发了震惊中外的五一九事件。[2] 为此，曾雪麟被球迷封堵多日后辞职，他精心打磨的国家队解散。8 月，曾雪麟辞去了国足主教练职务，黯然飞回家乡梅县，但他很快收到一个惊喜。曾宪梓夫妇将自己捐建、刚刚落成的梅州中学办公楼命名为“雪麟楼”，纪念曾雪麟为中国足球做出的卓越

[1] 参见《悼念曾宪梓：为国脚捡球买营养品，他是中国足球贵人》，澎湃新闻。

[2] 曾雪麟：5. 19惨败自己难做主，事件之后一辈子完了，凤凰体育。

2002 年，曾雪麟（中）与昔日同学在雪麟楼前合影

贡献。

20 世纪 80 年代末，曾宪梓鼓励曾雪麟，希望他继续为足球事业发挥才干，并提出组建金利来职业足球队，自己每年出钱，参照外国俱乐部的模式，由曾雪麟管理和执教。这一与国际接轨的想法，超前于当时体制，很快遇到了球员难以招募等困难。[1] 曾宪梓力推的这个职业足球探索项目，最终无果而终。

作为有着崇文重教传统的客家人，曾宪梓的各项捐赠事业中，教育是重要部分。他秉持这样的理念："我若把产业只留给我的后代，只富了我一家；我要用我的产业来培养祖国的后一代，将来就能使整个国家富裕起来。"[2]1992 年，曾宪梓与国家教育部合作，设立了曾宪梓教育基金会，曾宪梓为基金会捐赠 1 亿港元，启动教育领域的扶贫助学。从 2000 年开始，该基金会每年资助北大、清华等 35 所内地高校品学兼优的寒门大学生 14000 名。

2018 年曾宪梓获得国家改革开放 40 周年奖章

1994 年，为表彰曾宪梓的卓越贡献，中科院紫金山天文台将一颗小行星命名为"曾宪梓星"。曾宪梓于 1991 年当选港区全国人大代表，1994 年当选全国人大常委；1997 年获颁授大紫荆勋章，成为香港特区政府第一批 12 名大紫荆勋章得主之一。2008 年，曾宪梓被授予"中国企业改革十大杰出人物"。2018 年 12 月，庆祝改革开放 40 周年大会在北京举行，中共中央、国务院表彰改革开放杰出贡献人员，曾宪梓获评"倾力支持国家改革开放的香港著名企业家"。

1994 年甲 A 开幕，曾宪梓被确诊为肾衰竭，当时他刚加入中国香港特区筹备委员会。在事务繁忙、身体欠佳的情况下，曾宪梓也从未停止过支持中国足球。梅州足球因有了曾宪梓这样热爱足球的乡贤们支持，在改革开放前二十年蓬勃发展。

[1] 李超，归群. 败军之将：曾雪麟传. 人民体育出版社，1990.

[2] 卢大海. 曾宪梓6. 7亿捐祖国[J]. 华人世界，2006（06）：55-57.

第十四节　众多华侨和乡贤托举梅州足球迈入繁荣时代

梅州作为文化之乡，人才渊薮；作为华侨之乡，反哺情深；作为足球之乡，荣耀加载。这三大特色在改革开放之后交相辉映，托举梅州足球进入繁荣时代。因文化水平高而逐渐闻达的爱国华侨，以足球为桥梁和纽带，联动梅州与外界。20世纪80年代至90年代，文化、华侨和足球成了照耀梅州山城的三道光，缔造了一段其他地方罕见的山区足球繁荣胜景。爱国侨胞热心支持家乡教育，鼎力推动家乡足球发展，纷纷捐资兴建学校、场馆和设施，出资举办各类型的足球大赛，并邀请国足、香港愉园、东升等各地劲旅来梅县地区表演，使足球运动在梅州热度空前、盛名远扬。霍英东、刘锦庆、曾宪梓等热爱足球的港侨名流、爱国贤达，以实力和情怀，托举梅县足球步入全新时代。他们的乡情，让家乡人铭记。在他们的倾力支持下，足球成为梅县地区的名片。

霍英东父子托举体育新时代，惠及足球之乡

霍英东和球王李惠堂是香港皇仁书院校友。皇仁书院是香港足球运动较早普及的中学，李惠堂1921年入学，霍英东1936年入学，两人年纪相差18岁。1941年12月8日，日本入侵香港，李惠堂拒绝为汪伪踢球，辗转回梅州和西南义赛支援抗战。正在皇仁就读的霍英东受战争影响不得不辍学谋生。被迫辍学谋生。他后来经营船运事业，在抗美援朝时期冒险往内地运送物资支持中国军队[1]。1959年酷爱足球的霍英东组织了东升足球队，延揽了于灼强、莫振华、尹志强等球星。[2]

在1970年、1974年、1981年，霍英东先后当上了香港足球总会会长、亚洲足球协会副主席、国际足联执委等体育组织的领导人。1958年，新中国中断了与国际奥委会的联系，并且退出了几乎所有国际体育组织。1971年，中国在联合国安理会的合法席位恢复后，霍英东、霍震霆父子亲临一线，利用自己的名望和实

---

[1] 秦静. 霍英东：我的人生不止100分[J]. 招商周刊，2006（23）：50-51.

[2] 郑志刚. 试论霍英东的体育价值观及其对中国体育事业的卓越贡献[J]. 体育文化导刊，2007（07）：84-86.

力，助力中国体育全面重返国际体坛。[1] 在霍氏父子斡旋之下，中国于 1974 年加入亚足联，1979 年恢复在国际奥委会的合法权利，之后又重新加入国际足联、国际篮联等体育组织，为中国体育“冲出亚洲，走向世界”创造了条件。[2]

1978 年，霍英东先生发起省港杯足球大赛，并连续资助 19 届省港杯足球赛。至本书出版时，省港杯已坚持举办了 40 年，成为中国改革开放时期粤港交流的平台，也成为池明华、王惠良、郭亿军、黄德保、谢育新、曹阳等梅州名将施展球技的绝佳舞台。

1986 年，在香港举办的亚洲女足锦标赛上，中国女足夺冠，霍英东开始推动国际足联在中国举办首届世界女足锦标赛。1988 年，作为先声，世界女足邀请赛在广州举行，霍英东承担了比赛全部经费，并安排白天鹅宾馆和番禺宾馆做好接待。1991 年 11 月 16 日，首届世界女子足球锦标赛在广州天河体育场开幕。在这些重大赛事中，教练林思跃和运动员吴伟英等梅州籍足球人士参与其中，为国争光。

霍英东热心慈善，几十年来用于兴办教育、卫生、体育和架桥、修路等各类公益事业的慈善捐款总计超过了 150 亿港元。[3] 梅县乡贤曾宪梓与霍英东相识多年，从 20 世纪 70 年代开始，曾宪梓陆续在中国设立了航天基金、教育基金、体育基金等。两人都热爱足球，并持续为支持中国足球发展倾注心血。霍英东被誉为中国体育的“福神”，曾宪梓被誉为中国足球的“贵人”。

梅县强民体育会赠永远名誉会长霍英东先生“足坛巨光”锦旗

1980 年，霍英东先生被邀聘为梅县强民体育会永远名誉会长[4]。1983 年，霍英东应强民体育会邀请，出席了梅县“三杯”晋京庆功会暨北京强民之友成立大会，捐赠 8 万港元支持梅县强民会会所大楼和溜冰场的建设。

1984 年 9 月，第 8 届亚洲足球锦标赛预赛在广州举行，国足教练曾雪

[1] 何振梁. 情系中华体育的霍英东霍震霆父子[J]. 纵横，2000（01）：15-19.
[2] 马明达，耿之矗. 体坛功臣——霍英东[J]. 体育文化导刊，2007（02）：73-77.
[3] 马明达，耿之矗. 体坛功臣——霍英东[J]. 体育文化导刊，2007（02）：73-77.
[4] 杨宏海，温威光. 梅州：球乡筑梦[M]. 广东人民出版社. 2020. 11. p101.

1984 年元宵霍震霆（前左二）来梅县参加强民体育会成立 55 周年庆典

麟率领国足参赛。在霍英东先生的关照下，参赛队员和大会的工作人员全部免费入住白天鹅宾馆。在预赛期间，霍英东特别交代宾馆做好接待工作，尤其要让中国足球队吃好、住好、休息好。中国队以小组全胜出线，最后在亚洲杯决赛中夺得了亚军，为有史以来为中国足球队重返国际足坛后在亚洲杯所取得的最好成绩。

1984 年元宵，梅县强民体育会成立 55 周年庆典活动，霍英东先生的长子霍震霆参加了庆典。[1]1984 年 2 月 17 日晚，霍震霆从广州乘机抵达兴宁机场，香港嘉应商会刘锦庆、曾宪梓、罗焕昌和梅县地市级领导及强民体育会会长温集祥等前往迎接。霍震霆一行来到新落成的强民体育会会所大楼，受到热烈欢迎。

霍震霆在演讲中强调足球让人一见如故。他说："我是搞足球的，我父亲霍英东也可以说是搞足球的。我们不是梅县人，我来到梅县不到 10 个小时，现在又才刚到强民体育会，可我感到好像来到自己的家里一样。你们这样好客、这样热情，令我十分感动。强民体育会也是搞足球的，梅县是足球之乡，也许就是足球把我们的心连在一起，才使我们的初次见面就如同老朋友一样，一见如故！"之后梅县强民足球队和香港愉园足球队在梅县人民体育场进行了一场精彩的友谊赛。当时足球为梅县带来了荣誉，也像一座无形的桥梁，加强了梅县本地与侨胞贤达的联系。推动中国足球冲出亚洲走向世界，是这些贤达当时的共同心愿。

华侨资助梅州教育，带动桑梓足球热潮

改革开放之后二十年，梅州华侨为家乡捐资建校的热潮，达到了全新高峰。在地方政府大力推动下，华侨乡贤为改变家乡落后面貌，慷慨捐资，积极兴建学校基础设施和场馆，让青少年得以在校园得到专业足球训练，强健体魄，为梅州足球发展巩固了校园体系、场地基础和后备力量。[2]

[1] 杨宏海，温威光. 梅州：球乡筑梦[M]. 广东人民出版社. 2020. 11. p109.

[2] 何万真. 情倾故土——记香港同胞对梅州家乡文教事业的贡献[J]. 海内与海外，2001（01）：15-18.

1985 年时任旅港嘉应商会会长刘锦庆看望连续获得三届省女子足球邀请赛冠军的梅县女足

梅州是全国著名侨乡，据 2001 年统计，当时梅州有港澳台同胞和海外侨胞 300 多万。不少华侨的童年在家乡度过，从小就热爱足球，在外成家立业后，不忘回报家乡，鼎力支持家乡足球发展。在曾宪梓、田家炳、刘宇新、刘锦庆、黄华等香港客属侨领的带动下，振兴梅州教育，擦亮球乡品牌，改变家乡面貌，逐步成为港澳台同胞和海外侨胞的共识。

改革开放之后的前二十年，广大华侨、港澳台同胞纷纷支持家乡梅州的教育事业。[1] 以旅港侨胞为例，从 1978 年至 2001 年，香港同胞在梅州市新建、重建、扩建学校的楼、堂、馆计有 5500 多间，托儿所、幼儿园 130 多间，总金额达 6 亿多元人民币，占海外总捐资额 70%。

梅州在这一时期新建学校有将近三分之二由旅港同胞捐建，包括：曾宪梓先生在嘉应大学的八项系列工程及分布于全市的曾宪梓中、小学系列工程；田家炳先生在大埔及市、各县的中、小学系列工程；刘宇新先生的中、小学系列工程；罗焕昌、姚美良、徐琳、何冬青、孙城曾、李济平、余国春、黄丽群、邹锡昌、陈纪煌、黎次珊的中、小学系列工程；熊德龙、曾广森、刘锦庆、林尚聪、杨如彭、何肇陵、罗桂祥、曾镜明、邱育新、陈泰元、朱孟依、钟奇可、吴炳连、杨光华、林光如、陈振炎等侨胞也捐建了教学大楼、图书馆大楼、学校设施、教学设备等。[2]

1983 年旅港嘉应商会会长刘锦庆在强民体育会大楼落成剪彩上致辞

1989 年，著名爱国华侨实业家、旅港嘉属商会首届会长潘君勉先生哲嗣潘懋贤、潘绍基等，将落实侨房退赔的 5 万元人民币，悉数捐赠给梅县南口中学作为该校奖学金基金。

曾宪梓、黄丽群伉俪先后捐资为母

[1] 梅州文史. 梅州华侨华人史料选编. 第十二辑. p28.

[2] 何万真. 情倾故土——记香港同胞对梅州家乡文教事业的贡献[J]. 海内与海外，2001（01）：15-18.

校东山中学建造宪梓教学大楼和图书馆大楼，并会同刘锦庆、李信章等44人捐资兴建东山中学70周年纪念大楼，为迎接东山中学建校80周年独资兴建宪梓大礼堂。夫妇俩还捐资兴建梅州中学雪麟楼、乐育中学丽群楼、丽群礼堂、扶大中学宪梓教学楼、梅县华侨中学宪梓艺术宫等，捐资金额超2000余万元港币。

这一时期，曾宪梓夫妇还捐资1000万元在梅城区创办曾宪梓中学。同时期，梅县青年实业家黄华先后在东山中学、梅县、梅江区、平远、五华等中小学捐资兴建校舍、建立奖教奖学基金等，共捐资300多万元。

大埔华侨萧畹香先后捐资450万元，将之前独资创办的进光初级中学扩建为完全中学，建筑面积达1.3万平方米。大埔旅港实业家田家炳在家乡兴建银滩小学、玉湖中学、谦家小学、田家炳第一中学、田家炳第二中学、田家炳第三中学、大埔机关幼儿园、大埔职业中学、大埔电视大学教学楼、嘉应教育学院田家炳教学大楼、嘉应大学田家炳科学馆、兴宁田家炳中学等，捐资金额共达2000多万元。田家炳先生通过基金会在全国捐建了200来家学校，被誉为“中国百校之父”。

来自大埔的香港嘉应商会永远名誉会长、香港南源永芳集团董事长姚美良先生捐资大埔华侨中学、银江中学、湖寮永芳学校、东山中学、市盲童学校、梅县高级中学永芳楼、平远梅青中学永芳楼等项目，共计2000多万元。姚美良先生热心体育事业，捐资举办了“李惠堂球王奖”评选活动，为第11届亚运会捐款，并赞助了梅州市业余体育田径班经费等，为体育事业做出了贡献。

大埔籍侨胞姚美良先生捐资举办李惠堂球王奖评选活动

香港嘉应商会会长刘宇新为母校兴宁泥陂中学建造宇新教学大楼、庭芳图书馆、庭芳教师住宅院、宇新读书亭、校友楼等，捐资达440万港元。香港嘉应商会永远名誉会长李济平在家乡兴宁独资创办济平中学，耗资440万港元，建筑面积共7000平方米。

球王李惠堂（左一）和何冬青（左二）与来自梅州、河源和惠州的客属乡贤相聚

平远旅港教育界名流何冬青，独资

创建冬青实验中学和冬青小学，为家乡平远捐建中、小学系列工程，还为三间中学、一间小学设立了德智各项奖学金。丰顺县旅外乡亲先后捐资 5780 万元，新建、重建、扩建中小学 162 所，建筑面积共 14 万平米，占全县校舍总面积的三分之一。旅泰国同胞罗名、徐思华等倡议重建华侨中学，得到海外华侨乡贤热烈响应，于是 150 多位乡贤共捐资 410 万元，侨中新建面积达 1.8 万平方米。旅泰国、香港乡亲捐资 460 余万元，为东海中学建起占地百余亩、校舍面积 1.4 万平方米的新校园。

1984 年，梅州复办嘉应大学，得到了港澳同胞和海外侨胞曾宪梓、熊德龙、萧畹香、田家炳、刘宇新等乡贤的积极支持。其中曾宪梓先生捐资 270 多万元兴建一幢 1 万平方米的教学大楼，接着刘宇新、田家炳、熊德龙及海外侨贤肖畹香等先生资助兴建了大部分教学场地。罗焕昌、曾宪梓、田家炳、余国春、姚美良、刘宇新、熊德龙、萧畹香等华侨合计捐资 1200 多万元，在市政府支持下，共同兴建嘉应大桥，每年从过桥费中提取资金用作嘉大部分办学经费。从 1985 年至 1990 年，华侨、港澳同胞捐资建设嘉应大学的金额共 2500 万，建筑面积达 3.3 万平方米。

罗焕昌先生颁奖

华侨捐资建设的平远县足球场

兴宁籍侨胞罗焕昌是香港嘉应商会永远荣誉会长、广东省人大代表。他热心家乡体育事业，为兴宁、梅县、五华、平远等足球场、市足球运动学校“焕昌楼”、梅县强民足球基金会、兴宁“焕昌杯”足球邀请赛的举办捐资出力。

梅州地区的华侨、华人和港澳台同胞有着资助桑梓教事业的光荣传统。梅州成“文化之乡”是与“三胞”一直鼎力支持家乡文化教育分不开的。香港嘉应商会对嘉应大学的创办、巩固和发展给予了热情支持，献计献策，出钱出力。他们为嘉应大学捐建了教学大楼、图书馆、科学馆、大礼堂、办公楼、体育馆、专家楼、幼儿园等，添置了一大批教学仪器、设备，筹集了嘉应大学教育基金。

改开后二十年，嘉应商会发动为嘉大捐资近5000万元。嘉应大学的办学条件全面提升，于2000年3月顺利升格为本科院校，并定名为嘉应学院。田家炳先生在嘉应大学、嘉应教育学院和蕉岭师范学校都捐巨资建教学大楼，改善师范教育条件。嘉应学院的发展，为梅州建立足球人才培养高地奠定了基础。

刘宇新先生致辞

港澳台同胞和海外侨胞的义举，让梅州提前实现基础教育"普九"，整体教学质量迅速提高，每年高考喜报丰收，梅州各界办学的积极性进一步提升，客观上也进一步推动了足球的发展。在华侨的带动下，梅州本地全民办学的积极性空前高涨。改开之初，梅州通过一次"教育基金百万行"活动，海内外乡亲共集资5900万元人民币。不少五保户老人连母鸡带鸡蛋献给教育基金，或卖掉棺材献教育，令人动容，这段历史可能很多人并不知晓了。梅州本地的企业家纷纷慷慨解囊，五华籍企业家张德琴、缪寿良、曾茂发、朱焕良捐资办学金额都分别在150万元以上。

当时梅州这一波捐资办学热潮，从根本上改变了改开之初梅州危校、旧校多的落后状况，全市学校面貌焕然一新。当地适龄少年儿童入学率从"文革"末期的40%~60%，提高到99%。而众多入学的青少年又为这一时期球乡发展提供了后备人才条件。

梅州华侨一方面捐巨资改善学校硬件，一方面还致力于推动家乡学校师资等软实力的培养。曾宪梓、刘宇新、罗焕昌等乡贤常常邀请家乡教师到外地参观考察，增长见识，每次回乡都请母校老师同餐共叙。

香港嘉应商会会长刘宇新先生，热心桑梓体育事业，慷慨捐资支持梅县、兴宁、五华、平远县足球场、市训练中心宇新楼及梅县强民足球基金会等项目。刘宇新先生在母校的读书亭中刻上"万世师表，永志难忘，人生之义，贵在奉献"的志言，与师生共勉。

华侨乡贤在推动家乡孩子树立做人品德和良好学风方面，也言传身教，以身作则，用心良苦，这对培养梅州足球苗子吃苦耐劳、积极上进、团结协作的体育精神，起到春风化雨的促进作用。在这种客家文化传统氛围之下，梅州足球从来没有脱离德育和文教而存在，而是延续了球王李惠堂重视球德球品的文脉和传统，以德润身，在大环境不佳的情况下得以置身黑幕之外，更好地安身立命，实现人生价值。

曾宪梓先生每谈起教育，必谈到要教学生懂得怎样做人，强调培养能为国家做奉献的、具有高尚道德品质的人最为重要。他回到家乡经常主动要求和学生见面作报告，深刻讲解“勤、俭、诚、信”做人办企业的道理。[1] 刘宇新先生用“善于修养，勤于学习，苦于锻炼”12 个字，表达他对学生在德、智、体全面发展的殷切期望。

在梅州，华侨反哺家乡，家乡感恩乡贤，形成良性循环，使得梅州这个经济落后的地区，其教育的规模和质量，在改革开放二十年长期排在广东甚至全国的前列。华侨乡贤对家乡教育硬件、软件、师资、学风等全方位的支持，承续了客家文化注重通才教育的历史传统，对梅州足球的发展也有着正面的影响。

第十五节　梅州籍名将随主帅苏永舜征战国际强旅

20 世纪 80 年代，大批梅州足球运动员选广东省足球队，成就了梅州足球在粤足坛的分量。广东队主帅苏永舜是一位学历较高、笃学善思的儒帅，他麾下的广东队和国家队，在技战术打法上赏心悦目，而且敢于大打传控和攻势足球，被球迷誉为“最具观赏性”的一届国足。在苏永舜执掌广东队、中国队时，多位梅州籍名将参与其中，为球迷奉献了许多精彩瞬间。

1980 年广东队战平德甲冠军、欧冠劲旅汉堡队，门将杨宁表现出彩

改革开放之初，广东队与辽宁队一起被球迷们合称为南粤北辽，在外战方面捷报连连。1980 年 1 月 6 日，广东队在香江迎战西德汉堡，为“南派足球”应对欧洲劲旅的经典一战，让许多老球迷念念不忘。“广东队反击中的传切配合、两翼的灵活跑位、球员脚下的细腻技术都让球迷看得如痴如醉。”[2]

德国汉堡足球俱乐部（Hamburger SV）当时正是黄金时期，当时在 1979—1983 等赛季赢得了 3 次德甲联赛冠军，1977 年获欧洲优胜者杯冠军，1983 赛

[1]　何万真. 情倾故土——记香港同胞对梅州家乡文教事业的贡献[J]. 海内与海外，2001（01）：15-18.

[2]　引自国脚彭伟国2018年为网友解读“南派足球”的微博文章。

季还拿下了欧洲冠军联赛冠军。该队头号球星是凯文·基冈（Kevin Keegan），他在1978年、1979年连续两年获评欧洲足球先生。前山东鲁能主教练马加特也曾是这支球队中的一员猛将。

广东队主教练苏永舜和德国汉堡队球星凯文·基冈握手

广东队到香港参加第2届省港杯比赛，恰逢汉堡队来港访问，在香港足总的邀请下，广东队和这支欧洲劲旅进行了一场友谊赛。在两天前，汉堡队刚刚以9比1大败港超联赛班霸精工队，所以当时人们预测广东队可能会被德国人进多粒球。

广东队主教练苏永舜曾专程到德国学习足球，记了好几本笔记回来。此战广东队采用“四三三”阵型，首发阵容如下：门将杨宁，后防四人分别为叶细权、何锦伦、蔡锦标、刘全，中场容志行、陈熙荣、谢志光，左右锋线欧伟庭、陈玉良，魏崇金为中锋。其中杨宁、叶细权、蔡锦标、魏崇金为梅州人。

广东队和德国汉堡队合影

左起后排：凯文·基冈、蔡锦标、玛格冶、欧伟庭、徕曼、卡加特、杨宁、香港足总主席卢志忠、广东队领队陈鉴泉、西德驻港领事、香港足总会长霍英东、汉堡队长诺格利、何锦伦、贺巴殊、裁判陈谭新、边裁陈荫明、彭锦平、区志成；左起前排：美路斯基、陈玉良、卫美亚、广东队长容志行、曼玛灵、叶细权、凯安武、谢志光、耶谷斯、陈熙荣、刘全、魏崇金

比赛开始，两队直接开展对攻。第7分钟，广东队陈玉良前场右侧得球，送出一脚，陈熙荣插上，直接小角度劲射破门，广东队1比0领先。1分钟后，汉堡队右路一脚45度传中，禁区中汉堡球员凌空扫射破网，比分扳为1比1。第10分钟，容志行中场带球向前，随后在左侧一脚，欧伟庭高速前插，推射远角送球入门。广东队以2比1再次领先。第19分钟，汉堡队右侧开出角球，禁区中汉堡队员头球将球顶到门前，凯文·基冈轻松一脚射门得分，比分扳成2比2。上半场两队都大开大合，比分2比2。

下半场，广东队右路传中，禁区中魏崇金高高跃起头球攻门，球砸横梁弹出。接着广东队左侧发动进攻，一脚传中，禁区中汉堡队员头球解围。陈熙荣不等球

一代国门杨宁

落地，直接一脚侧身惊天吊射，球以抛物线坠入汉堡队球网。广东队3比2再次领先。汉堡队加强进攻，曼玛灵左路突破连过广东队三名防守球员后，一脚捅射，球被门柱挡出，中路汉堡队球员跟进补射。谢志光倒地铲球，误将球撞入自家大门。广东队以3比3惜平西德汉堡。

这场粤德之战，广东队踢得环环相扣、行云流水，成为老一辈广东球迷心中的经典之战。在这场比赛中，18岁的梅县籍小将杨宁在门前高接低挡，完成了各种匪夷所思的扑救，被粤媒称作“下一代国家队门前守护者”，让很多的球迷记住这个客家门将。

杨宁1962年生于梅县，小学、中学分别在梅县人民小学、东山中学这两所足球传统学校就读。1974年入选省青年队，1980年入选国足任守门员，曾荣获省体工大队三等功。

他身高1米82，反应快、弹跳好、接高球较有把握，很多广东球迷亲切地叫他“客家仔”。因杰出的表现和俊朗的外表，每当杨宁随广东队在越秀山比赛时，很多女球迷都会在看台大喊：“客家仔”，“客家仔”来表达她们对杨宁的喜爱。杨宁的父亲是梅县著名教练杨友标，哥哥杨宣曾在广州部队队和四川队中担任门将，退役后在四川省足球队任教。

汉堡之战后，杨宁便被苏永舜相中，加入中国国家足球队，担任“国门”。但因有“钢门”李富胜在，杨宁一直担任替补。直到1983年的第一届中国长城杯国际足球锦标赛才得以上场，在面对伊朗奥米德俱乐部，杨宁首发出战。中国队最终2–1取胜了伊朗队。此役，国足守门员杨宁英勇扑救，多次化险为夷。小组赛出线后，中国队又先后在淘汰赛中战胜了八一队与泰国队。最后的决赛上，杨宁再度先发出场，中国队依靠赵达裕和柳海光、左树声的4粒进球，击败了北京队，夺得大赛冠军。杨宁在门前稳定的表现，也受到了球迷们的一致好评。

一年一度的省港杯足球赛，杨宁连续七届都是主力守门员，他帮助广东队蝉联了七届冠军。后来杨宁再次入选国家队，参加两届世界杯预选赛。1988年，杨宁宣布挂靴，后来定居于美国旧金山。

第12届世界杯预选赛国足，蔡锦标头球双杀沙特队

1973年苏永舜担任广东队主教练，和陈汉彝、梁德成两位助理教练搭档，使

广东队获得了1975年第3届全运会冠军、1979年省港杯冠军、1979年全国甲级联赛冠军。1975年，中国队第一次参加亚洲杯，年维泗将苏永舜召到国家队。在对阵伊朗时，年维泗采用了苏永舜的意见，扭转了局面。苏永舜主张解放进攻力、大胆搏杀，对任何强队都要敢于进攻，球可以输，但不能窝窝囊囊地输，并强调控球。他认为不仅要有过硬的控、带、传、停、接的技术，还要有足够的体能和身体对抗能力。[1]

1980年至1981年，苏永舜将广东队的容志行、何佳、陈熙荣、杨宁、蔡锦标、古广明、吴育华等人纳入国足。他们参加了第7届亚洲杯、第12届世界杯预选赛等重大赛事。

蔡锦标1976年入选国家队，是20世纪70年代末至80年代初国家队的主力中卫，为初代"盯人后卫"。他技术全面，除了防卫，还擅长头球。中国足协评选1980年中国足球最佳阵容，广东共有容志行、古广明、蔡锦标三人上榜。1980年9月，刚上任的国家队主帅苏永舜率队冲击第7届亚洲杯，国足和三连冠伊朗队、朝鲜队、叙利亚队及孟加拉队同分在A组。最终国足被淘汰出四强。蔡锦标打满了全场。

"钢头"蔡锦标

之后，苏永舜开始备战第12届世界杯预选赛，这是新中国历史上第二次冲击世界杯。国足以5比4艰难淘汰香港队，在北京以3比0大胜西亚劲旅科威特队。广州的《足球》杂志连发了几篇文章，为当时打赢沙特和科威特等队的国足泼凉水，认为中国足球落后，不具备"冲出亚洲，走向世界"的条件，认为有关领导和社会舆论提出的要求过高。[2]

1981年1月4日，国足在香港和朝鲜队进行第12届世界杯亚太区预选赛第一轮决赛。之前中朝国家队七次交锋，国足2胜1平4负，处于下风，因此朝鲜队占据心理优势。这场球打得惊心动魄，国足越战越勇，最终以4比2战胜了朝鲜队，夺得第四组冠军，取得了历史突破，成功晋级亚太区四强赛。[3]

之后国足奋战第12届世界杯亚太区预选赛最终轮，9月24日在北京对新西兰，结果0比0；10月3日在奥克兰对新西兰，结果1比0。新西兰队以动作粗

[1] 李超，归群. 败军之将：曾雪麟传. 人民体育出版社，1990. p168.
[2] 李超，归群. 败军之将：曾雪麟传. 人民体育出版社，1990. p168.
[3] 陈海林. 大潮初起忆八一. 公众号《新三界》. 2021. 3. 20.

野著称，苏永舜采用了“巩固防守，稳住中场，积极快攻”的手法，中国队打得拘谨，最终双方打平，在主场打平意味着失败。10月18日国足在北京对科威特，以3比0，赢得世界杯预选赛关键一战，给当时沉寂许久的中国足坛带来了惊喜和希望。当时大学生们在城市街头举行了声势浩大的游行庆祝，舆论界也掀起了一阵爱国主义旋风。

1981年11月12日，国足在吉隆坡默迪卡体育场与沙特队进行第12届世界杯亚太区预选赛最终轮第四场比赛。上半场第10分钟，沙特连入两球。但国足阵脚不乱。苏永舜令容志行和黄向东换位加强中场组织，同时全场紧逼对手。上半场结束时国足仍一球未进，0比2。下半场，国足进行关键调动。左路左树生、陈金刚换下刘利福、沈祥福，容志行改打左边锋，陈金刚出任中锋。第15分钟，容志行右路底线拿球，转身右脚传中，左树生起脚劲射入网。1分钟后，古广明沉底传中，容志行头球摆渡，陈金刚狮子摇头破网。国足在2分钟内将比分扳平。第31分钟，古广明左脚凌空将球踢入，国足比分反超。第87分钟，古广明在大禁区前沿被沙特后卫绊倒，国足获任意球。容志行开出左路角球，划出一条弧线越过队方门将，黄向东果断杀到，带球撞入网内。4比2，国足上演了惊天大逆转。

第12届世界杯亚太区预选赛终轮对沙特，白衣跃起头球攻门者为蔡锦标[1]

1981年11月19日，国足在吉隆坡默迪卡体育场与沙特阿拉伯队进行第12届世界杯亚太区预选赛最终轮第5场比赛。因吉隆坡场地积水严重，苏永舜放弃短传推进，改用快速两边拉开、长传打身后的策略。沙特队坚持了10分钟，国足发起连番攻势。第23分钟，陈熙荣右路接迟尚斌传球，转移中路，左树生漏给身边的容志行，容志行扣过一名沙特队员后倒三角回传，黄向东紧接跟上，一记贴地远射直蹿死角，1比0。

2分钟后，容志行开出角球，蔡锦标高高跃起，以一记漂亮的头球，顶球飞入门右上角。上半场国足领先，2比0。下半场，国足继续以快速凌厉的进攻，

[1] 在与沙特队的第2回合较量中，容志行开出角球，蔡锦标（中间白衣跃起者）前插禁区头槌破门，帮助国足将比分锁定在2比0。

配合压制对手，将2比0的比分保持到完场，如愿以偿双杀沙特阿拉伯。容志行精妙的角球和蔡锦标精准的头球，两人天衣无缝的配合，让球迷们印象深刻。

1982年国足阵容

1981年11月30日，国足在哈瓦利的穆罕默德·艾尔哈马德体育场与科威特队进行第12届世界杯亚太区预选赛最终轮最后一场比赛。国足领先新西兰3分且有5个净胜球的优势，只要逼平科威特队，即可出线进军西班牙。队内对客场作战是守还是攻发生了分歧，最后苏永舜决定坚持进攻打法。

结果科威特队一开场就全面压制国足，国足锋线三将均被盯死，重组的中场线完全失势，后防压力山大。国足奋力加强攻势但失之急躁，在科威特队有针对性的防守面前，国足的两翼齐飞同时哑火，最终以0比1失利。中国队1平1负于新西兰、2战全胜沙特、1胜1负于科威特。之后，科威特与新西兰战平，沙特胜新西兰，新西兰落后国足2分，净胜球差5个。不料在12月19日，新西兰队“恰好”以5比0狂胜沙特。

新沙的这种操作让国足措手不及。此时国足和新西兰队积分相同、净胜球一致，根据规则，两队将在第三国加赛决定出线权归属。苏永舜连夜通知球员飞赴广州重新备战，决战地点在新加坡，地点由时任国际足联执委霍英东所推荐，霍英东对国足寄予厚望。曾雪麟和曾宪梓也到现场观战。

1982年1月10日，国足和新西兰队在新加坡进行第12届世界杯亚太区预选赛附加赛，争夺进军西班牙的入场券。苏永舜定的战术方案是：紧逼保护，多传快突，国足锋线上排出全新组合，新人吴育华打右边锋，古广明调任左边锋，中锋容志行的位置靠后。

新西兰队打法粗野，攻势凌厉，19分钟后，新西兰队吊球入禁区，Wooddin截球，避过蔡锦标的飞铲后起脚劲射入球。下半场新西兰队再度高球吊冲，7号Wynton Rufer入球，2比0。第13分钟，刘成德和杨玉敏换下左树生、古广明，倾巢狂攻。第29分钟，刘成德在对方禁区被绊倒，国足获间接任意球机会。容志行轻轻一拨，黄向东挥腿射穿人墙挂角入网。之后国足继续猛攻，但新西兰门将接连扑出险球，占优势的国足最终以1比2落败，因一球之差未能出线1982

蔡锦标在比赛中

年西班牙世界杯。

这场世界杯预选赛，梅州籍国脚蔡锦标作为后卫，几乎打满了全场，在这届国家队中是绝对的主力。他和林乐丰、臧蔡灵、迟尚斌三个大连人一起，组成了国家队后防首发四人组。

1983 年，连续 3 年被评为全国十佳运动员之一的老将容志行退役，他高超的球艺、高尚的球德被誉为“志行风格”，是中国体坛无可取代的精神典范。

第十六节　南粤足球金运之年梅州英将立功

1979 年对于广东足球而言是金运之年，是三运夺金后的又一次高峰。在年初夺得首届省港杯后，广东队夺得四运会季军、全国足球甲级联冠军，广东少年队、广东青年队分别夺得全国冠军。在省队三线告捷的过程中，梅州球员立下了汗马功劳。

四运会广东夺得季军，五华“白头佬”魏崇金压轴立功

1979 年 5 月 1 日，广东队在昆明东风体育场迎战贵州队，这是第 4 届全国运动会足球赛预赛阶段昆明赛区的第 1 场比赛。此战中广东队福将、人称“白头佬”的魏崇金（五华）用头顶、脚踢连进 3 球，上演了帽子戏法。临近比赛结束最后 1 分钟，蔡锦标（兴宁）在禁区内头球破门，将比分锁定在 4 比 0，广东队拿下预赛开门红。

“白头佬”魏崇金

接下来两场，广东队陷入苦战，对阵四川队和河北队时，蔡锦标和古广明分别进球将比分扳平。之后广东队以 3 比 0、2 比 0、2 比 1，连克宁夏、青海和云南，以

4胜2平的战绩位列昆明赛区第一，晋级四运会决赛圈。四分之一决赛，广东队与上海队争夺四强名额，双方经过90分钟以及加时赛的恶战，以0比0进入点球大战。

点球大战也是一场恶战。首球上海队顾兆年罚进，广东队何佳未中。随后3轮，上海未中球，广东容志行、古广明各进1球，吴志英未中。第5轮，上海张德平中1球，广东最后出场的是魏崇金。“白头佬”一记低平推射，球直奔死角，广东队以3比2拿下了这场艰苦的胜利。

半决赛，广东队对山东队。山东队异军突起，接连淘汰卫冕冠军辽宁和广东，最后以3比1战胜当时曾雪麟执教的北京队夺冠，北京队为亚军。广东队凭借容志行和魏崇金的进球，以2比0拿下河北队，获得四运会的季军，无缘全运会两连冠。

四运会广东少年队夺金，池明华、曹阳等小将崭露头角

四运会冠军广东少年队合影

广东少年足球队在四运会的足球比赛中发挥出色，捧得桂冠。该队教练为龚伯强、蔡棠耀，领队冯荣灿，球员包括吴阿七、吴志、池明华、罗远雄、冼惠良、曹鉴生、曹阳、曾汉和、周兆良、钟云越、古广坚、赵汝钊、陈海贤、李朝阳、郑良兴、黄智强、崔汉章、马建强。其中池明华（梅县）、曹阳（兴宁）、陈海贤（五华）、钟云越（梅县）、郑良兴（兴宁）等来自梅州。

这支广东少年足球队在小组赛中三战全胜，以小组第一出线进入四强。半决赛中，广东少年队在点球大战中凭借门将吴阿七的出色发挥，淘汰劲敌天津队闯进决赛。

最后一战，广东队的周兆良在第75分钟攻入1球，最后1比0战胜东道主北京队，获得第4届全国运动会足球赛少年组的冠军。

广东队夺得甲级联赛首金，魏崇金获评最佳射手

1979 年联赛冠军广东队合影[1]

1979 年全国足球甲级联赛，广东队在两个循环共计 30 场比赛中，以 15 胜、11 平、4 负，进 37 球、失 13 球、积 41 分力压辽宁队（39 分）获得第一，此为广东队有史以来第一个全国足球联赛冠军。

这支队伍主教练为苏永舜，教练陈汉奔、梁德成。领队为张日扬，队员杨宁（门将）、叶细权、杜庆恩、吴志英、蔡锦标、何佳、古广明、刘全、魏崇金、容志行、禤洁球、谢志光、卢启源、陈熙荣、欧伟庭、陈伟浩、关至锐、杨福生、何锦伦、曾国强、陈玉良、邓国明。其中助理教练陈汉奔、队员杨宁、叶细权、蔡锦标、魏崇金来自梅州。

此次五华球员魏崇金，荣获 1979 年全国甲级联赛最佳射手。在当时很多球迷心中，容志行和魏崇金的配合堪称完美。二人已经在多年合作中养成了默契，容志行深谙魏崇金的走位，每每把球送到魏崇金最舒服的位置，让其轻松破门。

广东青年队在全国青年足球联赛夺冠，黄德保、吴育华担纲实力锋线

1972 年，广东省组建广东青年足球队，冼迪雄重新出山筹建新军。冼迪雄用了 2 年时间走遍广东各地，从全省招来了一批十二三岁的足球苗子，包括梅州籍的黄德保等人。

5 年之后，这批苗子顺利成长为广东青年队。在冼迪雄带领下，广东青年队参加 1977 年的全国青年联赛，最后在西安夺冠。次年，广青队参加沪上的中国青年杯国际足球邀请赛，决赛 0 比 2 输给摩洛哥，获亚军。

1978 年广东青年队获中国青年杯国际足球邀请赛亚军奖牌

1979 年，冼迪雄率领新一批广东青年队再次获得全国青

[1] 后排左起：梁德成（教练）、容志行、欧伟庭、成文光（队医）、陈红征（体委干部）、乔屹（体委外事干部）、陈远高（体委副主任）、郑德耀（顾问）、钟博宏（裁判）、林伟华、蔡锦标、何锦伦、苏永舜（主教练）；前排左起：何佳、吴志英、魏崇金、杜庆恩、关至锐、谢志光、杨福生、陈伟浩、古广明、叶细权、禤洁球、陈熙荣。

年联赛冠军。其中有王惠良、池明华、郭亿军、吴育华、黄德保、杨宁、钟小健、曹阳（以上为梅州籍）、谢志雄、黄军伟、陈玉良、魏小乐等大批粤籍国脚。同年，冼迪雄成为新中国首批国家级教练。

1979 年广东青年队合影

1979 年全国青年足球联赛预赛阶段，广东青年队以小组第一的成绩杀出重围。成都决赛中，广东青年队 4 比 0 对河北、2 比 1 对旅大、6 比 1 对云南、0 比 0 对浙江，以 3 胜 1 平小组第一的战绩进入四强。

半决赛中，广东青年队 1 比 0 力克上海青年队，杀入决赛。最后一战对阵北京青年队，广东青年队又以 2 比 1 战胜北京青年队，一举夺得全国青年足球联赛冠军。

广东青年队成为 1979 年第 3 支获得全国冠军的广东足球队，也是冼迪雄率广东青年队第 2 次夺得全国青年足球联赛冠军。梅州籍球员黄德保、吴育华就在广东青年队，是队中实力锋线。

黄德保 1960 年生于梅县西阳。1974 年被冼迪雄选入广东省少年队，1977 年随冼迪雄所率中国中学生足球队出使日本。1978 年与 1979 年随广东省青年队连夺全国青年锦标赛冠军。1980 入选广东队并随后参加两届全运会。1983 年入选中国国家队。他司职前锋，脚法细腻，在边路的突破进攻尤具特点和观赏性。

黄德保的伯乐冼迪雄因带领年轻球队成绩突出，担任中青队主帅，先后 5 次率中国青年队、高中生队和中国二队出访亚洲、欧洲、非洲。20 世纪 80 年代，冼迪雄带领广东队获第 5 届全运会亚军，并先后率队捧得第三、第五、第六、第七届“省港杯”。此后，他便退居二线担任广东足球队的顾问。

在几十年的执教生涯中，冼迪雄可谓桃李满天下，堪称南派足球的功勋教练，也是众多梅州籍国脚和省脚的伯乐、恩师和引路人。冼迪雄年过八旬还随广东万力名人足球俱乐部到广东省内各地进行足球推广活动，曾亲自下场为梅州小球员示范技术动作。2009 年，冼迪雄在“广东足球 60 年 60 杰”的大型评选中，被评为“广东足球杰出教练员奖”。2019 年，冼迪雄又被评为“广东足球 70 年荣誉奖”“广东足球 70 年终身成就奖”“广东足球 70 年杰出教练员奖”。

第十七节　南派风格鼎盛时，广东足球半梅县

20世纪80年代至90年代，是广东南派足球鼎盛时期，也是梅县足球的一个辉煌时期。很多来自梅县地区（1988年后改为梅州）的足球名将，为球迷奉献了前所未有的精彩。

广东万宝率先与企业联姻，谢育新留洋荷兰

1984年10月1日，广东足球开风气之先，率先与企业联姻，为中国足球商业化的雏形。广州白云山制药厂与广州市体委签约，以每年赞助20万元的条件联办广州足球队。该队冠名为“广州白云山制药厂体协足球队”（简称“广州白云队”），由蔡棠耀出任主帅，参加了当年的足协杯。这是中国足球史上第一支政企合办的足球队。

广州白云模式引发了广东企业赞助足球队的热情。1985年1月2日，广东足球队与广州万宝冰箱厂共建广东万宝足球俱乐部，成为官办民助的职业足球俱乐部雏形。广东万宝俱乐部注重人才梯队建设，将广东青年足球队、广东少年足球队、广东女子足球队吸纳为基本会员，创办了万宝儿童走训班，举办万宝杯业余体校足球赛。广东万宝电器集团还拿下了北京足球队的冠名权。顺德的神州燃气把上海足球队变成神州燃气队。由此，20世纪80年代的广东企业，拿下了北上广三地足球队的冠名权。

1985年2月，广州足球二队又与广州华南缝纫机工业公司共建成立广州华南足球队，首任领队为曾初云（梅州），教练杨霏荪（梅州）、谢光和。该队应邀赴香港参加亚太地区小型足球邀请赛，获得冠军。广东各支足球队均获得了企业赞助，极大地推动了中国足球体制的改革。

1985年，拥有多位梅州籍球员的广东万宝队和广州白云队在当年足协杯赛中分获第2名和第4名，在全国甲级联赛中分列第5名和第7名。此时，池明华、麦超、吴群立、郭亿军入选中国二队，参加第13届世界大学生运动会，获第3名，这是中国足球历史性的突破。兴宁籍小将谢育新入选中国少年足球队，在第1届国际足联16岁以下柯达杯世界锦标赛中进入前8名，入选柯达杯最佳阵容。

1986年，在第3届中国足协杯赛中，广东万宝队获第3名，而平均年龄仅20

岁的乙级新军万宝二队跃居第4名，令足坛侧目。当年全国甲级联赛，广州白云队和广东万宝队名列第7和第8。

谢育新和荷兰教练科·阿德里安塞

为备战第10届亚洲运动会，中国足球队按照中国足协要求，分出红队和黄队，角逐代表资格，广东王惠良、郭亿军、麦超、赵达裕入选红队，最终红队以压倒性优势获得参赛资格。

谢育新1980年从兴宁一中入选省少年队。1985年，他参加首届世界“柯达杯”少年足球锦标赛时，被评为最佳阵容前卫之一，同时被国际足联列为“年轻有为的小球星”。1985年，谢育新入选国家少年队，作为主力前卫，代表中国参加国际足联首届世界少年锦标赛并入选最佳阵容。1986年，谢育新进入国家青年队。1987年，谢育新应邀到荷兰甲级强队兹瓦鲁足球俱乐部试训，同年入选国家队，短短3年实现了“三级跳”。

1987年2月6日，广东万宝二队队员、19岁的谢育新赴荷兰兹瓦鲁市PEC“82”俱乐部（今名为FC Zwolle），成为中国籍足球运动员转会国外球队的第一人。他在荷兰受训时间不长，但对他的足球生涯影响很大。其荷兰教练科·阿德里安塞青训经验丰富，平时将训练视同正式比赛，要求“训练和比赛场上的每一分、每一秒都要尽自己最大的努力，不许有一丝的懈怠。”他在预备队的出色表现原本已打动了对方正式签约，但由于受荷兰劳工法例制约，谢育新放弃了留洋，回到母队广东万宝队，最终未正式登上欧洲足球舞台。他从荷兰回国之后，又在国足大放异彩，表现出很强的进攻意识，广受好评，成为当年11月《足球世界》的封面人物。

广东男足六运会夺金，郭亿军成锋线秘密武器

全国运动会（简称“全运会”）是中国足球在职业化之前，除了每年的联赛之外最重要的赛事。全运会第1届在1959年（解放军队夺冠），第2届在1965年（河北队夺冠），第3届在1975年（广东、辽宁并列），之后都是4年1届。全运会足球项目冠军，是各省代表团最为重视的一块金牌。

广东队自从1979年夺取全国联赛冠军之后，1983年五运会在决赛中点球负

于上海队屈居亚军。之后连续两届足协杯，广东都杀进决赛，却分别负于辽宁、北京（曾雪麟执教），得了三连亚。

1987 年广东省足球协会换届，名誉主席有梁灵光、杨康华、霍英东、曾宪梓等人，主席董良田。为迎战年底第 6 届全运会，广东省足协从广东万宝一、二队和广州白云队抽调主力组成广东队。因国家队需要，广东队除了 9 名国脚被抽调外，其余球员也按照国家队要求参加陪练。从 3 月中旬至 5 月中旬，广东队与国家队一起，在韶关、三水、海南、肇庆、广州等城市进行了一系列表演赛。

获得六运会冠军的广东队合影[1]

1987 年六运会，原本锋线人才济济的广东队，此时开始捉襟见肘。古广明远在德国疗伤，赵达裕在一次教练赛中被北京球员铲成重伤，初愈后难回巅峰，黄军伟离队，黄德保、吴育华脚法好，但年龄相对大些。左边锋是广州队的吴群立、黄德保，刚从广东青年队调入的廖友华（五华）作为替补待命。刚从荷兰归来的谢育新，跑量惊人，和伍文兵被放在中场。

经反复考虑，主帅岳永荣将新人郭亿军（兴宁）顶到中锋位上。这一变招在比赛中收到奇效，尤其在第二阶段对阵山东队的关键比赛中，郭亿军梅开二度，帮助广东队以 4 比 0 击败对手，挺进四强。整个六运会系列赛，郭亿军打入 3 球，在队中进球数仅次于最后荣膺金靴的麦超。

郭亿军，1964 年生于广东兴宁，幼时曾练篮球，后经萧建林教练启发改练足球。1978 年入选广东省足球二队，1981 年成为广东队队员。1983 年先后入选中

[1] 后排左起：李宗棠（医生）、冼海辉、郭潮明、曹阳、张小文、岳永荣（主教练）、叶细权（领队）、冼迪雄（顾问）、翁昭健（教练）、郑罗富（医生）、钟小健、谢志雄、郭亿军、麦超、李超波、赵达裕。前排左起：吴育华、谢育新、吴群立、庞真强、叶忠泉、伍文兵、李朝阳、杨宁、罗庆、吴亚七、孔国贤、陈海贤、池明华、黄德保、廖友华、欧阳耀星。

国青年足球队、中国二队、中国大学生足球队，继而入选国家队。1985 年参加第 2 届足协杯赛，被评为最佳防守队员之一。1986 年入选国家队司职后卫。郭亿军沉着冷静，反应灵敏，并且基本功扎实，能胜任前锋和前、后卫，射门还有独到之处，被戏称为“万金油”。

在 1987 年广东队六运会人员名单中，不少梅州球员被主教练岳永荣放在重要位置。领队叶细权，助理教练翁昭健，队员杨宁、池明华、郭亿军、王惠良、廖友华、钟小健、张小文、伍文兵、谢育新、陈海贤、黄德保、曹阳（以上球员为梅州上送）、吴育华、吴群立、孔国贤、麦超、谢志雄、李朝阳、庞真强、李超波、郭潮明、欧阳耀星、冼海辉、吴亚七。当时的粤足，梅州球员占了半壁江山。

辽宁对山东，池明华飞骑救球
图片来自杨霏荪著作《足球》

广东队迎来小组赛首个对手银鹰体协队（即辽宁二队）。郭亿军、谢育新、王惠良控制中场。第 9 分钟，郭亿军与谢育新破坏了对方造越位战术，郭亿军单刀赴会破门得分。第 29 分钟，麦超头球再下一城。广东队 2 比 0 结束上半场比赛。易边再战，吴群立和王惠良又各进 1 球，广东队 4 比 0 拿下开门红。两天后的广州东较场，广东队迎来小组赛第二个对手陕西队，谢育新和麦超各自建功，广东队 2 比 0 轻松取胜，以两连胜的战绩小组第一出线。

第二阶段，前 8 名的球队再次分成两组进行单循环，广东队与陕西、辽宁和山东同分一组。11 月 27 日，广东队坐镇广州东较场，迎战强大的辽宁队。刚开场，辽队国脚唐尧东险些一脚远射洞穿广东队大门。上半场比赛，两队比分 0 比 0。下半场第 72 分钟，广东队二吴连线，吴育华助攻，吴群立头球破门。不久辽宁队高升施射，将比分扳平，两队最终 1 比 1 握手言和。

11 月 29 日，广东队迎战山东队。郭亿军出人意料地被主教练放在前锋位置，与吴群立搭档。郭亿军分别在第 4 分钟、第 56 分钟进了 2 球，梅开二度，随后麦超和谢志雄分别入球。广东队以 4 比 0 战胜山东队，晋级四强。

12 月 1 日，半决赛，广东对湖北。上半场比赛进行到第 30 分钟，谢育新突入禁区被林强放倒，之后点球专家麦超稳稳将球罚中，收获了本次赛事的第 4 粒进球，超过郭亿军。易边再战，李超波一脚直接任意球破门得分，广东队 2 比 0

六运会决赛，广东对辽宁
图片来自杨霏荪著作《足球》

杀进决赛。

1987 年 12 月 3 日，六运会足球赛决赛，南粤北辽对决在广州天河体育场进行。这座特地为六运会新建的现代化体育场，能够容纳 6 万名观众。岳永荣排出四三三攻击阵型，孔国贤守门，后防四人为钟小健、张小文、池明华、麦超，伍文兵、李超波、谢育新三人坐镇中场，吴群立、谢志雄、郭亿军组成三前锋。

上半场比赛，广东队伍文兵利用角球机会将球传入禁区，麦超一记头球得分。广东队 1 比 0 领先。辽宁队全力猛攻，广东队队长池明华、门将多次奋不顾身救险。岳永荣一直没有换人，比赛最后 10 分钟，辽宁队依旧是围攻之势。容志行紧张到不忍心看，回休息室等待结果。

最终，广东队首发 11 人齐心协力，力保球门不失，广东队以 1 比 0 击败“十冠王”辽宁队，登上最高领奖台，迎来广东足球在全运会上的巅峰时刻。这是广东足球历史上获得的第 2 个全运会冠军，也是中国足球职业化之前，广东男足最后一次在全国大赛中获得冠军。

若干年后，郭亿军对当时情景记忆犹新：“那是一个寒冷的冬夜，天河体育场 5 万多名球迷为广东男足的夺冠爆发出狂热的欢呼声……梅州籍球员占了半壁江山，队中有杨宁、池明华、张小文、曹阳、谢育新、黄德保、王惠良、伍文兵等老乡。”

粤穗联军代表中国男足参加亚洲杯预选赛，郭亿军、谢育新立功

1992 年初，中国足协决定派出由广东万宝和广州白云两队联合组成的粤穗联军，代表中国男足参加同年 4 月在新加坡举行的第 10 届亚洲杯预选赛。

代表中国男足参加第 10 届亚预赛的粤穗联军

当时国家队因徐根宝的下课而三军无主，这次亚预赛的三个对手都是东南亚球

队，比赛地点也在新加坡，中国足协让广东球员组队参赛，能够更好适应对手及气候。

穗联军组队快速组队，陈熙荣、周穗安分别任主教练、助理教练，粤穗两队共有池明华、郭亿军、谢育新（以上为梅州籍）、区楚良、黄启能、李勇、麦超、李朝阳、吴群立、梁浩先、胡志军、彭伟国、欧阳耀星、余伟腾、黄洪涛等15名球员入选，加上八一队的朱波、北京队的高洪波和武汉队的蔡晟。

本次亚洲杯预选赛，中国队的同组对手分别为印度尼西亚、新加坡和马来西亚。4月20日，粤穗联军首战对阵印度尼西亚队，凭借吴群立的门前铲射以及麦超的点球，以2比0取得开门红。三天后，粤穗联军继续火力全开，吴群立、郭亿军、麦超和高洪波各进一球，以4比0轻取马来西亚队。最后一战面对东道主新加坡队，谢育新攻入制胜球，粤穗联军1比0力克对手，以3战3胜进9球小组第一晋级亚洲杯决赛圈。

这届亚洲杯预选赛，粤穗联军成功完成使命。随后施拉普纳成为改革开放后中国男足第一任外籍教练，并且带领中国男足在日本广岛举行的第10届亚洲杯赛上获得季军。

代表中国男足参加第10届亚预赛的粤穗联军

广州部队足球队被誉为“带刺的玫瑰”，杨宣、叶左权为广部悍将

20世纪70–80年代，广东足坛除了广东队、广州队之外，还有一支个性鲜明的广州部队足球队。

广州部队足球队前身是中南军区足球队，成立于20世纪50年代初期，曾经参加过1952年全军第一届体育运动大会以及1955年的全军足球联赛。

1955年之后，中南军区足球队随着中国六大军区的重新划分，球队被拆分为武汉军区足球队和广州部队足球队。两队均参加了1959年全军第二届体育运动大会的足球比赛，分别获得第三组三、四名。1960年，广州部队足球队参加全国乙级联赛，获长沙赛区第11名。之后广部沉寂了9年，直到1969年底重新组建，并由湛江籍国脚陈复赉担任主教练。

1973年广部队成员包括：领队曲维祥；教练：陈复赉、潘培根（梅州）；球员：曾初云、梁珊城、杨干昌（以上为梅州人）、翁昭健、黄文煊、吴荣根、马子昂、冯美禄、刘英、劳永德、陈铭基、钟耀金、陈焕令、蔡新华、黄念贤、谢志能、顾康强、黄坤权、林华新、苏继谦、马木生、徐增福、周奥汉、赵树元、梁毅、麦应厚、陈恒彝、吴颂扬、卢耀雄、孙宝航、朱广沪、何伟、周霖、于龙栋、于振波。

1973年，全国足球联赛重新开战，广部在初赛阶段被分在成都赛区，同组对手分别为北京、四川、黑龙江、湖南、江西、西藏和成都。7场战罢，广部2胜3平2负位列第五，只能进入第二循环进行9–20名的排名赛。第二循环9–20名排名赛在南京举行，广部在12场比赛获得7场胜利，其余5场2平3负，最终获得1973年全国足球联赛第12名的好成绩，是参赛的部队球队中最高名次（八一队因故缺席）。

1976年始，广部招入温小坚、王高龙、甘广雅、杨伟湘、蔡锦新、杨宣等实力干将，球队战力大增。陈复赉根据队内球员特点，制定防守反击战术，要求队员稳固后防的基础上，在前场只留一个速度奇快的单箭头前锋（温小坚），抓住反击时机，快速制敌取胜，被坊间称为901阵型，类似于451阵型。由于广部的反击犀利，常把强队拉下马，被外界称为"带刺玫瑰"。在1977、1978、1980赛季，广部三次杀入全国足球甲级联赛前六甲，震惊国内足坛。

温小坚、朱广沪、叶左权、马木生、杨宣、翁昭健等人，都是广部的悍将。叶左权、杨宣、杨伟湘都是梅县人。守门员杨宣，是梅县足球名宿杨友标的长子、国门杨宁的哥哥。杨宣的守门技术十分过硬，风格稳健，退役后曾在四川执教。

1982年广部队成员包括：教练员曾昭能、罗怀远；球员钟杰章、叶左权、杨伟湘、陈伟浩（以上球员为梅州籍）、陈宁跃、关至锐、陈奕明、孙衍友、曾国强、杜庆恩、温小坚、刘伟华、张建山、龙活、凌伟强、王骏、刘伟华等。

1982年，随着队员年龄老化，广州部队队战绩开始直线下滑，当年全国足球甲级联赛，广部队位列倒数第一，降入乙级。随后，恰逢军队人员精简，广州部队足球队解散。1985年，广州部队足球队重新组建，只是参加军中运动会，再也没有出现在全国足球各级别联赛中。1994年中国足球职业化改革后，八一队成为职业联赛中最后一支军旅球队代表。2003年，八一队撤编解散。部队足球队开赛时那道靓丽的军礼，成为球迷永恒的回忆。

第十八节 梅州女足蝉联省运冠军并为国争光

梅县是全国最早开展女子足球运动的县份之一。在20世纪50年代后期梅县地区就成立了5支女子足球队，在“文革”期间中断。1958年，梅县体委在松口及附城开展女子足球运动。当年，松口中学高、初中各组织了一支女子足球队，接着该镇各中学均组织了女子足球队，并举行了“跃进杯”女子足球比赛。在梅县地区浓郁的足球氛围之下，女足的基础好，在学校教育中，女子足球也是梅县各校的基本体育项目。梅州地区不断输送队员到国家和省女子足球队。

1979年，叶剑英元帅在广州与广东领导人谈话时，有人说起当今世界上很多国家正兴起女足运动，叶帅说：“外国有的，我们也要有。”叶帅的关怀，有力地推动了梅州女足运动的发展。

1979年5月，国家体委提倡女足运动，梅州女足首先在梅县，然后在兴宁展开。同年，梅县便有55间中、小学建立了女子足球队。1979年10月，梅县举行了首届女子足球比赛，有6支女子足球队参加，丙村中学女子足球队夺冠。[1]

1980年5月13日，叶剑英元帅回到梅县视察，观看了东山中学和丙村中学两校的女子足球表演赛，并亲自接见女足运动员，勉励她们要苦练，要互相学习，听教练的话，努力提高技术，争取冲出亚洲。[2]

1981年，梅县女足已有16支队伍，城镇和重点公社的中、小学都组建了一些女足队，每个学期都举办一次女子足球联赛。1981年4月，梅县开展了一次县女子足球队（由华侨中学队代表）和50岁以上老强民队员之间的比赛。同年5月，侨中女足队代表梅县参加广东省首届女足邀请赛，三战三胜夺冠，中锋刘纽琼、后卫蓝明珠（蓝淦之女）表现出色。

1980年叶剑英元帅在东山中学接见梅县女子足球队

1981年1月五华县业余体校正式成立了女子足球队。队员钟金玉于1999年入选国家青年队；曾兰芬、周婷分别于1995年、

[1] 梅州市地方志编纂委员会编. 梅州市志. 广东人民出版社. 1999.

[2] 李存章. 叶剑英元帅与梅县足球[J]. 体育博览，1988（03）：45.

广东画报 1984 年第 8 期以梅县女子足球队作为封面

1999 年入选八一青年队。

1983 年，兴宁县举行了全县女子足球邀请赛，有 7 间中学女子足球队参加，赛后建立了兴宁县女子足球队。在参加省女足比赛时，队员吴伟英、钟益红以其出色表现先后被选上省队和广州市队。吴伟英于 1984 年入选国家队，成为国家女足主力队员，在第二届亚洲女子足球锦标赛中，获得“富士最佳足球员奖。”

20 世纪 80 年代至 90 年代，梅州女子足球队参加的省女子足球锦标赛和省运动会足球比赛中都占据前三的位置，在广东省占据重要位置，其中，1981—1983 年的省女子足球锦标赛中获三连冠，1990 年全国女子锦标赛获得冠军。1991 年，梅州市成立女子足球队，配备专职教练员 2 人，运动员 24 人；该足球队从 1994 年至 2000 年，培养输送省级以上运动员共有 21 人，其中输送国家队运动员 1 人；1994 年参加广东省第九届运动会女子足球赛获第五名；1998 年参加广东省第十届运动会女子足球赛获第三名。[1]

参赛时间（年）	比赛名称	参赛队伍	名次
1981	省女子邀请赛	梅县	1
1982	省女子邀请赛	梅县	1
1983	省女子邀请赛	梅县	1
1987	省女子锦标赛	梅县	2
1988	省女子锦标赛	梅县	1
1989	省女子锦标赛	梅县	2
1990	省第八届运动会女子足球赛	梅州市	3
1990	全国女子锦标赛	梅县	1
1992	省女子锦标赛	梅县	3
1994	省第八届运动会女子足球赛	梅县	1
1995	省女子锦标赛	梅县	1
1996	省女子锦标赛	梅县	3
1997	省女子锦标赛	五华县	2
1998	省第十届运动会女子足球赛	梅州市	3
1999	省女子锦标赛	梅县	1

梅州女子足球队在 1980—1999 年参加省级比赛的成绩 [2]

[1] 梅州市地方志编纂委员会编. 梅州市志. 广东人民出版社. 1999.

[2] 房作铭. 广东梅州足球发展兴衰原因调查与重振研究[D]. 北京体育大学，2014.

1981 年 5 月初，广州举行了广东省全省首届女子足球邀请赛，参加队伍有：梅县女子足球队、广州体院队、广州二沙头俱乐部队和广州业余体校队等。梅县女子足球队由梅县足坛元老蓝淦为领队，在 3 场比赛中，梅县队共得 6 球、失 1 球，以净胜 5 球、3 战 3 胜夺得冠军。[1] 旅港嘉应商会会长刘锦庆、副会长曾宪梓、强民体育会会长温集祥等乡贤到赛场看望了这些铿锵玫瑰并给予了嘉奖。

1981 年刘锦庆（后排左八）、曾宪梓（后排左七）、温集祥（后排右七）、蓝淦（后排左四）与省女足邀请赛冠军梅县女足合影（温威光 摄）[2]

1982 年首届全国女子足球邀请赛，以梅县队员为主的广东队夺冠合影

1983 年刘锦庆、曾宪梓一行看望蝉联三届省女足邀请赛冠军的梅县女足 [3]

1983 年，旅港嘉应商会刘锦庆会长、曾宪梓副会长到广州二沙头看望获得省女子足球邀请赛冠军的梅县女足姑娘。

1982 年广东省组建省女子足球队，梅县籍运动员占 11 人。首届全国女子足球邀请赛于 1983 年 8 在北京举行，以梅县女足为主的广东队夺得冠军。该届比赛的广东

广东女足夺得首届全国女足邀请赛冠军，赛后前副总理万里（左一）接见梅县籍教练杨友标（右一）

[1] 李次民. 梅县足球史话. 广东文史24辑。

[2] 杨宏海，温威光. 梅州：球乡筑梦[M]. 广东人民出版社. 2020. 11. p99.

[3] 杨宏海，温威光. 梅州：球乡筑梦[M]. 广东人民出版社. 2020. 11. p99.

队由原梅县业余体校教练杨友标（梅县）带队，队伍分别由梅县籍的李小兰、廖怀萍、张小利、叶志珍、刘纽琼、梁环兰、陈碧芬和部分广州籍队员组成。赛后，国务院前副总理万里接见了亚军队伍主教练杨友标。

1991 年，梅州市成立女子足球队，配备专职教练员 2 人，运动员 24 人。该足球队从 1994 年至 2000 年，培养输送省级以上运动员共有 21 人，其中输送国家队运动员 1 人。1994 年梅州市女足参加广东省第 9 届运动会女子足球赛获第 5 名。1998 年参加广东省第 10 届运动会女子足球赛获第 3 名。[1]

在广东女足的发展中，杨友标教练之后，同是来自梅县的林思跃教练功不可没。1986 年，林思跃开始担任女足助理教练，1990 年正式接任广东女足主教练。他带领广东女足参加第 7、第 8、第 9、第 14 届全运会，并获第 7 届亚军、第 8 届季军。1991 年，他率队夺得全国女足锦标赛冠军。1993 年，林思跃首次率队参加全运会，对手有北京的商瑞华、上海的朱广沪，林思跃是最年轻的教练员兼领队，最后广东队拿下全运会亚军。

1991 年为迎接世界女足锦标赛，梅县举办强民杯小学生女足锦标赛

1983 年 12 月首支国家女子足球集训队在广州组建。1987 年，女子足球以其广泛的群众基础和发展潜力，被列为第 6 届全运会比赛项目。1989 年，中国足协增设“全国青年女子足球锦标赛”，进一步推动女足运动的发展。

1983 年至 1987 年间，梅县为广东省足球队及省体育学校等输送了女子足球新秀 16 名。梅州有吴伟英、李小兰、张小丽、廖怀萍、蓝明珠、张桂莲、张采新、潘丽、叶志珍等成为广东队主力。叶海燕、李足玲、古冰娜、池影玲、何娟蓉、张佳丽、万佳如、赵妮菲、曾建生、张雪尔、钟益红等，先后分别入选国奥队、八一队、广东队、广州队等。

1987 年杂志《新观察》以中国女足边锋吴伟英作为封面

[1] 见《梅州市志·体育志》第三章“竞技体育”的足球部分。

其中张小丽被评为全国最佳女子足球运动员。吴伟英1984年被选入国家队，吴伟英身体素质佳，头脑反应敏捷，基本功扎实。她速度快，敢拼搏，善传中，能射门，被誉为“小泥鳅”“快马”。吴伟英在第2届亚洲女子足球锦标赛中，获得“最佳足球员奖”，在第6、第7届亚洲女子足球锦标赛夺得冠军，被亚足联评为“亚洲最佳女足运动员”。梅县地区女足队员吴伟英、钟益红因在省女足锦标赛的出色表现，先后入选广东省女足和广州市女足。五华女足队员钟金玉于1999年入选国家青年队，曾兰芬、周婷分别于1995年、1999年入选八一青年队。

首届女足世界杯中国国家队合影[1]

1991年首届女足世界杯中国国家队合影
（前排左三为吴伟英）

1991年中国女足参加首届世界杯的人员名单包括：领队杨秀武，副领队容志行、韩重德，主教练商瑞华，教练蔺新江、李必，队员钟红莲、陈霞、马莉、李秀馥、周阳、水庆霞、吴伟英（梅州）、周华、孙雯、刘爱玲、孙庆梅、温莉蓉、牛丽杰、张岩、韦海英、张红红、朱涛、李飒。

不过由于足球项目编制大、投入多、收益小，从1990年开始，各地体委开始缩编足球，全国女足一线队伍从1989年的40支缩减到不到10支。[2]

第十九节 梅州名将在省港杯屡建功业

省港杯（Guangdong-Hong Kong Cup）足球赛事兴起于1979年，由当时著名的社会活动家、香港实业家霍英东创办，是新中国历史上由中央政府批准举办的

[1] 广东三英分别是：陈霞（后排右三）、吴伟英（前排右三）、韦海英（前排左四）。
[2] 参考白国华2018年专题文章《三十功名尘与土》。

第一个地方与境外的体育竞赛。改革开放初期，许多外商不敢贸然投资经商。时任香港足球总会会长霍英东组织香港富商成立嘉宾团，到穗观看省港杯球赛，同时联系广东企业前来洽谈“三来一补”业务[1]。如此，“体育搭台、经济唱戏”，不仅促进了省港两地足球发展，还加强了省港交流与合作，一时成为举国瞩目的赛事。

1977 年，霍英东率领香港足球队赴北京参加亚非拉国际足球邀请赛，突破了国际体育组织禁止会员与非会员交往的禁令，引起了各方关注。为了将香港与内地的交往以某种形式固定下来，霍英东于 1978 年提出了创办一年一度的省港杯的设想。之后，他和中华全国体育总会广东分会主席陈远高、新华社香港分社总编辑李冲等共同倡议发起了省港杯足球赛。在霍英东先生的倾力推动和支持下，省港杯很快在几年内成为名闻大江南北的经典赛事。

1978 年 12 月 7 日，粤港两地足球界的代表签订省港杯足球赛协议书，决定自 1979 年起，在每年元旦与春节期间，广东省足球协会和香港足球总会各派球队，分别在广州和香港各举行一场比赛。比赛采取流动奖杯制，胜方获省港杯奖杯，并将每年比赛结果锲刻在奖杯上。省港杯比赛通常在每年元旦前后的周末举行，设主客场制，没有客场进球多获胜的规则，两回合后若平局，则需要加时，若加时再平局则以互射点球决胜。

1978 年，省港两地代表在省港杯协议签字仪式[2]

[1] 三来一补，指“来料加工、来样加工、来件装配”，而“一补”是指补偿贸易，是中国大陆在改革开放初期尝试性地创立的一种企业合作贸易形式，始于1978年。

[2] 前排由左到右：乔屹、许晋奎；后排由左至右：陈洪征、莫泽贵、魏振兰、陈镜开、陈远高、霍英东、周湛枢、谭寿森、李冲。

1979年1月21日，第1届省港杯赛事首回合比赛在广州越秀山体育场拉开战幕。香港足球总会会长霍英东亲自带领庞大的代表团，到广州为香港队打气助威。广东队的容志行、欧伟庭、蔡锦标、何佳等“广东四杰”都从国家队返回母队参赛。

省港杯奖杯为纯银打造的“二龙争珠”杯

省港杯开赛当日，越秀山体育场内外挤满了前来观战的球迷。双方首发阵容全部为主力球员。广东队：杨福生、杜庆恩、吴志英、何锦伦、叶细权、谢志光、容志行、何佳、禤洁球、欧伟庭、魏崇金、陈熙荣、古广明。香港队：陈云岳、潘长旺、陈发枝、马大雄、骆德辉、陈世九、赖翊枢、李桂雄、蔡育瑜、梁能仁、施建熙、尹志强、郭家明。

省港杯启航时的广东四杰：容志行、蔡锦标、欧伟庭、何佳

1979年1月21日第1届省港杯第1回合赛事，广东队凭借欧伟庭的入球以1比0胜出；第2回合于1979年1月28日（大年初一）在香港举行，古广明与欧伟庭分别建功，而香港队由梁能仁罚进点球，双方以1比3结束次回合比赛。广东队以总比分4比1获得首届省港杯冠军。

第1届省港杯，广东队客场夺冠后合影

广东队夺得第1届省港杯冠军[1]

[1] 后排左起：林伟华、关至锐、陈伟浩，教练梁德成、何锦伦、领队郑德耀、杨福生、杜燮恩、禤洁球、陈熙荣、叶细权、蔡锦标；前排左起：队医盛文光、魏崇金、谢志光、何佳、教练苏永舜、古广明、欧伟庭、吴志英、容志行。

梅县籍国脚黄德保（中）在省港杯赛场上

20 世纪 80 年代早期，冼迪雄出任广东队主教练，率队先后 4 次捧走省港杯。冼迪雄从 1972 年开始出任广东青年足球队主帅，培养了王惠良、池明华、黄军伟、吴育华、谢志雄、钟小健、杨宁、黄德保等足球名将。其中王惠良、池明华、杨宁、黄德保、杨宁都是梅州人，吴育华生于广州，祖籍梅州。后来苏永舜接任广东队主帅，谢育新、郭亿军、伍文兵、张小文等梅州新人加入。职业化时代，曹阳率曾超等人加入，坚持几十年的省港杯成为梅州优秀球员建功立业的大舞台。

在 20 世纪 80 年代至 90 年代，粤、港足球众星璀璨，双方对决时异彩纷呈，将南派足球行云流水的美感发挥到历史新高度，省港杯成了球迷的年度盛事，引人瞩目，促进交流，意义非凡。

1984 年梅县籍国脚、广东队队长王惠良捧起第 6 届省港杯

1988 年第 10 届省港杯首回合，广东队做客香港政府大球场，开场不到 3 分钟，梅州籍球员王惠良就以一记超远距离的世界波，为广东队先拔头筹，最终广东队 3 比 0 完胜对手。王惠良在其职业生涯参加省港杯的比赛中一共打入 6 球，被队友们和球迷们称为“香港队克星”。

20 世纪 80 年代是梅州籍球员的黄金时期，这一时期省港杯的入球名将中，常见梅州籍球员的身影。在省港杯的射手榜上，谢育新在第 13 届（2 球）、第 14 届、第 17 届、第 18 届（2 球）共入 6 球；王惠良在第 10 届共入 5 球；郭亿军在第 8 届、第 11 届、第 12 届共入 3 球；池明华在第 18 届入 1 球；王惠良之子王鹏第 41 届入 1 球等。

1988 年池明华举起第 10 届省港杯，池明华作为广东队队长，曾参加了 14 届的省港杯

截至 2021 年，省港杯射手榜目前入球最多的是卢琳，共入 7 球。卢琳是广州人，生于 1985 年，在广东日之泉主教练曹阳麾下成长出道，2021 年 2 月加盟梅州客家足球俱乐部，并在 2021 年 12 月 22 日随梅州客家冲超成功。

广东省足球协会主席叶细权来自梅县，曾多次参加省港杯。他从 20 世纪 70 年代起在广东队司职后卫，以作风顽强、防守到位著称。他 1971 年入选广东青年队，1975 年入选广东队，是广东队 1975 年夺得三运会金牌的主力后卫，同年入选国家青年足球队。第1届至第5届省港杯，叶细权都作为主力全程出战。1983年他出任广东青年足球队领队兼教练，1986年升任一队领队，1987年作为广东队领队获六运会冠军，1993年作为广东队领队获得第7届全运会足球季军。

1995年霍英东先生向广东队队长池明华颁授第18届省港杯

1998年，叶细权成为广东省体育局副局长，2016年，当选为第10届广东省足球协会主席，之后一直连任。第1届至第5届省港杯，叶细权作为广东队的主力球员全程出战。此后历届省港杯，叶细权作为体育官员参与。

省港杯在广东省政府和体育局的高度重视下不断发展，后续赛事逐步丰富为正赛、元老赛、女足赛、青少年赛等一系列内容。从竞技层面而言，省港杯成为两地最高足球水平的较量平台，并成为两地青年球员崭露头角的一个绝佳舞台。

20世纪80年代初，省港杯堪称两地足球最高水平的抗衡，当时每届省港杯都会出现万人空巷、一票难求的壮观景象。20世纪80年代后期，人才鼎盛的广东队整体水平盖过香港，从第5届到第10届曾创造了第一波“六连冠”的纪录。

从20世纪90年代中期开始，香港足球水平江河日下，两队差距拉大。另加上两地球市萎缩，使比赛受关注程度大幅度下降。中国足球进入职业联赛时代之后，广东队由于推行职业化和严格执行体能测试制度，队员的体力、速度和拼抢能力大为提高。以广东宏远、广州太阳神为主要班底的广东队，再次压制香港队，从第16届到第21届再度创造“六连冠”佳绩。

之后香港队为了重夺失落6届的省港杯，高薪聘请巴西教练，并一举招入8名外援，在第22届重新夺回省港杯。之后两队又多次拉锯，省港杯赛也一直坚持举办。

2016年第38届省港杯之际，广东省副省长许瑞生、香港足总主席霍震霆、中国足协副主席容志行一起为省港两地池明华、郭亿军等9名参赛超过8届的元老颁发了“特殊贡献奖”

4 名参加了首届省港杯的元老
（左起：叶细权、容志行、郭家明、蔡育瑜）

中国足球职业化之后，参加省港杯梅州球员数量逐渐减少。2007 年第 30 届省港杯，梅州籍球员李海强代表香港联队登场，成为既代表过广东队，又代表香港队出战省港杯的第一人。

从 1979 年至 2021 年，省港杯一共举办了 41 届。其中广东队 24 次捧杯，香港队 17 次夺冠。双方夺取省港杯年份罗列如下：广东队（24 次）：1979 年，1981 年，1983 年，1984 年，1985 年，1986 年，1987 年，1988 年，1991 年，1992 年，1994 年，1995 年，1996 年，1997 年，1998 年，1999 年，2003 年，2006 年，2010 年，2011 年，2014 年，2015 年，2016 年，2017 年。香港队（17 次）：1980 年，1982 年，1989 年，1990 年，1993 年，2000 年，2001 年，2002 年，2004 年，2005 年，2007 年，2008 年，2009 年，2012 年，2013 年，2018 年，2019 年。

省港杯是一个记载了众多球迷历史记忆的老牌体育 IP，但与日本很多举办上百届的青少年足球赛事比起来，尚属年轻赛事。在广东省这个改革的前沿阵地，省港杯赛事曾起到巨大的先锋作用。省港杯延续多年，后来成为中国内地最长寿的一项区域性体育竞赛。2020 年、2021 年省港杯因疫情影响暂停举办。

第二十节　曾雪麟担任国足教练率队鏖战四大洲劲旅

1982 年 1 月，苏永舜率中国国家队前往新加坡冲击世界杯亚太预选赛，最后以一球之差不敌新西兰，最终无缘 1982 年西班牙世界杯。曾雪麟在曾宪梓的赞助下得以到现场观战。曾雪麟回忆当时："我想起 1982 年，我去新加坡观战的痛苦一幕。我的路费及全部食宿都是曾宪梓包揽。只可叹中国队 2 比 1 败北新西兰，痛失亚太区出线权。曾记终场哨吹响时，有位华籍老人禁不住仰天长叹：中国足球何时才能冲出去！我和曾宪梓埋头走在后面，顿感天昏地暗。"[1]

苏永舜回国后向中国足协递交了辞呈，[2] 之后，年维泗再接国足教鞭，接下来

[1] 曾雪麟. 我和足球（一）[J]. 体育博览，1986（10）：9-10+34.

[2] 苏永舜. 球场不平. 长春出版社. 2001年9月。

的亚运会国足未能进入前4。经过多次争论，由时任体委副主任徐寅生拍板，决定由曾雪麟任主教练，并委派徐根宝、戚务生当助理教练。在此之前，曾雪麟已经担任了24年教练。他1959年开始执教天津队，率天津队夺得全国甲级联赛冠军、足协杯赛冠军、全运会足球比赛冠军，1974年开始执教北京队，率濒临降级的北京队八年磨一剑，问鼎1982年全国甲级联赛冠军。

1983年4月13日，曾雪麟在国家队上任，成为入驻北京龙潭西路国足大本营的第三位主帅。他也是新中国第一位来自足球之乡梅州的国足教练，中国历史上第二位担任国家足球队主教练的梅州人（第一位是1948年率队参加奥运会的李惠堂）。

新建“曾家军”接连鏖战欧亚美澳四大洲劲旅

曾雪麟上任后，广开言路，征求了年维泗、张宏根、张俊秀、中国足协以及训练局领导的意见，并给各地体委写信、通过新闻媒体向全国球迷征集组队用人意见，希望大家推荐国脚。最后群众推荐球员124人。曾雪麟率教练组根据投票情况排出候选球员，由曾雪麟最终确定33人参加集训，然后通知中国足协通知各地体委，要求新队员5月1日到京报道。不料到了5月2号，只有沈祥福和林强到位，到20号才到位18人。曾雪麟新组建的国足从1983年5月下旬才得以正式开始训练。

就这样从零开始，全新的“曾家军”组建了。曾雪麟加固了后防线，除了林乐丰外，增加了攻守俱佳的朱波、贾秀全，中前场有特点鲜明的赵达裕、秦国荣、李华筠、柳海光、古广明。

仅仅集训了七天，国足就迎来了访华的英国职业球队沃特福德，这是当年英格兰顶级联赛英甲（当时还没有英超）亚军队伍。此役，成军之初的国足防线被对方前锋巴恩斯数次攻破，最终比分0比5。

紧接着国足参加了7月11日至7月23日在北京举行的长城杯。参赛队伍包括波兰、丹麦、阿尔及利亚、泰国、伊朗、日本、新加坡和香港8个国家和地区的足球队，加上中国的国家队、北京队、天津队和八一队，按照世界杯的形式比赛。国足在小组赛中以5比0大胜日本选拔队，2比1战胜伊朗奥米德俱乐部，以小组第一的成绩出线。8强赛中，中国队以2比1战胜八一队，半决赛中以2比1战胜泰国队，决赛中4比1战胜北京队，夺得长城杯足球赛冠军。梅县籍国门杨宁在次战中上场并表现出色。

长城杯夺冠之后，国足未及调整，又按中国足协要求，前往加拿大，参加8月2日至6日举办的“白帽杯”国际足球邀请赛。最终中国国家队3比4负于加拿大白帽队，0比4惨败美国西雅图鸣响队，0比2负于巴西甲级联赛亚军巴西国际，以全败战绩结束了白帽杯。但与外国球队的交战，仍然让曾雪麟和国足大开眼界、受益匪浅。

回国后，各地方体委都纷纷催促国脚们回归，备战即将开始的全运会。连续进行高强度比赛的中国队已十分疲惫。40天后全运会结束，10月2日，曾雪麟重新集结国家队，备战11月的奥运会预选赛。在奥预赛前，贾秀全领衔的防线面对巴西的里约热内卢联队，表现上佳，与对手1比1打平，奥预赛首场面对中国香港队时，国足将士轻松以4比0取得了开门红。奥预赛集训期间曾雪麟主要抓全队的整体攻防能力以及抓身体素质和关键技术如射门的训练。

1983年11月，奥运会亚太区外围赛在曾雪麟的出生地泰国举行，但曾雪麟根本没有时间见自己在泰国的兄弟亲戚。10月25日，中国队途经香港去曼谷。由于当时足协和国足误读了比赛规定，将每场比赛可报17名球员误解为整个预选赛只能报17人，实际上最多可报名22人，导致赵达裕、冼惠梁、林强3位南方球员没有随队，最后国足在泰国的雨战中吃了大亏。

中国队的第2个对手韩国队，其主要成员是半年前在墨西哥世青杯获殿军的骨干。上半场，申连浩、金钟夫和申连浩，把比分遥遥拉开成3比0。但下半场中国队换上场的古广明、沈祥福大放异彩，多次从边路衔枚疾走下底传中，高中锋柳海光恰到好处地包抄接应，最终由柳海光连中两元、古广明紧接进球，把比分扳成平局。

两天后的中泰首战，天降大雨，当球赛进行至最后几分钟时，坐在场边任雨浇身、坚持指挥的3名中国队教练，被雨幕所挡，无法看清场上情况。最后中国队被东道主泰国队0比0逼平。次战韩国，国足重点盯防了韩国队的危险人物申连浩，原先由秦国荣、左树声、吕洪祥3人组成的中场线，增加了李辉。比赛中，古广明边路疾驰依旧是最大杀器。双方打成0比0。

二战泰国，比赛头20分钟，古广明的右路进攻，给泰国队极大威胁。后来雨越下越大，场地积水，短传无效，双方改为长传吊冲。中国队按照在旱地踢法，前、后卫回收禁区，但因球被水吸住。泰国人深谙雨战，将后卫全线压出半场，中国队禁区内险象环生。曾雪麟见势不妙，下半时改踢四四二阵式，由身高力壮的后卫高升替下古广明，由臧蔡灵换下柳海光担任先锋。但高、臧不善水战，进攻力不从心。贾秀全被判撞人犯规，东道主获定位球。球发至中国队门前，泰国中锋披耶蓬奔射门得手。中国队以0比1负于泰国。

最后一战，韩国队以2比0胜了泰国队，积分排在中国队之前。中国队3比1拿下中国香港队，只能排在第3位，提早与洛杉矶奥运会告别。

1983年11月30日，中国足球队取道香港前往新加坡参加鱼尾狮杯国际足球邀请赛。赛前，曾雪麟鼓励球员从容应战："不是赢，就是输，没有求和余地！"

中国足球队在首场比赛中以2比1战胜上届冠军澳大利亚国家队，小组第2场比赛中以3比0战胜泰国队，最后1场中国队在与新加坡二队的比赛中，又以3比1获胜，三战全胜的中国队与澳大利亚、韩国和新加坡一队获得了半决赛权。

在半决赛的比赛中，中国队以0比1输给了东道主。亚洲足联秘书长、澳大利亚及新加坡报纸给予了中国队很高的评价："有朝气，很有希望。""碰硬队不怵、速度快，气势旺。"

曾雪麟从零开始高效组建了这支国家队，然后马不停蹄地接连鏖战来自四大洲的劲旅，有不少是疲惫中仓促赴战，但国足在曾帅的带领下勇敢接战、艰苦备战、连番迎战，并在频繁的赛事中训练了自己，打出了中国人的精气神。

曾雪麟率国足在尼赫鲁金杯赛绝杀世界杯冠军阿根廷

1984年第3届尼赫鲁金杯赛是当时的国际足联A级赛事，参赛国包括波兰、阿根廷、匈牙利二队、罗马尼亚希望队、中国队和印度队。这一届尼赫鲁金杯赛加入了欧洲和南美强队，是该赛事举办以来实力最强、水平最高、竞争最激烈的一届。

主办方印度虽然邀请了中国队，但却没给中国队出场费。而阿根廷队每场出场费两万美元，波兰队每场一万二千美元，匈牙利队一万美元，罗马尼亚队八千美元。这种不平等的待遇，却激发了曾雪麟和国足的斗志。他们说，不给出场费，就夺奖金。

1984年1月13日，国足在首场比赛中，以1比1逼平上届赛事冠军匈牙利。匈牙利队平均年龄24岁，阵列中有6名1982年世界杯主力。上半场第32分钟，Laszlo Kiss在12码点左脚劲射为匈牙利队首开纪录。下半场国足全力反攻，但多次落入越位陷阱。直到结束前8分钟，9号左树声凌空抽射破门，将比分扳成1比1完场。次战国足以1球小负波兰，3战以2比1战胜罗马尼亚。

1984年1月20日，中国队迎战阿根廷队。曾雪麟在赛前让队员去看电影、打牌，"别想比赛的事"，除了他自己。阿根廷队新任教练比拉尔多刚刚接替麦诺蒂，从国内排名前6的甲级队中物色了精锐球员，其中有8名是1982年世界杯主力。这支阿根廷队是一支实打实的准国家队。

中国队 1 比 0 胜阿根廷印度尼赫鲁金杯赛合影

一开场，阿根廷队就摆出准备大举进攻、半场解决战斗的威势。但中国队却让阿根廷队大吃一惊。第 4 分钟，阿根廷队马西科禁区前一脚低射，国足门将杨宁稳稳将球抱住。中国队一方面密集防守，曾雪麟派出贾秀全盯死阿根廷锋线灵魂加雷卡，让阿队久攻不下；另一方面中国队还频频从两翼展开反击。李辉和李华筠两匹快马屡屡从边路一条龙下底，一度和阿根廷打成对攻局面。上半场双方互交白卷。下半场阿根廷久攻不下，情绪渐急，甚至故意推搡中国队员，而中国队的防守越来越紧密，越打越稳。场上中国队掌控了局面。第 50 分钟，中国队后场传接球失误，阿根廷队马西科（Márcico）断球，禁区直接起脚远射，杨宁稳稳扑下。第 61 分钟，整个大半场都被李华筠的快速突破所折磨的阿根廷后卫彭斯因恼羞成怒，趁裁判不注意直接肘击李华筠头部，致使李华筠昏迷，被救护人员抬出场外。

替补李华筠上来的是赵达裕，“矮脚虎”赵达裕脚底灵活且速度奇快。作为广东人，他很适应加尔各答湿润的气候。身材高大的阿根廷后卫在赵达裕的快速突破下甚显狼狈。第 74 分钟，阿根廷队左侧开出角球，杨宁出击双拳将球击出禁区，中国队快速反击，沈祥福拿球一路沿着左路突破，带到禁区前扣过防守球员一脚低射，球偏出门框。第 76 分钟，阿根廷 10 号布鲁查加左侧传中，中路包抄球员胸部停球杀入禁区，杨宁出击扑住球。

第 82 分钟，中国队后场断球发动快速反击，李辉再一次右路突破成功，长传至左路，林强反切至边路传中，赵达裕应声杀到，出其不意左脚迎球劲射，足球直飞大门右下角。中国队以 1 比 0 绝杀阿根廷队。顿时观众席上大哗，印度人狂呼“中国”“中国”！失球后的阿根廷愈发急躁，对中国队发起了猛攻，但终究未能扳回局势。这场原本实力悬殊的比赛，最终以中国队 1 比 0 战胜阿根廷队告终。这场比赛赵达裕最出彩，而护住国足大门不被世界杯冠军攻破的，是来自梅县的国门杨宁。

此后，中国队再接再厉，战胜了东道主印度队，闯入冠亚军决赛。虽然在决赛中一球憾负 1982 年世界杯季军原班人马组成的波兰队，但已经令人对中国队刮目相看。中国队获得了尼赫鲁金杯邀请赛亚军。

赵达裕捧着尼赫鲁亚军奖杯

赛完波兰教练对曾雪麟说：“二十年没见中国队踢球了。你们水平那么高，速度那么快，我们感到很惊讶。”阿根廷教练也表示说：“中国队水平提高很快。”球王贝利也在报纸上说：“亚洲能赢南美，只有中国队最有希望。”这是中国足球队历史上首次战胜世界杯冠军队。两年后，阿根廷队夺得了1986年世界杯。

国足勇夺第8届亚洲杯亚军，创历史最佳成绩

1984年中国国家队合影及签名

尼赫鲁杯赛结束后国足只休息了几天，曾雪麟带队在昆明集训。曾雪麟尝试申请到巴西训练，但当时终未获批。1984年，亚足联执委会阿维兰热回答记者说，中国队水平提高不快的原因，一是参加大比赛太少，二是缺少第一流的教练。[1]

在当时国足参加外赛的机会不多，作为主帅，曾雪麟需要想办法高效提升队伍实力。为了训练雨战能力，曾雪麟秉持约瑟夫教练以赛代练的思想，带领国足前往梅雨季节的江南一带边训练边比赛，中国国家队从昆明、黄石、武汉、上海、杭州、无锡、南京、济南等城市一路进行艰苦的训练，一路与沿途城市强队比赛，打了15场比赛。1984年4月下旬，中国队从山东打回了北京，已经呈现出完全不同的面貌。

曾雪麟继续率领国足征战各国队伍。5月，中国队先是赴日本参赛麒麟杯，并打进半决赛；之后回来参加第二届长城杯，最终负于德国曼海姆队，得了亚军。接着，中国队到德国法兰克福等城市进行邀请赛，又按照中国足协的指令辗转到罗马尼亚比赛。后来了解到，罗马尼亚正准备参加欧洲杯赛，请不起欧洲强队，就请中国队来陪练。国足分别在罗马尼亚的雅西和布泽乌两个城市奔波，回到北京已经是8月初，国足队员的体力已经大为损耗，并出现了伤病员。

[1] 李超，归群. 败军之将：曾雪麟传. 人民体育出版社，1990. p229.

9月15日开战的亚洲杯预选赛，是曾雪麟上任以来第二次重大比赛。在预选赛上，中国队与卡塔尔、约旦、香港和阿富汗队同组，中国队先后以6比0、6比0、2比0和1比0胜阿富汗、约旦、香港和卡塔尔队，以小组第一进入决赛。然后队员各自回归母队，参加地方足协杯赛。

杨宁和吴育华在1984年亚洲杯赛事期间

1984年12月1日至16日，第8届亚洲杯足球赛在新加坡举行。这届比赛共21支球队参赛。预赛分4个小组进行，最终第一小组的叙利亚队和伊朗队，第二小组的沙特阿拉伯队和阿联酋队，第三小组的韩国队和印度队，第四小组的中国队和卡塔尔队，以及上届冠军科威特队、东道主新加坡队等10支球队取得了决赛阶段比赛资格。曾宪梓特地从百忙之中抽身，飞到新加坡观看决赛，并给中国队买营养品和加油打气。

国足出征1984年亚洲杯前的合影[1]

1984年亚洲杯首发阵容[2]

决赛分A、B两组进行，采取单循环赛制。A组的沙特队、科威特队和B组的中国队、伊朗队分别取得各自小组的前2名，跻身4强。半决赛中，沙特阿拉伯队压倒了伊朗。

1984年12月14日，中国队经过120分钟的苦战，依靠李华筠在加时赛中的1粒入球，以

[1] 后排左起：李辉、李华筠、贾秀全、林乐丰、池明华、柳海光、吕洪祥、林强、秦国荣、杨朝晖、杨宁、路建人；前排左起：吴育华、古广明、陈正韶、王东宁、马林、戚务生、傅明道、曾雪麟、赵达裕、朱波、左树声。其中广东球员共有5人入选，分别为：古广明、赵达裕、池明华、杨宁、吴育华。

[2] 后排左起：林乐丰、李辉、杨朝晖、贾秀全、路建人；前排左起：古广明、赵达裕、朱波、池明华、左树声、林强。

1 比 0 击败上届冠军科威特队，首次杀进亚洲杯冠亚军决赛场。这场比赛，中国队面对科威特队凶狠的逼抢和一次又一次的猛烈攻势，沉着应战，在稳固防守的基础上，不时发起快速反击，终于由后来上场、“小火箭”李华筠在加时赛后 15 分钟，利用一次突破机会敲开对方大门。

贾秀全手捧亚洲杯银杯

在与沙特队的夺冠赛中，曾雪麟精心布阵，并全力鼓舞队员。开场第 10 分钟，沙特队边路突破，中国队匆忙解围，球却被禁区外的沙特球员一脚侧身凌空抽向球门。丢球后的国足奋力反扑，但射门效果平平。下半场刚开场 2 分钟，古广明与朱波在右路的配合被断，沙特后卫果断直塞前锋马吉德，后者带球甩掉贴防的贾秀全突入禁区，又快速过了补防的林乐丰，随后假射骗过路建人之后，推空门得分。中国队最终以 0 比 2 不敌上届预选赛时的脚下败将沙特队，获得亚军，与亚洲杯擦肩而过。赛后，中国队主力中卫贾秀全被评为“最佳运动员”，并以 3 个进球荣获金靴奖。

曾宪梓向他们祝贺这次取得历史最好成绩，这是三十五年来中国队第一次拿下亚洲杯的亚军。[1]

1985 年元宵曾雪麟率国足到访梅县地区

亚洲杯回来后，曾雪麟面临任期间最重要的比赛——第 13 届世界杯预选赛。

当时的国足，已是亚洲一流强队，在前一年战胜了世界杯冠军阿根廷，在亚洲杯上勇夺亚军，创造了国足历史最好成绩。1985 年 2 月，中国足球队还在昆明以 2 比 0 战胜访华的匈牙利足球劲旅——维多顿俱乐部队。该队拥有 6 名国家队队员，曾 4 次代表匈牙利队参加欧洲足协联盟杯赛。一系列的骄人战绩，让当时的国足士气盎然。

1985 年 2 月 17 日（大年二十八），中国队在香港政府球场客战中国香港队。香港队踢得凶狠、稳健，中国队几次进攻都被对方门将廖德辉化解。中国队破密集防守的办法不多，前锋古广明、赵达裕被冻结，往日两翼齐飞的战术也未发挥应有的优势。整场比赛，得势不得分。香港队凭借顽强的防守，把 0 比 0 的比分保持到终场。赛后，古广明说：“我们完全没有想到，香港队打疯了。”曾雪麟赛

[1] 李超，归群. 败军之将：曾雪麟传. 人民体育出版社，1990. p233.

后对队员说："密集防守你们破了没有？早就提醒你们，香港队并不窝囊！"[1]当时的香港队主教练郭家明早已开始深研中国队战术。

1985年3月1日，国足在香港政府大球场与文莱队进行世界杯预选赛东亚区第一轮第4场比赛。为了多争取进球数，在净胜球上压倒香港队，国足本场排出罕见的三三四阵式加强进攻：守门员路建人；后卫朱波、贾秀全、林乐丰；中场左树声、李辉、林强；前锋古广明、赵达裕、柳海光、李华筠。在求进的心态下，国足充分利用球场宽度调动文莱队防线，然后用长传球打对方后卫身后空档，开局效果甚佳。但后来文莱队防守出彩，赵达裕和柳海光分别各入2球，国足仅以4比0战胜文莱队，让赛前预测国足起码赢8球甚至10球的媒体大跌眼镜。曾雪麟认为，在2比0领先后，中国队越打越急躁，两翼的特点完全没有发挥出来。

1985年3月3日，中国队乘坐火车离开香港回广州，并于次日下午，中国队到梅县地区，这是继1962年李凤楼、杨秀武率领北京体院队（国家队）后，中国国家队第2次到访梅县。1985年3月4至6日，应旅港嘉属商会会长曾宪梓的邀请，国家足球队一行21人，在领队傅明道、主教练曾雪麟率领下，到梅县、兴宁、五华等县献技。[2]

中国队在兴宁进行了一场表演赛，到场观众超过2万。3月5日，中国队在五华人民体育场举行表演赛，只有1万个座位的体育场，挤进了3万多人。不少观众提前数小时入场，一些家住几十里外的五华农村球迷还提前一天赶来。

1985年3月6日，曾雪麟率中国足球队在元宵节到访梅县，并到东山中学与师生见面。当天下午，在梅县市人民体育场与梅县足球队进行表演赛，东较场2万个座位爆满，周边的楼房站满了观众，最终国足以4比1获胜。国足参加当晚举行的游园晚会，主教练曾雪麟和不少球员加入了舞龙队伍。李华筠举戏珠，柳海光、贾秀全舞龙头，一派欢腾气象。

1985年，曾雪麟率国家队到访梅县东较场

当时的国足全体队员，为了为国争光，连年在外训练和征战，已经多年没有回家过春节。当时曾雪麟从事足球30多年，期间只在"文革"停赛时期回家过了2个春节，池明华在国字号队

[1] 李超，归群. 败军之将：曾雪麟传. 人民体育出版社，1990. p241.
[2] 梅州市地方志编纂委员会编. 梅州市志. 广东人民出版社. 1999.

伍 11 年，只有 1 次在梅县过春节。[1] 这一次是他们难得的返乡记忆，也给球乡人民留下了美好记忆。

1985 年 5 月 1 日，曾雪麟执教中国足球队 2 周年，有人统计了他在国际比赛方面的成果：[2] 参加国际比赛共计 63 场，进球总数为 133 球，失球 68 球。其中：胜 36 场，进球 113 个、失球 15 个；平 8 场，进球 10 个、失球 10 个；负 19 场，进球 10 个、失球 43 个。当时现役中国队队员的进球功臣是：赵达裕 18 球、柳海光 17 球、李辉 16 球、左树声 15 球、李华筠 14 球、古广明 12 球、贾秀全 7 球、林强 6 球、杨朝晖 4 球、沈祥福 4 球、林乐丰 3 球、朱波 3 球、吕洪祥 2 球、秦国荣 1 球。

中港五一九比赛

1985 年 5 月，国足在第 13 届世界杯预选赛东亚区小组赛中，首战在客场以 0 比 0 战平香港队，随后以 4 比 0、6 比 0 大比分战胜澳门队，以 8 比 0、4 比 0 双杀文莱队，取得 4 胜 1 平，积 9 分，净胜 22 球。香港队则 4 胜 1 平积 9 分，净胜 16 球。中国队只需在最后一场比赛中不输给香港队，即可获得小组出线权，保留打进 1986 年墨西哥世界杯赛的希望。

香港队在 1977 年、1979 年连续两届亚洲杯外围赛中，都在点球大战失败出局。

国家足球队在梅县东较场过元宵

香港嘉属商会观光团、中国国家队在梅县东较场以足球庆元宵

国家队造访梅县东较场进行元宵足球比赛
（叶繁荣 摄影）

国家队来梅参加元宵活动
国足元宵节照片皆由梅州市体育局提供

[1] 李超，归群. 败军之将：曾雪麟传. 人民体育出版社，1990. p242.
[2] 1985年婷婷统计，来自新浪博客“津门虎”。

1982 年世界杯外围赛，香港队在准决赛遭遇中国队，在加时赛时再次打平，点球大战时陈发枝射失，而中国队 5 射皆入。赛后香港球迷发生了一场小骚乱，主场观众在看台上点火，并在中国队下榻的利园酒店外聚集，企图阻止中国队球员下车。[1]

之后香港队主教练郭家明起用年轻人，却在 1984 年亚洲杯决赛，以 2 和 2 负小组倒数第二出局。鉴于此，足球总会决定重召胡国雄、尹志强、刘荣业、张家平、陈云岳等老将归队，以旧带新出战 1985 年世界杯外围赛。香港与中国、澳、文莱同组，采取主客双循环制。香港首场比赛是 1985 年 2 月 17 日于政府大球场对阵中国队，中国队占尽优势，但香港队密集防守顽强抵抗，苦战下竟逼平了中国队。

1985 年 4 月 27 日，中国队回京。国足进行了以下调整：傅玉斌和唐尧东回辽宁队参加首届亚洲俱乐部冠军杯赛；秦国荣主动要求回上海队；调入广东万宝队的中场组织者王惠良（梅县）、北京雪花队的前卫魏克兴、广州白云队左边锋吴群立、南京部队队射手黄德兴及八一队守门员王振杰；一直担任国家队队长的池明华（梅县），本是一名绝佳的攻防高手，但 5 月因伤不能上场。曾雪麟让队员练习防守，重点在过去吃过亏的三防：防反击，防定位球，防重点球员。

中港大战成了当时中国人议论的头等大事，京城各大报纸纷纷开始预测比分。当时《足球》报头版刊登了该报总编严俊君执笔的文章《竹密难堵流水过》，副标题是中国队应该赢香港队两个球以上。同时，这场中港之战还被舆论加上了很多足球之外的情绪。

之后香港队以 2 比 0 胜澳门队，其净胜球与中国队持平。5 月 12 日，国足在北京工人体育场与澳门队比赛。贾秀全、杨朝晖、王惠良、赵达裕分别进球，比分 6 比 0。中澳比赛时，香港队主教练郭家明悄悄赶飞机过来，坐在工人体育馆现场观战。

5 月 16 日上午，中国足协名誉主席程子华（1905—1991）、国家体委副主任袁伟民，中国足协副主席年维泗、陈家亮等领导来到北京体育馆，接见国足全体成员。程子华和袁伟民勉励国足放下包袱，力争胜利，要把握出线良机，主动出击。年维泗则提醒队员要牢记以往经验教训，不要急躁，注意定位球的防守。总体动员会结束当晚，中国足协就派人找曾雪麟开会，研究亚洲区决赛阶段的比赛安排。原中顾委常委、足协名誉主席程子华对国足给予了高度关注。赛前，他特

[1] 李峻嵘. 足球王国：战后初期的香港足球. p173–174.

地把国家队队员请到家里来，在客厅里铺开战局商量对策，称“在家门口比赛，打平了就等于输球”。国足成绩若欠佳，程子华也承受着压力。[1]

1985 年 5 月 19 日上午，香港队主教练郭家明带香港队球员逛北海公园，吃仿膳豪宴，放松身心。中国国家队则在室内连开了 4 小时的准备会。会上国家体委相关领导表示：对阵香港队，打平不光彩，要赢，还要多赢。赛前，曾雪麟见队员们经过动员后的深情，心生担忧，便与戚务生分别找队员谈心，强调打平即可，不可轻敌，并规定后卫不能上前助攻。[2] 但此时在多种前置干预之下，全国群情激昂，他的谋略已难以按照足球规律执行。

当时中国队 11 名主力

1985 年 5 月 19 日晚上七点半，世界杯预选赛东亚区第一轮最后一场比赛在工人体育场开始，现场观众超过 8 万人。有球迷在看台上挂出自制的记分牌，上书“中国∶香港　2∶0”。不出郭家明所料，国足沿用对阵澳门队的首发阵容，香港队守门员廖俊辉和前卫茹建德受伤，实力有所削弱。[3]

一开场，国足就全力抢攻。前 15 分钟，吕洪祥、林强、王惠良、古广明和李辉 5 人分别射门。第 18 分钟，香港队后场长传，朱波争顶高球时压倒刘荣业，被判犯规，香港队获任意球。国足人墙过于偏右。[4] 胡国雄将球向右横拨，张志德右脚射球入网。守门员路建人飞身扑救，可惜仍存距离。香港队半场唯一一次机会即打开纪录。中国队意外失球，赶紧大举反攻。第 21 分钟，余国森动作过大，被出示黄牌。第 27 分钟，奔至左路的古广明接王惠良传球，在大禁区边缘横带闪过张志德后，突施冷箭。第 32 分钟，香港队中圈犯规，王惠良速将任意球开至右边路。杨朝晖起左脚劲射，陈云岳扑出不远，李辉左脚叩射入网，扳平比分。第 38 分钟，国足用李华筠换下左树声。第 44 分钟，香港队右路黄国安在国足三人夹击下，将球分给梁帅荣斜吊入禁区，刘荣业得球并脚射门。路建人奋力扑出。

[1] 李天锐. 体育协会里的“业余”高官[J]. 廉政瞭望，2014（03）：29-31.

[2] 张玉强. 曾雪麟与“5·19”真相[J]. 足球俱乐部，2016（05）：8-9.

[3] 参考纪录片《中国足球大事件之5·19》和许知健、陈智超合著《国足百年》。

[4] 参考纪录片《中国足球大事件之5·19》和许知健、陈智超合著《国足百年》。

上半场双方 1 比 1。

中场休息，曾雪麟正在更衣室给队员布置战术，有人跑到更衣室指导："就这么攻……前边压着攻！"[1] 下半场伊始，天忽降大雨，球场积水渐多。国足攻势更急，但黏滞之下，阵脚缺乏章法，后防出现空虚。擅长雨战的香港队则越打越稳。第 15 分钟，梁帅荣接张志德右路回传球，在 45 米外贴地远射，禁区内朱波急于解围，刘荣业乘机送球过人。此时林乐丰、贾秀全双人包夹断球，顾锦辉从后赶上射门进球，香港队再度领先。1 比 2 落后意味着出线权旁落，国足顿时骤增千钧压力，打得更急更乱，球不落地，大放长传。

下半场第 18 分钟，国足 8 号赵达裕入替王惠良。香港队全线退守，在大禁区外摆下铁桶阵。国足无法将球传入禁区，只能频频在外围远射攻门，但始终无法突破。第 19 分钟，李辉想把香港队倒地诈伤的胡国雄搬出场外以争取时间，被裁判认定推搡黄牌警告。第 28 分钟，香港队用谭耀华换下陈发枝，加强对赵达裕的盯防。第 40 分钟，港队又调李菲腊入替尹志强，增加后卫线。贾秀全头球攻门，被对方守门员陈云岳单手托出，最终国足未能扳平比分。

此战中国队射门 24 次，角球 11 个，破门 1 次。香港队 5 次射门，2 度破网。完场哨响，香港队 2 比 1 获胜晋级第 2 轮，国足再度在世界杯预选赛上黯然出局。在 1985 年世界杯预选赛第一轮中，1984 年亚洲杯的四强都被淘汰。主场作战以及过多的额外关注，让国足全体成员背上了沉重的心理包袱，并最终遭遇了失败，而输球后引发的球迷怒潮更将他们淹没。

比赛结束，现场 8 万名球迷由悲转怒，情绪逐渐失控，他们拒绝退场，在看台上高喊"枪毙曾雪麟""打倒曾雪麟"，长达 1 个多小时。作家刘心武、理由分别就此次赛事写了报告文学《五一九长镜头》和《倾斜的足球场》。理由在《倾斜的足球场》记录当时情景："看台上的观众久久不愿离去，人们胸中堵着一股气，愤懑，失望，窝火，想不通，恨铁不成钢，所有的一切交织在一起，迸发出地动山摇般的吼声：'曾雪麟，出来！'曾雪麟不能出来，否则他会被人撕成碎片，生吞活剥了的……汹涌的洪流冲出了工体，完全失控，至少两辆停在路边的汽车被掀翻，暴怒的人们失去了理智，红了眼，变成一群可怕的野兽，见东西就砸……"

赛后国足队员被球迷围堵在工体休息室内。直到 23 时 30 分，北京市公安局出动 40 辆卡车上千警力，才将国足营救出来。在武警掩护之下，中国队从工体

[1] 张玉强. 曾雪麟与"5·19"真相[J]. 足球俱乐部，2016（05）：8–9.

下方通道走到14和15看台之间，在此上车回体育局。球迷则围堵在工体的9号、10号门口的通道中国队正常撤退位置。退场后闹事球迷又哄砸周边汽车，并冲击地铁站和交通岗，推倒了数十个垃圾桶，数十辆公交车玻璃被砸，40余名警察被打伤。在127名肇事者被拘留后，这场风波才平息下去。

从5月19日起，中国足球队被球迷围困在驻地整整一周，无法外出一步。这场因输球导致的球迷骚乱，在中国足球历史上被命名为“五一九事件”。多年以后，曾雪麟回忆说：“这场球与其说输在技术上，不如说输在对足球的理解上。如果说那场球不是急于求成，如果不是好大喜功地想在家门口打一场威风战，结局会截然相反。从那一天起，我们对足球有了真正的和较深刻的理解，但代价也是巨大的……”[1]

国足主帅曾雪麟辞职

五一九赛事之后两周，中国队主教练曾雪麟成为众矢之的，被迫躲在运动员楼中，外面每天有人拿着酒瓶、铁棒子堵着。曾雪麟给队员打气：“比赛输了，没关系，大家也别灰心，以后还有这样的比赛呢，这场输球不赖你们，主要赖我。我可以不搞足球了，但你们还要继续踢球。”[2]5月28日，他向中国足协递交辞职信。两天后，这些国脚就地解散，回到原籍，但因其人事关系都已入调国家体委训练局，他们无缘回母队参加当年的甲级联赛。

5月31日，中国足协宣布曾雪麟的辞职申请获批，历时780天的“曾家军”时代终结。中国足协发言人肯定了曾雪麟的工作，但同时也将五一九失利原因归结为教练能力有限，求胜心切，重攻轻守，赛前准备不周，临场指挥失当等。

曾宪梓夫妇到机场迎接曾雪麟[3]

1985年8月，辞职后的曾雪麟黯然飞回家乡梅县，曾宪梓夫妇到机场迎接，并将自己捐建的梅州中学教学楼命名为“雪

[1] 李有祥. 足球风暴. 珠海出版社，1997. p232.

[2] 5. 19二十年记之曾雪麟：一周时间满头黑发变白发. 2005年05月19日体坛周报。

[3] 赵卫真. 曾雪麟与曾宪梓[J]. 当代体育，1988（09）：46-47.

麟楼”，以纪念曾雪麟为中国足球所做的贡献。

五一九之后，球迷寄到曾雪麟家中的上吊绳和刀片差不多有两大箱子。家里的窗户被球迷们用石头砸碎多次，曾雪麟一度连出去洗澡都要带着球员当保镖。这位为足球尽心尽力的主教练，在当时不得不时刻防范球迷的恨意。老伴陈孝章不得不叫老队友张俊秀多看着他点，生怕他承受不住压力。1989 年，长期承受巨大压力的陈孝章溘然去世。

因为五一九事件，这位率队战胜世界杯冠军队、勇夺亚洲杯亚军的主帅，其全心奋斗了二十六年的足球教练工作（1959—1985 年）在最黄金的年龄戛然而止。之后，虽然深受创伤，但他仍心系足球，一直关注中国足球的发展，并持续进行反思。

事后看来，当年那些对专业足球指指点点的言论中不乏情绪，却独独缺乏真正专业而理性的“足球思维”，显得业余甚至外行，而那些球迷的行为更显得幼稚，可能跟当时人们闭塞的视野有关。如此专业球员受到各种外行的各种干扰和指挥，跟李惠堂初到上海时人们看见进球就大声叫嚷干扰球员，有些类似。历史如镜，足球需要时间来哺育，但当时的人们往往等不及，甚至不惜失掉一位有多年夺冠经验的主帅。隔行如隔山，足球规律不以人的意志为转移，急功近利、违背规律的后患，可能是那些短视而外行的人们意想不到的。

第二十一节　兴宁四国脚随高丰文冲击奥运会和世界杯

1985 年 8 月 12 日，年维泗再次出任国足领队兼主教练，张俊秀任副领队。年维泗的助手是刚率国少队打进第 1 届 U16 世少赛 8 强的高丰文（1939—2020），新入选的球员大部分出自在日本神户参加第 13 届世界大学生运动会的国家二队。

至本书出版为止，高丰文是中国唯一一位带领国字号球队参加过世少赛、世青赛、奥运会、亚运会、亚洲杯、世界杯预选赛所有最高水平国际大赛的教练员。[1] 他率国少队首次杀入世界大赛八强，率国青队首次杀入世界大赛，率国家队真刀真枪地杀进了奥运会。“高家军”鼎盛时代有麦超、吴群立、郭亿军、孔国贤、张小文、谢育新、伍文兵等 7 名粤籍国脚，其中 4 名来自梅州兴宁，这也

[1]　广东传媒之星足球俱乐部. 沉痛悼念功勋名帅高丰文：中国足球“南北融合”的践行者. 2020-10-27.

是南派足球在20世纪80年代末最辉煌的时代。

高丰文1956年加入沈阳青年队，并在该年全国青年足球锦标赛中获得冠军。当时沈阳青年队战术风格强调攻防结合、锋卫一体，特点“快、变、活”，兼有北派的力量速度和南派的灵活多变。之后高丰文在教练生涯中也采用南北合璧的战术风格，并选用南北球员合建队伍。

谢育新、伍文兵与高丰文指导合影

1974年高丰文受国家体委指派赴非洲、也门等地任教，1979年回国执教中国青年足球队，1982年率队赢得亚青赛亚军且获得世青赛资格，1983年率队参加在墨西哥举行的第2届国际足联青年足球锦标赛赛，成为新中国首位带领中国足球冲出亚洲走向世界的教练。在这支国青队中，郭亿军、麦超等南派名将开始崭露头角。

1984年，高丰文组建并执教中国少年足球队，1985年在国际足联U16“柯达杯”世界少年足球锦标赛中，进入前8名，谢育新是其中一员。1985年9月高丰文正式出任国家足球队教练，辅佐年维泗获第10届亚运会足球赛殿军。1986年1月，郭亿军在完成省港杯比赛后回京随国足出征第5届尼赫鲁金杯赛，最终国足拿下第4个尼赫鲁金杯赛亚军。

1986年2月底，国家体委宣布对国足现存机制进行改革，组建红、黄两支国家队，红队召集全国各队的优秀球员，由国家体委主管；黄队为辽宁东药队外加大连队的王学龙，由辽宁省体委主管。当时的红队中，有郭亿军、王惠良、赵达裕、麦超等粤籍球员。4月，红黄两队进行了4场大赛，历时半月，红队4战全胜，但这种内部厮杀让两队球员都十分疲惫。随后在巴基斯坦举办的第4届真纳杯国际足球赛以及与意大利国家队的热身赛，足协都安排红队出战。短暂改革后，5月30日，国足又将红黄两队合并，回归原来模式。

1986年8月，高丰文率国足勇夺新加坡第5届鱼尾狮杯冠军。9月，第10届汉城亚运会上，国足被挡在四强之外。在这些比赛中，兴宁籍国脚郭亿军担任国足后卫，辽宁队员增多，广东队员逐渐减少。

1986年12月25日，高丰文和徐根宝分别被任命为国家一、二队新任主教练。高丰文提出，国足在今后训练中将主抓奔跑能力、中场衔接，并提高整体与个人的防守能力，走身体、技术、战术一体化的道路。战术指导思想不再强调苏永舜和曾雪麟的攻势足球，而是继承年维泗的“稳固防守，敢于进攻”，并提出

1989 年 10 月，新加坡举行的第 14 届世界杯预选赛中国足球队合影

"顶、拖、咬、松、急"五字要诀，即遇强要顶、遇弱要拖、相持要咬、顺利防松、逆境防急。他还提出，国足要争取在 1987 年汉城奥运会东亚区预选赛上取得出线权。

和注重技术的前任们不同，高丰文认为中国球员要注重体能、对抗训练，这样才能在与技术相当的球队比拼时占据上风。为此，高丰文对国足展开了魔鬼训练，不停让球员逼近身体极限，得了个"高大量"的外号。每次训练结束，不少队员都瘫倒在训练场，尽管如此，国足却没有人喊苦喊累，都憋了一口气，想冲破五一九的阴霾。

1987 年 1 月 2 日，曾雪麟能成行的巴西集训，终于在高丰文时代得以实现。赴巴西的粤籍球员有郭亿军、池明华、麦超、杨宁。为备战 1988 年第 24 届汉城奥运会，高家军确定班底：贾秀全、柳海光、马林、唐尧东、张惠康、孔国贤、郭亿军、伍文兵、张小文、谢育新、杨宁、李辉、高升、朱波、王宝山、段举、麦超、王军、霍建廷、朱平等人，堪称 20 世纪 80 年代中后期南北派合一的最强阵容。

3 月，国足到韶关集训，备战奥运预选赛。国足在韶关与广东万宝队进行热身赛，全场座位爆满。国足首发为：守门员杨宁（梅县），后卫朱波、高升、贾秀全、池明华（梅县），中场麦超、唐尧东、李辉、段举，前锋马林、柳海光。广东万宝首发为：守门员罗庆（兴宁），后卫钟小健（梅县）、张小文（兴宁）、谢志雄、李朝阳、欧阳耀星，中场王惠良（梅县）、黄德保（梅县），李超波、前锋吴育华（梅县）、吴群立。从名单可见双方阵容中都有不少来自梅县地区的球员。

为扮演好国足对手香港队，广东万宝队排出五三二防守阵型。此战双方以 2 比 2 战平。国足一边和广东队打练习赛，一边与各国队伍打奥预赛，实力强劲的广东万宝队全力配合，给国足提供了旗鼓相当的切磋机会。

1987 年 9 月 17 日，国足公布参加奥运会预选赛东亚区最终轮的 18 人名单，国家二队的中场主力谢育新正式披上国足 14 号球衣，首次在国家队亮相。谢育新在 2—8 月间效力于荷甲球队兹瓦鲁市 PEC "82" 俱乐部（今名为 FC Zwolle），在预备队表现出色，但未能续约，9 月回归广东万宝队。9 月 23 日，国足在沈阳与尼泊尔队进行奥运会预选赛东亚区最终轮第一场比赛。第 19 分钟，国足用 14 号谢育新入替唐尧东。此次比赛是兴宁小将谢育新首秀。出生于 1968 年 12 月 12 日的谢育新，时年 18 岁 286 天，成为中国足球史上代表国家队参加奥运会预选比赛的最年轻选手。

谢育新一上场就表现活跃，以其速度与技术相结合的突破、大范围跑动接应，将国足的进攻线全盘带活。他在比赛第 31 分、第 33 分两分钟内，两次助攻，首秀十分抢眼。第 31 分钟，谢育新中路得球分给右路王宝山。王宝山推到右底线回敲，谢育新接球后在对方后卫上抢时将球切入左路空档。段举赶上起脚一鸽中的，6 比 0。第 33 分钟，又是谢育新在圆弧处接段举传球，送出穿透尼泊尔队密集防线的刀锋式直传，王宝山切入将球轻松射入空门，7 比 0。第 43 分钟，李辉传球时尼泊尔队员禁区内手球犯规，最后点球命中，国足最终以 8 比 0 拿下比赛。几天后第 2 场球赛，国足对尼泊尔打了个 12 比 0。两场比赛国足共进了 20 个球。

奥运会分组赛，郭亿军紧迫泰国前锋[1]

经过东亚区小组赛一路过关斩将，1987 年 9—10 月，国足进入东亚区决赛，和国足同组的是日本、泰国、尼泊尔。1987 年 9 月 30 日，国足在广州天河体育中心，与集广东万宝与广州白云两队精英组成的广东全运队进行热身赛，到场观众超过 3 万。广东全运队在 1 月中旬曾和访华的日本国家队交过手，本场比赛召回国脚中卫池明华，由张小文串演日本队中锋原博实，考验国足后防，尽可能模拟假想敌为国足战前找感觉。为了模拟日本队，广东队可随意调换各种打法和位置，尤其是场上郭亿军、池明华、张小文、杨宁、谢育新、吴育华、廖友华这几名梅州籍球员，充分展现出其技术的全面性。最终广东队 2 比 1 力克国足。

谢育新铲球，破坏泰国队的一次进攻[2]

1987 年 10 月 4 日晚，国足在天河体育中心与日本队进行奥运会预选赛东亚区最终轮第 3 场比赛。日本队已录得 3 胜 1 平。此役国足全场射门 19 次，角球 12 次，前场任意球 10 次，在全场占优的情况下，最终因为一

[1] 图片来自杨霏荪著作《足球》。

[2] 图片来自杨霏荪著作《足球》。

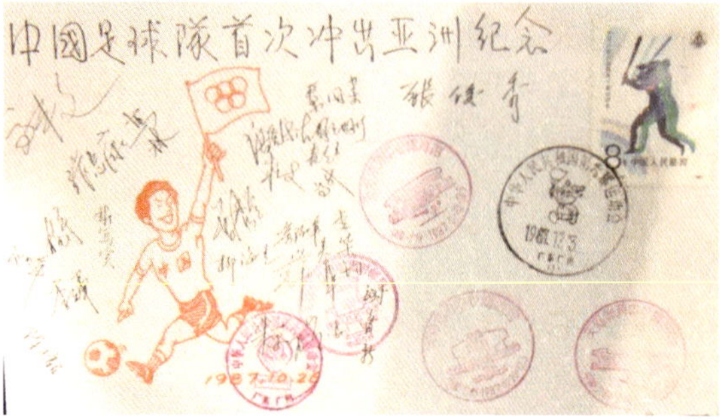

高丰文率队冲进汉城奥运会后出版发行的纪念首日封及各国脚签名

个定位球，以0比1负日本失去先机。此战上场的梅州国脚是池明华、郭亿军、谢育新、杨宁。

高丰文顶住巨大压力，继续指挥国足两胜泰国，保留了最后前往东京与日本队决战定出线权归属的机会。国家体委一记长途电话通知广东省体委，征召广东万宝队右边锋吴育华火线驰援国足，替换李华筠。1987年10月26日，中日两队展开出线决战，当时中国媒体称此役为“华山一条路”。

高丰文跟队员们安排了“声东击西”战术，第一回合输了反而没有了心理包袱，第二回合全力争胜，国足佯攻右路，实际上以左路进攻为主，尤其对传中进行了很多战术部署，最终彻底打乱日本队的计划。中国队在主场落后的情况下，客场迎战日本。凭借柳海光和唐尧东的进球，一场苦战后，中国队以2比0拿下日本，国足终于获得了1988年汉城奥运会的入场券，冲出了亚洲走向世界。

1987年汉城奥运会预选赛，刚入选国家队就当上大赛主力的谢育新（1968年生）、司职中卫的郭亿军（1963年生）、司职左后卫的张小文（1964年生）、替补席上的伍文兵（1967年生），都来自梅州兴宁。此外，多次配合国足打奥运模拟赛的广东万宝队门将罗庆和1984年退役的国脚蔡锦标，都是兴宁人。他们被称为这一时期兴宁“一县六国脚”。

此外粤籍球员还有麦超、吴群立两位出色的广州球员。遗憾的是，他们的队友“矮脚虎”赵达裕1987年国足对北京青年队的教学赛中被对方球员毕胜铲成重伤，池明华则因在比赛中被撞伤，右膝半月板遭遇严重伤势，这两位国脚无缘汉城奥运会。

1988年上半年，高丰文率国足在第9届卡塔尔亚洲杯预选赛以小组第二出线，在缺少贾秀全和柳海光的情况下获第4名（负于韩国和伊朗），为奥运作了铺垫。国足5战3胜2平，未失1球，领先少赛一场的阿联酋队1分，两队携手出线，晋级正赛。中泰之战，再次遭遇大雨，国足将6名粤籍球员孔国贤、张小文、郭亿军、麦超、谢育新、吴群立悉数派出场，以5比0奏凯。

1988年12月12日，国足在客场与沙特队进行亚洲杯小组最后一战。韩国队全体亲临现场刺探。谢育新吃了两张黄牌停赛，因此国足临时变阵四三三。此战打平即可小组第一出线，避开韩国队。但谢育新的缺阵令国足进攻线上少了连接的枢纽，只好又打起了防反。沙特队 Majed 将补防的张小文推倒在地，无人防的 Fahad 右脚挑射破门，伍文兵后来也被换上场。国足最后以 0 比 1 落败。

1988 年亚洲杯高丰文麾下的兴宁四国脚：郭亿军、谢育新、伍文兵、张小文

12 月 14 日，国足在沙特与韩国队进行亚洲杯半决赛。郭亿军吃了两张黄牌停赛，换董礼强与高升搭档中后卫，麦超再度与张小文换位打后腰。韩国队以为国足在放烟幕弹演戏，于是上来就发起攻势。但国足很快站稳阵脚并开始反击，双方打起对攻战。第 40 分，唐尧东圆弧顶附近左脚斜吊禁区，马林赶在赵炳得出击之前抢点头球攻门，王宝山赶上将球补入空门。但边裁却示意越位，主裁判判进球无效。现场观战的国际足联技术委员会顾问盖格和亚足联秘书长维拉潘一致认为进球没问题，但该进球却被裁判吹掉了。加时赛李泰昊撞射入网，首开纪录。国足凌厉反击，谢育新头球摆渡，马林左脚凌空抽射未中。第 13 分李泰昊梅开二度，麦超被红牌罚下，国足用伍文兵换下唐尧东加强传球，进行最后一搏，但最终仍以 1 球惜败，无缘冠军争夺。

1988 年 12 月 17 日，国足与伊朗队进行亚洲杯三四名决赛。郭亿军解禁复出，麦超染红停赛。本场比赛相当于是世预赛的前哨战。国足从一开始就立足于防反，球员状态欠佳，拼抢不主动，传球失误多。伊朗队虽然占据主动权，但屡射不中。第 19 分钟，谢育新被撞伤右腿，由 11 号伍文兵换出。90 分钟战罢，比分 0 比 0。最终国足以 0 比 3 输掉点球大战，只得了第 4。

12 月 18 日，沙特阿拉伯队经过点球大战，以 4 比 3 击败韩国队成功卫冕亚洲杯冠军。亚足联技术委员会和亚洲杯组委会随即公布了各奖项得主，国足张惠康、谢育新和王宝山三人入选最佳阵容，张惠康荣膺最佳门将。此次亚洲杯赛中，郭亿军、张小文、谢育新，加上后来登场的伍文兵，一共 4 名兴宁国脚。

1988 年 8 月 25 日，参加第 24 届奥运会的国足名单正式公布：领队年维泗，主教练高丰文，教练萧笃寅、胡之刚，守门员孔国贤（广州白云）、张惠康（上海桑塔纳）；后卫朱波（八一）、郭亿军（广东万宝）、贾秀全（队长，南斯拉夫 FK Partizan）、张小文（广东万宝）、麦超（广州白云）；中场高升（辽宁东药）、

1988 年汉城奥运会中国队首发阵容
（后排左一郭亿军、前排中麦超、前排右二张小文）

谢育新（广东万宝）、唐尧东（辽宁东药）、朱平（四川）、段举（天津海鸥）、王军（辽宁东药）；前锋柳海光（南斯拉夫 FK Partizan）、马林（辽宁东药）、王宝山（陕西）、霍建廷（天津海鸥）、李辉（北京雪花）。

1988 年奥运会上，国足分别迎战西德、瑞典、突尼斯，国足最终以 0 比 3 负西德，0 比 2 负于瑞典，0 比 0 平突尼斯，1 平 2 负 0 进球出局，此次亚洲没有队伍出线。

此次奥运会，张小文、郭亿军和谢育新两个后卫、一个中场都是绝对主力。当时的国际足联（FIFA）在汉城奥运会后撰写了《球队分析》，对高家军所在第一小组的比赛进行了专业、客观的分析。他们对中国队的防守给予了一些肯定，但也认为中国队太模式化，太缺乏应对强队的经验，并且做了过多的无用跑动。

中国队对德国队的首场小组赛，“近几年实际表现不合期望的中国队，上半场设法给了德国队一些抵抗，使拥有不下 7 名欧冠队员的德国队配合出现了一些问题。中国队防守得很熟练，仅丢了一个球。但中场之后，面对顶级对手的经验匮乏让他们处于不利境地。最终比分为 3 比 0。明星劲旅精准出击，而冷门队伍的局限性一览无遗。”[1]

“和所有亚洲队伍一样，中国代表队的举动太业余（too amateurish）。好的中场连接被进球意识（Killer-instinct）的缺乏或犹豫不决所贻误。若细致分析中国队各方面表现，可以发现每个亮点后面都要加个‘但是’。中国队让一个中卫自由防守，此安排是奏效的，但下半场在承压之下变弱了。不过好在有张惠康的出色表现，他们只失了 5 个球。虽然策略巧妙（ingenious of stratagem），但中国球员有时太过单打独斗。4 号郭亿军试图跑过 Fach 和 Klinsmann。”

“他们的后卫可以很好地集结并发起进攻。利用斜长传，或把球传到突进的中场队员方向上，他们努力突破对手防线。但这太模式化了，太容易被识破了，

[1] FIFA的报告参考资深足球记者马德兴文章《高丰文，新中国足球走向世界第一本土教练！被歪解冤屈30的多年历史！》引文及图片，客名君对这份英文报告（Team Analysis）相关内容进行了翻译，以让读者更好地了解FIFA的专业分析。

缺乏节奏的变化。对手很容易发现并阻截其意图，然后施以快速反击。面对身强体壮的德国队、瑞典队，中国队一次又一次将高球吊入对手禁区，但亚洲人的身高劣势让他们在此鲜有机会。”

“所有的球员都非常能跑，并且跑动覆盖距离长，并表现出良好的控球技术。不可避免的‘但是’是，快速冲刺进入空档区域或灵活进行位置变换，在比赛中很少见到。对中国队来说，他们第二场对瑞典队的比赛使得他们在本届赛事中晋级的希望提前破灭。他们的表现必被认为令人失望，特别是在 270 分钟里颗粒无收。即便对同样无望晋级的突尼斯队，他们也未能打入一球。糟糕的运气和经验的缺乏一直不利于于他们（中国队）。”

从国际足联的评价来看，面对欧洲强队，国足防守机动（defended cleverly），而且“后卫可以很好地集结进攻（their outer backs integrated well into attacks）”。中国队的后卫，就是郭、张、麦、朱、贾。但是从 FIFA 报告看，当时的中国男足虽然体能尚可，奔跑和防卫积极，但因经验缺乏、技术不足导致进攻套路单调、老套，在欧洲人眼中一览无遗。

FIFA 最后指出，中国足协的技术代表团非常配合，对来自外界的意见和建议也很开放。这很大程度上取决于他们如何从第一次奥运会经历中得出正确的结论。如果他们确实能从这些教训中受益，所有这些“但是”都将成为过去。

但是，跟欧洲劲旅云集不同，在曾雪麟、高丰文时代，国足想走出国门交流几无可能，所能接触的世界足球最新发展动向也十分局限。

1989 年，高丰文率国足冲击 1990 意大利世界杯亚洲区预选赛，这是新中国成立后国足第 4 次冲击世界杯。高丰文再次汇集了南北球员，从 1989 年 2 月至 7 月出战亚洲区第 5 小组的预赛。

在沈阳主场，国足凭借柳海光和张小文的进球，以 2 比 0 击败西亚劲旅伊朗。在德黑兰客场，在对方恐怖的 10 万人球场空前的压力下，国足在开场落后的不利局面下，下半场依靠麦超和马林连追两球，最终以 2 比 3 小负对手，惊险获得出线权。

在小组赛中，国足主场以 2 比 0 战胜伊朗队，张小文入球；客场 2 比 3 输给伊朗队，麦超点球破门，张小文助攻马林入球。在亚洲区预选赛第 5 小组的中国队，在同孟加拉、泰国、伊朗等队的 6 场比赛中仅失一场，顺利进入了六强。

10 月六强赛在新加坡举行，首场国足以 2 比 1 战胜沙特，麦超梅开二度。1989 年 10 月 17 日，国足在加冷国家体育场与阿联酋队进行世界杯预选赛最终轮第 2 场比赛。

上半场比赛双方0比0。下半场第16分钟，段举后场左路拿球后大脚长传，麦超将球回敲。唐尧东横传至中路未果，他重新带球扣过阿联酋队10号Adnan Al Talyani，内切到大禁区边缘，突然起右脚远射，国足首开纪录。此时，球场下起暴雨。国足在领先后，选择让出中场，全线退守。10号马林入替唐尧东，吴群立撤回中场助防。阿联酋队大举反击。第37分钟，19号董礼强入替谢育新，以加强中场防守。

第42分钟，阿联酋2号Khaleel Ghanim Mubarak抢点头球攻门得手，比分扳平。第43分钟，董礼强在中场左路突破阿联酋队14号Nasser Khamis Mubarak后被20号Mohamed Obaid抢断。Obaid带球直入传给10号Adnan，他带球分过上前的郭亿军，起左脚射出低平球入门。仅在两分钟内，国足被阿联酋队入了两球逆转，这是1989年国足遭遇的第一个“黑色三分钟”。

接着中国队又不敌韩国队，剩下的比赛，3战仅积2分的国足不但要全胜，还得看韩国和阿联酋。

10月24日，国足在加冷国家体育场与朝鲜队进行世界杯预选赛最终轮第4场比赛。国足首发重新整合，启用张惠康守门，谢育新暂作替补。上半场0比0。下半场第30分钟，高丰文将12号王宝山、7号谢育新同时顶上，换下柳海光和张小文，将朱波推到右边锋，展开反击。第37分钟，段举左路长传吊球入禁区，马林头球摆渡，谢育新赶到门前起右脚怒射，球从守门员腋下蹿入网内。最终国足以1比0力克朝鲜队，出线前景再露曙光。

赛后，海内外媒体纷纷以“谢育新拯救中国队”“谢育新进球，中国队出线仍有望”“谢育新一支强心针救醒中国队”等为题对赛况进行报道，前三场表现低迷的谢育新用进球为自己正了名。

冲击狮城六强赛时的部分国足球员合影，为“南北融合”的“高家军”

（左一郭亿军、左三吴群立、左四伍文兵）

10月28日，国足在加冷国家体育场与卡塔尔队进行世界杯预选赛最终轮最后一场比赛。韩国队在战胜沙特队后提前一轮出线，国足要获得剩下的一张入场券，除了必须击败卡塔尔队，还要韩国不输给阿联酋队。

国足用张小文出任后腰，顶替因黄牌停赛的高升。上半场0比0。下半场第23分钟，国足用吴群立换下柳海光，以加强突击力。第31分钟，段举看到卡塔尔队阵线压得过上，禁区内只有 6 号 JumahSalem 一人殿后，立即大脚吊入，吴群立接到球正欲起脚，卡塔尔队 1 号门将 Younis Ahmed Baker 倒地将球击出，马林快速赶上补入球门。国足终于取得领先。

左后卫段举频频压过中场助攻。第 40 分，马林犯规吃黄牌。第 42 分，卡塔尔队 12 号 Mahmoud YaseenAl-Soufi 将球轻松射入死角，扳平比分。打平意味着出局，国足只能全线压上。完场前 1 分，Al-Soufi 左路力压张小文斜吊入禁区，替补登场的 15 号 Mansour Muftah 进球。在最后 3 分，国足被对手连下两城，1 比 2。这是中国足球史上第二个“黑色三分钟”。这也是国足有史以来离世界杯最近的一回。1989 年世界杯预选赛的两次“黑色三分钟”，国足“只差一步到罗马”。

打满世预赛全场的郭亿军回忆说：“两个‘黑色三分钟’，彻底粉碎了中国队进军意大利世界杯的梦想，也成为我一段沉重的记忆。”谢育新说：“那场球我打满了全场，那场失利让我永世难忘。对我而言，那个黑色三分钟是种莫大的耻辱。这种耻辱甚至超过了我们在奥运会上的 3 个鸭蛋。”[1]

比赛结束后，伍文兵、谢育新、郭亿军、张小文等几个客家球员买了几瓶啤酒，在房间里喝闷酒，心生一种“拔剑四顾心茫然”的惆怅和“三十功名尘与土”的悲凉。打完新加坡六强决战，郭亿军和张小文告别国家队，谢育新和欧楚良、彭伟国成为后来广东足球在国家队的担当。

1990 年亚运会，国足遭遇了在主场输了泰国队的败绩。1991 年 6 月，高丰文辞去国家队主教练一职。之后他继续致力青训为中国培养足球后备力量，在沈阳成立了高丰文足球学校。这是中国第一家民营足球学校，培养出杜震宇、王栋、陈涛等国字号球员，为中超、中甲输送了上百名足球人才。这也为后来他指导过的广东国脚赵达裕、谢育新、郭亿军等人贡献青训事业提供了借鉴。

[1] 参见《梅州足球口述史》。

第五章 坚持（1994—2010 年）

1994 年之后，中国足球开展了职业化改革，职业赛事风起云涌。但由于对足球的价值和规律认识不足，在前期一段时间内，职业化后的中国足球急功近利的思想行为严重，组织管理体制落后，人才匮乏，监管缺失，导致足球发展的社会基础薄弱，行业风气和竞赛秩序混乱，运动成绩持续下滑。[1] 梅州足球人所习惯的认真青训、扎实练球、打磨技战术等，对金元足球而言，显得太慢且难以预期，一些饮鸩止渴的迹象开始在足坛显现。职业足球不惜血本追求效率，容易“在道德上无所顾忌”，[2] 这种现象其实是个世界性的问题。假球黑哨现象的渗透，一度让行业脱离了正常运行轨道。受当时大环境的影响，地处山区的足球之乡梅州，经济发展落后，足球人口下降，足球场地失修，足球的生命力受到了一定程度的压抑，步入低迷发展期。但仍有不少梅州足球人星散各地，坚持从事足球事业；球乡底蕴仍在传承和延续，梅州人更多从 80 年代的足球运动的生产者变成了消费者、欣赏者、传播者。

第一节 职业化改革之下梅州足球经历考验

足球作为世界第一运动，与其他运动项目划开界限的分水岭出现在 1992 年。

[1] 参见2015年国家下发的《中国足球改革总体方案》。

[2] 乌拉圭.爱德华多·加莱亚诺.足球往事：那些阳光与阴影下的美丽和忧伤[M].

从举国体制变成职业化，象征着中国足球开始与世界同步，这时欧洲很多球队已经成立近百年。作为后起者，中国足球被一下子推向市场，开始职业化的试水和探索。

1992年6月23日至27日，中国足协在北京西郊红山口（原八一体工大队所在地）召开工作会议，会议以改革为主题，决定把足球作为体育改革的突破口，确立了中国足球要走职业化道路的改革方向。这就是中国足球史上具有划时代意义的“红山口会议”。[1]1993年的七运会成为专业足球时代的最后检验。

1993年10月，足协在大连棒槌岛召开会议，确定1994年甲A联赛成为职业联赛，病提出国家队在1998年打进世界杯，2002年进入世界杯16强的目标。

1994年4月17日，中国足球甲A联赛在成都拉开帷幕，中国足球正式迈出职业化改革的步伐。自1994年成都体育场的甲A首演到2003年上海虹口体育场的闭幕战，在甲A职业联赛开展的10年里，共有127个职业俱乐部参与，联赛总场数达到3024场，现场观众达到4695万人次，俱乐部年总收入达7亿多元。[2]甲A时代吸引了众多球迷，国家队在2001年也闯入了世界杯。

2002年韩日世界杯亚洲区最终预选赛，中国国家队分组情况极为有利，避开了当时伊朗队及沙特阿拉伯队两支强队。2001年10月7日，国家队主场对阿曼，只要取胜，国足将于44年来首次冲进世界杯决赛阶段。为了一切服从服务于世界杯，时任中国足球运动管理中心主任、中国足协副主席阎世铎力排众议，调整了联赛升降级方案：2001年甲A只升不降，次年不升不降。

这个政策导致甲B俱乐部争相想要挤上这两年唯一的升级机会，于是五支涉嫌严重打假球的“甲B五鼠案”爆发。第21、22轮事关冲击甲A的关键赛中成都五牛、四川绵阳太极、浙江绿城、长春亚泰、江苏舜天等五支球队严重涉嫌打假球。此事导致一些热爱足球的企业家如李书福等宣布退出球坛，一些想认真踢球不想踢假球的职业球员也在这种“劣币驱逐良币”的环境中心灰意冷。

2009年开始，全国公安机关系统联合，在各地展开调查，打击足坛赌球、假球事件。新华社对此发表评论：“中国足球沦落到如此境地，并不是因为职业化改革本身造成的，恰恰是因为职业化改革不彻底、改革半途而废所致，其中，管理体制的弊端是中国足球停滞不前的主因。错不在改革，错在改革不彻底。”[3]

[1] 刘朝晖.足球职业化改革：尚未成功，仍在路上[J].新民周刊，2018（14）：62-63.

[2] 刘朝晖.足球职业化改革：尚未成功，仍在路上[J].新民周刊，2018（14）：62-63.

[3] 刘朝晖.足球职业化改革：尚未成功，仍在路上[J].新民周刊，2018（14）：62-63.

在高丰文（1991 年卸任）、戚务生（1997 年卸任）先后率队冲击世界杯足球赛出线权未果的情况下，中国足球开始步入外籍教练时代。中国男足历任外教有恩拜尔·约瑟夫（匈牙利）、施拉普纳（德国，1994 年卸任）、霍顿（英国，1999 年卸任）、米卢蒂诺维奇（前南斯拉夫）、阿里·汉（荷兰）、福拉多（塞尔维亚）、卡马乔（西班牙）、佩兰（法国）、里皮（意大利）等人。本土教练朱广沪和高洪波仅是短期接任主教练。

经历了多位外教，中国足球并未形成明显的风格，世界排名也未有实质上升，并从苏永舜曾雪麟高丰文时代的亚洲一流强队，沦为亚洲三流水平。2001 至 2019 年，国足排名最高为米卢时期，排世界第 54 名、亚洲第 5 名，最低是福拉多时期，2008 年排世界第 100 名、亚洲第 11。[1] 在执教胜率方面，本土教练总胜率 45.87%，外籍教练总胜率 40%。

本土教练	胜	平	负	胜率	外籍教练	胜	平	负	胜率
金志扬	5	0	0	100%	米卢	19	10	17	41%
沈福祥	1	2	3	17%	阿里汉	17	9	8	50%
朱广沪	11	7	18	31%	福拉多	6	7	7	30%
殷铁生	2	0	4	33%	卡马乔	9	3	13	38%
高洪波	26	12	8	57%	佩兰	11	10	5	42%
傅博	5	5	0	50%	里皮	10	9	11	33%
总胜率				46%	总胜率				40%

2000—2019 年国足中外主帅在 A 级比赛中的胜率 [2]

职业足球需要大笔资金投入，并与巨大的经济利益挂钩，中国足球进入所谓“金元足球”时代，这是国际化市场化的必然结果。但在足球大热之下，青训体系和后备力量又不足支撑人才需求，于是中超和中甲俱乐部老板重金聘请外国教练和外国运动员，希望快速打造旗下的一支强队以企业名义出战。不少俱乐部开始大手笔引进知名外教和外籍精英球员。2006 年，中超队伍 16 支，仅河北、辽宁、河南三省聘请了本土教练，其他 13 支队伍全部聘请外国教练。外籍教练水平高，但成本也高于本土教练。[3] 外籍教练和球员的高成本让足球成为烧钱项目，经济不发达的地区不论政府还是企业，都难以支撑俱乐部的长期运作。难以预知

[1] 尚芽辉. 中国国家男子足球队中外教练员执教效果的影响因素[D]. 内蒙古师范大学，2020.

[2] 尚芽辉. 中国国家男子足球队中外教练员执教效果的影响因素[D]. 内蒙古师范大学，2020.

[3] 尚芽辉. 中国国家男子足球队中外教练员执教效果的影响因素[D]. 内蒙古师范大学，2020.

的投入产出比，让一些原本热心足球的企业家（如李书福）放弃足球投资。

本土教练	年薪	外籍教练	年薪（当时汇率换算人民币）
戚务生	￥15万	施拉普纳	$18万（￥104万）
朱广沪	￥60万	鲍比·霍顿	$15万（￥124万）
高洪波	￥100万	米卢	$30万（￥248万）
高洪波	￥80万	阿里·汉	$20万（￥166万）
		杜伊科维奇+福拉多	$60万+ $20万（￥584万）
		卡马乔	€28万（￥2332万）
		阿兰·佩兰	$200万（￥1246万）
		马尔切洛·里皮	€2000万（￥1.47亿）

2000—2019年国足教练年薪[1]

中超、中甲俱乐部聘请外教成风，有俱乐部连青训、少训也花巨款请外教，而不少有中高级教练证的中籍教练或运动员却得不到机会。同时，大部分俱乐部都把引进外援的目标盯在前锋和进攻组织者位置上，造成这两个位置本土球员被严重挤压，甚至连国足都找不到中场发动机的合适人选。外籍球员占据了中超联赛的中场核心与锋线，其强势表现对本土球员培养形成挤出效应，挤占了本土球员的上场时间和成长空间，尤其在球队关键位置上人才寥落、后继乏人，专业时代大量优秀基层教练的盛景不再。

李惠堂也在《球圃菜根集》中指出："提倡足球须从普及方面着想，不求畸形发展。假若中国蓦然产生十一个出类拔萃的超级良才，纵横捭阖，踢平四海五洲，如果事事未上轨道，也不见得马上就可以富国强兵。"

随着中超金元足球风气的弥漫，球员们发现不努力也能拿高薪，大牌球星发现来中国出工不出力就能赚更多钱。中国的足球水平逐年下行。在这种生态下，小球员想要练足球，必须家里有足够的现金流才得以支撑，而这对梅州这种经济不发达地区的寒门子弟而言，无异于关上了足球的大门。职业化后足球水平下行，足球后备人才剧减是主要原因，这也是中国和足球强国的最大差距。2009年，中国注册的职业足球人口，男女足球运动员仅有6972人；2013年中国U14国少队在亚青会小组赛甚至不敌东帝汶队。在2019年亚洲杯足球比赛中，中国队参赛球员平均年龄高达29岁。

同时，在金牌导向战略下，体育管理部门侧重于投入小、见效快的个人单项，在最需要投入、市场规模最大的足球，专业足球青训体系方面，也就缺乏资源支

[1] 尚芽辉. 中国国家男子足球队中外教练员执教效果的影响因素[D]. 内蒙古师范大学，2020.

持。2009年中国足坛反腐风暴之下，曾经“大干快上”创办的社会足球学校纷纷关张，社会青训体系从狂热到冰封，职业足球俱乐部控股权频繁变更，俱乐部青训梯队建设名存实亡。校园足球则因缺乏资源投入、教练待遇低、家长怕受伤等原因，让位于文化课和升学率，学生运动员加盟中超联赛的寥寥无几，后备力量青黄不接。当时这样的现象，同样发生在“足球之乡”梅州。

在北方教练和外籍教练执教时，广东球员（包括梅州球员）由于体型、身高条件整体不具备优势，即使技术全面、吃苦耐劳、球风高尚，在选拔时也往往处于劣势，昔日以技术见长的“矮脚虎”此时难入教练法眼，苏永舜、曾雪麟、高丰文时代的国家队讲究技术和攻势的南派足球精彩不再复现。

职业化之前，梅州的客家寒门少年可以在政府和华侨关注下，凭着自己的天赋勤勉、基层教练的指导提携、各级体校指导员的慧眼选拔，成为技术全面、作风正派的种子选手，被推荐成为省脚、国脚，从而将足球作为一条出人头地、光宗耀祖的人生路径。职业化之后的20年，国内足球行业的历史积弊和屡战屡败的国际赛绩，导致中国男足形象下降，踢球前途不光明，同时花费巨大，使得梅州足球少年的家长们退避三舍，不敢选择职业足球作为孩子发展路径。[1]

足球职业化改革后20年，原本崇文重教的梅州客家人，重新将青少年的出路校准到读书升学、外出谋生这两条路径，足球则更多成为球乡子弟终生挚爱的一项业余运动。梅州足球人口减少，体校学生也越来越少，后备力量不足，上送国字号、职业队的梅州球员数量也剧减。

第二节　梅州足球在浪潮冲击下坚持前行

20世纪90年代，中国足球职业化后，在时代大趋势的浪潮裹挟之下，地处山区、经济不发达的梅州，在发展足球方面遭遇了种种困难、重重挑战，陷入低迷时期。正如乌拉圭作家加莱亚诺所言，20世纪末商业化之后的足球“缺乏激情，冷漠呆板，憎恨失败”，让原本以足球运动为乐的人们一度感到陌生和变味。

职业化之后，南粤足球实力逐渐下滑。1994年的甲A元年，广州太阳神、广东宏远参赛，最终太阳神队拿到亚军。1995年，广州松日冲A成功，三支广东球队征战甲A。1996年，深圳飞亚达冲A成功，加上佛山佛斯弟征战甲B。此赛季

[1] 王硕. 基于符号互动理论视角下中国足球“污名化”现象的成因分析[D]. 东北师范大学，2018.

佛山佛斯弟排名第三，该队当家前锋古兴祥为梅县人，以18粒进球获得了该赛季最佳射手，被誉为佛山佛斯弟“神锋”。1997年，广州松日、深圳飞亚达降级，深圳金鹏跻身甲B，广东足球继续以集团军姿态征战中国职业联赛。至此，广东地区在甲A与甲B拥有6支球队。

2001年九运会，东道主广东男足名列第4。2005年十运会，广东男足无缘前8。在被誉为“拼命三郎”的主教练曹阳的努力下，2009年十一运会，广东男足重获亚军。与此同时，广东青年男足（U16）、广东青年女足的名次均在前4，广东女足也跻身前8。广东九运队那批球员投身职业联赛后，因缺乏财力雄厚的企业支持，被早早放手给赞助企业，导致这批极具潜质的广东足球苗子流离各地。

20世纪90年代后期，广东宏远男足多次流落他乡，最终被转卖青岛。2001年一批后备人才被荒废。由于出路堪忧，这一时期广东队中的梅州球员数量剧减。2002年，广东省足球运动中心牵头，以参加全国U21足球联赛和九运会的广东青年队为班底组建成广东雄鹰俱乐部，并以广东博力能的名义征战乙级联赛。球队在乙级联赛小组赛中几乎保持全胜，此后在郭亿军和陈玉良的指挥下，广东博力能成功升级，与广州恒大的前身“广州香雪”一同征战甲B联赛，成为当时广东足球的新希望。

当年梅州籍球员吴伟安入选国奥队，备战雅典奥运会集训中受伤，但广东雄鹰的赞助商资金链断裂。科健集团的老板郝建学以800万元的价格买下了广东雄鹰，球队更名为深圳科健，参与征战改制后的首届中甲联赛。

2004年，同是科健集团投资的深圳健力宝夺得首届中超联赛冠军。但这时的深圳健力宝已被欠薪超半年。因科健集团资金链断裂，深圳科健和深圳健力宝被迫撤出足坛。

太阳神、松日相继降级后，两队重组，改名为广州吉利，成绩降至广东足球史上最差——甲B联赛倒数第2。2002年，太阳神俱乐部退出中国足坛。广州队的东家则几经更迭，在多年沉沦后，球队在2007年更名为广州医药，重返联赛，志在中超。2009年代表广东获得十一运会亚军的广东日之泉队（曹阳执教），以广东青年队为班底，在刚成立时集中了广东省1989年至1990年出生的优秀运动员，是很具本地特色的南派足球队。这些队伍里面都有一些梅州籍的教练、球员。1990年10月，梅州市足球队参加广东省第8届运动会，获得了第3名。

与职业球队数量形成正比的是，以谢育新、彭伟国、彭伟军、胡志军、区楚良、黄洪涛、高健斌、谭恩德、温俊武、黎梓菲为代表的广东名将活跃在职业足坛的最顶端，彭伟国与区楚良长期稳坐国家队主力位置。

在职业联赛的前20年，广州与大连是国内仅有的两个足球特区。在竞赛方面，广州队在1990年至2010年的几届省运会男足比赛中，都保持前2名。

国家体育总局、教育部联合发起“校园足球”，选取广州作为国家级试点城市，2010年广州“校园足球”扩至160多所学校，每年筛选56所学校参加决赛，每年有近千场青少年足球比赛。广州青少年足球采取“三级培训体系”，即全市各小学、初中为第一级，全市9家业余体校为第二级，预备梯队（即二、三、四线队）为第三级。通过这个体系层层培训、筛选及输送。

在地方足球管理体制方面，由于人事关系归属不同，地市一级的足协和体育局停留在例行检查方面，很难对下属的县（区、镇）的基层教练的执教能力、敬业程度进行评价和监督。随着高水平、负责任的足球教练减少，青训工作长期处于弱化状态，足球生态开始恶化，之后甚至积重难返。即使在广州，在新千年后的10年中成材的球员也不多，年轻球员的基本功、足球意识呈下滑趋势，类似当年赵达裕、李超波、吴群立、麦超、彭伟国、胡志军等集技术、意识于一身的潜力年轻球员已难得一觅。

广东本土球队的发展与梅州足球人的职业生涯息息相关。2004年中超元年，深圳健力宝队一举夺冠，创造了职业化以来广东足球最佳战绩。2009年，实力连年下滑的深圳队告别了中超舞台。2009年，由于涉嫌在2006年中甲踢假球，广药队在打假风暴的重拳下被勒令从中超降入中甲。

2010年3月，恒大集团以1亿元收购广州足球俱乐部全部股权，正式更名为广州恒大足球俱乐部，同年9月，恒大提前3轮从中甲冲超成功。一年后，恒大创造了中国版的凯泽斯劳滕神话（即一支球队连续两个赛季夺得二级联赛和顶级联赛冠军的成就），以升班马身份摘得中超冠军。2011年，广州富力冲超成功。

广东足球队的每况愈下，势必影响到效力这些球队的梅州人。从1992至2012这20年时光，对于来自经济不发达地区的梅州足球人，步入职业生涯的动荡期。他们可能为了养家糊口而选择转行，但对足球的热爱仍然让不少梅州籍球员选择了坚持留在绿茵场。他们辗转不同地方的球队，即使因年龄或者受伤退役，也选择担任与足球相关的领域工作。

不少梅州籍优秀教练在足球青训岗位上坚守多年，忍受着低工资和高强度的工作。足球是许多梅州人生命的一部分，对梅州籍足球名宿，更是如此。即使全国和广东的足球大环境陷入低迷，梅州足球名宿从未停止关注中国足球，关注家乡足球。众多梅州国脚在退役后星散各地投身教练行列。

在足球职业化之后，梅州输送各级国家队、省队的球员数量明显下降，20世纪 80 年代至 90 年代鼎盛时期的荣耀光环逐渐褪色。

1979 年至 2010 年这 32 年间，梅州市向各级国家队输送男女运动员共有 40 名。1979—1986 年间，梅州市向国家队共输送 24 名运动员，1987—1994 年和 1995—2002 年之间各向各级国家队国家少年队和国家青年队输送了 6 名运动员。[1] 2000 年至 2010 年，梅州输送国家队的只有：李健华（2005），吴伟安（2005）、饶惠芳（2006 国家青年队）、潘佳（2009 国奥）、史亮（2009 国奥）等几名。

1979—2010 年，梅州向省队、俱乐部共输送了 93 名足球运动员。1979—2010 年，梅州籍国脚和省脚主要来自梅县、五华和兴宁，其中梅县占总数的 67%，兴宁占 2%，五华县占 11%。其中 1979—1986 年输送了 39 名运动员，其中 1980 年、1983 年、1985 年、1986 年输送足球人才分别为 9、13、6 和 7 名。1987—1994 年输送 22 名，1995—2002 年输送 11 名，2003—2010 年输送 21 名。梅州市足球队在省级大赛中成绩逐年下滑。

地处山区的梅县地区足球队（1988 年后为梅州市足球队），经费一直处于较低水平。1980 年，梅县地区青年队赴天津参加全国比赛，当时在天津任教的梅县籍教练邓雪昌了解到，梅县队每人每天的伙食费标准仅为 4 元钱。1987 年，梅县地区足球队到汉中赛区参加全国乙级比赛，全队只有 500 元经费，战胜云南省队后发奖金，每人 20 元，全队总共发了 220 元。

20 世纪 80 年代末，随着职业足球的兴起，梅县地区足球队的主力队员在一年内全部离去，到佛山队、中山洗衣厂、广州公安局等珠三角经济发达地区发展。足球人才外流，导致梅县队无法参加乙级比赛。[2]1995 年 12 月底，梅县青年足球队被广东省体委收回解散，1980 年底组建的梅县地区足球队在 1996 年底解散。

梅州足球代表队参加的省级比赛，主要有广东省少年足球锦标赛（U15）、广东省儿童锦标赛（U13），后来改为广东省男子足球甲组、乙组锦标赛。此外，梅州还组队参加广东省女子足球锦标赛、广东省运动会男、女足球比赛。

梅江区人民小学，创办于 1949 年 9 月，原名梅城人民小学。1988 年市、县、区分设后，改称梅江区人民小学。梅江区人民小学培养了不少足球名将和优秀教练，如在“足球之乡”60 周年表彰大会上被评为“突出贡献指导员”的梁锦强指导，带出了池明华、杨宁、游绍东等梅县籍国足名将，该校足球教师张可光带出了国脚刘彬彬、曾超、广东队的温浩军以及日之泉的罗足庆等。

---

[1] 房作铭. 广东梅州足球发展兴衰原因调查与重振研究[D]. 北京体育大学，2014. p16.

[2] 参见《梅州足球口述史》p187.

1996年至1998年梅江区人民小学受省教育厅委派，代表广东省到福州、澳门、香港参加港、澳、粤、榕学界埠际足球赛，荣获三连冠，《南方日报》以《梅州绿茵小将享誉香江》为题进行了报道。1999年被命名为广东省体育传统项目学校，被梅州市委、市政府授予“文明单位”称号。

第三届“慰台杯”冠军梅江区人民小学队合影

1997年梅江区人民小学代表广东参加澳门埠际足球赛荣获冠军

梅州市男足代表队1981—1999年参加了广东省少年足球锦标赛，基本占据前3，有8次获得该项比赛冠军。1982—1998年参加了5届省运动会足球比赛，均获前3，并在第6、第10届比赛中夺冠。从2000—2013年，梅州男足在2004和2005年间获得省锦标赛冠军，在2002、2006和2010年连续3届广东省运动会足球比赛中，成绩在第3、4名之间，2011—2013年梅州市男子足球队只获第4。

参赛时间（年）	比赛名称	参赛队伍	名次
2000	省少年锦标赛	五华县	3
2001	省少年锦标赛	兴宁市	1
2002	省第十一届运动会男子足球赛	梅州市	4
2004	参加省足球锦标赛	梅州	1
2005	参加省足球锦标赛	梅州	1
2006	省第十二届运动会男子足球赛	梅州市	4
2007	参加省足球锦标赛	梅州	2
2008	参加省足球锦标赛	梅州	2
2009	参加省足球锦标赛	梅州	3
2010	省第十三届运动会男子足球赛	梅州市	3
2011	省男子甲组足球锦标赛	梅州	4
2012	省男子甲组足球锦标赛	梅县	4
2013	省男子甲组足球锦标赛	梅县	4

梅州男足代表队2000—2013年间参加省级比赛成绩

女足方面，2000—2011 年，梅州女子足球水平相对 20 世纪 80 年代至 90 年代呈现下滑趋势。除了在 2000—2004 年保持前 3 名，2005 年之后，梅州女足在省级比赛中旁落在前 3 名之外，2011 年只获得了第 5 名。

参赛时间（年）	比赛名称	参赛队伍	名次
2000	省女子锦标赛	梅县	2
2002	省第十一届运动会女子足球赛	梅州	3
2004	省女子锦标赛	梅州	2
2005	省女子锦标赛	梅州	4
2006	省第十二届运动会女子足球赛	梅州	4
2007	省女子锦标赛	梅州	4
2008	省女子锦标赛	梅州	4
2009	省女子锦标赛	梅州	4
2010	省第十三届运动会女子足球赛	梅州	4
2011	省女子锦标赛	梅州	5

梅州女足在 2000—2011 年参加省级以上比赛成绩

第三节　梅州足球后备人才发展经受挑战

20 世纪 90 年代初，由于中国职业足球的兴起，梅州和全国大多数地区一样，面临包括青少年运动员出路、经费来源等种种问题。随着训练体制改变，上级部门投入减少，梯队建设削弱，多种问题同时涌现，青训工作受到冲击。

梅州市经济落后，教练员、运动员待遇差，训练条件艰苦。足球职业化改革后允许运动员流动。珠三角地区经济发达，只要条件合适，运动员选择放弃本职而奔走他乡。梅县地区足球队各主力队员，加入佛山队（甲级），一个队主力队员走了七八个。梅县青年队也如此，好的队员都往深圳、中山等地任教或在大企业踢球。人才外流，造成梅州市整体技战术水平下降。

改革开放以来，珠江三角洲的经济发展，吸引了众多梅州青年向这些地区迁移发展。梅州每年外出务工人数从 1990 年的 22.85 万增加到 2010 年的 74.73 万。[1]这意味着大批年轻人外出务工，继而青少年随父辈外迁人数也随之增加，加上计

[1]　根据《梅州统计年鉴》的统计。

划生育国策影响，梅州适龄足球人口急剧减少。

随着20世纪70年代至80年代任教的教练员因年龄关系逐步退休，新的教练执教水平训练质量欠佳，造成少年儿童基本功不扎实，技战术水平低，致使比赛成绩下降，上送省队的球员减少。2000年，梅州各地体校共有27名专职足球教练员、20个男子足球班、4个女子足球班，人数达到486人。另外，这些业余体校有29个中学训练网点及22个小学训练网点，训练网点人数有1485人。

	专职教练员	足球班		人数	训练网点		人数
		男	女		中学	小学	
梅江区	6	4	1	120	5	5	320
梅县	7	6	1	140	10	6	480
兴宁市	8	5	1	116	5	5	320
五华县	5	4	1	96	6	4	256
蕉岭县	1	1	—	20	2	2	80
平远县	—	—	—	—	1	—	29
总计	27	20	4	486	29	22	1485

2000年梅州各县（市）业余体校组建足球班及网点学校统计[1]

北京体育大学硕士房作铭在2013年的调查访谈发现，梅州校园足球教练在课后时间进行训练，学校给予待遇相对微薄，基本上依靠教练自己对足球的热情和奉献，完成业余训练和带队比赛。2010年，梅州市下属的基层体校足球训练每日的伙食标准仅10元，最多也不超过15元；基层教练每月收入仅有千元左右。[2]即使教练敬业奉献，在学校开展足球运动仍会遇到学校的不少阻力，部分学校领导为了学生的升学率、防止学生受伤对业余训练敬而远之。如此，学校资源偏离足球，教练的积极性严重受挫。

2013年，梅州开展校园足球活动定点学校有84所，已注册足球指导员87人，其中大学本科学历足球专业38人（包括16名省青年队或足球俱乐部退役球员），非足球专业3人。其他学历的足球指导员非足球专业5人，已取得D级教练员证书只有40名。按照定点学校梯队建设，必须配备2名以上

在泥泞的球场上欢乐拼抢的梅州少年

[1] 房作铭. 广东梅州足球发展兴衰原因调查与重振研究[D]. 北京体育大学，2014.

[2] 刘勇. 深度剖析粤足没落十年青少年足球人才储备调查. 金羊网—羊城晚报. 2010年07月22日.

20 世纪 90 年代华侨捐建的丰顺体育场，因使用频繁，草皮被踏平

专职足球指导员，当时的梅州校园足球指导员数量至少需要充实 81 名，才能扎实发展青少年足球运动，足见基层教练的匮乏程度。[1]

2000 年之后的 10 年，梅州青少年足球队在省级各类比赛成绩，相比 20 世纪 80 年代至 90 年代有所下滑。这一时期梅州市体校组建足球队主要是围绕省运会进行训练，球员主要从市体校教练员在各地业余体校挑选。随着业余体校足球班的小学员人数减少，备战 2014 年省运会的队员只是在几十名业余体校的学生中挑选。20 世纪 80 年代至 90 年代每年举办的各重点县足球选调赛，旨在以赛代训、发现苗子、备战省运，也在 20 世纪末停止，直到 2012 年才重启。

在 20 世纪 90 年代，梅州培养了 1000 多名足球运动员，在打完省级运动会之后，有些被选到更高级别的球队，其他人基本解散、自寻出路，造成了梅州足球人才的浪费。2010 年，梅州足球队获得第 13 届省运会男足比赛季军，队里 18 名球员，其中 5 名本是广东省 U17 队的选手，2 人被职业俱乐部看中，剩下的 10 多名球员全部解散。其中有 3 人踢完省运会后将改练曲棍球，否则他们只能出去打工，或者回学校读书。这种现实让家长及青少年不得不提前考虑自己的出路。

家长送子女练球的热情降低。计划生育政策导致的独子化、少子化，使得家长和学校将精力重点放在孩子的学业上，忽略了足球对提高青少年身心素质的巨大作用。加上学校大力抓学习成绩，抓升学率，参加足球运动的青少年人数大幅下降。经济发展速度落后、足球重视程度下降也影响了梅州足球场地和设施的更新和完善，场馆和设施的老化，进一步阻碍了足球发展。

曾经的社会足球团体强民体育会也因为新会员少、人才青黄不接而导致会务一度停顿。从 2010 年开始，曾争取多方支持、大力推动梅州足球文化的强民体育会会长赵鹏程卧病在床，强民会务工作陷入停顿状态。[2] 强民体育会牵头组织的强民杯在 2009 年第 29 届停办，2015 年才重启第 30 届；钟声杯在 2011 年办一届，2012 年重启。新赛事尚未衔接上，梅县当地群众足球交流缺少了平台，社会足球氛围也受到影响。

[1] 房作铭. 广东梅州足球发展兴衰原因调查与重振研究[D]. 北京体育大学，2014.

[2] 房作铭. 广东梅州足球发展兴衰原因调查与重振研究[D]. 北京体育大学，2014.

尽管足球发展遇到了困难和阻碍，梅州足球的底蕴仍然在，民间对足球的热爱仍然在，校园足球仍然活跃，各级部门也不断想办法力所能及地组织各类青训活动。

第四节　梅州被国家体育总局列为青少年足球重点布局城市

2009 年 4 月 14 日，国家体育总局和教育部联合启动了全国青少年校园足球计划，并下发了《关于开展全国青少年校园足球活动的通知》及实施方案，梅州被列为 49 个青少年足球重点布局城市之一。

据 2013 年统计，梅州市有各类学校 2417 所，其中小学有 1560 所，学生 390328 人；初中 194 所，学生 264304 人；高中 68 所，学生 111042 人；职校 44 所，学生 54177 人。小学在校生近 40 万人。[1]

2009 年 6 月梅州市被列入开展校园足球布局城市，成立了梅州市青少年校园足球活动领导小组，各市（县、区）相应成立了校园足球办公室，确定了定点学校 130 间（包括 1 所大学），小学 65 间，积极做好开展校园足球活动的规划和措施，落实各项工作，并取得一定的成绩，市校园足球办公室被评为全国先进单位。

序号	县（市区）	学校			小学组			初中组			高中组			总人数
		小学	初中	高中	男	女	总人数	男	女	总人数	男	女	总人数	
1	梅江区	21	11	7	14012	12621	26633	10698	9829	20527	5255	5065	10320	57480
2	兴宁市	10	6	4	7937	6040	13977	8015	7576	15591	7925	7279	15204	44772
3	梅县	10	8	8	8458	7531	15989	6979	6036	13016	5727	5865	11592	40597
4	五华县	10	6	4	6754	5019	11773	6021	5644	11665	9700	6900	16600	40038
5	蕉岭县	4	2		3375	2596	5971	1430	1430	2860				8831
6	平远县	4	4		1817	1350	3883	2500	2300	4800				7967
7	丰顺县	4	2		1972	1911	5200	2200	2400	4600				8483
8	大埔县	2	2		2700	2500		928	860	1788				6988
	合计	65	41	23	47025	39568	86593	38771	36075	74849	28607	25109	53716	215156

2009 年梅州市确认的校园足球定点学校数量

[1] 严明. 梅州市现阶段开展校园足球的现状与分析[J]. 价值工程，2014，33（17）：300-302. DOI：10. 14018/j. cnki. cn13-1085/n. 2014. 17. 130.

随着政府的重视，体育部门和教育部门联合推进，小学、初中、高中、大学的校园足球四级竞赛得到逐步完善，校园足球活动的开展，对普及足球运动、扩大足球人口、促进青少年身心全面发展起了积极作用。

校园足球的发展面临过渡期。体育老师带队训练或参加校园比赛，往往没有课时补贴，而学校往往出于安全考虑，不希望他们出外参加比赛，这影响了体育老师的积极性。校园足球缺乏针对中小学的统一教材，教练只能凭经验来进行教学，而体育教师上训练课有些如同放羊式，把几个足球丢出去，叫学生自己去随意踢场球。

教育部门一开始往往对校园足球认识不足或因偏重升学率而不够重视足球，认为足球运动开展、运动员的培养是体育部门的事。教育部门和学校开展足球会面临诸多实际问题，包括：家长是否支持，学习与训练矛盾如何解决，学校体育老师多数不懂足球教学，足球教师、经费和教材如何解决，体育部门和教育部门的职责范畴，也待进一步理顺。如此，校园足球开展早期，难免困难重重。这些困难给那些希望着力振兴足球之乡的梅州人提出了挑战。

第五节　效力中国首支职业足球队广东宏远的梅州名将

1992 年 9 月 15 日，东莞市广东宏远集团与广东省足协共同组建成立广东宏远足球俱乐部，这是红山口会议确立中国足球职业化方向后，全国第一支成立的职业足球俱乐部。时任广东足球队主教练岳永荣，访问了时任宏远集团副董事长陈建枝，敲定了球队联姻事宜：宏远每年提供 100 万赞助球队，岳永荣担任宏远俱乐部经理。

广东宏远队合影

彼时，足球八冠王大连万达、申花等传统豪门都还没出世，宏远成了中国职业足球俱乐部元老。

众多南派足球名将如池明华、郭亿军、彭伟国、胡志军、高健斌、伍文兵、彭昌颖、麦超、凌小君、谢育新、谭恩德、彭伟军、姚德彪、李勇、沈嵘等都曾为宏远队效力，可谓星光熠熠。

宏远俱乐部组队一年后，当时保健品行业里第一家上市企业太阳神联姻广州市足协组建了一支球队。1994 年中国足球职业化元年，全国 12 支队伍，广东有 2 支，即宏远、太阳神。

甲 A 元年，只拿到第 7 名的广东宏远与广州太阳神差距颇大，但在主场击败大连、上海、辽宁。一个赛季下来，凌小君、李玉展（五华）、李海强（梅县）等一批新人得到了足够锻炼。

1995 赛季，为宏远创造历史的主帅陈亦明上任，1994 年至 1996 年，梅州国脚郭亿军担任广东宏远队助理教练，成为何锦纶、陈亦明的助手。

在宏远集团的支持下，陈亦明先后斥资 64 万元和 42 万元引进了黎兵和马明宇，引发了足坛一阵震动。广东宏远阵容升级，门将区楚良，后防线由梅州籍老将池明华统领，左右开弓的马明宇任中场指挥官，谢育新和李玉展两翼齐飞，黎兵则负责攻城拔寨。球队在保留传统南派的传控打法之余，加入了一定的硬朗气质，当时媒体称之为“新广东风格”。

赛季之初，广东宏远展示出强大实力，先后击败四川、辽宁和广州太阳神取得三连胜，其中与辽足的比赛最为经典。宏远在开场 15 分钟，以 0 比 2 落后，为了限制辽足“快马”庄毅，陈亦明换上了前锋凌小君打右后卫。这一奇招让对手的进攻陷入困局，随后，马明宇、李玉展、池明华和陈大英先后进球，在省体场上演了一场 4 比 2 的大逆转。

此后，广东宏远、上海申花、北京国安、大连万达一起形成了争冠 BIG4。联赛第 19 轮，排名第 3 位积 36 分的广东队在主场凭借黎兵的入球击败了榜首的上海申花，一度跃升至第 2 位。上海申花依然是当个赛季表现最好的球队，输给宏远的下一轮比赛，他们就坐镇主场 3 比 1 击败济南泰山，提前夺冠。

广东宏远以第 4 名的成绩结束了 1995 赛季。兼具六运冠军的班底和区楚良为代表的新生力量，成就了甲 A 时代这一赛季最好的广东队，但很快职业化的激烈竞争开始发挥作用。

1996 赛季，由于投入减少，广东宏远在 95 赛季的强势并没有得到延续。这个赛季，谢育新转投广州松日，未能两翼齐飞的宏远最终只获得了联赛第 9 名。区楚良是 1985 年就加入广东少年队的门将，门线技术一流，在 1994—1997 年期间是国家队的主力门将。但在 1996 赛季，即使区楚良力挽狂澜，广东宏远也丢了 38 个球。

广东宏远队队徽

1997年，郭亿军成为广东宏远队主教练，但此时宏远队已经大不如前。1997赛季，随着黎兵和马明宇离开球队回到四川效力，球队攻击力进一步削弱。在1997赛季第16轮，广东宏远做客四川，球队在第89分钟遭遇绝杀，不得不提前降级。广东宏远参加了甲A4个赛季88场，胜29场平25场负34场，进99球失106球。

当时各地出现了城市争霸文化，城市球队获得的商业资源远超省队，各俱乐部逐步下沉青训，传统省体校走向式微。传统省队人才在转会市场上流失，逐渐在职业足球的竞争中与时代“脱节”。在风起云涌的职业化竞争浪潮之下，专业足球的两大霸主辽宁队和广东（宏远）队分别在1995年和1997年降入甲B，广东宏远在降级之后的四年四度迁移主场。韶关、柳州、南宁、贵州都曾作为宏远主场。2001年，青岛海利丰足球俱乐部出资1800万元收购广东宏远足球俱乐部甲B资格暨俱乐部一、二线球员。

卖掉广东队的时候，“广东足球教父”岳永荣对队员们说：从此你们要自己执生了！过去一直拥有省队作为依靠的梅州球员，从此“自己执生”成了一个需要面对的常态问题。这些南粤球员被迫转战北方，他们认真踢球，但因当年中国足协宣布取消升降级，他们的待遇很低。俱乐部不仅拒绝了陈文奎等几位球员的加薪申请，还以比赛态度消极为由将他们降到预备队，陈文奎和几位前宏远队友在2002年选择退役。在2009年开始的中国足坛反赌风暴中，青岛海利丰被揭发涉嫌打假球。2010年2月23日，中国足协宣布正式撤销青岛海利丰的注册资格。

在足球职业化的同时，1993年12月，广东宏远的老板陈林开始投资篮球，球队后来名为“广东华南虎篮球俱乐部”。该队建立起了一套领先全国的训练管理模式以及青训体系，以强大的造血能力闻名，本土阵容班底向来强大，一口气连拿了11次CBA联赛总冠军。

广东宏远足球俱乐部在几次辗转后消失，却在东莞还留下了一支种子队。这支种子队后来成为老宏远人覃东2003年组建中乙东莞南城队的基础。覃东在担任东莞体委主任时，参照国际青训规律对该种子队进行了8年的扎实训练，以赛带训，打造了一支富有活力的青少年生力军，并在2009年代表东莞一举夺得广东第13届省运会冠军。

2012年中乙赛季后，覃东率东莞南城迁入梅州，开启了这支球队扎根球乡的历程。在梅县县委、县政府的支持下，覃东注册成立了梅州首家职业队梅州客家俱乐部，两年后被铁汉生态董事长刘水整体收购。梅县客家队更名为梅县铁汉生态队，2019年赛季保级，再次更名为广东华南虎足球俱乐部，次年2月因母公司资金紧张而解散。

第六节 梅州市足协正式成立

1995年9月，梅州市足球协会召开第1届会员大会。梅州市足协正式成立，这是由梅州市从事足球运动的单位和个人自愿结成的全市性的、专业性的非营利性社会组织，梅州卷烟厂总经理赵鹏程当选首任会长。

1997年机构改革后，县（市、区）体委改为县（市、区）体育局。1997年8月，市机构编制委员会批准成立梅州市体育彩票管理中心。该中心定编10名，设主任1名和副主任1名，工作人员8名。内设机构有财务部、综合部和技术部，归属市体委直接领导。各县（市、区）体育彩票销售网点直接由市体育彩票管理中心负责管理。

2001年8月，根据中共梅州市委、梅州市人民政府《关于印发〈梅州市市级党政机构改革方案实施意见〉的通知》（梅市发〔2001〕14号），市体育运动委员会更名为市体育局。体育局机关行政编制定编14名，其中局长1名，副局长2名；正副科长（主任）8名。机关后勤服务人员编制2名。市体育局内设机构有办公室、群众体育科、训练竞赛科、体育经济科等4个科（室）。

2004年11月，广东省体育局发文《关于命名广东省首批“体育之乡”的通知》，正式授牌梅县为“广东省足球之乡”。梅县也是唯一的“足球之乡”。

1999年赵鹏程从梅州市烟草公司总经理位置退休，并在12月18日梅县强民体育会成立70周年庆典上，被选为强民体育会第8届理事会会长，副会长陈守元、陈森汉、张启鼎、陈如盛一同出席庆典。

中国足球职业化改革之后的十几年间，地方足协无专职人员、无固定办公场所、无专门工作经费，因此对行业管理的力量十分薄弱。梅州足协当时也是如此，并未实体化。

赵鹏程连续担任了3届强民体育会会长，并以强民会长身份，为推动梅州足球发展尽心尽力，做出了不可磨灭的贡献。在任期间，赵鹏程充分利用自身在职业生涯中积累多年的影响力，取得了政府、体育部门、企业和各界人士的支持，筹集了大批资金，将强民杯、钟声杯以及邀请退役国脚、省脚回梅交

2004年广东省体育局授牌梅县为“广东省足球之乡”

流等一系列活动搞得有声有色。他还致力于推动梅县足球人才的培养和运动技术水平的提升，向海内外人士宣传梅州足球文化，保证了足球之乡氛围的浓郁和传统的延续。

第七节　梅州足球人士坚守绿茵场

这一时期，梅州足球进入了相对低迷的发展时期，但热爱足球的梅州人，一方面继续坚持发扬球乡文化，另一方面延续为国家队、各地方队输送教练的传统，持续为各地足球运动发展做出贡献。

这一时期梅州仍然有鏖战各职业队的实力名将。池明华在广东宏远、云南红塔一直踢到 1997 年退役，郭亿军、谢育新、伍文兵等国脚多在广东宏远队。他们退役之后都曾经执教多支地方队伍，积累了扎实丰厚的经验，为中国足球的发展作出了贡献，在梅州足球步入振兴阶段后，他们都成了推动梅州足球振兴的专业力量。

这一时期涌现的效力职业队或国家队的新星不多，他们经历了这段职业化浪潮的冲击或洗礼，使其在之后梅州职业足球振兴阶段中起到专业砥柱作用。

曾繁钦 1992 年入选国家队，后来深圳队效力。李玉展为国奥队在中日比赛中踢进关键一球，他效先在广东宏远踢球，后来随陈亦明教练到了成都五牛，因伤在 2001 年退役。

与李玉展同在 1990 年进入广东青年队的李海发在绵阳太极队效力，主帅商瑞华很欣赏他，评价李海发是他见过的仅次于于根伟的前锋。9 月 29 日那场成都五牛对绵阳太极的比赛中，有队友打了假球导致全队被罚，没法配合打假球却被卷入禁赛的李海发选择了退役。

1993 年入选健力宝青年队的陈文奎

李海强先效力于广东宏远，很快被随队卖到青岛海利丰，2002 年和老乡姚德彪、陈文奎、林友荣一起离开，因为他们没法配合俱乐部打假球，且当年中国足协取消升降级，老板给的待遇低并把他们降入预备队。李海强后来到李惠堂的母队香港南华踢了 8 年球，多次获评“香港足球先生”。李健华任广州恒大队长和前锋夺得中超冠军。

来自梅县西阳的陈文奎在 1993 年经过层层选拔入

选健力宝青年队，随朱广沪留学巴西，是当时一起留学巴西的29人中唯一的广东人，队友有后来声望日隆的李铁、李玮锋、李金羽等人。当年的健力宝足球队曾是中国足球的希望。陈文奎1995年从巴西回国，1996年在广东青年队获得全国青年锦标赛冠军，次年又在广东全运队拿到八运会亚军。他刻苦训练并经常琢磨技战术，很快升入一队并在当年打上甲A，成为广东宏远队的主力，但很快和李海强一起被转到青岛海利丰。2002年，他因腿伤严重，选择退役，之后没有从事和足球相关工作。2020年，电影《出巴西记》正式发布，重现当年拼搏精神，陈文奎和队友杨晓平等人出席了发布会。

2002年被朱广沪看中的梅县小将还有来自西阳的赵朋文。2004年，赵朋文随深圳健力宝夺得了中超首个冠军，这也是深圳足球乃至广东足球的首个全国联赛冠军。两年后赵朋文退役，选择回到家乡在切尔西富力足校和梅江区业余体校做青训，并加入西阳镇业余足球队，参加梅州草根足球联赛，主教练是西阳籍国脚黄德保。

2003年，饶伟辉加入上海中远，之后随该队变迁（人和队）辗转上海、西安、贵州、北京、长春等地，不离不弃17年，外号“老鬼”。2008年起他共出战216场联赛（含中超173场，中甲43场），2009年入选国奥队。

饶伟辉

曾雪麟老骥伏枥继续为足球梦奋斗

曾宪梓和曾雪麟

前国足教练曾雪麟因为五一九事件早早离开挚爱的国足，并一度受到球迷的误解，但他从未停止对足球的热爱和对家乡足球事业的关心支持。

20世纪80年代末，曾宪梓愿出资成立一支“金利来”足球队，由曾雪麟任主教，但这个想法在当时体制下过于超前，因体制所限，球队计划中途夭折。

曾雪麟从1990年起在深圳足球队组建时成为该队顾问。1993年，香港商人梁锡光邀请曾雪麟出面组织和管理公司足球活动。1994年1月26日，深圳足球俱乐部在名宿容志行、曾雪麟等人的倡导下，正式挂牌组建。这是全国首家会员制职业足球俱乐部，球队成立当年获得乙级联赛冠军，1995年，以甲B联赛冠军身份冲上甲A。

1994 年曾雪麟（二排右一）和马拉多纳（左一）

1996 年，深圳足球队因为整体实力不足而被降级。1997 年，深圳平安保险集团全资收购深圳足球俱乐部，并改名为深圳平安，同年获得甲 B 联赛亚军，重返甲 A。1998 年 4 月，在深圳平安四连败之际，曾雪麟以 69 岁高龄重新出山，接替肖笃寅出任 1998 赛季甲 A“升班马”深圳平安队主教练。后由于年龄和手续问题改任领队，辅佐韩国名帅车范根，使深圳队保级成功。车范根称他为“老前辈”。曾雪麟还在 2006 年和 2009 年曾经受邀出任深足顾问，对深圳足球事业做出了贡献。

十多年来，广东足球界只要有活动，曾雪麟只要有空都到场支持。2008 年，广东万力名人足球俱乐部成立后，曾雪麟多次和冼迪雄等退役名宿回梅县，为家乡足球“传经送宝”。2004 年，深圳晶报首创“模拟欧洲杯”，曾雪麟参与了多届模拟赛事的开闭幕式、抽签仪式。

2008 年，在梅县爱国志士、文化名人古直诞辰 110 周年之际，曾雪麟和时任强民体育会会长古向明在梅州足球元老古直的家乡梅南创办“九龙杯”足球赛。2015 年，第 8 届“九龙杯”进一步扩大为赣闽粤原中央苏区超华杯足球邀请赛，晚年曾雪麟还抱恙坐轮椅专程回梅州观摩比赛。

2009 年 12 月 25 日是曾雪麟的 80 岁寿辰，深圳市体育经济研究会联合深圳市足协、南山区体育局为曾老帅举办了“曾雪麟杯”足球赛和寿筵。此后，“曾雪麟杯”足球邀请赛便成为深圳足球的固有足球赛事。

2014 年被确诊尿毒症后，曾雪麟在病榻前依然关心中国足球，在晚年抱恙、行动不便的情况下依旧乘坐轮椅参加各类足球活动，并积极为中国足球建言献策。他反复强调，提升中国足球的唯一办法就是治根，即从青少年抓起。

2016 年 1 月 5 日，万力名人足球俱乐部在广州一起举办了“中国足球改革发展论坛”并发布了记录广东足球历史的大型画册《足迹》，曾雪麟作为受邀嘉宾坐着轮椅来到会场。现场白发元老齐刷刷同时起立，为这位轮椅上的足球名宿热烈鼓掌。他说：“1954 年去匈牙利学习，到现在 60 多年了。我这一辈子都给了中国足球。我还有两个梦想，一个是两岸一家的中国梦，一个是足球梦，足球梦就是希望中国足球能够成为世界杯决赛圈的常客。”[1]

[1] 李焱鑫. 曾雪麟：辞世前一个月，他依然在为中国足球奔走. 南方杂志. 2016. 2. 17.

2016年2月11日9时左右，曾雪麟在家中逝世，享年86岁。亲友所致挽联“呕心沥血一生奋斗为二梦，前赴后继鏖战五洲慰英魂”，可谓其一生写照。2016年2月14日，亚足联在官网上撰文悼念前中国男足主帅曾雪麟。亚足联主席萨尔曼（Shaikh Salman bin Ebrahim Al Khalifa）回顾了曾雪麟对中国足球所作的贡献，并在悼词中说：“无论俱乐部还是国家队层面，曾雪麟对中国足球的服务和贡献将被永远铭记。”亚足联官网表示，亚足联、中国足协和整个亚洲足坛都会对他的家人朋友表达慰问。[1]

300多人参加了在北京召开的曾雪麟追思会，其中包括：中国足协副主席林晓华，中国足协原主席年维泗，亚洲足联原副主席、中国足协原副主席陈成达，中国足协原副主席、国家男足原主教练戚务生，新中国成立初期曾雪麟在八一队的队友邢贵福、哈增光、任彬，曾雪麟带过的国脚容志行、池明华、路建人、杨朝辉、林维淼、刘利福等名宿。

2016年9月，天津市体育局策划了《津门足坛双百颂》书籍和节目，该书采访记录了天津100位宿将的足球历程。

曾雪麟在津执教一线队长达12年，与孙霞丰、李恒益等教练一起，率队获得“双冠王”和全运会冠军，为天津足球作出了巨大贡献。李朝贵、王金丰、刘正民、李长俭、林贵荣等多位津门名宿在采访中回忆起恩师曾雪麟。在他们的回忆录中，恩师曾雪麟在执教中全心投入、专业精进、勤于动脑、善于创新，并且十分惜才。

李长俭说，“1958年巴西拿到世界杯冠军，曾雪麟觉得中国人身体力量不占优，应该多学习巴西灵巧的足球风格，于是他自创了一套训练前的热身操，这说明他肯动脑子。”林贵荣说，“曾雪麟跌得最重的跟头是五一九。从准备会开始就有各方面的干扰。……后来曾雪麟说他当时脑子都是麻木的……给曾雪麟寄刀片、寄绳子的都有，后来每次见到他我们都会说起这个事，他都是笑而不语，但心里的苦只有他自己知道。”

林思跃获评中国女足超级联赛最佳教练员

林思跃1960年生于梅县，小学就读于梅县金山小学，在梅州中学就读时，被选入广东省体校。在从事教练工作后，他还考入广东体育学院。

[1] 2016年2月14日AFC官网文章：AFC President Condoles the Passing of Zeng Xuelin.

1991 年广东女足主教练林思跃（后排左二）、教练萧建林（后排左六）率队获全国女足锦标赛冠军

唐德芬、萧建林、高红、陆洁冰参加第 8 届全运会广东代表团庆功会

1973 年，林思跃进入广东省体校，1974 年入选冼迪雄教练所带的广东省少年队，1977 年入选广东青年队，1980 年入选广东队。1980 年元宵，香港愉园队到访梅县，广东队里的梅县球员返乡跟来访的香港愉园队比赛，梅县队以 1 比 0 赢了香港队，这个进球就是林思跃所入[1]。

1984 年，林思跃因伤退役，退役后与容志行留在广东省少年队执教。谢育新、伍文兵和区楚良都是他们的学员。1986 年，林思跃开始带女足，做了一年多的助理教练后，于 1990 年接任广东省女子足球队主教练。

1991 年，他率队夺得全国女足锦标赛冠军。1993 年，林思跃第一次参加全运会，对手有北京队的商瑞华、上海的朱广沪，林思跃是最年轻的教练员兼领队，最后一举拿下全运会亚军。此外，他还率队夺得 2 届超霸杯冠军。他带领广东女足参加第 7、8、9、14 届全运会，获得第 7 届亚军、第 8 届季军。林思跃率广东女足共经历了 7 届全运会，包括 4 届成年队主教练、3 届 U18 女足专职领队。

1992 年底，32 岁的林思跃成为中国女足教练组成员之一，担任国家女足二队的主教练，是继曾雪麟之后新中国又一位梅州籍的国家队足球教练。接下来一段时间，他同时承担广东队和国家二队两个队的训练，每周二、四、六带国家女足，一、三、五带广东队。

林思跃教练带队集前辈教练如冼迪雄、苏永舜、容志行等的优秀教学经验于一体，并有自己的独特风格。曾经带出谢育新和郭亿军的萧建林教练是当时广东女足的副教练，与主教练林思跃一起合作了 10 年，直至 2002 年萧建林到广东省足球运动中心技术部。

林、萧两位教练带出的国家女足队员包括吴伟英、韦海英、陈霞、赵利红、邱海燕、周小霞、谢彩霞等。他们十分注重结合球员个人特点进行因材施教，例

[1] 梅州足球口述史，p152.

如吴伟英和韦海英是“快马”，教练就专门训练她们重复射门，重复至少100次；陈霞是后卫，教练就让她多练习头球，一连顶300多个球。

1997年，林思跃带领广东海印女子足球队荣获首届全国女子足球超级联赛（女足中超）冠军、女足超霸杯冠军，同年他被中国足协评为“女足超级联赛最佳教练员”。林思跃担任主教练的广东女足，在最高峰时曾有7名球员在国家队效力，创造了广东女足的辉煌。

1999年，中国女足拿下世界杯亚军、亚洲杯冠军，林思跃所执教的广东队球员表现出色。1999年，林思跃任广东海印女足队主教练，奉命带队参加1993年第7届全运会，最后拿到亚军，为广东女足有史以来在全运会的最好成绩，2001年荣获女足超霸杯冠军。

2003年，林思跃再次出山，担任广东女足主教练，同年被中国足协评为“全国女足十佳教练”。2005年，林思跃所带的广东女子足球队被中国足协授予“突出贡献奖”，表彰广东女足姑娘在1996年获奥运会亚军、1999年世界杯亚军中的出色表现。

2018年，中国足协根据地理位置将女足青训中心划分为东部、北部以及西南部大区，中国女足名宿林思跃、王红、李锡财正式受聘担任中国足协地区女足青训总监。3位地区总监将直接参与各个大区以及中国女足青训各层级精英梯队的指导工作，同年任领队带领广东女足获第3届省港杯女足赛冠军。2019年，林思跃、王红、李锡财获得“广东足球70年杰出教练员奖”。

中国女足名宿林思跃（左一）、王红、李锡财受聘担任中国足协地区女足青训总监

萧建林扎根省队青训

萧建林从兴宁体校到了广州之后，担任广东女足教练达16年，参加过三届运动会，成绩都是前三名，包括六运会第3名、七运会第2名、八运会第3名。他和主教练林思跃合作了10年。萧建林认为林思跃带队有独特见解，集前辈教练如冼迪雄、容志行、苏永舜等的优秀教学经验于一体。[1]

[1] 梅州足球口述史. P171.

萧建林与张競男、庞艳芳、何杏雪、施桂红接受广东卫视采访

萧建林（后排右二）任领队的璺岗少年队获得宝安区比赛冠军

2002 年，萧建林离开女足，到广东省足球运动中心技术部，任教 4 年。期间他组织了一支 U13 广东少年队，采用国家队的飞行模式训练，队员选自梅州、佛山、湛江等地区。萧建林担任领队，游绍东（梅州人）担任主教练，负责选材和训练，最后打上省队的有潘佳、史亮、李健、刘胜、郭子超、曹田夫等。

2007 年，萧建林被聘为深圳市宝安区沙井璺岗足球俱乐部总教练，任少年、儿童足球班总教练 6 年。2014—2020 年，任广东省奥体中心青少年业余体育学校总教练 6 年。萧建林注重小学 1–3 年级少年的基本功训练。他在深圳璺岗足球俱乐部带 1997 年、1998 年出生的学员。

因为训练得法，2 年后，这些学员参加深圳宝安区比赛就得了冠军，出线参加广东省“达能国际杯”足球赛。这批学生中出了 2 名中甲队员，部分还代表广东大学生足球队参加全国比赛并获得不俗的成绩。

足坛常青树池明华担任多支球队教练

池明华，1962 年 3 月生于梅县，1973 年进入梅县业余体校，1974 年入选广东少年队，1977 年入选广东青年队，1979 年至 1998 年先后在广东队、广东宏远队、云南红塔队效力。球迷给他的外号叫“大池”。

池明华作为广东队队长，曾 14 次参加省港杯比赛。1982 年入选国家队，1988 年底退出国家队。他退役后曾任甘肃天马俱乐部教练，广东青年女子足球队、广东女足主教练，第 9 届全运会、第 13 届全运会广东男足教练。他还是广东 U17 队教练，2018 年带队获得全国青超联赛亚军。

池明华从小就展露出过人的运动天赋，四年级时拿过全县小学生乒乓球赛冠军，在全县小学生田径运动会上，拿过 60 米、100 米金牌。后来在体育老师建议下，池明华改练足球，并在四年级下半学期进入梅县当地业余体校，开始接受专业足球训练。他的恩师陈晋干教他踢好球就要先做好人，这为他之后成为一名卓越的足球队队长奠定了基础。

1975年，池明华被冼迪雄选入广东省少年队。1979年，池明华随广东少年队参加第4届全运会足球赛少年组比赛并最终夺取冠军。四运会比赛结束后，年仅17岁的池明华就被上调进入广东一队，成为队中最年轻的球员，并很快成为广东队主力。1979年10月，17岁的池明华披上广东队的战衣，成为广东足球历史上最年轻的拖后中卫。

1983年的五运会，池明华在最后的点球大战中罚丢点球，导致广东队负于上海队屈居亚军，成为他心中一大遗憾。1986年出任广东队队长。1987年，他作为广东队队长率队在六运会决赛中力克辽宁成功夺冠。1993年全运会，广东队得了季军。2001年他担任教练还带队得了第9届全运会第4名。

池明华与世界足球先生巴乔在贵州赛场合影

1981年，19岁的池明华入选国家希望队，1982年入选国家队，次年出任国家队队长。短短3年间，20岁出头的池明华连跳三级，成为国足的一颗耀眼新星。在国家队1984年夺得亚洲杯亚军（新加坡），1985年世界大学生运动会季军（日本），1988年首次获得奥运会出线权等大战中，池明华都在国家队的名单中。

池明华与世界足球先生菲戈在佛山中国明星队与葡萄牙明星队表演赛场合影

池明华司职后卫，他技术全面，攻防都精彩。他凭敏捷的身手、硬朗的抢截、漂亮的头球，一次又一次地出现在苏永舜、张宏根、曾雪麟、高丰文的大名单中，被公认为国家队中第一流的后防球员、最佳“清道夫”。在他的带领下，中国男足在1984年亚洲杯上创造历史，获得了亚军。一年后那场和香港队的五一九事件中，池明华因伤没有出战。池明华也是高丰文国家队第一批队员，随队到巴西集训过3个月，在1987年奥运会外围赛那年都参加了比赛。

1987年池明华在广州天河体育场与来访巴西冠军队友谊赛2比1胜，对方来华赛13场负1场

1995 年甲 A 主场广东对上海，赛后池明华与徐根宝指导，旁边是黎兵

1995 年甲 A 广东宏远与上海申花 2 比 0 胜，5 号“范大将军”范志毅和 13 号池明华在赛中

1997 年甲 A 与青岛队的比赛客场，池明华头球瞬间

2013 年池明华带广东全运队到西班牙巴塞罗那训赛，与巴塞罗那俱乐部的小球员合影

1988 年，池明华再次出马，帮助中国队首次在奥运会男足预选赛中出线。

池明华在国家队的职业生涯中大伤小伤不断，影响了其足球生涯的连贯性。1990 年，饱受伤病困扰的池明华决定退役，转任广东青年队教练。当时广东队降级，广东队教练陈熙荣请他出山带队。次年，池明华率领广东队重返甲 A。联赛职业化之后，池明华在广东宏远队踢了 4 年。他为广东队踢了 25 年球。可谓足坛长青树。

1997 赛季，广东宏远降级。池明华加盟新组建的甲 B 云南红塔队，为这支新军打入甲 B 第 1 个进球，带来第 1 场胜利，并在赛季结束后退役。此时他 37 岁，是中国足球界中球员生涯极长的球员之一，也是他那批球员中唯一打过联赛的球员。

池明华退役后回到广东省足协，负责青少年足球工作。2001 年，他和左树声一起成为甘肃天马队的助理教练，这是甘肃历史上首次有职业球队征战中甲。2005 年，他担任东莞联华副总经理。2008 年后，池明华先后担任广东女足青年队、广东女足主教练。

在紧张的带队之余，池明华常利用节假日参加足球公益活动。他每年都要回到梅县，为家乡部分县镇学校的学生辅导足球，利用足球名宿的身份筹钱筹物等。此外，池明华还经常联络广州、深圳和珠三角的足球明星回梅州参加足球活动，充分发挥足球名宿“传、帮、带”的作用，推动梅州校园足球的发展。

池明华在 2009 年获得广东足球 60 年十大最受欢迎球员之一，并获得荣誉奖；2016 年，在梅州市纪念誉为“足球之乡”60 周年的活动上，获评突出贡献足球运动员。

谢育新退役后出任多支职业球队教练

谢育新，1968 年 10 月生于兴宁，前中国国家男子足球队运动员，司职前卫、前锋，是新中国足球史上第一个留洋踢球的球员。他 1980 年进入广东少年队，1985 年进入国家少年队，1986 年进入国家青年队，1987 年进入国家队，之后一直是国家队主力，1997 年退出国家队。

谢育新曾是前国足中场组织核心，是高丰文时期国家队绝对主力，主要司职边前卫（偶尔客串前锋），个人能力突出，跑动穿插能力强，誉称为耐跑的“快马”。国家队在他的积极参与下第一次实现了中国足球冲出亚洲的夙愿。他被球迷誉为“中场之王”。

1994 年开始，谢育新在广东宏远队踢了 3 年，之后在 1997 年加盟沈阳海狮，很快成为该队中场核心。1994 年至 2001 年，谢育新先后在广州松日队、广东宏远队、沈阳海狮队效力。沈阳海狮是当时全国第一个聘用外籍教练和外籍球员的球队，2001 年，球队因资金问题被金德接手。2001 年 8 月，谢育新在沈阳海狮退役。[1]

2001 年 8 月退役后，谢育新先后出任广东名峰足球队、东莞东城足球队、湖南湘军足球队、西藏惠通足球队、广州富力足球俱乐部预备队、陕西长安竞技足球俱乐部主教练。他执教广东名峰足球俱乐部参加中乙联赛；2004 年，执教东莞

1992 年亚洲杯主力阵容

广东有吴群立（前排右一）、彭伟国（前排左二）、谢育新（前排右二）三人在列

1993 年世界杯预选赛“施家军”中的广东五虎

左起：区楚良，李勇，彭伟国，吴群立，谢育新

[1] 前国脚谢育新：赛场驰骋二十载今朝回乡育新苗. 南方网[引用日期2021-03-17].

东城（原东莞南城）征战中甲；2004 年底，执教湖南湘军；2009 年，出任中超冠军深圳队助理教练；2013 年 9 月起，任广州富力足球俱乐部预备队主教练。谢育新在执教各地各级俱乐部的过程中，积累了十分丰富的执教和青训经验。

“拼命三郎”曹阳执教省队和日之泉队

曹阳，祖籍黑龙江，1963 年生于梅州兴宁。他的父亲是东北解放军南下干部，父母都对足球不感兴趣，当时兴宁业余体校的萧建林教练到他家里做工作，父母才同意让他走上专业足球道路。曹阳 1975 年进入广东省体校，1979 年代表广东队获得四运会男足少年组冠军。

曹阳最早司职边前卫，后改打后卫，他作为运动员参加了 3 届全运会：1979 年四运会、1983 年五运会、1987 年六运会。1987 年六运会广东队夺冠时，他是主力后卫。作为教练员，他参加了 2 届全运会：1997 年作为陈玉良的助理教练参加八运会，获亚军，2009 年作为主教练带队参加十一运，获亚军。

1990 年退役后，28 岁的曹阳去了当时的省青少年业余体校担任教练，从最基层的少年教练员做起。2000 年，他到广东省竹料训练基地协助备战全运会，是最早一批到竹料基地的足球教练。他住在球场边上，回家得驾车走广从公路，如此连续往返了 9 年。

2004 年，曹阳奉命组建第 11 届全运会（十一运）参赛队伍。当时广东男足在十运会中无缘 8 强跌至史上最差。麾下小球员们看到师兄们在球队解散后境况惨淡，看不到踢球的出路，纷纷萌生退意，队里军心浮动。曹阳苦口婆心逐个做小球员的思想工作，花了整整 2 周使军心复归稳定。

2007 年 2 月 5 日，在广东省足球运动中心的帮助下，广东日之泉足球俱乐部创办，曹阳担任主教练，之后开始了 5 年的俱乐部管理实践。俱乐部由广东日之泉集团与广东省足协合作组建，当时该队的赢球奖金、主场营运等费用由广东日之泉集团负责提供，其余由广东省足协负责。曹阳承接了备战 2009 年全运会足球赛的广东青年队，集中了广东省 1989—1990 年出生

广州日之泉早期阵容，一排左起第五为主教练曹阳

的优秀运动员，组队目标是征战十一运。他通过联赛和杯赛结合，使球队在短期内高速提升，在赛事中锤炼。

广东日之泉于2007年开始参加中国足球乙级联赛，经过两个赛季在乙级联赛的磨炼，曹阳率领广东日之泉2008年获得中国足球乙级联赛南区冠军。2008年12月21日，在2008年中乙联赛总决赛中，以4比1战胜天津火车头队，晋级中甲。

曹阳对足球全身心投入，人称“拼命三郎”。2009年他首次率日之泉征战职业联赛，同时备战十一运。他在赛前面临了比赛和家庭双重压力。在中甲联赛开幕前3天，曹阳的妻子被通知需要尽快住院手术。他连夜赶回家，边安慰妻子边疯狂打电话，次日一早安排妻子住进医院，之后马上就赶回竹料基地。3天后，广东日之泉队进行首场中甲联赛，在主场输给了沈阳东进队。两天后，曹阳在医院陪着妻子动完手术，72小时后，手术完成，曹阳率队踏上了前往北京客场的航班。

第32届省港杯，曹阳所执教广东队潘佳、史亮捧杯

2009年十一运，广东队誓要雪耻并重返三甲之列，主教练承担着巨大的压力。2009年，曹阳率广东日之泉代表广东参加了全运会足球甲组比赛，获得亚军，十年苦行执教，终于超额完成任务。曹阳担任了第31—35届等连续5届省港杯广东队主帅直至2013年，其中有2届捧杯。

全运会后大批被抽调球员返回母队，球队实力大下滑。2011年恒大崛起，日之泉的一些优秀队员如卢琳等人离队加入恒大。2012年1月5日，广东日之泉俱乐部对外宣布更换主教练，由前上海申花助理教练塞尔维亚人可可托维奇接替，但不到3个月，可可托维奇的表现未达到俱乐部要求，原主教练、时任总经理曹阳继续代理主教练职务。2012年7月28日，广东日之泉队代理教练曹阳宣布这是自己代理球队的最后1场比赛。

随着两支中超大鳄恒大、富力的进入，日之泉在广东的生存空间被压缩，球队离开广东，远嫁陕西，2015年这支球队没能继续参加中甲，广东日之泉队成为历史。原日之泉队中的卢琳、叶伟超（梅县）、潘佳（梅县）、史亮（兴宁）、尹鸿博等球员到了其他职业球队。

曹阳作为出自足球之乡、专业运动员出身的教练，多年努力，稳扎稳打，在省队和日之泉积累了执教和管理足球俱乐部的全方位专业经验，为日后组建梅州客家俱乐部、参与梅州足球振兴战略奠定了坚实基础。

杨向梓家族二代、三代“杨家将”接力南派足球

杨向梓祖孙三代是中国足坛少见的足球世家。杨向梓是梅城城隍庙前杨屋人，为20世纪20年代梅县岭东足球队的创始人、城内公学校长。城内公学在他管理之下重视学生德智体全面发展，尤其重视体育和足球。

杨向梓生了七儿二女，其子为“荪”字辈。其中老二杨霞荪、老四杨雩荪、老五雩荪、老六杨霏荪、老七杨露荪等五子都酷爱足球，或踢有所成，或教有所成。当中杨霞荪、杨霏荪、杨露荪都曾叱咤国内足坛。曾带过重庆队、新疆队的杨霞荪在20世纪80年代返乡担任梅县地区足球队教练。曾获一运会最佳射手的杨霏荪在1965年二运会后正式挂靴，1966年任教练，带过容志行、杜智仁、麦超、吴群立、孔国贤等南粤名将。

杨霏荪是南派足坛不多见的文武双全型人才，体现了良好的家族教育传统。1980年，他加盟创办《足球报》，担任主笔。1985年，杨霏荪获得国际足联颁发的而国际足球高级教练证书。1989年，他再创办《现代体育报》，出任副总编辑。其间，杨霏荪撰写了许多精辟的球评和报道。其专栏“老杨讲波”深受读者喜爱。他受聘广州电视台客座讲波嘉宾十多年，这位“讲波佬”一直致力于为南派足球鼓和呼。他曾到日本、美国等地采访亚洲杯、世界杯，并与羊城晚报记者苏少泉合著了《绿茵风云——世界杯足球赛大全》。

杨霏荪《足球》书影

1990年，杨霏荪出版著作《足球》，从足球的停、带、传、顶、踢等基本技术开始，逐步谈到如何进行技术组合运用，并深入到实战中的攻防战术，包括如何发挥自己的技术、战术意识、身体素质和意志力，如何与伙伴取得默契等。全书图文并茂，书中示范动作由谢育新、杨宇峰等球员协助拍摄，内容丰富，深入浅出，并经三次印刷。

杨霏荪（左）、高丰文（中）、程洪森（右）参加2009年广东足球60年颁奖典礼

1995年，杨霏荪出任广州太阳神俱乐部

总经理。当时足球职业化改革伊始，各方面都不成熟，杨霏荪在经营太阳神俱乐部时就事论事，敢于创新，体现了较为先锋的商业才能。在很多俱乐部都入不敷出的时候，杨霏荪率太阳神向广州、广东电视台卖转播版权，并推动太阳神俱乐部与三菱汽车签下胸前广告。

杨露荪、杨朋锋父子

在他任内，太阳神俱乐部门票收入占经营收入1/3，使得当年俱乐部实现了自给自足。杨霏荪深切希望南派足球得到传承，因此非常爱惜足球好苗子。他善于激励球员，并经常毫不吝啬地夸赞年轻人。他曾鼓励侄子杨朋锋："广州队需要一个杀手，杀手就系朋锋。"[1]

杨霏荪晚年还进行了一些南派足球文献资料整理工作。这位南派名宿从专业球员起步，之后开展青训育成、足球评论、产业经营、文化传播等历程，反映了早年梅州足球人重视文化的传统和深厚的足球情怀。2009年，杨霏荪被评为"广东足球60年60杰"之一。

杨露荪（1941—2016）是杨向梓第7个儿子，在新中国成立初期就走出广东，支援内地足球建设，也是南派足球的优秀代表。20世纪60年代，他曾是江西省足球代表队的主力队员。退役后，杨露荪一直在广州从事足球青训事业。他先后挖掘和培养了高健斌、彭伟军、张健然、李晖等一批优秀球员，并将自己的儿子杨朋锋培养成职业球队的得力前锋。

后排左起：杨朋锋、杨寰锋、杨宇锋、杨卫锋

杨向梓家第三代为"锋"字辈，受家族前辈影响，大多自幼喜爱足球，其中有一些天分较高。杨雱荪的儿子杨卫锋在广州体院踢球，后来在广州电视台竞赛频道从事足球报道工作。杨霏荪的长子杨宇锋是20世纪80年代后期至90年代初期的广东队名将，20世纪80年代后期入选了广东队，司职左

杨朋锋在广药队

[1] 追忆足坛前辈杨霏荪：南派国脚全运会最佳射手，南方都市报，2013年3月19日。

杨朋锋在广东电视台体育频道担任解说嘉宾

指导和杨朋锋在梅县铁汉生态俱乐部

后卫。代表广东队出战全国联赛期间，杨宇锋也经常在越秀山比赛，继承了父亲对南派足球的情怀。杨霏苏的次子杨寰锋师从陈玉良，于1989年代表广东队参加全国第2届青年运动会并击败辽宁队夺冠，退役后创办体育公司，从事足球运动推广工作。

杨露苏之子杨朋锋，1979年生于广州，自小受父亲熏陶喜爱足球，在广东万宝少年队训练时师从梅县籍足球名宿陈汉彝。杨朋锋1998年至1999年在广州松日队效力，和温小明、刘醒等队友同时期，获得甲A联赛第4名。在广州松日踢球的时候，他经历了徐根宝、高洪波、韦尔纳、陈熙荣、塔瓦雷斯等教练。

1999年，在父亲杨露苏的鼓励下，他加盟四川全兴，从2000年至2006在四川全兴效力了6个赛季，曾获甲A联赛第3名，并作为核心球员，见证了川足从甲A到中超的历程。2002年，四川队与来访的应届西甲冠军开展友谊赛，杨朋锋为四川队打进唯一1球，以1比0击败对手。2003年，杨朋锋助力川足获得足协杯亚军的历史最好成绩。

当时杨朋锋在四川冠城踢右翼位，“进攻要上去，防守要回来”，让他在后来担任教练时对培养攻防球员有了更深的理解，他认为培养一位很有能力的前锋，要在16到18岁的时候对他进行多元化的教导，使其在一线队可快速上手。

2006年川足解散，杨朋锋回到广州，加盟戚务生挂帅的广州医药队，成为阵中本土头号射手。2007年广药队冲超成功，杨朋锋也拿到了职业生涯的第一个冠军，中甲冠军。他在越秀山代表广药队出战3个赛季，直到2009年1月退役，接续了伯父杨霏苏的越秀情怀。

退役之后杨朋锋同样表现出杨家多才多艺的特质。2015年他以肇庆市恒泰足球俱乐部主教练兼球员的身份，带队夺得全国业余联赛第四名，获得中乙联赛参赛名额。他曾担任广州岁月明星队和广东传媒之星队的主力球员，在5人制足球俱乐部江门千色花队担任主教练。并在广东电视台体育频道担任解说嘉宾。

2016年，杨朋锋考上了长江商学院EMBA，是为数不多的拥有工商管理专业硕士学位的退役球员。之后担任了中甲梅县铁汉俱乐部执行总裁，主要负责俱乐部的足球青训和搭建青训体系，并为俱乐部的青训体系队员考虑未来的发展。任上他帮助梅县铁汉引进了曾在广州恒大踢球的穆里奇和后来成为归化国脚的洛国富。

杨朋锋还考取了亚足联 A 级足球教练员证书，并且担任广东省足协 E 级教练员讲师。从职业球员、长江商学院 EMBA、职业足球俱乐部管理者、专业足球教练员、足球教练员讲师，杨朋锋延续了来自文化之乡和足球之乡的传统，坚持学习不断进阶。

邓锡权参创《足球报》并担任中国足协副裁判长

邓锡权，1938 年出生于梅州梅江区东厢村，身高 1 米 70，是广东足球队第一代主力守门员。20 世纪 50 年代初，邓锡权就读于梅江区联合中学。他 1956 年开始踢球，1957 年读完高一，暑假入选当年省体委组建的广东青年队担任守门员。在广青队，他每月有 35 元的补贴，寄 15 元回家。

1985 年第 1 届万宝杯足球赛合影

1959 年元旦，为迎接第 1 届全国运动会，广东省体委将广州队（中南白队前身）与广东青年队合并，以“广东队”名义参赛。邓锡权成为广东队第一代守门员。直到 1962 年因伤退役，他一直是广东队的主力守门员，并参加了全国甲级联赛，获得亚军。

1986 年邓锡权获授“新中国体育开拓者”荣誉，多年征战积累了不少奖章

1962 年，邓锡权因伤退役。1964 年到广州市体委任业务干部。1965—1968 年，在宝岗业余体校任教练。1970—1985 年期间，他每年负责组织全国甲级队在广东地区（广州、佛山、三水、从化、梅县等地）进行冬训比赛。1973 年当选为广州市足协副主席。1974 年，邓锡权参加了在广西梧州举行的首届全国裁判学习班。20 世纪 80 年代初，邓锡权初次担任省港杯裁判，首场亮相就受到好评，很快成为裁判界的新星。

1979 年，二十世纪七十年代末，邓锡权和严俊君、廖德营等一起创办了《足球报》，担任副总编辑兼总经理。廖德营是 20 世纪 50 年代广东队主力，与程洪

邓锡权（右二）及夫人（左一）、容志行（左二）、印尼代表队领队（右一）在“中信国安杯”2017 梦想成真·一带一路（北海）中国东盟青年足球邀请赛现场

森、关辉舫、杨霏苏、黄福孝一起被称为“广东足球五虎将”，此时他在报社负责摄影等工作。该报由广州足协和广州日报合办，起初连新闻纸都找不到，三位主创克服困难，把报纸办起来了，从亏钱到盈利，并成为中国足球界最火的报纸。

1980 年，广州市体委成立足球办公室，邓锡权担任副主任，同时一直负责《足球报》工作，同年被评为国家级裁判。之后邓锡权是全国足球裁判委员会的常委，每次出去比赛，都是副裁判长。

为了帮助广州市争取举办亚洲杯比赛，邓锡权充分发挥了他的商业思维，成功筹款。从 20 世纪 70 年代开始，邓锡权经常与香港足球界，特别是香港足球裁判交往，结识了很多港澳足球界的朋友，成功邀请香港南华足球队首访中国大陆。1983 年，筹备万宝杯，也是邓锡权成功请到了香港南华队，并垫支了南华队来回香港的费用。这是新中国成立后李惠堂的母队首次来内地访问。20 世纪 80 年代，他还举办过 5 人制室内足球赛，找了粤剧名伶红线女、罗家宝来表演，很快一票难求，观众座无虚席。

1985 年，邓锡权被国家体委授予“新中国体育开拓者”荣誉。

1998 年，邓锡权正式退休，同年担任中国足协裁判委员会第 3 届常委。之后邓锡权继续发挥他在商业和公关方面的才能，在足球产业方面继续发挥光和热。他组建了体育用品公司，创建了知名体育服装品牌“动向”，并担任广州市健森体育发展有限公司董事长、梦想成真体育俱乐部主席。经商之后，邓锡权曾经给梅县的母校联合中学足球青训赞助资金和服装。

2009 年，邓锡权在公司开展了“梦想成真海外留学选拔公益计划”，和英国的青训机构合作，积极在家乡梅州选拔人才输送海外培训。该计划已持续多年。这位名宿在权杖朝之年接受采访时，表示希望有朝一日梅县能有人去踢英超。2012 年，邓锡权被国家体育总局授予“新中国体育工作贡献奖”。2019 年，邓锡权获评广东足球 70 年终生成就奖。

多位国脚退役后用心耕耘青训工作

魏崇金在广东队和国家队时司职中锋，外号“白头佬”。1975 年，魏崇金进入广东队，1979 年广东队夺得甲级联赛冠军时，他荣膺“全国最佳射手”。退役后，魏崇金多年担任深圳足球俱乐部竞训部主任，后在深圳市业余体校从事青少年足球培训工作。

蔡锦标是兴宁七国脚中第一位上送国家队的球员。他曾随中国队参加第 6 届亚洲杯男子足球比赛，荣获第 3 名；代表广东队参加第 3 届全运会，荣获冠军。1982 年的尼赫鲁金杯赛，成为蔡锦标在国家队最后的演出。1983 年，广东队在五运会结束后，29 岁的蔡锦标退役。退役后的蔡锦标曾出任过广东省女足主教练，并于 20 世纪 90 年代移居美国经商。他偶尔出现在梅州的足球联谊会和足球学校奠基仪式上，并热心对小球员的培养和教导，参与青少年足球互动活动。

郭亿军 1986 年正式入选国家队，一直都是国家队的主力，被球迷们称为在范志毅之前国内最全面的球员。1990 年 10 月，在打完北京第 11 届亚运会后，郭亿军退出国家队。1992 年郭亿军跟随广东队参加一个国内友谊赛性质的南德杯时，郭亿军被四川队的孟宪鹏和安文渝两人关门夹击，高速冲撞中，郭亿军当场骨折，重演了队友古广明和赵达裕在国内小赛中被踢废的悲剧。撞击的一瞬间，赛场边的观众都能听见那声骨折的脆响，当时《足球报》等媒体对此进行了报道，若干年后仍有当时在现场的球迷写帖子回忆并扼腕叹息。

休养了一年后恢复不理想，28 岁的郭亿军只能在当打之年选择挂靴。退役后他全心当教练，是一位能写论文的教练，体现梅州人文武兼修特色。知网收录了他写的体育论文《第十一届全运会男子足球运动员年龄分布特征分析》[1]《矿泉浴并股四头肌等张训练治疗膝关节骨关节病》[2]《足球场呼唤“第三者插足”》等。

1994 年至 1996 年郭亿军任广东队助理教练，1997 年任广东队主教练。1998 年，郭亿军受命组建 81 年龄组的广东宏远青年队并出任主教练，因建队晚第一年逢打必输，在郭亿军指导下，次年获全国 U19 男子足球冬季联赛亚军。2003 年至 2015 年他在广东省足球运动中心任广东青年队教练。2016 年任富力足球学校副校长，2018 年任

伍文兵

[1] 郭亿军. 第十一届全运会男子足球运动员年龄分布特征分析[J]. 科技信息，2010（13）：832-833.

[2] 郑建寅，朴永芬，王晶，彭国祥，郭亿军. 矿泉浴并股四头肌等张训练治疗膝关节骨关节病[J]. 中国疗养医学，1994（03）：49-51.

中乙球队海南海口主教练，带领球队获得南区第八名。

伍文兵在职业化改革之后继续征战绿茵场。1994 年代表广东宏远足球俱乐部参加甲 A 联赛，开场 22 秒进了一球，创下当年联赛进球最快纪录。1996 年，伍文兵转会去了武汉前卫寰岛，1997 年转会重庆力帆足球俱乐部（前卫寰岛）、东莞南城（2003—2004 赛季香港联赛）。1999 年，伍文兵退役。2000 年，伍文兵开始担任东莞南城俱乐部教练（梅县铁汉生态俱乐部前身）。2003 年，伍文兵和彭伟国、彭伟军、胡志军、李晓等代表中国队去伊朗参加 5 人制亚洲杯比赛。

2006 年至今，伍文兵在广州花都从事青少年足球培训工作，认为青训工作要“长命功夫长命做”，要慢慢来，急不得。2009 年伍文兵荣获广东足球 60 年荣誉奖，2016 年荣获梅州“足球之乡”60 周年突出贡献运动员称号。2019 年荣获广东足球 70 年荣誉奖。

曾繁钦

曾繁钦，1969 年生于五华，1979 年入选八一青年足球队，1986 年入选中国国奥队，是 1969—1972 年龄组国奥队成员之一，1991 年入选中国国家足球队。曾繁钦司职前卫，左右都能打，比赛经验丰富。曾繁钦 1990 年代表“八一”队获全国足球联赛第 2 名，“足球杯”第 1 名。曾繁钦多年在深圳队效力，是深圳队两度冲 A 的功臣之一。退役后，他曾任浙江省绿城女子足球队教练。在浙江巴贝绿城助教岗位上离任后，曾繁钦任东莞南城少年队助理教练，带队打全国 U17 足球联赛。

吴伟英，1970 年生于兴宁，是中国女足代表性人物，司右前锋。她技术细腻，速度不凡，为中国女足成立前几年的主力攻击手。[1] 她 14 岁入选国家队。多年来，她在大赛中表现出色并多次获奖：1986 年参加“粤中杯”全国女子足球邀请赛，被评为“当日球星”；1986 年冬参加意大利国际女子足球邀请赛，评为“最佳球员”；1987 年冬，国家体委授予她“运动健将”的称号。1986 年 12 月第 6 届亚洲杯女足锦标赛，吴伟英为此役立了战功，被亚足联评为“亚洲最佳女足运动员”，这是当时亚洲唯一的“最佳球星”。

吴伟英

1991 年女足世界杯上，吴伟英犀利的右路进

[1] 当年铿锵玫瑰今日足球导师，吴伟英的足球新征程. 新浪体育. 2015. 1. 26.

攻令对手疲于招架，马莉的历史性入球正是得益于吴伟英右路定位球恰到好处的落点。吴伟英在国家队度过了 9 年，多次出国参赛。1993 年世界大学生运动会，中国队击败美国女足夺得首个世界大赛冠军，为吴伟英的国脚生涯画上圆满句号。

退役后，吴伟英在省体育局下属的一个发展公司担任办公室主任，工作与足球无关。但她并未放弃足球，考取了教练员证书。2014 年下半年，广州市足协公开招聘教练员进校园。广州市足协下派 26 名高水平退役运动员进校指导校园足球，其中只有 3 名女性，吴伟英在列。之后她进驻位于海珠区新港中路的知信小学，该校非常重视校园足球，是广州市 304 所校园足球推广学校之一。吴伟英以极大热情投入教学，并取得显著成效[1]。

李玉展在东亚运会助力国足战胜日本队

2015 年，李玉展父子与恒大主帅法比奥·卡纳瓦罗在中欧元老对抗赛

李玉展，1973 年 9 月生于广东梅县，是五华人，家中五兄弟排第四，和球王李惠堂同宗，按辈分称李惠堂为叔公。他司职前卫，曾先后效力于国奥队、国家队、广东宏远队。他脚下功夫熟练，助攻能力强。

李玉展身高 1 米 62，是在 1 米 6 的赵达裕之后，在国内足坛被称为“矮脚虎”的又一人。1983 年，李玉展进入五华体校，1986 年进广东省体校少年队。家中兄弟几个多数读书出身，只有他一人踢球，他从童年时在五华的泥地里光脚狂奔，开始探索足球的乐趣。

少年时他身材矮小，个头单薄，足球天赋不算高，是教练很不看好的一个。但他是训练最用功的学员，经常自己加练苦练，每周末还坚持跑步往返距离体校 15 公里的五华老家。为了训练跑位感觉，他自己拿着石头推演和思考，靠着苦练、勤思，最终在省体校选拔时脱颖而出。

1986 年，广东足协派出由郑良耀和陈铭方率队的考察团，到梅县选材组建广东三队。郑良耀看中了当时身高仅 1.55 米的李玉展，力排众议将他选入省少体校。1993 年七运会上，李玉展开始崭露头角。

[1] 当年铿锵玫瑰今日足球导师，吴伟英的足球新征程. 新浪体育. 2015. 1. 26.

1993至1998年，李玉展效力广东宏远。当时宏远队有谢育新、区楚良、池明华、李朝阳等名将。在甲A首年，李玉展表现突出，其后入选戚务生率领的国奥队。

1997年5月，第2届东亚运会在韩国釜山举行。对战日本队时，国奥队先1比0落后，李玉展替补上场后，梅开二度，帮助中国队以2比1战胜日本队。这场球赢了之后，当时的中央政治局委员、国务委员李铁映接见了中国队。当时执行教练拉德认为李玉展是中国队中场希望。国奥队随后在吉隆坡以0比3负于韩国队，无缘亚特兰大奥运会。那场比赛遭逢暴雨，李玉展没有上场。

李玉展认为，20世纪末，中国国家队球员上场就是为了踢好球，除此之外没有杂念，也没有所谓的“恐韩症”，对日本队有九成胜算，但在20世纪90年代末期之后，日本足球渐渐将中国队甩在身后。中国队在攻防细节缺乏配合训练，缺乏系统理论指导，当时的体制也制约了足球多方面发展。[1]

1998年底，李玉展离开广东，跟随陈亦明教练加盟成都五牛队，并在四川迎来职业生涯最后的辉煌。2002年初，27岁的李玉展因为腰椎间盘突出等身体原因，选择了退役。

李玉展退役后打理一家机械工程公司。“生意场和足球场有很多相通之处，要做好一单生意，需要冷静的头脑，果敢的判断，还有永不枯竭的进取心和自信心。”

在生意之余，他始终关注足球，特别是基层教练和青训方面。2004年，李玉展率领以前宏远球员为班底的球队一举夺得广州7人制足球赛的冠军。2006年，李玉展重新回到了球迷的视线之内，成了业余联赛中的高手，总是频频亮相于各种5人制、7人制足球赛的赛场。2019年，在五华县足球工作会议上，李玉展获评五华足球形象使者。

吴伟安踢满国字队和各级联赛

吴伟安，1981年9月生于梅州，3岁随母迁广州。他司职前卫，其技术特点是能将南派的细腻和北派的剽悍相融合，远射强劲、传球精准，善于前插与组织、大局观出色。从2001年九运会至2017年退役，他的职业生涯覆盖国青、国奥、国足三级国家队以及中冠、中乙、中甲、港超、中超、亚冠等联赛，是名副其实的“大满贯球员”。

[1] 梅州足球口述史. P88.

吴伟安

吴伟安在2001年11月九运会结束后入选国青队。2002年国青参加卡塔尔六国邀请赛，第二场对阵突尼斯赛前，一直机会寥寥的吴伟安主动向沈祥福请缨上阵。翌日，沈祥福在比赛的第77分钟，球队还以0比1落后时换上吴伟安。吴伟安在这10分钟内先以威胁传球造点，于涛点射扳平比分，补时阶段又以左脚打出弧线球帮助国青绝杀对手实现逆转。之后吴伟安在那一届的国青和国奥找到一席之地。

吴伟安与广州雄鹰队队友杨智、吴坪枫被称为“雄鹰三杰”。2003—2004赛季，他代表深圳科健参加中甲，共攻入9球。2004年底深圳科健解散，吴伟安随主教练刘春明北上，以200万加盟天津泰达。首个赛季他出赛26场，打进8球，成为队中仅次于津门传奇于根伟的第二射手，入选该赛季中超最佳阵容。他共为泰达效力7年，与队友曹阳（指天津的曹阳，不是梅州的曹阳）等人通力合作，成为当时中超兼具才华和韧性的创造型中场之一，曾获2010年中超亚军和2011年足协杯冠军。在2005年到2011年期间，吴伟安为天津泰达出战183场贡献24球。他在天津昵称是“老广”，是深受泰达球迷欢迎的“内援”。

吴伟安在2005年到2009年入选过中国国家足球队，合计出战5场打入1球。他在2007年2月7日中国队对阵哈萨克斯坦队的比赛替补出场完成首秀，并在2010年世界杯外围赛客场中国4比0战胜缅甸的比赛中进球。

2012年，吴伟安加盟广州富力，首秀即攻入1球，帮助富力击败国安。2012年吴伟安出场20次，但在法里亚斯执教富力后期和2013年埃里克森上任后，他被调入预备队，鲜有出场机会。2014年7月吴伟安和曾超被租借到广东日之泉队，当年帮助球队完成保级，之后日之泉并入陕西。2015年2月，吴伟安加盟深圳宇恒（深圳佳兆业前身）并效力两个赛季。

2017年3月，吴伟安通过社交平台宣布退役，自称“进球如麻”。2018年又以领队兼助教身份带领香港富力足球俱乐部拿到2018—2019赛季港超亚军，之后才正式退役并转型教练。2021年，他受黄洪涛指导邀请，担任家乡中冠球队梅县球乡俱乐部的助理教练兼球员。吴伟安的儿子吴峻帆则是富力广州梯队成员。

李健华获中超首个冠军和卫冕冠军

李健华，1982年生于梅州市梅县区丙村镇，前中国国家队足球队队员、广州

1998 年省十运会男子少年足球赛，主教练蔡远心（捧杯条纹服者）率队夺冠，2 号李健华点球决胜

2011 年广州恒大第 1 次夺得中超冠军的庆功宴（右起：李健华、吴坪枫、郜林）

恒大足球队队长，效力过深足、广药、恒大、富力和广东华南虎足球俱乐部。

李健华小学就读于足球重点学校丙村小学，1989 年被选入梅县业余体校集训，1995 年被特招进入另一所足球重点梅县高级中学读初中。教练赖祝君、叶小健常抽调他与高中组校友一起训练，以增强身体对抗性。

1996 年，李健华被市体校教练蔡远心所发掘，入选梅州市少年男子足球代表队集训，备战 1998 年省运会少年足球赛，踢右前卫。因家里担心踢球没前途，李健华中途离队到深圳打工，数月后发现自己放不下足球，于是返校并倍加刻苦训练。参加省运的这支队伍以 1981—1984 年龄段球员组成，1994 年冬天由刚从专业队退役的蔡远心教练组队。李健华在组队两年后才入队，在队里年龄相对小。

1998 年省运会的冠亚军决赛中，2 比 2 战平，点球决定胜负。李健华在下半场替补登场，蔡远心安排他最后一个主罚。对方先罚丢一个球，李健华罚进了最后 1 个点球，助力梅州市少年男子足球队夺得省运会冠军，也帮助自己和队友拿到了国家一级运动员证书。

由于梅州当时还没有职业球队，在完成省运会任务后，市少队解散，各自寻找下家。2001—2009 年，李健华被蔡远心教练推荐，效力深圳足球队。2004 年，李健华助力深圳健力宝俱乐部（原深圳平安一队）夺得首届中国足球超级联赛冠军。2004 年李健华入选中国龙之队，2005 年，入选中国国家足球队集训名单。

2009—2012 年，李健华效力于广州队，并于 2011 赛季以主力队员和队长的身份，帮助广州恒大队夺得首个中超联赛冠军。

李健华深谙职业球员的丛林法则，他认为职业化足球的残酷竞争要求职业球员本身要具备承压能力，必须自律，必须保持最佳竞技状态。他常常根据球队的踢法、位置需求等进行思考，努力竞争最适合自己的位置。除了良性的竞争意识，他还注重自我管理和时间和情绪管理，少喝酒、少应酬、多训练。

2013—2015年，李健华效力于广州富力足球俱乐部。2016年，李健华转会至梅县铁汉俱乐部，为家乡足球队效力，2017赛季，梅县铁汉队冲甲成功，2018赛季，李健华随队征战中甲联赛，之后球队更名为华南虎。2020年，华南虎解散，李健华退役。

杨伟湘教练率中国7人制（脑瘫）足球队夺得广州亚残会男足亚军

足球是可以帮助更多脑瘫患者康复的一种有效手段。7人制（脑瘫）足球，英语“Football 7-a-side”，又被称为CPSoccer。国际脑瘫人体育和休闲运动协会的足球委员会对7人制（脑瘫）足球负责。

对于残疾人来说，7人制（脑瘫）足球是最为引人入胜的比赛项目之一。1978年，7人制（脑瘫）足球作为国际体育比赛首次出现在英国。1984年，7人制（脑瘫）足球被列为残奥会正式比赛项目，并于1986年首次举办了世界锦标赛。欧美有不少国家开展了这项运动。2004年，雅典残奥会有8支队伍共96名运动员参加7人制（脑瘫）足球比赛。

中国脑瘫足球队于2006年组建，之后水平稳步提升。2008年，梅州7人制（脑瘫）足球队参加广东省第8届残疾人运动会，获得冠军。主教练杨伟湘是梅县人，曾在1975年随广东队参加三运会夺得并列冠军，20世纪80年代初加入了广州部队队，退役后担任了梅州7人制（脑瘫）足球队教练。2010年6月，杨伟湘率领广东省7人制（脑瘫）足球队参加全国脑瘫足球锦标赛暨全国第8届残疾人运动会预赛，在20支参赛队伍中脱颖而出，夺得冠军。

参加当年广州亚残运会的中国7人制（脑瘫）足球队以广东队为班底组建，7名广东球员全部来自梅州，由杨伟湘担任主教练。同年12月，以广东省队为班

中国7人制（脑瘫）足球队夺得亚残会亚军
（中间手持若干奖牌者为杨伟湘教练）

中国7人制（脑瘫）足球队夺得亚残会亚军
（最右边为杨伟湘教练）

底组队的国家 7 人制（脑瘫）足球队参加亚洲残疾人运动会夺得了亚军，输给了排名世界第三、建队 30 年的伊朗 7 人制（脑瘫）足球队。

本届亚残运会 7 人制足球赛的参赛选手均为 CP5 级至 CP8 级的脑瘫患者，共有中国队、日本队、韩国队和伊朗队参赛。中国脑瘫足球队此次出战的 7 名队员全部来自梅州：吴志雄、林聪昌、邹胜辉、钟万辉、曾庆祥、王奕兴、古君伟。

7 人制（脑瘫）足球是亚残运会对抗性最强的项目之一，是球队的技战术、球员团队精神和意志力的综合比拼。而由于先天残疾，这些孩子容易遭受歧视，和正常人相比，踢足球要比常人的付出更多。主帅杨伟湘带队两年，为队员们付出全部心血。在杨教练眼中，队员们只是生理上残疾，但智力上跟普通人没有任何差别。

亚残会足球比赛时，恰逢梅县雁洋籍球员王奕兴生日，王奕兴通过田径和踢球运动锻炼，身体逐步得到康复体现了足球的运动康复作用。中国队主帅杨伟湘带着队员给王奕兴过生日。他说：“带这支队伍，其实对我也是一种激励，孩子们太上进了，训练比普通运动员要刻苦许多，他们诠释了‘精神寓于运动’的残疾人体育精神。”[1]

第八节　广东万力在梅州启动足球希望工程

2008 年 3 月下旬，全省首家非营利性公益足球团体“万力名人足球俱乐部”挂牌成立。该俱乐部由足坛名宿董良田、容志行、钟小健、王惠良等人发起并组建，得到广东数十名足坛名宿积极响应，这些名宿中既有当年国字号教练，也有曾入选过中国国家队的国脚。

广东万力名人俱乐部成立现场

广东万力名人俱乐部致力于广东足球的软实力推广和文化积淀。2008 年 6 月 28 日，梅州市举行振兴梅州足球之乡座谈会，与广东万力名人足球俱乐部共同实施“万力足球希

[1] 参见2010年12月13日中国军网记者周影报道《七人制足球》。

望工程”[1]。广东万力名人足球俱乐部以振兴广东足球为己任，希望借“希望工程”系列活动，能够培养青少年足球后备人才，重振“足球之乡”。

“万力足球希望工程”新闻发布会现场
（左二为国足老帅曾雪麟）

在这个工程开展之初，那时国内球坛大环境出现赌球黑哨等现象，一些城市对发展足球不看好，很难开展足球活动。俱乐部选择了足球之乡梅州作为启动城市。

当时校园足球还没有大面积开展，广东万力名人足球俱乐部每个月自费派40多个教练前往梅州的小学教当地孩子踢球。这些教练中有王惠良、曹阳、黄德保、伍文兵等众多足球名宿，他们有热爱家乡的情怀。在当时不太有利的大环境下，这项希望工程一直坚持了6年，当时初到梅州，广东万力名人俱乐部也遇到了一些困难，他们发现很多操场长了草，已经不适合踢足球，也很少有人踢足球，老师、家长都不看好。不过俱乐部和名宿们没有放弃，坚持了6年，直到2015年全国开展校园足球战略之后才退出。

2009年6月下旬，“广东万力足球希望工程”首站在梅州市率先启动，计划用10年时间在全省完成两个“十百千万”工程：用十年时间对口扶持一百所学校、培养一千名教练员裁判员、带动一万个足球队伍建设；输送十名国家队运动员、一百名省队运动员、一千名市级运动员和一万名县级运动员。

随着“足球希望工程”的开展，“万力名人足球俱乐部”每月都会邀请两三名广东足球名宿前往梅州地区，对梅州地区部分学校老师及基层教练进行免费培训。

2009年6月30日下午，众多足球名宿在原广东足球队主教练冼迪雄、广东省足协副秘书长齐平生等的带领下，来到蕉岭县田家炳中学、蕉岭县实验小学、蕉岭县人民小学等3间校园足球活动学校，辅导足球教练员、运动员。之后，足球名宿们又在蕉岭县体育中心，对来自蕉岭各中、小学的教练员、运动员进行集中培训，传授足球技艺。辅导现场气氛热烈，受到了山区广大教练员、运动员们的一致好评。辅导完后，知名足球运动员与蕉岭县青年足球队进行了一场足球友

[1] 清华大学社会实践访谈.万力名人足球俱乐部–董良田.2018.09.15.

谊赛。

作为民间组织，万力名人足球俱乐部要在一个地区开展公益活动，须得到当地政府的大力支持和相关政府职能部门的配合。之所以能在梅州启动，和当地政府的支持和民间的足球氛围密不可分。

2009 年 10 月 30 日至 31 日，广东万力名人足球俱乐部组织王惠良、曹阳、黄德保、伍文兵等众多足球名宿来到梅州，辅导本地教练员、运动员，用实际行动助力重振梅州足球之乡雄风。正是这些名宿的努力和坚持，唤起了梅州人振兴足球的愿望。

当校园足球覆盖部分小学后，俱乐部开始转向足球文化和公益慈善。2009 年，广东万力名人俱乐部向社会征集与广东足球 60 年相关照片资料，经精心筛选后结集出版了一本大型纪念画册《足迹》。其中有大量关于足球之乡梅州的内容。

书中收录了许多珍贵图文资料，由最早一批广东足球人提供，其中包括不少梅州足球人士。2018 年万力俱乐部在又推出《广足迹》。俱乐部希望可以通过此类书籍，让年轻人了解广东足球，激发他们对足球文化的认同感。

第九节　20 位梅州人上榜广东足球 60 年 60 杰

2009 年 6 月，广东万力名人足球俱乐部在推出“广东足球 60 年 60 杰暨十大最受欢迎球员评选”活动，旨在通过颁奖表彰为广东足球做出过重大贡献的部分球员和教练，集体回忆和总结广东足球在过去 60 年中所取得的辉煌成就。此次活动向社会征集了相关老照片财力，经精心筛选后结集出版一本大型纪念画册《足迹》。

评选原则主要是：一、健在的广东籍或在广东生活 7 年以上者（包括已经移民海外者）；二、代表广东球队入选过国字号者，现役者必须效力于广东球队；三、代表广东球队在全国顶级联赛、全运会上获得过前 3 名，或获得过全国性个人奖项者。

“广东足球 60 年颁奖典礼”大合影

策划这一活动的万力

轮胎董事长孙维元表示："这次评选实际上是从6月开始，是经过长达3个多月、近10万民众积极参与投票的结果，获奖者是荣幸的和值得骄傲的。他们代表的不仅仅是他们自己，更是身处的这个时代，是厚德务实，是坚忍不拔，是智慧，是勇气，是广东足球之所以屹立于潮头的理由，也是广东足球最值得传承的财富和扬帆的基础。"

2009年9月29日，由广州日报社、广东电视台、广东电台联合主办，广东万力名人足球俱乐部承办的"万力之夜·广东足球60年颁奖典礼"在广州进行。中国足协专职副主席南勇、中国足坛名宿年维泗、高丰文、戚务生以及广东足球界近200位知名球员和教练员一起见证了本次典礼各大奖项的揭晓。

"广东足球60年终生荣誉奖"：郑德耀、罗荣满、关辉舫；

"广东足球60年杰出教练员奖"：苏永舜、冼迪雄、曾雪麟（梅州）、岳永荣、陈熙荣、周穗安、陈玉良、曹阳（生于梅州）；

"广东足球60年十大最受欢迎球员"：容志行、古广明、赵达裕、吴群立、池明华（梅州）、麦超、谢育新（梅州）、区楚良、彭伟国、胡志军；

"广东足球60年巾帼英雄奖"：吴伟英（梅州）、韦海英、施桂红、赵利红、高红；

"广东足球60年突出贡献奖"：容志行；

"广东足球60年荣誉奖"（以姓氏笔画为序）：孔国贤、邓锡权（梅州）、王惠良（梅州）、区楚良、古广明、叶细权（梅州）、卢琳、池明华（梅州）、关至锐、李勇、李超波、李玉展（梅州）、刘全、伍文兵（梅州）、苏永舜、陈汉彝（梅州）、陈熙荣、陈玉良、杜庆恩、杜智仁、何佳、何锦伦、麦超、吴群立、吴育华、吴志英、吴方、吴坪枫、张均浪（梅州）、张小文（梅州）、林效才、岳永荣、欧伟庭、冼惠良、杨霏荪（梅州）、杨宁（梅州）、杨福生、赵达裕、郭亿军（梅州）、胡志军、钟小健（梅州）、容志行、高健斌、梁德成、黄福孝、黄德保（梅州）、黄洪涛、黄军伟、黄启能、曹阳（梅州）、曾雪麟（梅州）、程洪森、彭伟国、彭伟军、谢育新（梅州）、谢志光、谢志雄、蔡锦标（梅州）、谭恩德、魏崇金（梅州）。

从名单中可以看到，其中梅州籍的有20人（含女足1人），占三分之一。获奖的60人，皆是曾为国足、省足拼搏奋战过的名宿。他们曾经以坚韧意志和精彩球技，成就了一个讲究配合、踢法细腻、扬长避短的"南派足球"辉煌时代，成为众多球迷的美好记忆。

第十节　球乡人立志思变和振兴

2012 年梅州·澳洲足球邀请赛

中国足球职业化改革之后约 20 年，梅州足球因为地方经济不发达、大环境变化、人才青黄不接等诸多原因，陷入长期低迷。这让许多对深谙球乡历史的梅州乡贤和足球名宿深感痛心。这种雄风不在的受挫感，一直持续到政府推出振兴规划的第 2 年，也就是 2012 年末。

2012 年 10 月，澳大利亚维省东帝汶野牛足球俱乐部应邀来到梅州，参加“澳洲·梅州足球邀请赛”，对手为梅州市 1994/1995 年龄段的球员。东帝汶华裔多是梅州客家人，20 世纪 70 年代中期因东帝汶政局动乱先后移居澳洲。东帝汶华人成立了野牛球会成立于 1982 年，会员逐步发展至近 200 名，以年轻公司职员为主，在业余时间踢球，并参加澳洲十级联赛。此行球会主席梁忠荣希望在走亲访友时重温梅州足球气氛，本想在家乡输 5 个球很正常，不料竟以 3 比 2 赢了比赛。这场国际友谊赛的结果，令华侨乡贤们深感意外。

如此，在振兴规划提出的第三年，梅州足球因经济相对落后等原因在职业化浪潮中几近旁落、多年积弱，亟待重新发轫，改革振兴。然而一座城市足球运动若低迷多年，要想变革和振兴，绝非易事。

2013 年广东足球联赛，梅县 1999/2000 年龄段的球员在 4 场比赛中净负 24 球，在 0 比 10 输给恒大、0 比 7 负于中山、0 比 6 不敌湛江、1 比 2 输给佛山，1 分未得，小组垫底。

2012—2013 年的历史成绩，是梅州足球 20 来年长期低迷的尾声，也代表了梅州足球在 2013 年初召开足球振兴工作会议、正式启动“五抓五实施”任务时的起点水平。

纵观国际足球发展史，像日本、德国等足球先进国家，都是敢于在历史受挫多年之后，正视发展过程中的不足和教训，通过系统规划、持续变革，全面向国际足球强国学习，从而推动了足球长效发展。痛定思痛，穷则思变。一向不惧苦、不畏难、不空谈的梅州客家人，直面当时梅州足球的低迷状况，在认真调研的基础上，启动十年振兴计划并逐一保障举措落实，重新厉兵秣马，振兴足球之乡。

第六章

振兴（2010—2020 年）

2009 年，梅州市委、市政府率先提出振兴足球，并于 2010 年 8 月 6 日正式发布《梅州市振兴“足球之乡”十年规划》。[1]2013 年出台了《梅州市关于加快发展足球运动的实施意见》[2]，细化目标和任务，明确落实责任并签订责任书。2010 至 2020 年，梅州足球抓住国家战略机遇，进行了一场由上至下、上下协力的改革。在政府高度重视、社会全力支持、民众积极参与之下，梅州足球对组织、场馆、赛事、青训、球队、人才、文化等方面进行系统化的改革创新，创造了多项全国第一和历史突破，超额完成振兴足球目标。经过振兴，梅州足球发展局面焕然一新，闯出了特色，初步形成了产业生态，为建设足球特区、打造国内一流足球运动城市奠定了坚实基础。这时期，尊重足球规律和经济规律的政府部门，成了托举梅州足球步入新时代的主要平台和强劲推力，随着战略实施，职业足球、青训足球、社会足球、校园足球被全面振兴，呈现欣欣向荣的发展势头，足球重新成为这座城市的闪亮名片。

[1] 参见梅市府〔2010〕46号文件。

[2] 参见梅市办〔2012〕54 号文件。

第一节　足球上升为国家战略，梅州足球抢抓发展机遇

2009年10月，习近平访问德国时表示，“举办完奥运会后，中国下了一个决心，既然我们其他的运动可以拿到金牌，那么足球一定要下决心搞上去，但是这个时间会很长。”[1]

2014年之后国务院按照足球产业规律，颁布了一系列足球改革政策，为梅州振兴足球之乡提供了巨大发展机遇。2010年提出振兴足球十年规划、2013年启动振兴规划实施的梅州足球，恰逢百年难遇的“大势至”。中国足球上升到国家发展战略。

2015年2月27日，中央全面深化改革领导小组第十次会议审议通过了《中国足球改革总体方案》[2]。这是中国足球发展的纲领性文件，以前所未有的高度和力度，从顶层设计、职业联赛、校园足球、社会足球、人才培养、国家队建设、国际交流等足球领域各个层面，全面、系统阐述了中国足球发展的战略和目标；提出尽快理顺足球管理体制，制定足球中长期发展规划，创新中国特色足球管理模式；同时，要改变中国足球协会与体育总局足球运动管理中心两块牌子、一套人马的组织构架，中国足球协会与体育总局脱钩，在内部机构设置等五个方面拥有自主权。[3]

《方案》通过五个“相结合”和“三步走”的足球发展目标，把中国足球的发展领上了正确的道路。随后，中国足球各项事业、特别是校园足球、青少年足球等也纷纷出台了配套的政策。2015年8月17日，国务院正式印发《中国足球协会调整改革方案》，提出中国足球协会与总局脱钩，撤销足球运动管理中心，协会以社团法人的身份监督中国足球运动的各项事务，迈出了“去行政化”的一步。发改委印发了《中国足球中长期发展规划（2016—2050年）》和《全国足球场地设施建设规划（2016—2020年）》。财政部、发改委共同完善和强化足球改革发展的投入机制，由财政部牵头与体育总局、教育部共同发起成立中国足球发展基金会，建立了支持足球发展特别是支持青少年足球、公益足球发展的新平台。

---

[1] 参见人民网2015年3月17日海外版文章《习近平的足球简史：国足夺世界杯冠军是我愿望》和2018年6月14日文章《习近平：我是一个足球迷》。

[2] 参见《国务院办公厅关于印发中国足球改革发展总体方案的通知》（国办发〔2015〕11号）。

[3] 中央深改小组审议足球改革方案，国务院已通过. 新浪网[引用日期2015-01-26.

作为足球之乡，梅州以“扎扎实实地努力”，从 2010 年开始制定并实施振兴足球规划，梅州市委、市政府高度重视足球工作，先后研究出台了 19 份足球发展专项文件，涵盖足协实体化、职业俱乐部扶持、场地建设、人才培养和产业培育等多个领域。

其中扶持力度最大、最受业内瞩目的有《梅州市振兴“足球之乡”十年规划》（2010 年）《梅州市关于加快发展足球运动实施意见》（2012 年）《梅州市足球综合改革方案》（2015 年）《梅州市体育发展十三五规划》（2017 年）《梅州中国足球特区建设规划》（2021 年）等文件。

2018 年，梅州更是在全国范围内率先提出创建中国足球特区，提出“一地三田”目标，即，成为“南派足球”的技术高地和足球人才输出的丰产田、足球改革创新的试验田、足球产业融合发展的示范田。[1]

第二节　梅州振兴足球工作得到国家和省的肯定与支持

除了出台一系列振兴足球及足球改革政策的“自选动作”，梅州也积极争取国家、省体育局对梅州的关心和支持。中国足球协会曾多次到梅州指导和调研，省体育局每年在经费、组织、场地、赛事、人才等方面给予了支持和鼓励。国家和省对梅州足球的指导和支持，加快了梅州足球振兴步伐，使梅州足球受到的关注度不断提升，足球工作的地位进一步显现。

2009 年 8 月，广东省体育局和梅州市政府签订了振兴梅州“足球之乡”战略合作协议书，就完善场馆设施建设、加快培养输送人才、建立完善足球赛制等方面开展战略合作。同年，嘉应学院与广东省体育局共建广东女子足球队。

2014 年，省体育局开始把梅州列为广东足球发展重点地区，每年给予专项经费扶持，助力梅州开展足球工作。2016 年 6 月，省体育局把梅州列为广东省足球试点城市、广东城乡足球协调发展典范，梅江、梅县、兴宁、五华作为广东省足球试点县，省体育局从 2015 年起连续 4 年给予梅州 1000 万元的足球发展资金扶持。

2017—2018 年，中国足球协会曾 7 次专题调研梅州足球工作，省体育局局长王禹平及相关领导、省足协也多次率队到梅州调研，指导足球工作。中国足协副

[1] 参见梅州市政府文件《梅州足球十年发展规划（2020—2029）》。

2017 年 11 月 16 日，中国足协副主席张剑来梅调研

2017 年 11 月张剑到嘉大足球场调研

2018 年广东省委常委黄宁生视察梅州足球工作

主席张剑、李毓毅和省体育局局长王禹平在梅州调研时，充分肯定了梅州的足球工作，尤其是在促进足球运动普及、扶持推动职业足球发展、培养青少年足球人才等方面。

中国足协张剑副主席高度认同梅州市发展足球运动的系列做法，认为梅州良好的足球氛围全国少有，关键是做到了三个“打通”：一个是打通了体育部门与教育部门的界限；一个是打通了草根、青少年、职业之间的界限；还有一个是打通了老百姓与政府部门的沟通渠道。

省体育局助力梅州引进优秀教练人才，在职业足球与青少年足球发展上支持梅州。2018 年，省运会冠军奖杯女足球队主教练正是省足球中心派到梅州市体校的游绍东指导，梅州客家足球俱乐部的总经理曹阳最初也是省体育局对梅州的人才支持，省体育局还曾派省足协骨干席兵到梅州市体育局挂职副局长。专业人做专业事，这些高水平人才的到来，成为梅州足球振兴的重要力量。

2015 年开始，在中国足协、广东省体育局、省足协的支持下，在梅州各级党委政府的高度重视下，梅州同时涌现梅州客家、梅县铁汉生态两家职业足球俱乐部，并先后冲甲成功。2017 年，梅州首家女子足球俱乐部——梅州辉骏女子足球俱乐部落户五华，2018 年，中国足球协会男子和女子甲级足球联赛开幕式都在梅州举行，同年，辉骏女足冲超成功，梅州成为全国唯一拥有“两甲一超”职业足球俱乐部的地级市。

2018 年 11 月 15 日，广东省委常委黄宁生到市体校看望正在训练的少年足球运动员

2019 年 7 月，中国足协副主席张剑再次来梅调研足球工作

省体育局还大力支持市（县、区）兴建足球场馆，越来越多的优质地标性足球场馆在梅州建成，为球乡振兴提供了便利的基础设施。

第三节　梅州连续出台 19 项足球发展专项文件

自 2009 年提出振兴“足球之乡”计划至 2021 年足球特区发轫之年，梅州先后研究出台了 19 份足球发展专项文件，涵盖协实体化、职业俱乐部扶持、场地建设、人才培养和产业培育等多个领域。其中扶持力度最大、最受业内瞩目的有《梅州市振兴“足球之乡”十年规划》（2010 年）《梅州市关于加快发展足球运动实施意见》（2012 年）、《梅州市足球综合改革方案》（2015 年）《梅州市体育发展十三五规划》（2017 年）、《梅州中国足球特区建设规划》（2021 年）等文件。

《梅州市振兴“足球之乡”十年规划》（2010 年），吹响了梅州振兴足球的“号角”

2009 年，广东万力足球“希望工程”在梅州启动，随着多位南派足球名宿到梅州亮相并传授足球，人们对球乡的记忆被点燃，梅州上下对重振球乡的呼声越来越高。梅州市委、市政府顺应民意，于 2010 年 8 月 6 日出台了《梅州市振兴“足球之乡”十年规划》（下称《十年规划》）的文件，决定用 10 年时间，重新擦亮“足球之乡”的品牌，为振兴足球发展绘制了一张蓝图。

《十年规划》中提出了梅州市振兴足球的目标：一、在国家级足球队伍中有梅州籍的足球运动员；二、在广东省男、女一、二、三线足球队中，均有一批梅

2012 年 7 月阔别 10 来年的梅州市足球重点县调赛重新开赛，旨在以赛代训、发掘苗子

州籍足球运动员成为中坚力量，其输送的运动员居全省前列，打造成向省级足球队输送运动员的重要基地；三、逐步组建各级别的梅州足球队参加全国比赛，青少年男女足球队取得突出成绩；四、梅州市参与足球运动人数按人口比例居全国同级别城市前列，梅州市各市、县、区业余体校、训练网点在训青少年男、女足球运动员人数居全省前列。

《十年规划》确立了“三步走”策略：

第一阶段是 2009—2013 年。这一阶段是启动振兴梅州“足球之乡”这一系统工程打基础阶段，主要工作任务是在全市范围内营造发展梅州足球的良好氛围，树立振兴足球之乡的信心，各级政府、各有关部门和全社会形成高度重视振兴足球之乡的共识。与此同时建立发展梅州足球完善的运作机制和组织机构——完成梅县区人民体育场（曾宪梓体育场）、足球训练基地和广东省足球运动中心粤东体校等建设，筹办“李惠堂杯”等大型高水平赛事，推动梅州足球运动向广度和深度发展。

第二阶段为 2014—2017 年。这一阶段是对第一阶段取得的成绩进行巩固的阶段。主要的任务是，提升梅州市青少年参与校园足球活动的人数，提高校园足球运动水平，进一步加强以业余体校等为重点的足球人才梯队建设。

第三阶段为 2017—2019 年。这个阶段是十年规划系统工程的“提高阶段”，同时也是有效提升梅州足球运动竞技水平，重振“足球之乡”雄风的关键阶段。这一阶段将主要侧重于提升梅州足球运动员在国内足坛的知名度和影响力；与此同时，力争实现国家队中有梅州籍运动员，省级足球队中有梅州籍运动员担当主力。

《梅州市关于加快发展足球运动实施意见》（2012 年），明确了“五抓五实施”的“作战任务表”

2012 年 12 月 17 日，梅州市在《十年规划》的基础上，结合体育局及专业人士的充分调查研究，出台了《梅州市关于加快发展足球运动的实施意见》（下称

“实施意见”），为全市振兴足球发展制定“作战图”。[1]

《实施意见》提出围绕党的十八大提出的建设美丽中国及市委、市政府提出“打好健康牌，力争通过十年三个阶段的努力，达到重振足球之乡的目标”为指引，以《梅州市振兴“足球之乡”十年规划》为抓手，建设场地，锻造队伍，打造品牌赛事，挖掘足球文化，培育足球产业，振兴足球之乡的指导思想。

该文件进一步明确了振兴实施的目标：通过实施《梅州市振兴“足球之乡”十年规划》和发展足球运动的相关文件，使振兴足球工作有目标、有步骤、有重点、有举措地强力推进，把足球运动打造成为梅州体育品牌，把足球产业打造成为梅州幸福导向型产业重要组成部分，争取3年打基础，5年上台阶，10年见成效；把梅州建设成为全国闻名的名副其实的足球之乡，让足球成为梅州一张亮丽的特色名片。

为实现这些目标，《实施意见》明确了振兴的任务表（简称“五抓五实施”）：（一）统一认识，加强领导；（二）加大足球场馆建设力度，为普及足球运动提供基本保障；（三）培育足球产业，助力幸福导向型产业发展；（四）实施人才培养工程，夯实足球发展基础；（五）打造足球品牌赛事，提升综合实力。

梅州率先出台《梅州市足球综合改革方案》（2015年），为振兴足球提供“催化剂”

2015年2月27日，中央全面深化改革领导小组第十次会议审议并通过了《中国足球改革总体方案》。2015年8月2日，梅州市立足该方案并结合自身实际，在全省率先出台了《梅州市足球综合改革方案》（以下称《足球综合改革方案》）[2]及《梅州市人民政府关于加快发展体育产业促进体育消费的实施意见》等7项配套文件，解决制约梅州市足球发展的人、财、物等瓶颈问题，为振兴足球提供了“催化剂”。

《梅州市足球综合改革方案》，将发展足球运动纳入经济社会发展规划，提出梅州到2020年足球改革发展总体目标：力争成为广东综合改革发展示范市，梅州市足球运动水平得到明显提升。在中甲以上职业足球俱乐部队伍中梅州籍球员达到30名以上，在国家级足球队伍中有梅州籍的足球运动员1至3名；青少年

[1] 参见梅州市人民政府网站。

[2] 参见《梅州市足球综合改革方案》（梅市府办〔2015〕27号）。

足球队成绩进入全省前列。

当时改革的目标立足当时的现实情况，定量化，明确化，并对责任部门具有一定的挑战性。具体包括：

振兴足球之乡，打响球乡品牌

人才队伍建设目标：校园足球项目推广学校达 250 间，争取向国家申报全国青少年校园足球特色学校达到 40 间，其中开展女子足球的学校占比 10% 以上。每间推广学校配备足球指导员 2 名以上，全市校园足球注册运动员 3000 人以上；全市足球运动员（即参加全市四大杯赛、四大联赛等全市正式比赛的运动员人数）达 1 万人以上，教练员（含足球指导员）达 1000 人以上；足球活动人口占全市常住人口 2% 以上。

场地建设目标：建设 1 个国家级足球训练基地，各县（市、区）新建免费或低收费开放的 11 人制标准球场 1 块以上，各镇（街）新建免费或低收费开放的标准球场 1 块以上，全市球场达 1000 块以上（每万人常住人口拥有 2.5 块足球场）。

足球产业目标：全市拥有中甲、中乙职业足球俱乐部 1 家以上，完善足球投入机制，制订足球产业策划，出台足球产业优惠政策，成立足球产业发展基金，推动足球产业乃至体育产业成为梅州错位发展的特色产业。

为了实现这些与时俱进的目标，《梅州市足球综合改革方案》明确了九大方面的措施：完善足球协会等社团组织、完善足校（业余体校）建设、完善职业足球俱乐部建设、改革推进校园足球发展、完善足球人才培养发展方式、完善赛事体系建设、加强足球场地建设管理、完善足球投入机制、加强对足球改革的领导和监督等。每一方面措施，都明确规定了负责的部门、负责的范畴、资源的配置，确保改革责任明确、路径明确。

2016 年 7 月 5 日，广东省印发了《广东省足球改革发展实施意见》。[1] 国内很多足球开展较早的大城市，是在国家改革方案发布一两年之后才发布配套文件。梅州作为足球之乡，在国家足改方案发布 5 个月内就出台配套意见，当地政府对足球产业的重视和布局，从速度和效率上足见一斑。

[1] 参见《广东省足球 改革发展实施意见》（粤府办〔2016〕71号）。

《梅州市体育发展十三五规划》（2017年），为足球振兴冲刺安装“助推器”

2017年，为贯彻落实国家和省的足球改革方案，根据梅州市《十年规划》《实施意见》《足球综合改革方案》相关要求，梅州市出台了《梅州市体育发展十三五规划》（以下称《十三五规划》）和《梅州市振兴足球三年行动计划》（以下称《行动计划》），为梅州市振兴足球提出更高目标，进一步提出把足球和城市发展相结合，打造新的足球城市名片，为振兴足球十年冲刺安装了“助推器”。

《十三五规划》中，从群众体育、竞技体育、体育产业、体育设施、足球发展等方面提出了十三五的目标。其中足球发展作为专项明确，体现了“足球之乡”的特色和战略重点。[1]《行动计划》提出了接下来3年的行动目标，即力争通过3年努力，实现梅州职业足球争先进位，拥有1支及以上中甲球队；足球人才量质齐升，各类足球运动员达1万人，校园足球运动员达5000人，青训后备人才达1000人；赛事活动丰富，体系完善，年均足球比赛达3500场次以上；场地设施充足完善，全市各类球场达1000块以上（每万常住人口拥有2.5块足球场）；足球产业初具规模，形成足球竞赛表演、足球用品、足球文化旅游等相关足球品牌企业。[2]

《行动计划》围绕目标部署了十三项重要行动，并规定了负责每一项行动的各级部门，包括：筹建一个足球博物馆，一个足球小镇，一个国家级青少年足球训练基地，一系列足球城市雕塑；打造一个扎根梅州的百年职业足球俱乐部；完成构建一支“百千万”优秀足球队伍任务；培育一个全市性的业余足球联盟；构建一套完善的校园足球发展体系；打造一个区域性足球品牌赛事；打造一条足球旅游精品线路；打造一个足球产业品牌；打造影视歌、图、文等一系列梅州足球宣传推广资料及足球纪念品；举办世界客家足球文化论坛。

《行动计划》还从组织领导、财政投入、社会氛围营造等三方面明确了实现上述目标的保障措施。

从这份《行动计划》来看，梅州市已经将足球振兴上升到产业化的高度。每一项行动都是一个“助推器”，用于缔造产业板块的“飞轮”，每一个板块犹如“飞轮”的轮片。根据Amazon CEO贝佐斯提出的产业飞轮效应理论（Flywheel

[1] 梅州市人民政府官网. 关于印发《梅州市体育发展十三五规划》的通知梅市体字〔2017〕1号. 2017. 4. 26.

[2] 梅州市体育局官网. 梅州未来如何振兴足球，这份行动计划为你揭晓！2017. 10. 25.

Effect)，一开始推动飞轮的时候，必须使“很大力气”，一圈一圈反复地推，每转一圈都很费力，但是每一圈的努力都不会白费，而《行动计划》的部署和落实，就是梅州足球“飞轮”最需要下功夫、费力气的部分。一旦这些飞轮板块持续转动起来，就能形成经济发展提质增效、产业转型升级的新动能与新途径，从而带动城市的发展。

第四节　梅州明确振兴足球“五抓五实施”作战任务表

《梅州市振兴“足球之乡”十年规划》的出台，吹响了梅州市振兴足球的“号角”，确立了战略目标和方向，对足球低迷已久的梅州而言，是一份具有划时代意义的意图性战略纲领。要实现振兴规划目标，还通过战略实施，将意图性战略转化为具体的组织行动，保证预定目标的实现。而要将规划落到实处，还必须了解和克服低迷时期遗留的积弊和惰性，以避免让规划流于一纸形式。

为了明确规划实施方案，梅州市体育局先行对当时足球工作进行了充分调研。2012 年 3 月，梅州市体育局局长陈建新正式履新。陈建新曾于 1996 年 8 月—2012 年 2 月在梅州市旅游局担任副局长和局长，16 年在市旅游局负责人的岗位上，“世界客都”“梅州旅游慢生活”等深入人心的文化理念，都有其工作烙印。[1]他在梅州土生土长，从小热爱踢足球。上任之初，他意识到《梅州市振兴“足球之乡”十年规划》的战略意义，便带领体育局班子，组织了一批专业人士对梅州足球的实际状况和《十年规划》的前期实施情况进行了深度摸底和调研。经调研体育局发现，要实现《十年规划》的目标，还必须进一步完善和细化规划的实施方案。

当时（2012 年底）梅州的经济发展严重滞后于全省其他城市，使得梅州足球发展经费投入不足，也抑制了居民健身休闲娱乐需求，从而制约了包括足球产业在内的体育产业的发展。当时的梅州足球存在以下问题：一是足球氛围不浓，讨论、参与足球的人不多。二是足球场地短缺，有看台的体育场仅有 5 个，梅江区、蕉岭、平远、丰顺尚无标准体育场。很多学校面临场地困扰，依然在土场上比赛，如此存在安全隐患。三是足球管理机构不完善，虽然市县两级均成立了领导小组

[1] 参见《足球报》2019年对梅州市体育局局长的采访报道《梅州体育局局长：让踢球的比唱山歌的人更多》，记者王伟。

并下设办公室，但是县级有机构无人员，部分县甚至尚未成立足协，难以开展足协工作。四是运动员出路不畅，虽然三级足球人才培养体系已初步建立，但对解决运动员出路问题还没有很好的措施，影响了队伍稳定和可持续发展。五是青少年足球运动水平不高，业余运动员训练时间不足，基本功不够扎实，在参加足球比赛时，赛场意识和技、战术运用能力不强，这也直接反映出学校足球指导员的教学训练水平参差不齐。[1]

针对这些问题，2012 年 12 月 17 日，梅州市委、市政府出台了《梅州市关于加快发展足球运动的实施意见》（下称《实施意见》），进一步明确了“把足球运动打造成为梅州体育品牌，把足球产业打造成为梅州幸福导向型产业重要组成部分，争取 3 年打基础，5 年上台阶，10 年见成效，把梅州建设成为全国闻名的名副其实的足球之乡，让足球成为梅州一张亮丽的特色名片”等振兴目标。

《实施意见》明确提出了“五抓五实施”的作战任务表，包括：抓组织体系建设，实施“三足”工程（足球办公室、足球运动中心、足球协会）；抓场地设施建设，实施三进三边工程（进学校、进景区、进乡村，路边、山边、村边）；抓赛事体系建设，实施两个“四大”工程（四大联赛：足协联赛、村镇联赛、校园联赛、职工联赛；四大杯赛：足协杯、青年杯、七一杯、客家杯）；抓人才队伍建设，实施百千万工程（百名裁判员、千名教练员、万名运动员）；抓足球产业建设，实施一县一品工程（产业发展重点：总部经济、培训、制造业、智慧大数据、足球竞赛表演业、足球 +）。

“五抓五实施”符合足球规律和经济规律，其本质是以足球事业为梅州体育发展的重点，通过完善足球组织体系，提升发展足球运动的工作效率；构建足球保障体系，加强场地等基础设施建设；通过构建足球培训体系，解决队伍后顾之忧；通过构建赛事体系，营造浓厚的足球运动氛围，把足球运动普及和融入体育健身、幸福市民的工作中，做实群众体育，从而转变梅州体育事业发展方式；通过发展足球产业，彰显足球运动的经济功能，优化产业发展结构，提高市场需求大、附加值高、资源消耗少、吸纳就业能力强的体育服务业在第三产业结构中的比重，使之成为梅州经济新的增长点。

为了确保“五抓五实施”得到顺利落实，梅州市委、市政府在 2013 年春节前召开市足球工作会议，明确了 42 个成员单位的工作职责和任务，目标明确、职责清晰。时任梅州市委副书记、梅州市长谭君铁在会上与这些成员单位签订了

[1] 参见当时的《振兴足球文化发展策划方案》中的调研结果部分。

责任书。梅州市体育局还分别与嘉应学院签订了共建足球文化研究中心协议，与广州富力足球俱乐部签订了合作协议；与梅县客家足球俱乐部、梅州客家足球俱乐部签订共建职业足球俱乐部协议。这些强有力的举措，保障了梅州振兴足球十年规划目标的分解和各项措施的高效落地。

梅州将振兴足球《十年规划》的意图性战略转化为具体组织行动的“五抓五实施”任务表，既包括了发展足球的重要载体因素，遵循足球发展规律，又简洁明了，便于各单位传播和实施。梅州足球十年振兴，就是对照这份任务表，稳扎稳打、层层落实，创造了“政府引导、社会参与、企业支持”的发展模式，使梅州足球面貌焕然一新。

第五节　一抓组织体系建设，实施足办、足协、足校三足工程

梅州市组织体系建设中的“三足工程”，包括足球办公室、足球协会、足球学校等组织结构建设方面的改革和创新，是围绕振兴工作统一思想、加强领导的组织机制保障。中外足球变革历史表明，组织机制不创新，足球现状就难以改变，就无法实现实质性的振兴。而厘清和优化组织机制，历来是最难的，因为任何革新，都难免受到沉疴积弊的重压、陈旧机制的拖累、利益冲突的羁绊及守旧习性的阻碍。

梅州市委、市政府以梅州市、县两级“足办、足协、足校”（“三足工程”）作为组织体系建设的落脚点及发力点。通过出台配套改革方案，理顺各级足球办公室的组织职责，推动市县镇各级足协的管办分离和实体化，投入大量人财物等资源保证龙头体校的改革创新和良好运作。只有首先理顺组织体系，才能从组织、机制和资源上保障振兴工作政令畅通、执行有力。

成立足球办公室，理顺组织管理机制

梅州市政府在2009年与省体育局签订战略合作协议，借助省体育局在人才、技术等方面高举高打的专业优势，指导和推动全市足球工作。另一方面，梅州市委办、市府办在2012年印发的《梅州市关于加快发展足球运动实施意见》，提出“统一认识，加强领导”，并按照国家足球改革方案的要求，切实理顺足球管理机制。

2012 年开始，梅州市采取了以下举措理顺足球管理机制：制定了《梅州市振兴足球之乡工作领导小组成员单位职责》，成立了由市政府主要领导任组长的市级振兴足球之乡领导小组，调配充实了足球办公室人员，与各级有关部门（42 个成员单位）签订了责任书。

各县、区也将成立由政府主要领导任组长的振兴足球领导小组，下设办公室，配备专职工作人员，同时要求足球重点县（梅江区、兴宁市、梅县、五华县）和有条件的其他县均要成立镇级相应机构，确保市县镇三级足球管理机构达到“四有”（机构、人员、经费、办公场地）。

为了加强对足球运动“三员”和赛事的管理，梅州市体育局内成立了足球运动中心，主要负责参与拟定和组织实施全市足球运动发展规划和工作方案，组织实施足球运动项目运动员、裁判员的技术等级制度，承担足球教练员、裁判员业务培训和考核的相关工作，承担管理和指导全市足球俱乐部建设和足球学校建设的相关工作等。

按照《中国足球协会调整改革方案》要求，推进各级足协实体化

2015 年 8 月国家颁布的《中国足球协会调整改革方案》，要求调整改革中国足球协会，理顺足球管理体制，创新足球管理模式，鼓励各地区对足球改革发展以及各级地方足协的调整改革进行积极探索。只有理顺足球管理体制、创新足球管理模式、凝聚各界信心、赢得社会支持才有重要支撑。2016 年 2 月底国家体育总局足球运动管理中心进行了“摘牌”，中国足协与国家体育总局“脱钩”，中国足球“两块牌子、一套人马”的组织构架将成为历史。去行政化之后，中国足协开始进行内部机构扩编，采用专业人做专业事的管理办法，形成扁平化、专业化等更为高效务实的管理模式。

2016 年 7 月，广东省出台《广东省足球改革实施意见》，要求推进全省足球社会组织与行政机关脱钩，推进协会实体化建设。体育行政部门从微观事务管理向宏观调控、市场监管、公共服务转变，凡是足协接得住、管得好的事情都逐步交由足协承担。改革后的省足协成为具有公益性和广泛代表性、专业性、权威性的广东省足球领域社团法人，是负责广东省足球项目普及与提高工作的地区性自律机构，是代表广东省参加中国足协的唯一合法机构；各地级以上市足协参照省足协管理体制组建，按照章程以会员名义加入省足协，接受行业指导和管理。

中国足球职业化改革之后的十几年间，地方足协和足运中心“两块牌子、一

曾雪麟等名宿在市体育局展厅合影

套人马"，力量薄弱，无人员、无场所、无经费等问题长期存在。梅州市足球协会成立于1995年9月，所遇到的问题也不例外。中国足协去行政化的呼声由来已久，梅州市是较早进行足协实体化、专业化探索的城市。经过几年的筹备，市体育局对当时名存实亡的市足球协会进行换届。

2013年1月11日，梅州市足球协会举行换届选举大会。足球名宿容志行、曾雪麟、邓锡权，省足球运动管理中心主任柯国洪、梅州市市政协原主席何万真、副市长李远青和多名梅州籍原国家队运动员及有关单位代表出席大会。选举产生了市足协新一届委员会，时任梅州市体育局局长陈建新当选梅州市足球协会首届主席，香港昌盛集团有限公司董事局主席邹锡昌当选会长。

当时新当选的市足协领导班子结构，体现了足球之乡"政府引导、社会参与、企业支持"的特色发展模式。

2016年，梅州制定了《梅州足球改革方案》的配套措施，实施足协行政脱钩，并构建起市、县、镇、村足协架构。为推动足协专业化，梅州市足运中心牵头修订了市足协的一系列制度文件：《梅州市足球协会章程（修改稿）》《梅州市足球协会裁判员管理办法》《梅州市足球协会赛事裁判员酬金标准》《梅州市足球协会教练员管理办法》《梅州市足球协会运动员管理办法》《梅州市足球协会社会俱乐部管理办法》等。

为更好地发挥市足协统筹协调作用，2020年4月24日，梅州市足协增补了一批新领导成员，梅州市体育局温启龙担任梅州市足球协会副会长，吸收梅州市商务局退休干部张灵、梅州市嘉应新匠足球俱乐部有限公司董事长谢新忠为梅州市足球协会副秘书长，市足协的人员组织架构进一步完善。

2020年，在梅州市足协的推动下，梅州市形成了市、县、镇三级足球行政和社会组织，构建了市、县两级"足办、足协、足校"，有业余足球俱乐部100多个，镇级足协65个，占梅州市镇（街）总数的60%。梅县区足协勇于探索创新，推动足球协会和足球俱乐部向镇、村、片延伸，形成市、县、镇、村、片的足球社会组织架构，有力夯实了足球发展根基，成了梅州市、全省特有的亮点。

兴宁、五华足协基本实现镇级足协全覆盖。大埔县足协积极推动足协、校园、社会足球资源共享共建融合发展。蕉岭足办架构完备。市足协积极争取市政府和体育部门的重视支持，落实管办分离和推动实体化建设，实现了足协有办公场所、有人员、有经费、有场馆、有制度、有运营项目“六有”的实体。

为加强社会组织构建，市、县、镇三级足协，尤其是市足协，实施管办分离，市县体育局本着“扶上马送一程”的原则，从资金、场地、技术、培训等方面给予大力支持，从而带动社会力量支持足球工作，重点扶持社会草根足球俱乐部联盟。东辉足球俱乐部、振城足球俱乐部、嘉应新匠足球俱乐部、松口元魁塔足球俱乐部、赛海伦足球俱乐部、兴宁育新足球俱乐部、纵横融通足球俱乐部等业余足球俱乐部纷纷成立，初步形成了市、县、镇三级足球社会组织。

市县镇足协和业余足球俱乐部合力推动梅州基层青训发展

投入资源推动各级体校软硬件建设，发挥体校龙头作用

体校是培养足球人才的传统专业基地，但市体育局在2012年对体校开展调查时，发现体校存在场地设施老化失修、教练缺乏激励且优秀基层教练缺乏、学生伙食水平低、学生毕业出路狭窄、招生十分困难等问题。

在调研的基础上，梅州市有针对性地通过投入大量人、财、物等资源，保证学校良好运作，制订各项规章制度并规范管理，真正发挥市体校龙头作用以及排头兵作用，推动市县体校建设。为加强市体校建设，进行机制和体制改革，梅州市体校建立和完善了《加强政治纪律教育工作实施方案》《督查问责方案》《岗位晋级工作方案》等各项工作制度，促使市体校工作提质增效。

市体校对硬件设施进行了完善，对学生宿舍、田径场塑胶跑道进行改造，建设体能训练房工程，装修教室及购置科研医务室设备，改善了教学训练和生活环境。抓教学管理，教学质量稳中有进。加强校园文明建设，举办“创建文明校园启动仪式暨‘六一’活动”，以及文明班级、宿舍、运动队、标兵等活动。

人才方面，梅州市体育部门积极引进国脚名宿、青训外教等优秀师资，充实体校教练队伍。2013年6月，应梅州市体育局的热情邀请，黄德保被正式聘为梅州市体育运动学校足球队教练。2015年，黄德保率领梅州体校队获得省运会第3名。梅州市2018年在全省地级市体校系统率先引进葡萄牙青训教练开展足球青训工作，欧洲较先进的青训理念正逐步融入梅州足球青训系统，2019 年又引进巴西桑托斯足球俱乐部两个外教团队，分别进驻梅江区 15 间学校和市体校。截至 2020 年底，梅州市共有 40 名外教指导青少年足球培训。

梅州市贯彻落实《全国各级各类体校教练员人才教育培训规划》，拟定市教练员参加全国全省培训班的方案，举办足球教练员培训班，派送一批优秀教练员参加 7 期全国、全省教练员培训班。并通过制订梅州市体育系统足球比赛裁判员工作酬金标准，提高薪酬，留住优秀的基层教练和裁判人才。

市体校定期选派专业教练员和体育社会指导员进入学校，指导或开展学生课余训练，将下一周期省运会项目下放到各县（市、区），足球放在市体育局运动学校，实现业余体校开展体育训练，培养竞技体育后备人才。

2017 年，梅州市体育运动学校被命名为国家高水平体育后备人才基地。

一、昌盛集团邹锡昌当选梅州市足协第二届会长

邹锡昌

2013 年，梅州市足协改选，并邀请香港昌盛集团有限公司董事局主席邹锡昌担任新一届足球协会会长，也是梅州市足协历史上第 2 届会长（第 1 届为 1995 年出任的赵鹏程会长）。热心足球的邹锡昌欣然表示同意，并出资一百万元支持足协换届及开展工作。

新的市足协班子的结构，延续了球乡“政府引导、企业支持、社会参与”的发展特色，标志着梅州市足球发展进入了一个新的阶段。

邹锡昌是一位对家乡足球有着深厚情怀和突出贡献的企业家。他 1964 年生于广东省梅州市梅县程江乡珠子坑村围屋，16 岁时以当地文科状元的成绩考入中山大学哲学系，20 世纪 80 年代初毕业于中山大学，后赴香港创业，创办香港昌盛集团公司。

他 1988 年进入地产界，因胆毅出众又善于精耕细作，被业界及媒体称为“地产英雄”及“第一个吃商业地产螃蟹”的人。他旗下的广州天秀大厦、中华广场、北京海晟名苑、太原双喜城等，都是中国高端地产经典杰作，其中中华广场创造了中国商业地产的第一项吉尼斯纪录，天秀花园长时间保持广州住宅售价最高纪录。

时任梅州市副市长李远青为邹锡昌颁发证书

作为客家人，邹锡昌秉信“有德人则立”，热心慈善。几十年来，邹锡昌一直致力于慈善事业，热心支持家乡教育事业发展。他在家乡建立了18所学校，并先后投入超3亿元，在文教卫生、治安拥军、赈灾济困等方面都有突出贡献。

为支持梅州市委、市政府实施振兴梅州足球之乡的发展规划，2011年10月，邹锡昌捐资500万元人民币，支持嘉应学院建设足球专业，推动足球专门人才的培养，促进梅州足球之乡的振兴。

邹锡昌担任市足协在十年振兴规划实施过程中的首任会长，热心赞助足协杯、贺岁杯等品牌赛事和校园足球，提升了梅州足球形象，也为市委、市政府、市足协落实组织保障、迈开振兴步伐提供了有力的支持。

作为事业卓有成就并在慈善公益领域富有影响力的企业家、慈善家，邹锡昌会长在推动足球振兴、破除机构改革条条框框等方面也做出了贡献。他以自身的魄力和影响力，为梅州市足协开展各项奠基性、开创性、变革性的工作提供了支持。

在梅州市足协的组织下，各级足协百花齐放，保障了辖内的场地、赛事、青训、产业等多项工作。到邹锡昌会长任满5年时，全市足球局面比5年前焕然一新，为后续足协的工作奠定了发展基础，也初步证明了足球之乡采取“政府引导、企业支持、社会参与”特色发展模式的有效性。

二、铁汉生态刘水当选梅州市足协第三届会长

2015年，邹锡昌会长任期满5年，深圳铁汉生态环境股份有限公司董事长刘水正值成立职业足球俱乐部。2016年9月18日，梅州市足球协会换届大会召开，深圳市铁汉生态环境股份有限公司董事长刘水当选为新一届会长，为市足协历史上第3届会长。他欣然扛起了市足协主席的大旗，并对市足协工作及外教工作给予了资金支持。

刘水是梅州蕉岭人，梅县铁汉生态足球俱乐部董事长。他毕业于广东梅县东山中学和北京大学，也是一位热心公益、有着浓厚足球情怀的企业家，他倾力支

持家乡足球，并为梅州足球历史写下了浓墨重彩的职业足球篇章。

刘水投资的梅县铁汉生态足球队，前身是以原东莞南城足球队为班底的梅县客家足球俱乐部。2015 年，梅县客家足球俱乐部面临经营困境，濒临解散并准备前往海南寻找出路。正当球队亟待纾困之时，刘水雪中送炭，以自有资金入主了球队，为家乡职业足球发展留下了珍贵的“火种”，并将其更名为梅县铁汉生态足球俱乐部。

“铮铮铁汉，顶天立地”是梅县铁汉生态俱乐部的口号，来源于刘水家族祠堂的堂号“铁汉堂”。梅州客家人有敬祖穆宗的传统，家家都有用来纪念祖先的祠堂。铁汉堂源自刘氏最早来梅州的先祖、宋朝著名谏官刘安世（字元城），他刚正不阿、敢于直谏，被权臣贬到梅州，后来权臣指派判官赶赴梅州途中去杀他。刘元城得知消息时毫无惧意，一边和朋友饮酒谈笑，一边安排后事。刘元城的同事苏轼得知此事，盛赞刘安世为“真铁汉”。后来判官在赴梅途中殒命，刘元城才得以保身。他在梅州定居并开辟元城书院讲学，为梅州文教做出了贡献，梅县的元城路、铁汉楼都是纪念刘元城的。“铁汉堂”就成了刘元城后裔专用堂号。刘水收购梅县客家俱乐部之后，也将这一口号用在俱乐部企业文化建设中。

铁汉生态足球产业基地项目启动仪式

2017 年梅州市足协工作总结会议
（前排左五为市足协第 3 届会长刘水）

2016 年开始，借助国家生态文明建设的东风，铁汉生态抓住机遇，实现了跨越式发展。刘水董事长引领铁汉生态从十几个人的小团队发展到融汇生态环保、生态景观、生态旅游等多领域、超百亿的产业集团，形成了集策划、规划、设计、研发、施工、苗木生产及资源循环利用为一体的完整产业链。刘水在专注生态环境建设事业的同时，也率领铁汉生态致力于发展公益事业。在环保、赈灾、扶贫、助学、助教等领域累计捐资超 2 亿元。

2016 年 12 月，铁汉生态在梅州投资规划启动足球产业基地项目，总用地面积规划 6 万多平方米，包括铁汉生态梅州区域总部、足球俱乐部中心、大型超市、高端会所及学位房等设施。基地项目拟通过体育资源社会化共享的方式，为铁汉生态队打造集青少年训练、管理、医疗于一体的综合性足球基地，从而带动周边地区的转型发展。

2017 年 4 月，铁汉生态成立了深圳市铁汉生态公益基金会，致力于资助生态环保、教育等社会公益慈善事业，成为社会环保及公益事业的倡导者、实践者、推动者。2017 年 5 月，铁汉生态与梅州市政府签订了《梅州市规划扶贫战略合作协议》，负责梅州市 175 个省定相对贫困村的规划设计工作。

刘水担任足协会长期间，以广东华南虎俱乐部梅县铁汉生态队作为平台和抓手，打造职业球队总部经济。梅县铁汉生态俱乐部多次赞助和支持梅州足球发展，赞助了足协杯、中甲联赛等重大赛事，并为校园足球和青训足球提供了大力支持，为乡镇小学送去设备和青训教练，为全方位带动梅州（尤其是梅县）足球产业生态的振兴和发展做出了不可磨灭的贡献，为梅州构建足球特区奠定了良好的基础。

三、各县级足协推动振兴工作顺利开展

在梅州市足协的推动下，随着市足协章程的不断修订和充实，五华、梅县、兴宁、平远、梅江、蕉岭等县级足协如雨后春笋纷纷成立。县级足协牵头人多是在当地足球坛富有名望的各界人物，不仅体现了足球之乡的人才特色和浓厚氛围，并且能够带领各辖区顺利开展足球振兴工作。

2018 年 1 月 28 日，梅州市梅县区足球协会成立，长期从事基层青少年足球工作的松口元魁塔足球俱乐部监事长廖振平当选为首届会长。廖振平会长于 1949 年生于梅县丙村，从小学一年级就开始痴迷足球，跟着归国华侨温茂香老师学习足球，经常拿着柚子当球踢。90 年代廖振平独资成立梅县松口足球协会（元魁塔足球俱乐部前身），会员超过 1600 多名。他在爱人梁繁荣的支持下，已为梅县青训投入超 100 万元，几十年如一日坚持推动梅县足球事业。他还注重坚持梅县的教育传统，在青训时秉持“做人第一，文化第二，踢球第三”的理念，入会的孩子们文化成绩在 80 分以上。

廖振平当选梅县区足协首届会长

平远县足协第二届会员代表大会现场

廖振平和梅县区业余体校校长张良华走访各乡镇，征求各乡镇党委书记的建议，为梅县区足协工作提供参考。梅县区足球工作基础好，活跃度高，在2017年，梅县区足球代表队在时隔五年再次夺得广东省百县（区）杯足球赛冠军，梅县铁汉成功冲甲，青少年足球依托广州富力和高级中学等中小学校大力发展青训，成绩斐然。梅县足协成立第2年，就在2019年春节组织梅县区19个镇（高管会、办事处）举行贺岁杯足球赛，实现了全覆盖。在足协的推动下，2019年梅县区业余体校搬迁至广益中学，并在区政府的支持下全面改善了孩子们的练球环境。

平远足球在历史上基础相对梅县、五华、兴宁薄弱，这种情况在2013年成立足协后全面改观。2015年，平远县出台了《平远县足球综合改革方案》，并成立了县级振兴足球工作领导小组，建立了足办、足协，部分乡镇和单位还成立了足球俱乐部、足球协会等群众社团组织。

2015年，平远县委、县政府和县足协首开全省先河，采用市场化模式组织运作足球联赛，还借助各种社会资本，组织了贺岁杯、青春杯、足协杯三大杯赛。由于地处“鸡鸣三省”之地，平远还积极与江西省寻乌县足协、广东明星足球队等附近足协达成合作，举办粤赣杯县际足球赛和“明星表演赛”等赛事。

2018年4月8日，平远县足协举行第2届会员代表大会，选举产生了新一届协会机构人员。平远籍知名企业家、棕榈股份创始人赖国传当选为新一届平远县足协主席。赖国传从小热爱足球，2016年8月全资收购了英超劲旅西布朗维奇俱乐部（West Bromwich Albion Football Club），是中国内地拥有英超球队的第一人。

作为平远新一届足协主席，赖国传先生表示，任期内将在平远探索筹备成立足球俱乐部，并努力朝着职业化方向发展，以此促进梅州足球水平的全方位提高。2019年10月19日，平远县与“棕榈－西布朗”战略合作协议签约暨

2019年五华足球工作会议上表彰的
4位五华足球形象使者
（受表彰人员从左至右：钟金玉、李玉展、温木莲、温光辉）

2019“棕榈杯”平远足球联赛在平远城南中学开幕。

2018 年 10 月 1 日，由前国脚李玉展等足球爱好者发起，五华县横陂镇足球协会锡坑分会在球王李惠堂的故里老楼村成立。前国脚李玉展，原中国女足领队、中国足协女子部主任陆煜，县体育局局长、横陂镇村负责人，以及中心小学等足球队员共 100 多人参加了成立大会。

球王故居所在村镇成立足球协会

李玉展当选锡坑分会第 1 届会长，并和与会嘉宾为横陂镇足球协会锡坑分会揭牌，该分会立足当地历史底蕴，带动人们更积极传承“球王”的足球文化，使足球运动在横陂镇锡坑片群众中得到更好地普及，推动五华足球事业的发展。

2019 年 8 月 19 日，兴宁市足球协会成立，前国脚谢育新当选为首届会长。时任梅州市政府副市长张晨为谢育新颁发了聘书。

2019 年谢育新当选为兴宁市
足球协会首届会长

2016 年底，谢育新指导告别执教了 4 年的广州富力预备队，在梅州市政府、兴宁市政府、兴宁市教育局和体育局的支持下，回到家乡兴宁创立育新足球俱乐部，立志培养足球后备力量，推动家乡足球青训发展。他在 2019 年赛季还为梅县铁汉生态俱乐部提供了专业训练和指导。

梅州市各级足协在一批有情怀、有方法、有技术的专业人士的领导和推动下，继承球乡优良传统，致力营造积极向上的足球氛围，并加强青少年后备人才培养。他们还善于调动各镇街的足球力量，组织成立各镇街足球协会，形成联动，推动球乡振兴。

十年振兴期间，在兴宁市委、市政府和体育部门、市足协的共同努力下，兴宁市在体制机制、场地建设、赛事打造等方面持续发力，建设了 200 多块足球场地，成立了 18 家足球俱乐部。梅州市首部足球题材电影《永不独行》在兴宁市顺利完成拍摄，南丰杯、足协杯、市长杯等品牌赛事蓬勃开展，呈现出基础实、赛事多、氛围浓、参与广的良好局面。

四、足球之乡60周年南派名宿回梅州传经送宝

2016年12月25日，梅州市纪念誉为“足球之乡”60周年暨振兴足球工作会议在市委礼堂举行。副省长许瑞生、国家体育总局体育文化发展中心专门发来贺信，充分肯定“足球之乡”梅州为广东、中国足球做出的突出贡献，鼓励梅州以此盛会为新起点，推动“足球之乡”再结硕果，为中国足球改革发展再立新功。

中国足球协会副主席容志行、省体育局局长王禹平、省足球协会主席叶细权等国家、省级体育领导出席了会议。中国足球协会副主席容志行、省体育局局长王禹平肯定了梅州各级各部门务实推动足球之乡重振雄风取得的显著成效给予高度评价。他们表示希望梅州干部牢固树立“功成不必在我任”的思想，持续用力、久久为功，一步一个脚印、积小胜为大胜，坚持不懈地推动足球事业不断迈上新台阶，为实现中国体育强国梦做出新的更大贡献。

大会表彰了为“足球之乡”形成和发展做出突出贡献的15个集体（单位），和曾宪梓、曾雪麟等为“足球之乡”的形成和发展做出突出贡献的105位个人。

这份表彰名单的出台，经历了严格的评定流程：在会前先由评委小组制定评定标准，并登报公示，经市委、市政府审批后实施评定。在评定过程中，评定小组严格按照标准走程序，最终名单提交市委、市政府审定，真正做到合理规范，公平公正。

表彰类别	表彰名单
突出贡献足球教练员	曾雪麟、林思跃（2人）
突出贡献足球指导员老师	（按姓氏笔画排序）卢波明、张文锦、张可光、张梅山、张德宏、陈寿文、曹敏、梁锦强（8人）
优秀足球教练员	（按姓氏笔画排序）丘志敏、吉大昌、朱红贤、朱培光、刘明文、李元申、李云祥、杨友标、杨殿松、杨伟湘、萧建林、肖承发、张振文、张健、陈晋干、陈焕彝、罗巧军、郭伟平、黄龙光、黄建新、彭明标、彭建军、曾庆枢、赖祝君、蔡远心（25人）
优秀足球指导员老师	（按姓氏笔画排序）叶奇光、巫运清、李仕庆、李仕宏、李耿谦、余炳文、张锦才、陈祥光、林立铭、徐利芬、梁添昌、赖祝军、廖小锋（13人）

续表

表彰类别	表彰名单
优秀足球裁判员	（按姓氏笔画排序）王伯珍、古文东、刘锦泉、吴坚、吴丹霞、陈洪涛、林海威、廉建军（8人）
突出贡献运动员	（按姓氏笔画排序）王惠良、伍文兵、池明华、刘彬彬、吴伟英、杨宁、张小文、张均浪、钟金玉、郭亿军、黄德保、谢育新、蔡锦标（13人）
优秀足球运动员	（按姓氏笔画排序）王新辉、史亮、朱家伟、李小兰、李玉展、李健华、李海强、李雪峰、张桂莲、张悦文、陈文奎、钟小健、饶伟辉、曾育泉、曾繁钦、温明荣、廖友华、潘伟明、潘佳、魏启明（20人）
支持足球事业突出贡献人士	曾宪梓、田家炳、魏晋平、刘水（4人）
支持足球事业热心人士	罗焕昌、刘宇新、邹锡昌、黄华、温纯青、刘绍聪、李国理、余捷庆、陈梅冰伉俪、周国辉、梁俊丰、温育青、赖国香、缪志峰（14人）
突出贡献集体（单位）	梅州市梅县区业余体校
校园足球突出贡献集体	梅江区梅州中学、梅江区联合中学、梅江区人民小学、广东梅县东山中学、梅县区高级中学、梅县丙村镇中心小学、兴宁市第一中学、兴宁市兴城第三小学（8所）
先进集体（单位）	梅州市体育运动学校、兴宁市业余体校、五华县业余体校（3所）
校园足球先进集体	梅县区松源镇中心小学、兴宁市实验学校、兴宁市宁中镇中心小学（3所）

梅州足球之乡60周年表彰名单

当天下午，梅州市在嘉应学院举行了纪念誉为“足球之乡”60周年系列活动之“足球与城市品牌交流会”。会议以学术沙龙和分组论坛的形式进行。来自足球、文化、教育和媒体等领域的多位专业人士畅所欲言，积极为梅州足球发展建言献策。广州体育学院教授周良君作了“打造梅州足球城市品牌”的主题报告。

随后，交流会在中国社会体育专业委员会秘书长、华南师范大学教授卢元镇主持下，分别举行了足球界、教育界、文化界和媒体界四组论坛，就如何更好地通过“政策推动足球体教结合发展”等各种方式方法，推动梅州足球振兴发展进行研讨。

就在同一天，由海印集团主办、广东万力名人足球俱乐部承办的2016中国足球名人论坛暨广东足球颁奖典礼在广州举行，中国足坛元老、名宿、教练员、球员、媒体代表、企业代表近 300 人参与盛事。[1] 该论坛邀请了年维泗、杨礼敏、戚务生、马元安、韩重德、刘庆泉、迟尚斌、李应发、岳永荣、董良田、陈汉犇、陈熙荣、陈伟胜等中国足球界的重量级嘉宾，以“国足的昨天、今天和明天”为题，围绕“中国足球梦”的实现进行讨论，谈论中国男女足国家队的发展方向。

2016 广东足球颁奖典礼评选出“2016 广东足球 10 件大事”和多个单项奖。谭茹殷入选“亚洲足球小姐”候选名单、梅州举办纪念被誉为“足球之乡”60 周年、梅县强民体育会等梅州元素当选。谭茹殷是由梅州嘉应学院和梅州辉骏女足培养出来的国脚，她在 2016 年奥运会上踢出了一个精彩的“世界波”，荣膺“亚洲足球小姐”。这些梅州元素的当选，见证了梅州足球实施振兴规划到 2016 年时在文化建设、业余氛围、青训体系等方面取得的阶段性成果。

五、梅州市市长张爱军当选中国足协执委

2019 年，时任梅州市人民政府市长张爱军当选中国足协执委

2019 年 8 月 22 日，中国足球协会第 11 届会员大会第一次会议在香河国家训练基地召开。会议选举产生了新一届执委会，时任梅州市人民政府市长张爱军当选执委。

本届中国足协执委共 35 人，涵盖了地方政府、学校、体校等足球相关各界人士，体现了本届执委会的代表性、权威性和专业性，也体现了中国足协重视足球改革在地方的落地实施，推动全国足球体制机制改革实现新突破。

国家体育总局苟仲文局长、杜兆才副局长接见张爱军市长

国家体育总局局长苟仲文出席了会议并会见张爱军市长，他肯定了梅州市委、市政府对足球工作的重视，指出梅州足球运动基础好、技术好，要在振兴中国足球工作中继续发挥更大的作用。

会议期间，张爱军市长一行向国家体育总局副局长、中国足协党委书记、副主席杜兆才汇报了梅州足球运动发展情

[1] 黄心豪，张喆. 国家体育总局网站. 中国足球名人论坛暨广东足球颁奖典礼举行. 2016. 12. 26.

中国足协主席陈戌源与张爱军市长合影

足代会广东代表合影

况。他对梅州足球工作给予了高度肯定，认为梅州足球发展思路清晰、措施得当；创建足球特区显示了梅州对发展足球的决心和责任担当。如果全国各地都积极落实足球改革，中国足球发展水平就能上去。希望梅州继续抓好青少年足球培养，为国家输送更多优秀人才，多做贡献，并加强拓展南北合作，和延边等地深入开展冬夏训交流。

张爱军市长一行在会前拜会了广东省体育局局长王禹平，汇报梅州足球特区创建工作。王禹平对梅州创建足球特区工作表示肯定，并表示省体育局将大力支持梅州做好足球特区规划等相关工作。

六、南梅州和北延边缔结足球友好城市

梅州市积极探索与其他足球城市达成合作。2018 年 7 月 30 日上午，延边州人民政府、梅州市人民政府缔结足球友好城市签约仪式在吉林延边州举行。延边州副州长韩先吉、梅州市副市长张晨分别代表双方签订协议，双方将在互访交流、足球青训、赛事互动、职业足球等领域加强合作，“南梅州、北延边”携手打响足球之乡文化品牌，共同推动南北球乡足球事业的发展。

“北延边、南梅州”结成足球友好城市

两地的足球历史悠久，群众基础扎实，延边足球球风硬朗，青训工作扎实，延边足球俱乐部

本土化球员占到70%，特别在家乡父老面前，球队的主场胜率很高。两地足球的交流合作，助推中国足球的振兴。

双方将建立互访联系制度，构建青训合作发展机制，打造足球之乡文化品牌，深化职业足球合作，促进赛事互动，扩展两地足球工作合作交流。

第六节　三抓场地设施建设，实施三进三边工程

蕉岭县国荣体育场（11人制足球场）

足球场地建设是足球发展的重要抓手。按2018年5月25日，广东省体育局等部门印发的《广东省足球场地设施建设空间布局总体方案（2017—2020年）》，明确要求到2020年梅州市各类足球场地总量要达到1000块，万人拥有足球场地数量提升至2.13块。

梅州市委、市政府、市体育部门和各级党委政府部门对社会足球场地建设工作高度重视，在2013年初梅州市足球工作会议上，就将足球场地建设作为“五抓五实施”的关键任务之一。

梅州市委、市政府一方面通过分解场地建设任务，压实责任，加强督查，加大资金投入和政策扶持，充分调动县以下各级政府和社会各界力量参与足球场建设，使场地设施建设工作有序开展，落到实处；另一方面，不断创新举措，结合乡村振兴、文化旅游，实施“三进三边”工程。

“三进三边”工程，即足球场“进”学校、乡村、景区，实现路边、村边、山边都有足球场，体现了足球之乡的山区特色。第一“进”，指足球场进学校，大力发展学校足球场。通过学校创强、创示范性学校等，新建、改造提升足球场地，国家、省、市共500多间足球特色学校全部建有足球场。12个青训中心幼儿园也建有足球场。第二“进”，指足球场进乡村，结合乡村振兴建设乡村特色足球场。足球重点县的发展重点乡镇，结合乡村振兴和新农村建设，利用荒坡地、滩涂地建设足球场，以点带面建设乡村特色足球场。第三“进”，指足球场进景区，发动景区和旅游线路沿线建足球场。如麓湖山景区建3块足球场，雁山湖景区原来建有1块足球场，2019年规划建设7块足球场。S223沿线连接梅州市最

火的旅游线路实施五村联动，5 个村都建有足球场，让来梅游客感受浓厚足球氛围。

大埔田家炳高级职业中学足球场

此外，梅州市还集中资源建设连片足球场。一是通过旧城区改造建设市足球文化公园，共建有 6 块足球场；二是通过建足球学校－富力足球学校建 11 块足球场；三是通过足球小镇建设 9 块足球场；四是发动社会建设连片足球场，如梅江区半坑 5 块足球场，梅江区羽林君 5 块足球场，恒鑫足球俱乐部 3 块足球场等。

2019 年 7 月，国家发改委、体育总局、国务院足球改革发展部际联席会议办公室共同制定了《全国社会足球场地设施建设专项行动实施方案（试行）》，要求中央预算内投资对新建球场采取定额补助，并鼓励各地通过财政资金、体育彩票公益金、开发性金融等多种资金渠道对足球场建设予以配套补助。恰逢国家加大推动全国足球场馆建设的机遇，梅州市加大场地建设力度。

2019 年，城市社区足球场地设施建设试点工作座谈会公布了全国 9 个城市社区足球场地设施建设试点城市，梅州市名列其一；国家发改委公布了一批全国社会足球场地建设重点推进城市，广东梅州等 21 个城市入围。梅州顺势研究出台了《梅州市城市社区足球场地设施建设试点工作实施方案》，通过重现分配目标任务，明确组织保障，土地落实、建设模式、审批验收、财政补助等保障措施，推动足球场地建设高效开展；并主动把社区足球场地建设任务由 10 个增加到 19 个，其中 14 个足球场由社会资本投资，实施市场化管理运营，社会投资占比 73.7%，远高于全国平均水平。

另有 5 个足球场由政府投资，建成后由社区管理，并向市民免费开放。其中梅州市启因社区足球场作为空闲停车改造利用类，梅州市泮坑社区足球场、梅州市梅江区羽林君体育场、梅州市客都健身社区足球场作为闲置空间利用类被作为城市社区足球场地设施试点示范，为全面推进城市社区足球场地设施建设提供了可复制、可推广的经验。

在政府投入、社会投资双轮驱动下，梅州市足球场地设施建设工作在全省表现突出。根据广东省体育局社会足球场地统计数据，截至 2020 年 12 月 31 日，梅州市足球场地数量 1027 块，每万人占有率为 2.65 块，居全省之首，超额完成了省规划目标。梅州市基本形成由社会足球场、校园足球场、城市足球公园、社区足球场、综合体育场、足球训练基地和足球小镇构成的多元化足球场地设施网络，可满足全民健身、职业足球以及校园足球发展的不同需求。

其中学校足球场 663 块，占大多数，为校园足球和青训足球所需。社会足球场 212 块，以 5 人制足球场为主，共 106 块，占 50%；7 人制足球场地 62 块，占 29.2%；11 人制足球场地 40 块，占 18.9%；其能类型约球场地 4 块，占 1.9%，其中，3 人制足球场 1 块，5 人制笼武足球场 2 块。5 人制沙滩足球场 1 块。面向社会开放使用的有 197 块，开放率达 92.9%，有效保障球乡社会足球发展所需。

从各县来看，2020 年末，五华县以 291 块的总量排名第 1 位，兴宁市以 289 块排名第 2 位，梅县区和梅江区的足球总量分别为 125 块和 72 块。在社会足球场方面，五华县以 58 块的总量排名第 1 位，梅江区、兴宁市、梅县区分别以 45 块、40 块、36 块位列第 2、3、4 名。

梅州初步形成布局合理、覆盖面广、类型多样、普惠性强的足球场地设施网络，增加了足球场地有效供给，夯实了足球运动发展的基础。截至 2020 年底，全市共有中国足协青训基地 1 个，专业足球场馆 6 个，综合性体育中心 2 个，足球文化公园 1 个，可容纳 2 万名以上观众的体育场 2 座。其中五华奥体中心的惠堂体育馆是目前全国标准最高、规模最大的县域运动场馆之一。国家体育总局首批 96 个运动休闲特色小镇中唯一以足球为主题的小镇——五华横陂足球小镇于 2019 年 9 月开业，成为粤北乃至全省设施齐全、集中连片式布局的大型足球场地。

一、500 岁的东较场蝶变为现代足球文化公园

梅江区地标式的足球场地是梅州足球文化公园。足球文化公园原为梅城东较场，是梅州地区历史最悠久的体育场。2016 年，梅州市委、市政府对东较场地块进行了充分调研，重新规划建设足球文化公园。

东较场最早是明代程乡县主簿王腾于嘉靖七年（1528 年）在县衙东面修建，明清时期是梅县武童生射箭比武的考场，清末时成为当地政府处决犯人的场所。1935 年彭精一县长在驻梅独立第一师师长黄任寰和梅揭普丰师管区少将司令曾其清协助下，发动士兵对东较场进行清理平整，改造成了梅县公共体育场。20 世纪 80 年代由曾宪梓等多位华侨乡贤捐资修建了十三层看台。从明代王腾动土修建至 2021 年，已经历了将近 500 年的风雨岁月。

80 年代国家队来访时，东较场的泥土地

东较场长期以来是梅县唯一的大型足球场地，乐育中学校长、曾担任瑞士国家队队员的传教士万保全曾组织梅县五所中学在此打联赛（1914 年），周恩来和叶剑英曾率黄埔军校的东征军在此宣传革命思想（1925 年），近 4 万人曾在此围观球王李惠堂比赛（1942 年），李凤楼、曾雪麟、高丰文曾率国足到访此处（1962 年、1985 年、1990 年），霍震霆、刘锦庆、曾宪梓等侨胞曾在观看香港愉园队与梅县队赛球（1984 年），强民队温集祥、蓝淦等名宿和邓锡权、杨霏荪、王惠良、池明华、黄德保、杨宁、刘彬彬等梅县籍国脚都曾是此间的少年，国内多支足球劲旅曾在此冬训或者比赛……梅县东较场已成为人们心目中足球之乡的标志性历史场地。

东较场见证了梅州足球之乡形成和发展的历史进程，承载着梅县地区几代人对家乡足球的回忆，凝聚着厚重的足球文化底蕴。但是，这块位居梅城核心地带的风水宝地，历经多年风雨，变得斑驳陈旧。2013 年县区分家后东较场归属梅县，梅县县城搬迁后，东较场相关设施年久失修，足球场看台成为危险建筑并停用，造成资源浪费，周边场地被开辟为烧烤场，污染了环境，这所当时江北唯一的大型健身场所失去了其应有价值。

为了让东较场这块梅州的“足球福地”旧貌换新颜，使之在新时代为振兴足球发挥更大作用，从 2014 年开始，梅州市委、市政府对东较场进行了多次考察和研究。

东较场改造项目从启动到完成，过程历尽艰辛。2015 年，市体育部门坚守《体育法》底线，抵制多方压力，力保东较场作为江北唯一历史球场，不为他用。在市体育部门多次建议下，市委、市政府下定决心对东较场进行升级改造，市府办下发《市政府工作会议决定事项通知书》提出，为整合体育资源，调整文化体育设施布局，改善体育公共服务质量，梅州市全面启动东较场体育场改造工程。

2014 年 4 月时任梅州市市长谭君铁带队考察东较场及市游泳池

2016 年政府公示的梅州市足球文化公园片区提升改造规划方案规划图[1]

2016 年 8 月，梅州市体育局发布了《关于东较场体育场改造规划方案的公示》。[2] 新规划建设的梅州市足球文化公园项目建设范围，包括东较场周边及现有的文化公园区域，建成后将配套标准游泳场 1 个、标准足球场 1 个、7 人制足球场 2 个、5 人制足球场 3 个、篮球场 4 个；一幢全面健身中心，包括羽毛球和乒乓球馆、足球博物馆、办公服务配套；足球文化雕塑广场 3 个、客家足球文化展廊等项目；约 500 个地下停车位、约 20 个地面大巴车位等公共配套项目。此外，项目还包括强民体育会、儿童足球运动区、足球文化雕塑广场、外围两条市政道路及其他附属配套项目等。

2016 年 8 月 11 日时任梅州市委、市政府领导视察东较场升级改造现场

项目建设规模为：（1）公园，包括广场一约 18000 平方米、广场二约 9000 平方米、公园主道约 3500 平方米、绿道约 4000 平方米、驳岸与绿化提升工程约 8000 平方米、雕塑以及配套设施等；（2）建设全民健身中心约 9000 平方米（括室内羽毛球馆 1100 平方米、室内活动场地 1200 平方米、足球文化博物馆 2200 平方米、体育场 4500 平方米）。建设强民运动会楼约 1000 平方米。建设地下室约 18000 平方米。以及其他附属配套建筑约 500 平方米、乒乓球台、泳池、足球场、篮球场等；（3）外围市政道路，包括市政路 530 米和 300 米。

[1] 梅州市体育局官网，关于梅州市足球文化公园片区提升改造规划方案公示图片。

[2] 参见梅州市人民政府官网。

东较场的改造是梅州市振兴球乡的一项重要举措，也是一项难点工程。在整体的改造过程及拆迁过程中，在梅州市委、市政府的领导下，梅江区委区政府与市规划局、住建局、体育局同心协力、以人为本。尤其是在收回原占用的体育场租建的烧烤场、就业一条街、升华商铺、秋雨球场以及置换梅县强民体育会大楼过程中，各部门在市政府领导下，梅江区委区政府以主人翁态度，与市直机关相互配合，多方宣传，不断交流，依法置换，做了大量艰苦细致的工作，得到了原业主或原业主单位的大力支持，使回收及置换拆迁工作得以顺利进行，圆满完成规划需要，确保东较场升级改造如期进行。

东较场红门

（客名君摄于2020年）

东较场的规划，以保留历史，保留梅江区城区市民活动场所，以新的管理理念加强管理，使东较场成为梅江区一道风景线，成为市民体育健身的好去处。

梅城东较场足球文化公园的球场新看台

（客名君摄于2020年）

2016年，陪伴过足球之乡几代人的东较场开始升级改造。2017年3月15日，东较场主体建筑开始拆除，之后是强民体育会大楼。2019年春，梅城东较场足球文化公园完成改造，崭新的现代化足球场、体育馆及其附属设施向公众开放。

2020年1月，足球文化公园建设工程（一期）项目全面通过验收，包括1块11人制足球场、2块7人制足球场、3块5人制足球场以及1块5人制沙滩足球场，另外建成1面看台、1座全民健身中心、4块篮球场和1个标准游泳池。落成后的足球文化公园移交给梅江区管理和使用，梅江体校日常训练就在足球文化公园进行。

2019年6月13日，2019全国青少年足球夏令营（高中组）广东分营在足球文化公园进行比赛

（连志城 摄影）

梅城东较场足球文化公园新貌

足球文化公园

（连志城 摄影）

2019 年 9 月 22 日省体育局王禹平到足球文化公园考察

2021 年 1 月，梅州市广播电视台竞得运营租赁权，室外足球场、室外篮球场、游泳馆等均可对外出租。作为由梅州市财政投资建设的场地，足球文化公园承担一定的公共功能，包括对外公益开放以及承办各类市级、区级足球比赛。

升级改造后的东较场和文化公园合并为足球文化公园，标准足球场、5 人制足球场、7 人制足球场、篮球场、标准游泳场和全民健身中心，碧水柔波相绕，绿树亭亭如盖，台榭桥廊点缀，东较场像被天然的氧吧包围。梅州市委、市政府立足长远，将攀桂坊、东较场、文化公园进行统筹开发，改造后，坐落在江北升华街旁的东较场，东连梅州人文秀区“攀桂坊”，西接文化公园，足球文化、地理环境、人文历史得天独厚、相得益彰。梅州足球文化公园也成为诠释梅州华侨之乡、文化之乡、足球之乡的标志性公园之一。

梅江区政府对足球场地建设十分重视，先后投入 4000 多万元资金建设足球场地，截至 2020 年末，全区足球场地共有 104 块，社区体育公园 9 个，各类体育场地 1122 个，人均占有体育场地面积 2.6 平方米；总投资约 3 亿元的足球文化公园全面建成并投入使用；不断完善各中小学校体育场所，新建城西职中足球场、风眠小学体育综合馆等场所，为学校青训提供场地保障，梅江区绝大部分中小学都建有足球场地。

梅江区还有不少营业性的社会足球场。截至 2020 年末，梅江区共有社会足球场地 45 块，政府投资建设了 25 块，占比 55.6%，社会资本投资建设了 20 块，占比 44.5%。其中有 31 块足球场由社会资本运营，占比为 68.9%，市场化运营程度远高于全省水平（43.9%）。

二、梅县曾宪梓体育场成为中甲球队主场

十年振兴期间，梅县区积极开展足球场馆场地建设，新建、改建各类足球场125个。其中包括按国际比赛场馆标准设计、可容纳观众2万多人的曾宪梓体育场，以及启因足球公园、客都健身足球场等。截至2020年末，梅县区共有社会足球场地37块，其中11人制足球场6块，7/8人制足球场12块，5人制足球场19块。梅县社会足球场地，公建公营的社会足球场占比73.0%，民建民营的社会足球场占比27.0%。[1]

梅县曾宪梓体育场位于广东省梅州市梅县新城，是当时县重点城建工程“四馆一场一园”的重要组成部分，位于“四馆”侧，背靠梅花山公园，是一个按国际标准规划设计建设的高等级体育场，堪称梅州市区范围内的综合体育场地标。曾宪梓体育场于2018年起5年内由深圳美鹏物业公司竞标管理，并由梅县区体育局监督实施。

曾宪梓体育场与文体中心前后相接，并与人民广场、公园连为一体，占地面积3.2万平方米，其中建筑面积4600平方米，共有2.1万个座席，建设资金约2.8亿元。其中，香港金利来集团公司董事局主席曾宪梓博士捐资1500万元。

曾宪梓体育场按国际标准比赛场馆设计建设，选用的座椅与国家体育场（鸟巢）使用的一样，按蓝、绿、黄三种颜色采用掀背式设计。蓝色座椅萦绕全场，寓意川流不息的母亲河梅江河，绿色座椅则寓意梅州全力加快绿色的经济崛起，黄色座椅则寓意勤劳的客家人在梅江河辛勤劳作。主席台部分的黄色座椅排列组合出“客”字和围龙屋造型，使整座体育场具有浓郁的客家风情。体育场四周矗立的大型灯光可以满足夜间比赛照明，具备承办国家级

梅县曾宪梓体育场
（客名君 摄于2020年）

[1] 参见2021年8月《梅州足球产业报告》。

2018 年梅县曾宪梓体育场举办中甲联赛现场

体育赛事和大型文艺演出活动的能力。

2012 年 11 月 22 日，梅县曾宪梓体育场正式启用，首场大型赛事为 2012“广州富力·李惠堂贺岁杯”足球邀请赛。曾体还成功举办过首届客家文化艺术节“梦里客家”大型文艺晚会、谭咏麟个人演唱会（谭咏麟的父亲谭江柏曾是球王李惠堂的队友）、2015 年哈巴拉贺岁杯梅州足球邀请赛开幕仪式等。

梅县曾宪梓体育场是东莞南城足球队 2012 年中国足球协会乙级联赛的主赛场。2012 年赛季结束后，该球队正式转让给梅州，易名为梅州市梅县区俊诚客家足球俱乐部。2015 年 3 月，深圳市铁汉生态环境股份有限公司董事长刘水整体收购梅县客家足球俱乐部，并将球队改名为梅县铁汉生态队。

2017 年 10 月 28 日，梅县铁汉生态队成功晋级 2018 赛季的中甲联赛。2019 年 1 月球队更名为广东华南虎足球俱乐部，最终在 2020 年 2 月解散。曾宪梓体育场见证了这支梅州职业足球俱乐部拼搏成长、冲甲保甲、巨星辉煌、曲终解散的历程。梅县铁汉生态的队员们和球迷们将主场简称为“曾体”。场馆得到了有效使用，梅州“足球之乡”的核心地带也有了职业足球的氛围。

2018 年 3 月 31 日，在梅县曾宪梓体育场上演了中甲“梅州德比”大战，主场作战的梅县铁汉队 1 比 1 战平梅州客家，是中甲联赛历史上出现的第一次地级市的德比战。

梅县体校原本的训练场地在东较场，东较场升级改造后，体校迁往与曾宪梓体育场相连的梅县文体中心。球员训练在曾宪梓体育场，居住在两栋临时租赁的宿舍楼，日常分流到不同学校上课，各类条件较艰苦，单是场地就无法满足各支梯队日常训练需求。

2019 年，梅县区政府尝试采取“体教融合”模式，解决梅县体校场地问题。梅县体校足球队集体搬迁到广益中学，体校六个年龄段男女子梯队队员日常在校内上文化课，课后在校内训练。广益中学专门新建、改造出 5 块足球场地，包括 2 块 7/8 人制足球场、3 块 5 人制足球场。搬迁后，梅县体校的球队运作日常需求基本解决，但广益中学校园不能提供 11 人制足球场。梅县队球员的大场训练，要到曾宪梓体育场，以及在寒暑假期间到易胜训练基地集训。

梅县超华足球场

富力足校位于梅县区雁洋镇，校内有11人制天然草足球场3块、7人制天然草足球场4块、11人制人造草足球场2块、沙滩足球场1块、守门员训练场1块以及一座同时满足500人食宿、会议、健身、娱乐的酒店式公寓。

丙村镇超华足球场是第一个镇级社区足球场，体现了超华科技梁健锋先生的公益情怀和足球情怀。梅县超华足球场位于丙村镇溪联村九板桥侧，占地4500平方米，以标准7人制天然草灯光足球场建造，整个工程造价约100万元，由超华集团捐资50万，其余部分由区体育局和丙村镇共同筹资，球场由建造富力足球场的深圳嘉美茵体育工程技术有限公司负责施工。

三、爱奇集团按FIFA标准升级改造梅县全民健身广场

2014年，梅州引进场馆建设运营商爱奇体育集团，成功推进梅州市体育学校足球场项目建设、升级改造和运营，并不断推动集团与梅州足球发展战略对接。

爱奇集团成立于2002年，是集体育设施产品研发生产、场馆建设、场馆运营为一体的国际体育休闲产业整合服务商，系首批国家体育产业示范单位。集团拥有PPP项目投资建设运营、文体场馆咨询设计、策划创意、生产制造、安装调试、运营管理、维护保养的整体服务实力，致力为用户提供文体产业整体集成解决方案。2020年5月，爱奇集团在梅州丰顺县负责了东里文体广场改造项目。

2019年，鉴于原有人造草皮使用寿命和经营期即将届满，需更换草皮、重新划分球场，依法依规确定下一阶段运营管理的情况，梅州市体育局经研究决定，将梅州市全民健身广场爱奇足球场进行升级改造。升级改造内容包括：升级球场基础、草皮、灯光，重新划线（改造为1块11人制、2块7人制球场），增设围栏、围网、球门；经评估确定，特许经营期限定为10年。

梅州市体育局根据《基础设施和公用事业特许经营管理办法》《政府和社会资本合作项目政府采购管理办法》《体育场馆运营管理办法》等法规规章规定，严格履行相关程序，对该球场下一阶段建设和运营实施特许经营，引进社会资本，

改造前的全民健身广场足球场

改造后的全民健身广场足球场

在全民健身广场足球场举办五四青年足球比赛

由其全额投资升级改造场地并经营若干年，经营期届满后由市体育局无偿收回有关资产和经营权。

2021 年 5 月 24 日，由爱奇体育俱乐部升级改造后的梅州全民健身广场足球场，获国际足联 FIFA QUALITY 场地认证。爱奇集团对特许经营的场地日常进行免费或低收费开放运营，为梅州足球爱好者提供场地智能 APP 订场系统、足球赛事策划和举办、企事业赛事服务、民间球队约球服务等。

2021 年 8 月 24 日上午，梅州市全民健身广场足球场（爱奇足球场）完成验收，爱奇球场在新一周期开放经营。经营期间，梅州市体育服务中心对特许经营方规范实施球场管理、确保场地质量、执行免费低收费开放政策等情况进行绩效考评和群众满意度评估。

全民健身广场足球场的特许经营改革，有效节约了财政资金，提高了经营者改善场地质量、提高运营水平的积极性。

四、五华惠堂体育场是全国规格最高的县域体育场

为振兴足球，五华县政府以设立预算、招商引资、集资等多种方式，推动五华各类足球场地建设。2013 年梅州客家俱乐部在五华组队、2018 年辉骏女足正式落户五华，为了满足职业足球队主场的基本要求，在梅州市委、市政府、市体育局的指导下，五华县委、县政府加大力度和投资，升级和设足球场馆。在政府（县人民体育场、奥体中心、县体校）与民营企业（足球小镇）的分别投资下，高质量场地数量陆续增加。

2015 年，五华梅州客家足球队成功冲甲，当年 11 月 13 日傍晚，中国足协下

发了《关于中乙俱乐部获得2016中甲联赛准入资格的通知》，通知若县体育场未达到《中国足球协会甲级联赛体育场地规程》的要求，暂时未能获得2016赛季中甲联赛准入资格。

升级后的五华县体育场

梅州客家队最早在位于五华县城华兴北路的五华县人民体育场训练。该场馆是1986年由旅港嘉应乡贤曾宪梓先生牵头发动港澳同胞捐资78万元、县政府拨款30万元建成，需要进行升级改造，才能符合职业球队发展要求。

球王李惠堂雕像

五华县委、县政府对此高度重视，对县老体育场按照中足协对中甲比赛的要求进行改造，并最终通过中足协准入检查，承担了2016至2018赛季梅州客家中甲主场等多项赛事。原主场改造只是过渡球场，五华按照中超标准在琴江新区新建一个可容纳3万人且设施齐备的标准足球场，即奥体中心的惠堂体育场。

五华县球王故里文化旅游区位于县城琴江新城内，规划用地面积约19万平方米，约284.97亩。其中五华奥林匹克体育文化片区规划用地面积约17.54万平方米，建筑面积约8.33万平方米，球王旧居片区位于横陂，用地面积约为1.46万平方米，建筑面积约8498平方米。

五华奥林匹克体育中心投资近10亿元，为集市民健身、娱乐、文化交流和足球竞技等为一体的体育场馆，主要由五华惠堂体育场、五华威光体育馆、五华红色体验馆、五华足球科技馆等场馆组成。

惠堂体育场是全国规格最高的县域体育场，被誉为“五华的鸟巢”

惠堂体育场五于2018年10月建成并交付使用，于2019年1月1日正式开馆，并迎来盛况空前的梅州市第1届棕榈·客家杯“一带一路”国际足球邀请赛。

该体育场是目前全国标准最高、规模最大的县域运动场馆之一，可承办中甲以上足球赛事及国内国际重要赛事，工程项目入选《2018年全国优选体育产业项目名录》，创造了梅州市内单项

惠堂体育馆门口雕像
（创作者：广东美术学院教授廖慧兰教授）

惠堂体育场夜景俯瞰

工程建筑之最。

2018 年，梅州客家队将在五华县人民体育场征战最后一个赛季，之后球队将把主场迁至新建成的五华县足球文化公园体育场。2019 年 1 月 1 日上午，五华县在奥体中心举行了“三馆一平台”开馆上线仪式，作为奥体中心重要组成部分的五华惠堂体育场、五华红色体验馆、五华足球科技馆正式开馆，“踢球么”APP 智慧体育平台也正式上线。

五华惠堂体育场位于五华奥林匹克体育中心西部，是按照国际标准打造的可容纳 3 万名观众的 11 人制足球场，也是当时全国标准最高、规模最大的县域运动场。体育场由运动比赛区域、观众看台区域、看台下部的各种功能用房区域组成。2019 年开始，这里成为梅州客家足球俱乐部和梅州客家女足俱乐部的主场。

惠堂体育场的整座体育场是以“天使之翼”为主题设计，外围环绕相连的 56 根“羽毛”，整体如一对环抱的羽翼，体现了大跨度体育建筑用材的轻巧，空间的通透，通过造型和材质的运用，带给人身心愉悦的舒适感。

2019 年 5 月，五华惠堂体育场荣获第十一届广东省土木工程“詹天佑故乡杯奖”。2021 年 12 月，由标准体育场（惠堂体育场）等组成的五华县足球文化公园体育场馆工程（第一期、第二期）获得 2020—2021 年度第二批中国建设工程鲁班奖（国家优质工程）。

为保证乡镇需要，五华通过政府预算、招商引资、企业赞助等方式，在全境范围内兴建或改造足球场馆。根据 2021 年 8 月统计，五华全县各镇均建有标准足球场，共 291 块。转水、潭下、郭田等镇的 11 人足球场建于 2017 年，同年，五华也展开了水寨、河东、华城、长布等镇的 7 人制足球场和龙村镇 11 人制标准足球场的改造工程。

五华还大力修缮足球文化公园周边的李惠堂故居，规划建设球王博物馆和球王文化广场，并对中国内地现代足球发源地元坑村原有的校舍、足球场、环山跑道按修旧如旧原则进行复原，并将其打造成特色旅游区。

2019 年 1 月 1 日，梅州市第 1 届棕榈·客家杯“一带一路”国际足球邀请赛开幕式和揭幕战在五华县奥林匹克体育中心惠堂体育场举行。2019 年 1 月，中国足球协会女足四国赛（中国四国女足邀请赛）在五华惠堂体育场举行，参赛队伍有中国女足、韩国、尼日利亚、罗马尼亚等国家的女足国家队，这是梅州足球史上首次最高级别的国际足球赛事。2020 年，五华成功承办中甲梅州赛区、中冠总决赛、“客家杯”足球邀请赛等一系列全国性足球赛事。

五华奥体中心远眺

五华深厚的足球文化资源、良好的设施条件以及专业的赛事运营服务等得到了中国足协和各界人士的广泛肯定。每逢职业大赛或者国际大赛，球星、嘉宾、球迷从四方咸集五华，来观赏大赛的盛宴。而平时，这些场馆被远近的民众通过 APP“踢球么”订满，县城和附近的球队会驱车到奥体中心场馆踢球。

五、五华横陂足球小镇打造世界级训赛场地

横陂镇，位于五华县中部偏北，地处琴江中部丘陵河谷平原，距离梅州城区 80 公里，总面积 90 平方公里。因清朝末年在镇区南侧小都河上建有木质水陂，时称横陂，后来就以此命镇名。

横陂是世界球王李惠堂的故乡，足球氛围浓厚，人文历史厚重，先后涌现出乾隆年间福建水师提督李南馨，广东提督魏大斌，纵观经济学创始人、广东国际纵观经济研究会会长魏双凤教授，空军英雄魏雄英，世界球王李惠堂等。

五华横陂国家足球小镇设计效果图

为了推进以足球为重点的产业发展，争取国家、省体育部门的支持，梅州市委、市政府把全国唯一一个足球小镇建设工作落户在梅州五华横陂镇，同时，五华县委、县政府在规划、征地、建设过程中给予了大力支持。2015 年，在国家特色小镇战略和梅州振兴足球战略的共同推动下，五华横陂足球小镇项目应

2018 年 12 月 13 日梅州市发展体育休闲产业工作会议召开

运而生。

2017 年 5 月 9 日，国家体育总局下发《关于推进运动休闲特色小镇建设的通知》，决定将 96 个项目列为第一批运动休闲特色小镇试点项目，其中广东有 5 个项目入列，五华横陂足球小镇名列其中，是全国唯一以“足球”为特色的国家级运动休闲特色小镇。2018 年 7 月国家体育总局印发《2018 年全国优选体育产业项目名录》，五华县足球文化公园体育场馆和五华县横陂镇足球小镇 2 个项目顺利入选。

按照梅州市足球特区规划，横陂足球小镇以“足球 +”的产业理念，打造以足球为核心、全产业链的国家运动休闲特色小镇，形成包括国内最具标杆的足球集训产业、足球科创产业、运动康复医疗产业、足球教育培训产业、国际足球会展经济产业、国家 5A 级旅游景区、足球旅游休闲产业等在内的强大足球产业体系。

五华横陂足球小镇核心区占地约 1200 亩，投资 16 亿，共分成五个板块建设：足球训练板块、学校板块、商业板块、人居板块、生活板块，作为一期工程于 2019 年投入运营。

学校板块主要为五华客家精英足球学校，占地 307.83 亩，拥有 2 栋 6 层综合楼。2018 年 9 月，该校与德国霍芬海姆足球俱乐部签订合作意向书。该校采取德国青训体系进行全日制培养，招收 U7—U12 年龄段生源，经过科学选拔机制选定，以精英化为主，每个年龄梯队不超过 25 人。该校于 2019 年 9 月份正式开学，受聘来此任教的青训日本籍教练若山秀俊曾在采访中提及，五华横陂足球小镇称得上是世界级的足球基地。

小镇的商业板块包括足球主题酒店、草根足球之家、球迷广场、全球知名足球运动品牌集散中心、自主品牌足球用品研发中心。人居板块规划了专业运动员医疗康复中心，以运动受伤康复为特色，采用国际先进医疗仪器设备，聘请专业医学专家坐诊治疗。小镇内建了先进的人球分析系统（也称为智慧足球工场），通过借鉴德国先进的数字化足球分析功能，构建全国首家人球分析和模拟系统。系统可为运动员提供准确的训练科学数据，帮助提高运动员的训练水平。

五华横陂小镇是梅州客家足球俱乐部所在地。在规划小镇时，五华县委、县

2018 年梅州市体育局调研五华横陂足球小镇建设情况

政府通过招商引资让梅州客家俱乐部进驻到横陂镇。2016 年梅州客家队冲甲成功，因原有训练基地不能满足球队集训需求，俱乐部于 2018 年搬到足球小镇。在梅州客家足球队的每个主场比赛日，都有一大批主客场的球迷涌入五华这个小城。

除了接待有训练和比赛需求的旅客之外，足球小镇本身还是梅州客家俱乐部总部以及梅州客家精英足球学校的所在地。俱乐部和足球学校，分别体现了足球小镇在职业足球和青训两个细分领域中发挥的作用。而按照足球小镇的未来规划，小镇还要向足球全产业链落地的方向进发。足球小镇的全产业链规划，应用“足球+”概念，包括科技、医疗、培训、会展、制造、文创和旅游。2022 年，广州、深圳到五华的高铁开通，从五华到广州、深圳车程 1.5 小时，便利交通将拉动足球产业链发展。

截至 2020 年底，五华横陂足球小镇有 7 块天然草 11 人制球场、4 块人造草球场、2 块沙滩足球场、7 栋 3 层独栋公寓（每栋公寓设有 300 间套房）、1 栋 7 层酒店，充裕的场地可承载当地举行的各类足球活动，保证场地基本接待能力。梅州位于亚热带季风地区，冬天相对温暖，适合冬训。奥体中心、李惠堂故居、元坑遗址等周边景点，可将足球小镇作为核心串联。到足球小镇训练，除了设施比较优越之外，还可领略当地独特的足球文化。

足球小镇启动运营后，五华的足球场地供应大增，成为五华社会足球比赛日益频密的关键。除了承办各类县级赛事之外，足球小镇还向普通群众开放，最多每晚能有 16 支业余球队在足球小镇约战。足球小镇位于五华县城以西环城大道附近，距离县中心仅 6 公里，可在 20 分钟内驱车到达。因此，小镇 7 块场地在开放时段基本爆满。截至 2020 年底，在足球小镇一期建成不到 2 年时间，已承办 38 场中甲主场赛事，4 场足协杯比赛，吸引了省内外 30 万人次前来观看比赛。

2021 年 6 月，国家体育总局下发《体育总局办公厅关于公布首批全国县域足球典型的通知》，公布了全国 101 个“首批全国县域足球典型”，广东省有 3 县（区）入选，分别是梅州五华、深圳光明、广州海珠，成为首批全国县域足球典型。

六、兴宁市半年内完成 84 块球场建设

兴宁的足球场地发展绝大部分由政府主导，但这反而形成了兴宁足球令人瞩目的高效率。2020 年，兴宁共建成 84 块足球场。建成后全市共计有 289 块足球场地，达成至 2020 年全市拥有 288 块球场的目标。考虑到受新冠肺炎疫情影响，球场建设实际动工几乎都在下半年。兴宁以极高效率，半年内完成了 84 块球场的建设。

除了效率高，兴宁的足球场地服务广度也有了质的飞跃。在兴宁，平均每个乡镇新建超过 4 块球场，实现全市人民“踢球就在家门口”。289 块球场服务 117 万人口，兴宁每万人足球场地数量达到 2.47 块，在梅州各区县中独占鳌头。整个建设过程得到从省到市的大力支持，省财政调拨的支持资金 800 多万元，兴宁市财政支持 600 多万元。兴宁市足球协会会长、育新足球俱乐部负责人谢育新说：“只要是一块相对平整的空地，就能看到兴宁人踢球的矫健身姿。”

坐落于兴宁市区西部的大坝里足球场是兴宁传统历史球场。1941 年，兴宁在大坝里建设公共体育场，1943 年落成，此处很快成为当地地标式足球场地，1943 年闽粤赣边区上将总司令香翰屏将军驻兴宁抗战时，球王李惠堂曾率航建队在此开展义赛。[1]20 世纪 80 年代，曾宪梓先生带头捐资、多位华侨乡贤支持，大坝里体育场得以改建，拥有 12 级水泥看台、3 层楼式主席台。

兴宁大坝里足球场老照片

改造后的兴宁大坝里体育场

之后大坝里体育场馆年久失修，部分设施严重老化。2015 年 7 月，兴宁市振

[1] 梅州市地方志编纂委员会编. 梅州市志. 广东人民出版社. 1999.

兴足球工作会议宣布投入至少1000万元，升级改造城区大坝里足球场、明珠体育公园足球场。

大坝里体育场升级改造工程为2020年兴宁市公共文化体育设施重点工程。升级后包括1块11人制天然草足球场、1块5人制人工草足球场、一条标准400米塑胶跑道。为了能让体育场、影剧院发挥应有的效益和保障周边群众生命财产安全，兴宁市委、市政府在征求广大群众的意见建议后，筹划对体育场和影剧院进行改造。

兴宁各级各相关部门高度重视大坝球场改造这项民生工程，住建局、文广新局、体育局、体校等部门积极主动协调，围绕项目改造要求，加强部门之间的协调联动，确保项目能早日动工建设。位于兴宁市中心的明珠体育公园内赛马会足球场，距离大坝里球场约3公里，由兴宁市政府和香港赛马会各出资500万元共同兴建，在原明珠体育公园足球场基础上建设翻新，2017年4月启用。整个场地包括11人制足球场和5人制足球场各1块。

赛马会足球场是近年兴宁各类足球活动的核心场所，包括贺岁杯、市长杯、足协杯、南丰杯等本地重要赛事，以及梅州足球联赛兴宁赛区赛事，都在赛马会足球场举行。据兴宁市文化广电旅游体育局数据，2020年赛马会足球场举行了243场各类比赛。而自投入使用之后，球场服务人数超过50万人次。

在赛马会足球场启用前，大坝里足球场是当地重要足球活动的主力承办场地；大坝里球场进入改造周期后，赛马会足球场被定为兴宁核心场地。原在大坝里足球场训练的兴宁市业余体校足球队，也迁到赛马会足球场训练。赛马会足球场承担起办赛重任，带动了兴宁足球氛围。

在校园运动场方面，兴宁结合标准化学校建设，投入370万元用于补助兴宁二小、进修附小等城区8间学校运动场建设；投入至少1000万元，升级改造城区大坝里足球场和明珠体育公园足球场。此外，兴宁还积极鼓励社会资本投资建设、改造足球场。

七、梅州被评为全国城市社区足球场地示范城市

2020年，为用好国家和省相关扶持政策，梅州市积极申报全国城市社区足球场地设施建设试点、全国社会足球场地设施建设专项行动、“十三五”公共体育普及工程等政策文件，争取中央和省专项补助资金扶持建设单位。

为给场地建设提供资金支持，梅州市委、市政府出台《梅州市足球场地建设补助办法（暂行）》，各县也制定出台场地建设补助政策，从财政或体彩公益金切块给予足球场建设予一定补助，如梅县区、兴宁市、平远县、大埔县、五华县等分别给予建设 11 人制 20 至 30 万补助、7 人制 10 万元补助、5 人制足球场 5 万元补助。

各县县委、县政府、体育部门都十分重视足球场地建设，纷纷压实责任，调动各方面力量，落实建设指标。有些场地是在有历史传统的场地基础上进行升级改造，如蕉岭的国荣体育公园足球场、五华县体育场、梅江区足球文化公园足球场等。这些球场承载着历代当地足球少年的梦想，是当地足球文化底蕴的体现，升级改造之后被赋予全新面貌，带动当地足球发展。有的球场则填补了当地空缺，如丰顺黎峰村足球场、平远仁居足球场。

蕉岭县体育中心体育场建于 2000 年底，包括标准 400 米煤渣跑道田径场和一块有部分看台天然草皮标准 11 人制足球场。2014 年 6—11 月，县委、县政府对体育中心体育场进行升级改造，总投资 1140 万元，后续还持续完善相关场地设施，2018 年，蕉岭县委、县政府将蕉岭县体育中心更名为蕉岭县国荣体育公园。

改造前：蕉岭县体育中心体育场

改造后：蕉岭国荣体育公园足球场

这里成为蕉岭县最主要的社会足球场地，不仅保障蕉岭县业余体校足球队的日常训练，而且在训练之外时间段实行低收费开放，满足广大足球爱好者进行足球训练和比赛活动。

截至 2020 年末，丰顺县建成各类足球场 29 块。丰顺黎峰村社会足球场位于丰顺百年小学黎峰小学运动场。在县体育局专项资金资助下，黎峰小学、村委、丰顺籍华侨和乡贤共同努力在校园内新建了 1 个 7 人制人工草足球场，于 2020 年 8 月完工并投入使用。

2020 年 8 月，黎峰足球场落成典礼，丰顺足协邀请了市县有关领导、热心乡贤，球星吴群立、彭伟国、彭伟军、胡志军、黄启能、吕建军、周穗安、谭恩德等南粤中国足球名宿参加剪彩，并举行友谊赛。

丰顺黎峰村足球场

平远县积极打造“15 分钟城市居民活动圈”，共建成 53 块足球场地，其中社会足球场 16 块，包括 5 人制足球场 11 块，7 人制足球场 3 块，11 人制足球场 2 块。平远仁居镇历史悠久，革命遗迹丰富，此处有红四军第一纵队政委驻地旧址、广东四大银行金库旧址等著名文物，是广东省红色旅游示范基地、爱国主义教育基地。在 2020 年之前，仁居镇尚无社会足球场。

彭伟国等前国足名宿参加丰顺黎峰村足球场开球仪式

2020 年 9 月，仁居镇新建了第一块社会足球场——仁居镇文体中心足球场，位于仁居镇仁居村县前街 1 号，为标准的 11 人制足球场。足球场铺设人工草，并建有围栏、灯光等，球场实行免费对外开放服务，每天向社会公众免费开放 4 小时以上，每年累计免费开放 250 天以上，带动了当地群众足球运动。

平远仁居文体中心足球场

梅州市委、市政府落实政策鼓励支持社会力量参与足球场地建设。加强建设指导，服务企业，通过落实各项优惠措施，吸引社会企业、个人投资建设和运营社会足球场地。如梅江区城西足球场、泮坑足球场为民建民营模式，由私营企业投资建设和运营，政府给予一定资金奖励；爱奇足球俱乐部为“两改”的模式，由政府部门提供土地，民营企业投资改造建设和运营；五华足球小镇是政府划拨土地，富力足球学校是政府优惠土地出让，企业建设运营方式。在足球场建成后，政府又通过购买服务方式，对运营单位给予培训、赛事、活动等方面支持。

为充分调动社会参与足球场建设积极性，市县体育部门加强对社会足球场专项行动、支持足球场地设施规划建设若干政策意见等文件解读宣传，让社会企业、企业家了解足球场建设在用地、资金等方面的政策，调动社会力量参与足球场建

中国沙滩足球国家希望队合影

设的积极性。

在场地建设过程中，梅州市注重建设和运营结合。社会投资建设的足球场，大部分在建设之初，就考虑了运营问题，规划建设与运营结合。如五华足球小镇，已建成 9 块足球场，小镇建设与运营全面结合，将配套建设足球学校、足球酒店、足球主题公园等，集体育、文化、旅游、休闲等功能于一体。

2019 年，梅州市被国家住建部定为全国 6 个城市社区足球场地设施建设试点城市之一，被国家发改委定为全国社会足球场地设施建设重点推进城市，中国首支沙滩足球国家希望队落户梅州五华县。

根据 2020 年体育场地常态普查系统统计，梅州市体育场地面积 8，317，862 m^2，体育场地上数量 11787 个，人均体育场地面积达 2.15 平方米 / 人，对比十年前的 1.5 平方米 / 人增长 27%。其中，梅州全市有 7 个大型公共体育场馆免费低收费开放。2014—2020 年共建成 54 块社区体育公园。

《广东省足球场地设施建设空间布局总体方案（2017—2020 年）》要求 2018—2020 年梅州须完成社会足球场 120 块；《梅州振兴“足球之乡”十年规划》提出 1000 块足球场地设施的建设任务，到 2020 年底，梅州市足球场地数量达 1027 块，其中校园足球场 663 块，超额完成建设任务。按 2020 年底常住人口数 387.1 万人计算，梅州市 2020 年底每万人拥有足球场地数为 2.65 块，居全省第一。

因为场地建设成绩，梅州被评为 2020 年全省体育事业突出贡献单位、全国城市社区足球场地设施建设试点城市、全国社会足球场地设施建设重点推进城市、全国城市社区足球场地示范城市等殊荣，为建设足球特区奠定了坚实的场地基础。

第七节　三抓赛事体系建设，四大杯赛四大联赛点燃城乡足球热情

作为足球之乡，梅州注重建立和完善健全的足球竞赛体系，重点构建市、县、镇三级政府主导、企业支持、社会参与的品牌赛事组织体系，举办常规的贺岁杯（客家杯）、五四杯、球王杯、足协杯四大足球杯赛，打造省、市、县、镇四级

品牌赛事；构建由全市校园足球联赛、全市乡镇足球联赛、全市足球联赛、全市职工足球联赛四大联赛体系，实现省、市、县、镇、村赛事联动、对接互动，以赛促练，营造良好的足球发展氛围，梅州足球赛事形成了多层次的繁荣格局。

赛事是2013年梅州市启动“五抓五实施”的其中一“抓”，四大杯赛、四大联赛为其主要内容。为了营造振兴足球氛围，梅州因地制宜组织举办足协（社会足球）、职工、乡镇、校园等四大联赛以及贺岁杯、五四杯、球王杯、足协杯等四大杯赛赛事，实现以赛促训效果。鉴于比赛在足球中对青训的重要作用，梅州市高度重视实施青少年的体育赛事工程，采取“以赛促学，以赛促训”的模式，以政府购买服务方式，调动社会力量，撬动社会资本，举办青少年体育赛事，并积极组队参加二青会、青少年U系列和青少年省锦标赛、冠军赛等省级及以上青少年体育赛事。

全市每年举办各级各类社会足球赛事达4000多场。校园足球四级联赛初步建立，每年组织2000多场不同级别的校园足球赛事，吸引30多万学生参与。梅州还打造了面向广东省、闽粤赣客家地区乃至全国的球王杯、客家杯等四大杯赛、四大联赛足球品牌赛事。

其中，客家杯“一带一路”国际足球邀请赛、女足四国锦标赛成为中外高水平球队交流的重要平台。“客家杯”一带一路国际足球邀请赛已列入《广东省体育强省建设实施纲要》中体育赛事精品工程之一。职业俱乐部最多时“两甲一超”每年贡献36场主场赛事，吸引数万人入场观赛。

2019年棕榈·客家杯“一带一路”国际足球邀请赛，为梅州有史以来举办的参加国最多的赛事

这些品牌赛事的打造，除了树立足球之乡城市品牌及营造浓郁球乡氛围外，还可以稳定固化社会足球队伍，提升足球技战术水平。正因如此，梅州社会足球竞赛水平在全省乃至全国占有一席之位。2012年和2017年，梅县区代表梅州市连续2届夺得全省百县区足球赛冠军。2021年，五华代表队获得第14届全国运动会群众比赛足球项目5人制足球男子甲组亚军、乙组冠军。

随着梅州市赛事体系的完善，到2020年底，全市足球赛事正呈现“专业赛事国际化、职业赛事品牌化、群众赛事普及化、校园赛事规模化”的多层次发展格局。梅州足球已形成从幼儿园的“宝宝杯”到老年人的“常青杯”全年龄段足

座无虚席的梅州中甲赛场

球赛事体系，全市男女老幼都喜欢并参与足球运动。

梅州汇聚了校园足球赛事、社会足球赛事和职业足球赛事等丰富的赛事资源，坐拥梅州客家、梅县铁汉生态、富力足校、客家精英足校等高水平足球运动员资源，以及超过25万的校园足球运动参与者，汇聚了校园足球赛事、社会足球赛事和职业足球赛事多类型、不同水平的足球赛事资源。

在职业赛事方面，2019年，梅州客家与广东华南虎为梅州市民带来了34场男子职业足球主场赛事，梅州客家队（原“梅州五华队”）贡献了14场女子职业赛事，全年职业赛事的观赛人次超过40万。2020年，梅州成功承办了中甲联赛分区赛、中冠联赛总决赛，其中中甲联赛45场，中冠比赛28场。

梅州市形成了以各级各类足球协会为平台的全市社会足球竞赛体系，建立和完善了市—县（市、区）—镇—村四级足球联赛，实现了季季有赛事、月月有活动、周周有精彩的全市足球大舞台。作为足球之乡，梅州城乡居民早已形成了“以踢球为乐，看球为乐，谈球为乐”的大众日常娱乐方式，足球成为城乡居民生活方式的重要内容。

根据梅州市体育局统计数据，2020年，全市共举行了2975场足球比赛，有广东省青少年足球锦标赛及省足协联赛72场、梅州市足球联赛及梅州市青少年足球锦标赛203场、各县（市、区）足球联赛756场、中甲联赛45场、中冠比赛28场、广东省公安杯28场、“一带一路”客家杯80场、职工联赛55场及其他社会足球赛事110场，参与人数9000多人；校园足球竞赛1568场，共10313名学生参与。

2017年广东省第二届百县（区）足球赛梅州代表队蝉联全省百县足球赛冠军

自从“五抓五实施”任务表启动以来，至2021年末，梅州市足球代表队获得了16个国际、国家、省足球赛事冠军，包括1个职业足球赛冠军，2个群众足球赛冠军，13 个青少年足球赛冠军。

一、富力、昌盛、爱奇等企业赞助梅州贺岁杯职业邀请赛

每年春节举行贺岁杯足球赛，是梅州社会足球的传统节目。十年振兴期间，梅州市委、市政府将贺岁杯进一步升级，由社会人士赞助，邀请国内优秀职业队伍参赛。

“贺岁杯”足球邀请赛，成为每年春节前举办的四大品牌杯赛之一，从 2011 年至 2016 年连续举办了 6 届，邀请了全国多支优秀职业足球队参赛，社会效果显著，对梅州市实施振兴“足球之乡”十年规划、擦亮“足球之乡”品牌、提升梅州形象起到了重要作用。

贺岁杯从 2011 年春节开始举办，前 2 年被称为李惠堂贺岁杯足球邀请赛，2013 年开始分别由富力、昌盛、爱奇等企业冠名赞助举办。该大赛主要邀请中超或中甲职业队伍，观赏性高，受到梅州球迷的热烈欢迎。在梅州职业球队成立之前，贺岁杯赛事是当地足球赛事体系的一大品牌，“梅州贺岁杯”成为当时新闻津津乐道的话题。

2013 年梅州富力球王贺岁杯现场

2013 年富力球王贺岁杯获奖队伍合影留念

2013 年、2014 年贺岁杯由广州富力地产股份有限公司连续 2 届冠名赞助。2013 年，曾在上一赛季冲超大战中对决的广州富力与日之泉两队受邀在梅州打“李惠堂贺岁杯”，富力地产董事长张力和日之泉总经理林勤携两支球队来到梅州。

富力地产董事长、总裁张力 2011 年 9 月 18 日签订了梅县富力足球学校战略合作协议，由富力地产投资 5 亿多元，按梅州市振兴“足球之乡”十年规划，建设足球学校。

广州富力地产公司董事长张力参加梅县富力足校新闻发布会

时任梅州市足协会长邹锡昌为获奖球队颁发贺岁杯

2015 年哈巴拉贺岁杯梅州足球邀请赛现场

2013 年 2 月 20—25 日，梅州市体育局与广州富力地产股份有限公司联合举办梅州富力球王贺岁杯足球赛，由梅州富力地产股份有限公司邀请广州富力、长春亚泰（中超）、深圳红钻（中甲）、香港南华、4 支队伍参赛。

2014 年 2 月 10—14 日，梅州市体育局与广州富力地产股份有限公司、香港昌盛集团有限公司及广州爱奇实业有限公司联合举办梅州贺岁杯足球赛，邀请哈尔滨毅腾（中超）、天津松江（中甲）、梅县客家、梅州客家共 4 支队伍参赛。

2015 年 2 月 25 日至 3 月 1 日，梅州举办 2015 年哈巴拉贺岁杯梅州足球邀请赛，邀请深圳足球、呼和浩特中优、天津松江、梅州五华客家 4 支队伍参赛。

随着足球振兴工作的推进，梅州客家和梅县铁汉生态都冲甲成功，到 2016 年，梅州已经拥有 2 家中甲职业足球俱乐部，广大群众可以经常看到较高水准的职业足球比赛，且贺岁杯赛事在国内多地已有举办，梅州特色不明显，原有赞助商意愿也有所变化，原有比赛模式需要改变。因此，梅州市从 2017 年起暂停举办贺岁杯足球邀请赛。

按照省体育局关于打造区域性足球赛事品牌的要求，为增强全球客家乡贤凝聚力和向心力，提升梅州作为“世界客都”的知名度和影响力，打造具有浓郁客家特色的品牌赛事，从 2017 年起，梅州市每年举办“客家杯”足球邀请赛，邀请国内外客家足球队参赛，取代原“贺岁杯”足球邀请赛，纳入梅州足球品牌赛事系列，并将市财政每年安排用于原“贺岁杯”足球邀请赛的经费转为“客家杯”足球邀请赛经费，用于组织举办“客家杯”足球赛事。

二、欧派、棕榈、伊利、超华等企业冠名赞助客家杯国际邀请赛

2017年，为给世界客家乡贤民众搭建一个以体育为媒介的交流平台，提升世界客家乡贤民众的凝聚力，同时推广足球城市品牌，提升梅州的城市魅力，梅州市体育局在第5届世界客商大会期间举办首届“客家杯”足球邀请赛。

首届欧派·客家杯足球邀请赛开幕式上，时任梅州市副市长张晨致辞

首届欧派“客家杯”足球邀请赛由广州市新安体育发展有限公司承办、欧派家居集团股份有限公司独家冠名。本次欧派“欧派家居”客家杯成为首个跨省区的客家民系大型品牌足球赛事。

比赛邀请港澳和闽粤赣地区16支客家队伍参加，参赛人数近300人，于2017年11月4日开赛，于11月14日世界客商大会期间在梅县东山中学体育场举行决赛。

首届欧派·客家杯足球邀请赛为7人制比赛，16支队分4个小组进行，各小组进行单循环赛，前2名进入淘汰赛，按赛程交叉淘汰，直至决出冠军。最终，五华队、梅江振城队、梅县庆达实业队获得前三名。

2019年1月1日—10日，梅州市第一届棕榈·客家杯“一带一路”国际足球邀请赛在梅州五华惠堂体育馆举行。本次赛事由梅州市人民政府主办，棕榈生态城镇发展股份有限公司独家冠名赞助。市委、市政府高度重视赛事筹备工作，并向中国足协汇报了相关工作情况。

梅州市第1届棕榈·客家杯“一带一路”国际足球邀请赛在五华惠堂体育场开幕

市政府印发赛事工作方案并成立了协调领导小组，成员包括梅县区、五华县和外事、台办、宣传等15个市直单位，以及棕榈体育产业发展有限公司。本次赛事得到了中国足球协会和广东省足球协会的大力支持，作为赛事指导单位，

2019 年棕榈·客家杯“一带一路”国际足球邀请赛冠军队阿根廷南锥俱乐部
（高讯 摄）

2019 年棕榈·客家杯“一带一路”国际足球邀请赛亚军队巴西庞特普雷塔俱乐部
（高讯 摄）

梅州市棕榈·客家杯“一带一路”国际足球邀请赛开幕式现场

中国足协和广东足协在赛事报备、裁判员选派等工作上给予了全方位的支持与指导。

梅州市第 1 届棕榈客家杯“一带一路”国际足球邀请赛，为梅州市历史上参加国最多的一次国际赛事。本次赛事邀请了“一带一路”区域国家 / 地区，特别是客属地区球队，和国内友好城市职业足球俱乐部共计 12 支球队参加。参赛队伍涵盖中国内地、澳门、台湾和东南亚、欧洲、非洲、南美洲等国家地区，包括：广州富力足球俱乐部、深圳市足球俱乐部、中甲梅县铁汉足球俱乐部、梅州客家足球俱乐部、延边富德足球俱乐部、巴西庞特普雷塔足球俱乐部、葡萄牙格帆尼亚体育俱乐部、法国留尼汪顶磅市足球队、马来西亚雪隆嘉应会馆足球队、台湾世界客属总会足球队、澳门澳科邹北记足球队、深圳垦岗西布朗足球联队等球队。

本次邀请赛赛制定为分组循环淘汰附加赛制，12 支球队将分为 4 个小组进行小组单循环比赛，每个小组第 1 名将进入第 2 阶段比赛争夺冠军。经过紧张的角逐，阿根廷南锥、巴西庞特普雷塔、法国留尼旺顶磅市、梅州客家 4 支队伍分别获得前 4 名。

除足球比赛外，赛事期间梅州市还安排球员们走进梅州的大街小巷，流连于梅州风景名胜。在中国客家博物馆、雁南飞茶田，来自中国澳门、中国台湾、马来西亚等地的球员们流连忘返，巴西球员则对梅州的“出入平安”毯等特具中国风的物品非常感兴趣，纷纷采购。

梅州市第 1 届棕榈·客家杯“一带一路”国际足球邀请赛，是梅州市首次举办的大型国际性足球赛事。大赛以足球作为传播“一带一路”精神的桥梁，充分体现“一带一路”沿途国家间的深远友谊与共同发展进步的精神，使梅州足球名片在国际足球舞台上亮相，将世界客都梅州的美誉远播全球。

2019年8月19日至23日，梅州市举办第2届伊利·客家杯“一带一路”国际足球邀请赛。本次赛事由伊利学生饮用奶梅州推广中心独家冠名赞助。伊利客家杯第2届“一带一路”国际足球邀请赛，促进梅州市青少年足球的国际交流与合作。

参赛队伍包括香港斯巴达淦源、山东鲁能、江西嘉宏、深圳勇士联盟、梅县铁汉生态、梅州客家、富力足球学院、育新足球俱乐部等8支U11参赛队伍，以及巴西博塔福格、日本大阪樱花、葡萄牙本菲卡足球学校阿威罗分校、泰国斯巴达阿朗森足、梅县铁汉生态、梅州客家、富力足球学院、梅江区俱乐部联队等8支U12参赛队伍。比赛采用分组循环同名次决赛的方式，决出1至8名。比赛采用8人制。

2020年12月9日至16日，梅州市第3届超华·客家杯“一带一路”青少年足球邀请赛在梅州市足球文化公园举行。超华科技作为赛事独家冠名单位。12月10日举行开赛仪式，副市长张晨，广东超华科技股份有限公司董事长、梅县深梅商会会长梁健锋等共同为比赛开球。

本次赛事是广东省重点打造的十大省内品牌赛事之一，也是梅州青少年足

棕榈·客家杯“一带一路”足球邀请赛法国留尼汪顶磅市足球队进校园活动

梅州市第二届伊利·客家杯“一带一路”国际足球邀请赛在梅州市足球文化公园开幕

张晨副市长为第二届伊利·客家杯“一带一路”国际足球邀请赛冠军队伍颁奖

超华科技冠名赞助第三届客家杯“一带一路”青少年足球邀请赛

球赛事中规模最大、范围最广、水平最高的一次赛事，本次邀请了来自全国中超和中甲足球俱乐部梯队、足球友谊城市球队共 32 支球队 860 名运动员和教练员参赛。赛事设 4 个年龄组（U12、U13、U15、U16），每组 8 支球队，其中 U16 组为全运队。

超华客家杯花絮

9 天时间 80 场比赛零事故零投诉，赛区全体保障人员以优质高效的服务赢得了各参赛球队的一致好评。经过比拼，山东鲁能夺得 U12、U13 两个冠军，浙江能绿城夺得 U15 冠军，陕西足协夺得 U16 冠军，梅州客家获得 U16 组第 4 名。

大赛采用赛会制形式，分组循环淘汰附加赛的方式，决出 1 至 4 名。比赛采用无观众的封场比赛方式，观众通过网络直播的方式观看。为确保赛事顺利安全进行，梅州市成立了以市领导挂帅的组委会，加强赛事的组织领导，并多次召开赛事协调会。五华县结合疫情防控要求，制定了详细工作方案，确保赛事圆满举办。

三、盛家、碧桂园、跃速、客家村镇银行等企业赞助五四杯青年赛

2018 年梅州市“五四”青年足球赛现场[1]

梅州市“五四”青年足球赛，又被称为“五四杯”，是梅州市纪念“五四”运动暨共青团建团系列活动之一，也是梅州振兴足球之乡规划的四大赛事之一，旨在营造足球运动的良好氛围，增强广大青年的身体素质，助力振兴“足球之乡”。

五四杯赛事从 2013 年开始举办，每年一度，由团市委决定联合市体育局、梅州日报社和梅州市广播电视台等机构共同举办。参赛队伍来自行政事业单位 18—35 岁的年轻干部、职工或国有企业干部、职工等。自举办以来，先后有盛家、

[1] 图片来源：公众号“球乡”。

碧桂园、跃速、客家村镇银行等企业赞助该赛事。

在各相关单位的支持下，“五四”青年足球比赛不仅为青年职工提供了体育竞技、切磋技艺的机会，还是足球爱好者之间沟通交流的桥梁。2019 年举办了梅州市纪念五四运动 100 周年系列活动之 2019 年青年足球文化节，以创新的思维方式宣传优秀足球文化。

前几年，每年有 8–9 支代表队、各县（市、区）及市直共 100 多位运动员参赛。随着足球氛围的浓厚，参赛队伍增加，到 2021 年，来自各县、各单位、各企业和多个足球俱乐部 300 多名运动员，24 支队伍参加比赛。

四、富源科技缪志峰赞助赛翡蓝宝石球王杯业余俱乐部大赛

为发动更多足球爱好者参与足球运动，推动梅州业余足球俱乐部发展，同时选拔优秀足球俱乐部参与一年一度的全省足球联赛，梅州市体育局、梅州市足球协会从 2011 年开始组织举办球王杯足球邀请赛。

缪志峰先生（二排中间西服白衬衣者）
在赛翡蓝宝石球王杯比赛球场和工作人员合影

2017 年赛翡蓝宝石球王杯冠军队伍
（谢茸茸 摄）

球王杯的定位是梅州市社会足球俱乐部联赛，全市有 15 家足球俱乐部参加，县以下各级足协组织本地区内业余足球俱乐部报名参赛，代表梅州市社会足球最高水平，是梅州市最重要的群众性足球赛事之一。

球王杯从 2011 年至 2014 年以球王李惠堂命名，从 2014 年开始，广东富源科技有限公司董事长、五华乡贤缪志峰连续 4 年冠名赞助，为社会力量支持梅州市振兴足球事业起到了良好的示范意义。

广东富源科技董事长缪志峰是五华人，从小热爱足球。他在 2011 年创立了赛翡蓝宝石科技有限公司（2015 年 6 月 25 日公司改制后更名为广东富源科技股

球王杯现场花絮
（陈潮华 摄）

份有限公司），将研发工厂落户梅州高新技术产业园，注册资金6亿元。他投入巨资专注研发、生产与销售大尺寸高质量蓝宝石材料，采用世界领先技术和设备进行蓝宝石晶体生产，并创立了赛翡蓝宝石品牌产品，成为行业领先者。

在缪志峰先生的大力支持下，2014年至2017年的赛翡蓝宝石球王杯成为全省覆盖面最广、竞技水平最高、总奖金最高的业余足球赛事之一，冠军最高奖金20万。

2017年赛翡蓝宝石球王杯，老牌劲旅五华队卫冕冠军，斩获20万奖金，梅江队屈居亚军，大埔队爆冷勇夺季军。作为非足球重点县的大埔夺得当年成年组别赛事的季军，是当年梅州市大型足球赛事史上首例，显示了梅州市振兴足球工作职业、竞技、草根全面发展的良好态势。

在多渠道媒体宣传之下，“赛翡蓝宝石球王杯”影响力不断扩大，进一步强化了梅州市振兴足球氛围，传播了球王李惠堂的精神理念，吸引了更多社会力量关注支持草根足球，促进了全国各地足球爱好者的交流，宣传了梅州足球城市品牌形象，同时也扩大了富源科技的“赛翡蓝宝石”品牌影响力。

“赛翡蓝宝石球王杯”为市级赛事，有别于1986年开始于五华横陂镇的“球王杯”，为社会足球爱好者提供了一个很好的交流平台，进一步提升了社会足球的氛围，提升了梅州市足球城市的知名度和影响力。

五、足协、职工、乡镇、校园等四大联赛营造浓郁球乡氛围

梅州市级四大联赛包括全市足球联赛（足协杯）、全市乡镇足球联赛、全市职工足球联赛、全市校园足球联赛等。四大联赛作为四大杯赛的补充，进一步提升了足球文化氛围和社会足球竞技水平。

在梅州市委、市政府和各级足协和体育部门的推动下，梅州积累了丰富的赛事资源，浓郁了社会足球氛围，也通过频繁的赛事提高了竞技水平，使群众可以领略精彩赛事和足球魅力。

（一）全市足球联赛踢火社会足球

2013年开始，梅州市足球协会开始举办梅州市足球协会联赛，又称为市足球联赛，又简称足协杯。足协杯赛事以足球协会、会员协会，行政、企事业单位，社会各足球俱乐部为参赛单位，运动员为梅州市本辖区内的行政、企事业单位在职在岗干部职工。

2017年足协杯由梅县铁汉生态俱乐部冠名赞助

市足球联赛旨在活跃群众足球赛事，进一步落实市委、市政府创建中国足球特区工作要求，打造梅州业余足球联赛体系，发动更多足球爱好者参与足球运动，推动各县（镇）级足球协会和业余足球俱乐部发展，营造更加浓郁的足球氛围。

2019年梅州市足球联赛开赛仪式

梅州市足协发起足协杯联赛，旨在发动更多足球爱好者参与足球运动，推动梅州业余足球俱乐部发展，营造更加浓郁的球乡氛围，同时选拔优秀足球队参加省级7人制联赛。

2013、2014两届足协杯得到了梅州市足协第2届会长、香港昌盛集团董事局主席邹锡昌和旗下梅州昌盛豪生大酒店的鼎力支持。昌盛集团邹锡昌当选出任。

2019年，梅州市足球协会联赛首次采用双循环主、客场制，12支球队参赛，足球重点县（市、区）：梅江区、梅县区、五华县、兴宁市组织2支或以上队伍参加，蕉岭县、平远县、大埔县、丰顺县组织1支或以上队伍参加，在全市范围内展开超过100场的比赛。全市各地喜欢足球的市民都可以在家门口为自己喜爱的队加油助威，感受业余足球的年度盛宴。2019年联赛前8名的队伍获得参加2020年梅州市足球联赛甲级参赛资格，第9至12名的队伍获得参加2020年梅州市足球联赛乙级参赛资格，未参加2019年足球联赛的新报名队伍经市足协审核通过后获得乙级参赛资格。

2019年全市12支球队500名运动员和裁判员、教练员历时近3个月，为广大群众奉献 132 场主客场精彩比赛。最终梅江西阳夺得冠军，梅江发泰获得亚军，兴宁足协获得季军。

2020 年，足协杯由客家村镇银行冠名赞助，命名为 2020 年“客家村镇银行”梅州市足球联赛。赛制方面也进行了改进，采取甲、乙级主客场升降级赛制，赛制与国际、国家级联赛接轨，使竞争更激烈、赛事更精彩。

此项赛事从 8 月 8 日开赛，历时近 4 个月，经过 77 场激烈角逐，梅州市足球甲级联赛兴宁足协夺得冠军，梅县深梅商屈居亚军，五华横陂足球小镇获得季军，蕉岭队倒数第一，降入明年乙级联赛。乙级联赛冠军被梅江振城夺得，丰顺大宝山位列第二。甲级兴宁宁江在附加赛中 1 比 0 力克丰顺足协，继续留在甲级。

此次联赛评选出优秀裁判员、最佳射手、最佳球员、最佳守门员，并为获得体育道德风尚奖、优秀组织奖以及甲级乙级前三名的队伍颁奖。

2020 年市领导、嘉宾与甲级第一名兴宁足协队合影

2020 年 12 月 4 日在梅州市体育运动学校田径场举行颁奖仪式，中国足协执委、时任梅州市市长张爱军、副市长张晨、客家村镇银行董事长李东强等出席了本次颁奖仪式，并为获奖队伍和个人颁奖。

（二）各机关积极举办职工联赛

全市职工足球联赛，有市直机关纪念建党日活动暨“七一杯”足球赛，以及由福利体彩赞助的职工足球联赛等，为全市将足球与党建、创文相结合的典型赛事。

此外，各行业、各部门共同举办了公安杯（忠诚杯）、烟草杯、交通杯等众多赛事。

职工联赛提倡了健身精神，丰富了各单位职工的业余生活，也加强了各单位的联系，营造基层足球氛围，成为广大职工喜闻乐见、积极参与的赛事。

梅县公安局梅江分局举办庆祝建党百周年“忠诚杯”足球赛

（三）客家村镇银行赞助乡镇足球联赛

2018 年梅州市“客家村镇银行杯”乡镇（街道）足球联赛总决赛在梅州市体育运动中心足球场举行

为普及提高全市足球运动竞技水平，梅州市体育局和梅州市足球协会从 2016 年开始组织乡镇足球联赛，这是群众广泛参与的市级大型体育赛事。由各县（市、区）分别选拔一支乡镇（街）足球队参赛，在本辖区内机关、企事业单位干部职工。比赛采用 7 人制，上下半场各 35 分钟。

从 2017 年起，梅州客家村镇银行开始冠名赞助举办乡镇足球联赛。2020 年 8 月 8 日至 12 月 4 日，梅州成功举办了 2020 年客家村镇银行梅州市足球联赛，这是梅州疫情防控常态化后的第一个市级大型体育赛事，梅州市委、市政府高度重视，要求做好赛事组织保障工作，确保联赛顺利进行。

在足球氛围浓厚的乡镇，当地足协还积极组织村镇足球联赛，从乡级进一步向村级延伸，带动基层足球氛围。梅县区“四镇十六村”村级足球联赛就是其中之一。丙村足球运动基础好，氛围浓，民间球队共有 10 多支，几十年来，多次被评为全国群众体育的先进集体，同时还向国家和省、市、县输送了大批优秀的足球人才，如为国家队输送了廖友华、谢栋、李小兰、李雪峰等，为省队输送了李海发、李健华、张小莉等 10 多名足球运动员。

随着足球振兴规划的实施，丙村镇积极实施全民健身运动，大力开展以足球为特色的体育活动，重视发展青少年足球运动，每年举办的各类足球赛事不计其数，群众参与热情极高，同时还投入 100 多万元新建超华足球场、芦陵村足球场等基础设施，为丙村足球运动提供场地保障。

村级足球联赛的举办，是梅州市足协作为全面启动村镇足球联赛的试点工作，是活跃镇村市民文化生活的一种重要方式，也是营造基层足球氛围的重要举措。村级足球联赛的举办，必将达到以比赛促队建，以队建浓氛围，以点带面，推动全市村级足球联赛的蓬勃发展，进一步夯实足球振兴发展和建设足球特区的基层基础。

（四）校园足球四级联赛体系建立，体教联合效果显著

2020 年梅州市青少年校园足球“满天星”精英训练营

2019 年梅州市教育局荣获青少年校园足球活动优秀组织奖

梅州市青少年校园足球活动在梅州市委、市政府领导的高度重视和支持下，通过梅州市青少年校园足球工作领导小组各成员单位的通力配合，认真按照国家、省教育行政部门的部署，在青少年校园足球工作的顶层设计、制度建设、活动开展、场地建设、师资提升、地方教材编写、运动员培养和输送、教体融合等方面取得了显著的成绩，获得了教育部和省教育厅领导的充分肯定。

2018 年教育部批准梅州市开展全国青少年校园足球改革试验区的试验，2019 年教育部同意梅州市教育局开展“满天星训练营”建设，是广东省目前唯一拥有“改革试验区”和“满天星训练营”的地级市。梅州市教育局在组织推广全国青少年校园足球工作和承办广东省青少年足球大型赛事等方面取得显著成绩，2019 年广东省教育厅授予梅州市教育局“优秀组织奖”。

2016 年和 2017 年，梅州市梅县区高级中学连续两年获得广东省“省长杯”青少年校园足球高中（中职组）全省总决赛高中男子组亚军，该校在 2016 和 2017 年还连续两年代表广东省参加全国青少年校园足球联赛高中男子组（东南赛区）比赛，分别获得第三名和第二名的好成绩。梅县区华侨中学 2018 和 2019 连续两年获得广东省“省长杯”青少年校园足球高中（中职组）全省总决赛高中女子组冠军。

梅江区被认定为全国青少年校园足球试点县（区），梅江区、梅县区和兴宁市认定为省级试点县（市、区）。全市共创建全国青少年校园足球特色学校 105 所，占学校总数 14.98%；广东省青少年校园足球推广学校 183 所，占学校总数 26.1%；市级青少年校园足球特色（推广）学校 362

2020 年市长杯，张晨副市长为五华县代表队（五华高级中学男子足球队）颁发冠军奖杯

2020 年代表梅州市出征“省长杯”的球队合影

所，占学校总数 51.64%。各级各类校园足球特色学校数量和比例均在全省乃至全国前列。据不完全统计，参与校园足球活动的学生人数近 30 万，占学生人数 50% 左右。全市学校校队 526 支，青少年校园足球运动员 10440 人，其中特色学校校队队员共 6842 人。

梅州市体校被授予国家后备人才基地，全市获得全国校园足球试点县（市、区）1 个，省级试点县（市、区）3 个。2021 年，梅州市全力落实“造星工程”，完善青训网络，设立了 4 个县级青训分中心，组建完备 U7—U15 各年龄段青训梯队。

2021 年度全国青少年校园足球特色学校、试点县（区）、“满天星”训练营、改革试验区和全国足球特色幼儿园名单公布，其中，梅州 17 所学校评为全国青少年校园足球特色学校，18 所幼儿园评为全国足球特色幼儿园。[1]

全市参与校园足球的学生人数超过 30 万人，占全市中小学在校人数的 50% 以上，位居全国城市前列。近年来向各级职业俱乐部输送高水平后备人才 100 多名，输送到高等体育院校足球专业大学生 100 多人。梅州拥有健全和完善的全市校园足球竞赛体系，2018 年就组织了 2200 多场次不同级别的校园足球赛事。梅州市多个年龄组别的青少年足球队分别代表中国和广东省参加重大国际和全国青少年足球比赛，均获得优异成绩。梅州市建立了校园足球四级联赛，每年组织 2000 多场不同级别的校园足球赛事。

2021 年 9 月 15 日，市体育局局长陈远洋为获得省青少年足锦赛冠军的梅州女子足球乙 B 组代表队献花祝贺

[1] 根据梅州市人民政府网站2022年2月14日数据。

2020年受疫情影响，全市共举行了2975场足球比赛，有广东省青少年足球锦标赛及省足协联赛72场、梅州市足球联赛及梅州市青少年足球锦标赛203场，校园足球竞赛1568场，共10313名学生参与。

六、五华以中超中甲主场提供赛事盛宴

五华拥有梅州客家男足、女足两支中超足球队，奥林匹克中心和足球小镇拥有中超级别的赛场，可以承接中超大赛、国际大赛等顶级赛事。在职业足球带动下，五华足球氛围走热。

2020年初，五华全县共有366支群众球队，其中系统党工委足球队12支、企业足球队26支，镇级足球队16支、社区足球队23支，村级足球队168支、校园足球队113支、幼儿足球队8支。全县年均赛事多达2000场，经常参与足球运动的人数多达25万。按五华全县人口150万计，每6个五华人中就有一位喜欢踢球的球迷。

五华最著名的业余足球赛事，为每年春节举行的“球王杯”（作者注：与前面缪志锋先生赞助的梅州市市级的赛翡蓝宝石球王杯范围不一样，这里指五华县春节贺岁时举行的县级球王杯）。五华的“球王杯”以李惠堂的“球王”称号来命名，始创于2002年，至2019年已经连续举办了18届，2020年因疫情暂停。赛事为标准11人制足球比赛，由五华下辖各乡镇组队参加，目前参赛规模为8支球队。历届“球王杯”共举办了378场赛事，参赛运动员达5400人次。

“球王杯”安排在春节举行，成为五华新年期间的品牌体育盛事。以2019年赛事为例，河东、水寨、横陂、华城、安流、转水、华阳、棉洋等8个镇参赛，按照小组赛、淘汰赛形式举行，从大年初三开始比赛，为期4天。五华县城的3座主要球场都投入使用，包括惠堂体育场、县体育场和五华体校训练场，规格最高的惠堂体育场承办决赛。赛事免费开放入场，增加了赛场热闹气氛。决赛当天多达9888名球迷入场，作为草根赛事来说盛况空前。

2019年，华城、龙村、郭田、水寨、梅林、横陂等16个乡镇及村委举办的足球赛多达26项，有208支球队，3120名运动员角逐364场比赛。

五华县级大型社会足球赛事还有五华乡镇足球联赛和机关企事业单位足球联赛。2020年迎来第6届乡镇联赛，16个乡镇全部派队参赛。相比2019年赛事，2020年赛事从“小组赛+淘汰赛”的模式更改为单循环联赛模式，从8人制改为

11 人制，时间跨度从 1 个多月延展到 4 个多月，总比赛场次从 32 场激增至 120 场。比赛 5 月开踢，是 2020 年五华地区最早启动的大型业余足球赛事。最终横陂镇以 15 战全胜夺冠。

机关企事业单位足球联赛常被简称为“机关杯”，2020 年迎来第 5 届，规模由 12 支球队扩充至 20 支。与乡镇联赛一样，“机关杯”是单循环联赛，但节奏更加快。通过一周双赛的方式，190 场比赛在近 3 个月内完赛。与乡镇联赛的冠军相似，“机关杯”冠军县教育局队同样是全胜夺冠。

2020 年，乡镇联赛和“机关杯”都明显地扩大了规模，客观上体现了五华社会足球活力的提升。而活力提升的动力来源，则得益于足球场地质量和数量的提升。2020 年，“机关杯”举行的同期，乡镇联赛同步进行；“机关杯”逢周一、周四开球，乡镇联赛逢周六开球。两项赛事互不影响，大多数时间里能各自正常比赛。

此外，由于五华的足球场馆建设达到中超水平，众多职业联赛、品牌杯赛、国际大赛也在五华举办，赛事级别高且丰富，成为五华文旅产业的重要资源。奥林匹克中心和足球小镇经常举办大型赛事（包括国际赛事），让来自各地的球迷和本地球迷一起大饱眼福。

2019 年梅州举办女足四国邀请赛

2019 年 1 月 20 日，2019CFA 中国之队・梅州五华国际女足锦标赛（女足四国邀请赛）在五华县奥体中心惠堂体育场圆满落幕。在冠亚军决赛中，中国女足凭借 17 号古雅沙的进球，以 1 比 0 战胜韩国队，捧起 2019 年的首个冠军奖杯，韩国队获亚军；在三四名决赛中，尼日利亚女足 4 比 1 战胜罗马尼亚女足获得季军。

第八节　四抓人才队伍建设，实施“百千万”工程培养后备力量

国内外的经验表明，发展足球的关键在于具备足够多优秀的足球人才。为确保振兴足球人才需要，梅州通过规划和实施“百千万”工程，着力培养百名裁判

2018 年时任梅州市委书记陈敏会见中国足协名宿团

员、千名教练员、万名运动员。

参照国际青训经验，梅州市委、市政府从政策、资金、场地、赛事、师资等各方面支持足协青训工作。2018 年 12 月 3—9 日，梅州市委、市政府邀请中国足协名宿辅导团走进梅州，12 位名宿为梅州市青训工作把脉献策，为各级教练员、运动员和管理人员传经送宝、教授技能。

梅州市委、市政府先后出台《梅州市振兴“足球之乡”十年规划》《梅州足球特区建设规划》《梅州足球体教融合工作机制》等配套改革发展文件，为梅州青少年足球发展提供政策保障。梅州青训中心出台了《梅州市青训中心管理办法》《梅州市青训中心监管方案》等系列制度，规范推进全市青训工作。

梅州市青训中心是中足协青训分中心之一，围绕打造传承中国南派足球技术高地的目标，在青训规划、教材、教练、训练、比赛等方面加强全市统筹，全力推进 U7–U15 各年龄段青训梯队建设，充分发挥青训中心引领作用。梅州青训工作得到了中足协及省级足球专项经费、市政府预算资金、体育局体彩公益金以及社会赞助公益的支持。

梅州青训把梅江区、梅县区、兴宁市、五华县 4 个和有足球历史和发展基础的县列为全市足球重点县，作为梅州青训工作的示范龙头，发挥头雁作用，带动其他县共同开展足球青训工作。4 个重点县率先做到青训工作“六有”：有架构、有规划、有场地、有经费、有梯队、有比赛。

梅州构建了中国足协青训中心、市县级体校、职业俱乐部、校园足球特色学校和社会青训组织“五位一体”的青训体系，组建完备的各年龄段青训梯队，涵盖了从幼儿园到中学的各年龄段，全市青训形式多元化、网点普及化。

职业球队发挥龙头作用：梅州足球充分利用职业球队推动俱乐部深入校园开展青训，俱乐部与体育部门、足协合作，逐步构建完备的男女足青训梯队。

体校和青训机构发挥专业作用：截至 2020 年末，梅县富力足校 U9 至 U18 十个梯队 300 多人，五华足球小镇学校 U10 至 U17 七个梯队 200 多人。

社会足球俱乐部发挥普及作用：梅州市 120 多家社会业余足球俱乐部中参与青训日渐增多，涵盖了从幼儿园到中学的各年龄段。

校园足球发挥基础作用：全梅州市有全国校园足球特色学校 83 所，省校园足球推广学校138所，市校园足球特色学校286所，市级以上的足球传统项目学校24所，25万学生参与足球活动，约占全市中小学生总数的40%。

2018年梅州市首届幼儿足球选拔赛在梅州市体育运动中心举行

十年振兴期间，梅州打通了三级青训人才输送通道，即省专业队通道、职业俱乐部梯队通道和足球高等学院通道，推动青训工作步入良性循环发展轨道。梅州构建了一批高水平的重点基地、重点班和训练网点等，构建完备的各年龄梯队衔接结构，发挥市、县、区体校骨干作用。

十年期间，梅州成立了富力切尔西足球学校、五华客家精英足球学校、嘉应学院运动训练（足球）本科专业、职业足球俱乐部，形成从中小学校到市县体校、足校、大学或职业足球俱乐部的人才输送通道。

梅州市足球协会负责统筹全市600多名教练员（包括巴西、葡萄牙、荷兰、日本等国家的40名外教）的培训、训练等管理工作，建立教练员人才库及网络平台，根据不同等级配置不同赛事及报酬。梅州市2018年在全省地级市体校系统率先引进葡萄牙青训教练开展足球青训工作，欧洲较先进的青训理念正逐步融入梅州足球青训系统，2019年又引进巴西桑托斯足球俱乐部两个外教团队，分别进驻梅江区15间学校和市体校。截至2020年底，梅州市共有40名外教指导青少年足球培训。

梅州市足协和中国足协梅州青训中心，围绕梅州市打造传承中国南派足球技术高地的目标，一方面，梅州市足协、青训中心结合梅州实际，按照国家足协提出“抓早抓小练好”的要求，一方面聘请葡萄牙菲利普青训总监领衔，整合葡萄牙、巴西外教团队资源，充分吸收广大足球专业人士的智慧；一方面结合梅州实际，在中足协青训教材的基础上融合了葡萄牙、巴西特点和梅州南派足球特色，编写了梅州青训教材，根据不同年龄段统一培训教练，统一教材训练青少年运动员。

2021年，市足协聘请赵猛为青训总监，梅县籍前国脚名宿黄德保为青训主教练，进一步把上一届青训总监编写的教材进行修改完善。为统筹各年龄段的运动员，梅州市采用三集中训练和小年龄段运动员周中在学校与训练点训练、周末走训相结合的方式进行训练，逢小长假由梅州市足协、青训中心以及各县（市、区）

足协、青训分中心组织各年龄组队伍集训及比赛，寒暑假期间组织冬夏令营集训。振兴期间，有万数以上的青少年运动员在梅州接受专业培训，周末走训、假期集训达千余课时。

梅州市十分重视实施青少年体育赛事工程，采取“以赛促学，以赛促训”的模式，以政府购买服务方式，调动社会力量，撬动社会资本，举办青少年体育赛事，并积极组队参加二青会、青少年U系列和青少年省锦标赛、冠军赛等省级及以上青少年体育赛事。

梅州市青少年足球比赛由梅州市青训中心规划统筹，赛事常态化开展，特色品牌赛事如火如荼，包括梅州市客家杯“一带一路”国际足球邀请赛、梅州市青少年足球锦标赛、校园足球四大联赛、我爱足球广东5人制争霸赛、梅州市“爱奇杯”5人制足球赛等。梅州青训中心定期举办各分中心、网点学校之间的交流赛，比赛挑选出优秀运动员参加各梯队队伍集训，打造青训精英赛事。每年梅州全市各类赛事达5000余场，参赛运动员10000多人。

为贯彻落实中共中央、国务院《关于加强青少年体育，增强青少年体质的意见》精神，带动青少年响应《青少年体育活动促进计划》，梅州市开展青少年体育冬夏令营活动，利用假期、周末及课后时间，强化青少年运动技能培训，使青少年掌握足球技能，促进青少年体质健康。在“2019年全国青少年体育冬夏令营（广东站）梅州足球冬夏令营”活动中，覆盖全市8个县（市、区），梅州青训外教埃尔德、女足主教练游绍东等140多名具有丰富、专业教学经验的足球教练为全市1300多名足球小将提供免费的足球技能培训。

2019年，梅州市开展全国青少年校园足球“满天星”训练营建设，是全省唯一拥有全国青少年校园足球改革试验区和“满天星”训练营的地级市。2021年，梅州市全力落实“造星工程”，完善青训网络，设立了4个县级青训分中心，组建完备U7—U15各年龄段青训梯队。

2019年梅州市第二届幼儿足球选拔赛现场

在职业足球梯队建设方面，梅州市充分利用梅州客家男子中甲、梅州五华女足中超球队优势，配套做好职业足球青训，培养职业足球后备梯队，推动各俱乐部深入校园开展青训活动，促进青少年足球水平的提高。

在社会青训组织和机构方面，青少年足球发展得到了五华足球小镇、梅县富力足球学校、谢育新足球俱乐部、嘉应新匠足球俱乐部、梅江区振城足球俱乐部等社会力量的大力支持，同时还充分利用梅州现有的100多家业余足球俱乐部及日渐增多的社会机构，通过举办从幼儿园到中学各年龄段丰富的赛事活动，推动全市足球青训工作向形式多元化、网点普及化发展。青少年足球培训实现了向幼儿延伸，全市有11家足球试点幼儿园，每年均组织多场幼儿足球赛或活动。

从2009年至2020年，在梅州各界人士的共同努力下，梅州足球人才培养工作的成绩得到了国家、省级相关部门的支持。梅州被中国足球协会授予新周期青训中心，被教育部评为全国青少年校园足球改革试验区，被国家住建部定为全国6个城市社区足球场地设施建设试点城市之一。梅州足球成为广东省足球试点城市、城乡足球协调发展典范，被广东省体育局誉为广东的一面旗帜。

除了运动员人员的青训和管理，梅州市还高度重视教练员和裁判员的培养、管理。梅州市贯彻落实《全国各级各类体校教练员人才教育培训规划》，拟定市教练员参加全国全省培训班的方案，举办足球教练员培训班，派送一批优秀教练员参加全国、全省教练员培训班。

裁判人才方面，采取“引进来，送出去”的措施，加强裁判员的培训工作，承接并组织好国家级裁判员培训班，聘请高水平的导师对裁判员进行培训，使用新颖的培训方式，培养出本土精英裁判员队伍。本土裁判员被多渠道派送学习先进的执法方法，通过开展赛事促进本土裁判员上场执法，提高本土裁判员的执法水平。为了留住人才，制订梅州市体育系统足球比赛裁判员工作酬金标准，提高薪酬。

一、嘉应学院开办足球专业，打造足球人才高地

嘉应学院是梅县当地的最高学府，创办于1924年，1927年停办，1984年复办，2004年，成为广东省学士学位授权单位。2008年，在中国足球低谷期，梅州市举行振兴“足球之乡”座谈会，梅州市政府首次提出由嘉应学院开办本科足球专业，为实现足球之乡的可持续发展打下坚实的基础。

足球专业在当时是全新创举，鲜有经验可循，为此筹备小组组织了各方专业人士进行了大量论证工作，时任教务处张晨处长、体育学院杜光宁院长等领导做了大量推动工作。在筹备小组努力推动下，2008年，嘉应学院高效通过了“足球之乡”申办运动训练（足球）专业论证会。2008年12月，嘉应学院正式启动申

报运动训练（足球）专业工作。2009年开始，嘉应学院在体育教育专业中设置了足球方向。

2010年以来，梅州市先后出台了《梅州市振兴“足球之乡”十年规划》等8份文件，投入资金600万元，对嘉应学院足球办学给予了政策和资金支持。为了更好地融入《梅州市振兴“足球之乡”十年规划》，嘉应学院专门成立了振兴足球领导小组，由校长任组长，分管副校长任副组长，统筹学校的足球工作；另外，学校还制定了《嘉应学院振兴“足球之乡”实施方案》，由学校体育学院具体落实。

2012年，经过梅州市委、市政府和嘉应学院持续努力，教育部批准嘉应学院体育学院设立运动训练专业（足球方向）。2013年，嘉应学院运动训练（足球）专业正式开办秉持梅州崇文重教的文化传统，嘉应学院为足球专业学生提供了多元的文化课程，足球专业学员受当地学风影响，注重文化课程学习，提高综合素质，还专门成立了足球文化研究中心。

利用球乡优势，嘉应学院构建了“校内培训—职业俱乐部和足球学校见习青训—体育部门和足协考证—校园足球布点学校学习”四位一体的足球培养模式，实现了高校足球师资培养和校园足球活动开展的无缝对接，并率先在国内构建起高校、地方政府、行业、企业协同育人的“南方足球创新人才培养培训协同中心”，获得了中央财政200万元专项资金支持。

自此，嘉应学院开启球乡特色办学之路，梅州市打通了从小学、中学到大学的足球人才培养通道，足球人才继续教育有了保障，足球人才培养机制形成良性循环，和梅州足球振兴具有重要意义。

嘉应学院足球专业从2013年正式开学，首届有46名新生入学，从2013年开始，广东女足每年的现役队员都会报考嘉应学院的足球专业，之后随一批批国字号球员和优秀裁判的毕业，报考人数和知名度逐年递增。高水平的育人平台，吸引了高素质的足球人才。

2013年9月26日嘉应学院运动训练（足球）专业开学典礼及梅州市足球文化研究中心挂牌仪式现场

来自广州恒大的温浩军、陈泽鹏，广州富力的叶楚贵、曾超，梅州客家队的张治权，梅县铁汉队的黄远强、胡勇发、梁日富等，梅州辉骏队的谭茹殷、钟秀东、陈秀冰、罗财英、李志君等，先后入读嘉应学院足球专业。嘉应学院与广东省体育局共建广东女子足球队，专门为广东女足等现役队员设计另外一套教学计划，让队员每年利用比赛空档期回校上课，主要修读理论方面的课程。

2016 年嘉应学院客座教授、中国足协副主席容志行作报告

2015 年 10 月 12 日，富力切尔西足球学校中学部启用仪式暨嘉应学院足球实践基地挂牌，这是梅州第一个国家级足球训练基地。富力足校与嘉应学院在人才输送、足球训练及运动医疗方面展开深度合作，双方优势资源共享。

2013 年 9 月 26 日，嘉应学院运动训练（足球）专业举办开学典礼的同时，梅州市足球文化研究中心也在学院正式挂牌。截至 2020 年，嘉应学院的足球教学科研团队承担了足球科学研究和教学改革项目 40 多项，创建了广东省协同育人平台“南方足球创新人才培养培训协同中心”。体育教育训练学是嘉应学院 8 个省级重点学科之一，2018 年，体育学被纳入广东省高等教育“冲一流、补短板、强特色”提升计划重点建设学科。

除了培养专业运动员，嘉应学院体育学院还致力于足球裁判人才的培养，是梅州市足球裁判人才的后花园，学院人才基础雄厚，对学生从事足球裁判工作无条件支持。

2015 年嘉应学院女足获广东省第 9 届大学生运动会冠军

从 2013 年至 2020 年，嘉应学院培养出 6 名国字号球员，4 名国家级足球裁判员，3 名预备国家级足球裁判员，127 人获得足球国家一级裁判证书，73 人获得中国足协 C、D 级教练证书，192 人获得广东校园足球指导员证书。

2016 年第 2 届省港杯女足比赛，4 位裁判均出自嘉应学院

嘉应学院足球专业的毕业生源源不断地进入国家足球产业，成为炙手可热的人才。2014 年以来，嘉应学院男、女足球队进入全国和省级比赛前 8 名就有 25 次之

2016 年谭茹殷在里约奥运会以一记超级远射“世界波”载入中国女足史册

多。谭茹殷、钟秀东入选中国女子足球国家队，叶楚贵入选国足集训队，温浩军、陈泽鹏入选 U22 国足，李足玲入选国家女子 5 人制足球集训队……嘉应学院“高品质足球生”成为就业金字招牌。

作为培养体育人才的主阵地，嘉应学院运动训练（足球）专业（本科）自 2015 年至 2020 年，共录取了 346 名学生，其中梅州籍足球项目学生约占录取总数的三分之一，免试录取了 7 名职业球员学生，其中叶燕梅、曾超、胡勇发、黄龙、罗足庆等 5 人是梅州籍学生。

2019 年，中国之队·梅州五华国际女足锦标赛将于 17 日至 20 日在五华县举行，这是梅州市首次举办国际 A 级赛事。嘉应学院体育学院足球专业毕业生、梅州市女足裁判员吴丹霞、温木莲担任了本次比赛的执法工作，两位在读学生成为国家级足球裁判员。第 3 届省港杯女子足球赛上的 4 名执法裁判、第 4 届省港杯女子足球赛上的 4 名执法裁判（温木莲、陈婷婷、吴丹霞和邹微风）都出自嘉应学院。

2016 年嘉应学院男足获省长杯甲组冠军

2017 年嘉应学院足球专业学生温浩军、陈泽鹏入选 U22 国家男子足球队

二、嘉应学院成立足球（产业）学院

2018 年 5 月，嘉应学院开始筹办足球（产业）学院，旨在整合相关优势学科专业资源，加强高水平师资队伍建设，优化复合型足球人才培养机制，搭建科研创新平台，推动足球文化和产业研究成果的转化，打造足球特色学院、品牌学院。

嘉应学院足球（产业）学院于 2019 年 12 月 28 日正式挂牌成立，是当时中国唯一的一个高校足球（产业）学院。

嘉应学院足球（产业）学院聘请了中国足球协会原主席年维泗为荣誉教授，聘请中国足球协会副主席容志行，国足原主帅高丰文、戚务生等一批足球名人为客座教授，聘请梅州籍前国脚池明华、郭亿军、谢育新、王惠良为兼职教授。

这也标志着该学院正式进入运转。

对应梅州市创建足球特区战略，嘉应学院足球（产业）学院遵循高起点、高标准的建设原则，制定了近期、中期和远期发展目标。嘉应学院足球（产业）学院规划在 3 至 5 年内搭建和完善学院治理结构，高起点推进足球（产业）学院运行机制建设，形成凸显“协同育人、国际视野”的应用型足球人才培养体系；5 至 10 年内加强专业建设，汇集一批高层次、应用型人才，建成广东省一流本科；积极创造高级人才培养的条件，全面具备申硕条件，搭建高级人才培养的平台，成为推动地方足球事业高质量发展的重要科研依托；10 至 15 年内积极创建国家级一流本科，以高端人才建设为突破，把学院打造成为梅州乃至广东足球事业发展的“智力引擎”，进而建成具有鲜明的跨学科、国际化和精英化特征的二级学院。

嘉应学院足球（产业）学院挂牌仪式

三、广州富力在梅州打造高标准足球培训基地

在梅州振兴足球十年规划发布的第 2 年，2011 年 6 月 26 日，广州富力集团接手收购了一家濒临解散的中甲俱乐部深圳凤凰，并在 5 个月后冲超成功。

到 2020 年，这家经营稳定的中游俱乐部已发展成为中国足球中一个良性发展样本，其在梅州建立的富力足校，为球队稳健发展提供了人才保障。富力足校的发展，立足梅州浓厚的足球氛围，充分借力梅州市政府振兴足球战略形势，体现了足球之乡“政府引导，企业支持、社会参与”的足球发展模式。广州富力集团的两位掌门人张力和李思廉都是足球爱好者，张力的夫人廖冬芬祖籍梅县丙村；李思廉生于香港，祖籍梅县。张力和李思廉是欧冠决赛现场的常客，两人都熟悉南派足球，并了解梅州的足球氛围。

位于梅县的富力足球学院

广州富力足校选址于崇文重教的文化之乡梅县，既有足球氛围，又有文化氛围，得到了容志行、曾雪麟、杨霏苏等南派足球名宿的支持。在足校构建之初，广州富力就以“做好人、读好书、踢好球”为校训，旨在培养“智慧型”球员。富力足校尝试将欧洲球队的人才选拔方式、足球大纲教材与中国的南派足球技术结合，借鉴先进足球思想和技术，聘请优秀教练，提倡“慢火煎鱼、十年磨剑”，扎实青训，培养新一代球王。

富力2011年冲超成功后，在恒大俱乐部担任副总的洪友强，来到富力担任副总，负责青训和和梯队建设，2012年，洪友强的工作重心转向梅县富力足校的筹建工作，随后担任足校校长，同时兼任俱乐部副总。

在富力集团支持下，富力足校不断创新足球教学模式，学校实行基础教育与足球训练并重的全日制寄宿办学模式，正式纳入梅州市国民教育序列，开设小学至高中课程。

富力足校与嘉应学院和东山中学进行全方位合作，在教学、科研、管理等方面资源共享，并在全国范围内招聘了一批具良好英语基础的各专业优秀教师，为学生提供优质基础教育，学校计划在3年内普及英语口语。富力足校的队员用全英语教学，在足球场上，队员们必须用英语与外教交流。

2016年至2017年，前国家队队员郭亿军担任梅县富力足球学校副校长，全面主管学校的招生、对外联系、赛事管理和各省、市（地区）培训中心管理工作。郭亿军非常重视比赛和技术，丰富的足球履历让他有着先进的足球理念，善于激励和培养年轻球员。

富力足校与国际豪门球会合作，打造富力足校人才培养体系。2013年5月14日，广州富力足球俱乐部与切尔西足球俱乐部正式签订合作协议，同年9月，富力学校正式开学。富力俱乐部邀请了日本青训教练组负责富力青训。从2018年开始，富力足校和欧洲足坛“造梦工厂”荷甲阿贾克斯合作，荷兰教练团队全面入驻富力足校，以欧洲的青训模式和标准对球员进行培训。

富力足校的学生从全国选拔，通过校园足球进入足校，经过专业训练后，输

2016 年郭亿军到富力切尔西足球学校广州青训中心选材

送至富力俱乐部精英队，最终成为职业球员或有足球特长的大学生。[1] 从 2013 年到 2021 年，富力足校为国家各级集训队输送了 28 名队员，为广州富力输送了 30 多名球员；共 21 名学员考上哈尔滨工业大学、暨南大学、广州体育学院、嘉应学院等重点本科院校，青训初结硕果。

2017 年，该院就向富力俱乐部输送了第一批共 3 名 2001 年龄段球员，2018 年输送第二批 6 名 2002 年龄段球员。2020 年 4 月，梅县富力足球学院 11 名 U16、U17 球员被选中输送至广州富力足球俱乐部。这 11 名球员中有 5 名梅州球员，其中梅县区 3 人，分别是凌传滨、薛悦伟、钟玮宏，兴宁市 2 人，分别是刁家豪、何佳兴。何佳兴因出色表现跳级入选 U19 梯队，刁家豪则被选中参加一线队的交流赛。

2014—2020 年，富力足球有 100 多名优秀教练员和学生被选派英国、葡萄牙、日本、荷兰、美国等国家参加海外集训。2018 年，全国青少年男子足球 U15 锦标赛（2003 年龄段）淘汰赛的 25—32 名排位赛中，富力足校凭借 24 号薛悦伟打入的全场比赛唯一进球 1 比 0 战胜北京中赫国安。

2018 年，21 届俄罗斯世界杯护旗手选拔中，富力足校 04 队员凌传滨以赛区第 1 名的成绩当选。世界杯护旗手由世界杯官方指定机构在世界范围内挑选 105 名 12 岁至 17 岁青少年组成，中国区海选有来自全国 179 个城市的近万名青少年参与。最终，5 岁开始练球、体能球技和语言表达能力出色的梅县籍小球员凌传滨脱颖而出，成为代表中国参加的 6 名世界杯护旗手之一。2019 年 9 月，在第 19 届亚洲 U16 男子足球锦标赛预选赛中，兴宁籍小将刁家豪作为唯一的亚洲球员入选 2019MIC 地中海杯国际邀请赛“最佳阵容”。

2020 年入选中超的 5 名梅州籍小将
左起：何佳兴、刁家豪、薛悦伟、凌传滨、钟玮宏

2018 年 7 月，张力、廖冬芬伉俪出席了在梅县雁洋镇举行的梅县富力足球产业小镇项目投资合作框架协议签约暨加业营地开

[1] 参见富力足球公众号2021年6月19日文《富力足校丨八载辛勤耕耘，桃李遍布绿茵》。

业揭牌仪式。根据协议，富力集团投入 35 亿元建设梅县富力足球小镇。在 2021 年初发布的梅州市足球特区规划中，打造富力足球产业小镇也纳入了梅州足球产业发展进程。

四、两对梅州籍国脚中超父子体现新时代足球传承

作为足球之乡，梅州历史上涌现了不少足球世家，例如球王李惠堂、李育德父子，杨向梓和儿子杨霞荪、杨雱荪、杨雰荪、杨霏荪、杨露荪及孙辈杨宇杨朋锋、杨寰锋、杨宇锋、杨卫锋等三代，杨友标和杨宣、杨宁父子，谢育新、谢维军父子，王惠良、王鹏父子，强民队蓝淦和梅县女足蓝明珠父女等。在足球家庭，孩子耳濡目染，对足球有天赋、有兴趣，并能够及时获得作为专业足球人士的长辈指导和练习。其中谢育新、谢维军父子，王惠良、王鹏父子，父亲都是国足元老，儿子则在梅州振兴足球期间成长为曾经入选国字号球队的中超职业球员。

第二届客家杯期间，王惠良和王鹏、谢育新和谢维军两对梅州籍国脚父子回乡

王惠良祖籍揭阳，1960 年生于梅县，曾是广东队、国家队的队长，打左前卫或后腰，曾以一脚远射功夫叱咤中国足坛。王惠良参加过 1984 年亚洲杯和 1985 年世界杯预选。1987 年退役后，王惠良一直致力于足球，为梅州足球和广东足球的基层发展做了大量工作。

王惠良的次子王鹏，生于 1997 年 11 月，在父亲的影响下，从小学二年级开始接触足球。王惠良每次组织广东足球元老友谊赛或联谊活动时，都特意带上儿子。在王惠良的言传身教下，王鹏入选过 U19 国青队等几支不同年龄段的国字号球队，逐渐成长为一名职业球员。

2014 年 5 月，王鹏被葡萄牙贡多马尔俱乐部的球探看中，前往葡萄牙试训，

在通过俱乐部考核之后，王鹏与贡多马尔俱乐部签约5年。2018赛季2次转会期，王鹏从贡多马尔队返回国内，加盟广州富力。

王惠良、王鹏父子

从葡萄牙联赛回到国内联赛后，王鹏在中超预备队的比赛当中屡有上佳表现，在富力预备队主场与北京国安预备队的比赛中，王鹏将父亲所授的中远距离射门特长充分发挥，在禁区外以一脚精彩远射率先为富力破门。

王惠良当年踢的主要是左前卫，特点是从左边路突到大禁区附近射门。王鹏则踢前腰或后腰，在中场的攻防组织意识比较出色。2015年4月3日，中国足协官网发布了最新一期的国青集训名单，广东足协王鹏入选。

谢育新1968年生于梅州兴宁，1985年入选国家少年队，1987年入选国家队，参加奥运会亚洲区预选赛，同年应邀到荷兰兹瓦鲁PEC82足球俱乐部（今FC Zwolle）试训，成为中国留洋第一人。谢育新是当年国足著名的“中场之王”，个子不高，但脚下技术十分灵活，速度快，中场组织能力超强。谢维军，是谢育新之子，生于1997年11月，场上司职中锋、边锋，现效力于中超天津泰达足球俱乐部。

父子都是踢前锋，谢育新身高168cm，谢维军190cm。2008年在深圳盐田执教1993/1994梯队的谢育新，将读小学的儿子带到身边学足球。谢维军曾是广州恒大梯队的一员，从小就被父亲送到多个足球先进国家训练，2012年到英国，2013年到巴西，2015年到一家葡萄牙乙级俱乐部。通过领略多个足球先进国家文化，与高水平同龄人一起训练，谢维军受益匪浅。

2017年6月，谢维军入选中国U20国家队。2018年2月28日，谢维军加盟天津泰达队。第1一轮泰达挑战上海申花，2018年8月5日，中超第16轮，河北华夏幸福坐镇主场对阵天津泰达。谢维军替补登场后攻入绝杀球，使天津泰达2比1逆转取胜。

谢维军进球照片

2018年5月在土伦杯邀请赛上，谢维军在补时阶段制造了一粒点球，帮助中国U21选拔队最后时刻战平卡塔尔队，加上与英格兰U21队那场比赛，谢维军让人眼前一亮，让人想起1988年谢育新突破卡塔尔队的战史。

2018 年 9 月在云南曲靖举行的四国赛，谢维军身穿 12 号球衣，助攻队友破门。次日谢维军在微博晒出了自己和父亲谢育新身披国字号战袍和代表国字号球队出场的照片，并附言："都是中国队 12 号。"

谢育新、谢维军父子

从事专业足球需要付出艰辛努力，生在足球之乡或足球之家，则使得这种"一万小时"的努力有了明晰的方向、专业的指导和良好的环境，从而造就更高的成材率。在家庭的引导下，越来越多新生代的梅州足球人，不仅传承父辈南派足球的灵动技术和对足球的热爱，还传承了客家人崇文重教、正直弘毅、爱国爱家的传统精神。正如其父辈一样，这些特质成为推动其职业生涯发展、人生层次跃升的重要因素。

五、西布朗俱乐部主席赖国传为家乡带来英超青训体验

2018 年，在平远县足球工作会议上，平远籍知名企业家、棕榈生态城镇发展股份有限公司创始人之一赖国传当选平远县新一届足协主席。

赖国传从小酷爱足球，高中就读于有着百年足球传统的省重点学校梅县东山中学，1996 年大学毕业后加盟棕榈园林公司，常常组织公司球队。伴随中国城市化进程，棕榈园林一路壮大，于 2010 年在深交所上市。借助棕榈园林的平台，赖国传从多方面参与和支持足球事业。

2016 年 8 月 5 日，赖国传领导麾下云毅国凯公司，全资收购了西布罗姆维奇足球俱乐部（West Bromwich Albion Football Club，简称"西布罗姆维奇"或"西布朗"）[1]。西布朗位于英格兰西米德兰兹区域西米德兰兹郡桑德韦尔都市自治市西布罗米奇，成立于 1878 年，为足球联盟创始成员，主场为山楂球场，是英超联赛的老牌名旅。西布朗绰号"灯笼裤"或"画眉鸟"，是世界上最早使用属于自己队徽的球队，1880 年代，该队就设计了画眉鸟站立在山楂树枝头的队徽形象。西布朗在历史上曾获英足总青年杯冠军、联赛杯冠军等奖项。

西布朗维奇队是第一支访问中国的欧洲四大联赛球队，1978 年 5 月 19 日在北京工体与年维泗麾下的中国国家队交手，以二比零获胜。当时西布朗维奇

[1] 参见棕榈股份2016年8月5日发布的《有关设立的体育产业基金对外投资公告》。

在 1977—1978 赛季英甲排名为第六，获得下赛季欧盟杯正赛资格，乃是货真价实的英国职业强队。这也是共和国时代国足第一次和欧洲四大联赛球队交手，到场观众达到惊人的 89400 人。[1]1979 年 8 月 1 日，国足造访山楂球场（The Hawthorns），进行客场作战，国足在上半场的技战术表现颇为抢眼，可惜临门一脚欠佳，上半场 0 比 0，下半场国足难抵压力，比分 0 比 4。

2016 年赖国传全资收购西布朗俱乐部之后，西布朗就成为第一支由中国资本控制的英超俱乐部，也是梅州企业家以资本方式深入国际足球产业实践的第一个案例。

赖国传和西布朗队徽

英超是全球商业化运作最成功的联赛，竞争激烈，其俱乐部的拥有者不仅收获英式先进足球文化的熏陶，还将经受赛事成绩跌宕起伏的历练和捧打。敢于全资拿下英超球队，并在世界顶级平台上试水足球产业，足见这位梅州乡贤对足球真正热爱的情怀和运作球队的专业底气。这意味着梅州足球英才不仅仅局限于懂足球的政府官员和传统足球三员（运动员、教练员、裁判员），还包括足球产业链上的资本及商业运作人才。

作为掌舵者，赖国传和他麾下俱乐部需要面对的市场化足球竞争，是酷烈的。2018 年 5 月，西布朗从英超降级，2020 年 7 月，西布朗再以 2019/20 赛季英冠联赛亚军身份重返英超。

2017 年 7 月 3 日，张玉宁转会至英超西布朗足球俱乐部，签约 5 年。由于英超联赛劳工证制度，租借至德甲云达不来梅足球俱乐部（SV Werder Bremen），租借期为 2 年，成为登陆德甲联赛最年轻的中国球员（20 岁）。

作为平远县足协会长，赖国传先生一直大力支持家乡梅州的足球事业。在赛事方面，他曾多次慷慨赞助家乡足球赛，包括冠名赞助“棕榈杯”平远足球联赛、梅州市第 1 届棕榈・客家杯“一带一路”国际足球邀请赛等在当地富有影响力的赛事，其中客家杯达到国际 A 级赛事级别，为梅州市历史上参加国最多的一次国际赛事，是当年广东省精品赛事工程之一。这些赛事活跃了梅州的足球氛围，缔

[1]《新华社通讯稿》1978年5月19日。

西布朗的梅州球迷到山楂球场参观学习[1]

造了梅州足球的高端形象。

为推动梅州足球青训水平的提高，赖国传多次邀请梅州教练员和球迷赴英超西布朗俱乐部交流参观，了解英超的运作模式，感受英超的文化和气场，接受先进足球理念熏陶。

2017年11月，经赖国传邀请，在西布朗中国球迷会、东山中学校友谢春平组织下，来自梅州的西布朗球迷会访问团到西布朗主场山楂球场参观学习。俱乐部主席赖国传安排访问团参观了西布朗俱乐部的训练基地，并在主席包厢现场感受英超球赛的氛围，近距离体验高水平职业足球文化。

作为西布朗维奇俱乐部的老板，赖国传通过旗下棕榈体育产业发展有限公司为深圳、平远带来了英超式的青训项目。2017年起，棕榈体育产业发展有限公司分别与由深圳市宝安区教育局、梅州市平远县教育局一起合办英超西布朗校园足球夏令营暨教练员培训班，为来自深圳、梅州的校园足球少年、教练员开展足球文化和技术知识交流培训。

在夏令营中，欧洲A级教练韦恩带领5位英国青训教练、平远和宝安12名优秀青年教练员以及卓普士公司4名技术教练组成教练组，与队员一起学习训练。项目专门为队员制订了科学训练计划，在训练体系、饮食结构、文化学习和行为管理等方面参照英超职业化要求。培训班在青训中还加入科技元素，由棕榈体育带来TROPS智能穿戴设备，为足球选才提供依据。

作为球乡特色，棕榈体育在培训课程中还安排了参观球王李惠堂故居，观看梅州客家俱乐部的职业赛事等内容。

六、梅州引进多支外教团队打造与世界接轨的青训体系

一百多年来，梅州足球一直有向世界足球强国学习的开放思维传统。为了推

[1] 东山中学校友、足球记者罗克供图。从左到右：西布朗的梅州球迷陈杰、温志平、陈明杰、海威、温格、叶永频（东山中学副校长）、侯广东、温威光、嘉应学院教师刘绮红、梅州足球记者罗克。

动梅州足球与世界接轨，梅州市委、市政府高度重视足球外教引进工作，开展足球文化对外交流。

为了甄选比较适合梅州的外教，2018 年，梅州市政府张晨副市长率团前往英国、西班牙、巴西、阿根廷等世界足球强国进行了考察调研。

2018 年，经多方考察、协商及政府采购等程序，由梅州市政府和梅县铁汉生态足球俱乐部分别出资 160 万，委托广州新安明珠足球俱乐部和上海亮竞体育文化发展有限公司分别引进一支葡萄牙教练团队到梅州市体育运动学校执教，开启了外教进梅州体校青训的先河。

2019 年 3 月 14 日巴西桑托斯俱乐部到访梅州

2019 年，梅州引进巴西男女教练团队，将先进青训理念逐步融入梅州足球青训系统。梅江区引进 4 名巴西桑托斯足球俱乐部外教并组成 10 人教练团队，进驻 15 所中小学校夯实青训发展基础。

葡萄牙教练签约现场

之后截至 2020 年底，全市各界共引进来自葡萄牙、巴西等 6 个国家的 40 多名外教。多支外教团队，有助于在梅州市县体校内部及在外教团队内部形成良性竞争，在竞争中互相促进。

梅州足球立足本土发展，借鉴国际经验，将“引进来”和“走出去”相结合，探索出具有本土特色又适合梅州球员发展的训练体系，有助于解决本地青训教练紧缺、青黄不接，以及因山区经济欠发达问题导致优秀教练向发达地区流失的问题。

在引进来方面，梅州以外教进校园作为推动青少年足球发展的重要手段，辐射带动全市足球教练、指导老师训练水平提升。梅州市政府主导外教进校园，通过对外交流，相互促进、相互开放、相互融合，把梅州足球之乡引向国际，将国际理念引入梅州。外教团队为梅州足球带来了先进的足球理念，取得了喜人的成效。

七、葡萄牙教练率梅州代表队夺得省锦赛冠军

梅州市体校引进的两支葡萄牙教练团队分别负责两个年龄段男子足球运动员的训练、比赛和日常管理等工作。其中，埃尔德（Helder Dos Santos Silva）担任梅州市足球青训训练总监兼 2005/06 队的主教练，马可（Marco Igor Vieira Dos Santos）担任 2007/08 队伍的青训主教练。两人都具有欧足联 B 级教练资质，团队中的助理教练也是欧足联 B 级或 C 级教练。

埃尔德教练曾经在葡萄牙踢过职业联赛，后因伤病而提前结束球员生涯。他有接近 15 年的欧洲执教经历，在英国还拥有一所足球学校，在英超俱乐部水晶宫队担任过教练、球探，参与青训期间曾为一些豪门球队输送过不少梯队球员，是一位有着丰富实战和青训经验的资深教练。其助理教练戴维具有青少年运动专业硕士学位，曾任阿威罗大学的足球主教练。守门员教练毛罗（Mauro Da Encarnação）拥有欧足联 C 级教练证书。体校委派教练张彬辉担任埃尔德团队翻译。

埃尔德教练在上课

马可教练正在市体校带队训练

外教团队将来自足球强国的先进理念带入梅州青训体系，并结合梅州足球文化和具体情况，形成适应梅州青少年的训练方法。葡萄牙教练团队在完成市体校教学任务的同时，还通过举办培训班、交流比赛、到学校授课等方式，向梅州各级教练员传授欧洲现代足球理念及训练方法，提高梅州基层足球教练员水平。

除了在体校的青训，两个外教团队还在市体育部门组织的一些活动中应邀到当地一些中小学指导学生们踢球。2019 年 11 月，在梅州市足球联赛公益行活动中，马可教练团队应梅州市足球联赛组委会邀请，走入梅县区梅西镇中心小学为足球小将们上专业训练课，让体校之外的足球少年们大开眼界。

2018 年 7 月，时任梅州市委书记陈敏、副市长张晨到市体校看望葡萄牙足球教练

埃尔德教练对这份工作充满热情，并希望孩子们能在踢球的过程中体悟到知识、理解、激情、求胜欲，他在教学中非常强调主动的精神、不屈的信念、求胜的愿望。他希望为梅州培养最好的球员，当人们谈起梅州时，都会想起这里是中国足球之乡。马可教练认为足球训练不能操之过急，要把欧洲足球理念灌输给体校的孩子们，需经过一个潜移默化和耐心训练的过程。

两个教练团队在教学中认真体会和磨合中西方文化的一些差异，他们很适应梅州的气候，也发现了客家人友善、刻苦的性格。[1] 埃尔德教练将家人带到了梅州，子女在梅州上学，家人对这里新生活很满意。他了解到，最早教梅州人踢球的是来自传教士边得志、万保全也来自欧洲，他也希望能为梅州重振足球雄风做点实事。

在见多识广的埃尔德眼中，中欧足球文化存在较大差异，造成青少年的技战术水平基础悬殊。在英国，足球是孩子们日常生活的重要部分，他们用大量时间来看比赛、踢球；而中国孩子赛球和练球的机会比欧洲的孩子少太多，并容易被很多足球之外的事物分心，所以技术基础也比较弱些。两位外教选择尊重中国的文化和环境，一方面重点帮助孩子们优先在技术方面查漏补缺，另一方面也要耐心花时间通过潜移默化，逐渐培育他们对足球的兴趣和习惯，让孩子们真正感受踢球的信心和快乐，并争取多创造参赛的机会，在实战中提升足球技能和竞技感觉。[2]

2020 年 9 月埃尔德团队率梅州队勇夺省锦赛冠军，上次梅州夺冠还是在 2005 年

在 2020 年 9 月 7 日结束的 2020 年广东省青少年足球男子甲组锦标赛上，葡萄牙教练埃尔德团队率梅州队过关斩将，力压由恒大足校代表队出队的清远队，勇夺冠军。

[1] 参考《中国体育报》2019年7月5日对两位教练的报道文章“外教倾注心血助推梅州足球青训”。

[2] 根据作者客名君2020年10月对葡萄牙教练团队的访谈内容整理。

这是时隔15年后，梅州男子足球甲组代表队再次获得省锦标赛冠军，也是新冠疫情复工复产后梅州足球第一次参加省级最高水平青少年足球赛事。面对踌躇满志的广州恒大清远队，埃尔德教练鼓励梅州队的孩子们要相信自己的实力，打出自己的水平。

埃尔德教练团队率梅州代表队力压恒大队，重捧省青少年锦标赛冠军，印证了高水平教练员、先进的青训理念是中国足球振兴的强力催化剂。

2019至2020年，埃尔德教练团队率05/06年龄段男足共参加了5项赛事，

2020年9月市体育局欢迎埃尔德教练团队和梅州体校代表队从省锦赛夺冠凯旋

斩获3金1铜，1个第5名，包括2020年广东省青少年足球锦标赛冠军、2019年“桥批杯”广东省足球协会青少年5人制足球锦标赛冠军、2019年梅州市青少年足球联赛冠军、2019年全国“体校杯”足球比赛广东赛区季军、2019年广东省青少年足球锦标赛第5名等成绩。

主教练马可（Marco Igor Viera Dos Santos）在里奥马欧高中体育足球学院，获得了运动训练硕士。他的教学经验也十分丰富，曾在葡萄牙莱里亚马拉兹俱乐部、葡萄牙第三联赛奥利维拉俱乐部、莱里亚CCMI体育学院和铜陵市第二中学担任青训主教练。守门员教练布鲁诺（Bruno Roda Nogueira）拥有欧足联B级教练证，曾担任加拿大艾林米尔斯足球俱乐部和加拿大巴塞罗那青训营主教练和守门员教练。助教里卡多（Ricardo Ribeiro Lavrador）拥有葡萄牙一级教练证书，曾担任葡萄牙卡尔瓦奥俱乐部青训主教练。市体校委派袁园担任马

2019年4月马可教练团队率梅州队参加武汉全国希望杯U12荣获季军

可教练团队的翻译。

马可教练团队指导梅州市体校足球队先后获得了2018年10月成都全国希望杯U10第10名，2018年11月省长杯U11第5名，2019年4—10月梅州市青少年联赛07/08年龄组第1名，2019年4月武汉全国希望杯U12第3名，2019年8月“一带一路”邀请赛第8名，2019年11月顺德省锦标赛U12第3名等成绩。

2019年11月马可教练团队率梅州代表队勇夺省锦标赛U12季军

梅州市通过引入优秀的外教团队，既解决了过去体校教练人才紧缺、青黄不接的问题，大幅提升了梅州的青训水平，又为足球之乡梅州这座城市带来先进的足球体验，让更多青少年足球爱好者受益于高质量的训练系统，为足球之乡培养了一批生力军。

埃尔德教练和来访梅州参加客家杯赛的葡萄牙格帆尼亚俱乐部

八、梅州与球王贝利的家乡桑托斯开展青训合作

2019年3月13日，受梅州市邀请，巴西球王贝利的故乡桑托斯市桑托斯足球俱乐部主席Jose Carlos Peres、桑托斯市政府国际交流主任Paula Franchi Quagliato Tringali率桑托斯市参访团来到梅州，参观考察足球相关工作。

梅州市委、市政府和体育局领导到机场迎接巴西桑托斯俱乐部主席一行

桑托斯市此次来访梅州的代表包括：桑托斯足球俱乐部主席Jose Carlos Peres，桑托斯市政府国际交流主任Paula Franchi Quagliato Tringali，桑托斯足球俱乐部中国代表Marcelo Felipe de Sousa和桑托斯足球俱乐部中国代理方泽等。

梅州与桑托斯方面就外教进校园项目、青少年球员培养及赴巴集训、梅州市代表团访问桑托斯市等进行了交流，并签署了《梅州—桑托斯建立友好合作关系的备忘录》。两市就缔结友好城市和桑托斯派遣教练员来梅指导青训等事宜达成合作意向。此外，桑托斯俱乐部与梅州市足球协会签订了《梅州市引进桑托斯青训教练意向合作协议书》。

桑托斯足球俱乐部成立于1912年，总部位于巴西圣保罗，是巴甲六豪门之一。该俱乐部底蕴深厚、战绩辉煌，以悠久的历史和出色的青训闻名，先后出过贝利、贝贝、库蒂尼奥、内马尔等国际巨星。桑托斯青训也因为产出了这些球员，成为巴西最为优秀的青训集团之一。

2019年6月23日，时任梅州市副市长张晨率梅州访问团回访桑托斯，受到桑托斯足球俱乐部主席 Jose Carlos Peres 和当地政府的热情接待。双方签署了合作协议，如此，球王李惠堂的家乡中国梅州市牵手球王贝利的家乡巴西桑托斯市，两座球王城市达成友好合作。

4名巴西桑托斯足球俱乐部外教获颁聘书

（钟伟才 摄）

2019年9月9日，在梅江区足球工作会议上，梅江区政府为若昂·保罗、保罗·罗杰里奥、万多、罗伯瓦尔等4位巴西桑托斯足球俱乐部外教颁发了聘书，正式与桑托斯足球俱乐部开展合作。这些教练团队成员持有巴西足协C至A级教练证书，曾在桑托斯等多家俱乐部培训学校有执教经历。这4名外教将组成10人教练团队，进驻15所中小学校，夯实青训发展基础。

巴西前国脚麦拉在给梅州市体校小球员上课

此外，市足协还引进了3名巴西桑托斯女足外教，包括原巴西女足国脚麦拉。麦拉曾效力于巴西女足国家队长达6年，是巴西桑托斯足球俱乐部的青训教练。麦拉担任梅州市女足2009年龄段的主教练，负责运动员的选拔培训，并备战省运会。巴西足球教练给孩子们带来不一样的体验，在提升足球技能的同时十分注意培养她们对足球的兴趣。

九、梅州足协聘请前欧冠冠军队名将菲利普出任青训总监

除了聘请多支外教团队，梅州市还聘请了欧洲高水平青训总监，指导梅州开展青少年足球培训工作。2019 年 11 月，梅州市足协委托广州新安明珠足球俱乐部有限公司引进前法国队国脚菲利普，到梅州市足球协会出任青训总监。

前法国国脚菲利普被梅州足协聘任为青训总监

2020 年 5 月 20 日，梅州市足球协会举行了中国足球协会青少年训练中心（梅州）总监聘任仪式，正式聘任菲利普（Filipe Vaz De Azevedo）为梅州市足协青训总监。

菲利普有葡萄牙和法国双国籍，是国际足联认证的欧足联 B 级教练员，曾在法国、葡萄牙、俄罗斯、印度和塞浦路斯一级联赛效力，并代表莫斯科火车头足球俱乐部参加欧冠和欧联杯的比赛，拥有丰富的职业联赛经验和执教经验。他曾在 6 个国家共参加超过 250 场职业比赛，曾入选法国 U18 和 U20 国家队，在法国国家队期间接受过 Aim Jacquet（艾梅·雅凯，曾率法国队夺得 1998 年世界杯冠军）和 Raymond Domenech（雷蒙德·多梅内克，曾率法国队夺得 2006 年世界杯亚军）等顶级教练的栽培。

菲利普在效力法甲马赛俱乐部期间，随队获得 1993 年欧洲冠军联赛冠军。他曾执教日本三鹰市足球协会青年队、沙特阿拉伯艾卡迪沙足球俱乐部 U19 梯队、葡萄牙甲级联赛佩纳菲耶尔足球俱乐部 U19 梯队等，在青训方面也有着丰富的经验。

菲利普 2020 年 1 月应邀来到梅州，编写了 5 到 9 岁的青训教材及训练计划，并通过举办培训班、教材研讨会等方式，向梅州市各级教练员传授足球理念及训练方法，提高基层足球教练员水平。菲利普致力于研究适合梅州青少年足球运动员的方法，并将自己的经验，结合梅州球员身体和基础情况，提炼出既融汇欧洲先进青训精髓又适合梅州青训发展的理念，以提高梅州青训的质量。

试用期满后，梅州市足协正式聘任菲利普为梅州市足协青训总监，进一步完

善梅州市青训梯队，构建与国际接轨的足球青训体系，为梅州市足球青训事业注入先进的理念和全新的动力。

十、市体育局邀聘国足名宿黄德保出任青训中心主教练

2013 年 6 月，应梅州市体育局的热情邀请，黄德保正式出任梅州市体育运动学校足球队教练。黄德保 1960 年出生于梅县西阳镇，为前国足前锋。黄德保身高 1 米 65，脚法细腻，在边路的突破进攻尤具特点和观赏性，控球技术极佳，过人与射术在省队中也属上乘水平，作为 20 世纪 80 年代南派足球锋线代表之一，被球迷称为“保仔”。

黄德保被梅县中学推荐至广东省体校学习，受到广东足球名宿郑德耀的重点培养。1974 年，冼迪雄教练将黄德保招入二沙岛基地的广东省少年队。1978 年，他代表中国青年队参加亚洲青年锦标赛获得第 3 名；1978 年和 1979 年，代表广东省青年队夺得全国青年联赛冠军。

1980 年，黄德保入选广东队，并参加了 2 届全运会，在 1983 年第 5 届全运会获得亚军，在 1987 年第 6 届全运会获得冠军。1982 年，黄德保入选中国奥林匹克希望队，前往意大利参加 5 国邀请赛，夺得冠军。

1983 年，黄德保任广东队队长，代表广东队夺得 5 届省港杯比赛的冠军，并入选中国国家足球队。黄德保分别在 1984 年第 1 届足协杯和 1985 年全国甲级联赛对阵天津队的赛事中入球，2 次都以 1 比 1 战平天津，被球迷戏称为“天津克星”。

黄德保在 1988 年六运会之后退役，后获得国家 A 级教练员资格，到广东宏远足球俱乐部从事青少年足球训练。2018 年他还出任过东莞电科足球俱乐部的总教练，率队参加 2018/19 粤港澳大湾区足球冠军联赛。

1983 年广东队队长黄德保从香港总督钟逸杰爵士手中接过第 5 届省港杯

2008 年，广州万力足球俱乐部在梅州启动了“万力希望工程”，与梅州市政府、梅州市体校一道合作开展校园足球活动，黄德保被聘任为广东万力名人足球俱乐部发展部副部长。2013 年他回梅州体

校带担任教练。当时梅州足球正处于振兴足球十年规划的“五抓五实施”启动之年，体校学生水平不佳，在黄德保接手前，梅州市体校与广州体校比赛，竟输了16个球。三年之后，他所带的这批体校孩子在2015年省运会拿了第3名，省运会之后有4名小球员被选送到上海申花。

梅州市梅江区足球协会成立，黄德保（左）接受梅江区文化光电旅游体育局局长邓慧东（中）颁发名誉会长牌匾，新任会长为刘榆厚（右）[1]

2019年10月27日，黄德保指导获广东足球70年荣誉奖。[2]2020年6月30日，梅州市梅江区足球协会成立，黄德保被聘任为梅江区足协荣誉会长、梅江区总教练。梅江区是传统足球重点地区，2020年全区足球人口约4.2万人，注册队员数全梅州市第1名。2021年，黄德保被聘为梅州市足协青训中心主教练。

十一、谢育新回兴宁创立青训俱乐部

2016年底，谢育新在梅州市政府、兴宁市政府、兴宁市教育局和体育局的支持下，回到家乡兴宁创立育新足球俱乐部。[3]

育新足球俱乐部的运作模式是与兴宁市教育局合作，推广校园足球，在兴宁的小学中挑选足球苗才，进行课后和周末专业特训，日后成为俱乐部的签约球员。谢育新为俱乐部小球员定了一个口号：做好人！读好书！踢好球！这个口号很有客家地区的特色。

谢育新指导设立了5到8年的培养计划，包括挖掘和培养苗子，组织球队比赛、挑选有潜质的年轻队员到国外训练等。带出一支属于谢育新自己的职业球队，不仅是他回报家乡的情怀，也是他的终极梦想。

[1] 图片来自梅州市人民政府网站。

[2] 广东足球70年评选获奖名单一览. 新浪网. 2020. 2. 16.

[3] 谢育新：绿茵场上追梦人. 梅州日报. 2018.

谢育新邀聘戚务生指导为俱乐部顾问

谢育新曾随高丰文征战过亚洲杯、奥运会、世界杯预选赛等国际A级大赛，是那个时代著名的“中场之王”，并在广东队征战过多届全运会和省港杯，后来成了宏远队的一员大将。

谢育新在足球生涯中获得的殊荣包括：1988年获亚洲杯亚军；1989年获第6届全运会冠军；1995年获广东十佳运动员；1997年获第8届全运会第2名；2009年获得广东足球60年十大最受欢迎球员之一，并获荣誉奖；2016年在梅州市纪念誉为“足球之乡”60周年的活动上，获评突出贡献足球运动员；2019年，谢育新被评为广东足球70年十大杰出男球员之一。

谢育新给小球员示范

他退役后的执教经历，覆盖了中冠、中乙、中甲、中超，执教经历遍及中国足坛各级别联赛。2016年底，谢育新指导告别执教了4年的广州富力预备队，在梅州市政府、兴宁市政府、兴宁市教育局和体育局的支持下，回到家乡兴宁创立育新足球俱乐部，立志培养足球后备力量，推动家乡足球青训发展。谢育新还延揽了前国足教练戚务生指导作为俱乐部顾问。

2017年3月，谢育新担任教练，携子谢维军共同加盟刚成立的西藏首个足球俱乐部拉萨城投队。当年中冠赛场上演了梅州籍教练对决的场面，在1/8决赛中，拉萨城投淘汰由梅州籍教练张剑带领的深圳鹏城队，晋级全国8强，并最终成功实现冲乙目标。谢育新帮助拉萨城投在附加赛中击败中乙老牌球队沈阳东进，率队成功冲乙。

2018年7月，谢育新执教陕西长安竞技足球俱乐部大秦之水队，并率球队以历史最好成绩顺利完成2018赛季。在2019年新赛季见面会上，2018赛季带领陕西队与铁汉进行保级争夺战的梅州籍前国脚谢育新到梅县铁汉生态俱乐部出任青训总监。

2019年8月19日，兴宁市足球协会成立，前国脚谢育新当选为首届会长。

谢育新和俱乐部的教练员小球员们

2020年8月，在“客家村镇银行”梅州市足球联赛中，经过近4个月、77场激烈角逐，谢育新会长所率领的梅州市足球甲级联赛兴宁足协夺得冠军。

十二、李海强率梅县铁汉生态队冲甲

2016年底，李海强被梅县铁汉俱乐部聘任为梅县铁汉生态足球俱乐部主教练。李海强1977年生于梅县，司职中场，前中国国家男子足球队队员，著名足球运动员、教练员。

1987年，李海强10岁时进入梅县业余体校，在梅县青年队时曾获全国第3名，1977年龄段这一批少年中出了6个职业球员。1994年，李海强被选入广东青年队。司职中场的李海强在1998—2001年效力于广东宏远队。1997年随广东宏远队一起降入甲B。但是仅20出头的李海强很快在甲B联赛中崭露头角，在那个赛季中他成了广东宏远队当之无愧的核心。他不仅在中场具备很强的组织能力和远射能力，并且左脚能够打出精彩的任意球。

1999年，中国国家队主教练米卢在甲B联赛中无意发现了他，于是李海强成了中国足球职业化后第一位入选国家队的甲B球员。李海强的表现越来越出色，在联赛中包办了宏远全队多数的进球和助攻，然而广东宏远整体水平下滑，宣布退出中国职业联赛。李海强和陈文奎等4名队员一起投奔青岛海利丰，但2003年因为无法配合打假球而被清洗出队。

2004—2006年他在甘肃天马、成都谢菲联打过两年，然而在当时内地的足球大环境下他的技术和才华没有找到用武之地。2006年，他加盟李惠堂的母队香港南华队，并很快成为南华的中场核心和香港联赛的风云人物，首个赛季就率队拿到银牌、足总杯与联赛冠军，成为三冠王，入选赛季最佳11人名单，并当选香港足球先生。

李海强在港甲南华队

2014年李海强退役回到内地，于2015年出任中甲深圳队助理教练，同年8月份任代理主教练率领球队保级成功。

这时恰逢梅州振兴足球亟须人才，2016年11月9日，李海强回到家乡担任梅县铁汉生态足球俱乐部主教练。他在执教过程中注重球员的归属感以及由此带来的拼搏精神和荣誉感，所以他找了一些有情结、有拼劲、技术好的梅州籍客家球员加盟，有效提升了凝聚力和团队精神。在梅州球员不适合的位置，他选择广东籍球员或北方球员，使之在天气适宜、技术储备和理解力上能够同步。李海强认为球员的理解能力影响比赛结果，而提高理解力的关键在于文化水平。

2017 赛季，梅县铁汉生态在主帅李海强的带领下，淘汰青岛中能和大热深圳雷曼，取得 12 胜 3 平 7 负的战绩，获得南区第 3 名，成功完成冲甲目标。

2018 年 1 月 29 日，广东足球年度颁奖典礼在广州举行。备受瞩目的“最佳本土教练奖”颁发给了率队成功冲甲的梅县铁汉生态队主教练李海强。

2019 年，李海强出任深圳壆岗足球俱乐部主教练。

十三、梅州市体校发挥国家级青训基地作用

梅州市体育运动学校于 2002 年 11 月 1 日挂牌成立，由原来的梅州市青少年业余体育学校、梅州市足球运动学校、梅州市青年足球队 3 个单位合并组成。体校的师资等软硬件的改善，是振兴足球“五抓五实施”“三足工程”中“足校”的一部分。

梅州市体校曾向中国国家队输送了李健华（中超冠军）、陈其遒（羽球汤姆斯杯冠军）、陈秋琦（曲棍球世界杯冠军）、陈清晨（羽球奥运冠军）等 76 名优秀运动员，并于 2002、2008、2017 年多次被国家体育总局授予“国家高水平体育后备人才基地”称号。梅州市体校少年男子足球队曾代表梅州勇夺 2004、2005 年两届省少年足球锦标赛冠军。

梅州市体校位于梅江河畔的梅州城区中心，拥有 1 座综合训练馆和体能训练房，1 座田径室内训练场，9 块标准足球场等，是一所体育训练设施设备完善、功能齐全的综合性专业体育运动学校。

曾任广州恒大队队长并获得中超冠军的李健华，在高级中学就读时被体校蔡远心教练所发掘。李健华的成长和培养过程，体现了梅州市体校用心育才、关注球员专业出路的青训传统文化。

梅州市体校副校长、金牌教练蔡远心从 1974 年开始接触专业足球，在 1980—1986 年效力于梅县足球队，1986 年因伤退役后到体校担任足球教练，至 2020 年，他从事足球工作已达到半个世纪。他扎根梅州体校做青训，曾率梅州代表队参加过共计 10 届的省运会。

为了让球员安心在校踢球，作为主教练的蔡远心必须持续耐心做家长的思想工作，并根据独特判断让球员发挥所长。蔡远心曾让罗足庆改任守门员位置，并推荐他到日之泉踢球，后来回到梅州客家队。

1996 年，蔡远心将 14 岁的李健华选调入梅州市少年男子足球队集训。李健华个子小，当时身体条件并不突出，但蔡远心注意到他训练刻苦、头脑灵活，对足球有内在热情。1996 年，李健华在市体校训练 1 年后，次年暑假李健华因家人担心足球出路问题，悄悄离队到深圳打工。1998 年，难舍足球的他返回市体校训练，蔡远心教练将他安排在右前卫主力位置。2002 年，李健华帮助梅州市夺回了省运会足球赛冠军。

1998 年第 10 届省运会上，蔡远心率领梅州市少年男子足球队夺得冠军，这是全市专业足球队自 1990 年后的又一冠军，由市体校组队训练代表梅州市首次获得。此前梅州已有连续 4 届没有拿金牌。李健华以及后来效力江苏舜天的李炽和效力日之泉的李伟军在此次夺冠过程中崭露头角，省运会结束后蔡远心向深圳平安二队的教练推荐李健华。2002 年，李健华被选入中超集训，首先致电蔡远心教练道谢。

2002 年市体校蔡远心教练团队又带领梅州市少年足球队获得了第 11 届省运会冠军，并在 2004 年、2005 年连续两年获省锦标赛冠军。[1] 李健华、潘佳、史亮、饶伟全等，都在其中。

2009 年初，曹阳率领以全运会队员为班底的日之泉征战中甲联赛，球员们娴熟的技术、细腻的脚法、行云流水的配合，让人们惊呼“南派足球重现”。由日之泉主教练曹阳带队的广东队在十一届全运会上勇夺亚军，毕业于梅州市体校的尹鸿博、郭子超、张迅伟和被誉为“客家双星”的潘佳、史亮[2] 表现神勇，火线入选新一届国奥队，被誉为“广州新五虎”。

潘佳和史亮

饶伟全 1997 年出生在梅江区西阳镇。2012 年，梅州市体校组建少年队时，他成为主教练蔡远心的学生。蔡远心认为饶伟全作风硬朗，技术特点、进攻能力在同年龄段突

[1] 陈萍，张红儒，李小德. 梅州市少年足球队主教练蔡远心：球场“伯乐”培育“千里马”. 南方日报。

[2] 广东日之泉1–0胜北京，半决赛广东将约战辽小虎. 搜狐体育. 2009. 7.

出，可适应前场、中场多个位置。2013年，饶伟全入选广东省全运队。2017年5月，饶伟全与广州恒大淘宝队签约。

饶伟全

2017年5月16日，饶伟全和谢维军、郭靖、张宏疆同时入选中国足协U20年龄段精英训练营集训大名单。

2018年10月8日起，蔡远心担任梅州市体育运动学校副校长，负责培训学院和年轻基层教练。梅州市体校因拥有像蔡远心这样经验丰富、善于因材施教的资深教练而培养了不少名将。体校教练辛勤耕耘，用心育才，其言传身教又进一步影响更多年轻足球教练，成为梅州足球青训薪火传承的重要因素。

十四、刘彬彬、叶楚贵、曾超等新生代国脚历练成长

十年振兴期间，梅州足坛涌现了一批新生代职业球员。刘彬彬、叶楚贵、曾超入选国家队，王鹏、谢维军、饶伟全等入选国奥队。来自梅县业余体校的刘彬彬、叶楚贵、曾超被并称为梅县足球新生代“三剑客”。这一代国脚的成长也并不容易，他们遭遇了

2005年，梅州青训足球教练张可佳向梅州足球经纪人陈钢伯推荐了曾超、刘彬彬、叶楚贵，并认为他们三个是1993年龄段全梅州最有天赋特点的足球苗子，同时从被本地人誉为“国足兵工厂”的梅县体校入选“中国球星大摇篮”山东鲁能足校。

曾超（下排左一）、刘彬彬（上排中）、叶楚贵（上排右）在梅县业余体校合影

之后刘彬彬在鲁能一线队踢了十几年，曾超到广州富力，后转会在梅县铁汉生态踢了2年，2020年华南虎解散后，回到广州富力。叶楚贵从东莞南城起步，2014年转至广州富力。

刘彬彬，1993年6月生于梅县南口。2002年，在梅江区人民小学读二年级起，同时在梅县业余体校训练

3 年，2005 年到山东鲁能足校，2011 年入选山东鲁能泰山足球俱乐部一线队，并参加了中超预备队联赛。当时鲁能的荷兰籍教练滕卡特掀起青春风暴，刘彬彬成了联赛主力，2013 年随队获得中超联赛亚军。2014 赛季代表山东鲁能在中超联赛获得第 4 名，刘彬彬荣获中超联赛最佳新人奖，并入围 CCTV 体坛风云人物最佳新人奖的提名，同年入选国家队 31 人集训名单。

2014 年，刘彬彬随山东鲁能在最后时刻绝杀对手江苏舜天，夺得足协杯冠军。2015 赛季，刘彬彬代表国家队参加东亚足球锦标赛，距上一次谢育新等梅州球员征战亚洲杯相隔了 22 年。2016 年，刘彬彬代表国奥队出战 2016 年亚足联 U23 锦赛。

2016 年，刘彬彬在与长春亚泰的比赛中半月板撕裂。2017 赛季，U23 新政推出，刘彬彬已满 24 岁，其出场机会被挤压，伤愈归来后他整个赛季只首发 5 场，大多数时间沦为替补，只打入 1 粒进球助攻 3 次。

在磨人的职业低潮期，刘彬彬从未放弃努力。2018 年赛季，刘彬彬只首发出战了 1 场比赛。2018 赛季尚未结束时，中国足协组织国家集训队，刘彬彬入选中国国家男子足球集训队训练营 55 人名单，2019 年，入选中国国家男子足球队集训名单，2020 年，再次入选 27 人男足国家队集训名单，同年入选联赛优秀中国籍球员技术档案库。

2020 年 6 月，教育部发布当年高校保送录取运动员名单，梅州籍球员刘彬彬、罗足庆获得免试进入高等院校学习的资格。在这份名单中，全国足球项目有 56 人入选，广东仅 2 人，其中刘彬彬就读同济大学，罗足庆就读嘉应学院。

刘彬彬获评 2022 亚洲杯预选赛最佳球员

2020 年 12 月 19 日，刘彬彬随山东鲁能获 2020 年中国足协杯冠军。

2021 年 6 月 12 日，2022 年世界杯预选赛亚洲区 40 强赛 A 组中国 VS 马尔代夫的比赛在阿联酋的沙迦体育场正式开战。国足以 5 比 0 战胜马尔代夫，刘彬彬以一记“世界波”为国足打进处子球，当选为本场最佳球员。2021 年 8 月 12 日，刘彬彬入选中国国家队公布的 12 强赛集训备战名单。

叶楚贵，1994 年 9 月生于梅州市梅县区，身高 1.79 米，可胜任边锋、边前卫、影子前锋等多个位置，门前嗅觉灵敏、脚下技术和速度出色，是典型的突破型、边路快马球员。

叶楚贵

叶楚贵2011年加入东莞南城队，开始征战中乙联赛，2013赛季东莞南城被收购后更名为梅县客家俱乐部，2014年代表梅县客家队参加中乙，并以10个进球获得联赛“最佳射手”。

2014年12月，叶楚贵转会加盟广州富力队。三个赛季为球队在中超、足协杯、亚冠等比赛出场48次，斩获4粒进球。他和曾超成为富力队友，早期都是替补，上场不多。但两人高度自律，坚持训练、节制饮食和读书，以保持竞技状态。

随着状态提升，叶楚贵出场时间越来越多，并在富力新教练范布隆克霍斯特麾下获得重用。他通过多场关键比赛中的进球和助攻为自己争取了球场上的重要位置。2014年联赛，并不是首发的叶楚贵在第12轮的补时读秒进球，使富力以1比0战胜大连，重燃打进冲冠组的机会。

2018赛季租借深圳佳兆业前，叶楚贵在富力基本是U23替补小将，去深圳时失去U23身份的他需要更努力才能竞争上岗，2018赛季他为佳兆业攻入4球，送出7次助攻，是当年佳兆业的冲超功臣。曾超则在梅县铁汉队站稳脚跟。叶楚贵于2018年入选国家队训练营。

叶楚贵和曾超是嘉应学院校友，假期都要回学校上课以修完学分。当叶楚贵和曾超二人在富力再次相聚，都成了球队主力。叶楚贵在经过多年成长和锻炼后，已成为广州富力的中流砥柱，并在2021赛季多次戴上队长袖标。他在2021赛季完成富力生涯百场里程碑，各项赛事代表球队出战13场，贡献2粒进球。[1]

曾超在鲁能足校训练8年，力助曹阳执教的广东日之泉保级成功。2014年7月，曾超以不到30万的转会费、用U21的名额从山东鲁能转会至广州富力。由于当时富力队战绩不错，主力阵容几乎没有调整的可能，曾超只能在预备队等待。

休赛期富力预备队与当时处于保级泥潭的广东日之泉在三水进行了一场教学赛，曾超表现突出，日之泉教练麦超立即向富力表达了租借意愿，富力将同是梅州籍的吴伟安和曾超免费租借给日之泉。在日之泉的短短半季中，吴伟安和曾超帮助球队取得多个关键进球，其中曾超贡献了2个进球和2个助攻。结束租借期之后，曾超回到了富力队，但并未因为在日之泉的出色发挥而被提拔上一队。2015年初，梅州客家的总经理曹阳多次向富力高价求购曾超并保证主力位置，均

[1] 参考2021年11月9日中超广州城足球俱乐部公告。

被拒。

曾超（红衣者）准备射门

2016 年 4 月 23 日，富力主场迎战中超豪门苏宁，曾超第 79 分钟被派上场，代表广州富力迎来了 15 分钟的中超首秀。他在第 82 分钟攻破了前国门顾超把守的大门，为广州富力取得进球。这是曾超 23 岁中超首秀，他在攻破苏宁球门后滑跪庆祝。第二天预备队比赛，谢育新指导看到他后第一句话就是提醒他不要因为进了个球就忘乎所以，一定要更扎实地练。

曾超还在第一次代表广东参加省港杯就打入关键进球，用行动证明了自己的实力。

2017 年，叶楚贵和曾超在 2017 年赛季征战中超时，分别穿“13”号和“14”号球衣。2018 年初，叶楚贵租借加盟深圳佳兆业，曾超转会梅县铁汉。

加盟铁汉生态两个赛季，曾超是球队主力。2019 赛季曾超、卜鑫、洛国富（原鲁能外援阿洛伊西奥）、艾伦的进攻组合一度在中甲赛场上大杀四方，尽管后来边路进攻的技战术渐被对手吃透，球队还是得以成功保级。2020 年春，华南虎俱乐部因故解散，曾超重新加盟广州富力，和叶楚贵再次成为队友。叶楚贵有一次在接受《信息时报》采访时，谈及了自己与好兄弟曾超间的趣事：两人在场上用客家话沟通，对手听不懂。

除了上述三剑客，吴伟安、潘佳、高志林、谢维军、饶伟全、郭靖、张宏疆等梅州籍球员都先后在振兴十年期间入选国字号球队，或在各级俱乐部足球队效力，崭露头角，展现了中国职业联赛不可忽视的“梅州力量”，在全国足球版图中的知名度和影响力不断提升。

2016 年，梅州市梅江区人民小学学生卓渲成功入选 2016 年万达“中国足球希望之星”30 名大名单，前往西班牙马德里竞技俱乐部留洋 3 到 6 年。2017 年，梅州客家的徐煌圣和蔡泳淇、梅州富力足校的陈思威、广州足协的李雨忠、湖北足协的温家龙、陕西足协的李世森共 6 名梅州籍小球员，入选 2017 年中国足协“2024 奥运希望之星”训练营。五华籍小将温家龙入选 2001 年龄段男足选拔队最新一期集训名单。

类似的名单随着各青训梯队的成长不断刷新，梅州不断涌现新生代球员，并在各职业联赛中得到历练。

十五、时隔20年梅州女足重新问鼎省运冠军

2018年7月24日，夺得第十五届省运会女足乙组足球冠军队伍胜利归来

梅州市体育局欢迎省运会冠军女乙足球队凯旋

2018年7月20日，梅州女足以6比3战胜湛江市队，取得5连胜，梅州女足提前斩获广东省第15届省运会女子（乙组）足球赛冠军。梅州足球小将将时隔20年后再次登上全省最高领奖台。

这是一支由2001、2002年龄段女足队员组成的球队，于2015年11月组建。梅州为重点打造这支队伍，专门引进省足球中心女足教练游绍东担任主教练，市体育局为球队提供强效的后勤保障，解决球队的一切需求，让球队形成一个积极向上、不怕吃苦不怕累的团队。

主教练游绍东三年来在梅州全心执教，既教足球，也教做人，“有品德才能踢好球”，坚持崇正务实的梅州球风。游绍东的爱人李忠萍也曾是足球运动员，她全力支持游教练，跟随他回梅州并辅助他的工作，负责管理队员的心理和生活。队员们也以优异成绩回报了认真负责的教练团队。

在体校教练组的悉心教导下，这支女足已有8人持有国家一级运动员证，12人持有国家二级运动员证。她们在各项大赛中曾取得优异成绩，分别获得2016省锦标赛亚军、2017年省足球锦标赛冠军、省长杯第3名。

经过十年振兴，梅州女足的整体士气焕然，呈现出崭新的面貌。

十六、五华实施新球王人才培养工程

五华足球运动底蕴深厚，群众基础扎实，五华县委、县政府顺势而为，发起设立五华县新球王青少年足球发展基金会，大力整合资源，实施“新球王”培养

工程。基金会积极组织开展和资助青少年足球活动、奖励优秀青少年足球人才及为足球事业做出杰出贡献的团体和个人、选派优秀青少年足球运动员参加国内国际大赛、选送优秀足球苗子赴欧美等地深造。

2019 年五华足球工作会议上，省足球运动中心主任程志文为五华新球王人才计划代表赠送足球装备

基金会专门制定奖励办法，对在重要赛事中取得优异成绩的青少年足球队以及被输送到“国字号”球队的 18 岁以下青少年队员及其教练，分别给予重奖。

2015 年 10 月，第 4 届世界客商大会五华县系列活动举行期间，五华县新球王青少年足球发展基金得到了众多外出乡贤的鼎力支持，短短 1 天就获得 830 万元的捐款。有的五华企业家还一对一支持足球苗子的培养，彰显了五华人的民风和情怀。

为振兴球乡，五华制定了新球王足球人才培养希望工程五年计划，“球王故里”有望为中国足球事业输送更多“新球王”。该计划得到了周辉权、卓定华、谢百泉、周福新、魏宝芳、缪志峰、古庚端、陈天犇等大批热心人士，以及深圳市琴江文化研究会、广东五华商会、五华县客属酒业有限公司等单位的大力支持。

十七、梅州常态化教练员和裁判员培训工作

梅州足球历史上涌现出不少杰出的裁判，2016 年获得足球之乡 60 周年表彰的优秀足球裁判包括：王伯珍、古文东、刘锦泉、吴坚、吴丹霞、陈洪涛、林海威、廉建军等。

其中，足球名宿邓锡权退役后参加了 1974 年第 1 次全国裁判学习班，后成为全国裁判委员会的常委、副裁判长。古文东、廉建军是广东省足协裁委会 A 级裁判员讲师，拥有国家级裁判证书。古文东的外公梁锦强指导带出了池明华、杨宁和游绍东等名将，被表彰为“突出贡献指导员”；爷孙分别作为教练和裁判获得表彰殊荣，体现了梅州足球世家的传承，覆盖运动员、教练员、裁判员“三员”专业领域。

为满足国家足球战略和振兴足球之乡对裁判人才的需要，梅州积极与中国足

协、广东省足协合作，常态化组织对全市足球教练员、裁判员和校园足球教师培训，提高职业素养和专业能力。

2020 年假球黑哨专项整治会议

2020 年梅州市足球联赛裁判员培训班

2020 年广东省足球协会 11 人制一级裁判员培训班（梅州）

振兴足球十年规划实施以来，梅州市一方面依托嘉应学院足球专业，培养出了温木莲、陈婷婷、吴卓霞、邹微风等 4 位国家级足球裁判，提前完成十年规划至少 1 名国家级裁判的任务；另一方面依托足球之乡各大品牌赛事资源，为培养裁判人才提供了丰富的实践机会。在梅州，有志于裁判工作的人员，每周都可以参加市足球裁判组织的培训和执法。

振兴十年来，梅州还出现了一位国际级主裁判李海新。2020 年 12 月 18 日，中国足协裁判管理部公布 2020 年中国国际级裁判员和助理裁判员名单，广东共有 3 人上榜。其中，李海新成为时隔 14 年之后广东省足球协会又一位 11 人制足球国际级主裁判，上一位是 2005 年的何志彪。

李海新生于兴宁，为广州体育学院足球学院的讲师。其父亲曾是部队体工大队足球队主力球员，退伍后回兴宁担任体育教师。李海新从 2010 年拿到国家裁判员资格并开始执法全国性赛事，2016 年年初开始执法中超，为当时广东省内唯一一位中超主裁，曾多次参与亚洲杯、亚冠联赛、东亚杯等亚洲顶级赛事执法，执法水平受到广泛好评。2016—2019 年 4 个赛季，李海新在中超的场均个人跑动距离接近1.1万米，不但在国内裁判当中属于佼佼者，甚至超过很多外籍裁判。在2017年度广东足球年度颁奖典礼上，李海新荣获最佳本土裁判奖，开始全面进入大众视野。2019年，被选入“广东足球70年优秀裁判员”之列，然后又被中国足协评为该赛季中超的“铜哨”。

李海新荣膺2019年中超联赛“铜哨”

但因疫情原因，2019年入册的李海新和王竞未能获得赴境外执法重大国际比赛的机会。李海新在2021年中超赛场赛季他同样表现出色，执法了十几场大赛。但随着国际主裁年轻化的趋势，2021年底，33岁的唐顺齐取代李海新跻身中国足协在册国际级裁判员阵容。

2021年11月由广东省足球协会主办，嘉应学院承办的2021年中国足球协会11人制足球一级裁判员培训班（梅州）在嘉应学院开班。国际级裁判阿拉木斯、国家一级裁判廉建军、现役国际裁判李海新受省足协的委派担任培训班讲师。学员们在嘉应学院接受这些顶级裁判的指导，经过理论指导、实践训练和体能考核后，执法水平上一台阶。作为南方足球创新人才培养培训协同中心、广东省协同育人平台，嘉应学院为越来越多有志于足球事业的年轻人提供了高端的学习平台。

根据2020年末统计，全梅州市国家级足球裁判员4人，国家一级足球裁判员102人，教育系统持有E级证书的教练员15人，D级证书教练员127人，C级证书教练员25人，B级证书教练员1人。

十八、梅州大力健全足球体教融合体系

抓好青少年足球运动发展，校园足球普及是关键。梅州市委、市政府大力健全体教融合体系，成立体教融合联席会议制度，打破校园足球和竞技足球壁垒。教育部门和体育部门紧密配合，创新足球特长生招生机制等。作为文化之乡和足球之乡的特色，在不断提升传统学校、特色学校足球训练比赛水平的同时，教育部门积极谋划，加强市、县体校运动员的文化课教育质量，强调将市、县体校的学生培养成为兼具体育专业特长和综合文化素质的优秀运动员。

梅州市、县体校充分发挥龙头作用，通过完善体校软硬件建设，构建了一批高水平的重点基地、重点班和训练网点，构建完备的各年龄梯队衔接结构，成为

梅州推动青少年足球运动发展的一大抓手。

梅县体育运动学校曾为国家队输送了池明华、王惠良、黄德保、杨宁、李健华、李小兰、李雪峰、廖友华、张桂莲、陈文奎、温明荣、李海强、刘彬彬、叶楚贵等国字号球员，被誉为“中国足球人才兵工厂”。梅县体校校长彭明标从1988年开始在该校工作，2003年成为校长。从2003年以来，梅县体校组队参加省、市各项足球比赛中，共获得10个省冠军，7个省亚军，10个市冠军，2个市亚军。

梅县体校教练团队稳定，并积极借助富力足球学校资源开展合作，一周2次请富力的技术总监前来指导。体校教练员定期下到各个足球训练点和乡镇学校发掘足球苗子，将人才选上来集中训练，然后代表梅县参加比赛或往市级省级体校和梅州职业球队输送，沿用此方式建立人才输送关系，实现体教融合。

五华县体育运动学校校长吉大昌采用体教结合的培养模式，坚持“修身、修智、修体”结合，选拔全县足球苗子进行专业训练，培养做人、做事、专业三不误的高水平青少年运动员。

2013年开展“五抓五实施”以来，五华体校共选拔U7–U13年龄段300多名足球苗子，在县体校平台基础上组建了10支男、女足球队进行训练，组织多渠道培训方式，青训工作成效斐然。

中国足球协会青少年训练中心

2015年4月，五华县委、县政府欢迎参加中国斯凯孚杯青少年足球邀请赛的五华少年足球队凯旋

五华体校培养了入选U22国家队的高志林，国少队的黄远强、吴琦豪等6人，输送到省、市体校的有100多人。2015年，五华体育运动学校以2014年获得梅州市校园足球联赛冠军华城镇中心小学队员为主挑出12名球员组成五华U12男子足球队，代表广东省参加2015年全国“斯凯孚”杯青少年足球邀请赛。全国有20个省派出代表参加，广东五华队获得全国冠军。同年7月，五华体校队代表中国远赴瑞典出征“小世界杯”青少年足球赛，并在B组196支队伍中获得第32名，为中国历年参加该比赛最佳成绩。

2016年，五华体校代表队荣获

全省男子5人制联赛冠军及市青少年选调赛冠军。2017年，五华体校获得市级以上足球比赛冠军14个，2018年获得市级以上足球比赛冠军11个。

与此同时，梅州市通过加强市、县体校师资建设，一方面引进外教进校园，推动梅州青训与国际接轨；另一方面，对教练员进行竞争上岗，同时加强绩效等制度的制定、完善和实施，加大对教练员的素质教育和提高，促进青少年足球水平不断提升。

根据市教育局数据，2018年、2019年梅州市均有27名运动员进入广东省青少年校园足球夏令营最佳阵容，均有3人入选全国青少年校园足球夏令营最佳阵容。入选全国和省夏令营最佳阵容的人数均排在全省第3名。2020年9月，广东省青少年校园足球夏令营高中组活动中，梅州运动员有10人入选广东省高中组各组别最佳阵容，入选人数居全省第一。

2020年广东唯一入选U19国家女足集训队的球员罗熻

2020年7月1日，中国足协公布U19国家女足集训队名单，梅州市体校培养输送的兴宁籍球员罗熻成广东唯一一名入选女将，也是2009年梅州出台“振兴足球十年规划”以来，完全由梅州青训培养的第一位国字号运动员。

十九、梅州足球人才队伍建设成效显现

梅州市高度重视足球青训工作，青训架构、体系、机制日趋完善，成效不断显现。

全市构建了市、县两级青训中心和专业及业余足球学校，有500多间足球特色学校，有一甲一超职业青训，有120多家社会业余足球俱乐部参与青训；拥有青训教练员600多名，省级注册球员3400多名，其中国家级球员2300名，足球场地1000多块。近年来，向国家和中足协青训U系列输送50多人，向职业联赛输送60多人，向广东省输送20多人，获得省级以上青少年赛事冠军8个。

2020年梅州市青少年校园足球满天星精英训练营

梅州足球培训服务供给主体多样化，构建

了中国足协青训中心（梅州）、市县体校、职业足球俱乐部、校园足球特色学校和社会青训组织“五位一体”的青训体系，组建完备 U7—U15 各年龄段青训梯队，涵盖了从幼儿园到中学的各年龄段，全市青训已向形式多元化、网点普及化发展。

梅州打通了三级青训人才输送通道，即省专业队通道、职业俱乐部梯队通道和足球高等学院通道，推动青训工作步入良性循环发展轨道。

梅州“五位一体”青训模式推行 10 年之后，初见成效：2009 年至 2020 年，梅州市向省输送 69 人，向国家级队伍输送 21 人，向职业足球俱乐部输送 90 人，培养各类教练员 1322 人，裁判员 1750 人。饶伟辉、刘彬彬、叶楚贵、曾超等入选国家队、国奥队。随着球乡振兴“五抓五实施”得到系统落实，各级职业联赛中新生代的梅州籍球员也在不断涌现。

梅州市十分重视做好申报一级运动员和审批二级运动员的相关工作。截至 2020 年底，梅州市足球“三员”的数量统计如下：

一、运动员：全市共有国注运动员 1109 人，其中男子 622 人，女子 487 人，省注运动员 3486 人。

二、教练员：全市拥有足球教练员证人数为 606 人。教练员主要分布在各县市体校、校园足球、各社会青训俱乐部、富力足球学校等。中国足协教练员等级分为 D 级、C 级、B 级、A 级、职业级，现阶段梅州市教练员 D 级 250 人，C 级 75 人，B 级 13 人。另外，广东省足协 E 级教练员 216 人。C 级、B 级主要还是以各县市体校、足球学校为主，校园、社会青训俱乐部以 D 级、省 E 级普遍。

三、裁判员：全市足球裁判员持有裁判员等级证书人数为 817 人。裁判员主要分布在嘉应学院体育学院、各县（市、区）体育行政部门、校园足球和社会。中国足协裁判员等级分为三级、二级、一级、国家级、国际级。截至 2020 年底，梅州市培养了足球裁判员三级 284 人、二级 247 人、一级 98 人、国家级 4 人；三级、二级、一级普遍以嘉应学院体育学院学生为主，各县（市、区）体育行政部门和校园拥有少数二级和一级。

二十、广东足球 70 年颁奖名单中的梅州足球人

2019 年 10 月 27 日，广东足球 70 年颁奖典礼在广州举行。超过 300 位南粤足球人济济一堂，见证典礼。

这次评选在 60 年评选结果的基础上，根据过去 10 年的客观情况，设立了多

个评选维度，最终评出“70年终生成就奖”“70年杰出教练员奖”“70年杰出裁判员奖”“70年荣誉奖”“70年十大杰出男球员”“70年十大杰出女球员”“外籍人士特殊贡献奖”“南粤足球文化贡献奖”等若干奖项。这些奖项涉及了130多人，覆盖了新中国成立70年来历代广东足球的优秀代表，兼顾男女足、教练员和裁判员。

此次获奖具体名单如下：

广东足球70年终生成就奖：郑德耀、罗荣满、陈复赉、关辉舫、冯荣灿、曾雪麟（梅州）、苏永舜、冼迪雄、任文根、陈汉奔（梅州）、林效才、杨霏荪（梅州）、杨子璇、廖德营、胡鸿斌、程洪森、张均浪（梅州）、邓锡权（梅州）、赵达裕、黄福孝。

广东足球70年杰出教练员奖：苏永舜、冼迪雄、曾雪麟（梅州）、罗荣满、岳永荣、梁德成、陈熙荣、周穗安、陈玉良、曹阳（生于梅州）、林思跃（梅州）。

广东足球70年杰出裁判员奖：扈光、郑希洛、钟博宏、罗伯平、李少锋、郭泽民、陈铭基、李英明、李志中、阿拉木斯、郑炜祥、李海新、梁庆云、何瑾、黎祺彬、李克。

广东足球70年荣誉奖（注：70人中有20名梅州人）：郑德耀、陈复赉、曾雪麟（梅州）、冼迪雄、苏永舜、任文根、陈汉奔（梅州）、林效才、关辉舫、杨霏荪（梅州）、张均浪（梅州）、邓锡权（梅州）、程洪森、黄福孝、梁德成、容志行、岳永荣、杜庆恩、杜智仁、何佳、魏崇金（梅州）、何锦伦、关至锐、叶细权（梅州）、陈熙荣、谢志光、欧伟庭、蔡锦标（梅州）、谢志雄、刘全、杨福生、吴志英、陈玉良、古广明、赵达裕、吴群立、吴育华、黄军伟、杨宁（梅州）、冼惠良、黄德保（梅州）、王惠良（梅州）、钟小健（梅州）、李超波、吴方、池明华（梅州）、曹阳（梅州）、麦超、张小文（梅州）、郭亿军（梅州）、李勇、黄启能、孔国贤、伍文兵（梅州）、谢育新（梅州）、区楚良、彭伟国、黄洪涛、胡志军、高健斌、彭伟军、谭恩德、李玉展（梅州）、吴坪枫、卢琳、郑智、冯潇霆、张琳芃、郜林、艾克森。

广东足球70年十大杰出男球员：容志行、古广明、赵达裕、吴群立、池明华（梅州）、麦超、谢育新（梅州）、区楚良、彭伟国、胡志军。

广东足球70年十大杰出女球员：吴伟英（梅州）、韦海英、施桂红、赵利红、高红、陈霞、邱海燕、谢彩霞、周小霞、谭茹殷。

外籍人士特殊贡献奖：里皮。

南粤足球文化贡献奖：广东万力名人足球俱乐部。

此次获“荣誉奖”的梅州人，对比2009年的60周年奖，此次评选“终生成就奖”中增加了与苏永舜搭档率省队获全运冠军的梅县籍教练陈汉彝，“杰出教练员奖”中增加了曾率广东女足获得全国锦标赛冠军的梅县籍女足教练林思跃，以及当时在嘉应学院就读、效力于梅州辉骏女足的湛江籍国脚谭茹殷。

第九节　五抓足球产业建设，职业球队成为产业生态抓手

梅州市振兴足球的“五抓五实施”的第五“抓”是发展足球产业。在振兴足球规划实施的初年，鉴于本市经济发展水平的实际，梅州市委、市政府并未简单追求产业的全覆盖，而是优先谋求各县（市、区）的合理布局，根据各地资源禀赋优势走特色化发展之路。

悠久的足球历史和丰富的文化底蕴，就是梅州振兴足球初年的产业禀赋，梅州市委、市政府在2013年成功将足球进行了申遗，对梅州足球文化历史禀赋进行了全面梳理。但这些禀赋，在经济不发达的地级市，要激活并非易事。梅州市早在“五抓五实施”启动的2012年底，就明确将职业球队作为足球产业发展的“抓手”，旨在利用职业足球俱乐部，实现一子落定、满盘皆活的系统产业效应（总部效应）。

一个城市缺钱却要搞职业足球，这在当时很多人想都不敢想。但梅州市委、市政府和体育部门，在广东省的支持下，在有足球情怀的本地企业家倾力参与下，用本地自建、收购引进、省市共建三种方式分别组建了梅州客家、梅县铁汉生态、梅州辉骏女足三家职业足球俱乐部，其中梅州客家、梅县铁汉生态分别在2015年、2017年冲甲成功，梅州辉骏女足在2018年冲超成功，梅州客家在2021年冲超成功。梅州在2018年一举成为拥有“两甲一超”的地级市，全国唯一。

2015年，随着足球上升为国家战略，梅州在全省率先出台了市级《梅州市关于加快发展体育产业促进体育消费的实施意见》，邀请专家完成了《梅州足球文化产业发展策划方案》和《梅州市体育产业布局策划方案》，将体育产业列为“5311”绿色产业发展体系中的三大新兴产业之一，明确加快发展以足球制造业、服务业为重点的足球产业，打造职业足球俱乐部总部经济和足球产业基地、特色足球小镇等，并以“一县一品”为主导，打造各县品牌赛事，为梅州经济注入新的增长活力。

2019年，梅州市运用创建足球特区载体，制订了《梅州市“5311”绿色产业

体系体育产业（2019—2023 年）五年实施方案》、2020 年重点项目表以及全市重点体育企业名单库，形成梅州市《体育产业在建或筹建投资项目库》《潜在招商体育项目库》，促进体育事业向体育产业转化，助推体育产业迈出新步伐。

“十三五”期间，梅州市以满足人民群众日益增长的体育需求为导向，以推进体育基本现代化、擦亮足球城市品牌为目标，体育产业初步形成了以足球为特色，竞赛表演和健身休闲为驱动，体育用品为支撑，体育场馆、体育培训、体育中介、体育传媒等业态快速发展的良好态势。[1]

为摸底梅州足球事业和产业发展现状，用数据和案例记录梅州足球产业发展进程，梅州市体育局于 2020 年 3 月委托深圳市朝向集团有限公司对梅州足球行业进行梳理和研究，为梅州足球发展提供基础数据和决策参考。2021 年 8 月 5 日，梅州市体育局正式发布《梅州足球产业报告》及《梅州足球口述史》。

《梅州足球产业报告》从足球培训、足球赛事、足球媒体、足球衍生品、足球用品、足球场地等 6 大板块梳理梅州足球产业结构。在所有板块中，足球赛事和足球衍生品两大板块产值比重最大，在梅州足球产业规模中占比达 66.2%，这与梅州拥有丰富职业足球资源有重要关联。梅州足球衍生品板块收入主要来源于足球彩票，占比达 99.7%。梅州足球休闲文旅产业初具雏形，有望对梅州足球衍生品板块形成补充。

2019 年，梅州市足球人口总量为 104 万人，足球人口比例（即足球人口在 14 岁以上常住人口中占比）为 28.3%，居全省 21 个地级市首位。梅州市足球人口有以下特点：平均年龄为 30.7 岁，35 岁以下足球人口占比近七成。每月至少观看一次职业赛事的足球人口占比接近六成，每月都踢球的足球人口超过六成。梅州市足球消费总规模为 13.1 亿元，人均年足球消费金额（除足球彩票外）为 1657.3 元，略高于广东省人均年足球消费金额（1450.2 元）。

《梅州足球产业报告》分析了各县的足球产业发展特色。梅州足球振兴有多项极具代表性的成就都与五华有关，其发展足球的经验有：五华政府投资足球的决心逐渐形成一条独有的足球发展道路；五华业余足球、足球场地围绕职业足球逐渐完善配套体系；“体教结合”的培养机制夯实了校园足球基础，有利于扩大取材面和提升取材效率。梅江区位于梅州市中心，作为梅州市党政机关所在地，区内居民消费能力较强，足球市场化程度较高。梅县区数十年来孕育了大批优秀

[1] 参见嘉应学院足球（产业）学院院长杜光宁教授文章《以足球为重点推动“体育+”产业多元发展》。

足球运动员和教练员，区内的中甲赛场、富力足球学校等促使梅县区与职业足球保持较深维系。兴宁市最突出的成绩在于球场建设，在足球器材生产方面也稳健发展。各大县（市、区）足球发展特色道路走通，对探索区域协同发展，激活产业发展动能有重要意义。

根据广东省足球运动中心发布的《2019 广东省足球产业研究报告》统计，2019 年，广东省足球产业规模为 188.8 亿元，梅州市在全省占比为 2.8%，尚具有广阔的发展空间。

一、梅州足球成功申遗

2013 年初，国家体育总局体育文化发展中心发布《关于 2013 年度中国体育非物质文化遗产保护与推广项目和单位（城市）申报的通知》（体文字〔2013〕38 号），正式启动中国体育非物质文化遗产保护与推广申报工作。

梅州是全国唯一通过足球来申遗的城市。梅州市足球申遗，是梅州市委、市政府加快推进广东文化旅游特色区建设、积极实施振兴足球《十年规划》的一项重大举措。2013 年 6 月 26 日，梅州市政府常务会议通过梅州市体育局的申遗请示报告。从 2013 年 7 月份开始，在梅州市委、市政府的部署下，足球申遗工作紧锣密鼓地展开。

2013 年中国内地现代足球发源地
“长布·元坑”竖碑仪式

2013 年中国内地现代足球发源地
“长布·元坑”竖碑仪式现场

2011 年 9 月 30 日，《广州日报》体育新闻中心记者陈伟胜在 20 多年长期考证的基础上，发布了《中国内地现代足球发源地为五华元坑》的报道。梅州市委、市政府、五华县委、县政府、市县体育部门都高度重视，对该史实进行了认真核对。2013 年 7 月 3 日，中国内地现代足球发源地的竖碑仪式在五华县长布镇元坑村隆重举行。该史实成为 2013 年梅州足球成功申遗的重大亮点。

2013 年 7 月 26 日，梅州市体育局召开了足球界老前辈及有关各界人士、名宿推进振兴足球工作座谈会，曾雪麟、容志行等

22位梅州足球界老前辈应邀莅临现场，就推进振兴足球之乡工作及足球申遗两个主题进行了深入探讨。

梅州足球申遗展览

2013年7月31日，梅州市委、市政府召开振兴足球推进会议，重点部署梅州足球申报中国体育非物质文化遗产的保护和推广城市工作。会议成立了以谭君铁市长为组长的申遗领导小组，在市体育局下设申遗办公室，办公室主任由市体育局局长兼任，明确申遗责任和计划，并调入李小德等研究生，确保申遗工作按计划有序开展。

2013年7月至10月，梅州市申遗办按照相关要求，广泛征集有关梅州足球的档案资料，开展对梅州足球非物质遗产的挖掘。最终征集历史文字资料354份、图片2653张、实物85件，为申遗奠定了材料基础。

梅州市申遗办和北京迦南牧客文化传播有限公司合作出版了《典藏中国——梅州·中国足球之乡》一书，以精美图文展现梅州足球文化底蕴。

2013年，中国体育文化·体育旅游博览会是申遗复审的最后一关。梅州展馆从前言、百年印记·足球之路、梅州足球特点、成果显著、梦、结束语等六大方面综述梅州足球的发展史；从起源最早、政府主导、普及广泛、文化厚重、体系完善等五大方面阐述梅州足球文化特点，从人才辈出、战绩辉煌、荣誉显著、历史纪录等四个方面展示梅州足球发展成果。展览还吸引了当年提出“看戏要看梅兰芳，看球要看李惠堂”这句话的蒋晞东先生。梅州展馆荣获评委会颁发的“最佳展示奖”。

时任梅州市副市长李远青从国家体育总局副局长冯建中手中接过牌匾

基于深厚的历史底蕴、翔实的申报材料和精彩的现场展示，梅州足球申遗最终通过专家复审，梅州成为2013年两个“中国体育非物质文化遗产保护与推广城市”之一。2013年11月3日，在芜湖国际会展中心，时任梅州市副市长李远青从国家体育总局副局长冯建中手中接过“中国体育非物质文化遗产保护与推广城市梅州·足球之乡”的牌匾和证书。同时，梅州市嘉应学院获评“体育文化研究基地”，梅州展馆获评“最佳展示奖”。

梅州足球成功申遗，梅州市广播电视台、民生820、梅州日报、广州日报、中国新闻社、网易等广大媒体同步进行报导，充分展现足球之乡丰厚的历史文化底蕴。梅州足球申遗的过程，是一个挖掘、传承、保护、利用、展示、推广梅州足球文化的过程。通过足球申遗，梅州在历史上首次对自身足球历史文化资源进行了系统摸底和整理，奠定了梅州足球文化产业发展的基础。

梅州足球成功申遗，梳理了本地足球历史和文化基础，提升了世界客都梅州在中国乃至世界的新形象，擦亮了“足球之乡”这块金字招牌，成为梅州振兴足球战略实施的一个重要里程碑。

二、五华建成元坑足球起源地旧址公园景区

元坑足球旧址公园俯瞰示意图

2015年，国家体育总局从官方认可了五华元坑对足球的起源意义。2016年6月29日，元坑足球旧址被梅州市人民政府公布为第四批梅州市文物保护单位。2017年国际足联理事、中国足协常务副主席兼秘书长张剑到梅州五华元坑实地考察，认为五华140多年的厚重足球文化底蕴对中国现代体育史具有重要意义。

五华元坑足球旧址公园项目围绕元坑中书院遗址规划。第一期规划用地面积65400平方米，总投资5464.4万元。规划内容包括复建元坑中书院，建设毕安、边得志雕像、遗址足球场、瞭望台、东门、西门、田径跑道、游客服务中心、文体广场、停车场、景观道路等景区设施。项目主要由县财政支持，根据《2020年五华县政府预算公开》，2020年五华县的新增专项债券资金中，其中2000万分配给五华县元坑足球旧址公园工程项目。项目首期于2017年12月开工，2020年12月竣工，并于2021年1月1正式对外开放。

2021年1月16日上午，位于五华县长布镇源潭村的中国内地现代足球发源地元坑遗址景区正式对外开放。此时距1865年边得志和毕安入驻元坑之时，已

经过了沧桑155年。

元坑遗址景区是五华县落实足球特区规划的一项重要举措，是继承和发扬梅州足球优秀传统文化的重要平台，是推动梅州市足球与文化旅游融合发展的重要成果。元坑遗址为中国足球的朝圣地，可让更多的足球爱好者了解中国足球之路，知晓中国内地现代足球之根。

五华以高标准修建和管理景区，充分参考传教士留下的资料，对当时的教堂、牧师楼、球场等建筑进行了复制，还把当年五华人擅长的石匠工艺和工匠精神等元素融入其中。当年五华人正是凭借石匠工艺为初到香港的巴色会盖起教堂，继而接引传教士首先深入五华传教兴学，并将足球带到偏僻但秀美的元坑里。景区整体创意围绕“以德为师”的核心思想和“小建筑大花园”的设计理念，以旧址保护中开发为基础，打造全国首家“现代足球旧址公园”。

元坑中书馆的八卦形水井（文物）

元坑景区以文化足球与艺术表现为重点，融入传教士（毕安、边得志等人）的历史渊源，把人物事件、旧址展示与客家人文结合，综合展示中国内地现代足球的起源。

元坑真道堂（教堂）遗址

景区门口立着一块“中国内地现代足球发源地·长布元坑”石碑，园区内新建或修缮了大力神杯雕塑、源流聚宝池、游客服务中心、足球之路、溯源之路、引水涧遗址、敬业斋遗址、真道堂遗址、七星亭、古井遗址、足球场遗址等。当年几位才华横溢的传教士参照客家风水学建筑了教堂和新式书院，使这里一度成为东江梅江流域客家子弟负笈求学的中心，开创并成就了中国现代足球发祥的传奇，使景区有了许多可待挖掘的人文内涵。

参观者在元坑景区移步换景，犹如穿越中西足球文化交流一个半世纪的历史，结合当年传教士不远万里跋涉来到穷乡僻壤传播福音并且兴学助教的功德，进而启迪对教育、足球、客家文化等课题的深思。此处已经成为足球文化朝圣的打卡胜地，是五华足球文化产业的名片之一。

三、五华以李惠堂故居为中心规划球王文化产业园

联庆楼正面

李惠堂故居，名为联庆楼，位于广东省梅州市五华县横陂镇老楼村。该屋由李惠堂的父亲李浩如于清光绪十八年（1892 年）所建，总占地面积约 4400 平方米，建筑面积约 3590 平方米。

联庆楼是一座典型的客家“四点金”式建筑，布局面宽五间、三进深，左右各置一幢横屋，四角分置四层炮楼体现防御功能，背后筑一层围屋，门前设谷坪、照墙、左右转斗门和半月形池塘。屋前的半月形池塘，可用做灌溉、浣衣、养鱼、防火之用，并有着客家人风水玄学上之考究，从天上看是半圆为屋、半圆为水，符合客家建筑文化所尊崇的《易经》中阴阳谐和的思想。

联庆楼上、中、下厅檐柱均为八角梅花石柱，左右横屋底屋檐柱为圆石柱，二层为圆木柱。全屋首层门框、门槛、门断、外窗、内窗、堂柱、厅柱、柱础、墙角、檐唇等均由花岗石打制，体现五华特色和屋主李浩如的本行。二层棚梁、木柱、栏杆、屋梁、桁桷等均漆红。正门、侧门、转斗门均有楷书题刻，上、中、下厅和左右横屋所置屏风梁架等构件，均刻有狮、凤、鳌鱼、花草、人物故事等金木雕工艺品。

联庆楼中栋右廊房为李惠堂幼年时住房，右横屋门侧狗洞是李惠堂当年练习射门的“球门”，右横屋第一间为李惠堂抗日战争时期回乡组建足球队时的住房。联庆楼于 2008 年 11 月被列为第五批广东省文物保护单位，2010 年 2 月被列为梅州市客家古民居。

联庆楼精美画屏，上书“瑞蔼”，旁可见字匾“仁义”

李惠堂故居正门、侧门、转斗门均有楷书题刻，在房屋的正门门额上题有“联庆楼”三个浑厚雄劲的大字，取门联“联立鲲鹏志，庆添龙虎威”的首字，左小门额镶“家传蓉镜”匾，门联

李惠堂练球的“福洞”

“四阁楼光浩如绩，九州人振惠堂风”，右小门额嵌“派衍松风”匾，门联“一代球王彪史册，万千健将抖龙威”。全屋的书法和楹联体现当时五华崇文尚武的人文特色。

李惠堂故居的精美画屏，镶嵌“瑞蔼”“祥凝”“修礼”“储慧”“陈义”等木匾，体现当时客家人重视明德修身的家风。上厅正中则挂着李浩如70多岁时乡绅送给他的“福厚延龄”大匾。“福厚延龄”匾下方供着屋主人李浩如夫妻（妾）四人肖像。上厅内存放有球王李惠堂的照片、手迹、诗歌等，为其妻子廖月英从香港带回来的。

李惠堂4岁时遵父嘱随母亲回到五华老家，接受私塾启蒙教育。他经常在联庆楼院子里踢球，从香港带回的皮球踢破了，就用烂皮破绳扎成球状，或从门口树上摘下圆柚子当球踢。联庆楼外墙仍有李惠堂用来射门的福洞。李惠堂在联庆楼禾坪赤足练球，以该福洞为球门联系，以提高命中率，使球技日臻熟练。

五华县投入5300万元，结合横陂镇双龙山旅游景区开发，在李惠堂故居旁边规划建设了占地26.58亩的球王文化产业园项目，组织实施球王博物馆、李惠堂故居修缮、球王广场等项目，把球王故里打造成以足球文化为亮点的特色旅游景点。球王文化产业园项目于2017年11月中旬动工建设。

四、梅州以三种模式组建了三家职业俱乐部

根据足球产业的规律，职业足球俱乐部所在地，因足球资源优势集群布局，使产业价值链与区域资源实现最优空间组合，并由此对该区域经济发展产生重要影响，产生可持续的“总部经济”效应。

中国足球职业化之后，梅县地区一直没有建立起属于自己真正的职业队，很多有潜质的年轻球员只能早早离开家乡加入国内其他俱乐部的青训体系。前国足教练曾雪麟曾在访谈中提及，作为足球之乡到梅州没有职业队很不正常，导致了严重的人才流失。[1]20世纪80年代末，曾宪梓曾经出钱让他尝试，但因当时无

[1] 参见网易体育2009年12月对曾雪麟的专访。

法招到球员而作罢。

梅州市委、市政府和体育部门认识到职业球队的产业效应，积极规划成立职业球队。2010年，梅州市出台了《振兴“足球之乡”十年规划》中，在规划目标中提到“在条件成熟时，组建梅州足球队，参加同级别比赛”，但在主要任务中未提及成立职业足球队。但在2012年，梅州作为一个经济水平处于广东第四梯队的城市，要建立职业球队，需要冲破当时足球大环境下的种种思维定式，以发展为核心的产业思维作引导。

2012年，在市体育局充分调研的基础上，梅州市委、市政府将建立梅州自己的职业足球俱乐部提上日程。[1]2013年初梅州市足球工作会议召开，将建立一支梅州的职业足球队明确纳入“十个一工程”，顶层设计将发展职业足球工作作为振兴足球工作的重要抓手。

经过多次调查和研讨，加上市委、市政府、体育部门与广东省体育局、省足协和相关企业等多方联系和沟通，梅州分别采取了三种模式发展职业足球俱乐部：引进来（引进东莞南城成立梅县客家俱乐部，即后来的梅县铁汉生态和广东华南虎）、自己建（梅州客家俱乐部、梅州球乡俱乐部）和省市共建（梅州辉骏女足）。

“引进来”的对象是成立于2003年的东莞南城足球俱乐部。东莞南城参加中乙联赛，在2012赛季末开始以梅州为主场，2013年正式迁往梅州，更名为梅县客家。2015年，俱乐部因资金问题计划再次搬迁，前往海南寻找赞助商，后被深圳市铁汉生态环境股份有限公司董事长刘水个人出资收购，俱乐部得以留在梅州发展，直至2020年因母公司资金紧张而解散。

“自己建”的是梅州客家俱乐部，由梅州本地房地产企业广东新晋炜房地产开发有限公司的董事长魏晋平投资。他生于五华横陂，是球王李惠堂同乡。到了2020年，梅县成立了梅县四三三俱乐部，以梅县竞技的名义征战2020赛季中冠联赛，次年又以梅县球乡的名义征战2021年赛季中冠联赛。此时人们已对梅州建职业俱乐部不再持怀疑态度。

“省市共建”的是梅州辉骏女足俱乐部，2017年，由广东省足球运动中心与五华企业家周辉权的辉骏集团共建成立辉骏女子足球俱乐部，征战2018年中甲女子联赛，同时肩负征战职业联赛和全运会的任务。

出于对足球真正的热爱和振兴家乡足球的愿望，魏晋平、刘水、周辉权等梅

[1] 王伟.梅州体育局局长：让踢球的比唱山歌的人更多.足球报.2019.09.26.

州籍企业家投以巨资和精力，承担巨大的责任和压力，勇于探索，大胆尝试，体现了热爱家乡、热爱足球的格局和情怀，也体现了梅州足球由“政府引导、企业支持、社会参与、情怀驱动”的职业足球发展特色。

2018 年 3 月 31 日，在梅县曾宪梓体育场上演了中甲“梅州德比”大战

2015 年，梅州客家俱乐部冲甲成功；2017 年，梅县铁汉俱乐部冲甲成功；2018 年，梅州辉骏女子足球俱乐部冲超成功，成为梅州历史上首个中超球队，梅州男女职业足球得到历史突破。梅州一度成为全国唯一拥有两甲一超的城市，成为中国职业足坛的亮点，也为经济欠发达地区的足球发展起到了借鉴和示范作用。

2018 年 3 月 31 日，在梅县曾宪梓体育场上演了中甲“梅州德比”大战，结果主场作战的梅县铁汉队 1 比 1 战平梅州客家。梅州德比是中甲联赛历史上出现的第一次地级市的德比战。

由此，梅州市振兴足球十年规划期间，以职业球队作为产业生态抓手，初步形成了以竞赛表演业、培训业和用品制造业为主体的足球产业体系，足球产业初具规模。随着职业联赛火热进行，职业足球总部经济、竞赛表演业以及足球小镇为重点的足球综合体等新业态在梅州落地，梅州建成了“职业引领、群众普及、青训支撑”三级体系，延长了足球产业链，推动了城市经济发展，进一步擦亮了梅州的城市名片，提高了梅州作为足球之乡的知名度。至 2020 年底，全市足球机构数量达 100 多家，70 个梅州市体育产业固定资产投资项目中有 30 个与足球相关，足球产业固定资产投资项目量占总项目量的 42.86%，足球产业固定资产投资产出值为 7.41 亿元，占总产出值的 74.92%。

五、梅县引进东莞南城组建梅县客家足球俱乐部

2012 年 12 月 18 日，梅县客家足球俱乐部在梅县文体中心注册成立。梅县客家俱乐部组队采取“引进来”的模式，其前身是成立于 2003 年 7 月的中乙劲旅东莞南城俱乐部。该俱乐部在 2012 年赛季末开始以梅县曾宪梓体育馆为主场。

梅县客家俱乐部的前身中乙东莞南城足球俱乐部，是东莞市足协秘书长、东

莞市南城区体委主任覃东积累10年时间培训的中乙球队。其历史沿革可追溯到成立于1955年、与众多梅州足球名宿相关的中南白队及之后成立的广东足球队。

1985年1月2日，广东足球队与广州万宝冰箱厂共建的“广东万宝足球俱乐部”成立，谢育新等梅州籍国脚从广东万宝队中被选入国家队。1992年9月15日，广东省足协与广东宏远集团共同组建成立广东宏远足球俱乐部，正式开始职业化。1996年，广东宏远在中国足坛有了“华南虎”的美誉。1997年，郭亿军到宏远担任主教练。

2001年12月9日，广东宏远队将其一二线队及甲B资格转让给了青岛海利丰，仅保留三四线队。覃东曾经也是职业球员，20世纪80年代效力于广西银荔队，曾经入选过国家少年队，1991年加盟广东佛山队。从2001年开始，覃东担任东莞南城体育局局长，在南城区组织小学生联赛，区内8所小学每年办1次5人足球赛。有足球夙愿的覃东从这批孩子中发掘一些足球苗子，通过业余训练加以培养，组创了一支青年队。

2003年7月3日，东莞南城足球俱乐部注册成立，覃东从东莞足协调到了南城区体育局担任东莞市足协秘书长、东莞市南城区体委主任，希望带这支队伍参加省运会，为南粤足球和国家足球输送人才。他在全国招收1993年、1994年出生的运动员，以广东传统技术流派为建队思路，坚持10年，训练遵循青少年足球发展规律，坚持以真实年龄选材，并且注重文化和德育，订下“三不准”规矩（不许抽烟、不许喝酒、不许上网吧）。2007年他带队到西班牙参加国际青年邀请赛，与西班牙、法国、俄罗斯等俱乐部交战，获得了6战3胜2平1负的成绩。

2010年，东莞南城队代表东莞参加广东省第13届运动会，在四分之一决赛中以7比0赢中山，半决赛中5比0赢佛山，决赛2比0赢广州，以7战全胜的战绩为东莞夺得首个足球项目（也是首个团体项目）的冠军。

梅县客家足球俱乐部初期队徽

2011年起，东莞南城凭借十年青训的积淀，以赛代训，实力日长，常与富力队的前身凤凰队比赛，与卡马乔执教的国足开展热身赛中也仅仅以2比3小负。在当年的中乙联赛中，东莞南城十七八岁的小将们杀入了半决赛，淘汰了北区头名抚顺罕王队而闯进四强。抚顺队是一支以三千万打造的成年队，是该赛季冲甲的大热门，出局之后，投资人以中乙赛制不合理为由，宣布退出中国球坛。赛后东莞南城中胡威威（梅州）、罗添、廖均健、张兴博、叶楚贵（梅州）、廖力生等6人先后入选前U17国少队，

梅县客家俱乐部训练基地启用仪式

梅州籍小将胡威威曾获亚少赛预选赛最佳射手。

2012 年，东莞的足球氛围已经远不及篮球，覃东到处奔走，希望找到资金赞助球队发展。2012 年，东莞南城队将曾宪梓体育场作为主场，当年赛季东莞南城仅获南区第 6 名，赛季结束后正式转让给梅县。除了当时已经签约广州恒大的 7 名队员（门将方镜淇、后卫李伟新、前卫胡威威、廖力生、王睿、张兴博和前锋杨超声）外，叶楚贵等梅州籍球员从东莞回到梅州继续征战中乙联赛。

2013 年，梅县客家俱乐部正式入驻梅县曾宪梓体育场，训练基地设在梅县区雁洋镇。在足球之乡，这家引进来的俱乐部得到了政府部门和多位赞助商的支持，广大梅县球迷也非常关注球队发展。俱乐部刚成立不久，前全国政协副主席、广东省省长叶选平为球队题写了名称，这份珍贵的题字说明了梅州浓厚的足球氛围。

梅县客家俱乐部的球员以原东莞南城足球俱乐部的队员为基本班底，包括何海政、陈权君、谢勇、吴荣辉、张皓、庄福昌、张佳、胡威威、李伟新、叶楚贵，其中有 5 名梅州籍球员。球队从广州恒大预备队租借了 3 名自己原先培养的球员，分别为张兴博、王睿、李伟新。2013 年中乙联赛梅县客家俱乐部大名单中 35 名球员中，有 12 名梅州籍球员，占三分之一。梅州籍球员陈权君入队前是一名大学生业余球员，作为梅州人自小踢球，脚下球性好，很快成为头号射手。

2013 年，梅县客家足球队全体成员合影

2013 年 5 月，梅县客家俱乐部宣誓冲甲暨与超柏力斯合作签约发布会在梅州客天下召开。香港运动品牌超柏力斯宣布成为梅县客家足球队的战略合作伙伴，冠名赞助梅县客家俱乐部的器材和参加中乙联赛。

为了冲甲，梅县客家俱乐部聘请有“中村俊辅之父”之称的日本籍教练佐熊裕和出

梅县客家队引进日本青训名帅佐熊裕和（中间捧花者）

梅县客家俱乐部球员签字队服

任球队主帅。覃东希望佐熊裕和在带队参加乙级联赛外，能把他在日本推广校园足球的理念在梅州进行推广。佐熊裕和有中村俊辅、藤本淳吾、本田拓等28名弟子入选过日本国字号球队，其中中村俊辅曾获亚洲足球先生、亚洲杯冠军、苏格兰足球超级联赛冠军等荣誉，可见他的青训实力。

2013年6月15日，梅县客家与梅州客家两支中乙队进行了一场德比，近万名球迷到梅县曾宪梓体育场观战，两队激战90分钟，以0比0战平。这是梅州足球历史上第一场职业德比赛。

2013年中乙联赛赛季，梅县客家俱乐部以梅县超柏力斯队的名义征战中乙，球员以原东莞南城足球俱乐部的队员为基本班底。梅县超柏力斯最终排名南区第4名，在半准决赛第2回合比赛中以0比4不敌青岛海牛队被淘汰。

2014年3月22日，梅县客家足球队被冠名为梅县俊诚客家足球队，赞助商为广东俊诚汽车集团（梅州）。梅县客家足球俱乐部总经理覃东签下日籍教练津越智雄，意在冲甲。梅州本地歌手陈善宝为梅县俊诚客家足球队演绎了队歌《向前冲》。当年8月中乙赛季，梅县客家俱乐部再次更换主教练，由领队李远平替换津越智雄担任主帅，由肖健佳替换小林拓也担任助理教练。[1] 结果梅县俊诚客家队排名第九，冲甲失败。这一年，队中11号叶楚贵获2014年中乙金靴，转会广州富力俱乐部，并且入选国奥大名单，这都离不开他本人的持续努力和覃东的培养。杨超声和廖力生也登上了国字号舞台。

2014年赛季结束，覃东开始寻找新的财团为球队提供资金支持，他把目光投向海南省。海南当时业余球队多达200多支，但职业球队尚属空白，更有可能为俱乐部提供优厚的资金支持。同时期广东日之泉俱乐部也在谋求转让，因母公司资金链紧张，拟转让给陕西。

六、刘水收购组建梅县铁汉生态队

2014年末，铁汉生态董事长刘水计划整队收购梅县客家俱乐部，并准备前往

[1] 参考“《2014中国足球协会乙级联赛秩序册》增补与勘正”相关记录。

海南落户，填补海南职业球队的空白，此交易正式上报广东足协审核。2014 年 11 月 26 日，覃东在海南工商注册成立海南铁汉足球俱乐部公司，为迁往海南做准备。梅州市体育局负责人得悉梅县客家俱乐部迁往海南的计划，与刘水董事长进行了多次沟通，广东省体育局、广东省足协、梅县县委、县政府皆诚意挽留。刘水出于家乡情结和产业情怀，最终将梅县客家俱乐部留在梅州。[1] 梅县支持 500 万元支持俱乐部建设。[2]

2015 年启用的梅县铁汉生态队队徽

根据 2015 年 2 月中国足协下发的审核文件，当时面临资金困难的梅县客家、广东日之泉都濒临解散，南粤职业球队濒临归零的边缘。2015 年 3 月，铁汉生态集团董事长刘水正式出手收购梅县客家俱乐部，并将球队带回梅县并更名为梅县铁汉生态队，口号为“铮铮铁汉，顶天立地”。广东日之泉则被解散，部分人员并入五华企业家魏晋平出手投资、日之泉原主帅曹阳创建的梅州客家俱乐部。

2015 赛季梅县铁汉生态队合影

2015 年，梅县铁汉生态在梅州城区以西 20 分钟车程的梅县南口葵岗兴建足球产业基地，规划打造粤东大型足球训练基地。南口训练基地于 2016 年启用，经过升级后有 4 块 11 人制天然草球场，还有健身房、休息室、康复理疗室等功能性设施。[3]

2017 年梅县铁汉校园足球教练李延吉在指导蕉岭县友邦小学校队小球员们训练

2015 年，梅州市足协换届，铁汉生态公司董事长刘水当选为梅州市足协第三届会长。俱乐部在运作期间与梅州校园足

[1] 王伟. 梅州体育局局长：让踢球的比唱山歌的人更多. 足球报. 2019. 09. 26.

[2] 梅州市体育局、深圳朝向集团《梅州市足球口述史》，p273.

[3] 2021年8月《梅州足球产业报告》，p149.

梅县铁汉足球俱乐部捐赠活动

珠海支教工作者谢春平、广东华南虎俱乐部教练刘志强和云南怒江州格力小学足球队员

球紧密联系，在推动梅县区职业足球、校园足球和社会足球等方面开展了大量工作。梅县地区的校园足球因此获得大量职业俱乐部支持资源，包括捐资捐物、青训交流、赛场体验等。俱乐部跟被当地誉为“国脚兵工厂”的梅县体校达成了共建足球梯队的合作，使得梅县的小学员们有机会近距离感受职业足球。

2017 年开始，俱乐部发起“梅县铁汉助力校园足球活动”，15 所捐赠学校汇总，8 所来自梅县。梅县铁汉足球俱乐部与梅州多个地区教育部门达成合作意向，委派优秀教练员进入校园，深入开展校园足球工作。

梅县铁汉生态队多次安排主教练李海强和球星李健华、叶伟超、潘佳等到梅县新城、丙村镇、梅南、南口、松口等多所小学与青少年开展足球互动，有力促进了当地足球生态良性发展。[1]

梅县铁汉生态队还积极开展足球公益活动，如用足球技术帮扶贫困山区学校并取得显著成效。广东梅县东山中学校友谢春平是珠海市香洲区湾仔小学的一名教师，在脱贫攻坚时期曾到云南怒江傈僳族自治州格力小学支教。2019 年 9 月，经谢春平牵线搭桥，广东华南虎俱乐部派出青训教练刘志强常驻格力小学，帮助该校开展足球日常教学、运动队建设、联赛组织、足球嘉年华等工作，并联合珠海湾仔小学和相关体育用品公司，定期向格力小学提供足球教学、训练装备及技术支持。[2] 刘志强帮格力小学建起男女两支球队并培养了足球教师，使该校足球课远近闻名，吸引周边山区家长慕名走几公里山路把孩子送来学足球。梅县铁汉生态队支持谢春平和刘志强实现足球帮扶的事迹，经粤港澳大湾区融媒体工作室报道后，被人民网等全国多家媒体转发。

[1] 2021年《梅州足球产业报告》，p149.

[2] 参见2020年7月17日粤港澳大湾区工作室报道《跨越4000里的足球情缘》。

七、梅县铁汉生态队成功冲甲

2017 年梅县铁汉生态冲甲成功

2016 年，梅县铁汉生态俱乐部聘请李海强担任球队新任主教练。李海强曾于 1999 年入选中国国家队，此后效力于香港南华队，并两次获得“香港足球先生”称号。2015 年起担任中甲深圳队代理主教练，并带领深圳队成功保级。李海强也因此在当年获评“最佳本土教练”荣誉。

2016 年，梅县铁汉生态队与李健华正式签约。李健华曾效力于深圳健力宝、广州恒大和广州富力等中超俱乐部，并作为主力分别帮助深圳健力宝和广州恒大夺得中超联赛冠军。

2015 年梅县铁汉生态队获得南区第 3 名，2016 年获得南区第 1 名。2017 年 10 月 28 日，梅县铁汉足球俱乐部以总比分 3 比 1 淘汰深圳人人雷曼，获得 2017 年中乙联赛亚军，和冠军黑龙江火山鸣泉队一起成功晋级 2018 赛季的中甲联赛。

2018 赛季，刚刚升入中甲的梅县铁汉生态承办了当年的中甲开幕式。在俱乐部的主场曾宪梓球场，中甲联赛的上座率超过 6000 人。2018 年 3 月 10 日，中国足协李毓毅副主席来梅州参加中甲开幕式。

升甲之后，梅县铁汉生态开始大手笔引援，剑指冲超。2018 年，梅县铁汉生态投入 3 亿，签下广州恒大最佳射手、号称“猎豹”的穆里奇和华夏幸福金靴队员、号称“野牛”的阿洛伊西奥，并于 2018 年 9 月 26 日官宣引进原中国男足代理主教练、原中国 U22 男足主教练、恒大淘宝队中方助理教练傅博。

2018 赛季梅县铁汉生态队合影

梅县铁汉足球俱乐部执行总裁杨朋锋帮助梅县铁汉生态队恒大旧将穆里奇。当时石家庄也在联系他，但穆里奇性格内敛，家庭观念重，因太太喜欢广东的天气而选择了梅县铁汉。穆里奇在效力广州恒大的四个赛季中，曾荣膺中超联赛最佳射手、亚冠联赛最佳射手、亚冠联赛最有价值球员、亚足联最佳外援奖项等殊荣。阿洛伊西奥在2015赛季曾凭借22粒进球获得中超联赛金靴奖。他后来入中国籍，更名为洛国富，2019年转会广州恒大淘宝，2021年4月作为归化球员出现在国足世预赛名单。如此重量级的引援，在梅州足球史上尚属首次。在梅县铁汉生态队当年赛季41个进球中，这2名中超金靴外援占据了28个。

广东华南虎俱乐部队徽

2018年9月26日，傅博在赛季中出任主教练，使之后的8场比赛取得3胜2平3负的成绩，完成了保级重任。作为中甲升班马，尽管有两大金靴坐镇，在赛季接近尾声时，梅县铁汉生态仍徘徊在降级边缘，要通过附加赛才能继续留在下赛季中甲联赛。附加赛中2位金靴外援不能上，傅博大胆启用了中甲银靴、梅州籍球员叶伟超作为替补登场，最后得以险胜陕西大秦之水实现保级。

2019年1月14日，在下赛季开始前，梅县铁汉生态队迅速完成去企业化，更名广东华南虎足球俱乐部。在2019年初的冬歇期中，上赛季惊险保级的广东华南虎梅县铁汉生态队接连签下了9位新援，充实了球队前中后场阵容。在球队的30人报名大名单中，除了3名外援，27位国内球员中有9位梅州籍球员，占了三分之一。他们分别是：沈烽、曾超、吴民峰、余文鹤、李健华、胡勇发、刘兴、刘盛、钟志良。9位梅州籍球员中，沈烽、曾超、李健华、胡勇发和刘盛是上赛季队中的主力球员。一线队主力阵容中三分之一球员来自俱乐部所在地级市，这在中国足坛职业俱乐部是非常罕见的。

曾超在保级附加赛对阵陕西大秦之水的首回合比赛中，打进了1粒宝贵的客场进球。沈烽在联赛中也有过多粒进球入账，并奉献出多次精彩助攻。李健华、胡勇发和刘盛是球队后防线的“老搭档”。李健华在边路防守经验十足，胡勇发和刘盛也以稳健果断见长，搭档担任球队的中卫组合。胡勇发在2018赛季的解围数上，排名中甲球员中第2名。余文鹤在2018赛季效力于预备队。吴民峰、钟志良由俱乐部U19梯队选拔进入一线队，在上赛季的U19联赛中，

2019年赛季广东华南虎铁汉生态队合影

二人表现出众，受到了教练团队的认可。本赛季新加盟的“00后”刘兴，曾入选过国少队并参加了首届亚洲U14锦标赛和西班牙COTIF杯，体能充沛，发挥稳定，边路能攻善守。

在2019年新赛季见面会上，2018赛季带领陕西队与梅县铁汉进行保级争夺战的梅州籍前国脚谢育新也被邀聘到俱乐部担任青训总监和领队。越来越多梅州籍球员加盟俱乐部，并乐意为家乡展现自身实力。在2019赛季的中甲联赛中，广东华南虎以10胜6平14负排名积分榜第11位，保级无忧。在本赛季中，外援洛国富代表梅县铁汉生态出场24次，打进10球。

正当俱乐部努力准备新赛季时，2019年风云突变，深圳铁汉生态环境股份有限公司遭遇了行业变化而经营下行，俱乐部投资人的财务境况受到影响。在2019赛季，俱乐部仅投入了7千多万元，其中4千万来自当年夏窗将洛国富转入广州恒大淘宝队的转会收入。投资人刘水多方寻找融资，以解决经营困境。

2019年12月31日，广东华南虎足球俱乐部官方宣布，主教练傅博和教练团队离任，洛国富、艾伦、理查德、张勇、刘建业、邱盛炯、邓宇彪等7名球员合同到期离开球队。其他队员们尽管已知晓俱乐部的困境，仍在领队谢育新的带领下继续冬训，积极备战新赛季。[1]

2020年1月3日，广东华南虎俱乐部在深圳联交所挂出股权转让申请，俱乐部100%的股权标价1.8亿元。标价包括华南虎俱乐部的一线队、预备队以及5支梯队，以及完全符合中甲准入标准的俱乐部基地，基地可升级达中超标准。俱乐部和一家有意向的佛山公司洽商过转让事宜，但最终未达成协议。

2020年初，新冠疫情暴发，整个足球行业遭遇寒冬。2021年2月3日，由于未能在规定时间内提交教练团队和球员工资奖金确认表，广东华南虎俱乐部失去了2020年中甲联赛准入资格，最终以解散谢幕足坛。

2020年元旦，足球市长张爱军到广东华南虎足球俱乐部慰问（右一为领队谢育新指导）

[1] 2019年12月31日广东华南虎官方微博。

联赛	赛季	名次	参赛名称
CHINA LEAGUE 中乙联赛	2013	4	梅县超柏力斯
	2014	5	梅县俊诚客家
	2015	3	梅县铁汉生态
	2016	3	梅县铁汉生态
	2017	8	梅县铁汉生态
CHINA LEAGUE 中国足球协会甲级联赛	2018	14	梅县铁汉生态
	2019	11	广东华南虎

广东华南虎梅县铁汉生态队历年成绩

根据中国足球协会的数据，在新冠病毒肆虐、宏观经济下行、金元泡沫破裂等多重打击之下，2020 赛季中，包括广东华南虎足球俱乐部在内共有 9 支球队退出中国足坛。同样源自 1955 年的省队（吉林省队）、曾在 2016 赛季获得中超第 9 名的“东北虎”延边富德，则比广东华南虎更早于 2019 年 2 月解散。

2020 年 2 月 13 日晚，广东华南虎俱乐部官方微信推送了告别海报：“时日有序，聚散有时。天涯未远，岁月无虞。感谢有你，江湖再见。”这则饱含离愁别绪的海报，正式宣告了广东华南虎足球俱乐部（梅县铁汉生态足球队）的解散。

从 2012 年到 2020 年，这支曾经的中甲劲旅存续了 8 年，以“引进来”的模式建队，有力带动了当地足球发展，为振兴本地足球产业做出了卓越贡献。梅州首支职业球队的这段探索和实践历程，是梅州足球产业化进程中浓墨重彩的一页，不论成败，都为未来新生的职业俱乐部提供了启迪。风云变幻的环境，意味着职业足球队的投资者和管理者必须努力遵循足球发展规律，在经营中始终葆有成本意识和风险意识。

八、新晋炜魏晋平投资创建梅州客家足球俱乐部

梅州客家俱乐部（Meizhou Hakka Football Club）于 2012 年 12 月 10 日注册成立[1]，由梅州市政府、市体育局支持，五华民营企业家魏晋平投资，采用投资人“自己建”的模式。

[1] 根据俱乐部公开注册数据。

魏晋平（中）受任广东省客家商会理事

魏晋平1971年生于梅州市五华县横陂镇近江村，与球王李惠堂同镇，五华新晋炜房地产开发有限公司董事长。魏晋平热心支持家乡公益事业，2009年捐资建造乡村道路，2010年捐建了近江小学的“魏成叨教学楼”，村民赠匾“德泽桑梓”。魏晋平热爱足球，曾于2000年在五华组织过新晋炜业余足球俱乐部。

2012年初，魏晋平主动与梅州市体育局联系，提出为响应市委、市政府发展梅州足球的精神，重振梅州“足球之乡”雄风，希望为家乡组建一支职业球队。此举在当时需要远见卓识，契合了当时市体育局班子的想法，并得到了梅州市委、市政府、五华县委、县政府的大力支持。球队成立之时，投资人魏晋平明确提出不以企业冠名，而要建一支客家人的球队，并取名梅州客家队。

为寻找合适的俱乐部教练班子，市体育局相关负责人专程赶赴省体育局请求支持。在省、市、县体育部门的高度重视和多方协调下，时任广东日之泉队主教练曹阳最终同意到梅州五华支持山区足球，加入梅州客家俱乐部并出任球队主教练。

梅州客家队早期合影

曹阳祖籍黑龙江，生于梅州兴宁并由兴宁体校上送省队，也是在足球之乡梅州土生土长的足球名宿。他在球员生涯中曾入选国青队，也是一位国字号球员。退役后，他曾执教广东省全运会足球少年队、中甲广州日之泉等多支专业或职业球队，人称“拼命三郎”。他曾担任专业运动员参加六运会夺金、执教省队九年并在十一运夺亚，执教并运营中甲球队日之泉。

2013年，曹阳到梅州客家足球俱乐部担任总经理和主教练，此后一直担任梅州客家足球俱乐部总经理。他最初设想先以成熟的中甲球员为班底并增补部分客家籍球员，组建一支乙级队，当年参加中乙联赛，争取一年后实现冲甲目标。

曹阳先集结了当年广州日之泉的部分球员作为班底，其中有曾效力日之泉的

2013 年梅州客家队合影

李伟军、侯宇、潘佳，又从省内各中超、中甲俱乐部罗致了一些球员，如从恒大租借过来的高志林（五华）和深足老将袁琳等知名球员，开始了中乙冲甲之旅。如此，梅州客家早期以租借球员加本土梅州籍球员的方式组建球队。其中广州恒大长期与梅州客家合作，曾出租过秦升、叶伟超等球员，帮助梅州客家快速成长。

梅州客家球队成立之初，五华没有训练基地，曹阳率领球队在广州训练，比赛时驱车数百公里回梅州五华。如此两地奔波，队员须克服舟车劳顿的困难。2013 年 11 月，在市、县政府的大力支持下，俱乐部终于在五华建成了训练基地。该基地位于五华河东镇琴江江畔，占地面积约 3.8 万平方米，建有 11 人制和 7 人制足球场各一块，训练、办公、球员食宿等条件一应俱全，球队在五华扎了根。

梅州客家足球俱乐部早期队徽

球队成立前 3 年，魏晋平独资投入俱乐部，前后投资超过 1 亿元。在曹阳的管理下，梅州客家前期虽然规模小，但球队各项职能保持规范、齐全。当时应邀担任主帅的戚务生表示："我几乎看遍了中国所有职业俱乐部，像五华这样小而精的俱乐部并不多见，无论训练、生活还是管理，五华队都足以称得上规范的榜样。"

九、梅州客家三年冲甲六年冲超，成为全国唯一县级中超队

2013 年开始，梅州客家队开始冲甲之旅。在 2013 赛季，由于受场地的影响，梅州客家队集训在广州的省体育馆，主场设在梅县曾宪梓体育场，队员们经常奔波于穗、梅两地。在此条件下，当年赛季梅州客家队取得了 11 战 8 胜 3 平无一败绩，以积 27 分、南区预赛第 1 名、提前 2 轮进入淘汰赛。但在 1/4 决赛次回合主场比赛上，梅州客家在最后 1 分钟惨遭山东滕鼎绝杀，无缘中甲。

2013 年 12 月 23 日，梅州客家俱乐部的训练基地启用，俱乐部正式回归五

华。2014年5月，为塑造球乡品牌，打造五华特色，梅州客家队更名为梅州五华队。当年，卷土重来的梅州五华队以16战14胜2负，积42分的战绩再夺南区冠军，进入淘汰赛。在1/4决赛中，梅州客家以4比1淘汰宁夏杞动力队，晋级4强。在半决赛中，五华队在客场以1比1逼平江西联盛，占得先机，但在第2回合的赛事中，五华队在主场1比0领先，不料在终场前被江西联盛扳平，并在补时阶段最后1分钟再遭绝杀，以1比2告负，以2比3的总比分再次与中甲失之交臂。

2015年梅州客家俱乐部合影

梅州客家在征战中乙的前2年，均获得南区第1名，但都在冲甲淘汰赛中铩羽而归。2014年，他们在季军争夺战中也输了。由于当年中甲有球队解散，获得第3名的贵州智诚获得了中甲资格。此番曹阳想过放弃，但投资人魏晋平继续给予信任和支持，全队下定决心，要在2015年赛季完成冲甲任务。曹阳继续履行总经理之职，俱乐部管理层保持稳定。

2015年，梅州五华第三度踏上冲甲之路，这又是一场极考验管理者和整个球队的惊心动魄之旅。前4轮，梅州客家只取得2胜1平1负，落后排南区头名的丽江队5分。随后，俱乐部换帅，球队原主教练谭恩德下课，原广东日之泉和贵州智诚主教练张军接任，但在两轮取胜后离开。

2015年6月26日，曹阳致电戚务生，恳请其出山。曹阳说："力邀戚指导出山，是因为当时球队需要一位德高望重的主帅压阵。"此次执教梅州五华，让戚务生成为一位在三级国字号球队和三级职业联赛都有执教经历的主帅。

2015年梅州客家冲甲成功现场

71岁的戚务生率队征战下半程中乙联赛。曹阳又相继引进前河南建业队中卫唐德超、长春亚泰队锋将曹添堡、北京国安预备队"希望之星"巴顿等三将加盟，增加球队冲甲砝码。作为当时国内职业联赛现役年龄最大的主教练，戚务生指挥若定，迅速熟悉球队并以超高的效率排兵布将。

戚务生和曹阳两人合作，在训练时“唱白脸”，严格完成训练，在赛前唱“红脸”，让队员轻松备战。在戚务生率领下，梅州五华队以 9 胜 3 平 2 负，积 30 分的成绩再次位列南区冠军进入淘汰赛。在 1/4 决赛中，梅州五华以 6 比 2 的总比分淘汰天津火车头晋级，在半决赛首个回合中，客场 5 比 1 大胜南京钱宝，在第 2 回合以 1 比 0 再次战胜对手，最终以 6 比 1 的总比分成功冲甲。

2016—2019 年赛季，梅州客家在中甲成绩稳定，不过与冲超尚有距离，最佳联赛排名为第 9 名。2020 年，受新冠肺炎疫情影响，中甲以赛会制形式进行。梅州客家以第一阶段 B 组榜首之势，进入第二阶段冲超组，最终排名冲超组第 5 名，创造了球队历史最佳联赛战绩。

作为球队主要管理者，曹阳在前期收入途径不多的情况下，在引援方面始终注重财务控制，保证球队稳健经营。2018 年赛季，梅州客家荣获三项赛季奖项：曹阳获优秀经理人奖、马里荣膺最佳射手，张宏疆获最佳新秀。曹阳在引援方面有着独特眼光，从 2016 至 2021 赛季都引入了性价比很高的外援，如杰帕（2016 甲射手第五）、马里（2018 中甲金靴，2019 年以 410 万欧元转会深足，之后在中超排射手榜第四）、敦比亚（2020 中甲银靴，2021 转会申花）、吉森（2021 中甲银靴）。他们助力梅州客家取得稳健成绩，还创造了丰厚的转会差价。

联赛	赛季	名次
CHINA LEAGUE 中乙联赛	2013	3
	2014	4
	2015	1
CHINA LEAGUE 中国足球协会甲级联赛	2016	11
	2017	12
	2018	9
	2019	10
	2020	5
	2021	2

梅州客家男足俱乐部 2013—2021 年各赛季排名

冲甲成功后，曹阳坚持将主场放在五华，借助五华的足球底蕴和民间氛围，平均上座率超过场均 5000 人。但这意味着球队仍需忍受舟车劳顿之苦，到客场比赛时，需坐大巴到梅县机场飞广州转机，或到揭阳机场转机。梅州客家主场最初在县城五华体育场，只能容纳 8000 人，冲甲后，其设施要达到中国足协中甲主场的标准，需进行大整修。

2020 年 10 月 18 日，梅州客家出征成都前，时任梅州市委书记陈敏和副市长张晨专程到足球小镇看望和勉励梅州客家队

冲甲后，梅州市政府给梅州客家俱乐部奖励 1000 万元，五华县政府奖励 300 万元。梅州市委、市政府、市体育局、五华县委、县政府、县体育局对球队发展十分重视，马上着手规划建设新的主场。2016 年，梅州客家冲甲成功后，俱乐部大举投入设施更新，从灯光系统、看台座位、场地安全、设施功能等四个方面对县体育场实施升级，以保证主场通过中国足协验收。梅州市体育局还与和梅州客家俱乐部达成共识，共建青训后备人才梯队。

2020 年 1 月 15 日春节前梅州市体育局、市足协慰问梅州客家足球队

梅州客家早期最大的投入成本，分别在球队建设和硬件建设上。根据德国“转会市场”网站统计，梅州客家引入球员的方式，以自由转会和租借为主。结合中甲俱乐部运营成本数据，梅州客家每年的球队运营成本约为 5000 万—6000 万元。[1] 梅州客家足球俱乐部的收入来源包括：门票收入、转播收入、赞助收入、特许商品收入、转会收入、政府奖励或者补贴。相比起他国内职业俱乐部，梅州客家的商业化操作显得理性而保守。俱乐部更专注做足球，而不是做广告。梅州客家从成立之初就采取俱乐部名称去企业化理念，不体现集团名称或其他商业品牌名称，也没有胸前广告赞助商。球衣正门只印“梅州客家”的字样。

[1] 《梅州足球产业报告》，p99.

曹阳恪守“本土化”的建队理念，初入中甲时，球队中广东籍球员约占三分之二，客家籍球员约占三分之一。在他率领下，梅州客家俱乐部十分注重青训工作，虽然其青训起步要比鲁能、绿城等老牌俱乐部晚，投入远不及恒大和富力等同省中超球队，但其青训建设从一开始就很完备，到 2020 年底，俱乐部已组建成立了 10 支 U9 至 U19 不同年龄段的球队。足球之乡源源不断给俱乐部提供后备力量。

2019 年，曹阳聘请了庭田智弘、若山秀俊等日本青训外教。日本教练不仅培训球员，还帮助培养教练员、挖掘有潜质的教练员。到 2020 年，梅州客家已有 20 多位青年教练，其中梅州籍教练占三分之二。这些本地教练热爱足球，责任心强，有利于队伍稳定。梅州客家俱乐部注重保障教练员待遇，从 2012 至 2021 年，从未欠过薪。

在市、县政府大力支持下，梅州客家俱乐部于 2017 年动工建设足球小镇，小镇内有国际标准球场、星级酒店、力量训练房、综合训练馆、办公楼、足球学院、沙滩足球训练基地、足球特训拓展基地、青少年足球活动中心、科技馆等完备的设施。梅州客家从成年队到梯队都以小镇作为训练中心。

2019 年，五华奥体中心核心场馆惠堂体育场落成后，成为国内县域级别最高、规模最大的体育场。从 2019 年赛季，惠堂体育场取代县体育场成为梅州客家的主场，俱乐部的主场条件全面提升。

2021 年，梅州客家队新球衣发布，沿袭球队传统配色，将专属于足球之乡的印记融入其中，展现“风华流续，传奇再起”的梅州客家主题。

梅州客家作为全国唯一的县级职业足球队，战绩从成立以来，一直保持上升。球队整体条件和实力也逐渐提升，吸引了很多家长，他们主动将孩子送到梅州客家俱乐部培训。

2021 年赛季，中甲共 18 支队伍进行 34 轮比赛。实际上，梅州客家队早在 3 轮之前就有机会完成冲超，但最近这几轮比赛，他们接连失利，冲超重压最终留到了联赛收官战。

梅州客家队前锋桂宏在第 95 分钟进球绝平昆山队

2021 年 12 月 22 日下午，中甲最后一轮比赛中，梅州客家主场迎战江苏昆山队。这场比赛，梅州客家队只需要 1 分，就能将直接冲超的主动权掌握在自己手中。但好事多磨，昆山队在上半场率先打破场上僵局，梅州客家队则长时间比分落后。比赛第18分钟，客队昆山的小将龚纯洁小角度抽射破门，随后的时间里，梅州客家不断发起反攻。但昆山队的门将有如神助，连续扑出主队的必进球。在另一片场，浙江队以2比1逆转中甲冠军武汉三镇，几乎确定了下赛季中超席位。

梅州客家队队徽

全场比赛伤停补时5分钟，第95分钟，梅州客家队的前锋桂宏在禁区前起脚远射，皮球笔直地飞向球门死角，一鹄中的，以读秒速度绝平昆山队，为梅州客家带来了宝贵的1分。梅州客家借此反超浙江队，最终以24胜3平7负，积75分的战绩，获得亚军，成功晋级中超。此刻场边的梅州球员们按捺不住内心的喜悦，冲进场地庆祝冲超成功。曾经效力过广东多家职业俱乐部、并多次获得“广东足球先生”荣誉的36岁老将卢琳，忍不住潸然泪下。

2021年梅州客家俱乐部合影

梅州客家就此成为中超历史第一支县级球队，球王李惠堂的故里五华县从此坐拥男女2支中超球队，“球城”梅州从振兴初年很多人对组建职业俱乐部持怀疑态度，发展至拥有两支中超俱乐部，梅州足球再次取得历史新突破。

梅州客家冲超成功

十、梅州辉骏女足以“省市共建”模式组建

有别于梅县客家（梅县铁汉生态）的“引进来”和梅州客家队的“自己建”模式，梅州辉骏女足采用“省市共建”模式。

辉骏女足的投资人周辉权1968年7月生于五华水寨镇上坝村，为广东辉骏科技集团有限公司创始人、董事长，2010年至今历任省、市、县人大代表，五华县私营企业协会名誉会长。周辉权白手起家，经过十几年诚信经营，将公司从

2017 年梅州辉骏足球俱乐部成立，周辉权（左一）、叶细权（右二）出席

一个五金制品小加工厂逐渐发展成为拥有七个子公司、投资规模达 15 亿元的科技集团。为支持家乡五华经济发展，周辉权从 2006 年起回乡投资建厂，2014 年成立了广东辉骏科技集团。辉骏集团在 2015 年被广东省科学技术厅等相关部门授予“高新技术企业”。周辉权热心公益事业，2018 年捐赠价值 500 万元商住楼支持五华县教育发展基金会，捐资 100 万元支持五华青少年足球发展基金。

作为土生土长的五华人，周辉权全家都是足球迷，他的祖母 104 岁高龄，还到惠堂体育场看球。作为球队投资人，周辉权希望在梅州培养更多的足球人才，为国家输送人才，做大做强足球产业。为响应梅州振兴足球十年规划战略，2017 年 11 月，周辉权投资 3 千万元，收购广东珠海索卡女子足球俱乐部，并将球队主场从珠海迁回五华。

辉骏女足队徽

2017 年 11 月，广东辉骏集团与广东索卡女子足球俱乐部正式签订购买协议，将原珠海索卡女子足球俱乐部改名为梅州辉骏足球俱乐部，球队主场从珠海迁回梅州五华，主场定为五华县体育场。梅州辉骏女子足球队也是当时广东唯一一支职业女子甲级球队。

在建队模式方面，梅州辉骏女足由广东省足球运动中心与辉骏集团共建，同时肩负征战职业联赛和全运会的任务。2018 年，梅州辉骏足球队以参加全运会取得亚军的队员为班底组建，当时有 11 名运动员参加过全运会。除新引进的 4 名球员外，其余 25 名球员全是广东自己培养出来的球员。

俱乐部聘请龚永存为首任总经理，原广东宏远队队员李晖出任主教练，李春成担任助理教练。龚永存曾是湖北队球员，先后担任过武汉前卫寰岛、武汉雅琪、武汉红桃 K 等俱乐部负责人和武汉卓尔俱乐部总经理，有着丰富的职业足球管理和运营经验。李晖曾是广东宏远队队员，在 2017 天津全运会上率领广东 U18 女足获得亚军。

2018 年，索卡女足搬到梅州后，周辉权将俱乐部更名为梅州辉骏女足。2019 年 7 月，俱乐部响应职业俱乐部去企业化政策，更名为梅州五华。2019 年 12 月再次更名为梅州五华女子足球俱乐部。

2018 年辉骏集团董事长周辉权向龚永存颁发总经理聘书

在梅州市委、市政府、五华县委、县政府的高度重视和大力支持下，辉骏女足很快在 2018 年正式落户五华。此举对推动五华足球产业发展有着重要的战略意义。梅州市、县领导多次到梅州辉骏足球俱乐部看望、慰问球员，关心俱乐部的发展。

在球队经营方面，辉骏女足坚持按规律办事，无论是球员的训练、后勤保障、俱乐部管理，采用专业人办专业事。

2018 年中秋节梅州市足协到五华慰问足球队

2019 年之前，梅州辉骏女足的主场设在五华县体育场，2019 年和梅州客家男足俱乐部同时迁至惠堂体育场。俱乐部在五华本土没有训练基地，日常在广州训练。辉骏女足一般在比赛日之前到五华，在县体育场训练，比赛日前夕才到惠堂体育场。[1]

十一、梅州女足提前冲超成功

在 2018 年 1 月举行的新闻发布会上，梅州辉骏足球俱乐部投资人周辉权明确表示球队当年任务是冲超。

2018 年 4 月 24 日下午，广东梅州辉骏足球俱乐部举行甲级联赛出征仪式

由于 7 支女甲只有一个冲超名额，因此球队 12 场比赛都要赢。为确保冲超成功，俱乐部

[1] 《梅州足球产业报告》，p105.

加大投入，引进强援以增强整体实力，在队内拥有谭茹殷、钟秀东、谢绮文、陈巧珠、陈丽娜等多名国字号球员的基础上，引进巴西女足国家队队长布鲁娜、巴西女足国家队队员碧安卡、尼日利亚国家队队员桑蒂及天津籍原国脚李香林。赛季下半程，俱乐部还租借到为女超长春农商银行俱乐部效力了3个赛季的前国脚高琦回归辉骏女足，充实球队中场力量。

除了花重金引进内外援，加强球队力量，俱乐部还持续向球队投入资金，用于改善教练员、运动员及管理人员的福利待遇、训练津贴和比赛奖金等，借此激励球员在赛场上奋力拼抢。球队管理者十分注重打造队伍的和谐性和凝聚力。

在冲超的过程中，俱乐部引入的内外援都发挥出了核心作用。李香林在训练、比赛中都起到了带头作用，原国脚高琦屡屡在关键比赛中摧城拔寨，巴西国脚布鲁娜成为后防的定海神针。

2018年10月21日，中国女足甲级联赛倒数第2轮比赛中，广东辉骏女足在梅州五华县体育场以1比1战平对手，从而以11战8胜3平的不败战绩提前一轮实现冲上女超联赛的目标。在此赛季中，梅州辉骏是失球数最少的球队，11场比赛9胜2平，提前一轮成功冲超，也是球队实力的体现。对此，梅州辉骏足球俱乐部董事长周辉权认为球队冲超成功的一个重要因素就是用专业人做专业事。

在冲超胜利的当晚，梅州辉骏俱乐部将特意制作的冠军金色外套，分发给队员和现场为球队助威的各界人士。特地来到五华县人民体育场为球队助威的省足协主席叶细权、省体育局副局长麦良穿上了一件冠军金色外套加入了庆祝队伍，球迷们将锣鼓带进了场内。整个县体育场洋溢着喜庆的氛围。

2018年10月21日梅州辉骏女足冲超成功

时任梅州市委书记陈敏与梅州辉骏女足共庆冲超成功

在落户梅州后首个赛季，即2018年赛季，梅州辉骏女足即以冠军姿态冲超，使梅州第一次拥有中超球队。

冲超成功后，俱乐部董事长周辉权认为，从成绩上来讲，辉骏女足还是一支新赛季的升班马，首要先站稳脚跟，然后一步一个脚印，争取拿到女超冠军。为了达到这个目标，球队必须每年都打好基础，持续补强，加大投入。

2019年赛季，女子中超梅州主场平均入场人数超过3000人，这个上座率在全国都是比较高的，足见华球迷们对女足的支持。梅州赛区因此荣获2019赛季女子中超最佳赛区。2020年赛季，女子中超受疫情影响调整为赛会制，暂时免去训练比赛两边跑的困难。之后在2019、2020两个赛季，梅州辉骏女足都成功保住了超级联赛席位。

2019年，梅州女足的目标是以全华班冲击女超冠军，引进了亚洲最佳射手、国家女足主力前锋李影和2018年亚运会主力队员、原国脚韩鹏加盟球队。2019年7月，前中国女足主力门将王飞加盟球队。2019赛季，梅州辉骏以4胜2平8负的成绩，获得2019赛季女超联赛第6名。

2019年7月10日，五华召开全县足球工作会议，梅州辉骏足球俱乐部周辉权在会上宣布"梅州辉骏足球俱乐部"更名为"梅州五华足球俱乐部"，并力争在3年内夺得女超冠军。

2019年11月1日，率队冲超并保级的龚永存卸任俱乐部总经理一职，俱乐部原副总经理陈福开担任总经理。

2020年12月，"中国足球名人论坛"揭晓"广东足球小姐"和"广东足球先生"，"广东足球小姐"的5名候选人全部来自梅州五华女足俱乐部，分别是钟秀东、陈巧珠、谭茹殷、谢绮文、廖美欣等5人，她们是球队的核心主力。

梅州五华足球俱乐部队徽

2020年赛季，五华籍教练何伟文担任梅州五华女足主教练，李晖教练退出。何伟文拥有亚足联A级教练证书，曾担任广东女足主教练，2018年1月起担任广东辉骏女足领队。郭建华担任梅州五华队领队，李海发、谢彩霞担任梅州五华队助理教练，张春晖担任梅州五华队守门员教练。

2019年6月13日，在梅州市足球工作会议上时任市委书记陈敏为辉骏俱乐部颁发冲超成功奖金

2020年12月16日，广东省足球运动中心与梅州客家足球俱乐部在五华县横陂足球小镇举行签约仪式，合作共建广东女子足球队。

2020 年赛季梅州客家女足全家福。
主教练为何伟文

广东省足球运动中心与梅州客家共建广东女足

广东省足协主席叶细权、广东省足球运动中心主任程志文、梅州客家足球俱乐部总经理曹阳及有关负责人出席签约仪式。当日，梅州五华队正式更名为梅州客家队。[1]

2019 年 9 月 24 日，中国足球协会公布中国女足新一期集训名单，广东辉骏队长罗桂平、前锋李影、前卫李志君入选中国女足，其中，广东辉骏队 15 号队员李志君是首次入选中国女足。2021 年 7 月 10 日，中国女足正式公布出征东京奥运会 22 人大名单，梅州客家足球俱乐部罗桂平、林宇萍、李晴潼和梅州五华足球俱乐部的陈巧珠榜上有名。这些落户于球王故里的铿锵玫瑰，凭借其实力表现，成为梅州建设足球特区的一道靓丽风景。

十二、中国首支沙滩足球国家希望队落户五华

2019 年 5 月 16 日，梅州市五华县与中国足球协会签约，合作共建中国首支沙滩足球国家希望队，标志着全国首支沙滩足球国家希望队落户五华，梅州客家足球俱乐部随即组建球队。

中国足协和梅州五华县政府共建国家沙滩足球队的签约仪式

中国足协专职执委林晓华、国家沙足部部长李久全、沙滩足球国家队领队付玉培、国家沙滩足球队队长刘易斯、广东省足球运动中心主任程志文出席本次签约仪式暨新闻发布会。此举旨在借助梅州客家的专业力量，提高中国沙滩足球专业训

[1] 五华本地信息网. 梅州五华队更名为梅州客家队！广东足运中心与梅州客家共建广东女足. 2020-12-16.

中国沙滩足球国家队参加世界沙滩足球俱乐部杯赛

练、教学水平，扩大沙滩足球人才队伍，推动沙滩足球训练体系建设，并带动当地百姓参与足球运动，丰富人民群众精神文化生活，培育积极向上的足球文化。

梅州客家足球俱乐部聘请了时任中国沙滩足球国家队主教练、拉米罗·阿马雷利（原西班牙沙足国家队10号核心球员，沙足世界杯MVP，被誉为“沙足球王”）为主教练。

2019世界沙滩足球俱乐部杯于10月21至28日在土耳其举行，梅州客家足球俱乐部代表中国参赛。参赛球员12人，包括：5名中国沙滩足球国家队主力球员刘易斯、周展宏（五华）、白帆、蔡伟明、韩学庚，梅州客家足球俱乐部球员李新雨、钟浪、李嘉玮（五华）及西班牙沙滩足球国家队守门员多纳、葡萄牙沙滩足球国家队队员乔丹、贝尔纳多、莱尔纳多等4名外援。

此次世界沙滩足球俱乐部杯赛组队时间短，中国足协抽调沙滩足球国家队队员与梅州客家足球俱乐部共同组队，并于2019年9月10日集中到梅州五华集训。

在2019世界沙滩足球俱乐部杯决赛中，来自中国的梅州客家队对阵巴西弗拉门戈队，最终以3比5的成绩结束比赛，梅州客家沙足队首次出征，获得亚军，取得了中国沙滩足球队有史以来的最好成绩。

2021年6月，国家体育总局公布首批101个全国县域足球典型名单，广东梅州五华、深圳光明、广州海珠3县（区）入选。

十三、中冠球队梅县球乡成立并开始冲乙之路

梅县四三三足球俱乐部队徽

2020年3月17日，经梅县县委、县政府、体育部门以及当地社会人士多方协同努力，梅州市梅县区四三三足球俱乐部正式成立，并在2020年10月22日注册。俱乐部依托富力足球学校资源组建足球队，并申报参加2020年中冠业余足球联赛，接力扛起梅县区职业足球大旗。这是继广东华南虎（梅县铁汉生态队）之后，2020年在梅县区注册的唯一职业足球俱乐部。

梅县球乡俱乐部队徽

2020年11月16日，梅县四三三足球俱乐部在梅县区富力足球学校举行揭牌仪式。广东省足协主席叶细权出席活动，中国足协执委、时任梅州市市长张爱军为球队出征授旗。球队后勤保障充足，准备参加2020年度中冠联赛并力争冲乙，为梅县区职业足球重续“薪火”。

梅县四三三俱乐部成立时，一线队主教练由荷兰阿贾克斯足球俱乐部派驻富力足球学校青训总监埃德温·彼得森（Edwin Petersen，欧足联职业级，原荷兰U15及U17国家队主教练）担任，由来自中超、中甲及中乙俱乐部的多名优秀球员组成球队主力阵容。

四三三队共有一线队球员30人，包括叶伟超、陈健龙、符云龙、陈伟铭、蔡浩健、王鑫、黎宇扬、张嘉杰、陈富海、姬向争、何子霖、何友族、李龙、熊常青等有征战中超、中甲、中乙及港超经验的球员，同时吸纳了原富力足球学校2002年龄段精英球员11人。

四三三俱乐部在广州集训，与珠三角地区的球队进行友谊赛，增加队员之间的默契。球队秉持“南派足球”理念，发扬脚下技术细腻的传统，注意技术打法。梅县球乡队和广州城俱乐部在球员和教练方面都保持着人才方面的交流。

2020年12月，中冠联赛在梅州举行。梅县四三三俱乐部以梅县竞技队的名义参赛，成绩1胜2负，未能小组出线，最终排名第10，只差一个顺位替补而未能升乙。梅县四三三足球俱乐部总结反省了失利原因，重新整合队伍训练，继续冲乙征程。二度冲乙时部分年轻球员如李灿杰、何佳兴等球员有过国字号经历。

为了帮助梅县球乡队实现冲乙目标，在广州城梯队担任主教练的黄洪涛指导，到梅县球乡队担任主教练。黄洪涛指导又向吴伟安发出了邀请。40岁的吴伟安曾经是中超时代少数能代表国足出战并取得入球的广东球员，此次投身家乡的中冠球队，担任球员兼助理教练。

2020年梅县球乡足球队合影

2021年3月16日，按中国足协关于俱乐部名称中性化要求，梅县区四三三足球俱乐部有限公司更名为梅州市梅县区球乡足球俱乐部。这支新的球队主要以富力足球学校

2021 年梅县球乡足球队合影

2003/2004 年龄段球员为班底组建，平均年龄只有 22 岁，年龄最大的是 43 岁的守门员潘伟明，最小的只有 17 岁。

梅县球乡俱乐部启用了新队徽，队徽下方放置足球、书和梅花，代表球队和富力足球学校的体教组合，梅花代表梅州，也代表笑傲霜雪的拼搏精神。

2021 年秋，中冠联赛梅州赛区，梅县球乡以 3 比 0 战胜上海华正，收获首胜，又以 1 比 1 战平绍兴上虞翼龙，以小组第 1 出线，之后以 2 比 0 淘汰上海华交，晋级全国总决赛，目标是实现冲乙，为梅县足球发展贡献力量，助推梅州创建足球特区。

在 11 月的收官战，淄博齐盛以 3 比 0 胜海南陵水鼎力，两队携手出线。而梅州梅县球乡虽然与淄博、海南两队同积 6 分，却因净胜球少 1 球而无缘晋级。赛后，梅州队就淄博与海南最后一战的表现向中国足协提出调查请求。此事被《足球报》等媒体称为“中冠疑似默契球事件”。

此次晋级失败让梅州队中不少年轻队员倍感受挫。曾踢遍三级国足和全国各级联赛的教练吴伟安和教练组则宠辱不惊，更关注向队员们解释足球信仰本身。赛前教练组跟队员们讲：“无论结果如何，我们只要认真打好比赛；就算出局，也可以昂首挺胸离开赛场。或许我们不能左右别人，但起码可以做好自己，靠实力赢得外界和球迷认可，这就足够了。”

十四、兴宁积极发展足球装备制造业

梅州市体育产业制造业主要集中于兴宁市，较大规模的企业有红旗体育用品有限公司、跃速体育用品股份有限公司、新昌鞋业有限公司等 3 家公司，其主要产品分别是体育健身器材、运动服装及运动自行车、运动鞋。其中，红旗体育用品有限公司 2019 年产值约 2005 万元，2020 年产值约 2486 万元；跃速体育用品股份有限公司 2019 年产值约 8000 万元，2020 年产值约 7000 万元；新昌鞋业有限公司 2019 年产值为 2.38 亿元，2020 年度产值为 1.95 亿。

广东红旗体育是全省首家健身器材国标认证企业

红旗体育是兴宁老牌专业体育器材生产企业，创立于1993年，获得“广东省体育产业示范单位”等荣誉，是全省首家健身器材国标认证企业。主要产品有“红旗牌”“无名英雄牌”的全民健身和学校体育等器材，产品广泛应用于体育场馆、活动中心、学校和企事业单位等。

足球训练器材是其中一条重要产品线，包括针对颠球、带球、传接球、射门等多种训练场景的训练器。根据《梅州市体育产业发展报告（2020年）》，红旗体育2019年产值约2005万元、2020年产值约2486万元。

广东红旗体育用品有限公司着力提升核心竞争力，拥有软件著作权1项、实用新型专利3项、外观设计专利2项，产值持续增长，在2019年实现规模以上企业的目标，被省体育局评为广东省体育产业示范单位，实现零的突破。

跃速体育成立于2008年，主营运动休闲服装系列、运动鞋系列、运动配件系列、高档自行车系列、高尔夫系列等运动系列产品。跃速体育主要以赛事赞助商的形式融入足球发展中，以“跃速杯”的名义赞助过梅州市“五四”青年足球比赛、兴宁一中校友贺岁足球赛等业余赛事。2020年，总投资4.5亿元的广东跃速体育产业园项目正式开工建设。

“十三五”期间，红旗体育紧跟产业发展方向，在赛事赞助、技术研发、市场开拓方面下功夫，实现了从一间小加工厂到广东省体育产业示范单位的蜕变，经济效益也逐年提升。

梅州市委、市政府扶持广东跃速和广东红旗体育等本土体育实体经济发展，组织企业参加斯迈夫国际体育消费展览会、广东省体育用品博览会暨粤港澳大湾区体博会等，全方位宣传展示梅州市体育产业发展成就和创新成果，加强城际

广东跃速体育是多届省运会服装赞助商

之间交流合作。2021 年市运会的器材采购选择了红旗体育等本土企业。

第十节 梅州获评全国足球发展健康指数排名最高城市

2021 年 7 月 15 日，中国足协发布《2020 年中国省市足球发展健康指数报告》。报告根据指标体系计算得出梅州市 82.8 分，排名全国第一，其次是北京市和武汉市，之后是大连市、深圳市、青岛市、南京市、成都市、眉山市、丽江市。

中国省市足球发展健康指数，是以全国地级及以上城市（地区、州、盟）为基本单位，直观体现中国各城市足球发展水平的一种指数形式。它以国家 2015 年颁布的《中国足球改革发展总体方案》（下称《总体方案》）为依据，综合了"十三五"期间足球改革发展的各项重点任务目标，目的是全面系统地评估全国各城市"十三五"期间的足球发展健康水平。本项指数从组织、竞赛、人才、场地四个基本要素出发，涵盖了地方足协组织管理、区域赛事开展、男女足职业队伍建设、社会足球发展、青少年及校园足球发展、专业人才培养、足球场地建设开放等与足球改革发展密切相关的领域。

2020 年，中国省市足球发展健康指数全国总得分为 40.6 分，总体处于较低水平。梅州市是唯一一个足球发展健康指数超过 80 分的，比深圳市还高 6.4 分。

反映中国足球整体发展状况的 4 个一级指标得分普遍偏低，均不到 60 分。表现最差的 3 个指标分别是政策制度（27.5 分）、职业队建设（20.4 分）和女足发展（9.8 分），得分均不足 30 分。其他二级指标的分数集中在 30—50 分之间。这说明，2020 年就全国大部分城市而言，与足球相应的政策制度建设严重滞后，职业队建设积极性差，女足缺乏建树。但在梅州，这三项从 2013 年就作为"五抓五实施"的重要工作并得到落实，因此梅州足球此三项分数在全国遥遥领先。

实施振兴以来，梅州足球发展面貌焕然一新，为创建足球特区奠定了良好的基础。2010 年至 2020 年这十年间所取得的历史变化，是梅州市政府、民众、社会、企业、球队等各界力量共同努力所取得的阶段性成就，也是梅州深厚的足球底蕴在不断革新的体制下得以释放的结果。

第十一节　梅州足球实现多项历史突破

经过十年的振兴，随着“五抓五实施”任务表的逐一完成，梅州足球实现了“九个历史突破”：

一、政策保障突破。实施振兴足球以来，梅州以问题为导向，创新观念，先行先试，通过体制机制改革创新解决制约梅州足球发展的瓶颈问题。在2010年振兴足球之乡《十年规划》基础上，梅州市委、市政府先后出台了《梅州市关于加快发展足球运动的实施意见》《梅州市足球综合改革方案》《梅州市振兴足球三年行动计划（2017—2019年）》《梅州足球特区建设规划》《梅州市足球中长期发展规划（2020—2050年）》等一系列发展足球工作的专项政策，提出适合梅州球乡的足球工作“五抓五实施”举措，保障组织机构、队伍建设、品牌赛事、场地建设、足球产业工作有序开展，将梅州振兴足球工作提升到市委、市政府重点工作，动员全市力量启动及完成了加快振兴足球之乡工作。

二、发展理念突破。梅州市成功探索了“政府引导、社会参与、企业支持”的山区足球特色发展模式；确定足球与城市共发展的定位后，梅州开始探索发展以足球为重点的新兴产业，提出打造国内一流足球城市，并率先提出创建足球特区，培育城市发展的新增长极。2018年底，梅州市在历史上首次提出创建足球特区，2020年，梅州足球特区建设首次写入省政府工作报告，并列入省政府印发的《广东省体育强省建设实施纲要》。

三、组织机构突破。梅州市建立了市、县两级足办及市、县、镇三级足协并向村级延伸，逐步推进社会化，足球组织机构覆盖的广度和深度在全省位居前列。梅州体育工作经验在2016—2020年多次在全国、全省工作会议上做经验介绍。2017年，梅州市体育局被国家体育总局评为全国群众体育工作先进单位。2021年，梅州市足球协会被国家体育总局评为全国群众体育工作先进单位，梅州市足球协会裁判委员会主任李庆代表参加全国体育系统先进集体、先进个人表彰大会。

四、社会足球突破。梅州市构建了体育、教育、社会三个系统衔接有序、等级分明的竞赛体系，形成“四大联赛、四大杯赛”赛事品牌，全市每年举办各类足球赛事达5000场次。梅州市实现了市级足协到县、镇、村、片足球社团的成立，足球管理组织机构实现突破，形成了强大的梅州草根足球力量。2012年和2017年，梅县区代表梅州市连续2届夺得全省百县区足球赛冠军。2021年7月，梅州五华获得第14届全国运动会群众比赛足球项目5人制足球男子甲组亚军、乙组冠军。梅州市足球协会被授予2017—2020年全国群众体育先进单位荣誉称号。2020年，梅州全市足球场地数量达1027块，平均每万人拥有场地数达2.65块，每万人拥有数居全省首位，超额完成省下达2018—2020年新建120块社会足球场建设任务。

五、青少年足球突破。2018年，梅州市5支代表队参加广东省第15届运动会足球项目，前5名为女乙、男丙、男乙、男甲、女甲，金牌数、足球项目总分均排全省第二，其中梅州女足以全胜战绩勇夺冠军，时隔20年梅州足球再登全省最高领奖台。这一届省运会梅州实现了总分突破，列全省第12名，首次获得省运会优胜奖。2018年，广东省“省长杯”青少年足球联赛高中、中职组梅县女子足球队夺冠，竞技组五华女子U13队夺冠，竞技组五华县U11队、U10队夺冠。2020年，梅州足协队获得广东省足球协会杯亚军；广东省青少年足球锦标赛获“一金三银一铜”，创造历史最好成绩，其中2020年梅州男足甲组代表队时隔15年后再夺省锦标赛冠军。2021年，广东省青少年足球锦标赛中梅州队男子丙组获得冠军，梅州队女子乙B组获得冠军，梅州队男子乙B组获得冠军，2021年梅州队女子甲组获得亚军。

六、人才输送突破。饶伟辉、刘彬彬、叶楚贵等入选国家队、国奥队，国家U14、U16、U20、U22及女子5人制国家队等国字号队伍再现梅州籍球员，温木莲、陈婷婷晋升国家级裁判，2009年以来梅州向省、国家、俱乐部等输送了180多人。

七、职业球队突破。2013年，梅州市成立梅县客家、梅州客家两家中乙足球俱乐部。2015年，梅州客家俱乐部冲甲成功，2017年，梅县铁汉俱乐部冲甲成功。2018年，梅州辉骏女子足球俱乐部冲超成功，成为梅州历史上首个中超球队，梅州男女职业足球得到历史突破，成为当时全国唯一拥有“两甲一超”职业足球的地级市。广东华南虎解散之后，中冠球队梅县球乡注册成立。2021年12月梅州客家冲超成功，成为全国唯一县级中超球队，梅州坐拥男女足两支国内顶级联赛球队。梅州市承办了2020赛季、2021赛季中甲联赛，得到了国家、省、市和社会的充分肯定。

八、赛事机制突破。打造常年举办的四大联赛、四大品牌赛事体系，形成了省、市、县、镇、村联动开展足球赛事的机制，此外积极推动赛事国际化，成功举办了巴西、阿根廷、葡萄牙、法国等多个国家和地区参加的梅州市第1、2届棕榈客家杯“一带一路”国际足球邀请赛、首次举办国际A级四国女子国际赛事。据统计，全市每年足球赛事达5000多场次，足球已成为梅州人民的一种生活方式。

九、品牌荣誉突破。2013年，被国家体育总局评为“中国体育非物质文化遗产保护与推广城市 梅州·足球之乡”；2016年，被广东省体育局命名为广东省足球试点城市；2017年，梅州五华县横陂镇运动休闲特色小镇（足球小镇）入选全国第一批96个运动休闲特色小镇试点项目；2018年，获得教育部批准成为全国青少年校园足球改革试验区，被中国足协授予全国15家新一期中国足协全国青训中心之一；同年，梅州市成功获评全国青少年校园足球改革试验区；2019年，荣获住建部、国家体育总局联合颁发的全国城市社区足球场地试点城市，入选国家发展改革委全国社会足球场地设施建设重点推进城市；2021年，国家体育总局办公厅公布首批101个全国县域足球典型地方名单，广东梅州五华入选。

第七章

致远（2021— ）

中华民族一直有个体育强国梦，而振兴中国足球，是其中的重要部分。这个梦想，从二十世纪初就开始在国人的心头萦绕，一个多世纪以来，前赴后继的中国人为之向往，为之奋斗。当年的球王李惠堂就希望有朝一日足球成为中华民族广泛热爱、擅长并可以笑傲世界球坛的“国艺”。

中国足球经过 2015 年开始的改革，体制机制初步理顺，有了新气象。但总体来看，中国足球无论是在普及还是精英层面，都与世界足球强国存在很大差距，基层教练水平低、数量严重不足、青训体系不完善等问题突出。在培养球员至少 10 年一个周期的规律下，还需立足长远、补齐短板，在足球人才培养上持续发力、久久为功。中国足球发展的百年大计，仍然任重道远。

梅州作为足球之乡，有着悠久的足球历史传统和丰厚的足球文化底蕴，十年振兴期间，梅州立足长远，结合实际，创新思路，抢抓机遇，已发展成一个拥有两支中超球队、足球人口近三成的足球城市。2021 年起，梅州开始实施足球发展新十年规划，并正式启动足球特区建设，继续以清晰的思路和明确的目标，有序开展足球特区工作，进入足球产业追梦时期。

第一节　梅州市发布中长期足球发展规划

全力创建梅州足球特区雕塑

为全面贯彻落实国家和省关于足球改革发展的总体部署，推动梅州市足球持续健康发展，擦亮梅州“足球之乡”品牌，从 2016 年开始，梅州市委、市政府就开始起草中足球长期发展规划，规划近期至 2020 年，中期至 2030 年，远期至 2050 年，制定了《梅州市足球中长期发展规划（2016—2050 年）》初稿，并在 2018 年公开征求意见。2018 年，梅州更是在全国范围内率先提出创建中国足球特区的构想，提出“一地三田”目标，即，成为“南派足球”的技术高地和足球人才输出的丰产田、足球改革创新的试验田、足球产业融合发展的示范田。[1]

2019 年梅州市委、市政府下发了《梅州足球新的十年发展规划（2020—2029）》并公开征求修订意见。2020 年 8 月，在公开征求意见并多次修改优化的基础上，梅州市根据《中国足球中长期发展规划（2016—2050 年）》[2]《广东省足球中长期发展规划（2017—2050 年）》等文件，结合自身发展实际，制定并印发了《梅州市足球中长期发展规划（2020—2050 年）》（以下称《中长期规划》），规划近期至 2022 年，中期至 2030 年，远期至 2050 年。

在 2020 年 8 月《中长期规划》出台的时候，梅州有“一甲一超”2 支职业足球俱乐部，有中国各级职业足球联赛在役球员 33 人、国家级校园足球特色学校 105 所，每年举办的各类足球比赛 4000 多场。全市共有各类足球场地 726 块（不含 2019 年新建），每万人拥有场地数量 1.85 块，居全省第一。[3] 但《规划》明确指出，近年梅州足球发展虽取得了较大进展，但仍存在一些问题：发展理念滞后，体制机制落后，人才短缺，设施不足，足球产业规模不大，难以满足梅州足球向更高水平、更高层次发展的需求。

[1] 梅州市政府文件《梅州足球十年发展规划（2020—2029）》。

[2] 参见《中国足球中长期发展规划（2016—2050 年）》（发改社会〔2016〕780号）。

[3] 微信公众号《球乡》. 振兴发展丨梅州印发足球中长期发展规划. 2020. 8. 31.

《中长期规划》首先提出2022年的近期目标：梅州足球改革创新效应初显，初步建立梅州特色足球管理体制机制，培训和竞赛体系科学合理，各类足球运动健康有序发展，足球竞技水平稳步提升，足球事业和足球产业发展基础进一步夯实，"足球之乡"品牌在国内外影响力不断扩大，知名度日益提升。

梅州争取纳入中国足协"足球综合改革试点地区"；政策制度体系初具框架，行业发展趋于科学规范；各级各类足球运动组织健康有序发展，足球发展的社会支持体系初步构建；初步形成较完善的足球人才选拔、引进、培养、输出机制，有更多的足球人才进入各级职业足球队、国家队，成为国家级足球人才培养培训基地；足球竞赛体系完备，竞赛制度渐趋科学合理；足球场地设施不断完善，足球事业发展基础进一步夯实。足球竞技水平稳步提升，参加中国足球男、女职业足球联赛成绩稳中有升，各年龄段梯队在省内、国内的竞赛成绩有新突破；足球产业壮大，初步构建"足球+"产业模式；初步构建职业足球、群众足球（社会足球、校园足球）；形成足球产业三位一体的良性发展格局；"足球之乡"品牌的文化内容体系日益丰富。

《中长期规划》提出2030年的中期目标：梅州足球改革创新在关键领域取得重大突破，初步实现"一地三田"的发展目标，足球管理体制机制完善，足球人口普及，基础设施改善，竞赛体系完备，技战术风格鲜明，竞技水平大幅提升，足球产业壮大，足球对外交流广泛；由传统"足球之乡"向"国际足球文化名城"转变。

足球管理体制机制在不断创新中有序、高效运转，决策科学民主，规章制度完备，足球改革创新试验田效应明显；足球人口普及，各类足球人才全面发展，有更多的足球人才进入国内高水平职业足球队、各层次国家足球队，有球员在国外职业足球联赛效力，成为足球人才输出的丰产田；足球竞赛体系层次分明、丰富多样。

足球场地设施数量大幅增长，质量显著提高；"南派足球"的技战术风格更加鲜明，足球竞技水平得到较大提升，常年有一支中国足球（女子）超级联赛足球队并有较好的竞技成绩，能参与亚洲（洲际）足球竞赛。足球与相关产业的融合态势不断增强，"足球+"新业态模式不断涌现，成为足球产业融合发展的示范田；形成职业足球、群众足球（社会足球、校园足球）、足球产业三位一体的良性发展新格局；"足球之乡"品牌的文化内涵、价值不断提升；建立梅州"国际足球交流中心"，与国外机构建立广泛交流合作；常态化举办足球改革与发展论坛。

各类学校要把足球列入体育课教学内容，积极推进足球教学模式多样化。加大足球项目测试在中考体育考试中的权重，把足球项目列入中考体育的必选项目，激励学生长期参加校园足球活动。多渠道配备、培养校园足球教师，至2030年，校园足球特色学校至少配备1名足球专兼职教师，至2050年，中小学校至少有2名以上足球专兼职教师。

最后，《规划》展望了2050年的长期目标：梅州足球改革创新成果丰硕，逐步形成社会足球与职业足球相结合、足球事业与足球产业协调发展的良好局面，全面实现“一地三田”的发展目标，足球人口全面普及，各类足球人才基础雄厚，足球基础设施完善，足球竞技成绩突出，足球风格显著，“足球+”新业态有相当规模，足球文化浓厚。梅州成为国内一流的足球运动城市、“国际足球文化名城”。

第二节　梅州印发创建中国足球特区规划

2018年，随着足球振兴工作逐步深入，梅州开始积极探索发展以足球为重点的体育产业，推动足球向更高层次发展，提出了“围绕打造国内一流足球城市，及梅州足球特区，积极申报建立国家级平台‘国家足球特区’”的目标，着力培育城市发展的新增长极，进一步提升梅州城市形象。

从2018年起，梅州市委、市政府以科学发展观态度，遵循规律，结合实际，科学创新工作方式，开始了对梅州创建足球特区工作的研究。2021年2月24日，梅州市政府正式印发《梅州创建中国足球特区规划》（以下简称《特区规划》）。这标志着梅州足球特区建设朝着有目标、有流程、有抓手的轨道上迈进，为加快创建梅州足球特区、全面提升梅州城市足球发展整体水平提供了指引。

《特区规划》以《中国足球改革发展总体方案》提出的战略要求和《中国足球中长期发展规划（2016—2050年）》战略部署为引领，以《广东省体育强省建设实施纲要》为指引，抢抓中国足球改革和粤港澳大湾区建设机遇，以建设梅州足球特区为导向，创新城市足球发展的新理念。牢固树立“带着感情认识足球、带着热情服务足球、带着激情振兴足球、用足球点燃城市梦想”的发展理念，让小足球踢出大产业、让小足球带出大事业，推动梅州美丽与发展共赢。

《特区规划》要求以建设梅州足球特区为龙头，以梅州足球《中长期规划》和梅州足球发展重大改革方案为两翼的“一个龙头，两翼齐飞”的发展方针，以建设传承和弘扬中国南派足球技术风格的高地、中国足球发展体制创新的试验田、高水平足球人才输出的丰产田和现代足球产业融合发展的示范田的“一地三田”发展目标，整合城市足球发展资源，遵循现代足球发展规律，转变足球发展方式，加快形成“政府主导、社会参与、市场运作、统筹发展”的城市足球发展新格局。

《特区规划》的近期目标（2020—2025）包括：新建或提升改造100块足球场，具备开放条件的学校，100%校园足球场地实现免费或低收费对外开放，参加中乙联赛以上的职业体育俱乐部总数达到2—3家，力争实现男女职业俱乐部同时进入中国足协超级联赛，培育2—3项具有国际影响力的品牌赛事，梅州培育的球员多人进入各级中国足球（男/女）国家队，青少年足球人口占在校学生人数总数达到50%，足球发展的基本指标进入全国城市前列。

中期目标（2026—2030）包括参加中国足协乙级联赛以上的职业俱乐部3—5家，打造3—4项具有国际水平的品牌赛事，全市持证教练员达2000人以上，全市青少年足球人口占在校学生人数的比例达55%，梅州培育的成人球员7—8人进入中国足球（男/女）国家队，成为亚洲地区足球知名城市。

远期目标（2031—2040）包括整体足球水平在国内城市中处于领先水平，足球产业总产值达到30亿元，全市青少年足球人口占在校学生总人数的比例超过55%，成为在全球具有广泛知名度和影响力的足球城市。

《特区规划》明确提出了创新足球发展的组织管理体系、构建全市“三系一体”的青少年足球培训体系、推进校园足球体教一体化融合进程、培育职业足球俱乐部可持续发展的模式、夯实足球发展的社会基础、培育一批重大品牌足球赛事和活动、壮大足球产业发展体系、丰富完善足球文化与交往体系、着力提升足球科研创新水平等九项足球特区建设具体任务。

《特区规划》指出，要落实保障服务措施，组建梅州市创建足球特区工作领导小组，编制梅州足球特区建设系列规划，出台梅州足球特区建设的扶持措施，通过加大各级财政扶持力度，创新土地和金融服务支持方式，落实税费等专项优惠政策，建立监督考评机制，加强宣传和推广等，确保梅州足球特区建设工作顺利推进。

第三节　梅州足球特区建设的特色创新标志

根据《梅州创建中国足球特区规划》，梅州创建足球特区，有四大特色创新标志。

整合城市资源，创新构建城市足球综合化治理机制，贡献梅州改革方案

梅州足球特区，立足国家足球改革发展的总体框架，依托梅州厚重的足球历史文化底蕴，浓郁的足球氛围，通过不断深化改革，大胆先行先试，创新全市足球发展一盘棋的体制机制。梅州市通过建立市政府领导下的梅州足球特区工作办公室和全市足球联席会议制度，统筹体育系统、教育系统和社会组织三支城市足球发展主要力量，率先在国内探索和创新城市足球发展综合化、实体化管理机制。

梅州足球特区，通过总结梅州足球发展的历史经验，传承梅州足球奋进精神，破解新时期中国足球发展中城市足球体制机制的制约因素，以打造“传承和弘扬中国南派足球技术风格的高地，中国足球发展体制创新的试验田，高水平足球人才输出的丰产田，现代足球产业融合发展的示范田”为目标，将梅州打造成中国城市足球创新发展的特色示范区和试点城市，争当中国足球改革开放的排头兵，为破解制约中国足球发展的管理机制瓶颈贡献梅州的改革方案。

遵循足球发展规律，创新构建城市足球青训一体化体制，贡献梅州改革模式

梅州足球特区，深入探索足球运动的发展规律，对准当前制约中国足球发展的痛点和难点，认真总结梅州足球人才的成才经验，创新构建城市足球青训一体化的机制。充分发挥梅州市足球协会的行业组织核心作用，强化梅州中国足协青训中心核心平台，依托两个“核心”，打破条块分割，规划和建设好全市青少年足球的培训和竞赛一体化体系。

梅州创建足球特区，通过梅州市足球协会和中国足协青训中心的实体化、一体化管理，打通全市体育系统、教育系统、社会组织青少年足球人才注册、训练和竞赛的“一条龙”衔接，通过改革统筹好体育系统的U系列和教育系统的校园足球系列的培训和竞赛活动，创新打造高水平后备人才的“中国足球黄埔军校”。

全力创建梅州足球特区雕塑

体育系统、教育系统、社会系统在充分发挥各自优势和特点的基础上，形成三者相互推动、相互补充、相互衔接的竞争合作机制和合力，在三者培训和竞赛的统筹管理上形成全国可以借鉴的创新经验，为破解制约中国青少年足球发展的体质瓶颈贡献梅州的改革模式。

探索市场路径，创新构建城市足球产业化服务体系，贡献梅州发展路径

梅州创建足球特区，积极改善梅州足球发展的投资环境，通过提供优惠政策和优质服务，引入更多国内外知名体育公司、足球俱乐部以及国际和全国性足球组织区域机构总部落户梅州。推动梅州足球特色制造业和培训、竞赛以及“足球 + 互联网、足球 + 文化创意、足球 + 旅游”等新型服务产业的成长，探索通过足球小镇平台建设推进足球综合体融合发展，将梅州建设成为国内外足球组织区域总部、足球品牌企业总部、智能化足球产品、新兴足球服务业的示范区，培育中国足球产业的“硅谷”。

梅州通过创建足球特区，将足球综合产业培育成为梅州经济发展新的增长极，带动梅州城市更新和产业转型升级，成为新时期梅州发展的城市名片和国内特色体育城市的标志品牌，实现由传统国内“足球之乡”向新型国际“足球名城”转化的城市发展跨越性战略转变，为打造具有地方特色的足球产业体系贡献梅州的发展路径。

抓住发展机遇，创新构建粤港澳大湾区互联互通机制，贡献梅州融合创新

梅州创建足球特区，抓住国家启动粤港澳大湾区规划发展的机遇，落实广东省委省政府的实施意见，主动对接粤港澳大湾区发展战略和产业转移，积极构建以足球为特色的城市发展桥头堡。通过与粤港澳大湾区足球要素流动和足球产业转移，深挖合作潜力、增进优势互补、携手共建共享，将梅州打造成粤港澳大湾区足球高端人才输送基地和产业投资高地，成为粤港澳大湾区足球运动和足球产业发展的腹地，探索架构起粤港澳大湾区与粤东地区经济社会发展互动机制，为推进中国足球发展的区域合作贡献梅州的融合创新标杆。

第四节　梅州为创建足球特区设立九大任务

为加强战略落实，《梅州创建中国足球特区规划》设立了九项重点任务。

第一是创新足球发展的组织管理体系。成立由国家体育总局相关司局、中国足球协会、广东省体育局和梅州市政府等主要领导组成的足球特区领导小组，下设领导小组办公室，建立全市足球联席会议制度，加快推进梅州市足球协会实体化建设，申请将梅州市足球协会纳入中国足协的直属会员单位，建立足球特区建设专家指导委员会及专题论坛。

第二是构建全市“三系一体”的青少年足球训练竞赛体系。制定青训扶持政策，设置市级青训专款，形成从小学到高中的一贯制体系化青训模式，建立梅州自主的教练员认证等级体系，梅州市体校足球项目纳入广东省足协直属基地，推广实施足球运动员注册足协负责制，2025 年，青少年足球联赛注册运动员要达到 10 万人等。

第三是推进校园足球体教一体化融合管理。将学生足球技能水平测试纳入中考体育必考项目，建立具有独立法人资格的校园足球俱乐部，引入校园足球在线培训系统，增加校园足球教师编制，建立梅州校园足球师资培训基地，制定风险防控制度和足球运动伤害事故处理预案。

第四是激发职业足球俱乐部发展活力。制定职业俱乐部系列奖励制度，推进“职业体育俱乐部 + 体育场馆”一体化结合模式。

第五是夯实足球发展的社会基础。足球场地面积纳入绿地率，简化足球场地设施的申报和建设程序，至 2025 年全市足球场地达 1100 个，校园足球场地向社会开放比例不低于 80%，各类社会足球指导员人数达 1000 人。

梅州足球文化公园，少年奔向腾飞的足球
（连志城 摄影）

第六是培育一批重大品牌足球赛事活动。力争成为 2023 年在中国举办的亚洲杯足球赛的承办城市之一，力争在 2 至 3 年内有中甲俱乐部实现冲超目标，将梅州“一带一路”国际邀请赛升级为中国足协的 A 类赛事。

第七是壮大足球产业发展体系。

构建国际化的足球青少年人才交易中心，引进知名体育公司，培育足球培训赛事企业上市，创建梅州国家级足球科技产业示范园，筹备国际足球博览会以及依托足球小镇建设足球产业综合体。

第八是丰富完善足球文化与交往体系。建立中国现代足球博物馆，设立中国足球名人堂，建设足球特区国际足球交流中心等。

第九是着力提升足球科研创新水平。建立校园足球运动员注册管理系统、青少年足球工作管理信息系统，创建梅州国际足球学院，举办足球特区发展论坛，成立足球特区研究院等。

第五节　梅州客家冲超成功，献礼足球特区发轫之年

2021 年 12 月 22 日，在这部《梅州足球史话》通过专家团队评审的当日下午，梅州客家足球俱乐部以中甲亚军的成绩冲超成功。这是梅州历史上首支中超足球俱乐部，也是中国足球职业化 28 年来首支来自县级的顶级联赛球队。梅州客家足球俱乐部所在地，位于梅州下辖的五华县。

2021 年 12 月 22 日梅州客家冲超成功后打出的标语（一）

在梅州足球特区规划诞生翌年，足球特区建设发轫之年，中国中超史上首支县级球队诞生，这是梅州丰厚足球文化的滋养之功，更是梅州市委、市政府、五华县委、县政府和梅州客家球队多年行稳致远、共同努力的结果。

2021 年 12 月 22 日梅州客家冲超成功后打出的标语（二）

1873 年将足球带到五华长布元坑的德国人边得志（Heinrich Bender）与法国人毕安（Charles Piton）和 1942 年带家眷回故里五华组织球队义赛的球王李惠堂，可能都未曾料想过五华足球的当今盛景。由于足球运动的世界性，梅州足球发祥兴起于中西文化交流的早期进程中，虽然地处经济不发达地区，但自兴起以来，梅州足球从未停止与外界的交流，从未停止汲取外界

的力量，梅州人看待足球的眼界也从未局限于本地一隅。

梅州足球历史底蕴深厚、足球文化传承有序、足球产业链条完整、足球受众规模庞大，足球振兴卓有成效，是梅州建设足球特区的基础，也是中超球队在此诞生的基础。梅州振兴足球之乡、创建足球特区，采取“政府主导、社会参与、市场运作、统筹发展”的模式，以持续出台的各类足球扶持政策，不断加大各级财政扶持力度，创新土地、金融服务支持方式，落实税费等专项优惠政策。

梅州客家冲超成功是梅州一代代支持足球、参与足球的政府、社会、市场、球队、球迷等各方人士所协力创造的成就，既为中国足球增加了新的亮色，也为梅州建设足球特区献上了一份具有历史意义的礼物。

在中国足球发展的新时期，金元足球渐因背离经济规律而屡屡受挫，而在五华县城精打细算、稳扎稳打的梅州客家俱乐部，以三年冲甲六年冲超的专业历程，进一步丰富了中国足球产业发展实践的样本库。

随着梅州客家冲超成功，梅州作为足球城市，其建设中国足球特区的举措和成效，使之从“足球之乡”向“足球之城”迈进，从“球乡”向球王李惠堂所说的实至名归的“球城”迈进。

梅州按规划继续发挥传统优势，着力加强足球运动的组织体系、竞训体系、校园足球、职业足球、社会足球、足球产业、足球文化和对外交流等领域建设，实现“体制机制一体化、要素和产业聚集化、赛事质量品牌化、人才培养基地化、运作投入市场化、技术手段现代化和对外交流国际化”，夯实足球发展的社会基础，落实《梅州足球特区建设规划》及《振兴梅州足球新十年规划（2020—2029）》，力推梅州足球发展整体水平走在全国城市前列，为振兴中国足球和建设体育强国贡献梅州的智慧。

后记

《梅州足球史话》从 2020 年 3 月疫情期间开始酝酿，2020 年 10 月正式启动，2021 年 12 月初稿完成并通过专家评审，之后又经出版社多次校对，2022 年春暖花开时正式付梓。笔者客名君是梅州土生土长的客家人，认真研究客家文化和名人逾十年。之所以有机缘撰写这部历史，来自三方面的原因。

第一是出自对家乡足球文化的热爱。笔者生于梅县，从小对梅州的足球文化耳濡目染，可以说，足球是我们梅州人生命的一部分。2018 年，一种足球舞视频在网上引起热议，有人甚至将其跟梅州足球关联，而本人心目中的梅州足球并非如此。于是，客名君在公众号“全球客家名人堂”发了一篇介绍家乡梅州足球的文章，立足文献，从市（群众基础）、士（足球三员）、事（振兴措施）、势（产业发展）等四方面，展开对梅州足球的悠久历史的回望和对家乡足球产业发展的一些思考。文章罗列了家乡足球曾经的辉煌和拥有的“两甲一超”三支职业球队，其发展已经远超过很多人的认知。这篇文章阅读量在全网（微信公众号、今日头条和微博等平台）达到了 10 万 +，网友的热议和关注度让笔者感到有些超乎想象。时任梅州市张晨副市长和梅州市体育局也注意到了这篇文章，并对文章视角表示认可。在针对足球的初步交流中，他们对振兴足球之乡用心备至，让笔者印象深刻。笔者当时心想，难怪近年来梅州足球面貌焕然一新，原来有一批批真正热爱足球、懂得足球的人在大力推动。

第二是顺应足球之乡系统梳理球史文献的需求。足球是世界第一运动，在所有运动中，足球最复杂、最燃情、最盛行、最吸睛、最赚钱，不仅是运动、娱乐、竞技、产业，还是寄托、审美、文化、信仰，具有巨大的价值。因其对国计民生的重要性，包括中国在内的很多国家都将足球作为国家战略来扶持。各足球强国发展足球百年大计，都始于整理自己的足球历史。客名君在梳理各国足球史的过程中发现，日本、德国、英国等国的足球读本数不胜数，中国足球史则“善本难觅”（《日本足球史》作者符金宇所言），中国球迷和足球工作者缺乏参考。有一句话说得挺狠但却在理：灭人之国，必先去其史；兴国大业，须以史明鉴。足球是有发展脉络的，若能对自己的足球先贤拼搏创造的历史加以整理，则可更好地以史为鉴，形成自己的风格和特点，同时避免断了球脉。梅州人在中国最早踢足球，在英国人形成现代足球 10 年后，欧洲传教士就将足球带到了梅州（1873 年）并教五华元坑的学生踢球，比香港华人还要早 10 来年。梅州作为足球历史最悠久、足球氛围百年浓郁、全国唯一的足球非遗城市，梅州足球史是中国足球史的重要子集。

梅州足球文化若有一本正式的历史书来记载和沉淀，可以更好地总结发展规律和传承发扬。本书是梅州第一本足球正史，也可能是中国第一本地级城市足球史（中国第一部城市足球历史是香港足球史）。本书立足大量文献首次对梅州足球历史进行系统记载，以便后来者查阅和参考，另一方面，也为水平更高的撰史者抛砖引玉。第三是尝试对足球与客家文化的相关关系进行初步探索。梅州是著名的“世界客都”和“华侨之乡”，梅州足球文化被赋予浓郁的区域文化特色。客家文化在千百年来的迁徙历史中形成的独特的包容、开放、团结使得梅州地区最早引入现代足球运动，也为足球运动在梅州地区生根、发芽、茁壮成长奠定了良好的文化基壤。客家人以围龙屋为代表的聚落和建筑文化，以聚族而居为根本的血缘家族制度，以及团结互助的行为文化，使得客家人有良好的团结精神——团结协作、强调纪律、合群奋斗、和睦共处、互助互爱。这种精神成为足球运动在梅州发展的动力，也使客家文化融入足球并获得了新的内涵。梅州山多地少，经济不发达，自古崇文尚武，历史上盛产文武兼修的名人。辛亥革命以来，至 2021 年，梅州孕育了逾 358 名大学校长[1]和 1 位元帅、558 名将军[2]。在足球领域，梅州同样星光彪炳，涌现了民国球王李惠堂、国足教练曾雪麟以及数十名国字号球员。客家人肇始中原，中原人发明了蹴鞠，并在汉代和唐宋将蹴鞠文化

[1] 梅州大学校长馆数据。

[2] 梅州将军馆数据。

推向极致。客家人在历史长河中迁徙发展，“以客地为家”。但历史上迁徙往往是很残酷的，如果自身不强大不善战就意味着要被淘汰或被客地不友好的民系所灭，因此客家人自然形成了对自身和宗族的体能、战术、谋略、意志等多元智能的高要求。而足球运动，参与人多、过程复杂、仪式感强，令人心驰神往、激情澎湃。足球比赛中那些必须综合禀赋、勤奋和耐苦方能造就的华美技巧、为国征战的史诗般的英雄主义，正好契合了客家民系深层价值观中的审美和表达需求，客家人对足球的迷恋，大概根源于此。

另外，在对历代赛事的研究中，笔者发现，崇尚球德、讲究战略也是梅州足球人的特点。梅州足球人倾向于在公平竞争中靠实力和团结公平取胜，并以积极开放的思维不断汲取先进的战略战术，这和客家民间文化中崇尚正直向善的价值观是分不开的。在足球赛事历史上很少看到梅州籍球员踢“脏球”，但是球员却必须有心理准备应对“脏球”，否则就会发生李惠堂被踢断胫骨和郭亿军被铲断腿的悲剧。向善可能会被排除在金元足球之外，但长远来看却有利于球技的发展和人生的进阶。球王李惠堂倡导公平善意的“斯文踢球”，认为“足球如果大家玩得斯文，确是世上最佳运动，如果悖乎正轨，无殊斗牛，应到西班牙去了”。他说：“若球员们都能敬以持躬，恕以待人，不自私、不苟且，能博爱、能互助，心如光风霁月，是非荣辱不相关。观众们除欣赏艺术外，都有嘉善矜不能的存心，中立不偏不倚的风度，无畛域，无爱憎，常给予人以正当的鼓励，善意的批评，试想人人能有这样的襟怀，足球场还不是洞天福地？！”

梅州足球人，身型不如北方球员，因此，必须凭头脑和技术踢球，正如客家人为了生存，需要争取达到身（体能和球艺）、心（士气和心态）、灵（意识和谋略）的最优结合，要让自己足够优秀才能在恶劣的竞争环境中生存。踢足球在梅州是对青少年的最佳教育，热爱踢球的孩子，身材挺拔舒展、做事坚毅善察、行为敢于担当。随着振兴足球十年规划的实施，梅州的青少年有了充裕的设施、专业的训练和充分的赛事接触足球。

梅州足球历史底蕴深厚，历届党委政府和体育部门、体育工作者、足球人也都十分重视传承和发扬足球传统，近十年的足球振兴工作，更是举而措之，成效显著。这些都值得进行总结，也让笔者感到撰写工作的责任和意义。为了撰写一本真正的足球史，展示这项运动对梅州的历史意义和社会价值，本书在写作的过程中，从三大方面保证历史的客观性、专业性和连贯性。第一，进行充分的第一手实地调研，尽可能地与参与重要历史的人进行对话。在梅州市、县（市、区）

体育部门和足协的支持下，笔者开展了深入的调研，访谈对象包括458前国脚省脚足球名宿、负责实施振兴足球的政府领导、体育局相关负责人、市县足协领导、嘉应学院足球（产业）学院领导、体校中外教练、职业球队投资人、企业家、足球产业运作者、基层教育工作者、足球慈善工作者、足球解说者等。

在访谈过程中笔者可以感觉到他们对足球的热爱和对做好足球工作的高度责任感。梅州市委、市政府十分重视足球振兴工作，调研期间时任市委书记陈敏虽不是梅州人，在2018年刚刚到任梅州的第一件事，就是到体育局调研足球工作，说明其对梅州足球禀赋的了解和重视。时任市长张爱军是中国足协执委，也是全国唯一的市长执委，常常参与足球活动，身体力行推动足球发展。时任梅州市政府分管体育副市长张晨虽然是一位不踢球的女领导，但是对足球的重视和由衷热爱也让笔者印象深刻。她曾给笔者分享过藏区一位长得像丁真的可爱足球少年的照片，几年前一位到藏区支教的足球教练让这些藏区小朋友掌握了踢足球的技术，就像毕安和边得志当年给五华元坑山区带来足球那样。各级体育部门及足协更是有很多足球爱好者，例如时任梅州市体育局局长陈建新从小就喜欢踢足球，小学到大学都是校队主力。他们都真正热爱足球，了解足球运动的发展规律，并顺应国家战略，齐心协力推动，将梅州独有的150年足球禀赋转换为可持续且有益于民众福祉的产业效应，这是梅州足球之幸事。

足球工作牵涉面广，振兴足球的战略立足长远，要实施和执行并非易事，中间难免会遇到因新老观念碰撞产生的种种困难及阻碍。梅州市委、市政府高屋建瓴，通过夯实组织体系，遵循体育规律，坚持公平和效率，构建特色模式，最终妥善解决各种问题。

嘉应学院申请创办足球专业时，由于没有先例可循，学院领导通过多次研讨，在积极探索和创新的基础上申办，才有了嘉应学院的足球人才培养高地；东较场老足球场地的拆迁和修建，市委、市政府从大局出发，以责任明确、公平公正的方式妥善高效地解决了拆迁安置问题，让东较场面貌一新，成为现代化足球公园；2012年振兴之初，对于梅州作为经济不发达的地级市是否应该组建职业足球队，当时很多人心存疑虑，梅州市体育局认识到职业球队对树立足球城市形象、形成产业生态抓手的好处，多方协调联系，最终推动形成“两甲一超”的盛况。这些细节，都只有通过调研才能有鲜活的认识。

在调研和整理梅州赛事历史的时候，笔者翻阅了梅州市体育局组织一场接一场足球杯赛的文件，尤其是国际大赛，可以想见，要在短时间调动企业、社会、足协、外事、安保等各方资源，做好各项保障工作，梅州各级政府开展足球工作的效率之高，令人赞叹。2020 年、2021 年，笔者先后两次在梅州开展了分别为期 15 天的实地调研，并结合一些电话和微信采访，获得了不少第一手的信息和资料。有些未及采访的，也通过录像资料、查阅前人采访资料等各种方式对资料进行了补充。

第二，尽可能遍历手头能找到的书籍和文献，保证历史人物和事件的客观性。对于年代久远的历史和已经百年的人物，笔者尽可能通览其本人的著作和相关权威文献。

笔者搜集并参阅的资料包括但不限于：嘉应州志（乾隆和光绪）、梅州（嘉应州）及各县地方志、梅州体育志等；传教士所著太平天国文献；美国南加州大学图书馆国际使命摄影档案馆（IMPA）数字档案巴色会档案库；瑞士巴色会传教士资料；梅州市县相关文史资料；周恩来、叶剑英、霍英东、曾宪梓、萧向荣等人物的传记或著作；李惠堂所有著作及相关队友回忆文章、学术论文、传记、影视资料等；球国春秋、香港足球简史；民国梅县教育年鉴、梅县大观、东山、乐育、梅州中学等校校史；曾雪麟相关文章、传记、报道、视频等；梅州足球申遗原始资料等；温集祥、杨霏荪、杨宏海、温威光、陈伟胜、白国华等足球文化人士的著作或文章；日、德、英、巴西、恒大、天津等相关的球史和资料；人民日报、体育报等报纸档案；南粤足球相关文章；省港杯历年出版物；球乡筑梦、梅州足球口述史和梅州足球产业报告；历届远东足球运动会和历年国足和全运会、联赛、中超中甲赛况；国家体育总局、中国足协、梅州市政府、市体育局发布的所有足球相关文件、战略规划文件；国家图书馆、知网等学术资源等。书中有些原版老照片和历史资料是笔者用心累积的收藏品，为首次公开出版发表。引用依据以脚注标识出处，行文依据材料，反映客观史实，供读者参考。

第三，保证线索的清晰性和连贯性，体现梅州足球的成长历程。足球是梅州人文的重要部分，在每个历史阶段，都有时代的主角，如发祥阶段送球入梅的传教士、普及阶段大兴教育的革命家、兴起阶段推动运动的体育会、辉煌阶段奋力拼搏的运动员、低迷阶段坚持训练的教练员以及振兴阶段励精图治的各级政府和企业家等。

本书按照三条逻辑脉络行文，并非简单的史实堆砌。第一条脉络，介绍足球在梅州 150 年的发展。从历史阶段上分为发祥、普及、蔚起、鼎盛、坚持、振兴、致远，从中可以看出梅州足球薪火相继的成长历史和梅州足球的成败得失。足球的魅力在于过程很好但实力难获得，结果不可测。第二条脉络，介绍梅州足球作为南粤足球、中国足球乃至世界足球的一部分，包括梅州足球人的贡献、参与的重大赛事，以及和他们一起创造精彩和经历挫折的优秀教练和队友们，让读者体460 验如临其境的历史感，体会足球前辈为了荣誉而战的生命之美。第三条脉络，介绍梅州足球和客家文化、华侨文化的关系。客家文化的多项特质，让梅州人最先结缘足球，迷恋足球并精进足球，让不同阶段梅州政界人士都高度重视足球，让梅州每个时期都有不少华侨、地方乡贤、企业家支持足球、热爱足球。这三条脉络在本书中融为一体，密不可分，希望读者可以从中鉴古知今，发现足球成败得失的本质和规律。

在写作过程中笔者觉得，足球从本质上看像是一种文明（Civilization），其发展过程充满了生产力和生产关系的相生相克，上场 11 个人背后是国力、文化、智慧、格局、技术、人性乃至运气（三观）的较量。文明是有生命力和发展规律的。足球这种“文明”要进步，就要让生产关系适应生产力发展需要，通过群体学习和自身革新，抵抗队伍的拉胯和熵增，保证够多强者可选和最终上场的是最强者。管理层对这点的认知往往是足球产业的天花板，如日本足协主席野津深谙哲学懂得足球规律，造就日本足球崛起。经历了千年考验的客家文化，从某种程度上讲具有一定的抗熵增能力，其崇正兴仁、爱国爱乡、包容开放、刻苦自律、勤劳勇毅、敢想敢试的深层价值取向，十分适应足球的“文明”本质。足球发展好了，又会促进文明的发展，使人民健康，经济更有活力。

梅州足球的十年振兴，本质上就是梅州客家人敢于率先从上到下厘清生产关系和生产力不太适应的“点线面”，使球乡被压抑许久的足球生产力逐步释放，使之走出低迷期的暮年感，重获新时期的少年感。不过，这即使和当年的老师边得志和万保全的故乡欧洲成熟的产业足球水平相比，梅州足球尚显十分稚嫩。但梅州并未止步，而是适时推出足球特区建设，相信在国家和广东省的支持下，会继续让这种释放更为彻底，形成对生产力（足球产业）的加持和互促。

因此，笔者写本书定位不仅是梅州的足球史，还涉及南粤足球、中国足球乃至东南亚足球、世界足球，不仅是足球历史，也是客家人文历史的一部分。出于这样大的写作定位，撰写的工作量非常繁重，对笔者的意志力是一次巨大的考验。因史实都是散的，笔者只能用最笨的方法，日拱一卒，烦琐而未敢减其工，近三年时间，每日勤勉更稿。文字和图片材料都尽量兼顾，做到图文并茂，更好地展现足球历史。

笔者在创作本书的过程中，所幸得到了很多人的支持和帮助，在此一并感谢。首先特别感谢梅州市政府和体育局认可，给予此次撰写机会，并全程给予大力支持。本书撰写期间，时任梅州市委书记陈敏、市长张爱军、副市长张晨等对客家足球名人文章给予了关注，他们的格局和魄力令笔者赞叹。时任梅州市体育局局长、梅州市足协主席陈建新全程提出了对书籍的想法，并分阶段认真阅读了本书稿件，耐心提出中肯的修改意见，推动本书从无到有，脉络日渐清晰。但他又不会过多干涉笔者写书的内容，而是从足球工作者的角度，提出符合足球人阅读规律的框架性建议。市体育局新上任的陈远洋局长对于本书完善和 2021 年 10 月开展的补充调研工作给予了高屋建瓴的建议，并在出版工作流程方面提供了超高效率的支持。

特别感谢梅州市体育局足球运动中心丘黎明副主任，在撰写的过程中，不仅帮助提供翔实丰富的资料，并且全程高效率协调调研和评审事宜，最大程度上保障了本书历史资料的丰实度，体现了市体育部门和足球办公室高效、严谨、创新的作风。

感谢在调研和搜集资料过程中支持本书的人士。在实地调研过程中，市、县（市、区）体育局和足球协会的相关人士，以及黄德保指导、梅州市体校蔡远心、罗巧军、外教埃尔德（Helder Dos Santos Silva）及翻译张彬辉等体校人士接受了深度访谈。瑞士巴色会的 Moser Patrick 先生多次给笔者高效回复邮件，逐张核对并确认本书中 40 张巴色会相关图片的版权可用，并发来关于万保全等传教士的德语材料，为笔者研究提供了线索。华南师范大学博导谭建湘教授的发言为本书在特区规划和文化关联等内容方面提供了战略视角。嘉应学院足球（产业）学院院长杜广宁教授从历史和理论的高度提供了大力支持，嘉应学院体育学院院长赖炳森教授提供了学院翔实资料。他们热爱足球，并且知无不言，为本书提供了大量第一手的素材。东山中学校友李剑龙创办的公众号《球乡》和杨宏海教授及温威光先生的著作《梅州：球乡筑梦》为本书提供了部分参考素材。彭精一先生的曾孙、东山中学彭伟提供了关于彭老和东中相关素材。东山书院李月云院长也为本书相关部分提过独到而中肯的建议。

邹锡昌、刘水、魏晋平、周辉权、缪志峰、赖国传等梅州籍企业家对家乡足球的支持，深深打动了笔者，他们秉持客家人爱国爱乡的传统情怀和敢为人先的卓越胆识，亲力亲为参与振兴中国足球产业和球乡经济。他们对梅州足球新时代的贡献成为本书独具特色的重要原因。在搜集资料的过程中，刘复之先生的长子刘畅犇先生、前国足名将池明华、王惠良、黄德保和谢育新、前辉骏女足总经理陈福开、前梅县铁汉生态俱乐部执行总裁杨朋锋、前梅县华南虎俱乐部副总经理高凡、市体校副校长张吉祥、强民体育会深圳分会秘书长钟利娜、外教马可的翻译袁园、足球记者罗克、嘉应学院政法学院副院长廖劲敏、梅州日报社记者刘奕宏、摄影记者连志城和高讯、摄影家何志林、梅州电视台记者李赟、爱国侨领李恩绅先生之曾孙李有鲲、广州爱奇体育高管蓝志林和龚海琴、曾雪麟球友会秘书长薛剑雄、中国社会科学院研究生院李广立等都为曾为本书提供资料。南派足球代表人物、《足球》作者杨霏荪之子杨宇锋和杨寰锋授权使用书中的国脚照片。彩书艺术家何柏俊、东山中学校友李思平、黄立基、谢春平、孔俊彬、邬雄辉曾为本书搜集资料提供协助。嘉应学院足球（产业）学院杜广宁院长组织了多位文化和历史领域的专家从学术和专业角度进行评审和论证，并提出了权威建议。特别感谢梅州市原体校副校长、老教练张吉祥先生，他是梅县足球五、六十年代诸多历史赛事的亲历者，为笔者提供了用心留存的资料和照片，在 2022 年大年初一还帮笔者核对部分史实细节。

北京大学历史系博导、客家历史与文化研究所所长郭华榕教授和国际资深出版人蒋燕女士从客家文化、中西方文化交流的深层角度为本书提供了卓越洞见，奠定了本书的文化内涵。在出版阶段，中尚图公司的张家启先生提供了大力支持，从纸张选材、封面设计到出版发行，都给予了专业的建议，使得本书得以如期付梓。感谢中尚图编辑团队马亚辉、刘伟、黄双双等老师和新华出版社的责编蒋小云老师耐心对文稿进行审核和修正，使本书臻于完善。

感谢我的家人容忍我近三年的焚膏继晷、零闲暇、高强度的写作，容忍我长期购买并搜集大量历史资料放在家中，把书桌堆得山一样。

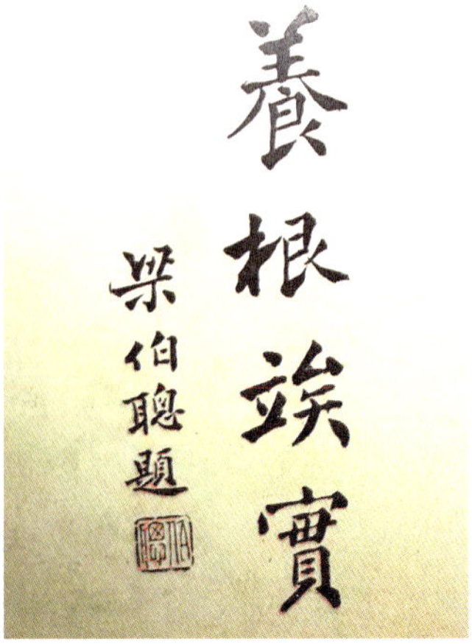

本书时间跨度大，涉及的事件、人物众多，加上笔者本人精力和水平局限，书中难免存在遗珠或缺憾，还望读者不吝指正。本书中的图片若未特别注明，均来自梅州市体育局历史档案库或由梅州足球人直接提供或作者本人藏品。有些图片因年代久远，作者已不可考。笔者整理大量图片的过程无比艰辛，旨在为使读者对足球先贤的拼搏精神和相关历史更有直观感觉。笔者希望通

过本书抛砖引玉，也期盼后续会有更多足球史善本面世，以丰富中国足坛文献。最后，借梅州大儒先贤梁伯聪先生（艺术大师林风眠的老师、数学大家丘成桐的外祖父）的题词“养根竢实”，期望家乡足球不断夯实持续发展的根基，早日收获足球产业进阶的硕果。这部《梅州足球史话》，客名君姑且填一首词《沁园春·嘉应鞠坛春秋》来概括：

岭东嘉应，有梅花乡，文秀武崇。道鞠坛春秋，中原流华，品重家国，将星如虹。癸酉西人，授球元坑。松口习球义田横。滥觞起，渐球风遍衍，球王诞生。

惠堂叱咤，冠誉远东，征奥抗日名士风。强民魁省运，邑侨皆捧。曾帅雪麟，领战豪雄。十年振兴，球事复盛，英才蔚起策就宏。建特区，继养根竢实，薪火圆梦。

在家乡梅州调研的时候，笔者立于梅县东较场和曾宪梓体育馆的绿茵场，见踢球少年像疾风一样跑过，一股温暖阳刚的力量感扑面而来，夹杂着汗水和新球场的青草气息。他们享受着足球之乐，因为长期练习足球，身材结实颀长，体态健康美好，反应迅疾灵敏，脚感灵动轻盈，小麦色的皮肤在阳光下闪闪发光。我想这就是振兴球乡的人们给这座城市带来的最美风景吧，而我有幸把这些人们写到了书里。

体育的目的是为让人成为健康、幸福、坚强、机智的人。足球是人类竞技体育的集大成者，对青少年的身体和头脑发育都大有裨益。对足球规律能否正确认知，决定了相关资源能否得到合理配置，这需要长期不懈的变革和努力。笔者希望读者可通过本书了解先贤为足球费心探索的征程，从而对中国足球尤其是青少年足球多些正能量的鼓励和支持，少些负面嘲讽和情绪化谩骂，共同为中国足球的科学健康发展献一份心力。笔者祝福并相信，梅州将以崭新的足球特区形象亮相世界，让这项滋养一方人的美好运动继续绽放璀璨的光。

客名君

2022 年春天于北京

附录

梅州地名简要历史沿革

先秦时期，《禹贡》分天下为九州时，梅州地属扬州南境。春秋时属七闽地，战国时先后属越国、楚国，秦汉时期分属南海郡龙川县和揭阳县。秦末赵佗称王时属南越国。三国两晋时，梅州分属东官郡的龙川县和揭阳县（东晋至北宋属海阳县）。

晋咸和六年（331 年），析南海郡龙川地域设兴宁县，其地域含今兴宁、五华县全境和龙川、紫金县部分地域，余境仍属东官郡海阳县。

晋义熙九年（413 年），析海阳县设置义招县（今大埔县境），隶属义安郡。

南齐永明元年（483 年），析海阳县设程乡县。

隋唐时，梅州地分属循州（龙川郡）和义安郡（亦称潮阳郡或潮州）。

南北朝时兴宁、齐昌县属广州东官郡，程乡、义招县属广州义安郡。

梁天监年间（502 年），撤齐昌县，齐昌全境及雷乡东部地并入兴宁县，辖今兴宁、五华县全境及紫金县东北部、龙川县大部分地区。

隋大业三年（607 年），义招县更名为万川县。时兴宁县隶属龙川郡。唐武德四年（621 年）万川县并入海阳县。

五代十国南汉乾和三年（945 年），亦即后晋开运二年，程乡升为敬州，领程乡县。这是梅州州治设立的开始。

宋开宝四年（971 年），因避宋太祖祖父赵敬之讳，改“敬州”为“梅州”，“梅州”的名称即始于此。

宋熙宁四年（1071 年），兴宁县分出长乐县，属循州。熙宁六年（1073），废梅州，以程乡县隶潮州。

元丰五年（1082 年），梅州复置，仍理程乡县，属广南东路。

宣和二年（1120 年），梅州赐名义安郡。绍兴六年（1136），废梅州复设程乡县隶潮州。

绍兴十四年（1144 年）又复置梅州，仍理程乡县，属广南东路。复置梅州。至宋末，兴宁、长乐县隶属循州。

从唐武德四年（621 年）直至明嘉靖五年（1526 年）大埔县境归广南东路海阳县和广东道潮州路海阳县。

元至元十六年（1279 年），改梅州为“梅州路”，置总管府。至元二十三年，复为梅州，属江西等处行中书省广东道宣慰使司。

元贞元年（1295 年），隶属潮州路；延佑五年（1318 年），改直隶广东道宣慰使司。

明洪武二年（1369 年），废梅州复置程乡县，隶潮州府。时兴宁、长乐二县隶属惠州。

清雍正十一年（1733 年），程乡升为“嘉应州”，隶属广东省惠潮嘉道。辖地包括程乡、平远、镇平及以前为惠州府所统的兴宁、长乐五县，称为“嘉应五属”。

嘉庆十二年（1807 年），升嘉应州为嘉应府。嘉庆十七年（1812 年），复为嘉应州，仍领兴宁、长乐、平远、镇平四县。

宣统三年（1911 年），嘉应州复名梅州。

民国三年（1914 年），废州府制，梅州改名梅县，隶属潮循道。1 月，长乐县改名为五华县。县治长乐镇易名为华城镇。春，镇平县改名为蕉岭县。

民国 14 年（1925 年），隶属东江行政区，民国 15 年（1925 年），改名为粤东绥靖区。

民国 25 年（1936 年），隶属广东省第六行政督察区。民国 38 年（1949 年），改第六行政督察区为第九行政督察区。

1949 年 10 月，设置兴梅专区。

1950 年 1 月 26 日，设置兴梅行政督察专员公署，下辖梅县、兴宁、大埔、丰顺、五华、平远、蕉岭共 7 县。

1952 年 12 月，撤销兴梅专区，兴梅 7 县改隶粤东行政区。

1956 年 2 月，粤东行政区划分为惠阳、汕头专区，兴梅 7 县属汕头专区。

1958 年 11 月蕉岭并入梅县称梅县；平远并入兴宁称兴宁县；撤销丰顺县，丰顺县之潭江、黄金、隬隍、大龙华并入大埔县，余境并入揭阳县。1961 年 1 月还上述县境恢复平远、丰顺县，同年 3 月恢复蕉岭县。

1965 年 7 月，设立梅县专区，原兴梅 7 县从汕头专区分出，归属梅县专区，后改为梅县地区。

1975 年，梅城更名为梅州镇，隶属于梅县地区管辖。

1979 年 3 月，梅州镇由区级升格为梅州市（县级），梅县地区辖 7 县 1 市。

1983 年 6 月，梅州市与梅县合并改为梅县市，梅县地区由所辖 7 县 1 市改为 6 县 1 市。

1988 年 1 月，广东实行市管县体制，梅县地区改为梅州市，辖原兴梅 7 县及新划县级区梅江区，共 7 县 1 区。

1992 年 8 月，国务院把梅州列为沿海经济开放区。

1992 年 10 月，设立梅州市经济开发试验区（后更名广东梅州经济开发区）。

1994 年 1 月，国务院将梅州列为国家历史文化名城。

1994 年 6 月，兴宁撤县设市（县级），梅州辖梅江、梅县、大埔、丰顺、五华、平远、蕉岭，代管兴宁。

2013 年 11 月，国务院正式批准同意梅州撤销梅县，设立梅县区，行政区为原梅县的行政区域，与梅江区同属梅州市辖区并称梅城。

梅州足球历史大事记

1873 年，巴色会德籍传教士边得志在嘉应州长乐县长布源坑中书馆开展踢足球的活动，这是历史记载中国内地最早的现代足球活动。

1905 年农历九月十八日，李惠堂诞生于香港铜锣湾大坑村，其父李浩如从事石材业，原籍广东省长乐县锡坑乡。

1907 年，孙中山先生特派旅日同盟会员谢逸桥和温靖侯回到家乡梅县创办松口体育会和体育讲习所，培养辛亥革命军事骨干和体育教师，其术科课程中有足球课。

1909 年，松口体育会古直等就在梅县南口镇，创办体育学校，并提倡足球运动。

1914 年，巴色会瑞士籍传教士万保全（前瑞士国家足球队队员）担任梅县乐育中学校长，组织了梅县中学足球联合会，梅城梅州中学、东山中学、乐育中学、广益中学等几间中学校相继开展足球运动。1917 年，由万保全亲自起草制订的《梅县中学足球联合会临时简章》，成为中国内地最早的足球比赛规则。

1923 年 5 月，李惠堂第 1 次代表中国足球队参加在日本大阪举行的第 6 届远东运动会并获冠军，创下中国足球参加国际大赛的历史之最——最年轻的进球球员和最年轻的首秀进球球员，首球年龄 17 岁 219 天。

1923 年 8 月 11 日，李惠堂随香港南华队访问澳大利亚，在第一场对阵澳大利亚最强地区球队新南威尔士队的比赛中连中三元，使球队免于落败，赛后被选为最佳运动员。

1926 年，李惠堂在上海组建乐华足球队，代表中国参加了第 14 届万国足球赛并一举夺魁。“看戏要看梅兰芳，踢球要看李惠堂”的美传，风靡全国。1927 年 9 月，李惠堂率乐华足球队参加“史考托杯”，大胜前 9 届冠军英国猎克斯队，首开上海华人足球队击败外国球队纪录。次年李惠堂率上海乐华队远征东南亚，战绩彪炳，被媒体称为“亚洲球王”。

1928 年，梅县城内公学校长兼省立五中童军教练杨向梓发起成立岭东足球队，与主力球员杨展基、张荣昌等人组成。

1927 年冬，梅县张作晋、候景超等 10 多个印刷图章厂工人组建足球队，梅县足球从学校走向社会。1929 年定名“强民足球队”，1934 年秋，强民足球队升格为“强民体育会”，泰国归侨温集祥当选首任会长。

1931 年冬，强民足球队初出茅庐夺梅县首届“抗日救国鼎”足球大赛冠军，1932 年，强民足球队出征汕头击败“英舰队”。

1935 年，在彭精一县长任上，在国民革命军独立第一师黄任寰师长支持下，梅县东较场被修建成大型体育场，周围建筑栏杆、场门牌坊，极整齐壮观。体育场长 250 米、宽 196 米，是当时全国最早的县级大型足球场，很快成为当地民众踢足球的核心场所。

1935 年起，以强民体育会会员为主力的梅县足球队连续在省级大赛斩获佳绩：1935 年第 13 届省运会县联足球赛冠军、1937 年第 14 届省运会县联足球赛冠军、1941 年韶关“汉魂杯”足球锦标赛冠军、1947 年第 15 届省运会县联足球赛第 3 名。

1936 年，李惠堂率队在南洋打表演赛，筹足旅费后随国家足球队远赴柏林参加第 11 届奥运会，以 0 比 2 不敌英国队，首战被淘汰。

1942 年，球王李惠堂拒绝为日本人踢球，从香港辗转回到家乡五华，在老楼临时组建了锡江足球队开展义赛。在梅县，五华锡江队与梅县强民队进行了一场友谊赛，结果强民队以 3 比 1 击败了锡江队。

1943 年，李惠堂邀请香港南华队友以“航建队”的名义，到梅县参加“翰屏杯”义赛并再次与强民队比赛。首战强民队失利，此战比赛因故中断。

1947 年，五华县足球队参加第 15 届省运会县联赛荣获冠军，梅县队获第 3 名。

1947 年，李惠堂率香港南华征战南洋，赛后宣布挂靴。1948 年，李惠堂作为主教练率国家队参加伦敦奥运会，以 0 比 4 负于土耳其队。赛后赴英国皇家足球队考察，并获英国足球教练证书和国际足球裁判证书。1950 年 3 月，李惠堂在香港创立华人足球裁判协会，连任 6 届主席。1954 年，李惠堂当选为亚洲足球联合会秘书长。

1951 年 7 月，梅县足球队参加第 1 届全省选拔赛荣获冠军。1954 年，梅县队荣获广东省足球锦标赛冠军。1955 年 2 月，梅县队参加全国足球锦标赛武汉赛区比赛夺得冠军。

1955 年，梅县业余体校正式创办，之后梅县地区逐渐形成了以学校、市县业余体校、省体校、各级专业足球队一体的足球人才培养体系。

20 世纪 50 年代起，梅县地区被誉为“足球之乡”。《人民日报》（1956、1972、1979）《体育报》（1963）《文汇报》（1956）等报刊均有文章称梅县为“足球之乡”。1988 年梅州市设立之后，足球之乡就指梅州。

1960 年，省体委拨款组建梅县足球专业队，使梅县足球运动的技术水平得到新的提高。

1963 年元宵期间，国家体委球类司长李凤楼率国家队访问梅县，年维泗、陈成达、张俊秀等队员来梅献艺。

1964 年，国家体委确定梅县为全国开展足球运动 10 个重点县之一。

1964 年，梅县东山中学少年足球队获得全国二十单位少年足球锦标赛冠军，并赴京汇报表演，受到叶剑英元帅、贺龙元帅接见。

1965 年，李惠堂当选为国际足联副主席，1966 年担任国际足球协会副会长。

1976 年 8 月，在联邦德国足球杂志组织的评选活动中，李惠堂和巴西的贝利、应该的马修斯、西班牙的史蒂芬诺、匈牙利的普斯卡士等足球巨人一起被评为世界最知名的五位球王之一。

1979 年，梅州被国务院确定为全国 16 个足球重点地区之一。

1980 年，梅县地区成立足球专业队和青年足球队。

1951年至1987年的37年间，梅县足球队（包括女子足球队）参加地区、省、中南区、全国的各种比赛共113次，其中获得冠军的有56次、亚军30次、季军9次、殿军7次。梅县中小学校足球队从1982年起分别参加全国性的“少儿杯”“贝贝杯”“萌芽杯”“幼苗杯”“希望杯”比赛，也先后获得冠军、亚军、季军和殿军，为梅县地区“足球之乡”在国内外赢得了声誉。

1983年4月，曾雪麟出任国家队主教练。

1983年8月，梅县地区少年足球队参加“三杯”（幼苗杯、萌芽杯、希望杯）同时晋京决赛，北京举行庆功大会，北京强民之友成立，刘复之、霍英东、李菊生、徐寅生、连贯、李凤楼、蔚继统、马克坚、陈家亮、杨秀武、年维泗、曾雪麟等到会祝贺。

1984年，曾雪麟率中国队在尼赫鲁金杯赛中以1比0击败了世界杯冠军阿根廷队，并在年底的亚洲杯夺得亚军。

1985年元宵期间，曾雪麟率国家队到梅县、兴宁、五华打表演赛。

1986年2月，庆祝东较场落成暨第一届“宪梓杯”足球邀请赛在梅县东较场举行。大连队、辽宁二队、广州白云队、沈阳部队队、天津东亚队、梅县联队参赛。

1987年，梅州籍球员谢育新赴荷兰甲级兹鲁瓦俱乐部踢球，成为中国足球留洋第一人。

1989年，高丰文率中国国家队出征世界杯预选赛，参赛主力队员中谢育新、郭亿军、伍文兵和张小文来自梅州兴宁。

1989年，梅州市足球运动学校成立并正式开始招生。

1990年2月，梅州在东较场举办“南方杯”优秀足球队邀请赛，高丰文率国家队来梅。参赛队伍还有八一队、辽宁队、广州白云队等劲旅。

1991年，国家体委在五华县召开“球王李惠堂研讨会”，国家和省、市、县有关领导参加。

1995年9月，梅州市足球协会召开第1届会员大会，梅州市足协正式成立，赵鹏程担任会长。

1996年1月，“梅视杯”足球邀请赛在梅县东较场举行，参赛队伍有中国国家队、北京国安、广东宏远、山东台山等队。

1997年7月，梅州中学队代表中国参加在印度举行的亚洲中学生足球锦标赛，获得第5名。

2003年，梅县业余体校和足球运动学校合并，改名为梅州市体育运动学校。

2004 年 12 月，梅县被广东省体育局授予“广东省足球之乡”称号。

2008 年 6 月 27 日，梅州市举办振兴足球之乡座谈会，与广东万力名人足球俱乐部共同实施“万力足球希望工程”。

2009 年 8 月，广东省体育局和梅州市政府签订了振兴梅州“足球之乡”战略合作协议书，就完善场馆设施建设、加快培养输送人才、建立完善足球赛制等方面开展战略合作。

2009 年梅州市成立了振兴足球之乡工作领导小组，加强了足球工作领导，促进了足球工作发展。

2010 年 8 月 6 日，梅州市人民政府发布《梅州市振兴“足球之乡”十年规划》。目标是通过实施《振兴“足球之乡”十年规划》，使足球运动进一步得到梅州广大群众的认同和喜爱，成为深入人心的第一运动，重塑梅州的“足球之乡”形象。

2011 年 9 月 18 日，富力地产宣布投资 5 亿元在“足球之乡”梅州市梅县建设一所高标准的足球学校，打造世界一流、全国最好的足球人才培训基地。

2012 年，嘉应学院体育学院获教育部批准设立运动训练专业（足球方向），并于 2013 年开始招收学员。同时期，嘉应学院成立了足球文化研究中心，并开始与广东省教育局共建广东女足。

2012 年 10 月，为期 7 个月之久的广东省首届百县（区）足球赛在“足球之乡”梅州市开幕。比赛覆盖全省，横跨 7 个月（4 月至 10 月），约 6500 多人参加。10 月 3 日至 5 日在广东省奥林匹克体育中心进行总决赛，梅州梅县队获得第 1 名。

2012 年 12 月，市委、市政府发布《梅州市关于加快发展足球运动实施意见》，全力加快梅州足球运动的发展。

2013 年 1 月 11 日，梅州市足球协会召开第 2 届会员大会，完成第 2 届换届选举。

2013 年 1 月 15 日，市委、市政府组织召开了梅州市振兴足球专项工作会议，提出了要主动挖掘“足球之乡”历史、人物传奇故事，加大宣传教育力度，通过舆论引导、知识普及，营造振兴足球的浓厚氛围，探索出一条有山区特色的足球发展之路。

2013 年，梅州职业体育俱乐部实现零的突破，组建了梅县客家、梅州客家等 2 支职业足球俱乐部，并参加了该年中国职业足球乙级联赛。

2013 年 11 月 3 日，梅州被国家体育总局评为“中国体育非物质文化遗产保护与推广城市 梅州·足球之乡”。

2014 年 3 月，市委、市政府召开全市体育工作暨振兴足球专项工作会议。

2014 年 7 月，经市政府批准，在市体育局设立梅州市足球运动中心，加强振兴足球工作的组织保障。

2014 年 9 月，梅州市入选全国青少年校园足球精英训练营 20 个试点城市之一，广东省仅广州、梅州两个城市入选。

2014 年，饶伟辉、刘彬彬分别入选国家队，国家队再现梅州籍球员，鼓舞了全市人民振兴足球的信心。

2014 年，建设 12 块 11 人制标准足球场被列为十大民生实事内容之一，各县（市、区）积极推动落实，至年底完成既定目标任务。

2015 年 3–4 月，梅州市委、市政府领导多次专题调研足球工作，并赴省政府、省体育局汇报、沟通联系足球工作。

2015 年 3 月，市体育局邀请专家团队完成《梅州市体育产业布局策划方案》，并召开专家评审会。

2015 年 5 月，五华 U12 少年足球队代表广东队夺中国青少年足球邀请赛全国冠军，并将代表中国于 7 月赴瑞典参加有“小世界杯”之称的哥德堡杯国际青少年足球赛。

2015 年 5 月，嘉应学院女足获广东省第 9 届大运会女足比赛冠军。

2015 年 6 月，市委、市政府召开全市推进足球改革发展工作会议。

2015 年 8 月，市政府出台《梅州市足球综合改革方案》，加快推进梅州足球改革振兴。

2015 年 9 月，市政府出台《梅州市人民政府关于加快发展体育产业促进体育消费的实施意见》，推动体育产业发展，提升足球运动市场支撑力。

2015 年 9 月，梅州足球发展基金会成立。

2015 年 9 月 26 日，梅州五华队成功冲甲，成为全国唯一县级城市中甲球队。

2015 年 10 月 6 日，梅州代表队斩获 2015 广东省“省长杯”青少年足球联赛男子乙组冠军。

2015 年 10 月 10 日，梅州五华队在大连以点球 8 比 7 战胜大连超越，问鼎中乙冠军。

2015 年 10 月 22 日，梅州市人民政府和广州体育学院签约，就协同发展休闲体育产业和振兴足球等开展政校合作。

2015 年 10 月 30 日，中国足球文化建设高峰论坛暨纪念球王李惠堂诞辰 110 周年学术研讨会在嘉应学院国际会议中心开幕。众多专家学者共同探索中国现代足球的起源以及世界球王李惠堂对中国足球的影响，同时还为足球之乡的腾飞崛起积极建言献策。

2015 年 12 月 28 日，富力足校代表队夺得 2015 年广东省“九龙湖杯”青少年男子足球乙组锦标赛冠军。

2015 年 12 月 31 日，代表梅州市参赛的嘉应学院女足队夺得 2015 广东省女子足球联赛冠军。

2016 年 6 月，梅州市被广东省体育局命名为广东省足球试点城市，梅江、梅县、兴宁、五华被命名为广东省足球试点县。

2016 年 7 月 23 日，梅州五华体校队获得广东省 5 人制联赛少年组冠军。

2016 年 8 月 28 日，梅州市体校队获得 2016 年“我爱足球”中国民间足球争霸赛广东省（02 年龄组）比赛冠军。

2016 年 9 月，梅州市体校 5 个足球队参加省青少年足球锦标赛，获得 3 个亚军 1 个季军，取得近年来省锦标赛最好成绩。

2016 年 9 月 18 日，梅州市足球协会第 3 届换届大会顺利召开，刘水担任新一届会长。

2016 年 10 月 19 日，梅州市足球发展基金会举行换届选举大会，谢森元当选第 2 届理事会理事长。

2016 年 10 月 17 日，梅州成功申报中国足协广东省青训中心（梅州市）。

2016 年 11 月 12 日，嘉应学院夺取 2016 年“特步”中国大学生足球联赛暨广东省“省长杯”校园足球联赛甲 A 组冠军。

2016 年 12 月，梅州市代表队获得 2016 年“我爱足球”中国足球民间争霸赛少年组广州赛区冠军并获全国总决赛第 4 名。

2016 年 12 月 26 日，梅州市举行纪念誉为足球之乡 60 周年暨振兴足球工作会议，中国足协、省体育局及市五套班子领导参加，大会总结了 60 周年历史，表彰了一批贡献人士，并以此为契机继续传承发扬球乡传统，加快振兴足球。

2017 年 2 月，梅州代表队获得 2017 年全国青少年“未来之星”冬季阳光体育大会雪地 5 人制足球赛冠军。

2017 年 4 月，嘉应学院在读生温木莲获得国家级足球裁判资格，成为梅州市实施振兴足球后培养的首位国家级足球裁判。

2017 年 4 月，梅州举办 2017 国际青年足球友谊赛暨第 2 届中外青年体育对话会，有来自 30 多个国家和地区的青年足球选手，组成共 8 支队伍参加本次活动。

2017 年 6 月，梅县高级中学代表队获得 2017 全国青少年“未来之星”阳光体育大会初中组广东省 5 人制足球选拔赛冠军。

2017 年 6 月，梅州队摘广东第 2 届百县（区）足球赛总决赛冠军。

2017 年 7 月 20 日，五华县田家炳中学代表广东省夺得 2017 年全国田家炳高中男子足球邀请赛冠军。据悉，全国拥有田家炳中学 166 所，本次赛事属田家炳基金会首次举办。五华县田家炳中学是全国校园足球特色学校，有着厚重的校园足球基础和氛围。

2017 年 8 月 10 日，梅州五华县横陂镇运动休闲特色小镇（足球小镇）入选全国首批 96 个运动休闲特色小镇之一，成为此次全国唯一以足球为特色的入选项目。

2017 年 10 月 21 日，市政府正式出台《梅州市振兴足球三年行动计划（2017—2019 年）》，明确“十三个一”重点工程，推动振兴足球十年规划剩余三年目标任务全面落实。

2017 年 10 月 28 日，梅县铁汉足球俱乐部以总比分 3：1 淘汰深圳雷曼人人，成功冲甲。梅州迈入“中甲双雄”新时代，同时成为全国唯一拥有两支中甲球队的地级市。

2017 年 11 月 16 日至 17 日，国际足联理事、中国足协常务副主席兼秘书长张剑率队到“足球之乡”梅州调研足球工作，用“四个打通”高度评价了梅州近年来大力振兴足球取得的成效，指出梅州要在足球运动发展上升到国家发展的高度的大背景下，不断加快梅州足球振兴发展步伐，为中国足球做出更大贡献。

2017 年 11 月，广东省青训中心（梅州）代表队获得全国青少年冠军杯足球赛男子 U12 年龄组全国亚军。

2017 年 12 月，梅州市女子乙组足球队在 2017 年广东省青少年足球乙组锦标赛中荣获冠军。

2018 年 1 月 16 日，梅州辉骏足球俱乐部举行新闻发布会。依据中国足协的有关批复，俱乐部旗下的梅州辉骏女子足球队，将于今年 4 月份参加中国女子甲级足球联赛。梅州辉骏女子足球队是目前广东唯一一支职业女子甲级球队。至此，梅州甲级球队增至 3 支、分别为梅州客家男子足球队、梅县铁汉生态男子足球队、梅州辉骏女子足球队。其中梅州客家足球队和梅州辉骏女子足球队主场在五华。五华，是全国唯一一个拥有男子和女子中甲球队的县。

2018 年 1 月，梅州成为全国 15 家新一期中国足协全国青训中心之一。

2018 年 3 月，2018 中国足球甲级联赛开幕式在梅州顺利举行。中国足协副主席李毓毅来梅调研职业发展工作并出席中甲开幕式，高度肯定梅州政府引导、企业主导的足球发展模式。

2018年3月22日，梅州市体校引进葡萄牙教练团队暨铁汉足球俱乐部共建青训梯队签约仪式在梅州举办，推动解决梅州市青训教练紧缺问题，扩大青少年足球人才输送渠道。

2018年3月31日，在梅县曾宪梓体育场上演了中甲“梅州德比”大战，结果主场作战的梅县铁汉生态队1比1战平梅州客家队。此次梅州德比是中甲联赛历史上出现的第一次地级市的德比战。

2018年4月7日，就读于嘉应学院体育学院的梅州籍学生陈婷婷晋升国家级裁判，成为梅州市实施振兴足球之乡十年规划后培养的第2名国家级足球裁判员。

2018年7月，梅州女足以全胜战绩勇夺第15届省运会女子乙组足球赛冠军，时隔20年梅州足球再登全省最高领奖台，梅州女足开创了省运会冠军的历史。

2018年7月30日上午，梅县富力足球小镇框架协议签约暨加业营地挂牌仪式在梅县区雁洋镇举行。同日上午，延边州人民政府、梅州市人民政府缔结足球友好城市签约仪式在吉林延边州举行。

2018年8月，梅州市5支代表队参加广东省第15届运动会足球项目，其中女乙、男丙、男乙、男甲、女甲分获1、2、3、4、5名，金牌数、足球项目总分均排全省第2，振兴足球工作取得显著成效。

2018年10月23日，梅州辉骏女足提前一轮夺得联赛冠军成功冲超，创造了梅州足球的历史。

2018年10月31日，2018年广东省“省长杯”青少年足球联赛（高中、中职组）总决赛中，梅县区华侨中学高中女子足球队，以2比1力克广州市南武中学队，以六战全胜的骄人战绩登上冠军宝座。

2018年11月11日，2018年广东省“省长杯”青少年足球联赛（竞技组）五华女子U13队以五战全胜的佳绩夺得冠军。

2018年11月14日，省长杯（竞技组）07和08年龄段段男子组的决赛中，梅州市五华县U11队以2比1战胜深圳宝安U11队、五华县U10队4比1击败深圳U10队，获得2个冠军。

2018年11月23日，梅州市成功获评全国青少年校园足球改革试验区，广东省仅广州与梅州获批，这是对梅州足球工作的充分肯定，梅州青少年足球运动将获得国家资金等方面的支持。

2018年12月3–9日，中国足协名宿辅导团走进梅州，12位名宿为梅州市青训工作把脉献策，为各级教练员、运动员和管理人员传经送宝、教授技能。

2019年1月1日，梅州市第1届棕榈·客家杯“一带一路”国际足球邀请赛在五华县奥体中心惠堂体育场开赛，来自国内外 12 支职业（城市）足球队齐聚梅州，打造梅州国际品牌赛事，提升“足球之乡”城市形象，助推足球产业发展。

2019 年 1 月 17 日，2019 梅州五华国际女足锦标赛（四国邀请赛）在五华县奥体中心惠堂体育场打响，中国女足最终夺冠。这是梅州举办的最高级别（国际 A 级）赛事，梅州四国女足赛结束女足赛事赠票历史，成为办赛样板。

2019 年 1 月 19–30 日，全国青少年校园足球年度总结系列活动在梅州举办，全国 31 个省（区、市）和新疆生产建设兵团的运动员、教练员等逾千人齐聚梅州参加训练营、培训班和总结表彰等系列活动。

2019 年 3 月 27 日，全国城市社区足球场地设施建设试点工作座谈会在北京召开，梅州市被住建部定为全国 6 个城市社区足球场地设施建设试点城市之一。这是梅州市推进创建足球特区，探索创新足球场地设施建设及运营模式的新契机。

2019 年 4 月 7 日，第 2 届中国足球协会“希望杯”少年足球赛武汉赛区（南区），梅州青训中心五支 U10–U12 代表队取得良好成绩，其中五华分中心的 U11 小将发挥出色夺得亚军，市青训中心 U12 队获得季军，五支队全部进入前六名。

2019 年 5 月 16 日，中国首支沙滩足球国家希望队落户梅州。梅州市五华县与中国足球协会签约，合作共建中国首支沙滩足球国家希望队，进一步擦亮五华“足球之乡 · 球王故里”金字招牌，丰富梅州的足球内涵，助力梅州打造中国足球特区。

2019 年 6 月 13 日，梅州市召开足球工作会议，深入贯彻足球改革发展工作要求，推动梅州足球改革发展工作再上新台阶，全力创建中国足球特区。国家体育总局、省体育局及梅州市四套班子领导参加会议。

2019 年 8 月 16 日，五华代表队获得“哥德杯中国”世界青少年足球赛 U9 年龄组冠军，U10 代表队获得第 3 名。该项赛事有“小世界杯”之称。

2019 年 8 月 19 日，梅州市第 2 届伊利 · 客家杯“一带一路”国际足球邀请赛开赛，来着巴西、葡萄牙、日本、泰国、香港及中国内地共 16 支 U11、U12 青少年足球队共聚足球之乡，本次赛事进一步推动梅州青训走向国际化和创建中国足球特区。

2019 年 8 月 22 日，中国足球协会代表大会在香河国家足球训练基地召开，梅州市委副书记、市长张爱军当选执行委员会委员，成为唯一“足球市长”。

2019 年 9 月，首届梅州市足球联赛正式开赛，全市 12 支球队 500 名运动员和裁判员、教练员历时近 3 个月，为广大群众奉献了 132 场的主客场精彩比赛。

2020 年 1 月，梅州足协队获得广东省足球协会杯亚军。

2020年4月24日，梅州市足球协会召开第三届第四次理事会，会议增补了一名副会长和两名副秘书长，进一步优化市足协管理制度，完善人员组织架构。

2020年7月，罗熽入选中国足协U19女足名单，是2009年梅州出台“振兴足球十年规划”以来，完全由梅州青训培养的第一位国字号运动员。

2020年8月8日，2020年梅州市足球联赛正式开幕，全市参赛队伍共有13支，其中甲级8支，乙级5支，共有500多名运动员、裁判员和教练员参加，历时近4个月，为广大群众奉献了77场精彩的足球赛事。

2020年8月25日，市发改局、市体育局、市教育局联合印发《梅州市足球中长期发展规划（2020—2050年）》，进一步推动梅州足球持续健康发展。

2020年9月12日，2020赛季中甲联赛正式开赛，梅州五华成为三大赛区之一（另外两个赛区为成都、武汉）。

2020年10月，梅州代表队获得2020年广东省青少年足球锦标赛男子足球甲组05-06年龄段冠军，取得历史最好成绩。

2020年11月21-30日，2020赛季中冠联赛在梅州举办，共16支队伍参赛。

2021年1月，梅州足协队获得2020年广东省足球协会杯亚军。

2021年1月16日上午，中国内地现代足球发源地梅州五华·元坑遗址景区正式对外开放。该项目于2017年12月开工，2020年12月竣工。

2021年2月24日，广东省体育局、广东省文化和旅游厅、广东省足球协会联合印发《关于深化推进我省足球改革发展的若干措施》的通知。

2021年2月24日，梅州市人民政府印发《梅州足球特区建设规划》，为加快创建梅州足球特区、全面提升梅州城市足球发展整体水平提供了指引。

2021年3月11日，中国足协足球改革发展专题会议在北京召开，梅州作为先进典型单位发言。

2021年3月29日，全国社会足球工作会议在北京召开，梅州作为先进典型单位发言。

2021年4月20日，2021赛季中甲联赛正式开赛，梅州五华和梅县成为三大赛区之一（另外两个赛区为成都、武汉）。

2021年5月24日，梅州市足球协会第三届第五次理事会会议在市体育局三楼会议室召开，会议进一步贯彻落实《关于深化推进我省足球改革发展的若干措施》文件精神和工作要求，完善市足协管理制度，优化人员组织架构。

2021年5月19日，体育总局发布《关于开展全国足球发展重点城市建设工作的指导意见》。

2021 年 5 月 27 日，国家体育总局办公厅公布首批 101 个全国县域足球典型地方名单，广东梅州五华入选。

2021 年 6 月 4 日，全市足协会长工作会议在市体育局三楼会议室召开，会议进一步加强市、县（市、区）足协交流和协作，充分发挥全市足协系统引领足球运动发展的作用。

2021 年 7 月，中国足协发布《2020 年中国省市足球发展健康指数报告》，报告指出，根据指标体系计算得出，百分制下，2020 年中国省市足球发展健康指数城市排名，梅州市 82.8 分排名第一。

2021 年 7 月 10 日，中国女足正式公布出征东京奥运会大名单，梅州客家足球俱乐部罗桂平、林宇萍、李晴潼、陈巧珠 4 名球员榜上有名。

2021 年 7 月 16 日，梅州五华获得第 14 届全国运动会群众比赛足球项目 5 人制足球男子甲组农村乡镇组亚军。

2021 年 7 月 30 日，梅州五华获得第 14 届全国运动会群众比赛足球项目 5 人制足球男子乙组冠军。

2021 年 8 月，根据《体育总局办公厅关于开展 2017—2020 年度全国群众体育先进单位和先进个人评选表彰工作的通知》，梅州市足球协会被授予 2017—2020 年全国群众体育先进单位荣誉称号。

2021 年 8 月 5 日，梅州市体育局首次发布首本《梅州足球行业研究报告》，为梅州足球发展做好科学的顶层设计提供基础数据和决策参考。

2021 年 9 月 4 日，梅县球乡队获得 2021 广东省足球协会超级联赛季军。

2021 年 9 月 12 日，梅州队男子丙组获得广东省青少年足球锦标赛冠军。

2021 年 9 月 14 日，梅州队女子乙 B 组获得广东省青少年足球锦标赛冠军。

2021 年 9 月 18 日，梅州队女子甲组获得广东省青少年足球锦标赛亚军。

2021 年 9 月 30 日，梅州队男子乙 B 组获得广东省青少年足球锦标赛冠军。

2021 年 10 月 22 日至 11 月 6 日，中拉体育 2021 中国足球协会会员协会冠军联赛大区赛（梅州赛区）在梅县举行，梅县球乡获 O、P 组冠军。

2021 年 11 月 8 日，2021 年广东省足球协会 5 人制足球锦标赛梅州两支球队包揽成年组和少年组冠军。

2021 年 11 月 29 日，《广东省全民健身实施计划（2021—2025 年）》明确指出支持梅州建设全国足球重点城市，支持梅州建设足球特区。

2021 年 12 月 6 日 –26 日，2021 年广东省“省长杯”青少年校园足球联赛（高中、职中组）全省总决赛在五华县高级中学举行，五华县高级中学代表梅州以6战全胜的战绩勇夺高中女子组冠军。

2021年12月22日，梅州客家队在五华县体育场以1比1和昆山队打平，成功冲超，成为中国顶级足球联赛历史上第一支县级球队。

2021年12月25日，2021第4届广东“南粤工匠”高峰论坛宣布，五华县足球文化公园体育场馆工程获2020—2021年度第二批中国建设工程鲁班奖（国家优质工程）。

2022年2月17日，国务院孙春兰副总理在北京中南海接见梅州市委书记马正勇和梅州市足球协会主席陈建新，专题听取梅州足球工作情况汇报。

附表1　梅州足球队参加省级比赛冠军成绩统计表（1949—2021）

年份	足球赛名称	获奖单位	名次
1951.1	广东省足球选拔赛	梅县	1
1953.1	广东省足球选拔赛	梅县	1
1954.5	广东省足球锦标赛	梅县	1
1955.2	全国大中城市足球锦标赛（武汉赛区）	梅县	1
1958.2	广东省足球锦标赛	梅县	1
1958.1	广东省足球分区赛（五华赛区）	五华县	1
1963.7	广东省少年足球赛	兴宁县	1
1963.5	广东省足球锦标赛	梅县	1
1963.9	全国乙级足球联赛	梅县	1
1965.8	广东省小学基层足球赛	兴宁县	1
1981.8	六省协作区少年足球赛（梅县）	梅县	1
1981.8	广东省少年足球锦标赛（梅县）	梅县地区	1
1981.8	广东省女子足球调赛（广州）	梅县	1
1981.8	广东省传统项目学校足球赛（吴川）	梅县东山中学	1
1982.6	广东省女子足球邀请赛（广州）	梅县	1
1982.8	广东省第6届运动会少年男子足球赛	梅县地区	1
1983.5	广东省第1届女子足球联赛（英德）	梅县	1
1983.8	全球“少先杯”南方十省足球赛（南昌）	梅县丙村小学	1
1984.8	全国“萌芽杯”足球决赛（张家口）	梅县地区	1
1985.8	全国“幼苗杯”足球决赛（蚌埠）	梅县地区	1
1987.7	全国“幼苗杯”足球分区赛（武汉）	梅县东山中学	1
1987.8	全国“幼苗杯”足球决赛	梅县东山中学	1
1988.2	全国十城市足球协作赛	梅县市	1

续表

年份	足球赛名称	获奖单位	名次
1988.7	全国“希望杯”足球分区赛	梅县市	1
1988.8	广东省女子足球锦标赛	梅县	1
1989.7	全国“希望杯”足球分区赛	梅县	1
1989.1	全国十城市足球邀请赛	梅县	1
1990.7	全国“萌芽杯”足球分区赛	梅县	1
1990.8	全国青年女子足球锦标赛	梅县	1
1988.7	广东省少年足球锦标赛	五华县	1
1989.7	广东省少年足球锦标赛	五华县	1
1991.7	广东省少年足球锦标赛	五华县	1
1992.8	广东省传统项目学校足球赛	梅县高级中学	1
1993.8	广东省少年足球锦标赛	五华县	1
1994.8	广东省少年足球锦标赛	兴宁市	1
1994.7	广东省儿童足球赛	梅县	1
1994.8	广东省女子足球锦标赛	梅县	1
1995.8	广东省少年足球锦标赛	兴宁市	1
1995.8	广东省传统项目学校足球赛	梅县华侨中学	1
1995.8	广东省女子足球锦标赛	梅县	1
1995.7	广东省儿童足球赛	梅县	1
1996.7	广东省儿童足球赛	梅县	1
1996.8	全国“耐克杯”足球分区赛（广州）	梅县	1
1997.7	广东省儿童足球赛	梅县	1
1997.8	广东省少年足球锦标赛	五华县	1
1998.1	广东省第10届运动会少年男子足球赛	梅州市	1
1998.7	广东省儿童足球赛	五华县	1
1998.8	广东省女子足球锦标赛	五华县	1
1999.8	广东省女子足球锦标赛	梅县	1
1999.7	广东省儿童足球赛	梅县	1
2000.8	广东省儿童足球赛	梅县	1
2003.8	广东省儿童足球锦标赛V-9	梅江区	1
2004.8	广东省足球锦标赛	市业余体校	1
2005.8	广东省足球锦标赛	市业余体校	1
2007.5	广东省少年男子足球联赛	梅县	1
2007.5	广东省少年女子足球联赛	梅县	1
2008.7	广东省U-11少年女子足球联赛	梅县	1

续表

年份	足球赛名称	获奖单位	名次
2008.8	广东省体育传统项目足球锦标赛	五华县	1
2010.4	广东省“中国体育彩票杯”少年女子足球联赛	梅县	1
2012.1	广东省首届百县（区）足球赛	梅县	1
2015.5	中国青少年足球邀请赛五华U12少年足球队（代表广东）	五华	1
2015.5	广东省第9届大运会女足比赛	嘉应学院	1
2015.10	广东省“省长杯”青少年足球联赛（男子乙组）	梅州代表队	1
2015.10	2015中乙联赛	五华	1
2015.12	2015年广东省“九龙湖杯”青少年男子足球乙组锦标赛	富力足校	1
2015.12	2015广东省女子足球联赛	嘉应学院	1
2016.7	广东省5人制联赛（少年组）	五华体校	1
2016.8	2016年“我爱足球”中国民间足球争霸赛广东省（02年龄组）	市体校	1
2017.2	2017年全国青少年"未来之星"冬季阳光体育大会雪地5人制足球赛	梅州	1
2017.6	2017全国青少年“未来之星”阳光体育大会初中组广东省5人制足球选拔赛	梅县高级中学	1
2017.6	广东第2届百县（区）足球赛总决赛	梅州市	1
2017.7	2017年全国田家炳高中男子足球邀请赛（代表广东）	五华田家炳中学	1
2017.12	2017年广东省青少年足球（女子）乙组锦标赛	市体校	1
2018.7	第15届省运会女子乙组足球赛	市体校	1
2018.1	2018年中国足球协会女子足球甲级联赛	梅州辉骏女足	1
2018.1	2018年广东省“省长杯”青少年足球联赛（高中、中职组）总决赛	梅县华侨中学	1
2018.11	2018年广东省“省长杯”青少年足球联赛（竞技组女子U13）	五华	1
2018.11	2018年广东省“省长杯”青少年足球联赛（竞技组07男子年龄段）	五华	1
2018.11	2018年广东省“省长杯”青少年足球联赛（竞技组08男子年龄段）	五华	1
2019.8	“哥德杯中国”世界青少年足球赛U9年龄组	五华	1
2019.8	2019年广东省（5人制10-11男子年龄段）足球锦标赛（陆丰）	市体校	1
2020.9	2020广东省“体育彩票杯”青少年足球锦标赛（男子甲组）	市体校	1
2021.7	第14届全国运动会群众比赛足球项目5人制足球男子乙组	五华	1
2021.9	广东省青少年足球锦标赛男子丙组	梅州代表队	1
2021.9	广东省青少年足球锦标赛女子乙B组	梅州代表队	1
2021.9	广东省青少年足球锦标赛男子乙B组	梅州代表队	1

附表2　梅州足球之乡60周年表彰名单表

表彰类别	表彰名单
突出贡献足球教练员	曾雪麟、林思跃（2人）
突出贡献足球指导员老师	（按姓氏笔画排序）卢波明、张文锦、张可光、张梅山、张德宏、陈寿文、曹敏、梁锦强（8人）
优秀足球教练员	（按姓氏笔画排序）丘志敏、吉大昌、朱红贤、朱培光、刘明文、李元申、李云祥、杨友标、杨殿松、杨伟湘、萧建林、肖承发、张振文、张健、陈晋干、陈焕犇、罗巧军、郭伟平、黄龙光、黄建新、彭明标、彭建军、曾庆枢、赖祝君、蔡远心（25人）
优秀足球指导员老师	（按姓氏笔画排序）叶奇光、巫运清、李仕庆、李仕宏、李耿谦、余炳文、张锦才、陈祥光、林立铭、徐利芬、梁添昌、赖祝军、廖小锋（13人）
优秀足球裁判员	（按姓氏笔画排序）王伯珍、古文东、刘锦泉、吴坚、吴丹霞、陈洪涛、林海威、廉建军（8人）
突出贡献运动员	（按姓氏笔画排序）王惠良、伍文兵、池明华、刘彬彬、吴伟英、杨宁、张小文、张均浪、钟金玉、郭亿军、黄德保、谢育新、蔡锦标（13人）
优秀足球运动员	（按姓氏笔画排序）王新辉、史亮、朱家伟、李小兰、李玉展、李健华、李海强、李雪峰、张桂莲、张悦文、陈文奎、钟小健、饶伟辉、曾育泉、曾繁钦、温明荣、廖友华、潘伟明、潘佳、魏启明（20人）
支持足球事业突出贡献人士	曾宪梓、田家炳、魏晋平、刘水（4人）
支持足球事业热心人士	罗焕昌、刘宇新、邹锡昌、黄华、温纯青、刘绍聪、李国理、余捷庆、陈梅冰伉俪、周国辉、梁俊丰、温育青、赖国香、缪志峰（14人）
突出贡献集体（单位）	梅州市梅县区业余体校
校园足球突出贡献集体	梅江区梅州中学、梅江区联合中学、梅江区人民小学、广东梅县东山中学、梅县区高级中学、梅县丙村镇中心小学、兴宁市第一中学、兴宁市兴城第三小学（8所）
先进集体（单位）	梅州市体育运动学校、兴宁市业余体校、五华县业余体校（3所）
校园足球先进集体	梅县区松源镇中心小学、兴宁市实验学校、兴宁市宁中镇中心小学（3所）

附表 3　1979—2021 年梅州市输送国家级队成员名单表

序号	输送单位	输送年份	姓名	性别	招收单位
1	兴宁县	1979	郭亿军	男	国家队
2	兴宁县	1979	李伟明	男	八一青年队
3	五华县	1979	曾繁钦	男	八一青年队
4	梅县	1980	杨宁	男	国家队
5	梅县	1980	钟云越	男	国家青年队
6	梅县	1980	李文杰	男	八一青年队
7	梅县	1982	钟小键	男	国家青年队
8	梅县	1982	谢栋	男	国家少年队
9	兴宁县	1982	谢育新	男	国家队
10	兴宁县	1982	伍文兵	男	国家队
11	梅县	1983	黄德保	男	国家队
12	梅县	1983	池明华	男	国家队
13	梅县	1983	李小兰	女	国家队
14	兴宁县	1983	张小文	男	国家队
15	兴宁县	1983	罗庆	男	国家青年队
16	兴宁县	1984	吴伟英	女	国家队
17	梅县	1985	王惠良	男	国家队
18	梅县	1985	吴育华	男	国家队
19	五华县	1985	曾育泉	男	国家青年队
20	梅县	1986	林菲	女	国家青年队
21	梅县	1986	温明荣	女	国家青年队
22	梅县	1986	游绍东	男	国家少年队
23	梅县	1986	白海燕	女	八一青年队
24	五华县	1986	魏启明	男	国家青年队
25	五华县	1989	张国辉	男	八一青年队
26	梅县	1990	侯春元	男	国家少年队
27	梅县	1990	黄雄胜	男	国家少年队
28	五华县	1992	李玉展	男	国家青年队
29	梅县	1993	陈文奎	男	国家少年队
30	梅县	1994	何苑群	女	八一青年队
31	五华县	1995	张悦文	男	国家少年队
32	五华县	1995	曾兰芬	女	八一青年队
33	梅县	1998	曾丽满	女	八一青年队
34	五华县	1999	钟金玉	女	国家青年队

续表

序号	输送单位	输送年份	姓名	性别	招收单位
35	五华县	1999	周婷	女	八一青年队
36	梅县	2000	李灵均	男	国家少年队
37	梅县区	2002	吴伟安	男	国青、国奥、国足
38	梅县区	2005	李健华	男	国家队
39	梅江区	2006	饶惠芳	女	国家青年队
40	梅江区	2007	温浩军	男	国家队
41	梅县区	2009	潘佳	男	国奥集训队
42	梅县区	2010	曾妮辉	女	国少集训队
43	梅县区	2011	张佳丽	女	国青集训队
44	梅县区	2011	叶超琼	女	国少集训队
45	梅县区	2014	李足玲	女	国家队（5人制）
46	兴宁市	2014	饶伟辉	男	国家队
47	梅县区	2014	刘彬彬	男	国家队
48	梅县区	2015	叶楚贵	男	国奥集训队
49	梅县区	2015	万嘉茹	女	国家队（5人制）
50	梅县区	2016	陈思威	男	国奥集训队
51	梅县区	2017	饶伟全	男	国奥集训队
52	梅县区	2017	刘钰	女	国家队（5人制）
53	梅县区	2017	朱怡	女	国少集训队
54	梅江区	2018	卜嘉盈	女	国少集训队
55	梅江区	2018	吴坤贤	男	国少集训队
56	梅江区	2018	李尚钟	男	国少集训队
57	梅江区	2018	黄钊权	男	国少集训队
58	梅江区	2018	李涛圣	男	国少集训队
59	梅江区	2018	吴志豪	男	国少集训队
60	梅江区	2018	何嘉俊	男	国少集训队
61	梅江区	2018	梁奕斌	男	国少集训队
62	兴宁市	2018	郭胜	男	国家队集训
63	五华县	2018	李定洋	男	国少队
64	五华县	2019	李坤展	男	国少集训队
65	五华县	2019	叶鑫	男	国少集训队
66	五华县	2019	魏文杰	男	国少集训队
67	五华县	2019	魏志濠	男	国少集训队
68	五华县	2019	吴琦豪	男	国少集训队
69	兴宁市	2018	何佳兴	男	国少集训队
70	兴宁市	2018	黄书成	男	国少集训队

续表

序号	输送单位	输送年份	姓名	性别	招收单位
71	兴宁市	2018	刁家豪	男	国少队
72	梅县区	2018	梁奕斌	男	国少集训队
73	梅县区	2018	王鑫增	男	国少集训队
74	梅县区	2018	李仕文	男	国少集训队
75	梅县区	2020	凌传滨	男	国少集训队
76	梅县区	2020	薛悦伟	男	国少集训队
77	兴宁市	2020	罗熵	女	国家女足

附表 4　1979—2019 年梅州市输送省级队成员名单表

序号	输送单位	输送年份	姓名	性别	招收单位
1	五华县	1979	陈海贤	男	广东队
2	五华县	1979	朱立坚	男	广东队
3	梅县	1980	张峥嵘	男	广东队
4	梅县	1980	叶忠泉	男	广东队
5	梅县	1980	饶志伟	男	广东队
6	梅县	1980	李尔雄	男	广东队
7	梅县	1980	曾宪思	男	广东队
8	梅县	1980	熊国元	男	广东队
9	梅县	1980	熊国满	男	广东队
10	梅县	1980	王庆忠	男	广州部队
11	五华县	1980	钟妙宁	男	广东队
12	梅县	1982	廖友华	男	广东队
13	梅县	1983	赖岳仁	男	广东队
14	梅县	1983	梁浩先	男	广东队
15	梅县	1983	颜志强	男	广东队
16	梅县	1983	刘金华	男	广东队
17	梅县	1983	李思雄	男	广东队
18	梅县	1983	刘伟华	男	广东队
19	梅县	1983	黄洪康	男	甘肃队
20	梅县	1983	李志强	男	甘肃队
21	梅县	1983	廖怀平	女	广东队
22	梅县	1983	林爱珍	女	广东队
23	梅县	1983	张小莉	女	广东队
24	梅县	1983	叶志珍	女	广东队

续表

序号	输送单位	输送年份	姓名	性别	招收单位
25	梅县	1983	张利平	女	广东队
26	梅县	1984	张伟球	男	广东队
27	梅县	1985	陈震	男	广东队
28	梅县	1985	陈泰英	男	广东队
29	梅县	1985	陈瑞香	女	广东队
30	兴宁县	1985	彭日丰	男	广东队
31	五华县	1985	戴新木	男	广东队
32	五华县	1985	曾恒珍	女	广东队
33	梅县	1986	廖东强	男	广东队
34	梅县	1986	谢东平	女	广东队
35	梅县	1986	宠艳芳	女	广东队
36	梅县	1986	李翠玉	女	广东队
37	梅县	1986	潘莉丽	女	广东队
38	梅县	1986	张桂莲	女	广东队
39	梅县	1986	陈淑芬	女	广东队
40	梅县	1987	杨新文	男	青海队
41	梅县	1988	李庆	男	青海队
42	梅县	1988	赖江源	男	青海队
43	梅县	1988	江建章	男	青海队
44	梅县	1988	李保夫	男	青海队
45	梅县	1988	林启欣	男	青海队
46	梅县	1988	郭小科	男	广东队
47	梅县	1988	郑春芳	男	广东队
48	兴宁县	1989	吴振东	男	广东队
49	兴宁县	1989	王伟中	男	广东队
50	梅县	1990	钟森强	男	广东队
51	兴宁县	1990	丘志华	男	广东队
52	梅县	1991	谢益波	男	广东队
53	梅县	1991	李伟新	男	广东队
54	梅县	1991	郭涛	男	广东队
55	梅县	1991	李小龙	男	广东队
56	兴宁县	1993	江红	女	广东队
57	五华县	1993	何伟文	男	广东宏远队
58	兴宁县	1994	王强	男	广东队
59	兴宁县	1994	张志	男	广东队

续表

序号	输送单位	输送年份	姓名	性别	招收单位
60	兴宁县	1994	刁建彬	男	广东队
61	兴宁县	1994	赖惠琼	女	广东队
62	五华县	1996	张海辉	男	广东队
63	兴宁市	1997	李起来	男	广东队
64	五华县	1997	温光辉	男	深圳平安队
65	兴宁市	1998	曾美霞	女	广东队
66	兴宁市	1999	陈娜	女	河南队
67	梅县	2000	刘嘉鹏	男	广东青年队
68	梅县	2000	黎海峰	男	广东青年队
69	梅县	2000	李健华	男	深圳平安队
70	梅县	2002	赵朋文	男	深圳平安队
71	梅县	2002	池映玲	女	广东队
72	梅县	2002	廖蕊	女	广东队
73	梅县	2002	曾丽萍	女	广东队
74	梅江区	2003	梁恩苑	女	广东队
75	梅江区	2003	刘盛	女	广东队
76	梅江区	2003	叶柳南	女	广东队
77	梅江区	2005	张治权	男	省一队
78	梅江区	2005	林桔源	男	省一队
79	梅江区	2005	刘国森	男	省一队
80	梅江区	2005	钟嘉杰	男	省一队
81	梅江区	2006	侯欢兰	女	省一队
82	梅江区	2007	肖　栋	男	省二队
83	梅江区	2008	钟浪	男	省体校
84	梅县区	2008	李映静	女	广东省队
85	梅县区	2009	廖心鑫	女	广东省队
86	梅县区	2009	何娟蓉	女	广东省队
87	梅县区	2010	李琪	女	广东省队
88	梅县区	2010	梁静	女	广东省队
89	梅县区	2010	黄莹姗	女	广东省队
90	梅县区	2011	廖嘉琪	女	广东省队
91	梅县区	2012	何国华	男	广东省队
92	梅县区	2012	温锦京	男	广东省队
93	梅县区	2012	黄志远	男	广东省队
94	梅江区	2014	何俊威	男	省一队

续表

序号	输送单位	输送年份	姓名	性别	招收单位
95	梅江区	2014	李梓鸿	男	省一队
96	蕉岭县	2015	徐煌圣	男	广东省足球队
97	大埔县	2016	杨莹	女	省体校
98	梅县区	2016	陈鹏波	男	广东少年队
99	梅县区	2016	陈纪诚	男	广东少年队
100	梅县区	2016	黄英豪	男	广东少年队
101	梅县区	2016	李宇平	男	广东少年队
102	梅县区	2016	陈梓浩	男	广东少年队
103	梅县区	2016	黄紫媚	女	广东省队
104	梅江区	2018	刘依	女	省一队
105	五华县	2018	李煜	男	省体校
106	大埔县	2019	罗思思	女	省女足集训队

附表 5　2006—2021 年梅州市输送职业足球队球员名单表

序号	输送单位	输送年份	姓名	性别	招收单位
1	梅江区	2006	刘 盛	男	广东日之泉俱乐部
2	梅江区	2007	黄耿基	男	黑龙江冰城俱乐部
3	梅江区	2011	罗足庆	男	广东日之泉俱乐部
4	梅县区	2011	黄龙	男	广东日之泉俱乐部
5	梅县区	2013	熊常清	男	江西联盛俱乐部
6	梅县区	2013	廖敬峰	男	山东鲁能俱乐部梯队
7	梅县区	2013	李嘉俊	男	梅县富力足球学校
8	梅县区	2013	凌传滨	男	梅县富力足球学校
9	梅县区	2014	王永	男	山东鲁能俱乐部梯队
10	梅县区	2015	肖栢杨	男	梅县富力足球学校
11	梅县区	2015	刘导	男	梅县富力足球学校
12	梅县区	2015	薛悦伟	男	梅县富力足球学校
13	梅县区	2015	李仕文	男	梅县富力足球学校
14	梅县区	2015	陈俊超	男	梅县富力足球学校
15	梅县区	2015	黄子轩	男	梅县富力足球学校
16	梅县区	2015	王鑫增	男	梅县富力足球学校
17	梅县区	2015	张世嵘	男	梅县富力足球学校
18	梅县区	2015	罗福清	男	铁汉生态足球俱乐部梯队
19	梅江区	2016	谢锦政	男	上海申花俱乐部

续表

序号	输送单位	输送年份	姓名	性别	招收单位
20	梅县区	2016	黄可祺	男	梅县富力足球学校
21	梅县区	2016	陈思威	男	广州富力足球俱乐部
22	梅县区	2016	李曾涛	男	广州富力足球俱乐部预备队
23	蕉岭县	2017	颜康	男	铁汉生态足球俱乐部
24	梅江区	2017	余文鹤	男	铁汉生态足球俱乐部
25	梅县区	2017	钟伟宏	男	梅县富力足球学校
26	梅县区	2017	夏政荣	男	梅县富力足球学校
27	梅县区	2015	刘彬彬	男	山东鲁能俱乐部
28	梅县区	2015	叶楚贵	男	广州富力足球俱乐部
29	梅县区	2017	曾超	男	广州富力足球俱乐部
30	梅县区	2017	黄睿	男	铁汉生态足球俱乐部梯队
31	梅县区	2017	吕宝新	男	铁汉生态足球俱乐部梯队
32	梅县区	2017	罗威	男	铁汉生态足球俱乐部梯队
33	梅县区	2017	李恩典	男	四川九牛足球俱乐部
34	大埔县	2018	杨莹	女	广州恒大女足俱乐部
35	五华县	2018	李振	男	北京人和足球俱乐部
36	五华县	2018	魏基伊	男	河北精英足球俱乐部
37	大埔县	2018	郑颖	女	富力女足俱乐部
38	大埔县	2018	肖新欣	女	富力女足俱乐部
39	大埔县	2018	刘焘	男	广东华南虎俱乐部
40	大埔县	2018	李俊龙	男	广东华南虎俱乐部
41	兴宁市	2018	刘芳茹	女	广州恒大足球
42	梅县区	2018	叶佳鸿	男	梅州客家俱乐部
43	梅县区	2018	张超群	男	广州富力足球俱乐部
44	梅县区	2018	叶钰洋	男	广州富力足球俱乐部
45	梅县区	2018	林佳境	男	海南博盈足球俱乐部
46	梅县区	2018	邱艺彬	男	海南博盈足球俱乐部
47	梅县区	2018	李志浩	男	海南博盈足球俱乐部
48	梅县区	2018	叶南骏	男	梅县铁汉生态足球俱乐部梯队
49	梅县区	2018	饶韪杰	男	梅县铁汉生态足球俱乐部梯队
50	梅县区	2018	叶晓瑜	男	广东辉骏女子足球俱乐部梯队
51	梅县区	2018	王成龙	男	梅县铁汉生态足球俱乐部梯队
52	梅县区	2018	彭顺	男	梅县铁汉生态足球俱乐部梯队
53	梅县区	2018	洪庆荣	男	广西蓝航足球俱乐部
54	五华县	2019	李坤霖	男	梅州客家俱乐部

续表

序号	输送单位	输送年份	姓名	性别	招收单位
55	五华县	2019	李果达	男	梅州客家俱乐部
56	五华县	2019	魏源林	男	梅州客家俱乐部
57	五华县	2019	李政城	男	梅州客家俱乐部
58	五华县	2019	李建强	男	梅州客家俱乐部
59	五华县	2019	魏杜峰	男	梅州客家俱乐部
60	五华县	2019	万睿篪	男	梅州客家俱乐部
61	五华县	2019	周祖恒	男	梅州客家俱乐部
62	五华县	2019	曾嘉欢	男	梅州客家俱乐部
63	五华县	2019	周振涛	男	梅州客家俱乐部
64	五华县	2019	蓝楷博	男	梅州客家俱乐部
65	五华县	2019	陈嘉烽	男	梅州客家俱乐部
66	五华县	2019	曾嘉梁	男	梅州客家俱乐部
67	五华县	2019	邹垚	男	梅州客家俱乐部
68	五华县	2019	曾培锋	男	梅州客家俱乐部
69	五华县	2019	李翰霖	男	梅州客家俱乐部
70	五华县	2019	李雨达	男	梅州客家俱乐部
71	五华县	2019	叶奇源	男	梅州客家俱乐部
72	五华县	2019	魏玉强	男	梅州客家俱乐部
73	五华县	2019	刘焕高	男	梅州客家俱乐部
74	五华县	2019	魏天龙	男	梅州客家俱乐部
75	五华县	2019	曾嘉涛	男	梅州客家俱乐部
76	五华县	2019	吴浩平	男	梅州客家俱乐部
77	五华县	2019	孔翔棋	男	梅州客家俱乐部
78	五华县	2019	张根	男	梅州客家俱乐部
79	五华县	2019	钟佳骏	男	梅州客家俱乐部
80	五华县	2019	吴毅	男	梅州客家俱乐部
81	五华县	2019	钟海鹏	男	梅州客家俱乐部
82	五华县	2019	李家乐	男	梅州客家俱乐部
83	五华县	2019	赖文涛	男	梅州客家俱乐部
84	五华县	2019	魏嘉兴	男	梅州客家俱乐部
85	五华县	2019	周辛恺	男	梅州客家俱乐部
86	五华县	2019	汤锦龙	男	梅州客家俱乐部
87	五华县	2019	张毅	男	梅州客家俱乐部
88	五华县	2019	陈柯龙	男	梅州客家俱乐部
89	五华县	2019	古广琪	男	梅州客家俱乐部

续表

序号	输送单位	输送年份	姓名	性别	招收单位
90	五华县	2019	曾展锋	男	梅州客家俱乐部
91	五华县	2019	魏耿栩	男	梅州客家俱乐部
92	五华县	2019	黎渝栩	男	梅州客家俱乐部
93	五华县	2019	陈闻欣	男	梅州客家俱乐部
94	五华县	2019	李祈福	男	梅州客家俱乐部
95	五华县	2019	李汉杰	男	梅州客家俱乐部
96	五华县	2019	李坤展	男	梅州客家俱乐部
97	五华县	2019	李耀源	男	梅州客家俱乐部
98	五华县	2019	李一鸣	男	梅州客家俱乐部
99	五华县	2019	李志峰	男	梅州客家俱乐部
100	五华县	2019	李仲浩	男	梅州客家俱乐部
101	五华县	2019	魏翔	男	梅州客家俱乐部
102	五华县	2019	魏展锋	男	梅州客家俱乐部
103	五华县	2019	吴国力	男	梅州客家俱乐部
104	五华县	2019	吴立洋	男	梅州客家俱乐部
105	五华县	2019	魏嘉琪	男	梅州客家俱乐部
106	五华县	2019	叶鑫	男	梅州客家俱乐部
107	五华县	2019	蔡国煌	男	梅州客家俱乐部
108	五华县	2019	陈铿	男	梅州客家俱乐部
109	五华县	2019	戴秉烨	男	梅州客家俱乐部
110	五华县	2019	古文锐	男	梅州客家俱乐部
111	五华县	2019	胡睿	男	梅州客家俱乐部
112	五华县	2019	赖健涛	男	梅州客家俱乐部
113	五华县	2019	李伟佳	男	梅州客家俱乐部
114	五华县	2019	李汶聪	男	梅州客家俱乐部
115	五华县	2019	李远航	男	梅州客家俱乐部
116	五华县	2019	魏鸿仟	男	梅州客家俱乐部
117	五华县	2019	魏祥鑫	男	梅州客家俱乐部
118	五华县	2019	温庆城	男	梅州客家俱乐部
119	五华县	2019	张杰	男	梅州客家俱乐部
120	五华县	2019	张道鼎	男	梅州客家俱乐部
121	五华县	2019	陈蔚鹏	男	梅州客家俱乐部
122	五华县	2019	陈文涛	男	梅州客家俱乐部
123	五华县	2019	何耀航	男	梅州客家俱乐部

续表

序号	输送单位	输送年份	姓名	性别	招收单位
124	五华县	2019	李汉涛	男	梅州客家俱乐部
125	五华县	2019	李嘉圣	男	梅州客家俱乐部
126	五华县	2019	魏立谕	男	梅州客家俱乐部
127	五华县	2019	魏三举	男	梅州客家俱乐部
128	五华县	2019	魏文浩	男	梅州客家俱乐部
129	五华县	2019	魏文杰	男	梅州客家俱乐部
130	五华县	2019	魏志濠	男	梅州客家俱乐部
131	五华县	2019	温俊浩	男	梅州客家俱乐部
132	五华县	2019	吴琦豪	男	梅州客家俱乐部
133	五华县	2019	曾麟光	男	梅州客家俱乐部
134	五华县	2019	曾妙坚	男	梅州客家俱乐部
135	五华县	2019	曾裕鹏	男	梅州客家俱乐部
136	五华县	2019	张翔瑜	男	梅州客家俱乐部
137	兴宁市	2019	黄书成	男	梅县富力足球学校
138	大埔县	2019	马玮轩	男	梅县富力足球学校
139	梅江区	2019	李嘉豪	男	梅县富力足球学校
140	梅江区	2019	李世钊	男	梅县富力足球学校
141	梅江区	2019	钟滔华	男	梅县富力足球学校
142	梅江区	2019	刘泓伟	男	梅县富力足球学校
143	梅江区	2019	易建行	男	梅县富力足球学校
144	梅江区	2019	梁杰雄	男	广州恒大足校
145	梅江区	2019	张家铭	男	广州恒大足校
146	梅江区	2019	张 煜	男	广州恒大足校
147	梅江区	2019	郭冠楠	男	梅州客家俱乐部
148	梅江区	2019	杨佳烨	男	梅州客家俱乐部
149	梅江区	2019	朱相岑	男	梅州客家俱乐部
149	梅江区	2019	谢易晋	男	梅州客家俱乐部
150	梅江区	2019	李温鑫	男	梅县富力足球学校
151	兴宁市	2019	刁家豪	男	梅县富力足球学校
152	兴宁市	2019	何佳兴	男	梅县富力足球学校
153	兴宁市	2019	黄书成	男	梅县富力足球学校
154	梅县区	2019	罗志文	男	昆山足球俱乐部
155	梅县区	2019	叶鑫圣	男	梅州客家足球俱乐部
156	梅县区	2019	陈思华	女	广州恒大足球学校

续表

序号	输送单位	输送年份	姓名	性别	招收单位
157	梅县区	2019	郭思雨	女	广东富力女子俱乐部
158	梅县区	2019	郑芳	女	广东富力女子俱乐部
159	梅县区	2019	黄茹蓉	女	广东富力女子俱乐部
160	梅县区	2019	吴梦珊	女	广东富力女子俱乐部
161	梅县区	2019	古海英	女	广东富力女子足球俱乐部
162	梅县区	2019	何梦圆	女	广东富力女子足球俱乐部
163	梅县区	2019	罗伟芳	女	广东富力女子足球俱乐部
164	梅县区	2019	陈嘉嘉	女	广东富力女子足球俱乐部
165	梅县区	2019	叶春风	女	广东富力女子足球俱乐部
166	梅县区	2019	葛诗颖	女	广东富力女子足球俱乐部
167	梅县区	2019	林璐瑶	女	广东富力女子足球俱乐部
168	梅县区	2019	邓健茹	女	广州恒大足球学校
169	大埔县	2020	黄斯乐	男	梅县富力足球学校
170	大埔县	2020	梁超然	男	梅县富力足球学校
171	蕉岭县	2020	丘文淦	男	梅州客家俱乐部
172	梅县区	2020	李诏堃	男	广西蓝航足球俱乐部
173	梅县区	2020	古捷佳	男	广西蓝航足球俱乐部
174	梅县区	2020	黄培真	男	广西蓝航足球俱乐部
175	梅县区	2020	卜源泉	男	青岛海牛足球俱乐部
176	梅县区	2020	李绍华	男	梅县富力足球学校
177	梅县区	2020	黄锦濠	男	梅县富力足球学校
178	梅县区	2020	林兴旺	男	梅县富力足球学校
179	梅县区	2020	廖佳鑫	男	梅县富力足球学校
180	梅县区	2020	邓志钧	男	梅州客家俱乐部
181	梅县区	2020	林威帆	男	梅县富力足球学校
182	梅县区	2021	朱玉莹	女	广东富力女子俱乐部
183	梅县区	2021	范福婷	女	梅县富力足球学校
184	梅县区	2021	罗佳静	女	梅县富力足球学校
185	梅县区	2021	梁欢欢	女	梅县富力足球学校
186	梅县区	2021	温宇轩	男	梅州客家梯队
187	梅县区	2021	周炜杰	男	梅州客家梯队
188	梅县区	2021	赖云龙	男	梅州客家梯队
189	梅县区	2021	徐洪峰	男	梅州客家梯队
190	梅县区	2021	付嘉昱	男	梅县富力足球学校